나라
권력
영광

나라 권력 영광

팀 앨버타

이은진 옮김

THE KINGDOM,

THE POWER,

AND THE GLORY

미국 정치 심장부에서 벌어지는
복음주의자들의 권력 게임

비아
토르
viator

일러두기

- 인명과 지명 표기는 국립국어원의 외래어표기법을 따랐다. 한국어 성경에 나오는
명칭이 이와 다른 경우에는 괄호 안에 병기했다.

- 단체, 기관, 콘퍼런스, 순회 행사, 사회 운동 등의 영어 명칭은 꼭 필요한 경우에만
약어로 병기했다. 전체 명칭은 찾아보기에서 확인할 수 있다.

- 본문에 인용한 성경 구절은 대한성서공회에서 나온 새번역을 따랐고, 개역개정을
따른 경우에는 따로 표기했다.

- 독자의 이해를 돕고 가독성을 높이기 위해 옮긴이 주는 각주로 처리했다. 본문에
달린 각주는 모두 옮긴이 주다.

아들들처럼 죄인이셨던

사랑하는 '아빠'

리처드 J. 앨버타 목사를 기리며

그랬더니 악마는 예수를 높은 데로 이끌고 가서,
순식간에 세계 모든 나라를 그에게 보여 주었다.

그리고 나서 악마는 그에게 말하였다.
"내가 이 모든 권세와 그 영광을 너에게 주겠다.
이것은 나에게 넘어온 것이니, 내가 주고 싶은 사람에게 준다.
그러므로 네가 내 앞에 엎드려 절하면,
이 모든 것을 너에게 주겠다."

예수께서 악마에게 대답하셨다.
"성경에 기록하기를 '주 너의 하나님께 경배하고,
그분만을 섬겨라' 하였다."

누가복음 4장 5-8절

차례

프롤로그

★ ★ ★

대체 뭐가 문제일까

2019년 7월 29일, 내 인생에서 가장 괴로운 날이 될 터였지만, 늦은 오후까지도 나는 아무것도 모르고 있었다.

　워싱턴 D.C. 시내에 들어선 자동차는 교통 체증에 걸려 답답하게 가다 서기를 반복했다. 미국 동부 연안의 습한 날씨 탓에 자동차 창문에 물방울이 송골송골 맺혔다. 이대로라면 지각할 게 뻔한데, 그 와중에 나는 졸음과 사투를 벌이고 있었다. 지난 2주 동안 미국 동부 해안에 자리한 텔레비전과 라디오 스튜디오를 오가며 '조지 W. 부시 이후 공화당의 몰락과 도널드 트럼프의 등장'에 관해 다룬 새 책을 홍보하느라 바쁘게 움직였다. 그리고 지금은 오늘 잡힌 마지막 인터뷰를 하러 가는 길이다. 홍보 담당자는 내게 인터뷰를 취소하는 게 어떻겠냐고 물었다. "별로 중요하지 않은 거예요." 그는 그렇게 말했다. 하지만 취소하고 싶지 않았다. 내게는 그 인터뷰가 중요했다. 기사가 노스웨스트 M 스트리트에서 차를 세우자, 나는 돌기둥이 인상적인 기독교방송네트워크(CBN) 건물 안으로 서둘러 뛰어 들어갔다.

　프로듀서들이 일사불란하게 움직였다. 들고 있던 휴대전화를 뺏고 마이크를 채우더니 뉴스 진행자 존 제섭(John Jessup)과 함께 나를 스튜디오 안으로 밀어 넣었다. 카메라에 불이 들어오자 진행자는 으레 하는 근황 토크 따위는 생략하고 바로 본론으로 들어갔다. 프로그램 시청자를 염두에 둔 질문이었다. 그는 미국 백인 복음주의자들과 트럼프 대통령의 동맹에 관해 내가 파악한 바가 무엇인지 알고 싶어 했다. 트럼프는 2016년 선거에서 장애인을 조롱하고, 외국인 혐오를 만천하에 드러내며 이민자를 비방하고, 정적에게 폭력을 행사하도록 지지자들을 부추기는 말을 아무렇지 않게 했다. 한마디로 음탕한 데다 뉘우칠 줄도 모르는 비열한 악당이었다. 그런데도 트럼프는 백인 복음주의 유권자들 사이에서 무려 81퍼센트라는 역사적인 지지를 받았다. 하지만 내가 책에도 썼듯이, 그 통계는 교회 내부에서 일어나고 있는 근본적 변화를 살짝 드러내는 표면적 지표에 불과했다. 이전까지만 해도 공화당 후보와 기독교인의 관계는 특정 정책을 추진하는 대가로 열의 없이 표를 주는 노골적인 거래 관계였다. 그런데 이 관계가 전혀 다른 형태로 바뀐 것이다. 이제 트럼프는 '둘 중 그나마 나은 쪽'이 아니었다. 대통령 임기 동안 여성의 임신중지권을 지지하는 대법관 세 명을 임명할 것이 뻔한 힐러리 클린턴에 맞서기 위해 울며 겨자 먹기로 선택한 대안이 아니라는 말이다. 여론 조사는 한때 가장 약한 지지층이었던 거듭난 기독교인 보수주의자들이 이제는 트럼프의 가장 굳건한 지지자가 되었음을 보여 주었다. 진행자는 수백만 명의 미국인이 궁금해하는 바로 그 질문을 던졌다. 대체 왜?

예수 그리스도를 믿는 신자로서, 그리고 보수적인 지역 사회의 보수적인 교회에서 자란, 복음주의 목사의 아들로서 나는 이 질문에 어떻게 답해야 할지 오랫동안 고민해 왔다. 어쩌면 이렇게 쉽게 말할 수도 있을 것이다. "글쎄요. 복음주의자들 대부분은 성경의 가르침을 자기 입맛에 맞게 선택하고, 신앙을 문화 전쟁의 무기로 삼고,

정치적으로 자기에게 이득이 될 때만 의로움에 관심 있는 척하는 비겁한 위선자들이잖아요. 그러니까 그들이 도널드 트럼프 같은 사람들과 동맹을 맺는 건 그리 놀랄 일이 아니죠."

하지만 이런 말은 타당하지도 않고 정확하지도 않다. 사실 나는 다양한 강도로 트럼프를 지지하는 기독교인을 많이 알고 있다. 하지만 제각각인 그들의 태도와 동기, 행동을 하나로 연결할 방법을 알지 못했다. 이들을 이해하려면 스펙트럼 위에 광범위하게 분포된 점을 떠올리는 것이 가장 좋다. 스펙트럼의 한쪽 끝에는 트럼프에게 투표하면서도 품위를 잃지 않는 기독교인이 있다. 실용적 관점에서 신중하게 어떤 후보를 지지할 수는 있지만, 그렇다고 해서 무조건 그 후보를 띄우고 힘을 실어 주고 대신 변명해 줄 필요까지는 없다는 점을 명확히 이해하는 사람들이다. 반대쪽 끝에는 트럼프에게 투표하면서 신앙인으로서의 진실성을 의도적으로 내던진 기독교인이 있다. 빌 클린턴에 대해서는 여전히 인성 운운하며 흥분해서 성을 내면서도, 플레이보이에서 대통령으로 변신한 인물에 대해서는 반동적(反動的) 위선자라는 비난을 감수하면서까지 그가 하는 저급한 행동에 동참하러 달려드는 사람들이다. 내가 아는 기독교인들 대부분은 그 중간 어디쯤에 있다. 그들은 모두 트럼피즘*에 어느 정도 매료되어 있었다. 트럼프가 부상하면서 뒤따라온 잘못된 선택들을

---

* 도널드 트럼프의 정치 철학과 스타일을 지칭하는 용어다. 기존 정치권과 제도를 불신하며 자신을 '외부인'으로 포지셔닝하는 반체제적 태도, 대중의 감정과 불만을 이용하여 지지층을 결집시키는 포퓰리즘 전략, 불법 이민 단속과 국경 통제 강화에 역점을 두는 강경한 이민 정책, 미국 우선주의를 강조하며 무역 협정 재협상과 자국 산업 보호에 주력하는 경제 민족주의, 주류 언론을 '가짜 뉴스'로 규정하며 대중이 언론을 불신하도록 조장하는 언론 및 정보에 대한 불신이 주요 특징이다.

옳은 선택이라 확신하게 되었고, 정치적 신념을 위해 종교적 신념을 내버렸고, 확고하게 고수하던 기준을 흐릿하게 만드는 상대주의에 감염되었다. 하지만 이 사람들의 특징을 한데 뭉쳐서 하나의 캐리커처로 만든다면, 이해는커녕 오해를 낳을 게 뻔했다. 실상은 그보다 더 엄청난 일이 일어나고 있었다. 이 나라에서, 교회에서, 무슨 일인가가 벌어지고 있었다. 우리가 여태 한 번도 본 적 없는 일이 이 나라와 교회 안에서 일어나고 있었다. 나는 내 책에서 이 점을 매우 세밀하게 지적하려고 노력했다. 그리고 지금 텔레비전 방송국 뉴스 스튜디오에서 비슷한 노력을 하고 있다.

말을 조심해야 한다는 생각이 표정에 살짝 묻어난 모양이다. 책이야기를 하던 진행자가 화제를 돌려 복음주의 진영에서 최근에 불거진 일에 관해 물었다. 미국-멕시코 국경에서 불법으로 입국하려는 이민자 가족을 강제로 분리하는 트럼프 행정부의 정책에 반대하여 미국 남침례교의 저명한 리더 러셀 무어(Russell Moore) 목사가 엑스(옛 트위터)에 이런 글을 올렸다. "하나님의 형상대로 지음을 받은 사람들을 대할 때는 존엄과 연민으로 대해야 한다. 고국의 폭력을 피해 도망칠 피난처를 찾는 사람들이라면 더더욱." 이에 모럴머조리티*의 설립자 제리 팔웰(Jerry Falwell)의 아들이자 세계 최대 기독교 대학 중 하나인 리버티대학교의 당시 총장이었던 제리 팔웰 주니어가 크게 불쾌감을 드러냈다. "@drmoore 당신이 뭔데? 운영이란 걸 직접 해 본 적이나 있어? 뭐가 되었든 조직을 처음부터 일궈 본 경험은 있고? 당신이 어떤 문제에 대해 의견을 낼 자격이나 있다

---

* 1979년에 복음주의 기독교 지도자 제리 팔웰이 설립한 정치 운동 및 조직이다. 보수적인 기독교 가치와 신념을 바탕으로 정치적 영향력을 행사하고자 애썼다. 모럴머조리티에 관해서는 3장에서 자세히 다룬다.

고 생각해?"

트위터에서 벌어진 일이니, 나도 한마디 하기로 했다. 사건의 전후 상황을 요약하며 나는 이런 글을 올렸다. "러셀 무어 같은 크리스천도 있고, 제리 팔웰 같은 크리스천도 있다. 형제자매 여러분, 현명하게 선택하세요."

이 트윗을 진행자가 방송에서 소리 내 읽었다. 그리고 이렇게 물었다. "정말 복음주의자들이 두 진영으로 나뉘어 있다고 보십니까?"

나는 더듬더듬 대답했다. "지나친 단순화"일 수는 있지만, 예수의 눈으로 문제를 바라보는 기독교인들과 모든 이슈를 편향된 정치적 필터로 걸러서 보는 기독교인들 사이에 생긴 "근본적인 단절"에 주의해야 한다고 말이다.

마음이 개운치 않았다. 인터뷰가 끝나 갈 무렵, 미국 교회를 보면서 우려되는 점이 무엇인지 솔직하게 발언할 기회를 망쳐 버렸다는 사실을 깨달았다. 솔직히 말해서, 나는 복음주의자들이 두 진영으로 나뉘어 있다고 본다. 한쪽은 신실하게 영원한 언약을 바라보지만, 다른 한쪽은 국가와 영향력과 출세라는 세속적 우상에 현혹되어 있다. 하지만 그렇게 말하기가 몹시 두려웠다. 기독교인으로서 내 삶에 흠이 너무 많았기 때문이다. 더욱이 나는 신학자도 아니었고, 진행자가 내게 바란 것은 성경 해석이 아니라 저널리즘 분석이었다. 그러니 힘든 일은 전문가들에게 맡기는 편이 낫다고 생각했다.

스튜디오에서 나오면서 문득 아버지가 이 영상을 보실 수도 있겠다는 생각이 들었다. 교회 사람 중 누군가가 보고 전달해 줄 게 분명했다. 나는 휴대전화를 챙기고, 잠시 멈춰서 진행자 제섭과 그의 동료 몇 사람과 이야기를 나누었다. 작별 인사를 건네면서 무심코 무음으로 해 둔 휴대전화를 내려다보았다. 아내와 큰형에게서 부재중 전화가 여러 통 와 있었다. 아버지가 심장마비로 쓰러지셨다. 의사가 할 수 있는 일은 아무것도 없었다. 아버지는 그날 그렇게 돌아가셨다.

★ ★ ★

아버지를 마지막으로 본 건 아흐레 전이었다. 당시 내가 속해 있던 〈폴리티코Politico〉의 CEO가 책 출간을 기념해 워싱턴 저택에서 파티를 열어 주었는데, 어머니와 아버지도 당연히 그 파티에 참석하셨다. 부모님은 내가 어린 시절을 보낸 미시간주 남동부에 있는 집에서 직접 쉐보레를 몰고 오셨다. 파티장에 들어설 때만 해도 아버지는 그 자리와 어울리지 않아 보였다. 손때 묻은 카키색 바지에 헐렁한 셔츠를 입은 꾀죄죄한 중서부 목사가 주문 제작한 커프스단추로 치장한 정계 실세들과 어울리는 게 무척 어색해 보였다. 하지만 얼마 지나지 않아 아버지는 그 쇼의 스타가 되어 있었다. 외교관들 그리고 〈포천Fortune〉지 선정 500대 기업의 로비스트들과 어울리며 거침없고 재치 있는 말로 사람들을 웃게 했다. 마치 로드니 데인저필드(Rodney Dangerfield)*의 영화를 현실에서 보는 듯했다. 어느 순간, 놀라서 입이 벌어진 내 모습을 보고 아버지는 과장되게 윙크를 날리며 자신에게 매료된 청중들의 급소를 찌르는 농담을 던졌다.

그날은 내 경력의 정점을 찍은 날이었다. 책이 입소문을 타면서 벌써 후속작을 써 달라는 요청이 들어왔다. 아버지는 그런 나를 자랑스러워했지만(무척 자랑스럽다고 진심을 담아 말씀하셨다), 또 한편으로는 불안해하셨다. 책 출간을 몇 달 앞두고 아버지는 저널리스트로서 전문 분야를 다시 생각해 보라고 내게 권했다. 정치는 "더럽고 지저분

---

* 미국의 유명한 코미디언이자 배우. 자신의 불운과 일상에서 겪는 좌절을 과장되게 표현하는 방식의 유머로 많은 사람에게 큰 인기를 끌었다.

한 일"이라며, 정치부 기자로 사는 건 시간과 하나님이 주신 재능을 낭비하는 거라고 줄곧 말씀하셨다. 파티가 한창 진행될 즈음 아버지는 나와 함께 있던 국회의원에게 양해를 구하고 나를 한쪽으로 데려갔다. 그리고 내 어깨에 팔을 두르고 몸을 기울였다.

"이 사람들이 보이니?" 아버지가 물었다.

"네." 나는 인정받았다는 사실에 기뻐하며 환하게 웃었다.

"이 중 대부분은 일주일 후면 널 신경도 쓰지 않을 거야." 아버지가 말했다.

감미로운 가락이 흘러나오던 머릿속 레코드판이 갑자기 지직거리고, 하늘로 붕 뜨던 몸이 아버지 손에 붙잡혀 땅바닥으로 끌어내려지는 기분이었다. 고개를 옆으로 기울여 아버지에게 억지웃음을 지어 보였다. 우리 둘 다 아무 말도 하지 않았다. 마음이 불편했다. 침묵이 길어질수록 불편함은 더 심해졌다. 아버지가 틀렸기 때문이 아니라, 아버지가 옳았기 때문이었다.

"기억해라." 아비지가 웃으며 말씀하셨다. "이 땅에서 얻는 영광은 하나같이 덧없단다."

레이건국립공항으로 달려가 디트로이트행 첫 비행기에 오른 순간, 아버지가 그때 했던 말이 내 온몸을 흔들었다. 아버지가 건넨 마지막 충고에는 아버지의 진심이 오롯이 담겨 있었다. 아버지는 진실로 그렇게 믿었고, 그 믿음을 따라 사셨다.

한때 뉴욕에서 금융인으로 성공 가도를 달렸던 리처드 앨버타 (Richard J. Alberta)는 1977년에 거듭난 기독교인이 되었다. 그에게는 이미 좋은 집과 아름다운 아내와 건강한 첫째 아들이 있었다. 그런데도 왠지 모를 공허함을 떨칠 수 없었다. 잠도 잘 못 잤다. 불안에 시달리느라 심신이 쇠약해져 갔다. 그렇다고 종교에서 답을 찾을 생각은 하지 않았다. 불우하고 신앙과는 거리가 먼 가정에서 자란 탓

16

이었다. 럿거스대학교에서 학부 과정을 절반 정도 마쳤을 무렵 아버지는 무신론자가 되기로 마음먹었다. 그런데 어느 주말 허드슨 밸리에 사는 친척 집을 방문했다가 조카 린을 따라 교회에 가게 되었다. 그리고 아버지는 그날 새사람이 되었다. 그를 괴롭히던 불안은 가라앉았고, 의심은 완전히 사라졌다. 뉴욕주 몽고메리에 있는 굿윌교회에서 처음으로 성찬식에 참여하면서 아버지는 예수를 하나님의 아들로 인정하고 자신의 구세주로 받아들이겠노라고 기도했다.

아버지는 주변 사람들이 깜짝 놀랄 정도로 완전히 딴사람이 되었다. 출근 전에 성경을 읽으려고 몇 시간씩 일찍 일어났고, 노란색 노트에 성경 구절과 주석을 빽빽이 써 내려갔다. 몇 시간 동안 조용히 앉아 기도하기도 했다. 어머니는 아버지가 미쳤다고 생각했다. 뉴욕에 있는 ABC 라디오에서 하워드 코셀(Howard Cosell) 밑에서 일하던 젊은 신예 기자였던 어머니는 예수 어쩌고 하는 이야기를 전부 미심쩍어하며 수상히 여겼다. 재미있는 것은 어머니의 결혼 전 성이 패스터(Pastor)라는 점이다. 내게는 그것이 하나님의 유머 감각을 보여 주는 증거 같았다. 곧 어머니도 그리스도를 받아들였다. 금융업계에서 승승장구하던 경력을 내버리고 목회의 길에 들어서라는 부름을 받았다고 느꼈을 때 아버지는 굿윌교회에서 스튜어트 폴먼(Stewart Pohlman) 목사를 만났다. 스튜어트 목사의 집무실에서 기도할 때 아버지는 주의 영이 주위를 휘감으며 방을 가득 채우는 걸 체감했노라고 말했다. 허황한 초자연주의에 빠져 있던 것이 아니었다. 사실, 아버지는 내가 아는 사람 중에 가장 지적으로 냉철하고 이성과 논리를 중시하는 기독교인이었다. 그런데도 그날은 주께서 자신에게 기름을 부으셨다고 확신했다. 곧 아버지와 어머니는 벌이가 많은 뉴욕의 직장을 포기하고, 가지고 있던 소유물을 전부 팔고, 고든콘웰신학교에서 공부하기 위해 매사추세츠주로 이사했다.

부모님은 그 후 수십 년 동안 자그마한 교회 여기저기에서 힘써 일하며 저소득 가구를 위한 식료품 지원 프로그램과 동료 신자들의 호의에 기대어 생활했다. 1986년에 내가 태어났을 때, 아버지는 굿윌교회에서 스튜어트 목사를 돕는 부교역자로 일하고 있었다. 우리는 교회 목사관에서 살았다. 18세기 중반부터 그 교회 목사들이 수집해 온 가죽 장정의 책이 가득 쌓여 있는 도서관은 내 놀이방이었다. 몇 년 뒤 우리는 미시간주로 이사했고, 아버지는 마침내 디트로이트 교외 브라이턴에 새로 문을 연 코너스톤교회에 정착했다. 복음주의장로교라는 소규모 교단에 속한 교회였다. 아버지는 그곳에서 26년 동안 담임 목사로 일했다.

코너스톤교회는 우리 집이었다. 어머니도 여성 사역을 이끄는 직원으로 일했기에 나는 말 그대로 교회 안에서 자랐다. 비품실에서 숨바꼭질하고, 사무실에서 숙제하고, 고등학생 때는 데이트 상대를 성경 공부에 데려가고, 대학에 다닐 때는 일 년 동안 교회 청소부로 일했다. 교회에서 보내는 시간이 많으니 그곳에 내 흔적을 남겨도 좋겠다고 생각했다. 그래서 아홉 살 때 주머니칼을 이용해 본당 벽돌에 내 이니셜을 새겼다.

코너스톤은 완벽한 교회는 아니었다. 나이를 먹을수록 나는 교회 내 특정 인물들, 그리고 교회의 태도와 활동에 회의감이 들었다. 하지만 그곳은 '나의' 교회였다. 마지막으로 간 것이 18개월 전인데, 아버지가 은퇴할 때 은퇴식에 참석해 친근한 농담과 모든 연령대가 즐길 수 있는 건전한 일화를 곁들여 축하 연설을 했다. 그런데 이제 전혀 다른 연설을 해야 했다.

집에 도착하자 어머니가 현관에 나와 있었다. 어머니는 내 품에 안겨 우셨다. 고등학교 시절에 처음 만난 두 사람은 결혼 50주년을 몇 달 앞두고 있었다. 어머니와 나는 현관에서 한참 동안 서로를 꼭

안고 있었다. 한참 후 좀 쉬시라며 어머니를 부축해 계단을 오르는데, 어디선가 아버지의 애프터셰이브 로션 냄새가 났다.

안방에 다다랐을 때 건넛방 문이 활짝 열려 있는 것이 눈에 띄었다. 아버지 서재였다. 서재로 들어가 전등 스위치를 켰다. 작은 소파 앞 커피 테이블 위에 성경과 노란색 노트가 놓여 있었다. 어머니와 소파에 가서 앉았다. 불과 몇 시간 전에 사용했던 펜이 노트 위에 놓여 있었다. 노트에는 휘갈겨 쓴 메모와 묵상한 내용이 적혀 있었다. 페이지 맨 위에 정성스럽게 가지런히 써 내려간 글귀가 눈에 들어왔다. "내가 늙더라도 나를 내치지 마시고, 내가 쇠약하더라도 나를 버리지 마십시오." 어머니와 나는 서로를 바라보았다. 일흔한 살이었던 아버지는 이 땅에서 보내는 마지막 시간에 시편 71편을 묵상하고 있었다.

나는 어머니를 침대에 눕히고 함께 기도했다. 그런 다음 불을 끄고 복도를 걸어 내려와 어린 시절 내가 쓰던 방의 문을 열었다. 노트북을 열고 추도사를 쓸 생각이었지만, 한 글자도 쓸 수가 없었다. 그대로 노트북을 닫고 침대에 누워 한참을 울었다.

★ ★ ★

세 형과 함께 조문객을 맞기 위해 본당 뒤쪽에 나란히 섰다. 어렸을 적 우리가 처음 이곳에 발을 들였을 때만 해도 코너스톤은 자그마한 교회였다. 하지만 지금은 절대 작은 교회가 아니다. 고속도로 두 개가 교차하는 지점에 자리한 한적한 마을이었던 브라이턴은 디트로이트와 앤아버로 출퇴근하는 사람들에게 주거지로 인기를 끌었다. 그리고 아버지는 야구 비유와 그리스어 강의를 곁들인 설교로 명성을 얻었다. 내가 이사를 나간 2008년 무렵 코너스톤은 교인 수가 수백 명에서 수천 명으로 증가했을 정도로 크게 성장했다.

어느새 사람들이 우리를 에워싸며 본당을 가득 메우고 로비까지 쏟아져 나왔다. 로비에는 꽃과 골프채, 아버지의 사진이 전시된 테이블이 놓여 있었다. 머리가 멍했다. 형들도 마찬가지였다. 그 주에는 우리 모두 거의 잠을 이루지 못했다. 그래서 누군가 러시 림보(Rush Limbaugh)*를 처음 언급했을 때는 무슨 이야기인지 이해하지 못했다. 그런데 또 다른 누군가가 또 그를 언급했다. 그리고 또 다른 사람도 그를 언급했다. 그제야 비로소 무슨 이야기인지 감이 왔다. 보수파 라디오 토크쇼의 제왕이 최근 프로그램에서 내 이름을 거론한 것이 분명했다. '팀 앨버타라는 작자'가 책에서 트럼프 대통령에 관해 폭로한 불쾌한 내용이 있다며 거론한 모양이었다. 하지만 그 순간 내게는 그 어떤 것도 중요하지 않았다. 나는 미소를 짓고 어깨를 으쓱하며 조문을 와 주어 고맙다고 말했다.

조문 행렬은 계속 이어졌다. 수를 셀 수 없을 정도로 많았다. 그런데 교회 사람들, 내가 평생 알고 지낸 그 사람들이 내게 건넨 건 애도나 격려나 애상(哀傷)이 아니었다. 그들은 러시 림보와 도널드 트럼프에 관한 이야기를 꺼냈다. 그중 일부는 유치원 다닐 때부터 말썽꾸러기이더니 여전하다며 장난스럽게 말했다. 하지만 일부는 장난이 '아니'었다. 몇몇은 화가 나 있었고, 몇몇은 차갑고 적대적이었다. 어떤 사람은 내가 진정한 그리스도인이 맞는지 의심스러워했

---

* 유명한 보수 성향 라디오 토크쇼 진행자였으며, 그가 진행하는 〈러시 림보 쇼 *The Rush Limbaugh Show*〉는 미국에서 가장 영향력 있는 보수 미디어 플랫폼 중 하나였다. 이 쇼는 1988년부터 2021년 림보가 사망할 때까지 약 30년간 방송되었으며, 보수 정치인들과 청취자들 사이에서 중요한 여론 형성의 장이 되었다. 림보는 자극적인 발언과 유머를 사용해 청중의 주의를 끌었고, 이를 통해 청취자와 강한 유대감을 형성했다. 그의 발언은 종종 논쟁을 일으켰지만, 이는 그의 쇼를 더욱 인기 있게 만들었다.

다. 어떤 사람은 내게 여전히 '옳은 편'에 서 있긴 하냐고 물었다. 30미터쯤 떨어진 자리에 아버지의 관을 놔두고 벌어진 일이었다.

밖에 나가 좀 걸으면서 바람이라도 쐬어야 할 것 같았다. 의로운 분노가 우울의 안개를 뚫고 나오기 시작했다. 악몽 속에서 또 다른 악몽을 꾸는 기분이었다. 여기, 우리가 예배를 드리는 바로 이곳에서, 사람들은 아버지를 애도하는 내게 정치적 비난과 조롱을 건네고 있었다. 그날 내 곁에는 예수를 안다고 자랑하지 않는 친구들이 몇 있었는데, 내게 평안과 위안이 되어 준 건 오히려 그 친구들이었다. 복음주의 기독교의 가치와 신념을 강력하게 지지하며 앞세우는 사람들도 평안과 위안이 되어 주었느냐고? 별로 그렇지 못했다. 그들의 눈에는 상처 입은 아들이 보이지 않았다. 공격하기 쉬운 먹잇감이 보일 뿐이었다.

그날 밤, 다음 날 오후에 할 추도사를 다듬는데 언짢은 마음이 영 가시지 않았다. 아내도 마찬가지였다. 가족 중에 누구보다 침착하고 차분한 인물인 아내는 내게 말을 신중히 하고 그날 있었던 불쾌한 일은 언급하지 말라고 조언했다. 나는 아내의 조언을 반만 받아들였다.

2019년 8월 2일, 장내를 가득 채운 사람들 앞에서 나는 야구공 던지는 법부터 신사가 되는 법과 주님을 신뢰하고 사랑하는 법까지 인생의 모든 것을 가르쳐 준 아버지에게 경의를 표했다. 그리고 바울이 그리스 코린토스에 있는 초대교회에 보낸 두 번째 편지 가운데 내가 가장 좋아하는 구절*을 읊고, 아버지는 늘 보이는 것이 아

---

* "우리는 보이는 것을 바라보는 것이 아니라, 보이지 않는 것을 바라봅니다. 보이는 것은 잠깐이지만, 보이지 않는 것은 영원하기 때문입니다"(고린도후서 4:18).

니라 보이지 않는 것을 바라보라고 가르치셨다고 말했다. 그리고 아버지가 좋아하던 시 〈리처드 코리 *Richard Cory*〉를 낭송한 뒤 아무리 부를 많이 쌓아도 내면은 여전히 가난할 수 있다고 경고하시던 아버지의 가르침에 관해 이야기했다.

그리고 나서 전날 AM 라디오 토크쇼를 거론하며 '트럼프 전쟁'에 관해 한마디씩 하고 싶어 하던 사람들을 떠올렸다. 그리고 그들 앞에서 제자 훈련과 영성 도야의 필요성에 관해 이야기했다. 차를 타고 다닐 때는 아버지가 예전에 하신 설교를 듣는 게 낫지 않겠냐고 권했다. 출퇴근길에 성경 말씀을 듣는 데 어떤 도움이 필요하다면, 여기 교회 목사님들이 도와줄 수 있을 거라며 은근히 비꼬았다. "러시 림보의 방송은 대체 왜 듣습니까?" 나는 아버지가 목회하던 교회 교인들에게 물었다.

"쓰레기를 들으면, 쓰레기가 나옵니다."

본당 안에 어색한 웃음소리가 퍼졌다. 몇몇은 눈에 띄게 동요했고, 몇몇은 못 들은 척 외면했다. 아버지의 후임으로 온 젊은 목사 크리스 와이넌스(Chris Winans)는 큰 충격을 받은 듯한 표정을 짓고 있었다. 아무래도 좋았다. 나는 할 말을 다 했으니까. 끝났다. 아니, 끝난 줄 알았다.

몇 시간 뒤, 아버지를 땅에 묻은 후 형들과 부모님 집 거실에 있는 소파에 털썩 주저앉았다. 맥주 캔을 따고 야구 중계를 틀었다. 뒤편 주방에서는 여성 교우들이 우리 가족을 위해 식사를 준비하고 있었다. '그리스도의 사랑'이란 이런 게 아닐까 생각했다. 어머니를 위로하고 그녀의 자식인 우리들을 보살피며 분주히 움직이는 여성 교우들을 보면서 나는 어느새 추도사 때 했던 러시 림보 발언을 후회하고 있었다. 우리 교회 사람들 대부분은 이 여성들처럼 겸손하고 다정한 그리스도인이었다. 어쩌면 내가 일을 지나치게 키운 건지도 모르겠다.

바로 그때 어떤 사람이 다가와 봉투를 하나 건넸다. 누가 교회에 두고 갔다고 했다. 내 이름이 적혀 있었다. 봉투를 열었다. 봉투 안에는 손으로 쓴 한 페이지 분량의 편지가 들어 있었다. 아버지가 친구라고 부르셨고, 청소년부에서 나를 지도해 주었으며, 내가 평생 알고 지냈고, 코너스톤교회에서 오랫동안 장로로 섬기고 있는 분이 쓴 편지였다.

아버지의 사망을 계기로 자기가 내게 얼마나 크게 실망했는지를 알리려고 쓴 글이었다. 그는 하나님이 세우신 미국 지도자의 권위를 훼손하려는 사악한 음모에 내가 가담하고 있다고 했다. 트럼프 대통령을 비판하는 내 행동은 하나님과 국가에 대한 반역에 해당한다며, 부끄러운 줄 알아야 한다고 했다.

하지만 그럼에도 나에게 아직 희망이 있다고 확언했다. 예수께서 용서하셨으니 자기도 용서하겠다고 했다. 그리고 내가 저널리스트로서의 재능을 활용해 딥스테이트*를 조사해서 트럼프 대통령을 방해하는 그림자 정부를 밝혀내기만 한다면, 잃어버린 신뢰를 되찾을 수 있을 거라고 말했다. 나를 위해 기도하고 있다고도 했다.

갑자기 속이 울렁거렸다. 편지를 조용히 아내에게 건넸다. 아내는 무표정한 얼굴로 편지를 훑어보았다. 그러다 격분해서 종이를 허공에 내던지며 식사를 준비하던 여성 교우들이 깜짝 놀라 쳐다볼

＊ 민주적으로 선출된 지도자보다 더 큰 영향력을 행사하는 은밀한 권력 구조를 지칭한다. 주로 음모론적인 맥락에서 사용되며, 2016년 이후 도널드 트럼프와 그의 지지자들에 의해 주로 사용되기 시작했다. 그들은 딥스테이트가 트럼프 행정부를 방해하고 미국의 정치적 결정을 조종하려 한다고 주장했다. 증명되지 않은 이론이지만, 정부 내의 투명성과 권력의 분배에 관한 논의에서 중요한 요소로 다루어지고 있다.

정도로 크게 소리쳤다. "도대체 이 사람들은 뭐가 문제인 거야?"

★ ★ ★

이 질문의 답을 찾고자 나는 아버지의 조언을 받아들여 정치 저널리즘에서 다른 쪽으로 방향을 틀었다. 그러니 트럼프를 다룬 후속작은 나오지 않을 것이다. 장례식이 끝나고 몇 달 뒤, 아내와 어린 자식들을 데리고 미시간주로 돌아온 나는 관심을 쏟아야 할 또 다른 프로젝트가 있다는 사실을 깨달았다. 아버지는 내게 시간이 지나도 변하지 않는 주제를 탐구하는 데 재능을 쓰라고 간청했고, 나는 미국 복음주의 교회의 붕괴보다 더 영원한 가치를 지닌 주제를 생각할 수 없었다.

　이 책은 기독교를 전체적으로 탐구하는 책이 아니다. 가톨릭교회, 정교회, 흑인 교회, 무지개 깃발 교회* 등 수많은 교회가 안고 있는 문제야 수없이 많겠지만, 그 문제가 무엇이든 간에 그들은 모두 독특하고 다양한 신앙 전통을 가지고 있다. 내가 할 수 있고 하려는 일은 '내가' 속한 신앙 전통을 들여다보는 창을 제공하는 것이다. 내부적으로 의견 대립이 가장 심하고 외부적으로 가장 이해받지 못하는 신앙 전통, 정치적 논의와 결정에 다른 신앙 전통을 전부 합친 것보다 더 큰 영향력을 행사하고 미국 사회의 조화와 안정을 방해하는 신앙 전통, 그것은 바로 복음주의다.

　정의상 어느 정도 중복되는 부분은 있다. 일부 가톨릭 신자들은 사회적 함의를 고려하여 스스로 복음주의자를 자처한다. 일부 비(非)백인 기독교인은 교파적 배경이나 신학적 성향 때문에 자신을 복음주의자로 여긴다(연구에 따르면, 흑인 기독교인은 복음주의자보다는 '거듭

＊　LGBTQ+ 공동체를 지지하고 포용하는 교회를 말한다.

난' 기독교인으로 자신의 정체성을 정의할 가능성이 훨씬 더 크다). 서로 다른 교파가 신념을 공유하면서 발생하는 이런 융합 현상을 연구하고 그 맥락을 이해하지 않으면, 기독교 전반에 대하여 완전하게 분석할 수 없다. 그러나 기독교회 전반을 살펴본다고 해서 지배적인 영향력을 행사하는 보수적인 백인 개신교 세력의 내부 갈등에 대한 만족스러운 설명을 끌어낼 수 있는 것은 아니다. 분류가 완벽하지 않을 수는 있지만 간결하게 말하자면, 아버지가 돌아가신 뒤 내가 분석하고 기록하기로 마음먹은 '복음주의자'는 바로 이들 보수적인 백인 개신교도를 가리킨다.

'좋은 소식' 또는 '복음'을 뜻하는 그리스어 'euangelion'에서 유래한 영어 단어 'evangelical'은 본래 종교적 부흥을 추구하는 개혁파 프로테스탄트를 고착된 관습을 좇는 가톨릭교도와 구별하기 위해 사용했었다. (실제로 마르틴 루터는 16세기에 로마 가톨릭교회에서 떨어져 나올 때 이 용어를 라틴어로 번역해서 사용했다.) 식민지 시절 아메리카 대륙에서 이른바 대각성 운동이 처음 일어났을 때 성직자들은 믿는 사람과 믿지 않는 사람 모두를 정화하고픈 열정을 품고 대중을 '복음화'하겠다는 신념을 공유했다. 휘튼칼리지 미국복음주의자연구소에 따르면, 19세기 초에 "개신교가 압도적으로 지배적인 미국에서" 복음주의는 "기독교의 가장 지배적인 형태"가 되었다.

복음주의가 폭발적으로 성장하는 동안에도 복음주의에 대한 정의는 여전히 조금 모호한 상태로 남아 있었다. 역사학자 조지 마스덴(George Marsden)은 《근본주의와 복음주의의 이해 Understanding Fundamentalism and Evangelicalism》라는 책에서 제2차 세계대전 이후 수십 년 동안 복음주의자는 "빌리 그레이엄(Billy Graham)을 좋아하는 모든 사람"이었다고 정의했다. 빌리 그레이엄 역시 복음주의를 정의해 달라는 요청을 받았다. 그때 그는 이렇게 대답했다. "사실 저 역시 누군가에게 물어보고 싶은 질문입니다." 1989년 데이비드 베빙턴 (David Bebbington)이라는 영국 학자는 네 가지 주요 특성으로 복음주의자를 구별할 수 있다고 주장했다. 첫째는 성경주의(성경을 하나님의 본질적인 말씀으로 받아들임), 둘째는 십자가 중심주의(예수의 죽음이 인류를 위한 속죄를 가능하게 한다는 점을 강조함), 셋째는 회심주의(죄인은 거듭나야 하고 계속해서 그리스도를 닮아 가야 한다는 믿음), 넷째는 행동주의(내면의 변화는 복음을 전하는 행동으로 드러난다는 믿음)다. 이 틀은 흔히 '베빙턴 사각형'으로 불렸고, 전국복음주의자협회를 비롯한 많은 이들이 이 틀을 폭넓게 받아들였다. 하지만 비판도 만만치 않았다. 그러나 더 효과적으로 정의를 내리려는 노력은 번번이 실패했다. 현재까지도 '복음주의자'가 무엇을 의미하는지에 관한 실질적인 합의는 이루어지지 않고 있다.

어원을 둘러싼 이런 혼란이 한때는 강점으로 작용하여, 개별 교파와 조직 간의 경쟁을 뒤로하고 점점 더 많은 개신교도가 공통의 가치와 신념 아래 결집하는 시기도 있었다. 하지만 이러한 모호함이 악용될 여지 또한 다분했다. 권력자들은 교리적 차이가 그렇게 쉽게 제쳐 둘 수 있는 것이라면, 복음주의자들을 하나로 묶는 다른 무언가, 즉 영적인 것이 아니라 '문화적인' 무언가가 있으리라고 생각하기 시작했다. 그리고 실제로 그런 것이 있었다. 1980년대에 모럴머조리티가 부상하면서 복음주의는 종교적 신념을 나타내는 표식에서 정치적 성향을 띤 운동으로 변모해 나갔다. '복음주의자'는 곧 '보수 기독교인'과 동의어가 되었고, 결국에는 '공화당을 지지하는 백인 보수주의자'와 동의어가 되었다.

나는 바로 이 생태계에서 자랐다. 공화당 텃밭인 보수적인 백인들의 마을에서, 공화당을 지지하는 보수적인 백인들이 다니는 교회에서, 공화당 지지자인 보수적인 백인 목사의 아들로 자랐다. 명문

26

신학교에서 목회학 박사 학위를 취득한 진지한 신학자였던 아버지는 자신이 속한 신앙 공동체를 이렇게 지나치게 단순화하여 분석하는 것에 발끈했다. 아버지는 '자신'이 생각하는 복음주의자란 성경을 영감받은 하나님의 말씀으로 믿고 세상에 선포할 책임을 진지하게 받아들이는 사람이라고 강단에서 자주 말씀하셨다.

나는 모든 기독교인이 아버지 같지는 않다는 사실을 어렸을 때 일찌감치 깨달았다. 우리 교회에 다니던 다른 어른들, 그러니까 학교 선생님, 야구부 코치, 친구들의 부모님은 하나님에 관해 우리 아버지처럼 이야기하지 않았다. 그들이 믿는 기독교는 조금 더 가벼웠다. 생활 방식이라기보다는 취미에 가까웠고, 일정에 끼워 넣을 수도 있고 뺄 수도 있는 그런 것이었다. 그들이 다니는 교회의 목사였던 아버지도 그 사실을 잘 알고 있었다. 아버지는 정경의 권위와 삼위일체 교리, 칼뱅주의 신학과 같은 신학적 질문을 깊이 있게 탐구하도록 교인들을 독려하면서 진지한 태도로 신앙생활에 임하는 교회를 만들어 가고자 최선을 다했다.

코너스톤교회에 영적 지름길 따위는 없었다. 내 인생에서 매주 일요일은 회중이 오래된 교회 신조와 서정적인 교독문과 그날 설교할 성경 구절을 한목소리로 암송하는 것으로 시작되었다. 그런 다음, 우리는 아버지가 설교를 시작하기 전에 자리에서 일어나 예수가 제자들에게 가르친 구절로 기도했다.

하늘에 계신 우리 아버지여 이름이 거룩히 여김을 받으시오며
나라가 임하시오며 뜻이 하늘에서 이루어진 것 같이
땅에서도 이루어지이다
오늘 우리에게 일용할 양식을 주시옵고
우리가 우리에게 죄지은 자를 사하여 준 것 같이

우리 죄를 사하여 주시옵고

우리를 시험에 들게 하지 마시옵고 다만 악에서 구하시옵소서

나라와 권세와 영광이 아버지께 영원히 있사옵나이다

아멘.*

Our Father, who art in Heaven, hallowed be thy name

Thy kingdom come, thy will be done,

on Earth as it is in Heaven

Give us this day our daily bread, and forgive us our debts,

as we forgive our debtors

And lead us not into temptation, but deliver us from evil

For **thine** is the kingdom, the power, and the glory, forever

Amen.

'나라와 권세와 영광'으로 시작하는 끝에서 두 번째 구절이 어릴 적부터 나를 괴롭혔다. 이 구절이 얼마나 장엄한지는 소유 대명사 'Thine'의 문맥 속에서만 느낄 수 있다. (여기에서는 KJV의 번역을 사용했으나, 이후에는 NIV의 번역을 사용할 것이다). 'Thine'이라는 단어에는 단순한 소유 이상의 의미, 즉 배타성이 내포되어 있다. 사탄은 광야에서 세상 모든 나라를 다스리는 권력과 그에 따르는 영광을 주겠다고 제안했지만, 예수는 사탄이 제안한 모든 것을 거절했다. 왜 그러셨을까? 진정한 나라와 진정한 권력과 진정한 영광은 오직 하나님께만 속한 것이기 때문이다. 마귀가 2천 년 전에 예수를 유혹할 때 내밀던 것들, 그리고 오늘날 우리를 유혹할 때 내미는 것들, 그것

---

* 마태복음 6:9-13(개역개정).

28

들은 모두 싸구려 위조품이다.

하나님에게는 하나님의 나라가 있다. 그 나라는 이 세상 어떤 나라와도 비교할 수 없다.

하나님에게는 하나님의 권세가 있다. 그 권세는 그 어떤 정치적·문화적·사회적 영향력과도 비교할 수 없다.

하나님에게는 하나님의 영광이 있다. 그 영광은 지상의 어떤 존재가 받는 찬양과도 비교할 수 없다.

이는 기독교 신앙에서 타협할 수 없는 부분이다. 구약과 신약, 선지자들과 제자들, 기도문과 서신을 아우르는 성경의 주요 주제 중 하나는 무슨 일이 있어도 우상 숭배에 맞서라는 권고다. 예수는 이 선택의 문제를 명확히 이분법으로 제시한다. 하나님을 섬기고 경배하거나, 이 세상의 신을 섬기고 경배하거나 둘 중 하나다. 그런데 너무나 많은 미국의 복음주의자들은 이 둘을 같이 하려고 시도해 왔다. 그리하여 교회에 파괴적인 결과를 불러왔다.

그리스도인은 늘 하나님의 기준에 미치지 못한다. 나로 말하자면 그 기준에 한참 못 미치는 사람이다. 무한하고 조건 없는 하나님의 은혜가 아니었다면, 나는 죄로 말미암아 정죄를 받고 창조주에게서 영원히 분리되는 운명에 처했을 것이다. 그러나 나는 은혜를 선물로 받았다. 나뿐 아니라 전 세계 수많은 그리스도인이 은혜를 선물로 받았다. 우리의 의무는 완벽해지는 것이 아니다. 하나님이 우리에게 요구하시는 바는 성화다. 성화는 죄인이 점점 그리스도를 닮아 가는 과정을 말한다. 그 과정에서 가장 근본적으로 필요한 것은 세속적인 정체성을 거부하는 것이다.

마태복음에서 예수는 "누구든지 나를 따라오려거든, 자기를 부인하고, 제 십자가를 지고, 나를 따라오너라"라고 말씀하신다. "누구든지 자기 목숨을 구하고자 하는 사람은 잃을 것이요, 나 때문에 자기 목숨을 잃는 사람은 찾을 것이다."*

　　미국 복음주의의 위기는 세속적인 정체성에 집착하는 데서 비롯되었다. 바울이 고린도후서에서 말했듯 "보이는 것은 잠깐이지만, 보이지 않는 것은 영원하기 때문"에 보이지 않는 것을 바라보아야 하는데, 우리는 도리어 눈앞에 보이는 '지금, 여기'에 집착한다. 우리는 로마에 살던 1세기 그리스도인들을 나그네로 묘사한 베드로처럼 우리 자신을 은유적 바빌론에 유배된 존재로 보지 않고, 도리어 두 팔 벌려 제국의 시민권을 받아들였다. 온 세상을 다스려 보라는 유혹을 예수처럼 단호히 뿌리치지 않고, 도리어 악마와 거래를 했다.

　　대체 왜? 아내의 질문을 다시 곱씹어 본다. 도대체 뭐가 문제인 걸까?

　　이 질문의 답을 찾고자 그 후 4년의 시간 대부분을 현대 복음주의 운동 속에 파묻혀 지냈다. 반쯤 빈 예배당도 둘러보았고, 좌석이 다 차서 강당 뒤쪽에 서서 예배를 드리는 현장도 둘러보았다. 텔레비전에 나와 대규모 청중을 상대로 설교하는 대도시 목사들과 자그마한 교회에서 설교하는 소도시 목사들, 일상을 살아가는 평범한 신자들을 따라다녔다. 수백 개의 교회, 기독교 대학, 종교 옹호 단체, 교단 소속 비영리 단체, 그밖에 독립적인 활동을 펼치는 다양한 조직을 직접 찾아가 취재했다. 이런 각각의 경험들은 미국 기독교가 쇠퇴하는 이유를 깊이 있게 이해할 수 있도록 독특한 통찰력을 제공해 주었다.

　　하지만 집을 떠나 멀리 갈수록 더 분명해지는 사실이 하나 있었다. 지금 미국 교회가 겪고 있는 문제의 근본 원인과 특성을 찾으

---

*　　마태복음 16:24-25.

30

러 굳이 멀리 갈 필요가 없다는 사실이었다. '내'가 속한 교회 안에 명확히 드러나고 있었으니까.

1
나라
THE
KINGDOM

2
권력
THE
POWER

3
영광
THE
GLORY

1장

★ ★ ★

신의 선택을 받은 나라?:
미국의 영광과 진실

———   ———

"미국 복음주의자들은 뭐가 문제일까요?"
"미국이요. 그들 중 너무 많은 이들이
미국을 숭배하죠."

"내 나라는 이 세상에 속한 것이 아니오"(요한복음 18:36).

———   ———

크리스 와이넌스 목사는 곤경에 빠져 있었다.

　2021년 2월, 몹시 추운 어느 오후, 브라이턴 바앤그릴의 칸막이 좌석에서 나는 그와 마주 앉아 대화를 나누었다. 내 단골 식당인 그곳은 브라이턴 번화가에 자리해 있으며, 뒤뜰에는 나무로 만든 놀이터와 물레방아를 갖춘 연못이 있어 아늑한 분위기를 자아낸다. 그러나 와이넌스 목사는 어딘가 불편해 보였다. 당황한 듯했고, 조금은 불안하게 주변을 살피며 이야기를 시작했다. 그 이유는 곧 밝혀졌다.

아버지가 코너스톤복음주의장로교회에 적합한 후임자를 찾는
데는 수년이 걸렸다. 여러 부목사가 임명되었다가 떠나갔다. 거의
초창기부터 직접 이끌어 왔기에 아버지에게 이 교회는 평생을 바친
업적이었다. 그런 만큼 후임자 선정에 타협은 있을 수 없었다. 그러
나 불확실성은 그를 지치게 했다. 아버지는 적합한 인물을 찾지 못
할까 봐 걱정했다. 그러던 어느 날, 교단 모임에서 굿윌복음주의장
로교회의 젊은 부목사를 만나면서 상황이 바뀌었다. 굿윌교회는 아
버지가 구원을 받은 곳이자 신학교를 졸업한 후 처음으로 부교역자
로 섬긴 곳이다. 아버지는 와이넌스 목사에게 코너스톤의 청년 사역
을 맡겼다. 와이넌스 목사가 코너스톤에 도착한 순간, 나는 그가 적
임자라는 사실을 바로 알 수 있었다.

서른이 채 되지 않은 와이넌스는 앞으로 코너스톤교회를 이끌
어 가는 데 꼭 필요한 리더십을 갖춘 인재처럼 보였다. 성경 지식이
풍부하고 학문적으로 우수했으며, 강단에서는 명료하고 정확하게
말씀을 전했다. 겸손하고 소탈한 성품으로, 설교 좀 한다는 사람에
게서 흔히 나타나는 거만함을 찾아볼 수 없었다. 소년처럼 빗어 넘
긴 갈색 머리카락, 싱그럽고 유쾌한 분위기의 가족 등 젊은 목사를
둘러싼 모든 것이 마치 완벽하게 캐스팅된 드라마 속 캐릭터처럼
이상적이었다.

딱 한 가지 문제가 있었는데, 크리스 와이넌스가 공화당을 지지
하는 보수주의자가 아니라는 점이었다. 그는 총기를 좋아하지 않았
다. 세금 감면보다 빈곤 퇴치 프로그램에 예산을 투입하는 문제에
더 관심이 많았다. 반성할 줄 모르는 도널드 트럼프 대통령의 언행
에는 눈곱만큼도 호감을 느끼지 않았다. 물론, 다른 지역 기독교인
들에게는 이런 태도와 가치관이 이단적으로 보이지 않을 것이다. 생

명의 존엄성을 옹호하는 단호한 태도를 고려할 때 대다수 지역에서
는 와이넌스를 영적인 면과 지적인 면에서 일관된 가치와 신념을
보여 주는 이상적인 인물로 여길 것이다. 그러나 미국 복음주의 전
통에서는 다르다. 코너스톤 같은 교회에서 조금이라도 진보적인 냄
새를 풍기면 의심받기 딱 좋다.

미시간주 브라이턴은 버블 속의 버블*이다. 브라이턴이 속한
리빙스턴 카운티는 미시간주에서 가장 안정적으로 공화당 투표율
이 높게 나오는 선거구다. 지난 30년 동안 많은 이들이 디트로이트
의 높은 범죄율과 주변 카운티들의 높은 물가를 피해 서쪽 리빙스
턴으로 향했고, 그중에서도 경제적으로 여유가 있는 사람들은 조용
한 소도시 브라이턴으로 이주했다. 브라이턴은 매우 보수적이고, 믿
을 수 없을 정도로 부유하며, 주민들 대부분이 백인이다. 이곳에서
가장 큰 교회인 코너스톤은 주변 지역의 축소판과도 같다. 인종적으
로나 문화적으로나 정치적으로나 교회 안에서 어떤 의미 있는 다양
성을 찾아볼 수 없었다. 적어도 와이넌스가 이 마을에 오기 전까지
는 그랬다.

아버지는 그가 다르다는 사실을 알고 있었다. 체계적인 교육을
받은 음악가이기도 한 와이넌스는 스포츠 대신 피아노 연주를 좋아
했고, 사냥이나 낚시에는 취미가 없었다. 솔직히 아버지는 와이넌스
의 그런 점을 장점으로 여겼다. 새 목사는 고령의 부유한 백인 신자
들을 살살 달래는 역할에 만족하면 안 되었다. 복음을 설교하고, 비
전을 제시하고, 선교지를 확장하고, 교회 내부 사람들에게는 변화와
성장을 촉구하고, 외부 사람들에게는 복음을 전하는 것까지가 새 목

---

* 동질적인 큰 집단에 속한 작은 집단으로서 특정한 동질적 특성을 더 집약적
으로 공유하는 소집단을 일컫는 비유적 표현이다.

사의 임무였다. 아버지는 진보적 성향의 와이넌스 목사가 크게 위험하지 않다고 생각했다. 아버지는 자기가 직접 선택한 후임자에게 강단에서 빛을 발하는 재능과 예수를 향한 깊은 사랑이 있으니, 담임 목사 교체기에 발생할 수 있는 어떤 문제든 충분히 극복할 수 있을 거라고 확신했다.

아버지가 틀렸다. 2018년 초, 와이넌스가 담임 목사로 부임한 직후부터 칼날 같은 비판이 쏟아졌다. 정치나 문화에 관해 부적절한 발언을 하거나, 트럼프나 공화당을 조금이라도 부정적으로(실제로 그랬든 그렇게 느꼈든) 언급하면 비판이 빗발쳤다. 오랜 교인들은 목회에서 한 발 뒤로 물러나 지원하는 역할을 맡고 있던 아버지에게 면담을 요청했고, 와이넌스에 대한 불만을 쏟아 냈다. 아버지는 신학적 측면에서 실질적으로 비판할 부분이 있는지 그들에게 되물었다. 대답은 거의 항상 "아니요"였다. 일을 시작하고 한 달쯤 되었을 때 와이넌스는 설교 중에 기독교인은 하나님이 창조하신 세계를 보호해야 한다면서 지구가 직면한 위협을 심각하게 받아들여야 한다고 말했다. 그러자 마치 댐이 터지듯 격렬한 반응이 터져 나왔다.

격분한 사람들 수십 명이 아버지를 찾아와 와이넌스를 좀 제지하라고 요구했다. 아버지는 그들의 요구를 단호하게 거절했다. 담임 목사에게 불만이 있으면 담임 목사에게 직접 말하라고 권면했다. (그리고 본인이 직접 실행에 옮겼다. 아버지는 칠리에서 와이넌스 목사에게 점심을 사 주며 환경 보호에 관한 발언을 자제하라고 조언했다.)

부임한 첫해는 매우 힘들고 혼란스러운 시간이었지만, 와이넌스는 무사히 견뎌 냈다. 좋은 의도로 했던 일들이 오히려 문제를 일으켰음을 깨닫고, 자신에게 더 엄격해지고 철저해졌으며 자신의 이념적 충동을 억제했다. 코너스톤 교인들에게는 적응하는 시간이 필요했다. 와이넌스는 이 점을 존중할 필요가 있었고, 그 역시 적응할 필요가 있었다. 와이넌스는 아버지가 자기 옆에 있는 한 괜찮을 것이라고 확신했다.

그런데 아버지가 돌아가셨다.

18개월 후 나는 와이넌스와 샌드위치를 먹으며 대화를 나누었다. 그리고 장례식 때 와이넌스의 얼굴에 서글픈 절망감이 비쳤던 이유를 이해하게 되었다. 와이넌스는 코너스톤에서 겨우 버티고 있다고 했다. 교회는 혼란스러워졌고 목회는 매우 힘들어졌다. 아버지가 돌아가시고 얼마 되지 않아 와이넌스가 교회 지도자로서 자리를 잡을 무렵 코로나19 팬데믹이 닥쳤다. 두려움과 불확실성의 소용돌이 속에서 민주당 소속 미시간 주지사 그레첸 휘트머(Gretchen Whitmer)는 전면적인 폐쇄 명령을 내렸고, 여기에는 예배당도 포함되었다. 모든 교회는 선택해야 했다. 정부 명령에 따라 문을 닫을 것인가, 아니면 명령을 어기고 계속 문을 열 것인가. 와이넌스는 문을 닫는 게 당연하다고 생각했다. 휘트머 주지사는 기독교인들에게 죄를 지으라거나 부도덕하고 불경스러운 일을 하라고 명령한 것이 아니었다. 성경은 통치 권위를 존중하라고 했으니, 성경의 가르침에 따라 정부 명령을 존중하기로 했다.

하지만 코너스톤 교인들은 그 결정을 받아들이지 못했다. 일부 교인들은 세계화를 지지하는 엘리트 계층이 인구를 통제하려고 바이러스를 조작한 것이라고 주장했고, 또 다른 일부는 교회가 너무 중요하기 때문에(당시 표현으로는 너무 '본질적'이기 때문에) 문을 닫아서는 안 된다고 믿었다. 이 그룹들은 수십 년간 복음주의 운동이 전파해온 예언적 확신을 공유하고 있었는데, 그것은 바로 신을 경외할 줄 모르는 민주당이 언젠가 미국 기독교를 정면으로 공격할 것이라는 확신이었다. 이는 오순절 은사주의 운동이나 비주류 근본주의자들, 혹은 성경의 율법 아래 교회와 국가를 통합하려던 초기 강경파 지

1부 나라

배주의자들*에게만 국한된 믿음이 아니었다. 교파와 교단을 막론하고 '모든' 보수적인 기독교인들 사이에서 널리 통용되는 믿음이었다. 그들은 세속주의자들이 정부 권력을 이용해 공공 생활에서 신을 내쫓는 것은 시간문제라고 믿었다.

2020년 봄에 그 예언이 현실이 되고 있었고, 크리스 와이넌스 같은 나약하고 줏대 없는 목사들이 이를 방관하고 있었다.

몇 주간 온라인으로 일요일 예배를 진행한 뒤 코너스톤교회가 다시 문을 열었을 때 상당수의 교인이 돌아오지 않았다. 이후 몇 달 동안 교인 수는 더 줄어들었다. 초기 교회 폐쇄에 관한 논쟁이 마스크 착용과 사회적 거리 두기에 관한 논쟁으로 이어졌고, 교인들은 와이넌스 목사가 정부 보건 지침에 지나치게 순종적이라는 생각에 교회를 떠났다.

와이넌스는 이미 휘청거리고 있었고, 그의 발밑은 더욱 불안정해질 참이었다. 2020년 5월, 무장하지 않은 흑인 남성 조지 플로이드(George Floyd)가 미니애폴리스에서 한 경찰관에게 살해되었다. 경찰관은 플로이드가 "숨을 못 쉬겠어요"라고 외치는데도 거의 9분 동안 그의 목을 무릎으로 내리눌렀다. 이 사건은 한여름의 불안을 촉발했다. 인종 정의를 위한 시위와 산발적인 폭력 폭동이 발생하면서 수백만 명의 미국인이 편을 가르기 시작했고, 소셜 미디어에 글을 쓰고 마당에 표지판을 세우면서 이웃, 가족, 동료 교인들과 갈등

---

* '땅을 정복하고 모든 생물을 다스리라'고 명령한 창세기 1장 28절의 '지배' 개념을 문자 그대로 받아들여 기독교인들이 세속적인 권력을 차지하고 사회 전반에 걸쳐 기독교적 지배를 확립해야 한다고 믿는 신학적·정치적 운동을 말한다. 20세기 중반부터 미국의 일부 기독교 단체와 정치인들 사이에서 인기를 얻었고, 특히 정치적으로는 보수적인 기독교 운동과 연결되어 공화당 내 일부 정치인들과 연대하기도 했다.

을 빚었다.

트럼프의 재선 캠페인은 이 혼란을 더 부추겼다. 현직 미국 대통령이었던 트럼프는 민주당이 자신에게 불리하게 선거를 조작하려 한다고 주장하면서 그로 말미암은 결과는 비단 선거 정치에 국한되지 않을 것이라고 강조했다. 트럼프는 2016년 선거에서 자신이 백악관에 들어가면 "기독교가 힘을 가질 것"이라고 약속했으며, 2020년 선거 때는 상대 후보인 전 부통령 조 바이든(Joe Biden)이 "하나님을 해치고" 종교적 신념을 빌미로 기독교인들을 공격할 것이라고 경고했다. 음침한 표현과 폭력적인 음모론을 받아들인 트럼프 대통령은 미국에 널리 퍼진 종말론적 관념을 이용해 주요 복음주의자들을 끌어들였고, 그들의 도움을 받아 '신을 두려워하며 트럼프를 지지하는 공화당원들'과 트럼프만 없으면 자신들이 유대-기독교적 가치를 몰아낼 수 있다고 생각하는 '세속적인 좌파들' 간의 영적 전쟁을 구상했다.

그 결과는 실제적이고 파괴적이었다. 코너스톤 교인들은 교회 폐쇄에 관한 정부 명령과 "흑인의 생명도 소중하다"로 대변되는 인권 운동과 민주당 대통령 후보 조 바이든에 대해 공개적으로 반대의 뜻을 밝히라며 와이넌스 목사를 압박하기 시작했다. 와이넌스가 이 요구를 거절하자 더 많은 사람이 교회를 떠났다. 2020년 11월, 트럼프가 대선에서 패배한 후 교회 분위기는 한층 더 험악해졌다. 선거 결과를 뒤집으려는 십자군 운동이 교인들을 혼란에 빠뜨렸다. 이 운동은 트럼프의 변호사인 제나 엘리스(Jenna Ellis)와 작가 에릭 메택서스(Eric Metaxas) 등 여러 기독교인이 주도했다. 엘리스는 나중에 부정 선거에 대한 거짓말을 여럿 퍼뜨렸다고 인정한 후 판사에게 질책을 받았고, 메택서스는 동료 신자들에게 트럼프의 대통령 자리를 지키기 위해서라면 순교까지도 감수하려는 자세가 필요하다

40

고 말했다. 한 인기 있는 교회 지도자는 온라인에서 큐어넌* 활동에
가담한 사실이 드러나 해고되었다. 큐어넌은 트럼프를 '사탄의 수
하들로서 어린아이들의 인육을 먹는 엘리트 집단과 맞서 싸우는 메
시아적 인물'로 묘사했다. 교회가 구체적인 이유를 밝히지 않고 그
녀를 해임하자 교인들이 줄줄이 교회를 떠났다. 코너스톤을 떠난 사
람 중 일부는 핵심 멤버가 아니었다. 하지만 상당수는 핵심 멤버였
다. 그들은 리더 역할을 맡았던 사람들이었고, 와이넌스가 평소 친
구로 여기며 신뢰하던 사람들이었다.

2021년 1월 6일 트럼프 지지자들이 권력 이양을 저지하고자
국회의사당을 습격했을 때, 와이넌스는 자신이 교회를 더 이상 통제
할 수 없다고 느꼈다. 몇 주 후, 브라이턴 바앤그릴에 앉아 그는 나
에게 "출애굽에 버금가는 대탈출"이 벌어지고 있다고 말했다.

와이넌스는 폭력 사태가 벌어지는 장면을 텔레비전으로 보며
절망감과 함께 일정한 책임감을 느꼈다. 워싱턴 폭동 현장에서는 기
독교 이미지가 곳곳에서 눈에 띄었다. 폭도들은 둥글게 기도 대형을
이루고 찬송가를 불렀고 성경과 십자가를 들고 있었다. 앞으로 이날
의 비극을 떠올릴 때마다 미국의 지배적 종교인 기독교의 왜곡된
이미지가 함께 연상될 것이 분명했다. 폭력 사태로 인한 피해와 혼
란이 어느 정도 수습된 후, 폭동을 주도한 미주리주 상원의원 조시
홀리(Josh Hawley)가 연설 도중 "우리는 성경 혁명의 상속자이므로

---

* 2017년부터 시작된 극우 음모론 운동이다. 익명의 인물 'Q'가 미국 정부 내
부 고위층에 접근할 수 있다고 주장하며 시작되었다. 가짜 뉴스와 음모론
을 퍼뜨려 왔고, 특히 2020년 미국 대선과 코로나19 팬데믹 기간에 크게 확
산되었다. QAnon에서 Q는 미국 정부 내에서 최고 수준의 비밀 정보를 다
룰 수 있는 권한을 의미하는 'Q Clearance'에서 유래했다. Anon은 Anony-
mous의 줄임말로 큐어넌은 '익명의 고위 관계자 Q'를 의미한다.

혁명적인 국가"라고 한 발언은 이날의 비극과 기독교의 연관성을
한층 더 강화했다.

와이넌스는 자기 같은 목회자들이 교회에 침투한 광기에 더 강
력하게 대응했다면 이 모든 일을 막을 수 있었을 것이라고 자책했
다. 그래서 돌아오는 일요일에 거짓말과 계략, 정치적 의제에 관하
여 매우 강력하고 직설적인 설교를 통해 교회의 전통적 가치와 신
념을 훼손하여 혼란을 불러일으킨 세력들을 지목하고 비판하려 했
다. 하지만 와이넌스는 준비한 설교를 하지 않았다. 교회는 이미 무
너지고 있었고, 그런 설교로 치유의 기회마저 날려 버릴까 봐 두려
웠기 때문이다.

나는 와이넌스에게 마음에 없는 말을 했다. "괜찮아질 거예요.
조금만 더 버텨요."

그러자 와이넌스는 내게 비밀로 해 달라며 속마음을 털어놓았
다. 그는 코너스톤교회를 떠날 생각을 하고 있었다. "심리적 공격"이
너무 심해졌다고 했다. 최근에는 일종의 불안 장애가 생겨서 예배
중간중간 어두운 방에 들어가 마음을 추슬러야 했다. 의사인 자기
아버지와 이야기를 나눈 후, 와이넌스는 신뢰할 수 있는 몇몇 장로
들을 만나 자신의 건강 문제를 털어놓고 일요일 아침에 기절하거나
쓰러질 때를 대비해 가까이 있어 달라고 부탁했다.

나는 아버지를 떠올리며 아버지가 얼마나 가슴 아파할지 생각
했다. 그러다 이 모든 일에는 아버지에게도 어느 정도 책임이 있지
않을까 고민하기 시작했다. 코로나19가 퍼지고 조지 플로이드 사건
이 벌어지고 도널드 트럼프가 등장하기 훨씬 전부터 코너스톤에는
분명 문제가 있었다. 나는 교회 사람들이 하늘이라도 무너진 것처럼
수선을 떨며 페이스북에 올린 조잡하고 히스테릭한 게시물을 대수
롭지 않게 여겼었다. 코너스톤을 오래 다닌 일부 교인들이 트위터에

서 나를 집요하게 괴롭히는 것도 심각하게 생각하지 않았다. 특별히 걱정할 만한 수준만 아니라면, 재미있다고 생각했었다. 그런데 그것들이 경고였다는 사실을, 깜빡이는 선홍색 불빛처럼 진지하게 받아들였어야 했다는 사실을 이제야 깨달았다. 아버지는 SNS를 하지 않았다. 소셜 미디어 계정을 만들어 본 적도 없었다. 아버지는 자신의 양들이 얼마나 심하게 길을 잃었는지 알고 있었을까?

나는 장례식장에서 어떤 충돌이 있었는지, 또 장례식에서 러시림보의 이름을 함부로 입에 올렸다가 어떤 편지를 받았는지 와이넌스에게 이제껏 한 번도 말한 적이 없었다. 그날에야 비로소 테이블에 몸을 기울여 그동안 말하지 않았던 이야기를 상세히 털어놓았다. 와이넌스는 눈썹을 찡그리며 손을 모으고 고통스러운 숨을 내쉬며, 입 모양으로 미안하다고 했다. 너무 슬프고 미안한 마음에 소리를 입 밖으로 내놓지도 못했다.

우리 사이에는 잠시 침묵이 흘렀다. 그 후 나는 지난 18개월 동안 매일 생각했던 질문, 격분한 아내가 거실에서 소리쳤던 그 질문을 순화해서 와이넌스에게 던졌다.

"미국 복음주의자들은 뭐가 문제일까요?"

와이넌스는 잠시 생각했다.

"**미국**이요." 그가 대답했다. "그들 중 너무 많은 이들이 미국을 숭배하죠."

★ ★ ★

지난 10년간 공화당을 취재하며 의회와 선거 유세 현장을 뛰어다닌 나는 후보자의 목구멍에서 말이 나오기도 전에 그들이 어떤 성경 구절을 인용할지 예측할 수 있었다.

그들은 자본주의를 옹호하기 위해(잠언 13장 4절: "게으른 사람은 아무리 바라는 것이 있어도 얻지 못하지만, 부지런한 사람의 마음은 바라는 것을 넉넉하게 얻는다"), 낙태를 금지하는 법을 제정하기 위해(시편 139편 13절: "주님께서 내 장기를 창조하시고, 내 모태에서 나를 짜 맞추셨습니다"), 문화 전쟁에 신자들을 동원하기 위해(이사야 5장 20절: "악한 것을 선하다고 하고 선한 것을 악하다고 하는 … 자들에게, 재앙이 닥친다!") 성경 구절을 이용했다.

이 모든 예시, 그리고 유권자들이 공화당 정치인들에게 듣게 되는 대부분의 이야기는 구약 성경에서 따온 것이다. 나는 이것을 우연이라고 생각하지 않는다. 예수는 3년 동안 가르치면서 주로 가난한 사람을 돕고, 자신을 낮추고, 영원한 생명을 얻는 것 외에 세속적인 야망을 품지 말라고 말씀하셨다. 간단히 말해서, 산상수훈의 팔복("온유한 사람은 복이 있다… 자비한 사람은 복이 있다… 평화를 이루는 사람은 복이 있다")은 선거 유세 연설에 도움이 되지 않았다. 구약 성경 구절이 시대에 뒤떨어지거나 타당하지 않다는 말이 아니다. 오히려 시대를 초월한 지혜를 담고 있는 구약 성경의 많은 구절이 나의 세계관을 형성하는 데 중요한 역할을 했다. 다만 그리스도인들이 '그리스도'의 말씀을 그토록 드물게 인용하는 것이 내게는 늘 이상하게 느껴졌다.

트럼프가 공화당을 장악하고 대통령으로 재임한 4년 동안, 공화당이 구약 성경의 언어에 지나치게 의존하는 경향이 나타나기 시작했고, 이는 점점 문제가 되었다.

트럼프가 공화당 대선 후보로 확정되었을 때 많은 기독교인은 당연히 우려를 표했다. 부도덕한 사생활은 차치하더라도, 트럼프는 선거 기간 내내 비판자들에 대한 증오를 선동하고, 상대 후보에게 악랄한 인신공격을 퍼부으며, 한 번도 하나님에게 용서를 빌어 본 적이 없다고 자랑하고, 일반적으로 그리스도가 보여 주신 모범과는 반대되는 방식으로 행동했다. 바울이 "성령의 열매"(사랑, 기쁨, 화평, 인내, 친절, 선함, 신실, 온유, 절제)라고 부른 것들 가운데 어느 것도 트럼프에게서 찾을 수 없었다. 트럼프의 복음주의 동맹들, 즉 선거 캠페인 초기부터 트럼프를 지지해 온 몇몇 유명 목사들과 지도자들은 복음주의 공동체가 공화당 후보를 지지하려면 이 문제를 해결해야 한다는 점을 잘 알고 있었다. 수십 년 동안 종교적 우파*는 공직자들에게 엄격한 도덕적 기준을 적용해 왔고, 특히 42대 대통령인 빌 클린턴을 괴롭히는 데서 큰 기쁨을 느꼈다. 그들은 클린턴의 이중성과 여자 문제를 이유로 그가 공직에 적합하지 않다고 주장했다. 경건한 성품이 국가를 운영하는 데 꼭 필요한 요건이라고 주장해 왔던 그들이 트럼프의 죄를 못 본 척하는 건 지속 가능한 접근 방식이 아니었다.

그래서 복음주의 지도자들은 새로운 전략을 짰다. 트럼프의 단점을 포용하기로 한 것이다. 2016년 6월, 뉴욕시 메리어트마르퀴스 호텔에 500명이 넘는 저명한 기독교 보수주의자들이 모였다. 이날 모임에서 (유명한 복음 전도자 빌리 그레이엄의 아들인) 프랭클린 그레이엄(Franklin Graham)과 (침례교 목사에서 아칸소 주지사로, 또 폭스뉴스 진행자에서 트리니티방송네트워크 진행자로 변신한) 마이크 허커비(Mike Huckabee)는 하나님의 뜻을 이루기 위해 결함이 있는 인물을 사용하는 오랜 전통을 잇는 새로운 인물로 트럼프를 소개했다. 이 전략은 아주 명확했다. 성경에는 중대한 결함이 있는 위대한 지도자들의 예시가 가득하므로 트럼프를 하나님의 완벽한 계획을 위한 불완전한 도구로 제시하는 것은 얼마든지 가능했다. 나는 그날 메리어트호텔에서 참석자

---

* 보수적인 종교적 가치와 신념을 지지하는 정치 집단이나 정치 운동을 가리킨다. 주로 기독교적 보수주의를 바탕으로 사회·도덕·정치 이슈에 접근하며 전통적인 가족 가치, 생명권, 종교의 자유 등을 강조한다.

들과 이야기를 나누면서 트럼프를 다윗과 솔로몬, 그리고 개인적으로 주님을 경배하지는 않았으나 이스라엘 민족을 보호했던 페르시아 지도자 키루스(고레스) 왕에 비교하는 이야기를 반복해서 들었다.

모든 상황에 대응할 수 있는 영리한 방법이었다. 나사렛 예수가 성육신하신 하나님이며 흠 없는 어린 양으로서 세상의 죄를 위해 죽었다가 사흘 만에 부활했다는 사실을 트럼프가 믿든 안 믿든 상관없었다. 실제로 후보자의 마음속에 무엇이 있는지 누가 알겠는가? 그는 지금과 같은 때를 위해 태어났고, 하나님의 백성과 그들의 '산 위에 세운 빛나는 도시'*를 위해 싸우도록 임명된, 전능하신 하나님의 도구였다.

신학적·정치적 지식이 있는 지도자들이 사용한 수사(修辭)는 신학적·정치적 이해가 부족한 일반 신자들의 가장 해로운 직관과 맞물려서 위험한 결과를 초래했다. 종교적 쇠퇴가 미국의 국가적 쇠퇴를 불러온다는 개념은 새로운 것이 아니다. 교회 지도자들은 공립학교에서 기도를 금지하고, 낙태를 합법화하고, 마약과 포르노와 결혼 제도 밖에서 이루어지는 성관계를 허용하면, 하나님이 진노하시거나 관심을 거두셔서 하나님의 보호와 축복을 잃게 될 것이라고 경고하는 데 반세기를 보냈다. 그런데 지금 심판의 징후들이 늘어나고 있었다. 대통령 집무실에서 클린턴이 부정한 관계를 맺었다. 2001년 9월 11일에는 이슬람의 테러 공격이 있었다. 그리고 버락 오바마가 등장했다. 수백만 명의 복음주의자들은 오바마가 숨겨진 케냐인이거나 최악의 경우 잠복해 있는 모슬렘 극단주의자라고 믿

---

* 미국의 이상과 목적을 상징하는 표현으로 마태복음 5장 14절에서 따왔다. 미국이 도덕적 지도자로서 전 세계에 본보기가 되어야 한다는 이념을 담고 있다.

었다. (프랭클린 그레이엄은 오바마의 출생지에 의문을 제기하고 그가 이슬람교도일 거라며 의심했다.)

2015년 여름, 트럼프가 대선 출마를 선언하며 아론의 황금 송아지도 부럽지 않을 만큼 화려한 에스컬레이터를 타고 내려올 때쯤에는 "미국이 나락에 빠졌고" "기독교가 공격받고 있다"는 두 가지 인식이 복음주의 내에 널리 퍼져 있었다. 트럼프는 이를 본능적으로 이해했다. 그는 교회 강단과 폭스뉴스 대기실을 오가며 시간을 보내는 신앙 지도자들을 곁에 두고, 겁에 질린 미국 기독교인들의 요구에 부응하려고 노력했다. 낙태에 반대하는 '생명 옹호' 성향의 대법관을 임명하겠다고 약속했다. 정부가 보수적인 목사들의 목소리를 억누르고 보수적인 교회들을 폐쇄할 수 있게 하는 조항이라며 의심받던 '존슨 수정헌법'을 뒤집겠다고 약속했다. 또, 이스라엘 주재 미국 대사관을 예루살렘으로 옮기겠다고 맹세했다. 사실 이는 영적·지정학적 의미가 많은 중대한 결정이었지만, 트럼프가 그 의미를 제대로 이해했을 리 만무하다. 무엇보다 가장 결정적으로 인디애나 주지사 마이크 펜스(Mike Pence)를 러닝메이트로 선택함으로써 복음주의자들의 지지를 확보했다.

한때 네거티브 선거 운동을 펼치다 실패를 맛본 마이크 펜스는 인디애나주에서 라디오 토크쇼를 진행하며 이미지를 회복하는 데 성공했다. 2000년에 하원의원에 당선된 펜스는 당선되자마자 작은 정부를 지향하는 절대주의자로서의 견해를 분명히 밝혔다. 펜스는 강한 이념적 입장을 가진 정치인으로 알려졌지만, 근본적으로는 신앙심이 깊은 복음주의자로 더 잘 알려져 있다. 펜스는 하나님이 자신을 위해, 미국을 위해, 그리고 이스라엘을 위해 계획을 세우고 있다고 믿었으며, 예상치 못한 트럼프와의 파트너십을 이 세 가지 계획을 모두 발전시킬 방법이라 여겼다. 펜스는 신앙과 정치를 결합하는 것을 당연하게 여겼으며 우선순위를 분명히 밝혔다. 그는 언제나 이 말로 연설을 시작했다. "저는 기독교인이자 보수주의자이며 공화당원입니다. 방금 말한 순서대로입니다."

2016년 말, 전국을 돌며 집회를 주도하는 펜스를 보면서 나는 이미 수천 번은 들은 시작 멘트보다는 마무리 멘트에 더 관심이 갔다. 클린턴 가족을 비난하고(포지티브 선거 운동은 애초에 기대할 수 없었다), 트럼프의 '넓은 어깨'를 칭송하며, 사람들에게 투표하라고 간청한 후, 펜스는 청중에게 다가오는 선거의 중요성을 상기시켰다. 펜스는 그들이 사랑하는 나라가 무너지고 있다고 주장했다. 그런 다음 엄숙한 목소리로 아직 늦지 않았다고 말했다. "내 이름으로 일컫는 나의 백성이 스스로 겸손해져서, 기도하며 나를 찾고, 악한 길에서 떠나면, 내가 하늘에서 듣고 그 죄를 용서하여 주며, 그 땅을 다시 번영시켜 주겠다."* 펜스는 역대하에 나오는 하나님의 음성을 인용했다. 그러면 군중은 이에 호응하여 포효했다.

아주 위험한 방식으로 성경 구절을 적용하고 있었다. 이 구절은 예루살렘 성전을 봉헌한 이스라엘 왕 솔로몬에게 하나님이 하시는 말씀이다. 매우 신성한 순간에 언약 백성의 통치자에게 하나님이 주신 구체적인 경고의 말씀이다. 펜스가 이 구절을 끌어다가 수십 세기 후의 미국 정치 캠페인에 적용했다는 것은 둘 중 하나였다. 공화당 부통령 후보가 성경 속 역사를 몰랐거나, 아니면 알면서도 하나님과 이스라엘의 관계가 하나님과 미국의 관계와 유사하다고 믿었거나.

물론, 펜스는 성경의 역사를 잘 알고 있었다.

---

* 역대하 7:14.

★ ★ ★

"미국이 종교적 개념, 특히 성경적 개념으로 세워졌다고 믿는 사람이 많아요"라고 와이넌스 목사는 말했다. "바로 여기에서 많은 문제가 발생하죠."

둘 다 맞는 말일 수 있다. 첫 번째, 미국을 건국한 사람들 대부분은 신을 믿었고, 많은 이가 독실한 기독교인이었으며, 그들은 성경에서 혁명에 대한 영감을 얻었다. 두 번째, 미국을 건국한 사람들은 종교가 정치에 개입하는 신정 정치를 원하지 않았다. 그들의 가족 중 상당수가 유럽에서 종교적 박해를 피해 도망친 이들이었고, 1789년 대통령 취임 몇 주 후 조지 워싱턴(George Washington)이 버지니아연합침례교에 보낸 편지에서 "영적 폭정의 공포"라고 묘사한 위협이 얼마나 끔찍한지 잘 알고 있었기 때문이다. 이런 생각을 한 사람은 비단 워싱턴만이 아니었다. 회의론자였던 벤저민 프랭클린(Benjamin Franklin)부터 독실한 기독교인이었던 존 제이(John Jay)까지 건국자들 모두가 미국은 "신의 영향"을 받거나 창조주와의 대화를 통해서가 아니라 "이성과 감각"을 사용하여 세워졌다는 존 애덤스(John Adams)의 견해를 공유했다.

이는 성경에 나오는 이스라엘 이야기와는 사뭇 다르다.

와이넌스 목사는 구약 성경 이야기를 설명하면서 "'하나님'은 자신과의 언약을 통해 이스라엘을 세우셨어요"라고 말했다. "이스라엘은 하나님의 선택받은 백성을 위해 세워진 하나님의 선택받은 나라였으며 하나님의 선택받은 율법에 따라 살았습니다."

선택받은 이스라엘 백성들이 반복적으로 하나님의 율법을 어기고 다른 나라의 법과 관습을 좇고 다른 신을 섬기자 하나님은 고대 이스라엘이 멸망하도록 허락하셨다. 수백 년간 유배와 억압을 겪으면서 유대 민족은 하나님과의 언약 관계로 다시 돌아가기를 열망했다. 그런데 갈릴리 지방에서 목수의 아들로 자란 나사렛 예수가 와서 다음과 같은 소식을 전했다. "옛 왕국은 영원히 사라졌다." 대신에 예수는 더 나은 나라를 약속했다. 그 나라는 이 세상에 속하지 않은 나라이며, 유대인뿐만 아니라 예수를 하나님과 인간 사이의 중재자로 받아들이는 모든 사람을 위한 나라다.

이는 아무리 강조해도 지나치지 않을 만큼 매우 중요한 변화다. 히브리서는 우리에게 하나님이 예수를 새 언약으로 일컬으심으로써 "첫 번째 언약을 낡은 것으로 만드셨다"*라고 가르친다. 빌립보서에서 "난 지 여드레 만에 할례를 받았고, 이스라엘 민족 가운데서도 베냐민 지파요, 히브리 사람 가운데서도 히브리 사람이요"**라고 스스로 소개할 만큼 모범적인 유대인이었던 바울은 지금 예수께서 주시는 것에 비하면 한때 자신이 소중하게 여겼던 정체성은 '오물'에 불과하다고 말한다.

그리스도인을 자처하는 사람들은 예수가 주는 은혜, 구원, 영원한 나라의 시민권으로 세속적인 욕망을 잠재울 수 있어야 한다. 하지만 그렇지 못하는 경우가 많다. 수천 년 전 고대 이스라엘인들이 하나님의 언약에 만족하지 못했던 것과 같은 이유 때문이라고 와이넌스는 설명했다. "하나님의 백성은 항상 다른 나라를 부러워하고 그들처럼 되고 싶다는 유혹을 받아 왔습니다. 예전에도 그랬고, 지금도 마찬가지죠." 와이넌스의 말이다. "성경에는 일관된 패턴이 있습니다. 권력을 원하고, 영향력을 손에 쥐고 싶어 하고, 번영을 바라고, 안전하길 원합니다. 심지어 하나님이 이런 것들을 주셔도 더 많

---

* 히브리서 8:13.
** 빌립보서 3:5.

이 얻기 위해 세속적인 방법을 사용하려는 경향이 있습니다."

　미국 역사에서 백인 기독교인들은 권력과 영향력, 번영과 안전, 이 모든 것을 누렸다. 이러한 현실을 고려하면, 또 영국을 물리치고 초강대국으로 성장한 기적이나 자유와 민주주의(그리고 기독교)를 전 세계에 전파한 유산을 고려하면, 많은 복음주의자가 미국이 하나님의 축복을 받은 나라라고 믿는 이유를 쉽게 이해할 수 있다. 문제는 축복과 권리를 구분하지 못하는 경우가 많다는 데 있다. 하나님이 어떤 복을 주셨다고 확신하게 되면, 그 축복은 시기와 집착의 대상이 될 수 있으며 심지어 숭배의 대상이 되기도 한다.

　"근본적으로 우상 숭배에 관한 이야기입니다. 일부 사람들에게 미국이 우상이 된 것이죠." 와이넌스는 다음과 같이 설명을 이어 갔다. "하나님이 미국과 언약을 맺었다고 믿으면, 결국 우리가 새로운 이스라엘이라고 믿게 됩니다. 많은 사람이 실제로 그렇게 말합니다. 이스라엘에 주어진 약속들이 이 나라에도 적용된다고 믿고, 미국을 보호해야 할 언약으로 여깁니다. 마치 구원과 직결된 것처럼 미국을 위해 싸워야 한다고 믿습니다. 이런 믿음이 강해지면, 자신을 기독교인보다 미국인으로 더 강하게 인식하게 됩니다. 우리가 누구에게 부름을 받았는지, 그리스도인의 본질을 심각하게 오해하는 거죠."

　와이넌스는 어디에서든 이런 현상이 발생할 수 있지만, 미국은 특정 조건들 때문에 이러한 국가 우상 숭배 현상이 더 쉽게 발생할 수 있다고 설명했다. "미국 권리장전의 자유를 우리는 '신이 주신' 것이라고 부르기를 좋아합니다. 총기 규제의 맥락에서 이것이 무엇을 의미하는지 생각해 보세요." 와이넌스는 설명을 이어 나갔다. "신이 당신에게 준 것을 누군가 빼앗으려고 한다면, 정말 화가 나겠죠! 그런데 총기 소유 권리는 신이 주신 권리일까요, 아니면 문화적으로 형성된 권리일까요? 영국이나 세계 대부분의 다른 나라에 가서 물으면, 그들은 문화적 권리라고 말할 겁니다. 그런데 미국에서는 많은 기독교인이 이를 신이 주신 권리라고 믿습니다. 이런 작은 예시를 통해서도 이러한 믿음이 문제를 일으킬 수 있다는 걸 알 수 있습니다."

작은 예일지 모르지만, 그로 인한 영향은 매우 크다. 수정헌법 제2조는 미국의 가장 신성한 국법 중 하나이며, 미국 보수 진영이 절대적으로 옳다고 여기는 규범이다. 나는 수정헌법 제2조*를 정확하게 외울 수 있는 기독교인은 얼마나 되고, 하나님이 주신 십계명 중 우상 숭배를 금지하는 제2계명**을 정확히 암송할 수 있는 기독교인은 얼마나 될지 궁금하다고 와이넌스에게 말했다.

와이넌스는 고개를 가로저으며 "수정헌법 제2조를 정확히 외우는 사람이 압도적으로 많죠"라고 말했다.

그리고 빠르게 설명을 덧붙였다. "물론, 저는 미국에 애정이 있습니다. 여기에 살고 있어서 기쁩니다. 하지만 제 시민권은 여기 있지 않습니다. 여기 있을 수 없습니다." 와이넌스는 씁쓸하게 말했다. "우리는 예수께서 이미 이루신 구원의 의미를 왜곡하고 미국에 집착하고 있습니다. 우리에게는 이미 우리를 기다리는 왕국이 있지만, 우리는 이 세상의 것을 차지하여 그것을 왕국이라 부르려고 합니다."

와이넌스는 창밖을 가리키며 말했다. "하나님은 우리에게 이곳은 약속의 땅이 아니라고 말씀하셨습니다. 하지만 그들은 이곳을 약

---

* "잘 규율된 민병대는 자유로운 주(州)의 안보에 필요하므로, 무기를 소지하고 휴대할 수 있는 사람들의 권리는 침해받지 아니한다."

** "너희는 너희가 섬기려고 위로 하늘에 있는 것이나, 아래로 땅에 있는 것이나, 땅 아래 물 속에 있는 어떤 것이든지, 그 모양을 본떠서 우상을 만들지 못한다. 너희는 그것들에게 절하거나, 그것들을 섬기지 못한다"(출애굽기 20:4-5).

1부 나라

속의 땅으로 만들려고 합니다."

분명히 말하건대, 성경은 많은 나라를 언급하지만 그 안에 미국은 들어 있지 않다. 대부분의 미국 복음주의자들은 이 점을 충분히 이해하고 있으며, '새로운 이스라엘'에 관한 논의를 피하고, 미국을 하나님 앞에서 신성한 나라로 여기는 생각을 거부한다. 하지만 그럼에도 상당수의 복음주의자가 여전히 자신의 신앙적 정체성보다 민족적 정체성을 우선시한다. 나는 내 아버지에게서도 이런 일이 어느 정도 일어나는 것을 지켜보았다.

한때 뛰어난 운동선수였던 아버지는 열여섯 살에 결핵에 걸렸다. 4개월 동안 입원했고, 한때 의사들은 그가 죽을 것이라고 예상했다. 그러나 아버지는 결국 병을 떨쳐 냈고, 베트남 전쟁이 발발하자 해병대에 입대했다. 아버지는 정식 교육은 받지 못했으나 성공리에 레스토랑 사업을 일군 가난한 시칠리아 이민자의 아들이었다. 가족은 애국심이 강했고, 아버지는 미국을 위해 싸우는 것을 신성한 의무로 여겼다. 그러나 뜻대로 되지 않았다. 버지니아주 콴티코에 있는 장교후보생학교에서 신체 훈련을 받다가 뒤처졌다. 폐가 건강하지 않아서 훈련을 따라갈 수 없었다. 명예 제대를 하게 된 아버지는 약간의 수치심을 안고 집으로 돌아갔다. 그 후 몇 년 동안, 아버지는 어린 시절을 함께 보낸 친구 중 많은 이와 콴티코에서 함께 훈련받았던 소위들 수십 명이 전사했다는 사실을 알게 되었다. 그 일은 평생 아버지를 괴롭혔다.

이때의 경험, 그리고 히피족과 마약 문화, 전쟁 반대 시위자들에 대한 혐오감이 아버지를 법과 질서를 중시하는 보수주의자로 만들었다. 그 후 아버지는 거듭난 기독교인이 되었다. 모럴머조리티가 전성기를 구가하던 신학교 재학 시절에 사회적 보수주의 언어에 익숙해지면서 아버지는 모든 측면에서 보수적인 공화당원이 되었다.

아버지는 자신의 정치적 신념에 대해 당당했지만, 당파적인 설교에 대해서는 신중했다. 가장 큰 정치적 관심사는 낙태였다. 그의 어머니는 정서적으로 학대받으며 파탄 난 결혼 생활을 이어 가던 1947년에 임신을 중단하려 했다. (그녀는 중절 수술을 받으러 갔다가 갑자기 마음을 바꿔 병원을 뛰쳐나왔다. 아버지는 늘 이것을 하나님이 개입하신 사건이라고 여겼다.) 아버지는 동성 결혼, 교육 과정, 공공 생활의 도덕성 등 문화 전쟁에도 뛰어들었다.

내가 어릴 때 아버지는 정치 이야기를 할 때 항상 윤리적 관점에서 접근했다. 아버지는 정치 지도자가 되기 위해서는 정직성이 필수 조건이라고 믿었다. 빌 클린턴의 두 번째 임기가 끝나자 아버지는 안도했고, 조지 W. 부시의 취임을 축하하기 위해 작은 파티를 열었다. 어머니와 함께 거실에서 TV로 취임식을 보면서 백악관의 도덕성이 회복되었다며 기뻐했다. 그런데 시간이 지남에 따라 강조점이 바뀌었다. 2010년 초 어느 일요일, 내가 집에 방문했을 때 아버지는 기독교 지도자들이 오바마케어*의 위험을 경고하는 영상을 교인들에게 보여 주었다. 예배 시간에 그런 영상을 보여 주는 건 부적절하다고 아버지에게 말했지만, 아버지는 내 말에 동의하지 않았다. 그 후 몇 년 동안 우리는 더 자주 부딪혔다. 언제나 사랑과 존경을 바탕으로 논쟁했지만, 철학적 경로는 점점 달라졌다. 특히 도널드 트럼프 대통령의 재임 기간에 아버지와 나의 정치적 견해는 확

---

* 2010년에 도입된 미국의 건강 보험 개혁법으로, 공식 명칭은 "환자 보호 및 부담 적정 보험법"(PPACA)이다. 건강 보험 접근성 확대, 의무 가입 규정, 보험사에 대한 규제 강화, 메디케이드 확장, 보험 시장 조성이 주요 골자다. 미국 의료 시스템에 큰 변화를 가져왔으며 의료 접근성을 높이는 데 기여했지만, 비용 증가와 정부 개입을 둘러싸고 논란도 있었다. 공화당과 일부 비판자들은 오바마케어의 많은 부분을 폐지하거나 수정하려고 시도해 왔다.

연히 갈라졌다.

아버지는 2016년에 출마한 다른 공화당 후보들을 더 선호했다. 트럼프는 자기애가 강하고 거짓말쟁이라는 사실과 그가 도덕적인 사람이 아니라는 사실을 알고 있었기 때문이다. 그런데도 태어나지 못하고 사라질 아이들을 걱정한 아버지는 대법원 판사 중 다수가 보수 성향이기를 바랐기에, 결국 공화당 후보를 지지할 수밖에 없다고 느꼈다. 나는 그 결정을 이해했다. 하지만 그 후 몇 년 동안 아버지가 트럼프의 행동에 대한 정당한 비판을 트럼프와 지지자들을 멀어지게 하려는 계책으로 치부하면서, 트럼프가 하는 괴상한 짓에 대해 대신 사과하는 사람이 되었을 때는 정말 이해하기 어려웠다. 아버지는 트럼프의 인격에 대한 지속적인 비난이 사실상 자신과 같은 사람들에 대한 공격이라고 믿었다. 나는 이것이 무의식 차원에서 트럼프의 부도덕한 행동을 무시할 수 있게 하는 일종의 허가 구조를 만들었다고 생각한다. 트럼프 비판자로서, 언론인으로서, 그리고 무엇보다 기독교인으로서 내가 할 수 있는 일은 아버지에게 진실을 말하는 것뿐이었다. 나는 아버지에게 이렇게 말하곤 했다. "아버지가 저에게 옳고 그름을 가르쳐 주셨잖아요. 그 가르침을 실천한다고 화내지 마세요."

아버지는 게으르고 단순한 당파주의자가 아니었다. 아버지는 코너스톤 교인들이 좋아하지 않을 주제들, 이를테면 총기 폭력, 빈곤, 이민, 부의 덫과 같은 특정 이슈에 관해 목소리를 높였다. 무엇보다 정치적인 이야기를 할 때는 (선거철에는 특히) 항상 기독교적 관점을 강조했다. "하나님은 이런 일로 손톱을 물어뜯지 않으십니다"라고 아버지는 말했다. "그러니 여러분도 그러지 말아야 합니다."

그리스도인으로서 아버지의 약점(본인도 알고 있었을 것 같지만 내게는 인정하지 않았던)은 강한 애국심이었다. 아버지는 미국이 새로운 이스라엘이라고 생각하지는 않았지만, 하나님이 미국을 특별하게 축복하셨다고 믿었고, 그 축복을 지키기 위해 싸우는 사람들은 하나님의 일을 하는 것이라고 여겼다. 그런데 2007년에 아버지의 애국심이 문제를 일으켰다. 그해 코너스톤교회를 다니던 젊은 해병대원 마크 키드(Mark Kidd)가 네 번째 해외 파병을 나갔다가 이라크에서 사망했다. 여론은 전쟁에 반대하는 쪽으로 급격히 기울었고, 민주당은 조지 W. 부시 행정부에 군대를 철수시킬 것을 요구했다. 아버지는 마크 키드의 죽음에 큰 충격을 받았다. 아버지는 키드가 파병 중일 때 정기적으로 편지를 주고받았고, 키드가 임무를 마치고 돌아올 때마다 만나서 기도해 주었다. 아버지가 목사로서 느낀 슬픔은 전쟁을 지지하는 공화당원으로서 느끼는 불만으로 표출되었다. 아버지는 지역 민주당 정치인들에게 마크 키드의 장례식에 오지 말라고 통보했다.

"저는 개인적으로 군인들은 지지하지만 최고 사령관은 지지하지 않는다고 말하는 지도자들이 부끄럽습니다." 아버지는 교회 강단에서 이렇게 외쳤고 큰 박수를 받았다. "그런 태도가 군인들의 사기를 떨어뜨리고 테러리스트들에게 힘을 실어 준다는 사실을 정말 모르는 겁니까?"

이 발언은 지역 사회에 큰 논란을 일으켰다. 교인들 대부분은 아버지의 발언을 지지했지만, 보수적인 마을인 브라이턴에도 교회에서 치르는 추모식을 편파적인 정치 집회로 만드는 데 불편함을 느끼는 사람이 많았다. 강단에서 애국심을 표현하는 것은 흔한 일이다. 많은 교회가 강단에 성조기를 걸어 놓곤 한다. 그러나 이번 경우는 다르다. 이는 하나님의 권위와 위엄과 영원한 신실하심을 논란이 될 수 있는 일시적인 대의를 위해 이용하는 행위였다. 미국 대통령을 무조건 따르지 않는다며 사람들을 비난하는 행위였다. 하지만 우리가 무조건 따라야 하는 유일한 권위는 예수 그리스도 한 분뿐이다. 교회 같은 신성한 장소에서는 더더욱.

아버지는 그 행동을 후회했다. 하지만 어쩔 수 없었다. 아버지 개인의 삶(그리고 미국을 하나님의 축복을 받은 신성한 국가이자 절망적인 세상에 희망을 주는 나라로 보는 광범위한 시각)은 목회 활동에 큰 영향을 미쳤다. 아버지는 군복을 입은 군인이 교회에 올 때마다 호명하여 일으켜 세운 뒤 교인들과 함께 열렬히 박수를 보냈다.

와이넌스가 담임 목사가 되면서 가장 먼저 바꾼 것 중 하나가 바로 이 부분이었다. 와이넌스는 예배가 끝난 후 군인들을 개별적으로 만나 악수하고 감사 인사를 했지만, 예배 중에 단체로 박수를 보내는 관행은 거부했다. 와이넌스가 반전 운동가여서 그랬던 것이 아니다. 사실 그의 아내도 미 육군에서 복무한 적이 있다. 와이넌스가 그 관행을 거부한 이유는 단순히 그것이 부적절하다고 느꼈기 때문이다.

와이넌스는 이렇게 말했다. "누군가를 불편하게 하려는 게 아닙니다. 저는 국가가 자위권을 가지고 있다고 생각하고, 군인들이 하는 희생을 존중합니다. 그런데 생각해 보세요. 군인들이 군복을 입고 교회에 오면, 사람들은 열렬히 기립 박수를 보냅니다. 선교사들이 교회에 왔을 때와 대조적이죠. 그들을 소개할 때는 그냥 가볍게 박수를 치다 맙니다."

와이넌스는 잠시 말을 멈추고 신중하게 단어를 골랐다. "다시 말씀드리지만, 누군가를 불편하게 하려는 게 아닙니다. 하지만 우리는 미국을 위해 전쟁에 나가는 사람에게는 휘날리는 국기를 보며 교회에서 기립 박수를 보내고, 선교사에게는 그저 가벼운 박수만 보냅니다. 우리의 시민권이 있는 나라를 대표하는 선교사에게 그냥 가벼운 박수만 보냅니다. 왜 그럴까, 우리 마음속에 무슨 일이 일어나고 있는 걸까, 여기에 의문을 가져야 합니다."

와이넌스는 내게 자신의 질문에 답해 달라고 했다.

"예수님의 제자들을 생각해 보세요." 와이넌스가 말을 이었다. "제자들은 예수님 앞에서 누가 주님의 왼편에 앉고, 누가 오른편에 앉을지를 놓고 논쟁하며 자신들이 곧 권력을 잡을 것이라고 믿었습니다. 그들은 예수님이 왕이 되면 자신들이 그분의 나라를 다스릴 것이라 여겼지만, 예수님은 계속해서 당신의 나라는 이 세상에 속한 것이 아니라고 말씀하셨습니다."

제자들은 예수의 가르침을 이해하지 못했다. 예수가 자신을 처형하려는 로마 총독 본디오 빌라도에게 역사를 뒤바꾼 말씀("내 나라는 이 세상에 속한 것이 아니오")을 하셨을 때, 제자들은 크게 충격을 받고 슬퍼했다. 그들은 예수의 죽음과 함께 예언된 왕국에 대한 희망도 사라졌다고 믿었다. 예수가 다시 나타나 그 예언이 사실은 이미 이루어졌다고 설명하기 전까지, 제자들은 진정한 권세가 무엇인지 깨닫지 못했다.

와이넌스는 이렇게 말했다. "제자들은 예수님이 십자가에 못 박히시고 죽음에서 부활하여서 하늘로 올라가신 후에야 비로소 그 의미를 이해하게 되었습니다. 이 깨달음이 그들의 신앙을 완전히 바꾸어 놓았죠. 중요한 건, 신앙은 단지 믿음만을 의미하는 게 아니라는 겁니다. 신앙은 충성을 의미합니다. 예수를 믿는다는 신앙 고백은 충성의 대상을 예수로 바꾸겠다는 뜻입니다. 1세기 로마의 상황을 떠올려 보세요. 그 시대 사람들은 실제로 그렇게 했습니다. 로마 황제와 로마의 신들에게 충성을 바치고 유대 지도자들이 정한 특정 율법을 충성스럽게 지키던 사람들이 이제 예수께 충성을 다하겠노라 맹세했습니다."

★ ★ ★

세상의 권력을 포기한 제자들에게는 대가가 따랐다. 그들 대부분이 예수를 따르다가 목숨을 잃었다.

와이넌스 목사도 많은 어려움에 부닥쳤다. 그렇지만 목숨을 잃지는 않았다. 2021년에 우리는 코너스톤과 미국 교회에 관해 계속 이야기를 나눴다. 그는 교회 소프트볼 경기장을 오래 걷고, 시편을 읽으며 기도하고, 주께 보호해 달라고 간구하면서 정서적·신체적 스트레스에 대처하는 법을 배웠다. 그리고 하나님께서 해결하라고 부르신 문제를 회피하고 싶지 않아 조금 더 그 자리에 남기로 했다. 와이넌스는 미국이 아닌 예수에게 충성을 다하도록 사람들을 설득하고자 노력했다. 그리고 거기에는 대가가 따랐다.

이미 많은 교인이 코너스톤을 떠났고, 매주 더 많은 교인이 교회를 떠나고 있었다. 많은 이들이 길 건너에 있는 특정 교회로 옮겼다. 당시 유행에 영합하는 부흥 중심의 교회로, 그 교회 목사는 국가와 민족의 정체성을 강조하며 두 왕국을 하나로 통합하려는 기독교 민족주의를 설교했다.

"교회는 신자들에게 도전을 주어야 합니다"라고 와이넌스 목사가 말했다. "하지만 많은 사람이 도전받기를 원하지 않습니다. 자신이 중요하게 여기는 것, 즉 '우상'이라고 할 만한 것들에 대해서는 비판이나 도전을 받기를 '결코' 원하지 않아요. 듣기 싫은 말을 하면, 교회를 떠납니다. 다른 교회를 찾아요. 자신이 듣고 싶은 말을 해 주는 목사를 찾습니다."

새로운 이야기는 아니다. 사도 바울은 죽음이 가까워졌음을 깨닫고, 디모데에게 신자들의 변덕스러운 본성에 대해 경고했다. "때가 이르면, 사람들이 건전한 교훈을 받으려 하지 않고, 귀를 즐겁게 하는 말을 들으려고 자기네 욕심에 맞추어 스승을 모아들일 것입니다."*

와이넌스는 많은 교회가 코너스톤과 같은 스트레스를 겪고 있다는 사실이 이상하게도 위안이 된다고 말했다. 교단 모임에 참석하거나 목회자 친구들을 만났을 때 나이와 경력, 이념적 성향이 모두 다른 목사들이 사역을 그만두기 일보 직전이라는 이야기를 서로 나눈다고 했다. 와이넌스는 미국 복음주의 운동 전체가 혼란에 빠져 있다고 말했다.

나는 자세한 이야기가 궁금했다. 그래서 특별히 더 기억에 남는 사건이 있는지 물었다.

와이넌스는 웃음을 참으며 내게 물었다. "혹시 굿윌교회에 가 보셨어요?"

---

* 디모데후서 4:3.

2장

★★★

트럼프와 종교적 우파:
불신의 동맹

"트럼프는 문화적 박탈감, 종교적 박해,

민족주의적 열광을 몽땅 섞어

불만의 칵테일을 만들어서 돌렸다."

"사탄아, 내 뒤로 물러가라"(마가복음 8:33).

나는 존 토레스(John Torres)를 그날 처음 만났지만, 그는 나를 알고
있었다.

"러시 림보를 그렇게 비판하다니, 아직도 믿기지 않습니다." 굿
윌복음주의장로교회 담임 목사인 토레스가 악수를 청하며 내게 말
했다.

크리스 와이넌스 목사가 굿윌교회 이야기를 언급하면서 어려
움을 겪던 자신의 멘토 이야기를 꺼내기 전까지 나는 토레스의 이

름을 들어 본 적이 없었다. 방금 중독 회복 모임이 시작된 방 밖에서, 그러니까 교회 복도에서 이야기를 나누는데, 마치 오랫동안 알고 지낸 사이처럼 느껴졌다. 엄밀히 말하면, 우리는 실제로 아는 사이였다. 토레스는 아버지 장례식에서 나를 처음 본 것이 아니었다. 우리 아버지가 굿윌교회 부목사였을 때 그곳 음악 감독이었다. 내가 아기였을 때 나를 안아 준 적도 있었다.

짧은 머리에 장난기 가득한 미소를 머금은 토레스는 비종교적인 가정에서 자랐다. 코네티컷대학교에 진학해 유명한 작곡가 밑에서 음악을 공부하던 그는 방황하다가 흥미를 잃고 학교를 중퇴했다. 그러다 예상치 못하게 기독교로 개종하면서 음악에 대한 열정에 다시 불이 붙었다. 토레스는 기독교 밴드에 가입해 북동부 지역을 순회하며 복음주의 음악가로서 경력을 쌓았다. 그렇게 음악가로 성공하려 했으나 실패했고(전통적인 꿈을 좇는 편이 더 나았을 것이다. 예를 들면 뉴욕 양키스의 센터 필더가 되는 것처럼), 이후 지역 교회에서 키보드 연주자를 구한다는 신문 광고를 보고 그 자리에 지원했다.

굿윌교회의 담임 목사 스튜어트 폴먼을 만난 토레스는 그 교회와 묘한 유대감을 느꼈고, 두 사람은 금방 친해졌다. 신자와 비신자를 막론하고 지역 주민 모두가 '스튜 목사님'이라고 친근하게 부르던 폴먼은 그 자리에서 바로 토레스를 채용했다. 얼마 지나지 않아 토레스는 성가대 지휘자가 되었다. 그러나 폴먼 목사는 그에게 더 큰 역할을 맡기고자 했다. 폴먼은 토레스에게 하나님께서 그에게 목사로서의 길을 보여 주셨다며, 신학교에 가서 목사가 될 준비를 하라고 조언했다.

토레스는 깜짝 놀랐다. 신앙을 가진 지 얼마 안 되었고 교회에 출석하는 것도 아직은 부담스러울 때였다. 굿윌교회 교직원이 되는 것만으로도 긴장되었는데, 이제 그가 설교하길 하나님이 원하신다는 말인가? 말이 안 된다고 생각했다. 토레스는 머리가 길고 정장을 입지 않는다고 부목사였던 내 아버지 리처드 앨버타에게 자주 핀잔을 들었다. 그래서 이 제안은 분명 뭔가 잘못된 실수라고 생각했다.

그런데 실수가 아니었다. 스튜 목사와 내 아버지에게 꾸준히 지도를 받으며 토레스는 자신의 재능과 잠재력, 인생 계획을 깨닫기 시작했다. 토레스는 지역 대학에 편입해 학부 과정을 마친 후 곧바로 뉴욕주 나이액에 있는 얼라이언스신학교에 진학했다. 굿월교회 교직원으로 계속 일하면서 피아노 조율, 마구간 청소, 교회 가족을 위한 집안일 등의 부업을 하며 학비를 벌었다. 이후 그는 공군 방위군에 입대하여 중령 계급장을 달았고, 현재까지도 뉴버그 인근 공군 기지에서 군목으로 활동하고 있다.

학교 공부가 없을 때는 내 아버지와 스튜 목사와 함께 훈련했다. 두 목사와 열정적인 제자는 상상할 수 있는 모든 신학적·역사적·문화적·정치적 주제를 놓고 토의하고 토론했다. 의견이 다를 때도 많았지만, 즐거운 경험이었다. 세 사람은 각자 독특한 배경을 가지고 있었고, 교회와 나라와 세계에 관한 독특한 견해를 가지고 있었다. 그들이 공유한 믿음은 딱 하나, 예수 그리스도가 그들의 죄를 위해 죽고 그들의 의로움을 위해 부활하셨다는 것뿐이었다. 그것 하나면 충분했다.

"스튜 목사님은 민주당 지지자였어요. 우리 세 사람은 항상 그 이야기를 하곤 했죠. 기자님 아버지는 신경 쓰지 않았어요. 스튜 목사님도 기자님 아버지가 공화당 지지자라는 걸 신경 쓰지 않았고요." 토레스가 나에게 말했다. "제가 알던 교회는 그런 곳이었어요. 물론, 복음주의 교회에 다니는 사람들은 공화당 지지자인 경우가 대부분이죠. 가끔 정치가 문제가 될 때도 있었지만, 드물었어요. 그런데 오늘날에는 정치가 '그리스도인'의 정의를 바꾸고 있어요. 지금 우리는 성경을 제쳐 두고 다른 기준을 사용하고 있는 겁니다."

이야기를 나누면서 토레스는 나에게 굿윌교회를 구경시켜 주었다. 결국, 우리는 교회를 나와 넓은 주차장을 가로질러 작은 예배당으로 향했다. 토레스는 이곳이 2010년에 멋진 새 예배당이 세워지기 전까지 굿윌교회 교인들이 수 세기 동안 모여서 예배드리던 본당이었다고 설명했다. 그곳은 아버지가 그리스도를 영접한 곳이자 나중에 설교 활동을 시작한 곳이었다. 어머니는 이곳을 우리 가족의 "성지"라고 불렀다.

예배당 안으로 들어가니, 마치 시간 여행을 하는 듯한 기분이 들었다. 불빛은 희미하고 공기는 먼지가 자욱했다. 열세 줄로 된 푹신한 나무 의자가 두 구역으로 나뉘어 있었고, 중간에는 낡은 파란색 카펫이 무대까지 이어져 있었다. 강단에는 자주색 천으로 덮인 성찬 테이블이 있었고, 양옆에는 흰색 피아노와 소나무로 만든 소박한 강대상이 있었다. 뒤쪽에는 작은 단과 또 하나의 성찬 테이블, 의자 몇 개가 있었고 벽에는 십자가가 붙어 있었다. 강단 위에는 첫 크리스마스 밤에 천사들이 전한 메시지가 목판 글자로 새겨져 있었다. "더없이 높은 곳에서는 하나님께 영광이요, 땅에서는 주님께서 좋아하시는 사람들에게 평화로다."*

예배당 뒷벽에는 복잡하게 만들어진 진주색 석판들이 걸려 있었다. 18세기 중반까지 거슬러 올라가는 굿윌교회 전임 목사들을 기념하는 석판이었다. 교회는 내부와 외부로부터 파괴될 뻔한 위기를 여러 번 겪었다. 앤드루 킹(Andrew King)이라는 목사는 미국 독립혁명 시기에 굿윌교회를 이끌었다. 다른 목사들도 남북 전쟁 전과

---

*   누가복음 2:14. 킹제임스성경에는 이 교회의 이름 '굿윌'이 나온다. "Glory to God in the highest and on earth GOODWILL toward men."

전쟁 중, 그리고 전쟁 후에 이 교회에서 설교했다.

"그분들도 갈등을 겪었을까요?" 토레스가 농담을 던졌다. 그러나 곧 얼굴에서 미소가 사라졌다. 토레스는 석판 중 하나에 시선을 고정한 채, 혼잣말하듯 나에게 말했다. "교회가 얼마나 오래 버틸 수 있을까, 이게 늘 궁금했어요."

★ ★ ★

굿윌교회의 문제가 시작된 것은 2008년 버락 오바마가 대통령으로 당선되면서부터였다.

보수적이고 대부분 백인인 교인들 사이에서 토레스는 불안감을 느꼈다. 토레스 역시 오바마의 당선이 그리 달갑지 않았다. 토레스는 원래 민주당 지지자였지만, 최근 몇 년 동안 주로 낙태 문제 때문에 차츰 더 오른쪽으로 기울고 있었다. 토레스는 1980년대 후반에 내 아버지가 했던 설교를 듣고 낙태 문제에 대해 확고한 신념을 갖게 되었다고 말했다. 아버지가 생명 옹호를 위해 애쓰는 모습을 보면서 이 확신은 더욱 깊어졌다고 했다. 돈도 없고 어린 자녀가 네 명이나 되는데도, 나의 부모님은 도움이 필요한 여성들에게 모든 것을 나누어 주었다고 한다. 1984년에는 뉴욕주 오렌지 카운티에 첫 번째 위기임산부지원센터를 설립했다. 토레스는 이 이야기를 들려주면서 눈물을 글썽였다. 토레스는 아내와 함께 관련 기독교 사역을 통해 두 딸을 입양했다.

공교롭게도 두 딸은 흑인이었다. 토레스는 정책 문제에 있어서 오바마와 의견이 다를지라도, 그가 대통령이 된 것이 역사적으로 중요한 사건이라는 점을 인정했다. 선거 당일 밤, 토레스와 아내 섀넌은 딸들이 롤 모델로 삼을 첫 번째 가족이 생겼다는 사실에 눈물을 흘리며 기뻐했다.

그러나 교회와 그 기쁨을 함께 나누지는 못했다. 많은 교인이 차기 대통령 오바마에게 적대적이었고 심지어 증오심까지 품고 있었다. 토레스는 그 이유가 인종과 관련이 많다고 느꼈다. 토레스는 보통 일요일 아침에는 정치 이야기를 하지 않았다. 그러나 휴스턴에서 대형 교회를 이끌며 존경받던 루퍼스 스미스(Rufus Smith)라는 흑인 목사가 동료 백인 목사들에게 오바마의 당선이 흑인 기독교인들에게 어떤 의미인지 설명하는 편지를 썼을 때, 토레스는 예외를 두기로 했다.

"그분은 이렇게 말했어요. '여러분이 버락 오바마에게 투표하지 않았을지라도, 백악관 복도를 뛰어다니며 그곳을 집이라고 부르는 어린 흑인 소녀들이 있다는 점은 우리에게 영적으로 깊은 영향을 미칩니다. 저는 그것을 형제 성직자들에게 전하고 싶습니다.' 정말 아름다운 편지였어요. 그래서 교인들에게 그 편지를 읽어 주었습니다." 토레스는 이렇게 말을 이었다. "우리가 그들의 의견에 동의하든 안 하든, 우리는 권위 있는 사람들을 위해 기도할 책임이 있습니다. 흑인 형제자매들에게 오바마의 당선은 우리나라가 특별한 지점에 도달했다는 의미였고, 저는 이 의미를 우리 교인들과 공유하는 것이 중요하다고 느꼈습니다."

반발은 뜻밖에 아주 심각했다. 주일 예배에서 루퍼스 스미스 목사의 편지를 읽었다며 굿윌교회 교인들 일부가 토레스를 비난했다. 몇몇은 아예 교회를 떠났다. 충격을 받고 크게 낙담한 토레스는 원칙으로 돌아가기로 했다. 원칙대로 교회에서 정치 이야기는 하지 않고 성경 말씀만 충실히 다루기로 했다. 교인들이 그것을 원한다고 생각했기 때문이다.

하지만 시간이 지나면서 토레스는 그 원칙이 꼭 맞는 것은 아니라는 사실을 깨달았다. 오바마가 대통령으로 있는 8년 동안 교회 내에서 정치적인 소란이 점점 더 늘어났다. 그중 일부는 별로 해롭지 않았지만, 일부는 매우 위험하고 건강하지 못했다. 예를 들어, 오바마가 모슬렘이며 미국과 미국 기독교를 파괴하려고 사탄이 지명한 자라는 소문이 돌았다. 토레스는 이 이야기를 수면으로 끄집어올려서 반박해야 할지 고민했다. 소문은 절대 사실이 아니었고, 너무 많은 시간을 혐오적인 우파 매체에 빠져 지낸 결과였다. 그러나 토레스는 교회를 뉴스 스튜디오로 만들고 싶지 않았고, 이 말도 안 되는 논쟁에 휘말렸다가 더 큰 혼란을 초래하지는 않을까 걱정했다. 그래서 예수를 더 강조하는 쪽으로 나아가서 한쪽으로 치우친 교인들의 관점을 조정하여 정상으로 되돌리려고 했다.

그러나 잘되지 않았다. 2015년 여름에 트럼프가 정치 무대에 등장하자, 토레스는 상황이 더 안 좋아지리라고 직감했다. 트럼프는 문화적 박탈감, 종교적 박해, 민족주의적 열광을 몽땅 섞어 불만의 칵테일을 만들어서 돌렸다. 토레스가 목회하던 교회의 일부 교인들은 이 칵테일에 매력을 느꼈다. 그들은 변화하는 사회 규범과 세속화되는 미국에서 기독교인들이 설 자리를 잃을 것이라는 전망에 충격을 받았다.

그럼에도 토레스는 꿋꿋이 자신의 길을 갔다. 복음을 전하고 정치적 소란을 무시했다. 트럼프가 당선된 후에도 사람들이 그를 찾아왔다. 일부는 기뻐하며 토레스가 같이 기뻐해 주길 원했고, 일부는 함께 걱정을 나누고 싶어 했고, 대부분은 트럼프에 대한 그의 생각을 궁금해했다. 하지만 토레스는 미끼를 물지 않았다. 그는 트럼프가 교회 안에서 의제를 정하게 하고 싶지 않았다. 트럼프가 하는 행동이 불안했지만, 한 번 논란에 관해 언급하면 모든 논란에 관해 언급해야 할 터라 두려웠다. 그래서 미친 상황이 끝나기를 기도했고, 두려움과 증오와 불화가 끝나기를 기도했다. 그러나 토레스가 받은 응답은 팬데믹이었다.

토레스는 팬데믹 시기에 교회를 닫아야 할지 고민했다. 당시는 사람들에게 교회가 가장 필요한 시기였기 때문이다. 교인들뿐만 아니라 지역 사회 사람들, 이런저런 도움이 필요한 사람들 모두가 굿월교회에 의존하고 있었다. 토레스는 사람들이 교회에 왔다가 코로나19에 걸릴까 봐 걱정했다. 그런데 그를 걱정시킨 병은 코로나 말고 또 있었다. 사람들이 집에 갇혀 인터넷만 하며 잘못된 정보에 빠지는 것 역시 큰 문제였다.

토레스는 어려운 상황에서 최선을 다했다. 줌(Zoom)을 통해 불안해하는 교인들과 긴 시간에 걸쳐 회의하고, 일요일 라이브 스트리밍 예배를 활기차고 고무적으로 이끌기 위해 노력했다. 굿월교회 주차장에서 드라이브 스루 예배를 열기도 했다. "모든 갈등 속에서 크나큰 부흥의 시간을 갖길 바랐어요"라고 그는 말했다. 하지만 긴장은 점점 더 고조되었다. 일부 사람들은 민주당 소속 주지사의 명령에 따르는 것에 격분해서 페이스북에 분노를 표출했다. 토레스는 그 전까지 교인들의 소셜 미디어 계정을 본 적이 없었는데, 그때 교인들이 올린 게시물을 처음 보고 경악을 금치 못했다. 충격이었다. 단순히 코로나19 규정에 대한 분노가 아니었다. 완전히 정신 나간 말들이 올라왔다. 전 세계 엘리트들이 팬데믹을 기획했다는 이야기부터 아이들을 죽여서 그 피를 마신다는 이야기까지 온갖 음모론을 퍼뜨리고 있었다. (전자와 후자에 나오는 엘리트들은 대개 동일 인물이었다.)

이런 말도 안 되는 이야기들을 인터넷에서 접한 상황이라, 조지 플로이드 사건이 일어났을 때는 그 사건에 관해 다루지 않을 수도 있었다. 전국에서 벌어지는 인종차별 반대 시위를 언급해서 좋을 게 없을 것 같았기 때문이다. 그냥 안전하게 가는 게, 원칙을 일관되게 지키면서 누구도 화나게 하지 않는 게 나았을지도 모른다. 하지만 토레스는 참을 수 없었다. 오바마가 당선된 후 그로 하여금 루퍼스 스미스의 편지를 읽게 했던 바로 그 느낌, 즉 복음주의 교회 저 밑바닥에 인종차별이 뿌리 박혀 있다는 끈질긴 느낌 때문에 다시 목소리를 내지 않을 수 없었다.

"우리는 인간의 본성을 단기적인 관점이 아니라 장기적인 관점에서 이해하려고 노력합니다. 우리 자신과 다른 사람들을 바라보는 방식을 바꾸는 것이 기독교입니다. 만약 기자님이 인종차별적인 어떤 생각을 품고 있다면, 기독교인으로서 그 죄를 직시하고 회개함으로써 예수님을 더 닮아 갈 수 있습니다." 토레스는 내게 이렇게 설명했다. "〈어메이징 그레이스Amazing Grace〉를 쓴 영국 노예 상인을 생각해 보세요. **한때 길을 잃었으나 이제는 찾았고 한때 눈이 멀었으나 이제는 볼 수 있게 되었다고 고백하잖아요.**"

토레스는 친구이자 복음주의장로교 동료인 흑인 대형 교회 목사 스미스와 인터뷰하는 영상을 찍기로 했다. 두 사람은 노예제도의 폐해, 미국의 인종 억압 역사, 그리고 기독교인들이 화해를 위해 앞장서야 한다는 성경적 의무에 관해 이야기했다. 토레스는 영상에서 이렇게 말했다. "우리가 교회가 되려면, 미국에서 우리가 교회가 되려면, 이 문제는 곧 '우리'의 문제입니다." 이 영상은 교회 웹사이트와 페이스북 페이지에 게시되었다.

"그날 저는 배교자가 되었습니다." 토레스 목사가 내게 말했다.

처음에는 개인적인 반발로 시작되었다. 교인들 개개인이 토레스에게 전화하거나 문자 메시지를 보내고, 이메일을 보내거나 면담을 요청했다. 대화는 비슷한 패턴을 따랐다. 교인들은 토레스에게 조지 플로이드의 이력에 관해 아는지 물었다. 플로이드가 마약 중독자이고 범죄 전과가 있다는 사실을 아느냐고 다그쳤다. 그러면 토레스는 그것은 사건의 본질과 관련이 없다고 대답했다. 모든 사람이 그렇듯 죄를 짓고 하나님의 영광에 미치지 못하는 것이 국가에 의한 살인의 변명이 될 수 없다고 답했다. 그러면 교인들은 토레스를 심문하기 시작했다. 미국이 인종차별 국가라고 생각하냐고, 법 집행 기관을 왜 옹호하지 않냐고, 뉴스에 나오는 폭동과 약탈을 왜 비난하지 않냐고 물었다. 마지막으로, 교인들은 토레스에게 교회 앞에서 자신의 실수를 인정하고 용서를 구하라고 요구했다.

토레스는 이러한 행동이 조직적으로 이루어지는 것 같다는 의심이 들기 시작했다. 아니나 다를까, 불만을 품은 사람들이 곧 정식으로 반란을 일으켰다. 그들은 교인들을 모으고 공격적인 새 전술을 채택했다. 그중 한 명은 토레스와 나눈 대화를 몰래 녹음했다. 토레스가 학자이자 민권 운동가 이브럼 켄디(Ibram X. Kendi)가 쓴 책 《처음부터 낙인은 찍혀 있었다 *Stamped from the Beginning*》를 읽고 있다고 말한 내용도 거기 담겨 있었다. 이것이 결정적 증거가 되었다. 그들은 굿윌교회 장로회에 가서 토레스가 마르크스주의자이며 비판적 인종 이론*을 가르치고 있다고 주장했다. 그러니 토레스를 해임하라고 요구했다. 장로회에서 이를 거절하자, 그들은 같은 주장을 되풀이하며 복음주의장로교(EPC) 교단에 토레스의 해임을 요구하는 편지를 보냈다.

그들이 보낸 편지가 도착했을 때, 교단 본부에는 비슷한 편지가

---

* 인종과 인종차별이 사회와 문화에 깊이 뿌리내려 있다는 점을 강조하는 학문적 접근법을 말한다. 법, 정치, 경제, 교육 등 다양한 분야에서 인종차별이 어떻게 구조적으로 존재하는지를 분석하고 비판한다. 비판적 인종 이론은 특히 미국에서 많은 논란을 불러일으키고 있다. 지지자들은 비판적 인종 이론이 인종차별의 구조적 문제를 이해하고 해결하는 데 중요한 도구라고 주장하는 반면, 반대자들은 비판적 인종 이론이 인종 간 갈등을 심화시키고 정치적으로 편향되었다고 비판한다.

이미 많이 쌓여 있었다. 교인들에게 공격을 받는 목사는 비단 토레스만이 아니었다.

"EPC 소속 대형 교회 목사들과 함께 회의에 참석했습니다. 모두 같은 이야기를 하더군요. 일부 교인들이 목사들에게 '과도하게 정치적 올바름을 추구한다, 비판적 인종 이론을 가르친다, 진보적이고 사회주의자이며 마르크스주의자다'라고 비난하고 있었어요." 토레스는 이렇게 덧붙였다. "사실 좀 웃겼습니다. 우리 모두 알잖아요. 이런 단어들이 이제는 아무 의미가 없다는 걸. 그저 비아냥거림에 불과하죠."

하지만 웃음은 오래가지 않았다. 장로들이 토레스를 해임하지 않자 화가 난 이들은 게릴라식 전략을 사용했다. 토레스의 권위를 떨어뜨리기 위해 몇 달 동안 흠집 내기 캠페인을 벌였다. 그들은 교회 네트워크를 이용해 대선 결과에 반발하는 1월 6일 워싱턴 D.C. 폭동을 조직하며 공개적으로 토레스를 괴롭혔다. 토레스의 잘못을 적은 전단을 인쇄해 교회에 배포하기도 했다. 그러다 마침내 남자 두 명이 주일 아침에 교인들이 다 보는 앞에서 토레스 목사에게 다가가 그에게 소리치고 삿대질을 하며 회개하라고 요구했다. 한 명은 토레스가 교회에 인종에 관한 증오심을 심고 있다고 소리쳤다. 토레스는 당시를 회상하며 이렇게 말했다. "제 큰딸이 그 자리에서 그 소리를 다 듣고 있다가 그들에게 '저기요! 저 보이세요?'라고 말하더군요."

이 사건으로 교회 전체가 충격을 받았다. 토레스는 이제 폭력의 위협이 실재한다고 믿었다. 그의 아내는 가족의 안전을 걱정했다. 장로들과 상의한 후, 토레스는 그중 한 명에게 앞으로 교회 건물에 출입하지 말라는 이메일을 보냈다. 이에 대응해서 그 남자는 굿윌교회가 불타고 있는 합성 이미지를 만들었다. 문자 그대로 교회가 불타고 있었다. 그는 그 이미지를 소셜 미디어에 올리고 이메일을 통해 널리 퍼뜨렸다.

토레스는 좌절했다. 이런 극단적인 행동을 하는 사람들은 다수가 아니었다. 겨우 스무 명 정도로, 매주 예배에 참석하는 수백 명 중 소수에 불과했다. 하지만 문제를 일으킨 이 사람들은 부활절 또는 크리스마스이브에나 교회를 찾는 이들이 아니었다. 그중 한 명은 교회 직원이었고, 또 다른 한 명은 교리 교육을 맡고 있었다. 몇몇은 가까운 친구였다. 수년간 함께 기도하고, 함께 웃고, 함께 시간을 보내던 사람들이었다. 심지어 성지순례도 함께 갔었다. 그런데 그중 일부가 교회를 전쟁터로 만들고 있었다. 토레스는 점점 더 힘들어졌다. 처음으로 그는 하나님께 의문을 품기 시작했다.

"그런 질문이 떠올랐어요." 토레스는 떨리는 목소리로 눈을 감고 주님과의 대화를 회상하며 말했다. "무슨 일이 일어나고 있는 건가요? 제가 뭘 놓쳤나요? 주님과 함께하고 있다고 느꼈는데, 그게 아니었던 것 같아요. 주님이 저를 이 소명으로 부르셨는데, 이제 저는 아무 쓸모가 없는 것 같아요."

토레스는 사임할까 생각했다. 사실, 굿윌교회를 떠나야 한다는 생각이 그를 사로잡았다. 교회 출석률이 급감했다. 원래 내분이 생기면 교인 수가 줄게 마련이다. 토레스는 교회가 완전히 무너질까 봐 두려웠다. 300년 된 교회를 무너뜨린 장본인이 되고 싶지 않았다. 어쩌면 상황을 수습할 '더 나은' 목사가 있을지 모른다고 생각했다.

하지만 장로들은 그 생각을 받아들이지 않았다. 취약해진 상태를 확인한 장로들은 토레스에게 4개월의 안식 기간을 주기로 했다. 토레스는 마지못해 동의했다. 처음 석 달 동안은 집에서 아무것도 하지 않고 "자신의 실패에 빠져 있었다." 결국, 아내가 그를 설득해 몽고메리를 떠나기로 했다. 토레스는 안식 기간 마지막 달을 플로리다주 키웨스트에서 독서와 기도를 하며 보냈고, 굿윌교회를 계속 이끌 수 있을지 고민했다.

교회에 돌아왔을 때, 토레스는 교인들에게 따뜻한 환영을 받고 놀랐다. 교인 수는 눈에 띄게 줄었지만, 건강해 보였다. 많은 교인이 토레스에게 다가와 안아 주었고, 그를 위해 기도했다고 말해 주었다. 그중 몇몇은 토레스에게 사과했다. 음모에 가담하지도 않았으나 맞서지도 않았던 사람들이라고 토레스는 설명했다. 어쩌면 토레스가 잘못했다는 주장에 동조했을 수도 있고, 어쩌면 단순히 관여하고 싶지 않았던 것일 수도 있다. 어느 쪽이든, 그들은 당시 목사를 지지하지 않았다. 토레스가 정서적으로 무너져 교회를 사임할 뻔했을 때야 비로소 목사에 대한 지지를 표명했다.

화가 날 수도 있었지만, 토레스는 도리어 안도했다.

"이런 거죠. 저는 항상 미친 사람들이 5퍼센트 정도라고 생각했어요. 그 이상은 아니에요." 토레스는 이렇게 설명했다. "우리 교회에는 강성 기독교인이 많이 있어요. 그들 중 일부는 트럼프를 좋아하고, 일부는 비판적 인종 이론이나 다른 이론들에 흥분하기도 하겠죠. 하지만 그런 미친 짓은 절대 하지 않을 사람들입니다."

굿윌교회 강단으로 돌아온 토레스는 여전히 조용한 불안을 느꼈다. 그는 이제 더는 고통받지 않게 교회와 자신을 보호해야 했다. 조지 플로이드가 살해된 후 자신의 목소리를 낸 것을 후회하지는 않았다. 하지만 토레스는 정치적으로 편을 든다는 인식이 굿윌교회를 어떻게 분열시키는지 똑똑히 보았다. 유일하게 확실한 사실은 더 많은 불확실성이 산재한다는 것뿐이었다. 선거, 전쟁, 자연재해 등등. 토레스는 교인들이 예수를 바라보게 해야 한다는 점을 잘 알고 있었다. 하지만 예수께 시선을 붙들어 두려면 어떻게 해야 하는지 그 방법을 몰랐다.

★ ★ ★

햇살이 굿윌교회 본당을 가득 채웠다. 교회가 안정기에 추진한 야심찬 건축 프로젝트의 중심이 되었던 공간이다. 파란 카펫이 깔린 다층 무대 양쪽에 고화질의 대형 스크린이 죽 늘어서 있었다. 크림색 벽은 맞춤 제작한 밤나무 목공예로 포인트를 주었고, 우뚝 솟은 천장의 아치부터 강단 뒤 작은 실루엣의 첨탑, 그 안의 소박한 십자가까지 모두 같은 색조로 통일되어 있었다. 넓은 강당에 갈색 의자가 여섯 구역에 나뉘어 배치되어 있었고, 위층에도 좌석이 있어서 모두 합치면 천 명 이상을 수용할 수 있는 규모였다.

하지만 의자는 대부분 비어 있었다. 11시 예배가 시작되기 몇 분 전, 본당에는 많아 봐야 백 명 정도의 사람들이 앉아 있었다. 토레스 목사는 일부 교인들이 여전히 온라인으로 예배를 보고 있고, 직접 교회에 와서 예배에 참석하는 것을 꺼린다고 알려 주었다. 그 말에도 어느 정도 일리는 있다. 하지만 당시는 2022년 3월이었고, 코로나19 백신이 널리 보급된 상황이었다. 온라인으로 예배를 드리는 신자가 많다고 해도, 최근 몇 년간 교회가 내분으로 큰 타격을 입은 것은 분명했다.

앉을 자리를 찾고 있을 때, 한 노신사가 다가왔다. 그는 자신을 페리 송거(Perry Songer)라고 소개했다. 교회 장로라고 했다. 1980년부터 굿윌교회에 다녔으며, 내가 아기 때 교회 유아실에서 안아 준 적도 있다고 말했다. 내가 방문할 것이라는 말을 토레스 목사에게 들었지만, 왜 왔는지 정확히 이해하지 못하고 있었다. 나는 토레스와 나눈 대화를 그에게 대충 설명했다.

"그래, 깨어 있음* 이론 같은 것들 말이지." 송거는 고개를 끄덕이며 입술 한쪽을 깨물었다. 그러고는 어깨를 으쓱했다. "아직도 그게 무슨 뜻인지 잘 모르겠어. 하지만 사람들이 확실히 화가 난 것 같아."

그날 토레스의 설교 제목은 "우리가 예상하지 못한 분"이었다. 그는 마가복음 8장 본문을 읽었다. 이야기는 예수가 일련의 놀라운 기적을 행하신 후, 제자들에게 사람들이 자신을 누구라고 생각하는지 물으시는 장면으로 시작된다. 제자들이 대부분 예수를 예언자로 생각한다고 대답하자, 예수는 제자들에게 다시 물으셨다.

"그러면, 너희는 나를 누구라고 하느냐?" 그러자 베드로가 예수께 대답했다. "선생님은 메시아이십니다."

이 순간은 예수의 생애에서 매우 중요한 순간이었다. 제자 중 한 명이 처음으로 예수가 이스라엘의 예언된 구세주라는 사실을 공개적으로 말했다. 바로 그 순간 예수는 제자들에게 자신이 구세주임을 대중에게 알리지 말라고 경고하셨다. 아직 때가 되지 않았기 때문이다. 그리고 나서 예수는 제자들에게 자신이 이 땅에 온 목적을 설명하기 시작했다. 유대 지도자들에게 거부당하고, 권력자들에 의해 죽임을 당하며, 사흘 만에 부활할 것이라고 말했다.

당연히 제자들은 믿을 수가 없었다. 이 특별한 무리의 사람들은 기적을 행하는 젊은 랍비와 함께 여행하기 위해 자신의 삶을 잠시 멈췄다. 이제 그들은 드디어 그분이 누구신지 알아냈다. 그분은 오랫동안 기다려 온 메시아였다. 그런데 예수가 그들에게 자신이 곧 죽임을 당할 것이라고 말한다. 성경에 따르면, 베드로는 예수를 바

＊ 사회적·인종적·성적 불평등과 같은 문제에 민감하고 인식이 높은 상태를 의미하지만, 사람들이 과도하게 정치적 올바름을 추구한다고 비판할 때처럼 부정적인 의미로 사용되기도 한다. 이 책에서는 보수적인 기독교인들에 의해 주로 부정적인 의미로 사용된다.

싹 잡아당기고 "그에게 항의하였다." 베드로는 예수에게 선생님이 틀렸다고, 선생님은 그런 잔인한 운명을 겪지 않을 것이고 겪어서도 안 된다고 말했다.

그다음 구절을 읽을 때, 토레스는 예수의 반응을 강조하기 위해 목소리를 낮췄다.

"그러나 예수께서는 돌아서서, 제자들을 보시고, 베드로를 꾸짖어 말씀하셨다. '사탄아, 내 뒤로 물러가라. 너는 하나님의 일을 생각하지 않고, 사람의 일만 생각하는구나!'"*

여기서 가장 중요한 것은 문맥이다. 유대인들은 약 700년 동안 이스라엘이 멸망하기 전에 하나님이 그들에게 약속하신 왕을 기다리고 있었다. 이 통치자는 다윗의 후손으로 와서 선택된 민족에게 안전과 번영을 회복시켜 줄 터였다. 고대 선지서는 "평화의 왕"이 하나님의 모든 적을 정복할 것이라고 예언했고, 이에 유대인들은 정치권력과 군사력을 갖춘 강력한 지도자를 기대하고 있었다.

자신들이 따르는 랍비가 선지서에 나오는 미래의 이스라엘 통치자라는 사실을 깨닫자 제자들의 자부심과 자신감은 하늘 높은 줄 모르고 부풀어 올랐다. 상상력이 활개를 치기 시작했다. 나사렛 예수가 왕좌에 앉아 통치하고 자신들은 그분 옆에 앉게 될 것이라고 상상의 나래를 한껏 펼쳤다. 제자들은 자신들이 왕의 핵심 측근이자 최고 참모, 가장 영향력 있는 대리인이 될 것이라고 상상했다. 예루살렘의 마이크 펜스나 재러드 쿠슈너(Jared Kushner) 같은 역할을 맡을 것이라고 말이다.

그런데 그 순간 예수가 자신이 곧 고문당하고 처형될 것이라고 말씀하셨다. 환상이 갑자기 깨져 버렸다. 열두 제자에게는 청천벽력

---

* 마가복음 8:32-33.

처럼 느껴졌을 것이다. 그러나 예수는 개의치 않았다. 그분의 모든 사역은 하나의 나라를 세우는 것과 그 나라가 이 세상에 속한 것이 아니라는 조건에 기초하고 있었다.

베드로는 예수가 "반석"이라고 부르며 그 위에 교회를 세우겠다고 약속한 가장 가까운 제자였다. 그런데 놀랍게도 예수는 광야에서 유혹을 받을 때 악마에게 했던 말과 똑같은 말로 베드로를 꾸짖는다. (악마가 모든 나라에 대한 지배권을 주겠다고 제안하자 예수는 악마에게 "사탄아, 물러가라!"라고 했다.) 베드로는 세상 속에서 승리하길 원했지만, 예수는 세상을 이길 것이라고 약속했다.

영원한 나라보다 세속적인 나라를 우선시했다는 이유로 베드로는 '사탄'이라는 말을 들었다. 그렇다면 우리도 똑같은 경고를 받을 수 있다고 토레스는 말했다.

"가혹하게 들리나요? '사탄아, 내 뒤로 물러가라!'" 토레스는 이 말을 반복하며 얼굴을 찡그렸다. "예수님은 이 말을 베드로에게 하셨지만, 사실은 베드로 안에 있는 신념 체계에 대해 말씀하신 겁니다. 그리고 그 신념 체계는 바로 우리 안에 있습니다."

실제로 베드로가 20세기 전에 걱정했던 "사람의 일"은 오늘날 우리를 괴롭히는 것들과 다르지 않다. 부, 명성, 통제력 등등. 이 모든 것이 우리 마음을 차지하기 위해 예수와 경쟁한다고 토레스는 말했다. 우리가 이 삶에서 중요하다고 여기는 모든 것은 대체 종교가 될 수 있다. 가족, 국가, 정치, 건강, 심지어 우리가 입는 옷과 먹는 음식까지도.

"여러분을 잘못된 길로 빠지게 하고 죄를 짓게 하는 대상이 무엇이든지 간에, 예수께서 하셨던 것처럼 그것들을 가리켜 '사탄'이라고 칭할 수 있습니다. 그것들에게 물러가라고 말하세요. 유혹을 향해, 죄를 향해 그렇게 말하세요." 토레스는 신자들에게 다음과 같이 설명했다. "'물러가라'가 무슨 뜻인지 아십니까? 그것은 '나는 너를 따르지 않겠다'라는 뜻입니다. 나는 그리스도를 따르겠다는 뜻입니다."

설교자의 경고는 명확했다. 그리스도인들이 사람의 일에 마음을 두면, 예수에게 "물러가라"라고 말하는 것과 같다.

★ ★ ★

그날 예배와 관련하여 한 가지 마음에 걸리는 점이 있었다. 전날 밤, 토레스 목사는 자신과 교회 직원들이 직면한 딜레마에 관해 이야기했다. 러시아의 우크라이나 침공이 진행 중이어서 교회 지도자들은 주일 아침에 특별 헌금을 모아 우크라이나에서 인도주의 활동을 하는 선교사들에게 보내기로 했다. 굿윌교회에는 우크라이나 출신의 나이 든 여성 교우가 있었고, 그녀의 가족은 여전히 우크라이나에 살고 있었다. 그래서 그녀와 함께 교인들에게 보여 줄 메시지 영상을 녹화하기로 했다. 그런데 녹화 도중, 고국에서 겪는 고통에 관해 이야기하고 우크라이나를 위해 기도해 달라고 부탁한 후, 그 여성은 러시아 대통령 블라디미르 푸틴(Vladimir Putin)을 맹비난하기 시작했다. 푸틴을 가리켜 무고한 민간인을 학살하는 전범이라고 칭했다.

푸틴이 전범이고 무고한 사람들을 학살하고 있다는 사실은 토레스와 교회 직원들도 알고 있었다. 하지만 이러한 발언이 기도와 인도적 지원을 요청하는 본래의 목적을 흐릴까 봐, 그리고 그 과정에서 굿윌교회 일부 교인들과 척을 질까 봐 걱정했다. "문제는 이 교회에는 '아니, 푸틴은 좋은 사람이야, 우크라이나 대통령 볼로디미르 젤렌스키(Volodymyr Zelenskyy)가 나쁜 놈이지. 터커 칼슨(Tucker Carlson)도 그렇게 이야기하던걸' 하고 말할 사람들이 있다는 겁니다." 토레스는 사실을 왜곡하거나 거짓 정보를 자주 전달하는데도 시청자들에게 매우 인기 있는 폭스뉴스 진행자 터커 칼슨을 언급하며 이렇게 말했다. "이 싸움에 맞서 싸울 수도 있겠지만, 그게 우리가 할 일인지 잘 모르겠습니다. 그 발언이 나가는 순간 그녀가 영상에서 말한 다른 좋은 내용은 다 퇴색되고, 기부하려던 사람들이 기부하지 않을 수도 있으니까요. 궁극적으로 대의를 해치게 될 수도 있습니다."

다음 날 아침, 토레스가 우크라이나를 위한 특별 헌금 순서에 앞서 영상을 틀었을 때, 푸틴을 비난하는 부분은 편집되어 있었다. 예배가 끝나고 이야기를 나누던 중 내가 실망한 것을 눈치챈 토레스는 나를 집으로 초대했고, 우리는 더 긴 대화를 나누었다.

토레스 목사의 절친이자 복음주의 운동을 오랫동안 해 온 마틴 샌더스(Martin Sanders)도 함께했다. 샌더스는 수십 년 동안 전 세계에서 강연과 강의를 해 왔고, 뉴욕에 있는 얼라이언스신학교에서 목회학 박사 과정 주임교수로 재직 중이었다. 샌더스는 시가 애호가이기도 했다. 그는 큰 시가 세 개비를 꺼내며 토레스 목사 집 앞 현관으로 자리를 옮겨서 대화를 이어 가자고 제안했다. 그 역시 친구가 무슨 말을 할지 궁금해했다.

토레스는 이렇게 설명했다. "이 사람들은 제가 목회해야 할 회중입니다. 저는 그들과 함께 일하고, 그들이 있는 곳에서 그들을 만나야 합니다. 저는 그들의 방식으로 게임을 하면 안 됩니다. 일단 제가 그 게임에 발을 들이고 정치적 논쟁을 시작하면, 그들이 이기게 됩니다. 그때부터는 신앙적인 주제가 아니라 이념적인 주제로 논쟁하게 될 테니까요."

토레스는 이번 경우에는 자신이 너무 조심스러워했던 것일 수도 있다고 인정했다. 토레스는 성경 외적인 일이 너무나 시급하고, 현재 상황에 매우 중대하며, 그리스도의 가르침과 명확하게 일치한다고 교회 지도부가 판단할 때는 그것을 교회에서 논의할 필요가 있다고 말했다. 하지만 그는 지난 몇 년 동안 신학에 집중하는 쪽이 더 안전하다는 교훈을 얻었다. "다른 게임의 규칙에 따라 게임을 시작하면, 어느 순간 그 게임을 하게 됩니다. 야구장에서 축구공을 가져와 던지기 시작하면, 여전히 야구를 하는 걸까요?"라고 토레스가 말했다. "저는 잘 모르겠어요. 제 생각에는 그렇지 않은 것 같아요."

샌더스도 동의하며 고개를 끄덕였다. 지난 몇 년은 그에게도 힘든 시기였다. 샌더스는 거의 20년 전 아내 다이애나의 권유로 굿윌교회에 오게 되었다. 다이애나는 토레스의 설교를 좋아했고 토레스의 설교가 가족에게도 잘 맞을 것 같다고 생각했다. 남편 샌더스는 토레스와 금세 친구가 되었다. 다이애나가 2014년 암으로 세상을 떠났을 때, 샌더스는 여행과 강의에서 위안을 찾았다. 그러느라 굿윌교회와 멀어졌고, 이로 인해 토레스가 시련을 겪을 때 그와 함께하지 못했다. 샌더스는 친구 토레스가 시련을 이겨 낸 것에 안도했지만 약간 놀라기도 했다고 말했다.

"오랫동안 미국 교회 안에서 정치적 분열과 갈등은 점점 깊어졌고, 존은 그로 인한 최악의 상황을 직접 겪은 거죠"라고 샌더스는 봄바람에 담배 연기를 날리며 말했다. "하지만 이 문제는 어디에나 있습니다. '어디에나.'"

미국 전역의 목사들과 교회들을 대상으로 컨설팅을 하는 샌더스는 흥미로운 일화를 들려주었다. 최근, 그가 자란 오하이오주 작은 마을에 있는 교회가 사역 방향에 관한 프로젝트를 의뢰했다. 샌더스는 그들에게 성경을 믿는 견고한 교회의 다섯 가지 주요 원칙을 글로 써 보라고 조언했다. 같은 시기에 사우스 브롱크스에 있는 라틴계 교회에서 조언을 요청했을 때, 토레스도 그들에게 같은 과제를 주었다.

샌더스는 "여기서 흥미로운 점을 발견했습니다"라고 말했다. "두 교회가 적어 낸 다섯 가지 주요 원칙 중 겹치는 게 하나도 없었다는 점입니다. 심지어 비슷하지도 않았습니다. 오하이오에 있는 교회는 '백인, 보수적인, 중서부, 미국적인' 등 자신들의 경험과 다른 것은 전혀 받아들이지 않았습니다. 그래서 저는 그들에게 '여러분이 한 일은 자신의 세계관에 스스로 세례를 주고 그것을 기독교라고 주장한 것에 불과합니다'라고 말했습니다."

백인 복음주의자인 샌더스는 혼란에 빠진 교회들 대부분이 오래된 백인 복음주의 교회라는 점은 우연이 아니라고 말했다. 이들은 수십 년 동안 "교회를 위한 아마겟돈, 우리를 공격하는 적들"이라는 수사에 매몰되어 온 교회들이었다. 1970년대 중반에 신앙을 갖게 된 샌더스는 기독교에 대한 위협이 어디에서 비롯되는지에 대한 인식이 그동안 크게 바뀌었다고 말했다. 한때는 적대적인 외국 세력이 세계에 전파된 거룩한 빛을 소멸시키기 위해 미국을 표적으로 삼을 것이라는 두려움이 있었다. 1980년대에 모럴머조리티가 힘을 얻으면서 이야기는 바뀌기 시작했다. 종교적 주요 인사들은 미국 신자들이 기꺼이 그리스도의 왕국을 위해 싸워야만 그리스도의 왕국이 발전할 수 있다고 주장했다. 철의 장막이 무너지고 미국이 유일한 초강대국으로 남게 되었을 때, 복음주의자들은 남아 있는 유일한 적이 내부에 있다고 믿게 되었다.

"많은 사람이 자신들이 반대하는 철학이나 세계관이 있을 때, 그것에 반대하는 것을 교회의 주요 임무로 여기게 되었습니다"라고 샌더스는 말했다.

"무서운 사실은 적을 교회 안에서 찾는다는 점입니다"라고 토레스가 끼어들며 말했다.

"맞아요. 그들은 이제 위험이 너무 커졌기 때문에 어쩔 수 없다고 말할 겁니다"라고 샌더스는 말했다. "1월 6일에 보셨던 게 바로 그겁니다. 자신들은 복음주의자이니까, 자신들이 믿는 가치와 신념을 지키기 위해서라면, 경찰을 때리거나 창문을 깨는 것도 괜찮다고 생각했을 겁니다. 그들이 노린 것은 낸시 펠로시(Nancy Pelosi)가 아니라 마이크 펜스였어요. 동료 신자였죠. 이것이 제가 지난 몇 년 동안 관찰한 가장 큰 변화입니다. 이제는 교회 밖에 있는 사람들이 아니라, 같은 교회 안에 있으면서 자신과 생각이나 의견이 일치하지 않는 사람들을 적으로 여깁니다."

얼마 전 클리블랜드에서 대형 교회를 목회하는 한 친구가 전화를 걸어 하소연했다고 샌더스는 말했다. 교회를 오래 다닌 한 교인이 면담을 요청하더니 받아들이기 힘든 이야기를 꺼냈다. "수십 년간 다닌 교회를 떠나야 할 것 같아요." 이유는 다음과 같았다. "목사님이 미국 헌법에 비추어 성경을 해석하지 않기 때문이에요."

토레스는 괴로운 듯 신음했다. "성 추문, 횡령, 온갖 교리에 대한 의견 차이 등 겪을 만한 일은 이미 다 겪은 줄 알았어요. 하지만 이런 일은 한 번도 겪어 본 적이 없어요"라고 그는 말했다. "일반적으로 관점이 확고하고 완강한 사람들은 교회의 사명과 교회의 신념에 집중했습니다. 하지만 이제는 교회의 사명과 신념이 부차적인 것이 되어 버렸습니다."

나는 샌더스에게 미국 기독교가 유독 이렇게 기능 장애를 겪는 이유를 어떻게 분석하느냐고 물었다.

"캐나다에서 몇 년 살 때 유명한 캐나다 사회학자와 친구가 되었습니다"라고 샌더스가 말했다. "그는 항상 이렇게 말했어요. 이 주제로 책도 썼죠. '미국인들은 항상 1등을 원해요. 그들은 항상 금메달을 노려요. 캐나다는 동메달을 목표로 하다가 4등에 만족하고, 그 후에는 자신들이 얼마나 잘 해냈는지 이야기하죠.'"

샌더스는 어깨를 으쓱했다. "미국인들은 항상 자신들이 이길 자격이 있다고 생각합니다. 그래서 자연스럽게 교회도 이기는 것에 집중하게 되었죠."

샌더스는 말을 멈추고 강조하듯 손가락을 위로 들어 올렸다.

"물론, 그것의 좋은 면도 있습니다"라고 샌더스가 말했다. "저는 교회 지도자들과 정기적으로 이야기를 나누는데, 그들이 이런 말을 하더군요. '우리 교회에서 이성을 잃은 듯하거나 제정신이 아닌 듯한 사람들 가운데 일부는 길 건너 노숙자 쉼터에서 가장 많은 시간을 봉사하는 사람들이에요. 주말마다 여기 와서 배고픈 사람들을 위해 음식을 요리하는 사람들이 바로 그 사람들입니다.' 미국 교회 안에는 이런 모순이 있습니다."

나는 토레스를 바라보았다. 그제야 왜 그가 우크라이나 기금 모금 활동이 블라디미르 푸틴과 관련된 논쟁으로 번지는 것을 막으려고 했는지 이해할 것 같았다. 아마도 사람들이 정치적 논쟁에 휘말려 본래의 목적을 잃어버리는 상황을 피하고 싶었을 것이다.

"맞아요." 토레스가 말을 이었다. "그들은 일주일 내내 터커 칼슨이 진행하는 방송을 봤을지도 몰라요. 하지만 여전히 일요일 아침에 헌금을 낼 거예요. 이것이 미국 기독교인의 심리 중 가장 좋은 점인 동시에 가장 나쁜 점이죠."

"이 사람들은 좋은 사람들이에요"라고 샌더스는 주장했다. "그들은 아버지의 마음을 가지고 있어요. 그들은 예수를 닮고 싶어 해요. 하지만 조금 길을 잃었어요. 우리는 그들을 다시 제자리로 돌려놓아야 합니다."

그렇다면, 토레스는 어떻게 그들을 다시 돌려놓을 수 있을까? 어떻게 하면 그들이 이기는 것에 집중하지 않고 예수를 따르는 것에 집중하게 만들 수 있을까?

"메시아가 오실 거라는 기대감을 들여다보면, 사실 메시아가 오면 로마인은 한 명도 남지 않을 거라는 뜻이었어요. 피바다가 될 거였죠. 모든 로마인이 죽게 될 참이었어요." 토레스는 설명을 이어 갔다. "그런데 예수님에게는 전혀 다른 계획이 있었어요. 그분의 나라는 우리가 상상하는 나라와 너무나 달랐죠. 우리는 다른 편을 쳐부수고, 논쟁에서 이기는 걸 생각하죠. 문제는 논쟁에서 이긴다고 해도 결국 아무것도 얻는 것이 없다는 거예요."

예수는 논쟁에서 이기는 쪽을 선택할 수 있었다. 십자가에서 내려와 조롱하는 구경꾼들에게 자신이 정말 하나님의 아들이라는 사실을 증명할 수 있었다. 부활하신 후에 대제사장 가야바에게 나타나서 자신이 정말로 성전을 사흘 만에 재건했음을 증명할 수도 있었다. 하지만 그러지 않았다. 예수는 잔인하고 비인간적인 죽음을 스스로 선택했다. 부활하신 후, 그분은 제자들에게 나타나 모든 민족에게 구원의 메시지를 전하라고 말씀하시며, 자신이 보여 준 겸손과 섬김, 자기희생적인 사랑을 본받으라고 하셨다.

토레스는 마지막으로 시가를 한 모금 빨았다.

"이 세상에서의 승리는 모두 아무 의미가 없습니다. 상대를 이기면, 정치 논쟁에서 상대를 짓밟으면, 뭐가 남죠? 더 나은 나라가 되는 건가요?" 토레스 목사가 고개를 저으며 물었다. "그렇다고 생각할지도 모르지만, 그렇지 않습니다."

3장

★ ★ ★

제리 팔웰과 도덕적 다수:
종교의 정치적 야망

"모럴머조리티는 공화당을 장악했다. 그러나 팔웰은
더 많은 것을 원했다. 그는 미국을 원했다."

"황제의 것은 황제에게 돌려주고,
하나님의 것은 하나님께 돌려드려라"(누가복음 20:25).

고등학교를 졸업하고 한 달 뒤, 더그 올슨(Doug Olson)은 리버티산
정상에 서서 미래의 집을 내려다보았다.

올슨은 열한 살 때 '거듭난' 그리스도인이 되었다. 고향인 펜실
베이니아주 루이스타운에서 열린 여름 성경 학교 프로그램에 참여
했다가 예수 그리스도를 구세주로 받아들였고, 하나님의 양자로서
새 삶을 시작했다. 올슨은 교회 어른들과 함께 열심히 성경을 공부
하느라 보통 아이들이 하는 일반적인 활동을 건너뛰었다. 교회가 교

단에 대한 의견 차이로 분열될 때조차(보수침례연합이었는데도 교단이 충분히 보수적이지 않다고 여기는 교인들이 많았다) 올슨은 교회를 통합하는 인물이었다. 모두 그 젊은이가 주님을 위해 위대한 일을 할 것이라고 알고 있었다.

대학을 선택할 때가 되자, 올슨은 기독교 학교 세 개를 두고 고민했다. 첫 번째는 집에서 가까운 펜실베이니아 중부의 랭커스터바이블칼리지였고, 두 번째는 선교사와 전도사를 위한 최고의 훈련 기관으로 캘리포니아 남부에 자리한 바이올라대학교였다. 세 번째는 버지니아에 있는 린치버그침례대학이었다.

린치버그침례대학에 입학할 뚜렷한 이유는 없었다. 이 학교는 1971년에 설립되었고, 당시로서는 설립된 지 불과 몇 년밖에 되지 않은 신생 대학이었다. 그래서 콘퍼런스 참석차 이 학교를 방문한 아버지가 그곳에서 하나님이 하시는 일에 관해 열광적으로 이야기하기 전까지 올슨은 린치버그침례대학에 관해 들어 본 적이 없었다. 올슨은 학교와 총장에 관해 알아보다가 점점 흥미를 느꼈다. 제리 팔웰은 30여 명으로 시작한 교회를 지난 20년 동안 남부에서 가장 큰 대형 교회 중 하나로 성장시켰다. 만약 팔웰이 그 모델을 린치버그침례대학(당시 리버티침례대학으로 이름을 바꾸는 중이었던)에 적용할 수만 있다면, 특별한 일이 시작되는 순간에 자신도 함께할 수 있으리라고 올슨은 생각했다.

올슨이 린치버그침례대학에 입학하기로 결정하자, 아버지는 이를 축하하기 위해 가족을 모두 데리고 린치버그로 여행을 떠날 계획을 세웠다. 1976년 여름이었고, 팔웰은 그해 7월 4일에 개최 예정인 미국 건국 200주년 기념행사를 라디오와 TV 프로그램을 통해 광고하고 있었다. 올슨은 가족을 태운 세단이 애팔래치아 동쪽 언덕과 계곡을 구불구불 지나갈 때 무슨 일이 일어날지 전혀 예상하지 못했다. 마침내 리버티산에 도착했을 때, 열여덟 살 올슨이 상상했던 모습과는 전혀 다른 광경이 눈앞에 펼쳐졌다.

2만 5천 명이 넘는 인파가 붉은색, 흰색, 파란색 옷을 입고 넓은 목초지에 모여 있었다. 깃발과 배너, 장식용 줄들이 대형 무대에 걸쳐 있었다. 한가운데에는 필라델피아에 있는 실제 '자유의 종'처럼 반짝이고 견고한 실물 크기의 복제품이 있었다. 야심 찬 모금 캠페인의 산물이었다. 올슨은 그곳에서 보고 들은 광경과 소리가 너무 감동적이고 놀라워서 온전히 이해하거나 받아들이기 어려울 지경이었다. 마침내 프로그램이 시작되었다.

토머스로드침례교회 복음 성가대가 리버티산에 모인 사람들을 환영하며 주님(과 주가 계신 소중한 자유의 땅)을 찬양했다. 유명한 근본주의 설교자이자 팔웰의 멘토인 B. R. 라킨(B.R.Lakin)은 또 다른 대각성 운동이 시작될 수 있다고 선언했다. 그러나 자신이 연설할 차례가 되자, 팔웰은 군중을 향해 그들에게 약속된 것은 아무것도 없다고 경고했다. 미국은 세속적인 진보 엘리트들과 신을 경외할 줄 모르는 정부 관료들의 공격을 받고 있다며 기독교인들이 반격을 시작해야 한다고 말했다. "이 나라는 건국의 아버지들이 기독교 국가로 만들려고 했던 나라입니다." 팔웰은 힘차게 외쳤다. "'종교와 정치는 분리되어야 한다'라는 생각은 기독교인들이 이 나라를 운영하지 못하게 하려고 악마가 만들어 낸 생각입니다!"

팔웰은 역대하에 나오는 한 구절을 낭독했다. "내 이름으로 일컫는 나의 백성이 스스로 겸손해져서, 기도하며 나를 찾고, 악한 길에서 떠나면, 내가 하늘에서 듣고 그 죄를 용서하여 주며, 그 땅을 다시 번영시켜 주겠다."* 프로그램이 끝나자 산 정상에서 불꽃놀이

---

* 역대하 7:14.

가 시작되며 산 아래 풍경을 점점이 수놓은 깃발들과 교회 첨탑들을 환하게 비췄다.

올슨은 팔웰이 내세운 모든 것을 받아들였다. 수십 년 후 올슨은 "저는 그때 '리버티'라는 개념에 반했습니다"라고 회상했다.

그러나 그 열정은 곧 꺾이고 말았다. 노동절이 지나고 큰아들을 새집으로 이사시킬 생각에 들떠서 다시 린치버그에 온 올슨 부부는 낙후된 동네에 있는 허름한 하숙집을 보고 무척 실망했다. 리버티대학이 신입생들에게 제공할 수 있는 것이라고는 그 낡은 건물이 전부였다. 올슨은 매트리스를 바닥에 깔고 옷과 책이 든 상자를 풀며 괜찮다며 부모님을 안심시켰다. 부모님은 눈물을 글썽이며 차를 몰고 떠났다. 기쁨의 눈물이 아니라 걱정과 당혹감의 눈물이었다. 7월 4일에 있었던 기념행사는 갑자기 먼 기억이 되어 버렸다. 린치버그 시내에 자리한 그 초라한 동네는 리버티산의 목가적인 풍경과 사뭇 달랐다. 부부의 아들은 자신이 제대로 이해하지도 못한 무언가의 일원이 되기로 서명한 것이었다.

올슨 역시 걱정할 만한 상황에 놓여 있었다. 그는 팔웰이 곧 20세기 후반에 가장 영향력 있는 인물 중 하나로 부상할 줄 몰랐다. 팔웰이 추진한 기독교와 보수주의의 통합이 미국 정치 지형을 뒤흔들고 개신교 하위문화를 극우화할 것이라는 사실도 알지 못했다. 버지니아주 린치버그에 자리한 작은 학교가 결국 수십억 달러 규모의 거대 조직으로 발전할 줄도 몰랐다. 복음주의 교회가 어떤 잠재력을 지니고 있는지도 몰랐고, 그 잠재력이 제대로 실현되지 못할 것이라는 사실도 전혀 알지 못했다.

그 허름한 하숙집에서 잠을 청하던 대학 신입생에게 그 모든 것은 상상할 수 없는 일이었다. 주위를 둘러보며 올슨이 알고 싶었던 것은 하나였다. 팔웰에게 과연 비전이 있는가?

★ ★ ★

개척지에서 밀주업자와 알코올 중독자와 무신론자로 이루어진 가정에서 태어난 제리 레이먼 팔웰은 전형적인 목사와는 거리가 멀었다.

어린 시절, 팔웰은 어머니가 억지로 교회에 데려갈 때마다 싫어했다. 아버지가 간경변증으로 사망했을 때, 제리는 겨우 열다섯 살이었고 그때 교회에 완전히 발길을 끊었다. 가족 중 유일하게 독실한 기독교 신자였던 어머니는 매일 아들의 구원을 위해 기도했다. 그러다 아버지가 돌아가시고 3년이 지난 1952년 어느 일요일 아침, 팔웰은 친구들과 함께 파크애비뉴침례교회에 갔다. 그리고 제단 앞에 나가 예수를 영접하는 기도를 드렸다. 당시 상황을 고려하면, 흔히 있는 일이었다. 전후 시대에 교회 출석률은 급증했고, 젊고 뛰어난 복음 전도자 빌리 그레이엄이 전국을 돌며 부흥회를 열어 경기장을 가득 메울 정도로 군중을 끌어모으고 있었다. 팔웰의 이야기에서 유일하게 주목할 만한 점은 곳곳에서 영적 드라마가 펼쳐지던 시대에 그의 회심은 너무나도 평범했다는 점이다. 팔웰은 자서전에 이렇게 썼다. "어떤 환상도 없었고, 눈부신 빛도 없었고, 기적도 없었다. 특별한 감정도 느끼지 못했다."

평소 공학에 관심이 있었던 팔웰은 갑자기 진로를 바꾸었다. 미주리주에 있는 한 성경 대학에 등록하고, 근본주의자이자 인종차별주의자인 두 명의 목사 밑에서 훈련을 받기 시작했다. 특별히 종교적 열정이 있었던 것도 아닌데 갑자기 진로를 변경한 이유는 무엇일까? 목회 활동의 본질에 매력을 느꼈다는 것이 아마도 가장 그럴듯한 설명이 될 것이다. 팔웰은 사람들과 어울리며 잡담을 나누고 논쟁하며 설득하는 것을 좋아하는 외향적인 사람이었다. 또한 타고난 세일즈맨이었다. 어린 시절 교회에 가길 싫어했음에도 불구하고, 팔웰은 어머니가 집에 틀어 놓은 라디오 프로그램을 끊임없이 들었다. 특히 찰스 풀러(Charles Fuller)의 〈옛날식 부흥 시간Old-Fashioned Revival Hour〉 같은 프로그램들이 사람들에게 영향을 미치는 방식에 매료되었다. 1956년, 팔웰은 토머스로드침례교회라는 이름으로 린치버그에 직접 교회를 세우고 지역 라디오 방송국에서 프로그램을 진행하기 시작했다. 그리고 불과 몇 달 만에 TV라는 실험적인 새 매체에 진출하여, ABC 네트워크에 소속된 린치버그 지역 방송국 WLVA에서 일요일 방송 설교를 진행했다.

교회로 가득 찬 도시 린치버그에는 당시 100개가 넘는 교회가 있었다. 뛰어난 미디어 감각은 그 가운데서 팔웰을 다른 목사들과 차별화시키는 요소였다. 첫 예배 때 35명이었던 교인은 일 년 후 800여 명으로 급증했다. 그 후 물리적 확장이 뒤따랐다. 토머스로드교회는 건축 공사를 시작했고, 이 공사는 현재까지도 계속되고 있다. 교회는 139제곱미터 규모의 시설에서 시작해, 오늘날 린치버그의 여러 블록에 걸쳐 거의 8만 3천 제곱미터에 달하는 거대한 단지로 성장했다. 텔레비전이 교회 성장을 촉진했다. 토머스로드교회를 설립하고 얼마 지나지 않아 팔웰은 방송 송출 지역을 4개 주와 워싱턴 D.C.까지 확장하여 매주 일요일 수십만 명의 시청자를 만났다. 1970년대 중반까지 팔웰의 〈옛날식 복음 시간Old-Time Gospel Hour〉은 미국 전역을 통틀어 그 어떤 프로그램보다 더 많은 방송국에서 방영되었다.

강단에서 팔웰은 화려하지도 않았고 특별히 유창하지도 않았다. 그의 설교는 '신앙의 기본'이라 부르는 것들, 즉 동정녀 탄생, 그리스도의 부활, 성경의 무오성에 중점을 두었고 성경 외적인 논평은 피했다. 독립 침례교 전통의 근본주의 교리에 따라, 팔웰은 그리스도를 따르는 자들은 세상과 구별되어 살아야 하고, 세속적인 가치와 활동에서 벗어나 신앙적인 삶을 우선시하며, 천국의 시민으로서의 정체성을 중요하게 여겨야 한다는 '분리주의'를 설교했다. 시민운동을 못마땅해했고 정치 활동에 깊이 관여하는 것을 노골적으로 비난했다. 1965년, 민권 운동이 절정에 달했을 때는 동료 목사인 마틴 루서 킹 주니어(Martin Luther King Jr.)가 목사라는 신성한 직업을 더럽히고 있다며 비난하는 설교를 했다. 교회의 목표는 "개혁이 아니라 변혁"이라고 선언하며, 일부 성직자들이 이 사실을 잘 인식해야 한다고 주장했다. "하나님께 부름을 받은 설교자로서 사람들을 그리스도께 인도하는 데 적절한 시간과 관심을 쏟고 나면 남는 시간이 없습니다"라고 팔웰은 말했다. "설교자들은 정치인이 되라고 부름을 받은 것이 아니라 영혼을 구원하는 자가 되라고 부름을 받은 것입니다."

팔웰은 그 증거로 예수의 말씀을 인용했다. "그러면 황제의 것은 황제에게 돌려주고, 하나님의 것은 하나님께 돌려드려라." 팔웰은 오래된 신약 성경 번역본을 읽은 뒤 다음과 같이 말을 이었다. "다시 말해, 세금 내고, 정치는 잊고, 온 마음을 다해 주를 섬기라는 뜻입니다."

팔웰과 그의 회중은 정치를 잊어도 될 만큼 형편이 괜찮았다. 그는 미국 백인 기독교인들에게 아주 이상적이었던 시기에 목회를 시작했다. 전쟁도 치렀고 승리도 거두었다. 소득과 교육 수준은 급속히 향상되고 있었다. 일자리, 주택, 교통수단 등 기회는 넘쳐났다. 사회적 진보는 아직 미국의 기독교적 가치를 위협하지 않았고, 가장 즉각적인 문화적 위협은 무대에서 엉덩이를 흔드는 전(前) 가스펠 가수 정도였다.

사실 팔웰은 결코 정치에 무관심하지 않았다. 1958년, 목회 2년 차였던 팔웰은 1954년의 브라운 대 교육위원회 대법원 판결*을 비난하며, 통합을 추진하는 장본인은 "바로 악마"이며 "진정한 흑인"

은 통합을 원하지 않는다고 말했다. ("인종 통합이 우리에게 어떤 영향을 미칠까요?" 팔웰은 백인들로만 이루어진 회중에게 물었다. "결국, 우리 인종을 파괴할 것입니다.") 세월이 흐르면서 팔웰은 특정 주제나 상황에 관해서는 입장을 밝히지 않았지만, 그렇다고 완전히 조용히 있지도 않았다. 자신이 중요하다고 생각하는 이슈에 관해서는 정치적 의견을 명확히 내놓았고, 그 의견들은 몹시 편파적이었다. 팔웰은 조지프 매카시(Joseph R. McCarthy) 상원의원과 연대하여 교인들에게 공산주의 침투의 위험성을 경고했다. 킹 목사가 "좌파 단체와 연관되어 있다"고 비난하기도 했다. 나중에 인종과 인종 분리에 관한 발언을 철회하고 이를 "거짓 예언"이라고 칭하며 흑인 가족들을 교회에 받아들였지만, 팔웰의 행보는 성조기를 흔드는 지도자가 되는 방향으로 끝없이 나아가고 있었다. 1970년대 중반이 되자, 정치와 신학을 분리하려는 시도는 아무 소용이 없게 되었다. 사실, 팔웰은 두 가지를 결합하는 쪽이 이제 막 세운 자신의 대학과 국가를 구하는 방법일 수 있다는 사실을 깨달았다.

교회와 방송 사업은 물론이고 토머스로드교회에서 감독하던 사립 유치원부터 고등학교까지 번창하며 사역 면에서 놀랄 만한 성공을 거두자, 팔웰은 고등 교육에도 충분히 진출할 수 있다고 자신했다. 그러나 그 자신감은 곧 잘못된 것으로 판명되었다. 1971년 린

---

* 캔자스주 토피카에 사는 흑인 학생 린다 브라운이 백인 전용 학교에 입학을 거부당한 일에서 시작되었다. 브라운의 아버지 올리버 브라운은 이 차별이 헌법에 위배된다고 주장하며 소송을 제기했다. 대법원은 "별도의 교육 시설은 본질적으로 불평등하다"는 결론을 내렸다. 이는 "분리하되 평등하게"라는 원칙을 뒤집는 판결이었다. 이 판결은 미국 전역의 공립학교에서 인종차별을 철폐하는 데 중요한 역할을 했으며, 이후 여러 민권 운동과 법적 변화를 촉발한 중요한 전환점이 되었다.

치버그침례대학이 개교한 직후, 기업가 정신으로 시도한 이 사업이 다른 사업과는 전혀 다르다는 점이 분명해졌다. 교회처럼 헌금 바구니를 돌릴 수도 없었고 기부금도 들어오지 않았다. 얼마 안 되는 등록금이 주요 수입원이었던 이 학교는 부채가 빠르게 누적되었다. 학교에 재산이 없었던 것은 아니다. 팔웰이 향후 캠퍼스 부지로 쓰려고 구상했던 캔들러산 일부도 소유하고 있었지만, 정작 건물을 지을 자금이 없었다. 따라서 학생들은 오랫동안 버려진 낡은 건물에서 생활하고 공부해야 했고, 상황이 이렇다 보니 신입생을 모집하기가 어려웠다. 설립 후 불과 몇 년 만에 학교는 붕괴 위기에 처했다.

팔웰이 젊은이들을 버지니아 중부로 유인하는 데 어려움을 겪은 데에는 다른 이유도 있었다. 팔웰은 근본주의자였고, 영화와 춤, 음주, 흡연, 일대일 데이트 등을 금지하는 독립 침례교 규칙을 따랐다. TV 설교를 통해 나이 든 전통적인 기독교인들에게 다가가는 데 성공했지만, 이제 팔웰은 매우 다른 인구 집단을 상대하고 있었다. 많은 젊은 신자가 근본주의를 시대에 뒤떨어진 것으로 여겼다. 빌리 그레이엄 같은 인물들에게 영감을 받은 젊은이들은 규칙보다는 사람들과의 관계를 더 중시하는 포괄적이고 현대적인 기독교에 끌렸다. 그것은 즐겁고 시민 정신이 강하며 미국에 자부심을 느끼는 기독교였다. 은사 체험을 강조하는 오순절 교회 신자들, 옛 의식을 따르는 근본주의자들, 문화 예절을 중시하는 남침례교 신자들, 사회적 인식을 강조하는 주류 개신교* 신자들 등 다양한 전통에서 자란 상

---

* 주류 개신교 교단의 예로는 연합감리교회, 장로교, 미국성공회, 미국복음루터교회, 미국연합그리스도교회, 침례교 등이 있다. 일반적으로 좀 더 자유주의적인 신학과 진보적인 사회적 관점을 지지하며 인종, 성별, 성적 지향 등에 관하여 포괄적이고 평등한 자세를 취한다. 또한 교육, 건강, 환경, 빈곤 문제 등 다양한 사회적 이슈에 대한 해결책을 모색하고 적극적으로 활동한다.

당수의 젊은 성인들이 처음으로 느슨하게 정의된 '복음주의자'라는 공통된 라벨 아래 모이기 시작했다.

이 순간 팔웰은 기회를 포착했다. 그전까지 팔웰은 대학의 근본주의 뿌리와 지역 정체성을 강조했고, 이는 대학이 더 넓은 지역이나 다양한 사람들에게 다가가는 데 제약이 되었다. 1975년, 건국 200주년이 다가오면서 팔웰은 변화를 꾀했다. 본사는 필라델피아에 있으나 펜실베이니아주 밸리 포지의 우편 주소를 사용하는 생명보험 대기업 내셔널리버티코퍼레이션을 설립한 억만장자 사업가 친구 아서 데모스(Arthur DeMoss)의 영리함에서 영감을 받아 학교 이미지를 쇄신했다. 린치버그침례대학은 리버티침례대학이 되었다(이후 다시 리버티대학교로 바뀌었다). 학교를 상징하는 색은 녹색과 금색에서 빨강, 하양, 파랑으로 바뀌었다. 1976년은 육상 10종 경기 선수 브루스 제너(Bruce Jenner)가 세계 신기록을 세우며 올드 글로리*가 세계 무대에서 승리를 만끽한 해였다. 그래서 팔웰은 올림픽 분위기를 배경으로 학교의 모토인 "그리스도를 위한 챔피언 양성"을 강조했다. 그리고 합창단과 함께 전국을 순회하기 시작했다. 이 순회 합창단은 별 모양이 장식된 옷을 입고 집회와 콘서트에서 공연하며, 부족한 학교 예산을 메우기 위해 〈옛날식 복음 시간〉을 시청하는 열성 지지자들에게 수백만 달러를 모금했다. 이는 성공 가능성이 큰 사업이었다. 이듬해는 선거가 있는 해였고, 팔웰은 합창단 공연을 순회 교회 예배로 전환했다. 그는 이 순회 예배를 '아이 러브 아메리카' 투어라고 불렀고, 전국 112개 지역을 순회했다.

"그때부터 상황이 반전되기 시작했어요." 십 대 시절 아버지와

---

* 미국 국기에 대한 애칭이다. 미국의 자유와 민주주의, 희생을 상징하며 미국인들이 국기에 대해 느끼는 깊은 애국심을 반영하는 표현이다.

함께 이 순회 예배에 동행했던 제리 팔웰 주니어가 당시를 회상하며 말했다. "아무도 자녀를 린치버그대학에 보내고 싶어 하지 않았어요. 신입생을 유치하려면 전국적으로 인기 있는 학교가 되어야 했고, 애국적인 접근 방식이 많은 사람에게 호응을 얻었죠."

리버티대학교에서 오랫동안 이어진 위기를 이해하려면, 재브랜딩 이후 반세기 동안 이 대학이 '리버티'(Liberty)라는 명칭의 두 가지 의미*를 실현하는 데 어려움을 겪었다는 점을 알아야 한다. 오늘날, 이 대학은 자선 활동과 기독교 제자 양성보다는 부패나 공화당 정치와 더 연관되어 있다. 결국 경건과 분리된 애국심은 무의미하며, 세상을 얻고 영혼을 잃은 자들은 아무것도 아니다. 캠퍼스 한가운데, 웅장한 벽돌 건물로 높은 흰색 기둥이 특징인 데모스홀 정문을 들어서면, 학생들은 건물 내부 벽에 새겨진 고린도후서의 한 구절을 마주하게 된다. "… 주님의 영이 계신 곳에는 자유가 있습니다."

그러나 아버지의 이름을 물려받고 이 대학의 후임 총장이 된 팔웰 주니어에 따르면, 이중의 의미는 의도한 것이 아니었다.

"신학과는 아무 관련이 없었어요. 마케팅 전략이었죠. 아버지는 당시 기독교 내에서 영향력이 컸던 애국심에 호소했던 겁니다."

팔웰 주니어는 이렇게 덧붙였다. "'그리스도를 위한 챔피언'은 그냥 슬로건에 불과했어요. 대학이 추구하는 비전이 아니었죠."

★ ★ ★

〈뉴스위크Newsweek〉가 1976년을 "복음주의자의 해"라고 불렀을 때,

---

* 하나는 '자유'의 일반적인 의미를 말하고, 다른 하나는 고린도후서 3장 17절 "주님은 영이십니다. 주님의 영이 계신 곳에는 자유가 있습니다"에 담긴 신학적 의미를 말한다.

이는 현재에 대한 관찰이자 과거에 대한 회고였다.

역사가들과 종교학자들은 오랫동안 미국 역사를 '대각성'이라는 맥락에서 이해해 왔다. 첫 번째 대각성은 1730년대 영국령 아메리카 식민지에서 일어났다. 두 세기 전 귀족적인 로마 가톨릭교회를 불안하게 했던 프로테스탄트 종교개혁의 메아리 속에서, 개척지 설교자들은 일반 사람들도 부흥 운동에 쉽게 참여할 수 있게 만들었고, 개인이 거룩하게 살고 구원을 받는 것에 새로이 초점을 맞췄다. 1790년대에 일어난 두 번째 대각성은 첫 번째와 비슷한 부흥 운동이었지만 훨씬 더 광범위하게 이루어졌다. 교회에 다니지 않는 사람들을 개종시키는 데 중점을 두어 새로운 기독교 조직과 협회들을 수없이 탄생시켰고, 이 새로운 조직과 협회들이 젊은 미국 사회에서 중요한 역할을 맡게 되어 사람들이 일상생활에서 종교 활동에 많이 참여하게 되었다. 세 번째 대각성은 신학적으로 볼 때 가장 영향력이 적다고 여겨지지만, 19세기 후반에 선교 활동과 도덕적 행동주의를 강조했다. 세 번째 대각성은 '금주 운동'과 빈곤 및 기타 사회 병폐를 해결할 치료제로 기독교를 제시한 소위 '사회 복음 운동'을 일으켰다.

그러나 20세기 초반에 미국인들의 종교적 신앙심은 침체에 빠졌다. 현대적 가치와의 갈등이 반복적으로 문제가 되었으며, 1925년 테네시주가 학교에서 진화론을 가르치지 못하게 막으면서 갈등은 절정에 달했다. 미국시민자유연맹은 의도적으로 테네시주의 법을 위반한 사례를 만들기 위해 젊은 과학 교사 존 스콥스(John Scopes)를 자발적으로 참여시켜 기소당하도록 유도했다. 이후 이어진 재판은 언론의 주목을 받았다. 세 차례 대통령 후보로 출마했던 근본주의 기독교인이자 전 국무장관 윌리엄 제닝스 브라이언(William Jennings Bryan)은 다윈주의의 재앙을 물리치는 일에 집중하고자 정계를 은퇴하고 검찰 측을 대표하여 사건을 지휘했다. 그런데 스콥스를 대리한 저명한 변호사 클래런스 대로(Clarence Darrow)가 깜짝 쇼로 브라이언을 증언대에 세웠다. 브라이언은 증언대에서 과학에 대한 부정확한 이해와 성경의 지구 창조에 대한 극단적인 해석으로 불안한 모습을 보였다. 이 장면은 신문, 라디오 방송, 전보를 통해 전국에 퍼졌다. 브라이언은 스콥스에 대한 유죄 판결을 끌어냈지만 (나중에 테네시주의 진화론 교육 금지법이 무효화되면서 이 판결도 번복되었다), 여론 법정에서는 크게 패배했다. 이로써 '스콥스 재판'은 기술과 과학을 수용하고 심지어 숭배하기까지 하던 20세기를 상징적으로 나타내는 표현이 되었다.

1971년 리버티대학교가 개교할 즈음에는 근본주의가 부흥을 맞이하고 있었다. 부분적으로 이는 팔웰과 그의 동료들이 수많은 미국 가정의 거실, 주방, 차고, 자동차 안에 들어가게 해 준 대중 매체 덕분이었다. 하지만 근본주의의 성격이 변하고 있었기 때문이기도 했다. 한때 세상일에 완전히 무심해야 한다고 주장하던 설교자들이 이제는 문명의 붕괴를 경고하는 예레미야식 설교로 사람들을 끌어모았다. 미국의 종말이 임박했다며 두려워하는 나이 든 보수 기독교인들 사이에서 특히 큰 인기를 끌었다. 교육은 전국적으로 논쟁의 중심이 되었다. 1962년 대법원의 엥겔 대 비탈레 판결*로 공립학교에서 기도가 금지되면서 진화론, 역사, 인간의 성에 관한 교육 과정

---

* 뉴욕주 하이드파크의 공립학교에서 매일 아침 기도문을 낭송하도록 규정한 것이 문제가 되었다. 윌리엄 엥겔을 비롯한 일부 학부모가 해당 기도문이 제1차 수정헌법의 종교 조항에 위배된다며 학교 이사회 의장 윌리엄 비탈레를 상대로 소송을 제기했다. 대법원은 6대 1로 공립학교에서 공식적인 기도문을 낭송하는 것은 헌법에 위배된다고 판결했다. 종교와 정부의 분리에 대한 중요한 원칙을 세우고, 미국의 공교육 시스템에서 종교 활동의 중립성을 유지하는 데 큰 영향을 미쳤다.

을 둘러싸고 논쟁이 격렬해졌다. 팔웰은 공립학교를 완전히 폐지해야 한다고 주장하기 시작했다. 자녀들이 세속적으로 세뇌당할 것을 우려한 근본주의자들은 자녀들을 공립학교에서 빼내기 위해 대안적인 기독교 학교를 서둘러 설립하기 시작했다. 이는 오늘날 대규모의 복음주의자들이 공립학교 교육 시스템에 반대하는 상황을 시사하는 예고편이나 다름없었다.

그러나 팔웰은 이러한 변화에 만족하지 않고 더 빠른 변화를 원했다. 연구에 따르면, 대부분의 근본주의 기독교인들은 정치에 관심이 없었다. 많은 이들이 투표 등록조차 하지 않았고, 등록한 사람들도 정치 참여에 열의를 보이지 않았다. 팔웰은 자신의 추종자들을 정치에 끌어들이려 했지만, 다른 곳에서도 중요한 잠재력을 발견했다. 1976년 여론 조사 전문가 조지 갤럽(George Gallup)은 미국인의 3분의 1이 자신을 거듭난 기독교인으로 인식하고, 더 많은 유권자가 성경을 문자 그대로 해석해야 한다는 데 동의한다는 사실을 파악했다. 팔웰은 네 번째 대각성이 찾아올 수도 있다고 느꼈지만, 그러기 위해서는 기존의 지지 기반을 넓혀야 했다. 기독교인들이 미국을 되찾으려면, 그리고 팔웰이 자신이 세운 학교를 구하려면, 더 폭넓은 비전을 제시해야 했다.

그래서 건국 200주년이 되는 해에 팔웰은 애국심을 활용하는 한편 세속주의에 대한 두려움을 이용하기 위해 대대적인 홍보 캠페인을 시작했다. 팔웰이 자신과 신생 학교의 인지도를 높이기 위해 선택한 표적은 놀랍게도 민주당 대통령 후보 지미 카터(Jimmy Carter)였다. 지미 카터는 주일학교 교사였고, '거듭난' 남침례교 신자임을 공공연히 밝혔다. 당시 양당 정치인 가운데서는 이런 인물을 거의 찾아보기 힘들었다. 그런데도 팔웰은 공화당 후보인 제럴드 포드(Gerald Ford)를 지지하는 데서 그치지 않고, 민주당 후보를 완전히

1부 나라

짓밟으려 했다. 구체적으로 카터가 〈플레이보이*Playboy*〉지와 인터뷰하면서 "많은 여성을 탐욕스러운 눈으로 보았다"며 "마음속으로 여러 번 간음했다"고 인정한 부분을 지적하며, 국가 최고위직 후보에게 어울리지 않는 행동이라고 비난했다.

실제로 팔웰의 적대감은 전형적인 당파적 이유에서 비롯되었다. 남부 전략*이 린치버그와 같은 곳에서 백인 보수주의자들의 정치적 충성심을 변화시키기 훨씬 전부터, 팔웰은 철저한 공화당원이었다. 그는 공화당의 친기업 정책과 '법과 질서' 정책이 엘리트 문화로 인해 소외된 많은 남부 사람들을 끌어들일 수 있다고 믿었다. ("나는 골드워터가 너무 진보적이라고 생각했다!" 그는 자신의 책에 이렇게 썼다.) 워터게이트 사건 이후 나라가 공화당을 외면한 상황이었으니 1976년 선거 결과는 실망스러울 수밖에 없었다. 당연히 지미 카터가 승리했다. 하지만 문화 전쟁이 시작되면서 팔웰은 민주당의 정책과 행동이 미국의 도덕적 가치에 어긋난다고 공격할 기회를 감지했다.

★ ★ ★

더그 올슨은 처음에 이런 정치적 분위기나 변화를 잘 인식하지 못했다. 그는 1976년 선거 때 투표조차 하지 않았다. 캠퍼스의 에너지는 그리스도와 그분의 제자로서 사명을 수행하는 데 집중되어 있었다. 신입생이었던 올슨은 수업과 교회, 지역 봉사 활동에 몰두하며 린치버그를 집처럼 편안하게 느꼈다.

---

* 　20세기 중후반 공화당이 남부 지역 백인 유권자들을 공략하기 위해 채택한 정치 전략을 말한다. 특히 1960년대와 1970년대에 인종 문제와 사회 변화를 이용하여 전통적으로 민주당을 지지하던 남부 백인들의 마음을 공화당으로 돌리는 데 중점을 두었다.

허름한 하숙집에서 살며 거지와 주정뱅이, 마약 중독자들로 가득한 거리를 걸어서 등교해야 하는 낯선 환경에 충격을 받긴 했지만, 그럼에도 올슨은 리버티 생활에 잘 적응했다. 동급생들은 "주님을 위해 열정적"이었고, 교수들은 뛰어나고 신앙심이 깊었다. 올슨은 특히 학교 총장인 팔웰을 좋아했다. 학생들은 그를 "박사님"이라고 불렀다. (정식 박사 학위는 없었지만, 명예 박사 학위를 여러 개 가지고 있었다.) 올슨은 팔웰에게서 '인간을 향한 애정'을 보았는데, 이는 가장 신랄한 비평가들도 인정할 수밖에 없는 부분이었다. 토머스로드교회는 자원을 아낌없이 나누었다. 알코올 중독자들을 재활시키기 위해 큰 농가를 구입하고, 소외된 아이들을 위해 캠프를 운영하고, 입양 및 위탁 가정 프로그램을 후원하고, 린치버그 노숙자들에게 음식과 거처, 의료 지원, 상담 등을 제공하고, 해외 빈곤 국가에서 봉사하는 선교사들을 위해 헌금을 모았다. 학생들 대부분은 팔웰을 목사로 인식했고, 학교 총장이자 목사인 팔웰의 모습에서 '신앙을 실천하는 데만 집중하는 사람'을 보았다.

열여덟 살이었던 올슨은 팔웰이 리버티대학교를 통해 궁극적으로 이루려는 목표가 무엇인지 이해하지 못했다. 팔웰은 학교 이미지를 애국적으로 바꾸는 일을 적절한 시기에 매우 능숙하게 해냈다. 1976년 카터의 당선은 미국 우파의 억눌린 두려움을 자극했고, 팔웰은 어떤 교회나 순회 부흥회, TV 쇼보다 자신의 학교가 이 상황에서 중요한 역할을 할 수 있다는 사실을 잘 알고 있었다. 그해 가을, 학교에 등록한 학생 수는 몇 년 전보다 10배 증가한 1,500명에 달했다. 리버티대학교는 그렇게 토머스로드교회의 폭발적인 성장세를 따라가고 있었다. 그러나 팔웰에게 필요한 것은 또 하나의 교회가 아니었다. 그에게는 교회와 병행할 수 있는 기관, 즉 세속주의 세력에 정면으로 맞서 싸울 보수적인 전사들을 훈련할 문화적 요새가 필요했다. 좌파와 맞서 싸우기에 노터데임대학교의 가톨릭 신자들은 너무 품위 있었고, 브리검영대학교의 모르몬교 신자들은 너무 온화했다. 소돔과 고모라처럼 완전히 파멸되기 전에 미국을 구하려면, 개신교 신자들이 앞장서야 한다고 팔웰은 생각했다.

1977년 1월 21일, 노란 학교 버스가 수천 명의 사람을 리버티산 정상으로 실어 날랐다. 금요일 아침 예배는 보통 토머스로드교회에서 열렸지만, 이날은 특별한 행사였다. 리버티대학교 학생들과 교직원들은 설립자 팔웰이 선포할 비전을 들으려고 그곳에 모였다.

"오늘 이 자리에서 이 땅이 성스러운 장소라고 믿으며 하나님께서 우리를 위해 특별한 일을 해 주시기를 기도합시다." 팔웰이 군중에게 말했다. "우리는 하나님께서 대학을 일으켜 세워 주시길, 간구하고 있습니다."

팔웰은 얼어붙은 풍경을 가리키며 이 수십만 제곱미터의 황무지가 실험실, 기숙사, 강의실 등의 건물로 변하는 모습을 상상해 보라고 했다. 하나님께서 이 작은 학교를 세계적인 대학으로 키우라는 뜻을 자기 마음에 심어 주셨다고 설명했다. 팔웰은 이루고 싶은 궁극의 목표를 숨기지 않았다. 이 학교는 기독교적 가치를 전파할 것이며, 더 나아가 미국 사회 전반에 퍼져 있는 좌편향(左偏向)을 되돌릴 만큼 크게 성장할 것이라고 했다.

눈이 15센티미터나 쌓이고 얼음 바람으로 사방이 얼어붙은 들판에 서서 학생들과 교수들은 손을 맞잡고 기도했다. 그들은 제리 팔웰 주니어의 친구가 쓴 〈이 산지를 내게 주소서 I Want That Mountain〉라는 노래를 불렀다. 버스를 타고 산에서 내려오는 동안에도 계속 노래를 부르며, 팔웰이 품은 원대한 꿈에 감동하긴 했으나 그 꿈이 과연 실현될 수 있을지 깊은 회의를 느꼈다.

"박사님이 그 산을 하나님께 바친 날을 절대 잊지 못할 겁니다."

올슨은 팔웰이 이 원대한 계획을 설명하는 것을 듣고 기뻐했던 기억을 떠올리며 이렇게 말했다. "하지만 절대 실현되지 못할 거라는 생각도 했었죠."

리버티산을 정복하는 초자연적이고 불가능해 보이는 이야기는 곧 학교의 신화적 서사의 중심이 되었다. 예를 들어, 다윗이 골리앗을 쓰러뜨린 이야기나 예수가 오천 명을 먹인 이야기 같은 성경 속 기적들이 이 서사에 포함되었다. 그러나 실제로 이 이야기는 여러 면에서 단순했다. 리버티대학교는 수년 동안 그 부지를 소유하고 있었다. 이제 팔웰의 '아이 러브 아메리카' 투어 덕분에 등록 학생 수가 증가하고 기부금이 유입되었고, 그 덕분에 대학은 재정난에서 벗어날 수 있었다. 팔웰이 하늘의 신호를 기다리고 있었다면, 그 신호는 빠르게 찾아왔다. 1월에 리버티산 정상에서 기도회를 연 지 두 달도 채 되지 않아 새 캠퍼스 공사가 시작되었다.

그 후 몇 년은 흥분의 연속이었다. 캠퍼스 곳곳에 새로운 건물이 생겨났다. 예비 학생들과 학부모들이 캠퍼스에 몰려들었다. 기자들이 린치버그에 내려와 이 광경을 카메라에 담았다. 수백만 명이 〈리버티산의 기적 *The Miracle of Liberty Mountain*〉이라는 특집 프로그램을 TV로 시청하면서, 등록 학생 수와 기부금이 또 한 번 급증했다. 팔웰은 도박 및 동성애 반대 등 여러 문제에 맞서 싸우며 정치계에서 명성을 키워 갔다. 점점 더 과격한 언어로 카터를 비난하며 카터가 미국을 쇠퇴시키고 있다고 비난했다. 수십 년 동안 버지니아 출신의 수수한 설교자로서 브랜드를 구축해 왔던 그는 어느새 정치적 인물로 인정받고 있었다. 그리고 그것은 시작에 불과했다.

1979년 6월, 팔웰은 새롭게 단장한 '아이 러브 아메리카' 투어를 잠시 쉬었다. 해안에서 해안까지 각 주(州)의 주의회 건물에서 엄청난 인파를 끌어모아 막대한 수익을 올리던 투어를 잠시 중단하고,

저명한 보수주의 운동가 그룹과 만나기 위해 시간을 냈다. 그중에는 자유 시장 옹호자이자 유대교에서 복음주의로 개종한 하워드 필립스(Howard Phillips), 기독교 유권자들을 동원하고자 우편을 통해 직접 메시지를 보내는 마케팅 기술을 완성한 선거 전략가 리처드 비거리(Richard Viguerie)가 있었다. 이 만남을 주선한 사람은 1973년에 워싱턴의 주요 보수 싱크탱크 헤리티지재단을 공동 설립한 가톨릭 언론인 출신의 정치 전략가 폴 웨이리치(Paul Weyrich)였다. 이들은 모두 워터게이트 사건 이후 공화당을 떠났으며, 좀 더 순수한 이념을 가진 새로운 정당이 공화당을 대체하기를 바랐다. 그러나 그들의 이상주의는 이제 현실에 직면하게 되었다. 카터가 대통령으로 있는 기간이 우파에게 해로운 시간으로 판명되었다. (그들은 카터의 정책과 리더십이 나라 전체에 해를 끼치고 있다고 주장했다.) 보수주의자들은 1980년에 카터를 물리치기 위해 필사적이었다. 그러나 기존의 연합만으로는 공화당이 대통령직을 탈환할 수 없었기에, 미개척 유권자 집단을 동원해야 했다. 특히 근본주의 기독교인들을 결집해야 했다. 그래서 그들에게는 팔웰이 필요했다.

팔웰에게는 고민할 이유가 없었다. 그는 단순히 기독교 보수주의자들만이 아니라 미국 보수주의자 전체를 선두에서 이끌 기회를 오랫동안 기다려 왔다. 1970년대에 유명해진 보헤미안 신학자 프랜시스 쉐퍼(Francis Schaeffer)는 팔웰 같은 사람들이 문화 갈등에 접근하는 방식을 혁신했다. 두 사람이 개인적인 친구가 되기 전에도, 쉐퍼는 신념은 달라도 목표가 같은 사람들, 즉 '공동 투사들'과 힘을 합쳐야 한다며 팔웰을 설득했다. 여기에는 정치적·영적으로 매우 심오한 의미가 있었다. 팔웰은 한때 신학을 절대적인 것으로 여겼고, 개인의 영혼을 구원하는 것을 우선시하며, 미국이 구원받으려면 많은 사람이 기독교로 개종해야 한다고 믿었다. 하지만 이제는 종교적 차이를 제쳐 두고 비기독교인들과 함께 소위 '국가 구원'을 위해 힘쓰는 방향으로 나아가고 있었다. 이 점에서 팔웰은 목회 초기에 애국심을 강조하며 정치적 권력을 추구했다가 나중에는 이를 멀리한 빌리 그레이엄과 정반대되는 길을 걸었다.

팔웰은 카터 대통령을 극도로 혐오했다. 특히 인종차별적 관행을 이유로 기독교 대학인 밥존스대학교에 면세 혜택을 부여하지 않기로 한 정부 결정이 교회를 폐쇄하려는 세속 정치인들에게 선례를 제공한다며 비난했다. 팔웰은 종말론적인 용어를 점점 더 많이 쓰며 기독교인들에게 저항하라고 호소했다. 1980년에 그는 자신이 선언한 대로 미국이 "죽음의 문턱에서 허우적거리고 있다"고 믿었다. 또한 이 도전에 맞서 싸울 수 있는 유일한 인물은 자신뿐이라고 믿었다. 지난 몇 년 동안 팔웰은 제임스 돕슨(James Dobson, 포커스온더패밀리), 비벌리 라예(Beverly LaHaye, 미국을 염려하는 여성 연합), 도널드 와일드먼(Donald Wildmon, 미국가족협회)과 같은 동료들이 신앙에 기반을 둔 조직을 출범시키는 모습을 지켜보았다. 하지만 이들 조직은 복음주의 세계에는 거의 다 도달했지만, 동료 근본주의자들에게는 가 닿지 못했다. 여기에는 어느 정도 비대칭성이 존재했다. 복음주의자들은 근본주의자들과 소통할 방법을 찾지 못했지만, 팔웰은 학교와 방송 네트워크 확장에 많은 자원을 투자하여 복음주의자들과 소통하는 방법을 배우고 있었다. 웨이리치와 그의 동료들은 이 점을 제대로 인식하고 있었다. 이들은 팔웰을 단순히 그들의 정치 운동에 참여시키려는 것이 아니라, 그 운동의 지도자로 삼고자 했다.

그들은 '공동 투사' 개념을 발전시켜 개신교, 가톨릭, 모르몬, 유대인, 심지어 보수적 무신론자들까지 목표로 삼을 예정이었다. 전략을 논의하기 시작했을 때 웨이리치는 팔웰에게 미국인들의 '도덕적 다수'(moral majority)가 그들의 편에 있다고 말했다. 그 순간 팔웰

104

이 참모들을 힐끗 쳐다보더니 말했다.

"그게 바로 우리 조직의 이름입니다."

★ ★ ★

팔웰과 그의 새 동료들에게는 이름이 있었다. 그러나 대선이라는 피 튀기는 싸움에 뛰어드는 것이 신의 뜻이라고 정당화할 명확한 근거가 없었다.

하지만 그들은 정치적 본능을 가진 사람들이었다. 그들은 카터와 민주당을 경멸했는데, 이는 주로 세금, 지출, 규제, 외교 정책, 노동 분쟁 등과 같은 기본적인 당파적 이견 때문이었다. 그러나 이러한 문제들은 도덕적으로 긴급한 사안은 아니었다. 1970년대 후반에 평등권 수정안에 반대하거나 흑인을 차별하는 종교 학교를 지지하는 것과 같은 이슈로는 대중의 지지를 얻기 어려웠다. 사회적으로 보수적인 지지층의 최소 공통분모를 만족시킬 만한 이슈가 필요했다. 그래서 팔웰은 모럴머조리티를 출범시키며 포르노, 동성애, 마약 사용, 이혼율 증가, 공립학교의 세속주의, 그리고 무엇보다도 낙태에 초점을 맞추었다.

이로써 낙태 반대 운동은 팔웰과 모럴머조리티, 그리고 그 후속 운동들과 동의어가 되었다. 하지만 이것은 신중한 이야기 전달력과 뛰어난 설득력의 증거일 뿐, 사실과는 큰 차이가 있다.

1973년에 획기적으로 낙태를 합법화한 로 대 웨이드 판결*이 나오기 전까지, 낙태는 수십 년 동안 '가톨릭 문제'로 간주되어 왔다. 그레이엄이 창간한 주요 복음주의 출판물인 〈크리스채너티 투데이Christianity Today〉가 1968년에 신학자 20여 명을 모아 낙태가 죄인지 아닌지를 주제로 심포지엄을 열었으나 끝내 결론을 도출하지 못했다. 1971년, 남침례교 총회는 광범위한 상황에서 낙태를 인정하는 결의를 통과시켰다. (미국을 대표하는 대형 교회 중 하나인 댈러스제일침례교회의 전설적인 목사이자 남침례교 전 총회장인 W.A.크리스웰은 "나는 항상 아이가 태어나서 어머니와 분리된 삶을 살아야 비로소 하나의 인격체가 된다고 생각해 왔다"라며 낙태를 승인했다.) 1973년, 〈밥티스트 프레스Baptist Press〉 워싱턴 지국장 배리 개릿(Barry Garrett)은 로 대 웨이드 판결을 두고 대법원이 "종교적 자유, 인간 평등, 정의라는 대의를 발전시켰다"라고 썼다.

팔웰은 법원 판결에 대해 의견을 내는 데 익숙했다. 그러나 그가 강단에서 낙태를 처음 언급한 것은 판결이 나오고 5년이 지난 1978년이었다. 팔웰과 가장 가까운 친구이자 린치버그침례대학의 전 학장이었던 에드 돕슨(Ed Dobson, 제임스 돕슨과는 무관하다)은 1979년 팔웰이 웨이리치를 만나는 중요한 순간에 팔웰 옆에 앉아 있었다. 수년 후, 로 대 웨이드 판결이 종교적 우파를 자극했다는 의견에 대해 에드 돕슨은 이렇게 말했다. "나는 모럴머조리티가 비밀스러운 회의를 할 때 그 자리에 함께 있었지만, 우리가 무언가를 해야 하는 이유로 낙태가 언급된 기억은 솔직히 없다."

마음과 양심의 진정한 변화를 부정하려는 것이 아니다. 되돌아보면, 대법원 판결 이후 낙태율이 급격히 증가한 점, 대중에게 낙태 시술에 관한 정보를 제공한 의료 기술의 발전, 그리고 영향력 있는 기독교인들이 이 주제에 큰 관심을 기울인 점을 고려할 때, 반대 여

---

*　텍사스주에 거주하는 제인 로(가명)라는 여성이 텍사스주의 낙태 금지법이 자신의 헌법적 권리를 침해한다고 주장하며 소송을 제기했다. 사건의 피고는 텍사스주 댈러스카운티의 지방 검사 헨리 웨이드였다. 연방 대법원은 7 대 2의 판결로 여성의 낙태할 권리가 헌법에 의해 보호된다고 판결했다. 이 판결은 미국 전역에서 낙태를 합법화하고 여성의 생식 권리를 보호하는 데 중요한 역할을 했고, 이후에도 낙태와 관련된 여러 법적·사회적 논쟁의 중심에 서게 되었다.

론이 갑작스럽게 증가한 것은 이해할 만하다. 팔웰이 낙태에 집착하게 된 계기는 쉐퍼와 소아외과 의사(이자 미래의 미국 공중보건국장) C. 에버렛 쿱(C. Everett Koop)이 1979년에 제작한 다큐멘터리 시리즈 〈인류에게 무슨 일이 일어났는가? Whatever Happened to the Human Race?〉에서 그 궤적을 찾을 수 있다. 전국에서 상영된 이 영화에서 쉐퍼는 생명의 가치를 경시하는 태도가 미국에 재앙을 초래할 것이라고 주장했으며, 이 메시지는 분명히 팔웰과 그와 비슷한 생각을 지닌 종교적 애국자들에게 큰 반향을 일으켰다.

그럼에도 불구하고 정치적 배경을 무시할 수는 없다. 1978년 중간 선거에서 공화당은 카터의 민주당을 상대로 여러 번 큰 역전승을 거두었으며, 그중 세 번은 풀뿌리 낙태 반대 운동 덕분이었다. 강경한 가톨릭 신자이자 낙태에 반대하는 보수주의자 웨이리치에게 이는 놀라운 일이었다. 웨이리치는 공화당이 낙태 반대 운동을 우선순위로 삼아 적극적으로 행동하지 않는 것을 오랫동안 한탄해 왔다. 다트머스대학교 교수이자 모럴머조리티의 가장 저명한 역사가 중 한 명인 랜달 발머(Randall Balmer)는 1978년 선거를 전환점으로 묘사했다. 그는 웨이리치와 모럴머조리티의 첫 번째 집행 이사 로버트 빌링스(Robert Billings) 사이에 오간 중요한 서신을 한 통 발견했다. 빌링스는 웨이리치에게 1978년에 낙태 반대 운동가들이 거둔 승리가 "우리의 '주변부' 기독교 친구들을 하나로 모아 줄 것"이라고 썼다.

실제로 그렇게 되었다. 1980년, 팔웰은 새로운 유권자 연합을 결성했다. 근본주의자, 복음주의자, 남침례교 신자, 오순절파, 다양한 유형의 기독교인, 그리고 낙태 문제 덕분에 가톨릭 신자들까지 카터가 이끄는 사악한 정부가 전통적 가치를 파괴하고 있다는 메시지에 동의하여 결집했다. 공화당 예비 선거는 팔웰 그룹이 영향력을 발휘할 첫 번째 기회였다. 공화당 주류파가 선호하던 조지 H. W. 부시(George H. W. Bush)는 종교적 우파와 전략적으로 거리를 두었지만, 로널드 레이건(Ronald Reagan)은 새로 결집한 기독교 유권자들을 선거 전략의 구심점으로 삼고, 부시가 감히 시도하지 못했던 방식으로 낙태 문제에 관여했다. 아이오와주에서 접전 후(부시가 약 2천 표 차로 승리했다) 레이건은 사우스캐롤라이나주로 향했다. 그리고 흑인 학생의 입학을 거부했다는 이유로 국세청으로부터 제재를 받은 밥존스 대학교에서 가장 큰 집회를 열었다. (그즈음 입학 정책을 변경했지만, 인종 간 데이트와 결혼은 여전히 금지하고 있었다.) 레이건은 사우스캐롤라이나주에서 부시를 가볍게 물리쳤다. 이에 고무된 팔웰은 다음 예비 선거 주(州)에 자원과 인력을 재배치하고 레이건을 위해 직접 유세에 나섰다. 이는 부시에게 너무 큰 부담이었다. 공화당 대통령 후보 지명이 확정되자, 레이건은 로버트 빌링스를 대선 캠페인 종교 자문으로 임명함으로써 팔웰에게 보답했다.

공화당 정치에 새로운 기준이 세워졌다. 공화당의 현대사를 이끌어 온 교육받고, 부유하며, 사회적으로 온건하고, 문화적으로 진보적인 경향이 갑자기 예고 없이 더 이상 주류가 아니게 되었다. 앞으로 공화당에서 인정을 받으려면 낙태 문제를 경제 문제만큼 중요하게 다루어야 했다. 이는 북동부 컨트리클럽의 응접실보다 남부 교회의 설교단에서 선거 운동을 더 많이 해야 한다는 의미였다. 이제 공화당 지지자들은 당 지도자나 지역 대표의 지시를 따르기보다, 버지니아에 있는 침례교 목사와 같은 종교 지도자들의 의견과 지시에 따라 행동하고 투표하며 정치적 결정을 내린다는 점을 인정해야 한다는 뜻이었다.

모럴머조리티는 공화당을 장악했다. 그러나 팔웰은 더 많은 것을 원했다. 그는 미국을 원했다.

카터는 재선을 위해 고군분투했다. 카터 대통령의 재임 기간은 끔찍한 인플레이션, 에너지 위기, 그리고 이란에서 벌어진 수치스러운 인질 사태로 정의되었다. 이미 무능하다는 평가를 받는 상황에서 테드 케네디(Ted Kennedy) 상원의원이 냉담하고 무능하다고 카터를 비난하며 예비 선거에 도전했다. 카터는 이 강력한 도전을 간신히 이겨 내고 민주당 예비 선거에서 승리했다. 만약 종교적 우파가 제기한 문제가 없었다면, 다른 장애물들을 극복하고 대선에서도 승리할 수 있었을지도 모른다.

팔웰의 조직은 레이건 대선 캠프와 긴밀히 협력하며 교회 다니는 사람들, 특히 1976년에 카터를 지지했던 수백만 명의 복음주의자들을 대상으로 정교한 지역 조직 시스템을 구축할 수 있게 도왔다. 이 유권자들 가운데 소수라도 공화당으로 전향시키면 현직 대통령에게는 치명적일 수 있었다. 일부 추정에 따르면, 팔웰과 그의 동료들은 이들 중 4분의 1을 전향시켰다. 그해 9월, 팔웰은 'VOTE'라는 글자와 함께 〈뉴스위크〉 표지를 장식했다. 설교 중인 팔웰의 사진 위에 'VOTE'라는 헤드라인이 쓰여 있었고, 세 번째 글자 T는 십자가 모양으로 디자인되어 있었다. 10월에 레이건이 연설하러 린치버그에 왔을 때 선거는 이미 끝난 것이나 다름없었다. 그렇다고 팔웰이 활동을 멈춘 것은 아니었다. 그는 이미 전국 라디오 방송국에서 대통령을 공격하는 데 수백만 달러를 썼고, 그해 가을에 추가로 1천만 달러를 투입하여 카터를 "남부의 배신자이자 더 이상 기독교인이 아니"라고 묘사하는 광고를 내보냈다.

11월 선거에서 레이건은 카터를 상대로 압승을 거뒀다. 레이건이 489명의 선거인단을 확보한 반면, 카터는 49명의 선거인단을 확보하는 데 그쳤다. 선거 다음 날 아침, 팔웰이 캠퍼스에 도착하자 리버티대학교 밴드는 〈지도자께 만세를 Hail to the Chief〉이라는 대통령찬가를 연주하며 그를 맞이했다. 버지니아주 린치버그에 작은 기독교 대학을 설립한 지 10년도 채 되지 않아, 이 시골 목사는 미국에서 가장 영향력 있는 인물 중 한 명이 되었다.

그 혜택은 헤아릴 수 없을 만큼 컸다. 레이건의 첫 번째 임기 초에 토머스로드침례교회 교인 수는 2만 명을 넘어섰다. 팔웰은 수백만 달러어치의 책과 테이프를 팔았다. 작가, 목사, 라디오 진행자, 전도자를 사람들에게 추천해 주고 챙기는 부가 수익은 말할 것도 없었다. 팔웰은 최첨단 메일링 리스트를 통해 〈옛날식 복음 시간〉 시청자들에게 계속 기부금을 받았다. 이제 이 리스트에는 700만 명 이상의 이름과 주소가 담겨 있었다. 팔웰은 개인 비행기를 장만해서 부흥회, 정치 집회, 교회 설교 일정을 소화했으며, 이 행사들은 종종 같은 장소에서 열렸다. 〈나이트라인Nightline〉과 〈래리 킹 라이브Larry King Live〉와 같은 전국 뉴스 프로그램에도 출연했다. 〈뉴스위크〉 표지를 장식한 지 거의 5년 만인 1985년에 〈타임Time〉 지는 팔웰을 표지에 싣고 '우파의 천둥'이라는 헤드라인을 달았다.

이 혼란 속에서 일부 학생들이 불안해하기 시작했다. 설립 초기 10년 동안 리버티대학교는 종교와 세속적인 정치 활동을 분리하려는 전통적인 성향을 따랐다. 학교 총장이 더 원대하고 세속적인 야망을 품고 십자가와 국기를 함께 내세우기 시작했지만, 수업이나 캠퍼스 문화는 크게 바뀌지 않았다. 그런데 그 기류가 변하기 시작했다. 레이건 당선 후 등록 학생 수가 급증하면서 정치에 열광하는 젊은 보수주의자들이 캠퍼스로 몰려들었다. 학생 수가 늘어난 만큼 대규모 인력 채용이 필요했다. 이때 팔웰이 채용한 일부 사람들, 특히 행정 직원들은 공화당 네트워크를 통해 만난 정치적 동지들이었다. 팔웰 자신도 극단적으로 변해 가고 있었다. 수요일 아침 채플(학생들은 월, 수, 금 매주 세 번 채플에 참석했지만, 팔웰은 다른 지역 행사에 다니느라 월요

1부 나라

일과 금요일 채플에는 거의 나타나지 않았다)은 공화당을 지지하는 정치 집회로 변해 버렸다. 하나님에 관해서도 잠깐 언급하긴 했지만, 입법 활동에 관한 최신 정보와 뉴스 속보, 그리고 모럴머조리티와 함께한 여행 이야기에 묻히기 일쑤였다.

"주간 채플에서 정치 논평을 많이 듣게 되자 불편한 기분이 들기 시작했습니다. 팔웰은 토머스로드교회, 리버티대학교, 모럴머조리티 등에서 활동하면서 여러 가지 역할을 맡고 있었는데, 이를 잘 분리하지 못했습니다." 1980년 가을에 입학한 마크 데모스(Mark DeMoss)가 당시를 회상하며 말했다. 마크는 팔웰의 친구이자 리버티대학교의 주요 기부자였던 아버지 아서 데모스가 심장마비로 세상을 떠난 이듬해에 리버티에 입학했다.

"학생들도 처음에는 좋아했던 것 같아요. 좀 신기했죠." 데모스는 이렇게 덧붙였다. "우리 학교 총장이 보수주의 정치인들과 어울리며 그 이야기를 모두에게 해 주니까요. 그런데 시간이 지나면서 좀 지나치다는 생각이 들었어요."

역할을 제대로 분리하지 못하는 문제는 비단 리버티대학교에만 국한된 문제가 아니었다. 정치적 명성은 팔웰에게 새로운 공화당 친구들을 안겨 주었으나, 곧 그 때문에 초창기 방송 설교를 좋아했던 시청자들, 즉 종교와 정치의 결합을 여전히 미심쩍어하는 나이든 근본주의자들 중 일부를 잃게 되었다. 그 무렵, 팔웰은 토머스로드교회에서도 비슷한 문제에 부닥쳤다. 교회에서 영적 가르침이나 만족을 충분히 얻지 못한다는 생각에 신자들이 교회를 떠나기 시작했다. 린치버그는 리버티대학교를 중심으로 빠르게 성장하는 도시였고 매주 새로운 학생들이 토머스로드교회에 등록했기에 그리 큰 문제는 아니었다. 하지만 교회 전체로 보면 신자들의 이탈은 앞으로 닥칠 분열을 예고하는 신호탄이었다.

"저희는 '하나님과 국가' 어쩌고 하는 이야기에 지쳤습니다. 그것이 학교와 교회에서 우리가 하는 모든 일의 중심인 것처럼 느껴지기 시작했거든요"라고 올슨은 회상했다. "일요일 아침마다 못마땅한 표정으로 아내나 친구들과 서로 눈짓을 하며 '아이고, 또 시작이군요, 박사님' 하고 생각했죠. 다른 교회를 찾아야 했습니다. 물론, 저는 박사님을 사랑했어요. 하지만 우리에게는 '미국, 미국, 미국' 말고 다른 것이 필요했습니다."

처음에는 모럴머조리티가 해롭지 않아 보였다고 올슨은 말했다. "그러나 그것이 괴물로 변하는 모습을 지켜보았습니다."

올슨은 린치버그를 집으로 여기게 되었다. 그는 성경신학을 전공할 계획으로 리버티에 입학했다. 아마도 설교자가 되는 방향을 염두에 두었을 것이다. 그러나 나중에는 건물 관리에 관심이 생겼다. 학생 시절에 토머스로드교회 관리인으로 시작해서 리버티대학교 시설 관리 부서 운영 책임자로 승진할 정도로 이 분야에서 뛰어난 능력을 발휘했다. 그 사이에 올슨은 리버티대학교 여학생과 결혼했다. 아내는 그냥 리버티대학교 출신이 아니었다. 토머스로드교회에서 운영하는 사립 초중고(K-12)를 졸업한, 팔웰의 제국과 인연이 깊은 린치버그 출신이었다.

처음에 팔웰의 세계가 익숙하지 않았던 올슨은 이제 그 세계 내부까지 깊숙이 들어가게 되었다. 그러나 그 세계에서 경험하고 목격한 것들을 항상 좋아하지만은 않았다. 물론 개인적으로는 팔웰을 존경했다. 특히 사회적으로 소외되고 고통받는 사람들에게 마음을 쏟는 그를 존경했다. 그럼에도 올슨은 주변 환경에 끊임없는 불안감을 느꼈다. 리버티대학교 고위직 중 일부는 사람들을 대하는 태도가 그리스도인답지 않다는 평판이 자자했다. 올슨의 처남은 〈옛날식 복음 시간〉 직원으로 일했는데, 팔웰이 청중들에게 돈을 짜내는 방식에 깊은 환멸을 느꼈다. 실제로, 팔웰이 다양한 사업체에서 지출하는 막대한 금액과 그 자금을 충당하는 방식은 주변 사람들을 불안하게 했다. 올슨이 가장 충격을 받은 때는 사랑하는 멘토이자 기독교 신앙을 지도해 준 교수가 불륜을 저지르고 있다는 사실을 알게 되었을 때였다.

"그 일로 신앙이 크게 흔들렸고, 영적으로 큰 충격을 받았어요"라고 올슨은 회상했다. "어느 날 어머니가 저를 앉혀 놓고 물었습니다. '너는 하나님을 섬기고 있니? 아니면 사람을 따르고 있니?'"

올슨은 어머니가 말하는 사람이 교수가 아니라 팔웰이라는 사실을 깨달았다.

플로리다주에서 수익성 높은 일자리를 제안받았을 때, 올슨은 망설이지 않았다. 새로운 삶을 시작하고 싶어서 아내와 갓 태어난 아들 닉을 데리고 린치버그에 있는 처가 식구들에게 작별을 고했다. 처가 식구들은 항상 닉을 린치버그에서 키웠으면 했다. 닉이 리버티 대학교에 다니고, 린치버그에서 가정을 꾸리고, 주님을 섬기며, 팔웰이 리버티산 정상에서 선포한 비전을 실현시키기를 기대했다.

더그 올슨은 여전히 그 꿈을 간직하고 있었다. 팔웰의 긍정적인 면과 부정적인 면을 모두 보았지만, 올슨은 여전히 리버티를 신뢰했고 여전히 팔웰의 비전을 믿었다. 적어도 순수한 형태의 비전을. 기독교인은 한 사람의 삶과 업적이 단순히 선과 악으로 나뉠 수 없을 만큼 복잡하고 다양한 측면이 있다고 믿는다. 올슨은 팔웰이 하나님을 사랑한다는 사실을 알고 있었다. 또한 팔웰이 다른 죄인들처럼 방황하기 쉬운 죄인이라는 사실도 알고 있었다. 팔웰의 좋은 점도 많이 보았고 리버티에서 좋은 일도 많이 경험했기에 부정적인 경험들이 좋은 기억까지 퇴색시키게 두지 않았다. 가족과 함께 플로리다주로 이사했다가, 다시 펜실베이니아주 중부에 있는 자신의 고향으로 돌아와 나쁜 기억을 마음에서 떨쳐 냈다. 올슨은 닉을 예수를 사랑하고 린치버그를 동경하는 사람으로 키웠다. 하나님이 리버티를 축복하신 놀라운 이야기를 아들에게 들려주었다. 아마도 언젠가 닉이 그 비전을 이루게 될 것이라고 믿었다.

★　★　★

리버티산에서 대학을 일으켜 세워 달라고 하나님께 기도한 지 30년 만인 2007년 5월, 제리 팔웰 시니어는 캠퍼스 안에 있는 사무실에서 심장마비로 사망했다. 그의 나이 일흔세 살이었다.

　　팔웰의 말년은 특별히 주목할 만한 일이 없는 시기였다. 여전히 대규모 회중 앞에서 설교했고 TV와 라디오 프로그램을 통해 많은 청중에게 다가갔지만, 영향력은 눈에 띄게 줄어들고 있었다. 목사로서 책임을 망각했다는 사실을 깨닫고 1989년에 모럴머조리티를 해체한 이후 팔웰은 새로운 세대의 기독교 문화 전사들에게 밀려났다. 1996년에 '하나님, 미국을 구하소서' 캠페인을 시작하고, 1998년에는 새로운 라디오 프로그램 〈리슨 아메리카 *Listen America*〉를 시작했지만, 둘 다 큰 반향을 일으키지는 못했다. 공화당 지도자들은 여전히 린치버그를 방문했지만, 사진을 찍기 위한 단순하고 의례적인 방문일 뿐 영향력 있는 만남이 아니었다. 팔웰은 작아진 역할에 잘 적응하지 못했다.

　　팔웰은 영향력을 유지하려고 안간힘을 썼지만, 그 방식이 눈에 띄게 처량해 보였다. 결국 세기가 바뀔 즈음에는 사람들에게 도발적인 인물로 여겨지기보다는 조롱의 대상이 되었다. 팔웰은 배우 엘런 드제너러스(Ellen DeGeneres)가 커밍아웃했을 때 'Ellen Degener-ate'(퇴폐적인 엘런)라고 부르며 비난했다. 또한 생식 기관 자체가 없는 캐릭터임에도 불구하고 유아용 TV 쇼 〈텔레토비 *Teletubbies*〉에 나오는 보라돌이(팅키윙키)가 동성애자라고 주장하며 분노하기도 했다. 적그리스도가 곧 올 것이라고 예언하면서 "물론 적그리스도는 유대인이 될 것이다"라고 말하기도 했다. 2001년 9월 11일에 발생한 테러 공격으로 3천 명이 사망한 사건을 두고는 미국이 하나님에게 등을 돌려서 일어난 "자업자득"이라며, 이 재앙을 불러온 책임이 "이교도, 낙태 옹호자, 페미니스트, 게이와 레즈비언" 그리고 미국시민자유연맹에 있다고 비난했다.

눈에 잘 띄지는 않았으나 리버티대학교의 잘못된 경영도 못지않게 문제가 되었다.

1988년에 리버티대학교는 거의 파산 직전까지 갔다. 1980년대 초 레이건 대통령 취임 이후 등록 학생 수와 기부금은 더 이상 늘지 않고 정체되었다. 그런데도 팔웰은 계속 건물을 짓고 계속 돈을 쓰며 리버티를 더 깊은 수렁으로 밀어 넣었고, 그 수렁에서 빠져나올 확실한 계획은 없었다. 2020년에 〈폴리티코〉에서 조사한 바에 따르면, 팔웰은 대학을 유지하기 위해 1억 달러 이상의 빚을 졌고 이를 갚지 못했다. 재정 상태는 전반적으로 악화되었다. 〈옛날식 복음 시간〉의 수익은 몇 년째 감소하고 있었고, 1987년에는 아내 태미 페이 배커(Tammy Faye Bakker)와 함께 활동하던 텔레복음 전도자* 짐 배커(Jim Bakker)의 성 추문으로 기독교인 시청자 수백만 명이 기부를 중단했다.

탈출구를 찾아낸 인물은 제리 팔웰 주니어였다. 버지니아대학교 로스쿨을 갓 졸업한 팔웰 주니어는 상업용 부동산 분야에서 경력을 쌓고자 했다. 가족 사업에는 관심을 보인 적이 없었다. 동생 조

---

* '텔레비전'과 '복음 전도자'를 결합한 합성어로 텔레비전을 통해 설교와 종교적인 메시지를 전달하는 기독교 지도자를 가리킨다.

너선은 목사였고, 제리는 리버티에 별 애정이 없었다. 사실 리버티에서 보낸 학부 시절은 고통의 시간이었다. 설립자이자 총장의 아들이 아니라도 캠퍼스에 맥주를 몰래 들여오기란 여간 어려운 일이 아니었다. 팔웰 주니어는 스스로 기독교인이라고 여겼지만(대학 시절에 신학을 공부했고 예수의 신성을 확신하게 되었다), '규칙과 의식'을 참고 따르는 것은 어려워했다. 자신이 살고 싶은 삶이 있는데, 처음에는 토머스로드 아카데미에서, 그다음에는 리버티대학교에서 그 삶을 인위적으로 제약당하니 답답함을 느꼈다.

   팔웰 주니어가 리버티 문제를 해결하기 위해 적극적으로 나선 이유는 의무감과 아버지를 향한 깊은 존경심 때문이었다. 그는 항상 아버지와 가까웠다. 나중에 게이브리얼 셔먼(Gabriel Sherman) 기자에게 말한 바에 따르면, 두 사람 다 장난꾸러기였고 말썽꾸러기였으며 규칙을 어기는 사람이었다. 팔웰 주니어는 아버지가 근본주의 생활 방식을 선택한 것이 항상 이상하다고 생각했는데, 특히 아버지가 자신들이 지키는 침례교 규칙이 구원과는 관련이 없다고 여러 번 인정한 점을 고려하면 더더욱 이상했다. 그럼에도 불구하고 그는 아버지를 '무조건' 사랑했다. 그러나 이제 둘의 관계에 '조건'이 생겼다. 아들에게 도움을 받고 싶으면, 전적으로 맡기고 간섭하지 말아야 했다. 팔웰 시니어는 그렇게 했다. 좋은 약은 몸에 썼다. 건설은 중단되었고, 프로그램은 폐지되었으며, 직원들은 해고되었고, 부동산은 매각되었고, 자산은 청산되었고, 대출 조건은 재조정되었다. 팔웰 시니어가 확장했던 학교는 순식간에 적정 규모로 축소되었고, 그를 유명하게 만든 TV 쇼는 예산 문제로 갑자기 중단되었다.

   이러한 비상조치는 효과가 있었다. 몇 년간의 재정 긴축 후, 리버티는 더 효율적이고 안정적인 상태로 회복되었다. 팔웰 시니어는 남은 생애 동안 학교를 구한 공로를 아들에게 돌렸다. 자서전에 이렇게 썼다. "인간적으로 말하면, 이 사역이 재정 면에서 기적적으로 생존할 수 있었던 데는 내 아들의 공이 가장 크다."

2007년 그의 죽음 이후, 팔웰의 세계는 두 부분으로 나뉘었다. 조너선은 토머스로드교회 담임 목사가 되었고, 팔웰 주니어는 리버티대학교 총장으로 임명되었다. 의사인 여동생 지니는 가업에 참여하지 않았다. 그러나 고려해야 할 네 번째 인물이 있었다. 바로 마크 데모스다. 데모스는 친아버지가 일찍 돌아가신 후, 팔웰에게 양아들 같은 존재가 되었다. 한동안 팔웰 가족과 함께 살기도 했고, 졸업 후에는 팔웰의 수석 보좌관으로 일했다. 그 후 7년 동안 데모스는 팔웰과 모든 회의, 모든 여행, 모든 결정을 함께했다. 데모스가 팔웰 곁을 떠나 홍보 회사를 설립했을 때도 첫 번째 고객은 리버티대학교였다. 데모스의 아버지와 어린 남동생이 죽었을 때도 팔웰이 장례를 주관했고, 데모스에게 첫째와 둘째가 태어났을 때 병원에 제일 먼저 도착한 사람도 팔웰이었다. 죽기 직전에 팔웰은 이미 홍보 회사를 건실하게 키운 데모스에게 대학 집행위원회 의장을 맡아 달라고 부탁했다. 리버티대학교에서 두 번째로 중요한 자리였다. 팔웰은 그 결정이 첫째 아들 팔웰 주니어와 데모스 사이에 갈등을 일으킬 거라는 점을 전혀 예상하지 못했다.

"팔웰 주니어는 자신이 '설교자나 목사, 또는 영적 지도자'가 아니라 버지니아대학에서 훈련받은 변호사이자 사업가라는 점을 세상에 알리기 위해 큰 노력을 기울였습니다." 데모스는 둘 사이에 있었던 일을 회상하며 이렇게 말했다. "저는 그러한 발언이 늘 우려스러웠습니다. 사실 전체 이사회가 걱정했어야 할 부분이었죠."

학교의 새 총장이 자신을 신앙심 깊은 사람으로 묘사한 적이 없었던 것은 사실이다. 오히려 그는 자신이 종교적 롤 모델이 아니라는 점을 사람들에게 알리고, 나아가 이 점을 경고하려고까지 했다. 하지만 아무도 신경 쓰지 않는 것 같았다. 덕분에 리버티가 나아갈 방향은 더 확고해졌다. 팔웰 주니어는 아버지가 대학을 어떻게 운영하고 발전시켜 나갔는지 세세하게 지켜보면서, 그 방식을 자신의 경영 철학에 반영하려고 했다. 그는 '신앙의 근본'을 설교하고 실천하는 것 외에도 학교가 다른 기업처럼 조직되고 운영되어야 한다고 확신했다. 그리고 사람들이 자기를 환영하고 지지하는 모습을 보면서 자기 생각이 옳다고 더더욱 확신하게 되었다.

팔웰 주니어가 유명해진 까닭은 이름 덕분이라기보다는 이력 덕분이었다. 그가 리버티를 소생시키기 위해 한 일을 모두가 알고 있었다. 또한 앞으로 몇 년 동안 그가 새로운 번영의 시대를 열어 줄 터였다. 온라인 교육에 일찌감치 투자하고 부동산 개발에 공격적으로 베팅한 덕분에 학교 재정은 빠르게 확충되었다. 팔웰 시니어가 사망할 당시 리버티의 자산은 2억 5,900만 달러였는데, 불과 5년 후인 2012년에는 그 규모가 네 배로 커졌다.

카리스마 넘치던 아버지와 달리, 팔웰 주니어는 쑥스러움과 수줍음이 많고 내성적이며 항상 말이 느렸다. 자신의 신앙에 관해서는 입을 다물었고, 정치에 관해서는 더더욱 입을 다물었다. 그런데도 입학률이 상승하고, 새 건물들이 들어서고, 기부금이 점점 쌓여 갔다. 리버티는 다시 주목받는 명문 학교가 되었고, 그 과정에서 중요한 역할을 한 사람이 제리 팔웰 주니어였다.

★ ★ ★

셰익스피어의 비극을 닮은 팔웰 주니어의 몰락 이야기는 도널드 트럼프와 깊이 얽혀 있다. 2016년 초 트럼프가 리버티에서 연설하고 팔웰 주니어가 그의 캠페인을 지지한 이후, 두 사람은 여러 해 동안 서로 얽혀 있었다.

그러나 '트럼프의 부상'과 '팔웰의 몰락' 간의 연관성을 제대로 이해하려면, 미래의 대통령이 처음 리버티를 방문했을 때로 돌아가야 한다.

2012년 가을, 선거를 약 6주 앞두고 트럼프는 뜨거운 환호를 받으며 리버티 캠퍼스에 도착했다. 매주 세 번 열리는 채플에서 연설하러 온 길이었다. 리버티는 이제 소박했던 옛 채플실이 아니라 큰 강당에서 예배를 드릴 만큼 규모가 커졌다. 학생들은 의무적으로 채플에 참석해야 했지만, 사실 그날은 학생들 외에도 교수진과 직원, 가족, 린치버그 시민과 다른 지역 시민 등 손님들로 넘쳐났다. 팔웰 주니어는 보도 자료에서 트럼프를 "우리 역사상 가장 인기 있는 예배 연설자"로 칭했다. 과장이긴 했지만, 크게 틀린 말도 아니었다.

트럼프는 수십 년 동안 대중의 이목을 끌었다. 뉴욕의 거만한 억만장자는 고층 건물에 자기 이름을 새기고, 내연녀들과 함께 당당하게 신문에 얼굴을 내밀더니, 리얼리티 TV 프로그램에 출연해 인기를 끌었다. 그러다 최근에는 우파 공화주의의 마스코트가 되었다. 트럼프는 당시 대통령 버락 오바마의 자격을 부정하는 해로운 운동을 주도했다. 하와이에서 수사 자금을 지원했다고 자랑하며, 오바마가 그냥 외국에서 태어난 수준이 아니라 외국 태생의 모슬렘이라고 주장하면서 일부 보수층 사이에서 열렬한 지지를 받았다. 2012년 대선 출마를 포기한 후, 트럼프는 공화당 후보 밋 롬니(Mitt Romney)를 무대에 세우고 지지 연설을 함으로써 자신의 정치적 영향력을 과시하는 장면을 연출했다. 그리고 이제 롬니가 오바마에게 패배할 상황에서, 향후 대선 캠페인을 미리 준비하기 위해 리버티에 온 참이었다.

"저는 리버티가 운영되는 방식을 지켜보았습니다. 여러분이 어디서 왔고 어떤 어려움을 겪었는지, 그리고 지금 어떤 상황인지 지켜보았습니다. 우리나라도 원한다면 그렇게 할 수 있는 잠재력이 있습니다." 트럼프는 리버티가 재정난에서 회복된 사실을 언급하면서 이렇게 말했다. 하지만 학교의 영적 사명은 언급하지 않았다. 트럼프는 오바마 행정부의 약한 지도력과 리버티 청중들의 유순한 태도(한쪽 뺨을 맞으면 다른 쪽 뺨도 내주는)를 비판하면서, 리버티 강당에 모인 만여 명의 학생들에게 딱 잘라 조언했다. "똑같이 갚아 주세요."

팔웰 주니어는 트럼프를 가리켜 "우리 시대 가장 위대한 선각자 중 한 명"이자 "미국에서 가장 영향력 있는 정치 지도자 중 한 명"이라고 칭송했다. 학생들 앞에서 "오바마 대통령에게 출생 증명서를 공개하라고 강력하게 요구한" 트럼프를 칭찬하며, 대학 총장으로서 트럼프에게 명예 박사 학위를 수여했다.

리버티에서 정치 활동을 보는 것이 새로운 일은 아니었다. 그러나 이번 행사에서는 독특하게도 원초적인 적대감이 느껴졌다. 리버티 지도자로서 팔웰 주니어는 자신의 역할에 더 자신감을 가지게 되었으며 그 자신감은 전투적이고 보수적인 스타일, 이른바 '트럼프 스타일'로 나타나고 있었다. 팔웰 주니어가 총장이 되고 몇 년 후, 오바마가 취임한 직후, 리버티는 교내 민주당 동아리의 공식 인가를 취소하고 대학 기금을 사용할 수 없게 했다. 그 사건이 있고 얼마 지나지 않아 린치버그 지역 신문 〈뉴스 앤 애드보케이트*News & Advocate*〉에서 리버티가 연방 정부의 재정 지원에 의존하고 있다고 보도하자, 리버티는 캠퍼스에서 해당 신문의 웹사이트에 접속하지 못하게 차단했다. 결국 팔웰 주니어는 대학 신문인 〈챔피언*Champion*〉의 편집권까지 장악하여 자신의 견해를 비판하거나 자기가 선호하는 정치인을 비판하는 기사가 있는지 정기적으로 검열했다. 2015년 12월, 트럼프가 채플에서 연설하기 위해 열렬한 환영을 받으며 다시 리버티에 방문하기 한 달 전, 팔웰 주니어는 학생들을 충격에 빠뜨리는 발언을 했다. 최근에 캘리포니아에서 모슬렘 부부가 저지른 총격 사건을 언급하며 대학 총장은 이렇게 말했다. "더 많은 선량한 사람들이 총기 소지 허가를 받았다면, 그 모슬렘들이 걸어 들어오기 전에 끝장낼 수 있었을 겁니다."

트럼프는 리버티에서 두 번째로 연설하던 중 성경을 잘못 발음하는 실수를 저질렀다.* 그러나 팔웰 주니어는 이미 결심을 굳힌 상태였다. 2016년 대선에서 트럼프를 지지하기로 말이다. 팔웰 주니어는 두 사람의 성향이 비슷하다고 믿었다. 둘 다 사업가였고, 강경한 태도를 좋아했고, 권위를 불신하며 전통적인 예의를 무시하는 것을 자랑스러워했다. 팔웰 주니어에게는 트럼프와 파트너십을 맺는 것이 지극히 당연한 일이었다.

하지만 마크 데모스에게는 그렇지 않았다.

2016년 1월, 아이오와 코커스** 며칠 전 팔웰 주니어가 트럼프를 지지한다고 발표하자 리버티 공동체는 충격을 받았다. 채플에서 트럼프를 칭찬하는 것도 기이했는데, 학교의 명성과 팔웰 가문의 이름을 트럼프의 대선 야망에 걸다니 이해할 수 없는 일이었다. 트럼프의 선거 운동 방식은 악명 높은 범죄자 바라바마저 얼굴을 붉힐 정도로 매우 공격적이고 과격했다. 멕시코 이민자를 강간범이라 부르고, 상대 후보의 외모를 조롱하고 후보 가족에 관한 악의적인 거짓말을 퍼뜨리고, 선거 유세에서 폭력을 조장하고, 백인 우월주의자들과 공개적으로 교류하고, 모슬렘의 미국 입국 금지를 제안했다.

---

* 고린도후서를 'Second Corinthians'가 아니라 'Two Corinthians'라고 말했다.
** 정당의 당원들이 모여 토론하고 투표를 통해 대통령 후보를 선출하거나 정치적 결정을 내리는 회의를 말한다. 아이오와 코커스는 미국 대선 과정에서 첫 번째로 열리기 때문에 특히 주목을 많이 받는다.

신앙심 깊은 사람들에게 가장 낯설고 불쾌한 발언은 "한 번도 신에게 용서를 빌어 본 적이 없다"고 자랑한 것이었다. 성경을 믿는 기독교인 후보가 여럿 출마한 상황에서 데모스는 왜 팔웰 주니어가 자신의 영향력을 이용해 트럼프를 지지하는지 이해할 수 없었다.

데모스는 처음에는 침묵을 지켰다. 하지만 시간이 지나면서 캠퍼스 안에서 긴장이 고조되고 트럼프가 코커스에서 여러 번 승리하자 무언가 말해야 한다는 의무감을 느꼈다. 슈퍼 화요일에, 버지니아를 포함한 여러 주에서 유권자들이 투표하는 동안, 데모스는 〈워싱턴 포스트Washington Post〉와 인터뷰하며 의견을 밝혔다. "도널드 트럼프만큼 개인을 모욕하거나 공격하는 전략에 많이 의존하는 후보는 없습니다. 개인을 모욕하고 괴롭히는 방식의 선거 전략은 결코 정당화하거나 옹호할 수 없습니다. 자신을 그리스도인이라고 주장하는 사람들이라면 더더욱. 많은 사람을 불편하게 만드는 지점이 바로 여기입니다. 이는 리버티가 40년 동안 학생들에게 가르쳐 온 '그리스도 같은' 행동이 아닙니다."

데모스는 특히 최근에 벌어진 혐오스러운 사건, 즉 트럼프가 전 쿠 클럭스 클랜(KKK) 지도자 데이비드 듀크(David Duke)의 지지를 거부하지 않은 사건을 지적하며 〈워싱턴 포스트〉에 이렇게 말했다. "트럼프를 지지하는 복음주의자들은 그가 한 여러 행동을 다른 이들에게 설명하거나 변호하기 쉽지 않을 겁니다."

데모스는 자신이 지금 어떤 이들을 적으로 돌리고 있는지 알고 있었다. 팔웰 주니어는 자기 아버지와 같은 극우 정치 성향의 신탁 이사들과 관리자들을 만족시키기 위해 최근 몇 년 동안 학교에서 권력을 강화하며, 반대자들을 침묵시키고, 체계적이고 위협적인 방식으로 적들을 제거해 왔다. 데모스는 어린 시절 친구와의 권력 싸움에서 이길 수 있다는 환상 따위는 품지 않았다. 하지만 수십 년 동안 리버티를 위해 봉사했고 집행위원회 의장을 맡고 있으니, 다른 사람들이 하지 못하는 방식으로 자유롭게 발언할 수 있는 위치에 있다고 믿었다.

〈워싱턴 포스트〉가 데모스의 발언을 보도하고 몇 시간 후, 데모스는 팔웰 주니어에게 이메일을 한 통 받았다. 제목도 없이 딱 한 문장만 적혀 있었다. "마크, 난 네게 무척 실망했어."

데모스는 곧바로 팔웰 주니어에게 전화를 걸었다. 대화는 충분히 예의 바르게 진행되었다. 데모스는 팔웰 주니어에게 개인적으로 상처를 줄 생각은 없었다고 말했고, 팔웰 주니어는 데모스가 한 정치적 발언이 학교의 면세 지위를 위태롭게 할까 걱정된다고 짐짓 차분하게 말했다. (몇 년이 지난 후에도 데모스는 당시 상황을 이야기할 때마다 어이없는 웃음을 터트렸다.) 통화를 마친 후, 데모스는 직접 만나서 더 이야기하자며 자기가 린치버그로 가겠다고 이메일을 보냈다. 팔웰 주니어는 그럴 필요 없다고 답했다. 다음 달 4월에 이사회가 예정되어 있으니 그때 논의하면 된다고 했다.

그 후 몇 주 동안, 데모스에게 우호적인 이사들이 연락해 팔웰 주니어가 그를 학교에서 쫓아내려고 뒤에서 로비를 벌이고 있다고 전했다. 그 사이에 데모스는 제리 프레보(Jerry Prevo)에게 이메일을 받았다. 알래스카에서 가장 큰 침례교회를 세운 강경한 근본주의 설교자 프레보는 오랫동안 공화당에서 중요한 역할을 해 왔고, 팔웰 시니어가 이끌던 모럴머조리티의 핵심 멤버였다. 그리고 현재는 리버티 이사회 의장이었다. 프레보는 단도직입적으로 말했다. 데모스가 이사회의 기밀 유지 정책을 위반했을 수 있으며, 일부 동료들이 그에게 사임을 요구할 수 있다고 했다.

말도 안 되는 소리였다. 트럼프를 지지하는 문제와 관련하여 이사회는 어떠한 논의도 진행한 바가 없었다. 따라서 데모스가 유출할 기밀 따위는 애초에 존재하지 않았다. 하지만 리버티에서 오랫동안 지내왔기에 이 상황이 무엇을 의미하는지 잘 알고 있었다. 사직서를 작성한 데모스는 4월 회의에 참석하기 위해 린치버그로 날아갔다. 전체 회의 전날 밤 이사회실에 도착했을 때(집행위원회 위원들은 항상 사전에 따로 모임을 갖는다), 어딘가 우스꽝스러운 구석이 있었다. 일반적으로 학교 총장이 테이블 상석에 앉고, 집행위원회 의장이 총장 오른쪽에, 이사회 의장이 총장 왼쪽에 앉는다. 화려한 나무 테이블에 놓인 30여 개의 명패를 살펴보다가 데모스는 자기 자리가 팔웰 주니어 바로 옆이 아니라는 사실을 발견했다. 데모스의 명패는 열 자리나 떨어진 위치에 있었다. 그는 그 자리에 가서 앉았다.

"제리가 어색한 표정으로 '마크, 네 명패를 누가 저기 놔뒀는지 모르겠다. 이리 와서 앉아'라고 말하더군요." 데모스가 당시를 회상하며 말했다. "그래서 저는 '아니, 괜찮아. 여기 앉을게'라고 했죠."

데모스는 얼굴을 찡그리며 말했다. "이미 결정이 나 있는 상태였죠."

집행위원회 회의가 시작되자마자 데모스는 회의장을 나와 호텔 방으로 돌아갔다. 두 시간 후, 전화가 울렸다. 리버티의 법률 고문인 데이비드 코리(David Corry)였다. "이렇게 말하더군요. '데모스 씨, 위원회 논의 결과 집행위원회에서 사임해 달라는 요청이 나와서 전달합니다.' 그리고 이런 말도 했습니다. '내일 이사회에서는 사임하는 이유가 다른 위원회에서 일하고 싶어서라고 말씀해 주셨으면 합니다.'"

데모스는 이렇게 답했다고 한다. "변호사님, 내일 당장 사임할 수도 있습니다. 하지만 사임하더라도 방금 말씀하신 이유를 대지는 않을 겁니다. 왜냐하면, 사실이 아니니까요. 변호사님도 아시잖아요?"

1부 나라

며칠 안에 데모스는 집행위원회와 이사회 모두 사임했다. 이 소식은 리버티 가족 모두를 놀라게 했다. 특히 학생, 교직원, 관리자 중 팔웰 주니어의 비전에 동의하지 않는 사람들을 충격에 빠뜨렸다. 팔웰 주니어가 마크 데모스에게 이런 짓을 할 수 있다면, 누구에게든 할 수 있다는 뜻이었다. '견제와 균형' 같은 것은 존재하지 않았다. 대통령제보다는 독재에 가까웠다. 팔웰 주니어는 감히 누구도 건드릴 수 없는 존재였다.

★ ★ ★

아내와 마이애미의 수영장 청년과 삼각 스캔들에 얽히기 전에도, 팔웰 주니어는 권력의 한계를 시험이라도 하듯이 무모하게 행동했다.

트럼프가 공화당 대선 후보로 확정되자, 팔웰 주니어는 6월에 뉴욕으로 가서 영향력 있는 복음주의 인사들 500여 명 앞에서 트럼프를 소개했다. 단순한 지지자를 넘어 트럼프를 홍보하는 역할을 맡은 것이다. 팔웰 주니어는 프랭클린 그레이엄과 함께 트럼프의 인품과 정직성을 보증하며, 언젠가 하워드 스턴(Howard Stern)의 라디오 쇼에서 자기 딸을 두고 잠자리 농담이나 하던 남자가 미국을 대표하는 기독교 보수주의자들과 동맹을 맺도록 도왔다.

그날 늦은 오후, 트럼프 타워 꼭대기에서 팔웰 주니어는 행복감에 젖어 있었다. 아버지가 레이건과 맺었던 예기치 못한 동맹을 떠올리며, 또 그 동맹이 미국 정치를 어떻게 재편했는지를 떠올리며 포옹과 하이파이브와 건배를 나누었다. 자신과 트럼프의 관계를 통해 역사가 반복되고 있다고 느끼며 축하하고 기뻐했다. 실제로 몇 가지 유사점이 눈에 띄었다. 하지만 차이점도 몇 가지 있었다. 기념사진을 찍을 때 트럼프는 팔웰 주니어와 아내 베키 팔웰(Becki Falwell) 사이에 섰다. 엄지손가락을 치켜세우자 카메라 플래시가 터졌다. 팔로워 수가 6만 명인 팔웰 주니어는 그 사진을 트위터에 올렸다. 그런데 베키 팔웰의 왼쪽 어깨 너머로 보이는 액자가 말썽이었다. 〈플레이보이〉 표지가 담긴 금색 프레임 액자였는데, 나비넥타이를 맨 트럼프와 맨몸에 트럼프의 턱시도 재킷만 걸치고 미소 짓는 흑갈색 머리의 백인 여성이 액자 속에 있었다. 자기 아버지가 40년 전 문명의 쇠퇴를 상징한다고 지목했던 바로 그 잡지 앞에서 팔웰 주니어는 소프트코어 포르노 영화에 출연한 적이 있는 남자, 마음속으로 간음했다고 고백한 지미 카터를 뛰어넘어 실제로 간통을 저질렀으며 〈플레이보이〉 모델 및 성인 영화 여배우와도 관계를 맺은 남자와 어깨를 나란히 하고 환하게 웃고 있었다.

이 사진 때문에 팔웰 주니어가 당황했을 거라고 짐작하면 오산이다. 당황하는 것도 그럴 능력이 있어야 하는 법이다. 이후 몇 년 동안 그가 한 행동을 보면, 그에게 그런 능력이 없다는 것을 알 수 있다. 트럼프가 백악관에서 독재자 역할을 하는 동안 팔웰 주니어는 리버티에서 폭군 본능을 더 강력히 드러냈다. 대학 신문을 계속 탄압해서 전직 편집장이 〈워싱턴 포스트〉에 폭로 기사를 쓰게 만들었다. 또 버지니아주 샬러츠빌 인근에서 벌어진 백인 우월주의자 행진에 대하여 트럼프가 보인 혐오스러운 반응을 옹호하며 "대담하고" "진실한" 대통령이 "자랑스럽다"고 말해 학생들을 분노케 했다. 나아가 학교를 보수정치행동회의의 거점으로 만들었고, 캠퍼스 전역에 인신공격과 황당한 음모론을 퍼뜨렸다. 언론인이자 리버티 동문인 브랜든 앰브로시노(Brandon Ambrosino)가 기록한 바와 같이, 학생들에게 걷은 등록금을 자기 친구와 가족에게 유리한 프로젝트에 투입하는 노골적인 사익 추구 활동을 더욱 강화했다. 진보적 성향이 짙은 프로그램(철학의 경우 학과 전체)을 없애고 정치 프로젝트에 더 많은 자금을 투입했다. 터닝포인트유에스에이의 회장이자 선동을 일삼는 활동가 찰리 커크(Charlie Kirk)와 손을 잡고 캠퍼스 싱크탱크를 설립하고 '신앙과 자유를 수호하는 팔커크 센터'라고 불렀다. 교수들에게 종신 재직권을 부여하지 않고 일 년 단위로 계약을 맺도록 강요했으며 이를 통해 교수들을 통제했다. 또한 학교 관계자는 누구든 언론과 인터뷰하기 전에 자기에게 먼저 승인을 받으라고 요구했다. 트럼프 반대 시위를 조직하는 학생들을 만나러 리버티를 방문한 복음주의 목사를 쫓아내라고 캠퍼스 경찰에게 명령하고, 다음에 또 오면 체포하겠다며 으름장을 놓기도 했다.

리버티는 전체주의식 규율에 익숙했다. 학교 운영진은 오랫동안 엄격하고 터무니없이 세세한 명예 규칙인 '리버티 방식'을 사용하여 학생들을 통제해 왔다. (오늘날까지도 캠퍼스에서 춤추는 것이 금지되어 있다.) 그럼에도 이번 탄압이 다르게 느껴진 이유는 대학 총장의 명백한 부정행위와 동시에 일어났기 때문이다. 캠퍼스에는 팔웰 주니어의 행동거지에 관한 소문이 끊이지 않았다. 말을 어눌하게 하고 술 냄새를 풍기는 모습이 자주 목격되었고, 성기 농담을 즐겨 한다는 소문도 돌았다. 어느 시점엔가 체중이 눈에 띄게 불었는데, 이후 호르몬 보충제의 도움을 받아 몸매를 가꾸면서 더 무모하게 행동하기 시작했다. 그가 직접 인스타그램에 올려 동영상으로 박제된 사건도 하나 있었다. 캠퍼스 체육관에서 매력적인 여학생 두 명에게 자기 무릎 위에 놓인 벤치 프레스 바에 올라가 골반을 밀어붙이는 행위를 하도록 요구했는데, 여학생들의 표정을 보면 성적인 의도가 다분한 요구였음을 확실히 알 수 있었다.

대체 어떻게 이런 행동을 할 수 있었을까? 답은 간단했다. 리버티가 겉으로 드러나는 모든 지표에서 번창하고 있었기 때문이다. 2017년 대학 자산은 26억 달러로, 팔웰 주니어가 학교를 처음 맡은 10여 년 전보다 900퍼센트나 증가했다. (자산은 곧 30억 달러를 넘어섰고,

학교에 발을 담근 많은 이들이 이것을 하나님의 은총이라 여겼다.) 사람들은 팔웰 주니어를 현대적인 최첨단 캠퍼스 건설에 수십억 달러를 쏟아부은 뛰어난 개발업자로 여겼다. 더러는 그를 가리켜 린치버그의 도널드 트럼프라 부르기도 했다. 등록 학생 수는 매년 기록을 경신하고 있었다. 4년마다 10만 명이 넘는 학생들이 리버티에 입학하거나 수업을 들었고, 그중 절반 이상이 수익성이 매우 높은 온라인 학습 프로그램을 이용하고 있었다. 리버티의 인지도를 높이는 데 있어서 가장 인상적인 부분은 NCAA 1부 리그*에 그 어느 때보다 많이 참여하고 있다는 점이었다. 2018년에는 대학 풋볼 최상위 리그인 FBS에 합류하여 오번대, 버지니아공과대, 미시시피대와 같은 강팀들과 경기를 치렀고, 이 경기들은 TV를 통해 전국으로 중계되었다. (2020년에는 10승이라는 매우 좋은 성적을 기록했고, 스포츠 기자들과 방송인들이 팀의 순위를 매기는 AP 투표에서 무려 17위로 시즌을 마감했다.)

팔웰 주니어가 무모한 행동을 아무렇지 않게 할 수 있었던 또 다른 이유(눈에는 덜 띄어도 첫 번째와 똑같이 확실한 이유)는 주변에서 그런 행동을 묵인해 주었기 때문이다. 기부자, 행정가, 이사, 집행위원회 구성원들이 그에게 맞서지 않은 이유는 그들 중 다수가 부패에 연루되어 있었기 때문이다. 팔웰 주니어가 이야기한 내용 중 특히 진실성 있게 다가왔던 부분은 돈에 쪼들리는 상황에서 휘청이는 학교를 살리기 위해 필사적이었던 자기 아버지가 "일 잘하는" 사람들을 고용했는데 그들이 꼭 훌륭한 관리자나 좋은 그리스도인은 아니었

---

*　전국대학체육협회의 최상위 리그로 가장 경쟁이 치열하고 수준이 가장 높은 대학 스포츠 프로그램을 가리킨다. 1부 리그에 들어가려면 학교의 규모, 재정 지원, 경기장 크기 등에서 높은 기준을 충족해야 한다. 1부 리그에 속한 대학들은 다양한 스포츠 종목에서 높은 수준의 경기를 펼치며 이 경기는 전국에 생중계된다.

다는 말이었다. 팔웰 시니어는 학교의 인력을 더 나은 사람들로 교체하려 노력하지 않았고, 심지어 리버티가 거대한 조직이 된 뒤에도 여전히 커뮤니티 칼리지에서도 채용하지 않을 사람들 손에 운영되고 있었다.

팔웰 주니어는 "제가 취임한 날, 부총장 이하 최고 경영진을 모두 해고하고 새로운 인력을 채용했어야 했어요"라고 말했다. "아시다시피, 당시 아버지는 정직함과 유능함을 두루 겸비한 사람을 채용할 돈이 없었습니다. 그래서 둘 중 하나만 선택해야 했죠. 그 사람들이 학교가 번창한 뒤에도 계속 남아 있었던 겁니다."

총장으로 재직 중일 때는 팔웰 주니어도 이런 사람들과 아주 잘 지냈다. 리버티는 트럼프가 대통령으로 재임하던 기간에 큰 성공을 거두었고, 이에 학교 구성원들은 어떤 어려움이나 도전에도 굴복하지 않을 것이라는 강한 자신감을 가지게 되었다. 하지만 그사이 팔웰 주니어는 스스로 파멸로 치닫고 있었다. 2020년 봄, 코로나19가 한창일 때, 그는 버지니아주 민주당 주지사 랠프 노섬(Ralph Northam)의 블랙페이스* 이미지가 인쇄된 마스크 사진을 트위터에 올렸다. 학생들이 항의하자 사과했지만, 이후에도 소셜 미디어에서 계속 문제를 일으켰다. 몇 달 후인 2020년 여름, 팔웰 주니어는 리버티 후원자의 요트에서 럼주 또는 위스키로 추정되는 어두운색 술을 들고 바지 지퍼가 내려간 상태로 임신한 젊은 여성의 배를 감싸고 있는 사진을 인스타그램에 올렸다. 학교와 총장에 대한 외부 조사와 감사가 늘어나자 이사회는 팔웰 주니어를 휴직시킬 수밖에 없었다.

---

* 비백인 인종, 특히 흑인 인종을 흉내 내기 위해 얼굴을 검게 칠하는 것을 가리킨다. 인종차별로 여겨 많은 논란과 비판을 받는 행동이다.

오래 휴직할 생각은 아니었다. 그런데 몇 주 후 팔웰 주니어와 아내 베키는 〈워싱턴 이그재미너 *Washington Examiner*〉의 블로거를 통해 베키가 가족 친구와 불륜을 저질렀다는 이상한 성명을 발표했다. 문제가 커지기 전에 먼저 선수를 쳐서 상황을 통제하려는 시도가 분명했다. 하지만 효과는 없었다. 다음 날, 로이터 통신이 지안카를로 그란다(Giancarlo Granda)라는 젊은 남성의 SNS 계정을 상세히 다루며 그가 팔웰 부부와 어떤 관계였는지 보도했다. 그란다가 일하던 마이애미 호텔에 팔웰 부부가 자주 다니면서 친해진 사이였다. 주장에 따르면, 베키 팔웰은 지안카를로 그란다와 로맨틱한 관계를 맺었고, 제리 팔웰은 이를 승인하고 옆에서 지켜보았다. 팔웰 부부는 그란다를 자기네 일행에 합류시켜 여행을 함께 가고, 아들 결혼식에 데려가고, 트럼프가 리버티를 방문했을 때도 그란다를 초대했다. 팔웰 주니어는 그란다의 주장이 사실이 아니며 아내가 자기 모르게 또는 동의 없이 불륜을 저질렀다고 주장하지만, 증거는 그렇지 않음을 강하게 시사한다는 것이 기사의 주요 내용이었다.

그란다가 공개적으로 나서자 리버티 관계자들은 희생양을 준비했다. 팔웰 주니어를 악당으로 몰아 대학에서 쫓아냈다. '궁지에 몰린 리더를 희생양으로 만들어 제거하고 조사를 피한다'는 위기관리 기본 원칙에 따른 것이었다.

그러나 조사를 피할 수는 없었다. 2020년 여름, 팔웰 주니어가 사임하고 제리 프레보가 임시 총장이 되자 리버티 커뮤니티는 한숨을 돌렸다. 학생들과 교수들은 전면적인 개혁을 위해 기도했다. 팔웰 주니어가 잘한 일들(새로 세운 건물, 재정 상태, 젊은이들을 끌어들이는 다양한 요소들)이 기독교 정신과 결합할 수 있기를 바랐다. 이 전환기에 리버티에는 낙관론이 넘쳐 났다. 개혁이 손에 닿을 듯했다.

그러나 개혁은 이루어지지 않았고, 새로운 리버티는 전보다 더 망가진 상태가 되었다.

통화 녹취에 따르면, 총장 취임 초기에 프레보는 당시 리버티의 홍보처장이었던 스콧 램(Scott Lamb)에게 전화해 공화당원을 공직에 선출하는 것이 대학의 '주요 목표' 중 하나라고 말했다. [프레보가 총장으로 있을 때 리버티는 공화당을 지지하는 경향이 있었다. 램은 나중에 대학이 정치적 중립을 지키지 않아, 미국 연방 세법에 따라 비영리 단체가 세금 면제 혜택을 받을 수 있는 지위인 501(c)(3)을 위반했다고 공개적으로 비난했다.] 이 시기에 프레보는 소규모 숙청을 시작했다. 우선 팔웰 주니어의 충신으로 알려진 교목 데이비드 나세르(David Nasser)를 해임했다. 또한 자신의 뒤를 이어 이사회 의장이 된 앨런 맥팔랜드(Allen McFarland)도 축출했다. 리버티 역사상 몇 안 되는 흑인 지도자 중 한 명으로 호평을 받았던 맥팔랜드는 줄리 로이스(Julie Roys) 기자에게 "우리는 공화당을 위한 챔피언이 아니라 그리스도를 위한 챔피언을 양성해야 한다"라고 말해 적을 만들었다. 프레보는 맥팔랜드를 대신해 베트남전 참전 용사이자 열렬한 MAGA* 지지자 팀 리(Tim Lee)를 영입했다.

개혁을 위한 노력은 대부분 상징적 조치에 그쳤다. 학생들이 "정치인이나 정치 운동을 기독교와 연관시키는 것은 예수 그리스도의 복음을 왜곡하는 것"이라며 팔커크센터에 반대하는 청원을 제출하자, 대학은 센터의 이름을 바꾸었다. 그러나 이름을 바꾼 싱크탱크('자유를 수호하는 스탠딩 센터')는 전과 마찬가지로 공격적이고 비성경적인 활동을 계속했다.

팔웰 주니어 이후 대학의 상황이 최악으로 치달은 때는 2021년

---

* 'Make America Great Again'의 약자다. 미국을 경제적·정치적·사회적으로 강하게 만들자는 의지를 나타내는 슬로건으로 도널드 트럼프가 2016년과 2020년 대선 운동 기간에 널리 사용했다.

7월이었다. 열두 명의 여성이 캠퍼스 내 강간 및 성폭력 신고를 막음으로써 연방 교육 수정법 제9조를 위반했다며 대학을 고소했다. 소송을 제기하는 사람은 더 늘어났고, 리버티와 관련된 모든 이들은 문제점을 바로 알아챘다. 리버티의 명예 규범은 음주, 파티, 혼전 성적 접촉 등을 금지하고 있다. 이러한 규정 때문에 학생들이 성폭력이나 성희롱과 같은 학대를 신고하기가 어려웠다.* 리버티는 2022년에 일부 고소인들과 합의했지만, 다수의 원고가 합의를 거부하면서 학교 전체에 암운이 드리워졌다. 대학은 클레리 법**에 따라 성폭력 신고 시 피해자가 법 집행 기관에 연락할 수 있도록 지원하고, 특정 범죄 통계를 보고해야 할 의무가 있다. 리버티가 이를 위반했다면, 그 결과는 치명적일 수 있었다. 2022년 가을까지 연방 정부가 리버티대학교를 조사하고 있었다.

★ ★ ★

2023년 봄 어느 화창한 아침, 리버티 캠퍼스는 마치 이상향처럼 느껴졌다. 학생들은 건물 사이를 바쁘게 오가며 웃고 떠들었다. 야구팀은 완벽하게 손질된 야구장에서 훈련을 진행하고 있었다. 불도저가 윙윙거리고 건설 인부들이 분주하게 움직이며 새로운 건물이 빠르게 올라가고 있었다. 마치 제리 팔웰 시니어가 리버티산에서 선포했던 비전이 그대로 실현되는 듯했다.

---

* 학대 신고를 하면 명예 규범을 위반한 자신의 행동도 드러날 수 있기에 피해 학생들이 신고를 주저할 수밖에 없었다.
** 대학 캠퍼스의 안전을 보장하고 투명성을 높이기 위해 제정된 연방 법률로, 성범죄를 포함한 범죄 발생 시 학교가 학생과 교직원에게 이를 알리고, 연례 범죄 보고서를 제출하며, 학교의 안전 정책을 명확히 해야 한다고 규정하고 있다.

하지만 팔웰 '박사'가 서 있었던 곳에서 멀지 않은 근처 커피숍에서 한 리버티 교수는 고뇌에 잠겨 있었다. 그는 얼굴을 손에 파묻으며 모든 것이 잘못되었다고 말했다. 내가 밖에서 본 광경은 왜곡되어 웃음거리로 전락한 비전이자, 그리스도 대신 인간들에게 영광을 돌리는 싸구려 모조품에 불과했다. 그는 그 점을 잘 알고 있었다. 리버티 이야기는 그의 이야기였고, 그 학교는 그의 삶과 아주 깊게 연결되어 있었다. 그의 부모님은 그곳에서 만났고, 아버지는 1976년 리버티산을 하나님께 바쳤던 설립 초기에 학교에서 중요한 역할을 맡았었다. 자기가 원했던 것은 리버티에서 평생 하나님을 섬기는 것뿐이었다고 교수는 내게 말했다.

그의 이름은 닉 올슨(Nick Olson)이었다.

그는 열여덟 살에 린치버그로 돌아온 후 한 번도 그곳을 떠나지 않았다. 학사 학위와 석사 학위를 받은 후, 올슨은 2013년에 영문학과 교수직 제안을 받아들였다. 린치버그에서 가정을 꾸리고 집을 샀다. 교회를 섬기고 학생들을 사랑하며 나머지는 무시하려고 했다. 순진해서 그랬던 것은 아니다. 그의 아버지는 아들을 보호하고자 리버티의 어두운 면을 축소했다. 하지만 올슨은 학생의 눈으로 그 어두운 면을 직접 보았다. 그리고 교수의 눈으로도 보았다. 학교의 잠재의식에 추악함이 숨어 있었다. 학교에 스며 있어야 마땅할 '그리스도 같은' 성품과 정반대되는 악의에 찬 성품이었다.

올슨은 그 추악함을 무시하려고 노력했다. 타협하고 평화롭게 지내려고 시도해 보았다. 하지만 그럴 수 없었다. 30년 전 아버지가 그랬듯이, 올슨은 리버티산의 비전이 부패하는 모습을 외면할 수 없었다.

처음 만났을 때, 나는 그에게 대놓고 물었다. "제리 팔웰 시니어가 심은 비전이 부패한 건가요? 아니면 반세기 전 학교 창립자가 심은 것을 오늘날의 리버티가 수확하고 있는 건가요?"

올슨은 내 질문에 당황했다. 약간 불쾌한 듯도 보였다. 그를 탓할 수는 없었다. 잘 알지도 못하는 외부인이 자기 인생의 밑바탕이 되어 준 토대를 무너뜨리고 있었으니까 말이다. 하지만 대화를 이어 갈수록 그는 점점 자기 생각과 감정을 깊이 들여다보게 되었다. 올슨은 이렇게 말했다. "저는 지금 여기서 우리가 항상 해 왔던 일을 하는 것 같습니다. 현실을 있는 그대로 보지 않고 듣기 좋은 이야기만 스스로 반복하는 거죠. 리버티가 창립에 관해 스스로 하는 이야기는 절반만 진실입니다. 불편한 진실은 말하지 않죠. 흔한 일이라고 할 수도 있겠죠. 다들 그러니까요. 하지만 세계에서 가장 큰 기독교 학교라면 얘기가 다릅니다. 용납할 수 없는 일입니다. 위선적이잖아요."

올슨은 고개를 저으며 말했다. "이런 식으로 계속 갈 수는 없어요."

커피숍 구석에 앉아 조심스럽게 말을 잇던 올슨은 이러한 평가를 기록으로 남겨야 할지 고민했다. 그렇게 해서 얻을 것은 없었다. 오히려 직장을 잃을 것이고, 원하는 교수직을 얻을 길도 막힐 것이고, 어쩌면 앞으로 학계에서 어떤 기회도 얻지 못할 수 있다. 아내와 어린 아들 둘을 데리고 쫓겨나듯 이사 나가야 할지도 모른다. 아마도 가장 고통스러운 일은 리버티를 무조건 사랑하며 리버티의 죄악을 마주하려 하지 않는 친구들과 가족들을 실망시키는 일일 것이다.

올슨은 이 모든 것을 걱정했다. 하지만 그는 내게 더 걱정되는 문제가 있다고 했다.

"제가 리버티라는 가업에 문제를 제기하지 않는 이유가 제 가족 때문은 아닌지 의문이 듭니다. 저는 아내와 아이들을 보호하고, 부양하고, 편안하게 해 주고 싶습니다"라고 올슨은 말했다. "하지만 그런 것들을 우선시하는 것, 가족을 보호하기 위해 침묵하는 것은 리버티가 지금껏 해 온 일과 같은 일 아닐까요?"

올슨은 리버티를 마피아에, 팔웰 가문을 무자비한 두목들에 비유했다. 그러다 그 비유들이 너무 도발적이어서 스스로 놀란 듯 보였다. 하지만 그의 분석이 얼마나 진지한지는 의심할 여지가 없었다. 이 결정적인 순간에 젊은 교수는 작은 문제를 찾기보다 큰 문제를 해결하는 데 더 관심이 있었다.

"예수께서는 사람이 자기 부모를 떠나야 한다고 말씀하셨죠. 그 말씀은 단순히 결혼해서 새로운 가정을 꾸리라는 뜻만은 아니라고 생각합니다." 올슨은 이렇게 덧붙였다. "제가 생각하기에, 그 말씀은 우리가 자라면서 배운 것들을 다시금 생각해 보고, '바로 그 배운 것들로' 그것들에 의문을 제기하라는 가르침인 것 같습니다."

올슨은 두 손으로 곱슬한 검은 머리를 쓸어 올렸다. "이것이 가장 어려운 부분입니다. 신앙과 가족에 관한 한, 우리는 우리가 물려받은 것들에 의문을 제기하고 싶어 하지 않으니까요."

공감되는 말이었다. 그래서 그동안 내가 만난 많은 기독교인도 다 그랬다고 올슨에게 말했다. 서로 다른 교단과 전통에도 불구하고, 우리는 공통된 영적 유산의 무게에 짓눌리고 있었다. 우리는 지속 가능하지 않은 유산을 떠안고 있었고, 더는 맞지 않는 정체성을 물려받았다.

우리는 미국 교회의 과거 세대가 우리에게 준 것들, 즉 "우리가 물려받은 것들"을 받아들이기 힘들었다. 하지만 그렇다고 버리기는 더 어려웠다.

4장

★ ★ ★

위선의 끝:
은폐된 진실, 도덕적 붕괴

"남침례교의 역사는
미국의 원죄와 떼려야 뗄 수 없는 관계였다."

"너희는 먼저 하나님의 나라와
하나님의 의를 구하여라"(마태복음 6:33).

"어느 날 한 목사님이 저에게 '이 문제로 고민하는 교회가 어느 정도 될 것 같습니까?'라고 묻더군요"라고 러셀 무어가 말했다. "그래서 저는 '백 퍼센트요. 모든 교회가 그렇습니다. 이 문제에 영향을 받지 않는 교회는 한 군데도 없습니다'라고 답했습니다."

무어는 누구보다 잘 알고 있었다. 미시시피주 빌럭시에서 목사의 손자로 자란 그는 평생을 교회 문화에 깊이 빠져 살았다. 기억하는 한, 그는 스스로 자신을 미국인이나 남부 사람, 심지어 기독교인으로 인식하기보다는 미국 최대 개신교 교단인 남침례교의 일원으로 인식했다. 명문화된 규칙이든 명문화되지 않은 규칙이든, 교단의 모든 규칙을 배우고 따랐다. 일요일 아침 예배나 수요일 밤 친교 모임에도 한 번도 빠지지 않았다. 남침례교회에서 청소년부 목사로 일했고, 남침례교 신학교에서 석사 및 박사 학위를 받았으며, 차세대 남침례교 성직자들에게 신학을 가르쳤고, 남침례교 소식과 견해를 다루는 잡지를 편집했다. 그는 그렇게 교단의 신동이 되었다. 불과 마흔한 살에 복음주의 세계의 최고봉 중 하나인 남침례교 윤리및종교자유위원회 회장에 오르며, 무어는 세계에서 가장 유명하고 인맥이 두터운 남침례교 신자 중 한 명이 되었다.

2021년 가을 어느 날 저녁, 애틀랜타 시내 호텔의 위층 라운지에서 이야기를 나누던 중, 무어는 이런 말을 하다니 참 기분이 이상하다며 입을 열었다. "이제 저는 '전(前)' 남침례교 신자입니다."

무어는 몇 달 전에 교단을 나왔다. 사실 교단을 나온 것보다 그렇게 오래 버틴 것이 더 놀라웠다. 초기에는 상대적으로 심하지 않았던 갈등이 수년에 걸쳐 극심한 내부 투쟁으로 변했고, 그 중심에 무어가 있었다. 도널드 트럼프를 공개적으로 비난하기도 했지만, 그 외에도 교단 내 인종 갈등에 대하여 공개적 성찰을 촉구하는 한편 교회가 묵인한 성 학대 은폐 사건을 조사해야 한다고 주장한 것이 더 문제가 되었다. 이 때문에 무어는 신동에서 희생양으로 전락했다. 트럼프가 당선된 이후, 남침례교 내부의 극우 세력은 무어가 수십 년 동안 교단을 지배해 온 보수적 질서를 전복하려 한다고 여겨 그를 면밀히 감시했다. 무어 역시 생명 옹호, 동성 결혼 반대, 종교의 자유를 옹호하는 전통적 가치를 변함없이 지지하는 보수주의자라는 사실은 그를 전혀 보호해 주지 못했다. 그가 신앙을 실천하며 자신이 설교한 대로 살아가는 모범적인 그리스도의 증인이라는 사실조차도 중요하게 작용하지 않았다. 무어는 교회를 집어삼킨 문화 전쟁에서 잘못된 편에 서 있었다. 바로 그 때문에 '심리적 전쟁'에 시달리다 결국 백기를 들 수밖에 없었다고 무어는 말했다.

지난 5월, 무어가 남침례교 교단을 나오던 날 그와 이야기를 나눴다. 무어의 목소리는 마치 오랜 시간 감옥에 갇혀 있다가 이제야 풀려난 사람의 목소리 같았다. "드디어 자유예요." 그가 웃으며 말했다. 수십 년 만에 처음으로 무어는 여름에 열릴 남침례교 연례 총회에 참석할 필요가 없었다. 이번 총회는 성폭력 사건을 조사하고 보고하자는 제안을 놓고 격렬한 싸움이 벌어질 것이 뻔했다. 무어는 그 일에 관여하고 싶지 않았다. 책상에는 강연 초대장이 쌓여 있었다. 전국의 목사들이 자기 교회에 방문해 달라고 그를 초청하고 있었다. 무어는 남침례교의 혼란에서 벗어나기를 고대했다. 이제 광기를 뒤로하고 다시 복음을 우선시할 수 있다는 사실에 흥분했다.

그러나 흥분은 곧 사라졌다.

애틀랜타에서 이야기를 나누면서 그는 당혹감에 웃음을 터트렸다. 초대장을 보낸 사람들 대부분이 위기에 처한 목사들이었다. 그들은 남침례교의 희생양이 된 무어가 어떻게 큰 타격을 피할 수 있었는지 자기들에게도 가르쳐 주기를 바랐다. 무어는 미국 복음주의 내부의 갈등이 남침례교만의 문제가 아니라는 점을 잘 알고 있었다. 그런데도 붕괴의 정도와 심각성에 놀라지 않을 수 없었다. 교단에 소속된 교회든 독립 교회든, 시골에 있는 교회든 교외에 자리한 교회든, 대형 강당이든 길가의 작은 예배당이든, 어떤 유형의 교회를 방문하든 교회는 무너지고 있었다.

"목사들과 몇 번이나 대화를 나눴는지 셀 수도 없습니다. 하나같이 '저는 망가졌습니다. 저는 부서졌습니다. 무엇을 해야 할지 모르겠습니다'라고 말하더군요." 무어는 다음과 같이 설명을 이어 나갔다. "그들 모두 똑같은 일을 겪었습니다. 코로나19, 비판적 인종 이론, 트럼프 등등. 이 목사들은 예전 모습은 온데간데없고 껍데기만 남았습니다. 스트레스로 사역을 할 수 없게 되었어요. 다음에는 또 누가 떠날지 걱정하면서 떠나는 교인들을 무력하게 지켜보거나, 지난 일요일에 한 말이 빌미가 되어 누군가 교회를 떠나겠다고 협박하지는 않을까 걱정합니다."

무어는 교회에 정치적 극단주의가 침투하는 문제와 관련해 목사에게 책임이 있을 때도 있다고 인정했다. ("극단주의를 교회 성장 전략으로 이용하는 건 미친 짓이죠"라고 중얼거렸다.) 하지만 무어는 그런 일이 일반적이지는 않다고 주장했다. 긴장과 갈등은 아래에서 위로 올라오는 것이 대부분이었다. 보통은 교인들이 목사의 설교나 소셜 미디어에 올라오는 교회 게시물에 불만을 제기하는 것에서 시작한다. 화가 난 교인들이 지도부에 이메일을 보내고, 그러면 장로들과 담임 목사가 긴급회의를 연다. 만약 불만이 무시되면 화가 난 교인들은 더 크게 격분하고, 만약 사과를 받아내는 데 성공하면 그 교인들은 더욱더 대담해지고 그들과 생각이 다른 교인들은 짜증을 낸다. 이런 사이클을 한두 번만 겪어도 교회 내에서 갈등과 불만이 점점 커져서 마치 반란이 일어날 것만 같은 긴장된 분위기가 조성된다.

"그 시점에서 목사는 곤경에 처하게 됩니다. 많은 목사가, 아니, 목사들 대부분이 자기 교인들을 두려워하기 때문이죠." 무어가 말을 이었다. "겁쟁이라서가 아닙니다. 시스템이 그렇게 설정되어 있기 때문입니다. 교회 운영 방식과 상관없이 모든 유형의 교회에서 나타나는 문제입니다. 사람들이 발로 투표할 수 있는 곳이라면 어디든지요. 목사들은 침묵을 지키다가 교인을 더 많이 잃게 될지, 아니면 자신의 신념을 밝혔다가 교인을 더 많이 잃게 될지 몰라 어찌할 바를 모릅니다. 문제는 대다수 목사가 교인들을 설득하거나 어려운 주제를 놓고 논의할 수 있을 만큼 교인들과의 관계에서 충분한 신뢰나 영향력을 구축하지 못했다고 느낀다는 점입니다. 그래서 싸움을 피하게 되고, 그 결과 문제는 계속되는 거죠."

무어는 위기에 처한 이 목사들을 도와야 한다는 책임감과 긴박감을 느꼈다. 그래서 지난 몇 년 동안 공격을 받아 지원이 절실히 필요한 동료들과 성직자들, 교회 지도자들로 구성된 비공식 네트워크를 구축해 왔다. 이제는 매주 여러 교회를 방문하고, 때로는 한 주에 서너 곳을 방문하며 일인 소방차처럼 불길 사이를 달리고 있다. 사실 이번에도 임시 교회를 이끄는 예전 신학교 제자를 만나러 애틀랜타에 왔다.

무어가 하는 이 모든 일, 이를테면 네 번이나 비행기를 갈아타면서까지 교회를 방문하고, 줌을 통해 끊임없이 회의하고, 밤늦게까지 잘 알지도 못하는 사람들에게 기도하는 마음으로 이메일을 작성해 보내는 일들은 모두 문제를 해결하기 위한 노력이었다. 나는 그가 문제에 너무 몰두한 나머지 문제의 원인에 대해서는 생각할 시간이 거의 없다는 사실을 알아챘다.

무어는 거의 평생을 특별하고 우월하며 몹시 축복받은 집단에 속해 있었다. 그는 단순한 기독교인이 아니었다. 남침례교 신자였다. 하지만 이제는 아니다. 무어는 한때 자신의 전부였고 세계관과 자아의식의 중심이었던 정체성을 버렸다. 그 정체성이 자신의 진정한 정체성을 방해하는 걸림돌이 되었기 때문이다. 나는 물어볼 수밖에 없었다. "왜 그렇게 오래 걸렸나요?"

★ ★ ★

열두 살 때 예수를 영접하겠다고 기도하면서 무어는 반쪽짜리 신앙인이 되지 않겠다고 다짐했다. 왜 어떤 사람들(자기 아버지 같은 사람들)

은 스스로 기독교인이라고 말하면서도 공공연히 신앙을 드러내지 않는지 무어는 이해할 수 없었다. 개리 무어(Gary Moore)는 남침례교 신자였고 울마켓침례교회 교인이었다. 하지만 주일 예배에 거의 참석하지 않았다. 어린 무어는 아버지의 신앙이 깊지 않다고 의심하며 자신은 절대로 그런 무기력한 신앙인이 되지 않겠다고 다짐했다.

청소년기에 무어는 열심히 신학 공부에 매진했다. 매일 울마켓 침례교회 교육관에서 킹제임스성경을 통째로 암기했다. 그러면서 목회자로서 소명을 느끼기 시작했다. 사실 설교자의 본능이 핏속에 흐르고 있었다. 무어의 할아버지는 빌록시에 있는 남침례교회 목사였다. 하지만 무어가 넘어설 수 없는 장애물이 하나 있었다. 그것은 바로 교회 자체였다. 1980년대에 청소년이었던 무어는 종교적 우파의 열정이 교회 공동체에 암처럼 퍼지면서 도덕적 기회주의, 정치적 위선, 인종적 적대감을 드러내는 모습을 지켜보았다. 한때 성숙한 신자로 여겨 존경했던 사람들이 영적으로 텅 비어 있음을 알게 되었다. 그들이 믿는 신은 그가 믿는 하나님이 아니었다.

무어는 갑자기 아버지의 조용한 신앙을 이해하기 시작했다. 짐크로 법* 시대에 미시시피에서 목사의 아들로 자란 개리 무어는 교회 안에서 괴로운 일들을 목격해 왔다. 남침례교의 역사는 미국의 원죄와 떼려야 뗄 수 없는 관계였다. 1845년에 전국 침례교회 내에서 노예제 폐지 움직임이 일어나자 이에 놀란 '노예를 소유한 백인들'이 결성한 것이 바로 남침례교다. 그래서 남침례교는 인간을 매매하고 소유하는 것을 종교적으로 정당화하는 상징이 되었다. 남북

---

* 19세기 후반부터 1960년대까지 미국 남부 지역에서 시행된 인종차별 법과 관행을 말한다. 주로 흑인과 백인을 분리하고 흑인을 차별하는 내용을 담고 있다. 1964년 민권법과 1965년 투표권법에 의해 폐지되었다.

전쟁에서 패배한 후에도 남침례교의 세계관은 거의 변하지 않았다. 로버트 리(Robert E. Lee)가 애퍼매톡스 법원 청사에서 율리시스 그랜트(Ulysses S. Grant)에게 항복한 후에도, 남침례교는 한 세기 동안 의도적으로 그리고 자랑스럽게 분리 정책을 유지했다. 개리 무어는 자기 아버지나 남침례교에 대놓고 반항하지 않았다. 단지 거리를 두었다. 이제 그의 큰아들, 한때는 주님을 위해 열정적이었으나 이제는 기독교 신앙의 진정성에 대해 고민하는 그 역시 남침례교와 거리를 두고 싶어 했다.

무어는 1980년대 후반에 서던미시시피대학교에 입학하여 역사학과 정치학을 공부했다. 그러다 정부에 흥미가 생겨 고향 하원의원인 진 테일러(Gene Taylor)의 사무실에서 일하게 되었다. 진 테일러는 민주당원이었지만 낙태에 반대하는 인물이었다. 정치계 일은 흥미롭긴 했지만 만족스럽지는 않았다. 생각하면 할수록, 기도하면 할수록 십 대 시절에 느낀 본능이 옳았다는 확신이 들었다. 그래서 테일러의 사무실을 나와 신학교에 입학하기 위해 뉴올리언스로 이사했다. 그때 아버지와 나눈 대화가 가장 힘들었다. "이번 한 번만 말할게. 이 순간부터 네가 무엇을 하든지 나는 너를 지지할 거야"라고 개리 무어는 아들에게 말했다. "하지만 나는 네가 이 일을 하지 않기를 바란다. 네가 다칠 것 같아서 그래."

무어는 이 대목에서 잠시 말을 멈췄다. 마음을 가다듬으며, 아버지가 돌아가신 지 이제 일 년이 다 되어 간다고 말했다. "아버지가 옳았어요." 무어가 나직이 속삭였다.

한동안은 상처 입을 일이 없었다. 사실, 무어가 제도권 기독교에 처음 발을 들였을 때 탐험은 순조로웠다. 학위 과정을 빠르게 착착 밟으며 동료들과 교수들을 놀라게 한 그는 영적 천재로서 두각을 나타냈다. 성경적 권위와 문화적 친근함을 모두 갖춘 차세대 인

1부 나라

재로 인정받으며 '남침례교의 미래'라는 평가까지 받았다. 무어가 서른 살이 되었을 때, 남침례교 공공정책 연구소인 윤리및종교자유위원회(ERLC) 회장 리처드 랜드(Richard Land)가 학계로 자리를 옮긴다는 소문이 퍼졌다. 무어는 랜드 후임으로 자신이 지명될 것이라는 통보를 받았다.

하지만 실제로 그렇게 되지는 않았다. 랜드는 이후 11년 동안 ERLC 회장직을 유지했다. 그때까지 무어는 남침례교 내에서 성공 가도를 달리고 있었고, 자신이 본 많은 것들에 대해 멈춰서 의문을 제기할 필요를 느끼지 못했다. 영리하고 조숙했지만, 약간 순진한 구석도 있었다. 랜드를 대신하지 못한 실망감은 곧 안도감으로 바뀌었다. 그 직책의 역사, 자신이 대체할 인물, 그리고 랜드의 경력을 형성한 내부 정치에 관해 알게 되면서 무어는 자신이 이제 막 들어선 깊은 바다에 대해 불편한 결론에 도달했다.

"열다섯 때 품었던 모든 질문이 다시 떠올랐고, 저는 여전히 그 질문들에 답할 만큼 성숙하지 못했어요." 당시를 떠올리며 무어가 말을 이었다. "그때 그 직책을 맡지 않은 것에 대해 하나님께 정말 감사드려요. 당시 제가 직면했을 상황과 결정했어야 할 일들에 잘 대응할 준비가 되어 있지 않았으니까요. 그때 그 직책에 올랐으면 아마도 무신론자가 되었을 겁니다. 그 일이 저를 파괴했을지도 모른다는 생각이 들어요."

윤리및종교자유위원회는 그 시점에 세 번째 역사적 단계에 접어들고 있었다. 처음에는 남침례교 금주 운동을 담당하는 팀으로 시작했다가, 이후 기독교생활위원회로 명칭을 바꾸었다. 1960년, 텍사스 출신의 신학자 포이 밸런타인(Foy Valentine)이 이 조직의 리더로 선출되었다. 밸런타인은 20세기 초 남침례교의 인종차별 관행에 관해 박사 논문을 쓴 바 있었다. 그가 맡은 임무는 남침례교 생활의 새로운 통합 시대를 열어 가는 것이었다. 밸런타인은 남침례교의 흑인 차별을 철폐하는 데 성공했을 뿐만 아니라 교단의 교리와 정책을 좀 더 개방적이고 현대적인 방향으로 변화시키는 데도 성공했다. '진자의 움직임'은 갑작스럽고 빠르게 진행되었다. 설립 이래 매우 보수적인 교단으로 평가받던 남침례교가 1970년대 초에는 사회적으로 진보적이라는 평판을 듣게 되었다. 남침례교 주요 신학교들은 낙태, 동성애, 여성의 지도자 역할 등과 같은 문제들에 대해 기존의 전통적인 입장에서 벗어나 더 급진적이고 비전통적인 입장을 취하게 되었다. 이러한 변화는 일부 사람들에게는 매우 충격적이어서 이단적이라고 여겨질 정도였다. 밸런타인 이후 남침례교의 선출된 지도자들은 주류 개신교와 일치하는 비정치적 비전과 자유주의 신학을 추구했다. 1976년, 밸런타인은 카터가 대통령으로 선출되기 얼마 전 〈뉴스위크〉와 인터뷰하며 이렇게 말했다. "남침례교 신자들은 복음주의자가 아닙니다. 그건 북부 사람들이나 쓰는 단어죠."

그러나 오래지 않아 진자는 다시 반대 방향으로, 이번에는 전보다 더 빠르게 움직였다. 카터 대통령 재임 기간에 모럴머조리티가 이용한 문화적 단층선*은 밸런타인이 그가 속한 교단과 맞지 않는다는 점을 시사했다. 밸런타인은 거리낌 없이 정치 활동에 참여하는 신흥 복음주의 운동을 혐오했지만, 남침례교 신자들은 그러지 않았다. 1979년에 리처드 랜드, 페이지 패터슨(Paige Patterson), 에이드리언 로저스(Adrian Rogers)를 포함한 남침례교 극보수 그룹이 쿠데타를 일으켜 교단 지도부를 대거 몰아냈다. 지지자들은 이를 "보수의

---

* 사회 내에서 사람들 간의 주요한 차이점이나 갈등을 가리키는 비유적 표현이다. 모럴머조리티는 낙태, 동성애, 종교의 자유와 같은 이슈들로 미국 사회에 갈등을 일으켜 자신들의 정치적 영향력을 강화하고자 했다.

재부흥"이라고 불렀고, 비판자들은 "근본주의자들의 점령"이라고 불렀다. 어떻게 부르든, 이는 미국 기독교의 중대한 전환점이었다. 남침례교는 '성경의 무오성' 개념을 받아들여 성경을 문자 그대로 해석하며 성경과 문화가 교차하는 모든 이슈에 대해 강경한 입장을 취하면서 신학적 순수성을 유지하는 보수 교단으로 거듭나고 있었다. 로저스가 교단 총회장이 되었다. 그는 동료들과 함께 신학교부터 교회, 전국 지도부에 이르기까지 남침례교에서 진보적인 목소리를 제거하기 시작했다. 밸런타인은 ERLC 회장 자리를 내놓지 않으려고 버텼다. 그가 쫓겨난 1986년에 교단의 노선은 이미 확고하게 정해져 있었다. 남침례교 신자들 대부분이 이제 복음주의자라는 정체성을 갖게 되었고, 대다수 복음주의자가 두 번이나 로널드 레이건에게 투표했다. 그들은 공화당원이었으며, 예전으로 돌아갈 수 없었다.

1988년에 ERLC를 공식적으로 인수한 리처드 랜드는 보수 신학과 보수 정치 이념을 결합하고자 누구보다 열심히 움직였다. 정당 소속을 남침례교 신자 수백만 명의 영성을 평가하는 기준으로 삼았고, 제리 팔웰 시니어와 그가 이끄는 모럴머조리티와 거리낌 없이 동맹을 맺었다. 랜드의 지휘 아래 ERLC와 남침례교 전체는 보수 기독교인들을 결집해 선거에서 큰 영향력을 행사했다. 랜드는 복음주의자들이 한목소리로 빌 클린턴의 사임을 촉구하도록 진두지휘했고, 조지 W. 부시의 이라크 침공에 종교적 정당성을 부여했으며, 공화당에 투표하도록 전례 없이 많은 보수 기독교인들을 동원하는 일에 앞장섰다.

정말로 훌륭한 비당파적 업적 중 하나는 남침례교 안에서 인종차별을 철폐하려 애쓴 밸런타인의 노력을 계승한 점이었다. 그런 의미에서 랜드가 인종차별 논란 때문에 몰락한 것은 아이러니한 일이 아닐 수 없다. 2012년, 플로리다주에서 백인 자경단원 조지 짐머맨

(George Zimmerman)이 비무장 흑인 청소년 트레이번 마틴(Trayvon Martin)을 살해하는 사건이 발생했다. 이때 랜드는 라디오 쇼에서 민주당이 이 비극을 이용해 "흑인 표를 아프리카계 미국인 대통령에게 몰아주게 할 것"이라고 말했다. 비난이 일자 랜드는 짐머맨이 마틴을 사살한 것은 정당했다고 주장하며, 흑인인 마틴이 "해를 끼칠 가능성이 백인 남성보다 통계적으로 더 높다"고 말했다.

사과한다고 수습될 상황이 아니었다. 랜드는 ERLC 회장직에서 쫓겨났고 러셀 무어가 그의 후임이 되었다.

★ ★ ★

무어는 내적 갈등으로 혼란을 겪는 상태에서 그 직책을 맡았다. 그는 거의 모든 문제에서 전통주의자였고, 보수주의의 부활이 남침례교 관점에서 대체로 긍정적인 발전이라고 오랫동안 믿어 왔다. 그러나 교회의 종말론적 사명에 선거와 같은 정치적 요소가 개입하는 것을 몹시 불편하게 여겼다. 무어는 몇 년 전 인디애나주 에번즈빌에서 설교를 마친 후 한 부부가 다가왔던 기억을 떠올렸다. 부부는 무어에게 사사기에 대해 설교할 생각이 있느냐고 물었다. 무어는 부부에게 그렇다고 대답했다. 실제로 사사기(Book of Judges) 본문을 설교한 적이 여러 번 있다고 답했다. 그러자 "아니요, 저희는 판사들 (judges) 얘기를 하는 겁니다"라고 남자가 말했다. 남자는 조지 W. 부시가 지명한 연방 대법관 후보들이 좌파에게 공격을 받고 있으며 교회의 지원이 필요하다고 설명했다.

1980년대 이전까지 "전도에는 두 가지 방법이 있었습니다. 많은 사람이 그랬듯이 종말론에 초점을 맞추거나, 결혼과 육아 이야기를 꺼내면서 교회가 가족을 어떻게 도울 수 있는지 실용적인 조언을 하는 방법이었죠." 무어는 계속해서 설명했다. "그런데 1990년대에 들어서면서 진정한 기독교인이 되는 것이 공화당에 투표하는 것을 의미하게 되었어요. 사람들에게 다가가는 가장 쉬운 방법은 정치적 정체성을 드러내는 것이 되었고요."

젊은 후임자로서 전임자 랜드의 당파적 책략을 연구하던 무어는 그 책략이 얼마나 자멸적인지 깨닫고 충격을 받았다. 대중은 고결한 체하며 클린턴을 비난하는 그들을 경멸했고, 그 덕분에 클린턴은 스캔들에서 벗어난 뒤 그전보다 더 큰 인기를 누렸다. 클린턴을 비난하던 이들 중 많은 수가 클린턴과 유사한 결점이나 문제를 안고 있다는 사실이 드러났다. 실패한 전쟁과 방치된 경제로 인해 부시의 대통령직은 붕괴했다. 버락 오바마는 한 세대를 통틀어 가장 진보적인 대통령 후보였음에도 불구하고 압승을 거두었다. 무어는 복음주의자들이 성경 외적인 대의명분에 교회의 미래를 저당 잡혔다고 생각했다. 그 대가로 얻은 것은 교인 수 감소와 교회의 신뢰성 및 영향력 하락뿐이었다. 1991년 퓨리서치센터에 따르면, 미국인의 90퍼센트가 자신을 기독교인이라고 밝혔고, 종교가 없다고 답한 사람은 5퍼센트에 불과했다. 30년 후, 애틀랜타에서 무어와 내가 이야기를 나눌 무렵 그 수치는 놀라울 정도로 크게 바뀌었다. 자신을 기독교인이라고 밝힌 미국인은 63퍼센트로 줄었고, 종교가 없다고 답한 사람은 29퍼센트로 증가했다.

"사람들은 기독교가 목적을 위한 수단이라는 것을 깨달았고, 기독교 없이도 그 목적을 달성할 수 있다는 사실을 알게 되었습니다"라고 무어는 말했다. "우리는 더 이상 독특하지 않았어요. 가치와 세계관과 정체성에 초점을 맞추다 보니 메시지 자체의 독특함이 모호해진 거죠."

자신은 다르게 일할 수 있으리라고 무어는 생각했다. 윤리적으로 타협할 수 없거나 성경적으로 명백한 사항에 관해서는 그것을 지지하고 알리는 일을 주저하지 않았다. 정치적인 문제는 가능한 한 피하려 했지만, 정치적 입장을 취하는 것이 불가피한 경우도 있었다. 하지만 무어는 ERLC 회장직을 맡으면서 일시적인 정치적 이익을 위해 복음의 명성을 위험에 빠뜨리지 않을 것임을 분명히 했다. 그의 메시지에는 모호함이 없었다. 무어는 ERLC 말단 직원부터 남침례교 집행위원회 위원들에 이르기까지 모든 사람에게 자신은 선거의 승패에는 관심이 없고 그리스도의 왕국을 확장하는 데만 관심이 있다고 분명하게 말했다.

무어는 정치학 전공자이자 국회의원 사무실에서 일한 경력이 있는 자신이 정치 및 국가에 대한 우상 숭배를 경고한다는 사실이 조금은 재밌었노라고 고백했다. 실제로 무어는 누구보다 정치 게임을 좋아했고, 자신이 꽤 애국적인 인물이라고 생각했다. "하지만 예수님은 그런 자연스러운 애정과 애착이 삶에서 가장 중요한 것이 되어서는 안 된다고 경고하십니다"라고 무어는 말했다. "이런 애착들이 최우선 자리가 아니라 부차적인 자리에 있을 때 오히려 그것들을 더 잘 사랑할 수 있다고 신약 성경은 강조하고 있습니다."

무어는 문화 전쟁의 최전선에서 싸웠던 남침례교 평생 회원들의 반발에도 흔들리지 않았다. 그는 시간이 자신의 편이라고 생각했다. 남침례교 교회의 50세 이상 신자들은 특정 정당을 열정적으로 지지하는 경향이 있지만, 무어가 가르치던 젊은 신학생들은 그런 것에 전혀 관심이 없었다. 신학생들은 무어만큼 보수적이었고, 어떤 경우에는 세계관이 철저히 근본주의적이었지만, 교회에 정치가 자리할 곳은 없다고 보았다. 이러한 세대교체는 무어가 미래를 낙관했던 중요한 근거였다. 새로운 역할을 맡으면서 기독교의 부패와 복음의 희석을 마주해야 했지만, 온갖 시련에도 불구하고 더 나은 날이 올 것이라고 그는 믿고 있었다.

2015년 가을, 무어는 친구들과 저명한 신앙인들이 모이는 '아웃라이어' 모임에 참석했다. 뉴욕시 리디머장로교회 개척 목사 팀 켈러(Tim Keller), 조지 W. 부시 백악관의 전략기획 책임자였던 피터 웨너(Peter Wehner), 국립보건원 소장 프랜시스 콜린스(Francis Collins), 그리고 〈뉴욕 타임스〉 칼럼니스트 데이비드 브룩스(David Brooks) 등이 모이는 자리였다. 진흙탕 싸움 같았던 공화당 예비 선거와 가장 영적으로 진지하지 않은 후보들에게 쏠리는 복음주의 유권자들에 관한 이야기가 나왔을 때, 무어는 낙관적인 의견을 내놓았다. "네, 일부 기독교인들이 말과 행동으로 기독교의 신뢰도와 영향력을 떨어뜨리고 있는 듯 보입니다. 하지만 그들은 죽어 가고 있습니다. 그들의 자녀들과 손자들이, 미래의 유권자이자 복음주의의 미래인 새로운 세대가 그 자리를 물려받을 겁니다."

잠시 침묵이 흘렀다. "네, 하지만 죽어 가는 자들의 경련에 주의해야죠." 브룩스가 말했다.

무어는 혼란스러웠다. 보통은 브룩스가 자신에게 기독교에 대한 통찰을 구하곤 했기 때문이다. 브룩스는 유대인으로 자랐지만 늘 예수에게 관심을 보였다.

"자신들 세대가 끝을 향해 가고 있다는 위기의식을 느끼면, 어떤 집단이든 격렬하게 반응하고 저항하는 법이죠." 브룩스가 무어에게 말했다. "싸움을 걸고, 손에 쥔 것을 포기하지 않으려 합니다."

무어는 다음 한 해 동안 그 말을 매일 생각했다. 그는 처음부터 트럼프의 출마를 우려했고, 기독교인을 자처하는 사람들에게는 트럼프가 내뱉는 혐오적인 언사가 어울리지 않는다고 믿었다(트럼프는 스스로 기독교인이라고 했지만, 좋아하는 성경 구절을 인용하는 것은 끝내 거부하면서 성경 전체가 "매우 특별하다"고 말했다). 일부 복음주의 지도자들은 트럼프의 선거 캠페인을 단순히 주목을 끌기 위한 홍보 전략쯤으로 여겼지만, 무어는 트럼프가 자신의 내면적 결함이나 문제를 해결하고 인생의 의미를 찾고자 대선에 출마한 것이라 보았다. 이런 자기애적 행동은 무시하거나 대수롭지 않게 여길 수 없는 중요한 문제였다. 트럼프의 지지율이 오를수록, 복음주의 지지자들이 늘어날수록 무어는 점점 더 걱정이 되었다. 2016년 1월 18일이 되자, 트럼프가 공화당 후보로 지명될 가능성이 크다는 사실이 분명해졌다. 아이오와주 유권자들이 곧 후보 지명 절차에 들어갈 참이었고, 트럼프는 복음주의 유권자들의 지지를 얻기 위해 리버티를 찾았다. 학생 1만 명이 모인 집회에서 무대에 오른 트럼프는 리버티 총장에게 열렬한 환영을 받았다. "그들의 열매로 그들을 알지니," 제리 팔웰 주니어가 선언하듯 말했다. "도널드 트럼프의 삶은 열매를 맺어 왔습니다."

무어는 더 이상 참을 수 없었다.

"믿을 수가 없군요." 팔웰 주니어의 발언을 접한 무어는 트위터에 이렇게 올렸다. 자신이 한 발언을 책임져야 한다는 사실을 알고 있었고 논란을 감수할 준비가 되어 있었다. 그래서 지난 6개월 동안 참아 왔던 말을 내뱉었다.

"정치에서 승리해도 복음을 잃으면 그건 승리가 아닙니다." 무어는 다음과 같이 덧붙여 트위터를 뜨겁게 달구었다. "예수 그리스도의 복음을 정치 권력과 맞바꾸는 건 자유가 아니라 노예입니다."

리버티 연설 때 일어난 사건은 트럼프에게 굴욕이었다. 가정연구위원회 회장 토니 퍼킨스(Tony Perkins)가 행사 전에 추천한 성경 구절을 인용하며, 트럼프는 바울이 고린도교회에 쓴 두 번째 서신을 'Second Corinthians'가 아니라 'Two Corinthians'라고 잘못 읽었다. 교회에 다니는 사람이라면 절대 하지 않을 실수였다. 이때 들은 웃음과 조롱은 트럼프에게 충분히 당황스러운 일이었다. 며칠 후 퍼킨스가 테드 크루즈(Ted Cruz)를 지지한다는 소식이 전해지자 트럼프는 당혹감을 감추지 못했다. 트럼프는 영향력 있는 복음주의자들이 자신이 공화당 후보가 되는 것을 막으려고 음모를 꾸미고 있다고 추측하기 시작했다. 아이오와 코커스 직전 마지막 며칠 동안 크루즈의 측근들이 'Two Corinthians' 발언을 들어 공격하자, 트럼프는 한 아이오와 공화당 관리에게 이렇게 말했다. "테드랑 어울리는 소위 기독교인이라는 작자들은 진짜 쓰레기들이야."(그 후 몇 년 동안 트럼프는 사석에서 복음주의 공동체를 거론할 때 훨씬 더 심한 표현을 썼다.)

무어도 트럼프의 레이더망에 들어왔지만 즉각적인 위협은 없었다. 퍼킨스나 다른 사람들과 달리, ERLC 회장인 무어는 경쟁 후보를 지지하지 않았다. 트럼프는 5월 초 후보 지명이 확정될 때까지 기다렸다가 반격에 나섰다. 무어를 가리켜 "정말 끔찍한 복음주의자 대표"라고 트위터에 올리고, "심장이 없는 고약한 인간!"이라고 칭했다. 쏟아지는 문자와 이메일로 휴대전화가 불이 났다. 목사 친구들은 무어에게 조심하라고 경고했고, 남침례교 관계자들은 자리에서 물러날 때가 되었다고 압박했다. 하지만 무어는 발언을 멈출 생각이 없었다. 그는 복음주의자들, 특히 남침례교 사람들이 어떻게 트럼프를 후보로 받아들이는지 이해할 수 없었다. 1998년 빌 클린턴과 백악관 인턴 모니카 르윈스키(Monica Lewinsky)의 불륜 사건에 대응하여 유명한 결의안을 통과시킨 교단이 바로 남침례교였으니까 말이다. "지도자들이 저지른 심각한 잘못을 관용하면, 문화의 양심은 무뎌지고, 사회에 한없는 부도덕과 무법을 낳으며, 반드시 하나님의 심판을 초래한다."

무어는 이 결의안이 처음 나왔을 때 그 말을 믿었고 지금도 여전히 믿고 있다. 2016년 여름 내내, 그는 트럼프뿐만 아니라 트럼프의 행동을 합리화하기 위해 "복음을 재정의하려는" 복음주의 지지자들을 상대로 비판을 이어 갔다. 6월에는 CBS와의 인터뷰에서 트럼프를 가리켜 "보수파들이 오랫동안 문제라고 말해 온 도덕적·문화적 퇴폐의 전형"이라고 말했다. 같은 주에 복음주의 지도자 수백 명이 트럼프와 만나 지지 및 협력 방안을 논의하려고 뉴욕에 모였을 때, 무어는 참석자들이 '쿨에이드'를 마시고 있다*고 농담했다.

당시 남침례교 신자들은 트럼프를 누가 뭐라고 비판하든 그건 참을 수 있었다. 그러나 자기들 헌금으로 월급을 받는 교단 지도자가 트럼프 후보를 지지하는 자신들의 행동이 잘못되었다고 비난하는 것은 도저히 용서할 수 없었다. 무어는 남침례교에서 요주의 인물이 되었다. 무어도 그 사실을 눈치챘겠지만, 별로 신경 쓰지 않는 듯 보였다. 10월, 〈워싱턴 포스트〉에서 트럼프가 기혼 여성에게 자기랑 잠자리를 하자고 압박하면서 자신은 유명인이라 성폭행을 저질러도 괜찮다고 자랑하는 오래된 녹음 파일을 공개했을 때, 무어는 복음주의 지지자 중 누구라도 트럼프와 함께 탄 배에서 내릴지 기다렸다. 하지만 아무도 내리지 않았다. 사실 그들은 모두 방어 태세를 취했다. "정말 수치스럽다. 예수 그리스도의 복음과 그리스도인의 진실성이 얽힌 스캔들이다"라는 글을 무어는 트위터에 올렸다. 다음날에는 "정치적으로 편향된 종교적 우파 기득권은 다음 세대 복음주의자들이 왜 자신들의 방식을 거부하는지 궁금해한다. 오늘 그 이유가 설명되었다"라고 올렸다.

한 달 후 트럼프가 선거에서 승리하자 무어에 대한 공격이 본격적으로 이루어졌다. 무어는 선거 후 몇 주 동안 잠잠해지길 숨죽

---

* 1978년 존스타운 집단 자살 사건에서 비롯된 표현이다. 당시 지도자 짐 존스의 명령에 따라 신도들이 독이 든 쿨에이드를 마시고 자살했는데, 이 사건 이후 "쿨에이드를 마시다"는 무비판적으로 리더의 말이나 행동을 따르는 것을 비유하는 표현으로 쓰이게 되었다.

이며 기다렸다. 그러나 일부 남침례교 신자들은 진정할 생각이 없었다. 12월, 아이들과 함께 극장에서 〈스타워즈〉 영화를 보던 중, 무어는 교단에서 가장 큰 교회 중 하나가 남침례교에 대한 자금 지원을 중단하겠다고 위협했다는 소식을 들었다. 그 후 몇 달 동안 100개 이상의 교회가 이 움직임에 동참했다. 목사들은 무어에게 사과를 요구했다. 무어가 이전 발언을 미온적으로 수정하는 데 그치고, 이제 분열을 멈추고 공동의 목표를 위해 다시 단결하고 협력하자고 촉구하자, 목사들은 무어의 해임을 요구했다.

무어에게는 강력한 적들이 있었다. 그들 중 일부는 남침례교 집행위원회에 속해 있었다. 하지만 무어는 고용이 안정되어 있었다. ERLC 이사회가 회장을 선출했기 때문이다. 그들은 무어의 동맹이었다. 무어가 ERLC를 나갈 일은 없었다. 아직은.

2017년 남침례교 연례 총회에서 모든 시선이 무어에게 쏠렸다. 1,400만 명의 회원으로 구성된 교단에서 가장 논란이 많은 인물인 무어는 자신에게 우호적인 사람들을 많이 만나 다소 놀라면서도 안도했다. 그들은 무어를 격려하고, 함께 기도하고, 응원하는 쪽지를 건넸다. 하지만 모두가 무어의 편은 아니었다. 극우 분파인 보수침례교네트워크 소속 목사들이 무어가 곧 물러날 것이라는 소문을 퍼뜨렸다. 사실이 아니란 것을 알면서도 정치적 책략을 획책한 것이었다. 회의가 하나 끝나고 다음 회의를 기다리는 사이에 적대적인 목사 중 한 명이 무어를 붙잡고 말했다. "우리가 당신을 없애지는 못해요." 그리고 경고하듯 덧붙였다. "하지만 말을 하기 전에 한 번 더 생각하게 만들 수는 있지."

다음 4년 동안, 남침례교 집행위원회는 무어의 평판을 떨어뜨려 남침례교 신자들이 그와 뜻을 함께하기를 주저하게끔 만들기 위해 가짜 조사로 그를 괴롭혔다. 트럼프(남침례교에서 가장 빛나는 인물로 부상 중인)를 비난한 무어의 행동에 초점을 맞춘 이 조사는 ERLC 회장이 교단에 7자리 규모의 기부 손실을 초래한 "중대한 혼란"을 일으켰다는 결론을 내렸다. 하지만 무어는 혼란의 진짜 원인이 무엇인지 알고 있었다. 사실 무어는 2016년 대선 이후 트럼프에 대해 긍정적인 말도 부정적인 말도 거의 하지 않았다. 더 큰 문제가 있었기 때문이다. 남침례교 안에서 민족주의와 신연합주의* 정서가 부활하여 확산되고 있었고, 한편으로는 성폭력 피해를 고발하도록 용기를 준 미투(#MeToo) 운동이 교단의 문을 두드리고 있었다. 무어는 이 두 가지 전염병을 모두 파고들어 남침례교 형제들에게 문제를 제기했다가는 2016년에 겪은 것보다 더 혹독한 조사를 받게 되리라는 사실을 알고 있었다. 하지만 선택의 여지가 없다고 생각했다. 진리를 추구하고, 교회에 책임을 묻고, 증인의 명예**를 지키라고 하나님이 그를 이 직책으로 부르셨다고 믿었기 때문이다.

무어는 이 두 가지 사안에 자신의 모든 것을 바쳤다. 먼 길을 마다 않고 남침례교 사람들을 찾아가 그들의 나라와 교단의 원죄를 직시하라고 간청했다. 성 학대 생존자들을 만나고, 은폐 사건을 조사하고, 많은 교회가 직시하고 싶어 하지 않는 위험에 대해 경고했다. 그 과정에서 단계마다 그의 신뢰성을 훼손하려는 조사들에 시달렸다. 지속적인 압박과 공격이 이어졌다.

2021년 2월 어느 오후, 열다섯 살 된 아들 새뮤얼이 엄마에게 아빠가 불륜을 저지른 것이냐고, 그렇지 않다면 왜 아빠를 그렇게

---

* 남부 연합의 역사와 가치를 미화하고 그와 관련된 이념을 지지하는 움직임을 말한다. 주로 남부의 전통과 문화를 보존하려는 명목으로 나타나지만, 종종 인종차별과 관련된 논란을 일으킨다.
** 기독교의 신뢰성과 도덕적 권위.

집중적으로 조사하느냐고 물었다.

아내가 아들의 질문을 전해 줬을 때, 무어는 웃어야 할지 울어야 할지 몰랐다. 그는 아들에게 다가오는 남침례교 집행위원회 회의에 함께 가지 않겠냐고 제안했다. 그날 회의에서 무어의 혐의가 공개될 예정이었다. 새뮤얼은 그러겠다고 했다. 두 사람은 몇 시간 동안 방에 앉아 ERLC 위원들이 회장에 대한 혐의를 나열하는 것을 함께 들었다. 위원들은 그가 분열을 조장하고, 앙심을 품고 있으며, 그리스도인답지 않고, 심지어 음모를 꾸미고 있다며 비난했다. 또한 교단의 주요 목표나 가치와 상관없는 문제들을 강조하고, 이를 통해 자신의 입지를 강화하거나 영향력을 높이려 하며, 그 과정에서 교단 내부의 화합과 일치를 저해하고 있다고 비난했다.

회의가 끝나고 나서 무어는 아들에게 무슨 생각을 하느냐고 물었다.

"아직도 이해가 안 되는 게 있어요." 새뮤얼이 대답했다. "왜 우리는 이곳의 일원이 되고 싶어 하는 거죠?"

★ ★ ★

무어는 이 질문을 붙들고 수년간 씨름했다.

이 모든 끔찍한 혼란에서 벗어나는 상상을 하곤 했다. 남침례교라는 짐을 벗어 던지고 그저 그리스도인이 된다면 얼마나 자유로울지 생각했다. 하지만 그 생각은 현실적이지 않았다. 좋든 싫든 그는 남침례교 신자였다. 남침례교는 그에게 단순한 교단 이상의 의미였다. 그것은 그의 생활 방식이었다. 무어가 알고 있는 모든 것, 그가 쓰는 용어와 농담, 금주, 단맛 나는 차에 대한 사랑, 이 모든 것이 남침례교에 의해 형성되었다. 교단 지도자들이 그의 삶을 괴롭게 만들었을 때도 남침례교의 많은 이들이 그를 사랑해 주었다. 그들은 그에게 가족과 같았다. 그들을 버릴 수 없었다.

"하나님은 저에게 남침례교를 통해 사람들을 그리스도에게 인도하고, 결혼생활에서 위기에 빠진 사람들을 돕고, 고아들을 가족으로 맞아들이도록 지원하고, 교도소와 노숙자 쉼터에서 복음 전도와 성경 교육을 할 기회를 주셨습니다." 무어는 2020년 초 ERLC 이사회에 보낸 편지에 이렇게 썼다. 남침례교 집행위원회가 부정행위 혐의에 대한 조사를 강화하던 때였다. "저는 남침례교를 사랑하며, 남침례교의 충실한 아들입니다."

하지만 어느 순간 무어는 진짜 가족을 생각해야 했다. 가족들도 그와 함께 괴롭힘을 당했다. "우리 교단 안에 있는 백인 민족주의자와 백인 우월주의자들에게 끊임없는 위협을 받아 왔습니다"라고 무어는 편지에 썼다. 어떻게 해야 할지 그가 고민하는 동안, 아내 마리아는 인내심을 잃기 시작했다.

"점점 더 터무니없는 일이 벌어지고 있어." 마리아는 2021년 초 남편에게 이렇게 말했다. "당신이 뭘 하든 상관없어. 하지만 한 달 뒤에도 당신이 여전히 남침례교 신자라면, 우리는 '종교 간 결혼'을 하게 될 거야." 빈말이 아니었다. 마리아는 남침례교를 떠났고, 테네시주 내슈빌에 있는 집 근처에서 새 교회를 찾기 시작했다.

무어는 이제 어떤 자세를 취해야 할지 확신이 섰다. 그가 존경하던 많은 기독교인, 오랜 친구들이 이미 남침례교를 떠났다. 또 다른 저명한 복음주의자 베스 무어(Beth Moore, 러셀 무어와 친척은 아니다)도 최근 남침례교를 탈퇴한다고 발표하여 교단에 충격을 주었다. 목사들, 대부분 젊거나 흑인이거나 그 둘 다인 목사들에게서 매일 전화가 왔다. 그들도 남침례교를 떠날 생각을 하고 있었다. 무어는 그들에게 남아 있으라고 권유했다. 그들이 남아서 자리를 지키면 내부에서 변화를 일으킬 수 있다고 말했다. "어느 순간, 내가 하는 말을 나도 믿지 않게 되었어요"라고 무어는 내게 말했다.

무어가 교단에 남아 있던 이유는 단 하나였다. 남침례교가 그의 전부였기 때문이다. 남침례교는 그의 정체성이었다. 그리고 그것이 바로 문제의 본질임을 그는 깨닫기 시작했다.

"아시겠지만, 자신이 왜 로마가톨릭 신자인지 설명해 달라는 질문을 받았던 워커 퍼시(Walker Percy)가 생각납니다." 저명한 미국 작가를 언급하며 무어가 말을 이었다. "그는 '내가 가톨릭 신자인 이유는 가톨릭교회가 제시하는 것이 진리라고 믿기 때문이다'라고 답했죠. 제가 바로 그 지점에 도달했습니다."

무어는 잠시 말을 멈추고, 적절한 표현을 고르려고 애썼다.

"저는 남침례교가 예수에 관해 주장하는 바를 믿었고, 지금도 믿습니다. 하지만 남침례교가 자신에 관해 주장하는 바? 그건 더 이상 믿을 수 없었습니다."

나는 무어에게 어떤 주장이 가장 믿기 힘들었는지 물었다.

긴 침묵이 이어졌다. "에이드리언 로저스는 항상 '세상의 희망은 미국이다. 미국의 희망은 교회다. 교회의 희망은 복음주의의 부흥이다. 그리고 복음주의 부흥의 희망은 남침례교다'라고 말했습니다. 그래서 사람들은 아주 빠르게 남침례교가 세상의 희망이라고 믿는 지점에 도달했죠." 무어는 이렇게 덧붙였다. "저는 더 이상 그 말이 진실이라고 생각하지 않습니다. 돌이켜 보면, 그 말이 진실이라고 한 번도 믿지 않았던 것 같습니다."

무어는 남침례교에 대한 충성심이 더 중요한 충성심을 방해한 것은 아닌지 고민하지 않을 수 없었다. 오랜 시간 국가를 우상화하는 위험에 대해 경고해 왔지만, 이 땅에 속한 또 다른 기관을 추앙하는 것이 유사한 해악을 끼치고 있다는 사실을 전혀 깨닫지 못하고 있었다.

"ERLC에서 전임자 리처드 랜드는 '우리는 인종차별과 성차별 없는 1950년대를 원한다'라고 말하곤 했습니다." 무어가 설명을 이어 나갔다. "요점은 대부분의 것들이 제자리에 있던 때가 있었고, 그 시대로 돌아가는 길이 있다는 거였습니다. 그런 의미에서 기독교인들은 대법원 판결이나 성 혁명 같은 단일 사건들을 미국이 타락한 순간으로 시복할 수 있었죠. 이는 우리가 축복을 받았었고, 무언가 잘못되기 전까지는 계속 축복을 받았었다고 전제합니다. 하지만 그것은 미국이 항상 타락해 있었다는 사실을 무시하는 겁니다. 미국은 항상 타락해 있었습니다. 왜냐하면 인류는 항상 타락해 있었으니까요."

무어는 잠시 생각하다가 말을 이었다. "타락한 인간은 부차적인 정체성을 중시하다가 그것을 궁극적인 정체성으로 삼는 경향이 있습니다. 갈라디아서 3장에서 바울은 그렇게 하지 말라고 분명하게 경고합니다. 제가 기억하는 한, 제 정체성은 남침례교 신자였습니다. 하지만 그것은 복음이 주는 정체성만큼 저를 충족시키지 못했습니다."

★ ★ ★

다음 날 아침, 우리는 지역 위스키 증류소에 마련한 임시 예배 장소에서 주님을 경배했다.

제이슨 디스(Jason Dees)는 무어가 가르친 가장 유망한 신학교 학생 중 한 명이었다. 2016년 12월, 디스는 집 거실에서 그리스도언약교회를 시작했고, 이듬해 여름에 교회를 정식으로 개척했다. 그 후 몇 년 동안 빠르게 성장하는 교회 교인들과 함께 애틀랜타 곳곳에서 매주 공간을 임대해 예배를 드렸다. 떠돌이 교회인데도 불구하고 점점 더 많은 사람이 모였고, 그리스도언약교회는 2021년 여름에 건물을 지을 부지를 확보했다. 공사가 진행되는 동안, 교회는 위스키 증류소인 아메리칸 스피릿 웍스 이벤트 홀에서 일요일마다 모였다. 남침례교를 나온 날, 무어의 형은 그에게 이제 드디어 위스키 한 잔을 즐길 수 있게 되었다며 농담을 건넸다. 그때만 해도 몇 달 후 자신이 위스키 통 앞에서 설교하게 될 줄은 꿈에도 몰랐다.

모든 좌석이 꽉 찼다. 모든 사람이 노래를 불렀다. 입만 벙긋거리지 않고 가사에 마음을 실어 큰소리로 노래했다. 회중은 내가 본 어느 교회보다도 다양했다. 수염을 덥수룩하게 기르고 플란넬 셔츠를 입은 대학생들과 재킷을 입고 넥타이를 맨 나이 든 신사들이 나란히 앉아 있었다. 힙스터 느낌의 밴드가 무대에서 라스타파리안* 같은 기타리스트와 함께 전통 찬송가를 연주했다. "복의 근원 강림 하사 찬송하게 하소서/ 한량없이 자비하심 측량할 길 없도다/ 천사들의 찬송가를 내게 가르치소서/ 구속하신 그 사랑을 항상 찬송합니다."

나는 너무도 활기차고 건강한 교회 모습에 감명받았다. 그리고 이 신생 교회가 왜 그렇게 건강한지 그 이유를 알게 되었다. 교회 직원들 가운데 몇몇은 고립된 환경에서 벗어나 이곳에 왔다. 지난 몇 년 동안 분열되어 찢겨 나간 유명한 교회들을 다니던 사람들이었다. 내 주변 접이식 의자에 앉아 있는 많은 사람도 마찬가지였다. 그리스도언약교회에는 암묵적인 합의가 있었다. 그들은 뉴스 패널들처럼 정치 토론을 하기 위해서가 아니라 설교를 듣기 위해 교회에 왔다. 선동적인 정치 연설을 듣기 위해서가 아니라 그리스도의 제자가

---

* 자메이카에서 시작된 종교 및 문화 운동인 라스타파리 신앙을 따르는 사람들을 가리킨다. 주로 길고 두꺼운 드레드락스 머리 스타일과 빨강, 노랑, 초록 등 다양한 색 옷을 입는 것이 특징이다.

되기 위해 온 것이다. 세상에서 일어나는 일들을 성경의 시각으로 해석하기 위해 모인 것이지, 세상의 기준이나 가치관에 맞춰 성경을 해석하기 위해 모인 것이 아니었다.

그래서 이 일요일 아침, 그리스도언약교회는 입양을 주제로 예배를 드렸다. 간증하고, 홍보 동영상을 상영하고, 특별 헌금을 모았다. 연사들은 모든 사람이 입양할 수 있는 것은 아니지만, 누구나 무언가를 할 능력이 있다고 강조했다. 입양 가정을 위해 아이들을 돌보아 줄 수도 있고, 도움이 필요한 임산부를 지원할 수도 있고, 심지어는 싱글맘들에게 차량 공기압 관리법을 가르치는 간단한 일이라도 할 수 있다고 말이다.

설교 제목은 '도시의 고아'였다. 무어는 로마서 8장을 읽었다. "하나님의 영으로 인도함을 받는 사람은, 누구나 다 하나님의 자녀입니다. 여러분은 또다시 두려움에 빠뜨리는 종살이의 영을 받은 것이 아니라, 자녀로 삼으시는 영을 받았습니다. 그래서 우리는 그 영으로 하나님을 '아빠, 아버지'라고 부릅니다. 바로 그때에 그 성령이 우리의 영과 함께, 우리가 하나님의 자녀임을 증언하십니다. 자녀이면 상속자이기도 합니다. 우리가 그리스도와 함께 영광을 받으려고 그와 함께 고난을 받으면, 우리는 하나님이 정하신 상속자요, 그리스도와 더불어 공동 상속자입니다."*

이 성경적 외침 "아빠! 아버지!"의 의미가 하나님과 우리의 친밀한 관계를 증명한다고 무어는 설명했다. 이 외침은 하나님의 영원한 가족으로 재탄생하는 것과 같은 가장 기쁜 상황을 포착하는 데 사용된다. 또한 예수가 겟세마네 동산에서 "이 잔을 내게서 지나가

---

* 로마서 8:14-17.

게 해 주십시오"*라고 땀방울이 핏방울이 되도록 아버지께 기도하실 때와 같은 고뇌를 전달하기도 한다.

그러고 나서 무어는 나도 몰랐던 이야기를 들려주었다.

무어와 그의 아내가 러시아에 있는 한 고아원에서 막내아들을 처음 만났을 때, 아이는 말을 하지 않았다. 부부가 아이를 데리고 미국에 있는 집으로 가려고 고아원 건물을 나섰을 때야 비로소 아이는 돌아서서 소리를 지르기 시작했다. 고아원이 자신이 아는 전부였던 아이는 그곳을 떠나길 두려워했다.

그리스도인들은 하나님의 가족으로 태어나는 것이 아니라 하나님의 가족으로 입양된다고 무어는 설명했다. 하나님은 영적으로 길을 잃은 사람들을 아들 혹은 딸로 부르신다. 이것은 측량할 수 없는 관대한 선물이다. 아무것도 가진 것이 없던 고아가 영생을 유업으로 받는다. 그러나 고아는 자신이 알던 삶을 뒤로하고 떠나는 것이 두려워 뒤돌아보며 운다.

"여러분이 고아를 위해 할 수 있는 일은 여러분 역시 한때는 고아였다는 사실을 깨닫는 것입니다"라고 무어는 말했다.

---

* 마태복음 26:39.

5장

★ ★ ★

포위된 신념:
정치적 기회주의의 그림자

"제프리스는 한마디로 답했다. 트럼프가 대통령 임기 동안
복음주의자 청중에게 했던 바로 그 말. '포위당했잖아요.'"

"세상이 너희를 미워하거든, 세상이 너희보다 먼저
나를 미워하였다는 것을 알아라"(요한복음 15:18).

로버트 제프리스(Robert Jeffress)는 한걸음 물러서고 있었다.

2021년 봄이었다. 지난 5년 동안 제프리스가 변함없이 지지해
온 대통령에게 영감을 받은 보수 지지자들이 국회의사당을 습격한
비열한 사건이 발생한 지 몇 달이 지났을 때였다. 제프리스는 남침
례교에서 가장 큰 규모를 자랑하는 영향력 있는 대형 교회 댈러스
제일침례교회의 담임 목사로서, 복음주의 세계에서 가장 저명한 트
럼프 옹호자로 두각을 나타내던 인물이다. 2017년 취임식 날, 백악

관 맞은편에 있는 역사적인 세인트존스교회에서 신임 대통령과 부통령을 위한 예배를 인도하기도 했다. 그는 구약 성경에 나온 선례를 들며 남쪽 국경에 장벽을 세우려는 트럼프의 계획에 반대하는 민주당원들을 가리켜 "부도덕하다"고 말했다. 첫 탄핵으로 트럼프가 대통령직에서 해임되면 "남북 전쟁과 같은 분열"이 일어날 것이라고 경고하기도 했다. 심지어 댈러스제일침례교회 음악 감독에게 의뢰해 〈미국을 다시 위대하게 *Make America Great Again*〉라는 곡을 만들어 교회 성가대가 워싱턴에서 대통령을 위해 부르게 했다.

제프리스는 논란이 생긴다고 물러서는 사람이 아니다. 버락 오바마가 적그리스도의 길을 닦고 있다고 비난하고, 반(反)트럼프 복음주의자들을 "비겁한 겁쟁이"라고 부르는 등 자신의 태도를 완강하게 고수했다. 자신이 틀렸을 가능성이나 불확실성에 대해 전혀 고려하지 않았다.

하지만 지금은 어조가 달라졌다. 목소리는 생각에 잠긴 듯했고, 반성하는 듯했고, 후회하는 듯도 했다. 누구도 시키지 않았지만, 자신이 걸어온 길을 되짚으며 애초에 왜 그렇게 정치에 몰두하게 되었는지, 어쩌다 그것이 자신을 지배하게 되었는지 의문을 품었다.

"복음주의자와 사회 변화의 관계에서 우리의 주요 임무는 복음을 증언하고 전하는 것이라고 항상 믿어 왔습니다. 하지만 우리 문화에 넘쳐나는 악의 흐름을 막아야 한다는 이 생각…, 물론 우리가 할 수 있는 일이 많지 않다는 건 알아요"라고 제프리스는 말을 이었다. "하지만 지난 20년 동안 저는 이 문제를 다시 생각하기 시작했습니다. 네, 우리의 주된 임무는 증언하는 겁니다. 하지만 이 세상에서 소금이 되라고 예수께서 명령하셨으니, 우리는 악에 맞서 싸우고 악을 억제해야 합니다. 그래서 이 세상이 조금 더 오래 지속될 수 있도록, 그래서 우리가 복음을 전할 기회를 더 많이 가질 수 있도록 말입니다."

교회들이 이전에 겪어 본 적 없는 거대한 악이 존재한다고 제 프리스는 설명했다. 단순히 문화가 거칠어지는 문제를 말하는 것이 아니었다. 제프리스는 기독교 사회를 붕괴시킬 수 있는 세속적인 공격에 직면하고 있다고 느꼈다. 양심상 그런 상황을 못 본 척할 수 없었다.

"그래서 변화가 생긴 것 같아요. 저는 지금이 특별한 시점이라는 결론에 도달했습니다"라고 제프리스는 말했다. "저는 사람들이 천국에 가도록 돕는 일뿐만 아니라, 이 세상에서 악에 맞서 싸우는 일에도 적극적으로 참여하고 싶었습니다."

아이러니하게도, 악에 맞서 싸우려면 세속적인 세력과 동맹을 맺어야 했다. 그에게 이것은 우파 선동 공장인 폭스뉴스에 정기적으로 출연하는 방송인이 되는 것을 의미했다. 교회 강단을 선거 캠페인 연단으로 바꾸고, 정치적 이익을 위해 거짓을 파는 사기꾼들과 함께 무대에 서는 것을 의미했다. 무엇보다 트럼프를 지지하고 홍보하고 보호하는 것을 의미했다.

트럼프는 사람들이 뜨겁든지 차갑든지 명확한 태도를 보이기를 바랐다. 그것이 제프리스가 트럼프에 관해 알게 된 첫 번째 사실이었다. 뜨겁게 열광하는 충성스러운 지지자와 치를 떨며 혐오하는 단호한 반대자 모두 트럼프에게는 유용한 존재였다. 트럼프가 견디지 못하는 사람들은 미지근한 태도를 보이는 사람들, 하루는 그를 지지했다가 다음 날은 반대하는 사람들, 애매한 도덕 기준을 가지고 평가하는 사람들이었다. 따라서 트럼프와 가까이 지내고, 그에게 영향을 미치고, 그의 존경과 신뢰를 얻으려면, 항상 뜨거운 태도를 유지해야 했다. 그래서 제프리스는 그렇게 했다. 2016년 선거 기간에 트럼프가 한 포르노 배우에게 입막음 대가로 돈을 준 일을 웃어넘겼고, 멕시코 국경에서 아기들을 어머니에게서 분리하는 행정 정책을 대신 변명해 주었고, 2020년 선거에서 패배한 뒤 트럼프가 "도둑맞은 선거"라며 사람들을 선동할 때도 눈감아 주었다. 제프리스는 트럼프와 자신 사이에 조금의 틈도 허락하지 않았다.

적어도 단기적으로는 성과가 있었다. 트럼프가 대통령으로 재임한 4년 동안 댈러스제일침례교회 출석률은 급증했다. 교회에 돈이 쏟아져 들어왔다. 제프리스의 급여도 크게 올랐다. 폭스뉴스는 그를 더 많은 방송에 출연시켰다. 휴대전화 연락처가 A급 공화당 인사들로 가득 찼다. 그는 백악관 단골이 되었다. 그러나 제프리스는 목사의 권위를 이용해 트럼프 지지 활동을 하다가 종교 지도자로서 신뢰와 권위를 잃을 위기에 빠졌다. 다시 말해, 예수 그리스도를 향한 봉사와 헌신이 트럼프에 대한 강한 정치적 지지와 동일시되면서 종교적 행위가 정치적 행위로 보이게 되었고, 이는 그의 영적 권위를 위태롭게 만들었다.

1월 6일 국회의사당 습격 이후, 이를 되돌아보며 제프리스 목사는 어떤 피해가 있었을 수도 있음을 인정했다.

"그 문제와 씨름했습니다. 개인적으로도 고민했어요. 저와 트럼프 대통령의 관계에 실망한 사람들이 있다는 걸 저도 아니까요"라고 제프리스는 말했다. "저 자신과… 물론 하나님과도, 대화를 나눴습니다. 선을 넘는 순간은 언제인가, 사명을 타협하는 순간은 언제인가에 관해서요. 그래서 정말 힘들었습니다."

돌이켜 봤을 때 그 선을 넘었다고 생각하는지 제프리스에게 물었다. "그럴 수도 있다고 생각합니다"라고 그는 답했다. 제프리스 목사는 잠시 가만 생각했다. 그리고 이렇게 덧붙였다. "아마도, 지난 몇 년 동안은 그런 것 같기도 합니다."

놀라운 고백이었다. 트럼프가 백악관을 떠나고 짧은 시간에 나는 복음주의 세계에서 양심의 가책을 살짝 느끼는 사람들을 만났다. 그들은 자신의 행동을 직접 사과하지는 않았지만, 상황이 격해진 점을 겸연쩍게 인정했다. 마치 전날 밤에 있었던 파티로 숙취에 시달리는 대학 사교 클럽 형제들처럼 말이다. 하지만 그들 중 누구도 제프리스만큼 트럼프와 가깝지는 않았다. 만약 제프리스가 후회하고 있다면, 자신의 정치적 우선순위를 재고하고 있다면, 미국 복음주의자들 사이에서 더 광범위한 회개의 움직임이 있었을 가능성이 있다.

물론, 아닐 수도 있다. 나는 제프리스가 몇 년 전에 전쟁을 선포했던 "악의 흐름"을 떠올렸다. 제프리스는 세기가 바뀌는 시기에 미국 기독교에 대한 위협이 너무나도 강해서 도저히 무시할 수 없는 형국이라 믿었다. 그러니 지금 어떻게 전장에서 물러날 수 있겠는가?

★ ★ ★

하나님이 그에게 말씀하셨을 때 그는 열아홉 살의 베일러대학교 신입생이었다. "여러분은 '소리가 들렸나요?'라고 물을 수도 있습니다. 말씀드릴 수 있는 건, 여러분이 생각하는 것보다 더 큰 소리였다는 겁니다." 2007년 8월 지역 신문에 보도된 바에 따르면, 제프리스는 댈러스제일침례교회 강단에 처음 섰던 때를 회상하며 이렇게 말했다. "하나님이 저에게 '언젠가 네가 댈러스제일침례교회 목사가 될 것이다'라고 말씀하셨습니다."

제프리스는 그전까지 그 이야기를 한 번도 한 적이 없었다. 대학 동료들에게도, 아내에게도, 심지어 댈러스 지역 대형 교회를 이끌 인물을 고르느라 백 명 가까운 후보를 일 년 동안 심사했던 청빙위원회 앞에서도 이야기하지 않았다. 제프리스는 하나님이 자기에게 하신 말씀이 실현되리라 확신했고 한순간도 의심하지 않았다. 일요일 아침, 수천 명의 교인 앞에 선 댈러스제일침례교회 신임 목사는 주님의 계획이 실현되었음을 확인했다.

교회는 언제나 그의 집이었다. 다섯 살 때 신앙 고백을 하고 곧바로 유명 목회자 W. A. 크리스웰(W. A. Criswell)을 만나 자신의 신앙을 확인받았다. 크리스웰은 어린 제프리스를 매우 진지하게 대했다. 어린 시절부터 언젠가 그가 교회를 이끌 것이라고 말하곤 했다. 제프리스처럼 자기 확신이 강한 사람에게도 이는 굉장히 흥미로운 일이었다. 댈러스제일침례교회는 1868년에 설립되었고, 크리스웰은 1897년부터 1944년 사망할 때까지 교회를 이끈 전설적인 목회자 조지 트루엣(George Truett)의 뒤를 이었다. 트루엣은 20세기 초를 대표하는 유명 설교자였다. 전국의 유명한 장소에서 설교했고, 남침례교 총회장을 역임했고, 댈러스제일침례교회를 대형 교회로 성장시켜 교인 수를 열 배로 늘렸다. 그리고 크리스웰이 그 기세를 이어 갔다. 대형 교회를 향한 목표가 분명했던 목사 크리스웰은 설교와 찬송이 교회의 전부가 아니라고 생각했다. 레크리에이션 센터를 세우고, 단계별 성경 교육 프로그램을 설계했으며, 교회를 주변 지역 사회와 통합하여 신앙생활을 처음 시작하는 구도자들과 원숙한 신자들 모두를 위한 집으로 만들기 위해 수많은 프로젝트에 착수했다. 크리스웰은 저명한 신학자이기도 했다. 한때 빌리 그레이엄이 크리스웰을 자신의 멘토로 여길 정도였다.

그러나 크리스웰은 인종에 관한 퇴행적 견해와 발언들 때문에 평판이 나빠졌다. 제프리스가 태어난 지 몇 달 후인 1956년 2월, 크리스웰은 사우스캐롤라이나주 침례교 전도대회에서 "그 통합이라는 것"을 맹비난하는 연설을 했다. 강제적인 인종 통합을 "어리석고" "미련한 짓"이자 "우리의 믿음을 전부 부정하는 것"이라고 말했다. 그리고 경건하고 전통적인 남부 침례교인들을 독선적인 북부 복음주의자들과 대조하며 이렇게 말했다. "저들더러 통합하라고 해요. 더러운 셔츠를 입고 저 위에 앉아 고상한 말만 늘어놓게 두자고. 하지만 저들은 모두 불신자들이야. 목 위로는 이미 죽은 사람들이지."

어쩌다 보니 나온 말실수가 아니었다. 크리스웰은 사우스캐롤라이나 주의회로부터 연설 요청을 받고 다음날 같은 연설을 반복했다. 그는 스트롬 서먼드(Strom Thurmond) 같은 딕시크랫들*과 백인 시민위원회 같은 인종차별주의 단체들로부터 지지를 받았다. 노아의 아들 함을 저주한 대가로 모든 아프리카 후손이 종속적인 삶을 살게 되었다는 창세기 구절을 자주 인용한 것으로 유명한 크리스웰은 공개적으로 백인 우월주의 정치에 관해 설교했다.

유능한 지도자들이 다 그러듯이, 크리스웰은 시대 변화에 잘 적응했다. 1968년, 남침례교에서 진보 세력이 개혁을 추진하던 해에 연례 총회에 참석한 "메신저들", 즉 교회 대표들 가운데 4분의 3이 인종차별을 비판하는 교단 성명을 채택했다. 그 해는 미국에서 가장 큰 남침례교회를 이끌던 크리스웰이 남침례교 총회장을 노리고 있던 해였다. 크리스웰은 그 성명을 지지했고, 선거에서 승리했으며, 기자들에게 자신의 "마음"이 바뀌었다고 설명했다. 그다음 주, 그는 댈러스제일침례교회에서 '열린 문 교회'라는 제목으로 설교했다. 교인들에게 흑인 신자들을 환영하고, 정치와 신학의 결합을 넘어 그리스도의 몸 안에서 공동의 시민권을 받아들이자고 호소하는 설교였다.

---

* 1948년에 미국 남부 민주당에서 분리되어 나온 정치 집단을 가리키는 용어다. 남부 지방을 통칭하는 'Dixie'와 민주당원을 뜻하는 'Democrat'을 합쳐 'Dixiecrat'이라 불렸으며, 공식 명칭은 주권민주당을 뜻하는 States' Rights Democratic Party다. 민주당의 민권법 지지에 반대하며 각 주의 자율성과 권한을 강조하고 인종 분리를 지지하는 보수적 입장을 취했다.

바로 이 교회가 로버트 제프리스가 자란 문화적·신학적 배경이었다. 제프리스는 이 교회에서 세례를 받고, 공부하고, 결혼하고, 청소년부 목사로 일했다. 프로그램 기획 및 모금 캠페인, 강경한 태도와 시의적절한 후퇴 등 그가 목격한 모든 것이 대형 교회 사역을 바라보는 그의 시각에 영향을 미쳤다. 크리스웰은 제프리스에게 단순한 멘토 이상의 존재였다. 그는 복음주의 운동의 아이콘이었다. 그럼에도 불구하고, 제프리스는 크리스웰 목사의 일관성 없는 행동 때문에 어려움을 겪었을 것이다. 크리스웰은 인종 문제와 관련된 교단의 정책 및 태도 변화를 주도했는데, 이는 남침례교가 좀 더 광범위하게 왼쪽으로 기우는 촉매제가 되었고, 그로부터 10년 후 크리스웰 본인이 주도한 근본주의적 반발을 초래했다. 이는 복잡한 유산을 남겼다. 크리스웰은 1960년대 후반 진보파의 장악과 1970년대 후반 보수파의 부활 둘 다와 밀접하게 연관되어 있었고, 이런 정치적 행동은 그의 설교와 전도, 교회 건축 같은 긍정적인 성과를 모두 덮어 버렸다.

제프리스는 그런 복잡한 상황을 피하고 싶었다. 그는 처음에 텍사스주 이스트랜드에 있는 시골 교회에서 7년 동안 목회하다가 근처 위치토폴스에 있는 더 큰 교회로 옮겼다. 목회 초기 15년 동안, 제프리스는 성경만을 설교했다. 신문 머리기사나 법안, 선거에 관해서는 전혀 언급하지 않았다. 제프리스는 만족했다. 그러다 1998년 봄 어느 날, 한 교인이 면담을 요청했다. 그 여성 신도는 지역 공공 도서관에서 발견한 책 두 권, 《아빠의 룸메이트Daddy's Roommate》와 《헤더에게는 두 명의 엄마가 있다Heather Has Two Mommies》를 제프리스 목사에게 보여 주었다.

제프리스는 즉시 도서관에 전화를 걸어 그 책들을 대출 가능 목록에서 제외시켜 달라고 요청했다. 하지만 도서관장이 이를 거부했다. 그 주 일요일 아침, 제프리스는 교인들 앞에 서서 문제의 책 두 권을 높이 들어 보이며 절대 반납하지 않겠다고 선언했다. (제프리스는 실제로 책 두 권을 자신이 보관했고, 도서관에 연체료를 지불하기 위해 수표를 작성했다.) 위치토폴스는 순식간에 전쟁터로 변했다. 동성애자 인권 운동가들과 시민 단체들이 제프리스와 그의 복음주의 동맹들에 맞서 싸우기 시작하자 주 전역의 언론 매체들이 몰려들었고, 나중에는 전국 매체들까지 몰려왔다. 시의회가 해당 책들을 도서관 내 성인 전용 구역으로 옮기는 타협안을 추진하자, 미국시민자유연맹은 연방 법원에 시를 상대로 소송을 제기해 승소했다. 시의회는 항소를 포기했다. 배신감을 느낀 제프리스는 교인들에게 지역 사회의 도덕적 기반을 지키기 위해 싸우지 않은 지역 선출직 공무원들을 공격하라고 지시했다. 지역 신문에 따르면, 제프리스는 설교 도중 교인들에게 "하나님과 그분의 말씀을 부정하는 불신자들을 투표로 물리치라"고 촉구했다.

우연히 나온 말이 아니었다. 그의 스승인 크리스웰이 앞서 인종 분리 정책에 맞서 싸우던 북부 기독교인들을 가리켜 "불신자들"이라고 칭한 전력이 있었으니까. 40년 후, 제프리스가 자신이 사는 도시에서 도서관 책 두 권을 상대로 십자군 전쟁에 동참하지 않은 지역 정치인들에게 다시 그 딱지를 붙이고 있었다. 그들 중 많은 사람이 기독교인이 분명한데도 말이다.

제프리스에게는 퇴로가 없었다. 사실 이전까지는 교회 바깥의 혼란으로부터 설교를 보호하려 했다. 성경 이외의 문제를 언급해 봤자 산만함과 분열만 초래한다고 생각했다. 하지만 이제는 선택의 여지가 없다고 느꼈다. 미국에서 기독교적 가치가 공격받고 있다고 느꼈다. 맞서 싸우는 것 말고 다른 길은 없었다.

댈러스제일침례교회를 맡았을 때쯤, 제프리스는 방어에서 공격으로 태세를 전환했다. 기독교인들은 반세기 동안 문화 전쟁에서 수세에 몰렸고 계속해서 입지를 잃어 가고 있었다. 이제는 공격할 때였다. 미국에서 가장 유명한 교회 중 하나의 신임 목사는 설교 능력, 봉사 활동, 사회 복지 프로그램이 아니라 선제공격 전략으로 이름을 알리기 시작했다. 가톨릭교회를 공격했고, 게이 커뮤니티를 공격했고, 오프라 윈프리(Oprah Winfrey)를 공격했다.

그래도 미국인들 대부분은 여전히 로버트 제프리스라는 이름을 몰랐다. 그러다 그가 밋 롬니를 공격하기 시작했다.

★ ★ ★

제프리스가 댈러스제일침례교회를 맡은 해인 2007년은 그가 공공연히 모르몬교를 "이단"이라고 비난하기 시작한 해이기도 하다. 타이밍이 맞아떨어진 것은 결코 우연이 아니었다. 공화당 예비 선거가 뜨겁게 가열되었고, 모르몬교 신자인 롬니는 유력한 후보 중 하나였다. 러시 림보부터 로라 잉그레이엄(Laura Ingraham), 숀 해니티(Sean Hannity)까지 모두가 전 매사추세츠 주지사를 치켜세우며, 무례하고 전통을 무시하는 애리조나주 상원의원 존 매케인(John McCain)의 보수적 대안으로 롬니를 밀고 있었다.

분별력 없는 태도에 경악한 제프리스는 진정한 기독교인이 아닌 사람을 지지하는 동료 우파들에게 반박할 필요가 있다고 느꼈다. 만약 평범한 복음주의자들이 예수그리스도후기성도교회의 가르침에 관해 알게 되면, 롬니가 공화당 후보가 되는 것에 반대할 것이라고 제프리스는 생각했다.

그래서 제프리스는 교회 강단과 그 밖의 공개 석상에서 반복적으로 모르몬교를 깎아내리고 롬니의 신념에 위험한 점이 있다며 공격했다. 큰 반향을 일으키지는 못했다. 당시 유튜브는 아직 초기 단계였고, 폭스뉴스도 아직 그를 주목하지 않았다. 롬니는 결국 매케인에게 공화당 후보 자리를 내주었지만, 모르몬교가 패배에 어떤 역할을 했는지는 불분명했다. 우파 진영에서는 민주당 후보인 어두운 피부색에 이국적인 이름을 가진 상원의원 버락 오바마에 대한 혐오는 말할 것도 없고, 매케인에 대한 혐오가 워낙 커서 롬니의 종교와 관련된 이슈는 빠르게 잊혔다.

그러나 롬니는 잊지 않았다. 그는 제프리스가 했던 말과 행동에 충격을 받았다. 대형 교회 목사가, 그냥 거리에서 외치는 전도자가 아니라 댈러스제일침례교회 목사가 어떻게 그런 독설을 퍼붓고 아무런 책임도 지지 않는지 이해할 수 없었다. 롬니만이 아니라 그의 팀도 크게 놀랐다. 그들은 2008년 예비 선거에서 얻은 좋은 성과를 바탕으로 2012년에 다시 출마할 준비를 시작했다. 롬니가 공화당 후보로 지명될 가능성이 가장 컸지만, 선거 전략팀은 신앙에 대한 공격을 무력화해야만 승리할 수 있다는 사실을 깨달았다. 그래서 제프리스를 직접 상대하기로 결정했다. 롬니의 복음주의 지지자 중 한 명인 변호사 제이 세쿨로우(Jay Sekulow)가 워싱턴 D.C.에서 열린 포럼에서 제프리스와 토론하기로 했다. 토론 주제는 "대통령 후보는 얼마나 '기독교적'이어야 하는가?"였다.

제프리스는 이 기회를 단순히 모르몬교를 비난하는 데만'쓰지 않았다. 동료 복음주의자들의 일관성 없는 태도에 광범위하게 이의를 제기했다. "지난 8년 동안 부시 행정부에서 성경을 매일 읽는 복음주의 기독교인이 공직에 있는 것이 얼마나 중요한지 우리에게 말해 왔던 교회 지도자들이 이제 갑자기 후보자의 신앙이 그리 중요하지 않다고 말하고 있다"며 교회 지도자들의 "위선"을 비난했다.

제프리스는 이렇게 덧붙였다. "저는 이런 갑작스러운 태세 전환이 유권자들에게 큰 혼란을 줄 거라고 생각합니다. 사람들, 그러니까 기독교 지도자들과 신자들은 후보자의 신앙이 중요한지 중요하지 않은지 이제 결정을 내려야 합니다."

댈러스제일침례교회 목사 제프리스는 이 행사에 참석할 때만 해도 거의 알려지지 않은 인물이었지만, 행사가 끝나고 나올 때는 미국에서 가장 저명한 복음주의자 중 한 명이 되어 있었다. 워싱턴 정치부 기자들은 제프리스의 연락처를 단축 다이얼로 저장했고, 2012년 공화당 후보 지명을 놓고 경쟁하던 롬니의 경쟁자들은 제프리스에게 연락해 공화당 선두 주자에 대한 공격을 강화하라며 구애의 손길을 뻗었다. 제프리스는 주목받는 그 순간을 만끽했다. 2011년 가을, 워싱턴에서 열린 '가치 유권자 서밋'*에서 나는 제프리스 목사가 혼잡한 호텔 복도에서 기자 무리와 거의 한 시간 동안 이야기하는 모습을 지켜보았다. 제프리스는 텍사스 주지사 릭 페리(Rick Perry)를 공화당 후보로 지지한다고 막 발표했고, 복음주의자들이 롬니를 신뢰할 수 없는 이유에 대해 자신의 견해를 인용해 기사를 써 달라고 기자들에게 요청했다.

"저는 보수적인 기독교인으로서 우리에게 중요한 이슈들에 대해 그가 확고한 입장을 견지하리라고 기대할 수 없습니다." 제프리스는 기자들에게 그렇게 말했다. "후보자가 어떤 재정 정책과 이민 정책을 내세우는지보다 그들이 성경적 이슈들에 대해 어떤 태도를 보이는지가 제게는 훨씬 더 중요합니다."

5년 후, 거의 같은 시기에 제프리스는 내셔널퍼블릭라디오

---

* 미국의 보수적인 기독교 단체들이 주최하는 연례 회의다. 주로 복음주의 기독교인, 보수주의자, 공화당 정치인들이 모여 가족 가치, 생명 옹호, 종교 자유와 같은 보수적 사회 이슈에 대해 논의하고 지지를 결집하기 위해 열린다. 복음주의 기독교 유권자들이 정치적으로 중요한 의사 결정을 할 때 큰 영향을 미치는 자리로 알려져 있다.

(NPR)와 인터뷰를 진행했다. 〈액세스 할리우드*Access Hollywood*〉 촬영 중 녹음된 트럼프의 음성 파일이 막 공개되었을 때였다. 트럼프의 인격은 공격받고 있었고, 선거 운동은 위기에 처해 있었다. 러셀 무어 같은 저명한 복음주의자들은 정치 지도자에게 성경적 기준을 요구해 온 사람들이 어떻게 지금 트럼프를 지지할 수 있는지 공개적으로 의문을 제기했다. NPR 진행자는 제프리스에게 이에 대한 답변을 요청했다.

"저는 온유하고 온화한 지도자를 원하지 않습니다. 한쪽 뺨을 맞으면 다른 뺨을 내미는 사람을 원하지 않아요." 제프리스는 진행자에게 그렇게 말했다. "저는 이 나라를 보호할 수 있는 가장 거칠고 가장 강한 SOB*를 원합니다."

한때 유권자들에게 "정신적 혼란"을 준다며 불평했던 사람이 이제는 포뮬러 원의 속도로 급격히 방향을 전환하고 있었다. 어떻게 제프리스는 이렇게 모순된 발언을 할 수 있었을까?

'별에 홀린 기회주의'**로 그 이유를 조금은 설명할 수 있을 것이다. 폭스뉴스에서 제프리스를 처음 본 트럼프가 제프리스의 방송 재능에 감명받아 뉴욕에 초대하면서 둘의 관계는 시작되었다. 둘은 죽이 잘 맞았다. 둘 다 타고난 매력의 소유자이자 비공개로 만나면 누구든 무장해제시킬 수 있는 사람들이었다. 제프리스는 곧 트럼프의 복음주의 자문위원회에 합류하여 함께 유세를 다니며 기독교인 청중 앞에서 트럼프를 지지했다. 예비 선거의 열기가 뜨겁던 텍사스

---

* 'son of a bitch'의 약자다. 원래는 모욕적이고 공격적인 표현이지만, 제프리스는 강하고 단호한 리더를 강조하기 위해 이 표현을 썼다.
** 유명인이나 권력자의 관심과 지위에 매료되어 그것을 이용하려는 태도를 의미한다.

주 유권자들에게 제프리스는 이렇게 말했다. "제가 개인적인 경험에서 말씀드릴 수 있는 것은, 도널드 트럼프가 미국 대통령으로 선출되면, 우리 복음주의 기독교인들에게는 백악관에 진정한 친구가 생길 거라는 겁니다." 제프리스의 정치적 영향력이 수년간 증가해 온 것은 사실이지만, 트럼프처럼 그에게 관심을 쏟고 핵심 그룹에 들이고 수만 명이 모인 집회에서 연설하게 한 정치인은 없었다. 일일이 열거하기 힘들 정도로 수없이 잘못된 행동을 많이 했음에도 불구하고, 제프리스는 트럼프를 포기할 생각이 없었다. 트럼프가 대통령이 될 가능성이 남아 있는 한, 그리고 다섯 살 때 신앙을 고백한 자신이 여전히 자유 세계 지도자의 영적 자문 역할을 할 가능성이 남아 있는 한 말이다.

제프리스의 모순된 행동을 다른 관점에서 설명할 수도 있다. 정치적 기회주의만큼 만족스럽지는 않아도 그보다 훨씬 설득력 있는 설명이다.

제프리스는 자신의 목회 경력을 두 시기로 구분했다. 정치에 관여하기 전과 정치에 관여한 후. 하지만 제프리스와 대화를 나누면 나눌수록, 나는 그의 목회 경력에 세 번째 시기가 있다는 느낌을 받았다. 그는 우리 문화가 악에 잠식되고 있다고 인식한 시점과 선으로 악을 물리치겠다고 결심한 시점을 정확히 기억했다. 하지만 또 다른 전환점이 있었다. 이 시점은 조금 모호하긴 하지만 제프리스와 그의 결심에 훨씬 더 중요했다. 변화는 최근에 일어났다. 처음에는 문화 전쟁에서 패배한 데 대한 무의식적인 반응이었고, 나중에는 보수주의의 나약함과 공화당의 무기력함에 대한 의식적인 반응이었다. 너무 자연스럽게 일어난 변화여서 제프리스는 그 시점이 언제인지 정확히 짚어 내지 못했다. 제프리스는 더 이상 선으로 악을 물리치는 것에 신경 쓰지 않았다. 그저 악과 싸우고 싶었다. 그것이 전부였다.

그런 생각을 한 사람은 제프리스만이 아니었다. 2011년, 공직 후보자는 기독교 유권자와 가치를 공유해야 한다고 제프리스가 주장하던 무렵, 공공종교연구소에서 흥미로운 설문 조사를 의뢰했다. 종교가 있는 모든 미국인에게 다음과 같은 질문을 던졌다. "사생활에서 부도덕한 행동을 한 정치인이 공직에서 성실하게 임무를 수행할 수 있을까?" 백인 복음주의자 중 30퍼센트만이 그렇다고 대답했다. 이는 조사 대상 그룹 중 가장 낮은 비율이었다. 빌 클린턴 탄핵 시기부터 이 추세는 꾸준히 이어져 왔다. 보수적인 기독교인들은 여전히 인격이 공직의 필수 조건이라고 믿고 있었다.

2016년 10월, 제프리스가 한쪽 뺨을 맞으면 다른 뺨을 내미는 태도를 비웃은 바로 그 주에 공공종교연구소는 이전과 같은 질문을 포함한 새로운 설문 조사 결과를 발표했다. 놀랍게도 이번에는 백인 복음주의자들 가운데 72퍼센트가 사생활에서 부도덕한 행동을 한 정치인도 공직에서 성실하게 임무를 수행할 수 있다고 답했다. 5년 전만 해도 이 의견에 대한 지지율이 가장 낮았던 그룹이 이제는 가장 높은 지지율을 보였다.

무언가가 변했고, 변화의 원인은 단지 문제 인물의 소속 정당이 민주당에서 공화당으로 바뀌었기 때문만은 아니었다. 많은 복음주의자가 원래부터 원칙보다 권력을 더 중시하고 자기편의 죄악은 무시하려는 경향을 보인 것은 사실이다. 하지만 여기에는 더 깊고 복합적인 원인이 작용하고 있었다. 2011년부터 2016년 사이에 내가 목격한 바에 따르면, 백인 복음주의자들의 변화는 단순히 권력에 대한 욕구가 전보다 증가했기 때문만이 아니었다. 갑작스럽게 찾아온 공포가 그들의 생각을 바꿔 놓고 있었다. 오바마 대통령이 재임하는 동안 백인 복음주의자들은 자신들의 가치와 신념이 위협받고 있으며 사회적·문화적 변화가 자신들의 종교적 신념을 위태롭게 할 수 있다는 두려움에 사로잡혔다. 그들이 사랑하는 무언가가 곧 사라질 참이었고, 그것을 되찾을 시간이 얼마 남지 않았다고 느꼈다. 상황이 그러하니 오래된 규칙은 더 이상 통하지 않았다. 절박한 시기에는 (설사 좀 수치스럽더라도) 절박한 조치가 필요했다.

댈러스제일침례교회 사무실에서 나는 제프리스에게 이런 현상을 그도 인지했는지 물었다. 제프리스는 그렇다고 답했다. 그래서 나는 그에게 설명을 좀 해 달라고 했다. 그를 포함한 수백만 명의 복음주의자들이 한 세대 동안 정치 참여를 이끌어 온 규범을 그렇게 쉽게 내버린 이유를 이해할 수 있게 설명해 달라고 했다. 제프리스는 한마디로 답했다. 트럼프가 대통령 임기 동안 복음주의자 청중에게 했던 바로 그 말이었다. 제프리스가 대통령의 귀에 속삭였을 게 틀림없는 바로 그 말.

"포위당했잖아요."

★ ★ ★

댈러스제일침례교회 단지는 교회라기보다는 컨벤션 센터처럼 느껴진다. 주차장과 에스컬레이터, 커피숍과 서점, ATM 기기, 천장부터 바닥까지 통유리로 만든 창문과 30미터 높이로 물을 뿜는 분수대가 있다. 친절한 경비원들이 백팩 반입은 허용하지 않아도 주차 확인증은 발급해 주는 보안 검색대에서 출입 절차를 밟은 후, 관제실을 살짝 엿볼 수 있었다. CNN도 부러워할 만한 시설이었다. 어두운색 창문 너머로 고화질 모니터 수십 개를 조작하는 전문 기술팀이 보였다. 불필요한 투자처럼 보였다. 그곳에서 나와 예배당으로 향했다.

근처에 있는 종합 경기장 카우보이스스타디움의 대형 스크린에 필적할 만한 오목한 스크린이 넓은 무대를 감싸고 있었다. 옷을 맞춰 입은 열한 명의 가수를 따라 노래를 함께 부를 수 있도록 스크린에 가사가 나왔다. 남성들은 파란색 정장을, 여성들은 청록색 블라우스를 입고 번갈아 가며 노래했다. 뒤쪽 단상에는 합창단이 다섯 줄로 서 있었다. 세어 보니 총 119명이었다. 보라색과 금색으로 장식한 검은색 로브를 입고 있었다. 그 아래에는 서른여섯 명의 연주자가 오케스트라 피트에 자리하고 있었다. 단원들이 트럼펫, 바이올린, 튜바, 색소폰, 기타, 드럼 등 다양한 악기를 연주하는 동안 가수들과 연주자들의 실시간 하이라이트 영상이 우리 머리 위로 펼쳐졌다.

무대에 오르는 제프리스를 카메라가 계속 따라갔다. 소개 따위는 필요 없었다. 화면 하단에 제프리스의 이름이 트위터 핸들과 함께 표시되었다. 능숙하게 무대에 올라 자신이 서야 할 위치에 선 제프리스 목사는 미소를 지으며 '모든 그리스도인이 알아야 할 것'이라는 10부작 시리즈를 시작한다고 발표했다. 넥타이 매듭은 완벽했고, 말투는 흠잡을 데 없었다. 모든 단어를 정확하게 발음하고, 모든 여담을 의도와 목적에 맞게 사용했다. 설교는 구성 면에서 깔끔했고 전달 면에서 능숙했다. 왜 3천 명의 사람들이 이 홀에 모여들었는지, 왜 전 세계에서 수천 명이 생중계로 이 예배를 시청하고 있는지, 왜 이 교회가 미국에서 가장 성공한 대형 교회 중 하나가 되었는지 알 것 같았다.

예전에도 그랬던 것은 아니었다. 전설적인 역사를 자랑하는 교회임에도 불구하고, 제프리스는 자기가 부임한 2007년에 교회가 "죽어 가고 있었고, 쇠퇴하고 있었다"고 말했다. 출석률은 수년째 감소하고 있었다. 건물은 너무 오래되어 수리해서 쓸 수 있는 상태가 아니었다. 대대적인 개조가 필요했다. 제프리스는 "역사상 가장 큰 교회 건축 프로젝트"를 시작하기로 결정했다. 그는 댈러스 시내 중심가 여섯 개 블록에 있는 건물들을 철거하고 새롭게 재건축하기 위해 1억 3,500만 달러 규모의 모금 캠페인을 시작했다. 거기서 멈추지 않았다. 제프리스는 자신이 부임한 이후로 교회 재건축에 2억 5,000만 달러를 썼다고 말했다.

이런 새 단장은 댈러스제일침례교회를 복음주의 세계의 거물로 다시 우뚝 세우는 데 도움이 되었다. 출석률, 교인 수, 헌금이 모두 급증했다. 단순히 건물과 시설을 새롭게 단장해서 얻은 부흥이 아니었다. 이 교회를 매력 있게 만든 장본인은 바로 제프리스였다. 담임 목사라는 중요한 자리에 올랐을 때, 제프리스는 자신의 영웅이자 전임자인 크리스웰의 모범을 따르는 비전가로 자신을 소개했다. 교계를 뒤흔드는 그의 야망에 모든 교단의 지도자들이 그를 탐구했고, 기독교 언론과 일반 언론 모두 취재를 요청했다. 성공은 또 다른 성공을 불러왔다. 모든 이목이 자신에게 쏠리는 가운데 제프리스는 여러 미디어 플랫폼과 수익성 높은 계약을 체결하여 미국에서 방송에 가장 많이 나오는 목사 중 한 명이 되었다.

그는 대중의 관심을 끌어모으는 방법과 이를 유지하는 방법을 알고 있었다. 교회 강단에서든, 텔레비전에서든, 라디오 부스에서든, 제프리스는 끊임없이 논란을 만들어 냈다. 그것이 정치적 논란이냐 신학적 논란이냐는 중요하지 않았다. 제프리스는 오래전 위치토폴스 도서관과 벌인 싸움을 통해 주목받는 사람이 되면 얼마나 강력한 영향력을 미칠 수 있는지 배웠다. 싸움에서는 비록 패배했고 곳곳에서 비난을 받았지만, 그 덕분에 교회는 성장했고 제프리스는 유명해졌다. 그래서 제프리스는 댈러스제일침례교회에도 이 모델을 적용했다. 자신의 발언에 반대하는 목소리가 나오면 주목받을 기회로 삼았다. 비난하는 목소리가 거세질수록 더 많은 관심을 불러일으키니 비난을 곧 보상으로 여겼다.

이는 댈러스제일침례교회에 아주 좋은 일이었다. 하지만 예수 그리스도의 증인들에게도 과연 좋은 일이었을까?

사람들을 매료시키는 제프리스의 특성들, 즉 싸움을 걸고 끊임없이 도발하는 태도가 많은 사람을 기독교와 멀어지게 만들고 있는 것은 아닌지 의심스러웠다. 당시는 미국인들이 기록적인 속도로 '기독교인'이라는 꼬리표를 스스로 떼 버리고 있을 때였고, 교회에 대한 대중의 인식이 사상 최악으로 나빠지고 있을 때였다. 갤럽에 따르면, 1975년에는 미국인의 3분의 2 이상이 "교회를 대단히 신뢰한다"라고 밝혔으며, 1985년에는 교회가 미국 생활에서 "가장 존경받는 기관"이었다. 그러나 트럼프 대통령 임기 말에 이르러서는 교회를 신뢰한다고 답한 미국인은 전체 응답자의 36퍼센트에 불과했다. 이는 가톨릭과 개신교를 구분하지 않은 조사였고, 범죄를 저질러 하얀 로만 칼라를 주황색 죄수복으로 바꿔 입는 가톨릭 사제들의 사례가 전염병 돌 듯 흔해지면서 기독교 조직에 대한 대중의 신뢰가 급속히 떨어진 것은 분명한 사실이다. 하지만 복음주의자들 역시 기독교의 이미지와 신뢰도에 상당히 부정적인 영향을 미쳤다. "복음주의자, 모든 사람을 친절과 존중으로 대하다가 모르몬교도로 오해받다." 〈바빌론 비 *Babylon Bee*〉에 올라온 이 풍자 가득한 헤드라인을 보았을 때, 나는 제프리스와 예수그리스도후기성도교회의 오랜 불화를 떠올리며 모르몬교도와 복음주의자에 대한 대중의 인식이 얼마나 다른지 실감하지 않을 수 없었다.

우리는 댈러스 시내가 한눈에 내려다보이는 6층의 화려한 사무실에서 마주 앉아 대화를 나누었다. 나는 제프리스에게 왜 그렇게 많은 미국인이 그와 같은 복음주의자들에게 등을 돌리게 되었을까, 물었다.

"도널드 트럼프나 공화당, 기독교 민족주의가 사람들이 복음을 받아들이지 못하게 방해한다고 생각하지 않습니다. 그것들은 그냥 편리한 핑계를 제공할 뿐이죠." 제프리스는 나에게 이렇게 답했다. "결국 중요한 건 하나님과 자신의 관계입니다. '저기 저 위선을 좀 봐라' 등등 복음을 받아들이지 않는 지적인 이유를 수없이 생각해 낼 수 있겠지만, 깊이 들여다보면 그리스도에 대한 신앙을 갖지 않는 데에는 개인적인 이유가 있습니다. 많은 구도자가 하나님을 못 찾는 이유는 도둑이 경찰을 못 찾는 이유와 같습니다. 찾지 않으니까 못 찾는 거예요."

제프리스 목사는 웃음을 터뜨렸다. "누군가가 지옥에 간다고 해서 그 책임이 제게 있는 것은 아닙니다. 그들이 지옥에 가는 이유는 용서하시겠다며 부르시는 하나님의 초대를 스스로 거절했기 때문입니다."

다른 가능성이나 이유를 생각해 볼 수는 없는 것일까? 복음주의자들이 본질에서 벗어났다는 지적에 대해 어느 정도 사실이라고 인정할 수는 없는 것일까? 세속적인 문제나 정치적인 것에 너무 집중하는 바람에 신앙을 찾고자 하는 사람들에게 도리어 방해가 되고 있다는 사실을 인지할 수는 없는 것일까? 제프리스는 고개를 저었다. 그가 하는 일들 대부분은 사회적 충돌이나 다가오는 선거, 성경 밖에서 일어나는 다른 어떤 것과도 관련이 없다고 주장했다. 그는 사람들이 자신에 대해 가지는 인식이나 이미지가 실제와 다르다고 말했다.

내 오른쪽, 그의 왼쪽을 바라보며 나는 그 아이러니에 주목했다. 사무실 한쪽 구석에 도널드 트럼프 대통령의 '성역'(shrine)이 있었다. 'shrine'이라는 단어는 제프리스의 비서가 직접 쓴 표현이다. 그곳에는 워싱턴 D.C.에서 열린 '자유 기념' 콘서트, 댈러스제일침례교회 성가대가 〈미국을 다시 위대하게〉를 불렀던 바로 그 콘서트를 기념하는 2미터가 넘는 포스터가 걸려 있었다. 트럼프의 이름이 새겨진 커프스단추와 황금색 트럼프 기념 주화 상자도 보였다. 제프리스와 트럼프가 함께 기도하고, 대화하고, 악수하고, 엄지를 치켜세우고, 함께 걷고, 한 사람은 앞에서 연설하고 한 사람은 충실히 뒤에 서 있는 사진 수십 장, 정말로 '수십' 장이 하나하나 액자에 담겨 전시되어 있었다. (마이크 펜스와 함께 찍은 사진도 몇 장 있었고, 우파 논객 앤 콜터와 함께 찍은 사진도 한 장 있었다.) 트럼프 전 대통령과 그를 추종하는 수많은 아첨꾼을 취재했지만, '트럼피즘'을 모신 성역을 본 것은 처음이었다. 뉴스 기사부터 백악관 선언문, 둘이 주고받은 이메일, 심지어 트럼프가 올린 트윗 인쇄물에 이르기까지 독특한 샤피 사인*이 담긴 모든 것이 액자에 들어 있었다.

1년 전, 트럼프가 퇴임한 후 제프리스와 대화를 나눴을 때, 그는 정치에 너무 깊이 관여한 것을 조금 후회하는 듯했다. 하지만 그 후회는 오래가지 않았다. 2021년 말, 트럼프 전 대통령이 "기독교나 복음주의자들, 또는 종교 자체를 위해 나보다 더 많은 일을 한 사람은 없다"고 자랑한 지 얼마 되지 않아, 제프리스는 댈러스제일침례교회 성탄 예배에 트럼프를 초청해 연설하게 했다. 그날 예배 순서지 표지에는 두 가지 이미지가 서로 경쟁하듯이 나란히 배치되어 있었다. 페이지 절반에는 반짝이는 성탄 장면 이미지가, 다른 절반에는 성조기와 함께 트럼프의 사진이 실려 있었다.

"지금 우리나라에는 많은 구름이 드리워져 있습니다. 매우 어두운 구름입니다." 성탄 예배에서 트럼프 전 대통령은 침통한 듯 이렇게 선언했다. 구유에 누운 아기에 관한 기쁜 소식을 전하는 대신, 트럼프는 "하지만 우리는 전보다 더 크고, 더 좋고, 더 강한 모습으

---

* 트럼프는 샤피 펜을 즐겨 사용하는 것으로 유명해서 그의 서명을 '샤피 사인'이라고 부른다.

로 돌아올 것입니다"라고 연설을 끝맺었다. 예배당은 환호성으로 가득 찼다.

그가 한때 내게 했던 우려, 즉 일부 기독교인들이 정치와 신앙을 혼동하며 선을 넘었다는 우려에 대해 질문하자 제프리스는 동의한다고 말했다. 트럼프를 추종하는 복음주의자들 일부가 국회의사당을 습격하고 백신에 관한 음모론을 퍼뜨리며 "미친 짓을 하고 있다"고 말했다. 그는 이것이 우선순위가 잘못된 사례라고 설명했다.

"그들은 그분의 발자취를 따르고 있다고 생각합니다. 예수님을 말하는 게 아니라 도널드 트럼프를 말하는 겁니다." 제프리스는 웃으며 그 부분을 명확히 했다. "하지만 트럼프 대통령은 분명히 백신을 맞았습니다. 백신이 적그리스도의 표라고 생각하는 사람들에게 저는 '그럼 트럼프가 백신을 개발했으니 그가 적그리스도라는 뜻인가?'라고 묻습니다."

제프리스는 그런 행동을 하는 사람들은 트럼프를 추종하는 복음주의 지지층 중 소수에 불과하다고 주장했다. 대부분의 보수적인 기독교인들은 자신과 같이 공화당 정책을 지지하고, 민주당 정책에 반대하며, 우파가 정의하는 전통적 가치가 회복되기를 열망한다고 말했다. 그들은 "헌법에서 보장하는 자유와 성경에서 요구하는 책임이 서로 겹치거나 일치한다"고 느끼고 그에 따라 투표한다고 했다. 제프리스가 자주 쓰는 표현처럼, 세속 정부와 적대적인 문화에 "포위당한" 국가 상황에 경각심을 느낀다고 해서 극단주의자가 되는 것은 아니라고 주장했다.

물론, 일반적으로 말하자면 이는 사실이다. 그러나 소수의 열성파가 복음주의 운동 전체의 이미지나 성격을 결정지을 수 있고, 복음주의 교회 내에서 이런 박해 정서가 갑자기 확산된 점을 고려하면, 이는 시간문제일 뿐이다. 2017년 초, 트럼프가 대통령에 취임한

지 한 달 만에 공공종교연구소는 미국인을 대상으로 미국에서 차별을 더 많이 받는 종교 집단이 모슬렘인지 기독교인지 물었다. 전체 응답자 중 모슬렘을 꼽은 응답자가 기독교인을 꼽은 응답자보다 두 배 많았다. 종교가 없는 응답자 가운데서는 모슬렘을 꼽은 응답자가 기독교인을 꼽은 응답자보다 세 배 많았다. 백인 가톨릭 신자와 백인 주류 개신교 신자들도 모슬렘이 기독교인보다 미국에서 차별을 더 많이 받는다는 점에 압도적인 비율로 동의했다. 이 견해에 반대하는 그룹은 딱 하나, 백인 복음주의자들뿐이었다.

제프리스의 말을 듣다 보니 자연스럽게 이런 의문이 들었다. 만약 누군가가 자신이 적들에게 포위당했다고 확신하게 된다면, 적들이 몰려와 자신의 생활 방식을 파괴하려 한다고 믿게 된다면, 과연 무엇으로 그 사람이 극단적으로 변하지 않게 막을 수 있을까? 나는 제프리스가 그런 과격한 발언을 줄여야겠다는 책임감을 느끼는지 궁금했지만, 오히려 그는 전보다 더 강하게 발언했다.

"제가 [몇 달 전] 전국종교방송인협회에서 연설할 때, 연설 제목이 '박해가 올 때'였습니다. 저는 그리스도 안에서 우리 형제자매들이 전 세계에서 겪고 있는 것과 동일한 박해가 미국 해안으로 다가오고 있다고 이야기했습니다"라고 제프리스는 말했다. "사도행전에 나오는 첫 번째 박해 사례를 설명하면서 박해는 항상 점진적으로 이루어졌다는 점을 이야기했습니다. 박해는 늘 말로 하는 훈계로 시작해서 가벼운 채찍질로, 감금으로, 마지막에는 참수로 이어졌습니다."

제프리스는 이어서 이렇게 말했다. "나치 독일에서도 그랬어요. 600만 명의 유대인을 처음부터 화장터로 보내지 않았습니다. 만약 처음부터 그랬다면, 독일인들도 그런 극단적인 조치를 받아들이지 않았을 겁니다. 소외, 고립, 그리고 마지막 '최종적인 해결책'

까지 점진적으로 나아갔죠. 저는 이 일이 미국에서도 일어나고 있다고 생각합니다. 바이든 행정부가 국세청을 무기 삼아 교회들을 겨냥하고 있다는 증거가 있다고 저는 믿습니다."

제프리스가 이 결론에 도달하는 과정에서 인용한 '증거', 즉 강제수용소로 가는 길을 닦아 주는 관료적 규제는 존재하지 않았다. 구체적인 증거를 제시하라고 요청하자 제프리스는 결국 종교의 자유를 지지하는 판례 하나를 언급했다. "정부가 우리를 공격하고 있다고 말하면, 미치광이의 히스테리처럼 들리겠죠"라고 제프리스는 어깨를 으쓱하며 말했다. "하지만 저는 그렇다고 믿어요."

2015년 오버거펠 대 호지스 판결로 동성 결혼이 합법화된 후, 교회와 비영리 종교 단체들이 전통적인 신념에 따라 행동했다는 이유로 처벌받을 수 있다는 합리적인 우려가 있었다.* 하지만 그런 일은 일어나지 않았다. 실제로, 수십 년간 연방 법원에서 종교의 자유 관련 소송을 변론해 온 보수적인 기독교 변호사 데이비드 프렌치(David French)에 따르면, "오버거펠 판결 이후 놀라울 정도로 종교의 자유가 증진되었다"고 한다. 프렌치는 〈디스패치 *The Dispatch*〉에 사법부가 "직원 고용 및 해고에 관한 종교 단체의 자율성을 확대하고, … 차별적인 규제로부터 교회를 거듭 보호하며, … 종교 기관이 정부 자금을 지원받을 기회와 범위를 확대했다"라고 썼다.

---

* 이 판결 이후, 전통적인 신념을 가진 교회와 비영리 종교 단체들은 자신들의 신념에 따라 동성 결혼을 인정하지 않거나 동성 커플에게 서비스를 제공하지 않을 경우 법적 처벌이나 불이익을 받을 수 있다는 우려를 하게 되었다. 차별 금지 법률이 강화될 가능성이 커졌고, 실제로 동성 커플의 결혼식에 서비스를 제공하지 않은 업체들이 소송을 당하거나 벌금을 부과받는 일이 생겼고, 비영리 단체로서 세제 혜택을 받고 있는 종교 단체들이 동성 결혼을 인정하지 않으면 이러한 혜택을 잃을 수 있다는 우려도 있었다.

그런데도 복음주의자들이 '대규모 소외' 서사를 받아들이는 것을 막지는 못했다. 2022년, 〈퍼스트 띵스First Things〉에 실린 한 칼럼은 지난 50년 동안 미국 사회가 점차 기독교에 등을 돌렸다며 한탄했다. 기고자 애런 렌(Aaron Renn)은 시대를 셋으로 구분해서 묘사했다. 1994년 이전 기독교가 수용된 "긍정적 세계", 1994년부터 2014년까지 기독교가 용인된 "중립적 세계", 2014년부터 현재까지 기독교가 거부된 "부정적 세계." 이 칼럼은 복음주의자들 사이에서 큰 반향을 일으켰으며, 몇 가지 설득력 있는 주장을 제시했다. 그러나 중요한 맹점이 세 가지 있었다. 첫째, 그러한 평온한 시기를 기억할 수 있는 부류는 백인 개신교도들뿐이라는 점이다. 정부의 표적이 되었던 가톨릭 학생들이나, KKK 단원들이 불을 지른 교회에 다니던 흑인 신자들은 종교 때문에 "긍정적인" 대우를 받은 적이 없다. 둘째, 예수는 기독교인들이 세상에서 좋은 대접을 받을 것을 기대해서는 안 된다고 말씀하셨다. 이런 점에서 기독교인들에게는 무자비하고 끊임없는 억압이 없는 지금 상황이 유토피아에 가까운 매우 좋은 상황이라 할 수 있다. 셋째, 이러한 맥락에서 지금 시대를 "부정적"이라고 묘사하는 것은 미국 기독교인들의 편협한 특권 의식을 드러낼 뿐이다. 설령 오늘날 사회가 미국 역사상 그 어느 때보다 교회에 적대적일지라도, 우리가 누리는 지위는 전 세계 기독교인들이 부러워하는 수준이다. 미국에서는 신자들을 체포하여 감금하지 않는다. 교회를 감시하거나 검열하지도 않는다. 목사들에게 국가의 명령에 따르라며 강요하지도 않는다.

러셀 무어가 윤리및종교자유위원회를 이끌 때 "존슨 수정헌법"*에 대해 공포심을 자극하는 트럼프에게 무척 화가 났던 이유도 바로 여기에 있다. 무어는 미국에서 사람들이 종교를 표현하거나 실천하는 데 어려움을 겪게 만드는 실제적인 문제나 상황이 있는 것은 사실이지만, 정부가 교회를 단속하거나 억압하는 일은 없다고 강조했다. 목사들이 모든 비영리 단체에 적용되는 규칙, 즉 강단에서 특정 정치 후보를 지지하지 않는다는 규칙을 따르기만 하면 아무 문제가 없다고 말이다.

하지만 일부 목회자들은 수년 동안 이 규정을 공공연하게 어겨 왔고, 마치 국세청이 자신들을 단속해 주기를 바라기라도 하는 듯이 행동해 왔다. 하지만 정부는 이에 대해 아무런 대응도 하지 않았다. 제프리스는 이 사실을 누구보다 잘 알고 있다. 댈러스 지역을 포함한 텍사스주의 유명 교회 몇몇은 뻔뻔하게 존슨 수정헌법을 무시하는 것으로 악명이 높다. (〈텍사스 트리뷴 Texas Tribune〉에서 이 문제를 광범위하게 보도한 바 있다.) 바이든 행정부는 교회를 단속하기는커녕, 교회들이 법을 어기는 것을 보고도 못 본 척했다.

결국, 제프리스가 교회에 대한 위협을 조작할 필요를 느꼈다는 점은 의미심장했다. 하지만 훨씬 더 의미심장한 점은 그가 기독교인들에 대한 박해를 그리스도의 가르침에 반하는 행동을 정당화하기에 충분한 명분으로 여겼다는 점이다.

예수를 믿는 믿음에는 두 가지 약속이 따라온다. 천국에서 받는 영생이 하나요, 이 땅에서 받는 차별과 비참함, 학대, 그리고 어쩌면 순교까지가 또 다른 하나다.

요한복음에 따르면 예수는 제자들에게 이렇게 말씀하셨다. "세

---

* 1954년에 당시 상원의원이던 린든 B. 존슨이 발의하여 통과된 미국 세법의 한 조항을 말한다. 이 조항은 비영리 단체, 특히 교회와 같은 종교 단체가 정치적 중립을 지키지 않고 특정 정치 후보를 지지하거나 반대하는 활동을 할 경우, 비영리 지위를 박탈할 수 있도록 규정하고 있다. 그러면 세금 면제 혜택을 받을 수 없게 된다. 이 규칙은 모든 501(c)(3) 비영리 단체에 적용되며 교회, 교육 기관, 자선 단체 등이 포함된다.

상이 너희를 미워하거든, 세상이 너희보다 먼저 나를 미워하였다는 것을 알아라. 너희가 세상에 속하여 있다면, 세상이 너희를 자기 것으로 여겨 사랑할 것이다. 그러나 너희는 세상에 속하지 않았고 오히려 내가 너희를 세상에서 가려 뽑아냈으므로, 세상이 너희를 미워하는 것이다. 내가 너희에게 종이 그의 주인보다 높지 않다고 한 말을 기억하여라. 사람들이 나를 박해했으면 너희도 박해할 것이요."*

산상수훈에서 예수는 신자들이 이러한 학대를 기꺼이 받아들여야 한다고 설명했다. "의를 위하여 박해를 받은 사람은 복이 있다. 하늘나라가 그들의 것이다."**

그리스도인들은 "부정적인 세상"에서 살기로 자청한 사람들이다. 그리스도인들은 포위당하기로 선택한 사람들이다. 전 세계에서 기독교인들이 자신의 신앙 때문에 괴롭힘을 당하고, 쫓기고, 심지어 죽임을 당하는 가운데, 누군가가 미국 교회를 괴롭힌다는 추측과 가설을 들어 그리스도의 가르침에 반하는 행동을 정당화하는 궤변은 실제로 재앙과도 같은 심각한 결과를 초래했다. 그렇지 않았으면 어처구니없는 생각이라며 그저 웃고 넘길 수도 있었을 것이다.

제프리스는 한 가지 점을 인정했다. "전에 제가 '고난을 겪고 있다면 그것이 의를 위한 고난인지, 아니면 자신의 어리석음 때문인지 확실히 알아야 한다'라는 말을 한 적이 있습니다." 제프리스는 백신 정책, 마스크 착용 의무, 또는 총기 규제에 관한 입법안 때문에 억압받고 있다고 주장하는 교인들을 예로 들었다. "저는 우리가 기독교적 고난으로 분류한 것 중 일부는 의를 위한 고난이 아니라고 생각합니다. 하나님의 뜻을 행하고 그분의 말씀에 따라 행동하다가 받는

---

* 요한복음 15:18-20.
** 마태복음 5:10.

1부 나라

고난이 의를 위한 고난이지, 정부 방침이 내 입맛에 맞지 않는다고 해서 그것을 의를 위한 고난으로 착각해서는 안 됩니다."

이것이 로버트 제프리스의 역설이다. 어느 순간 그는 일부 교인들이 "헌법과 성경을 동일시하는" 잘못된 생각을 하고 있다며 불평했다. 그러더니 내게 몇 주 후에 댈러스제일침례교회에 다시 오라고 권했다. 교회에서 매년 기념하는 "자유의 주일" 축하 행사가 열리는데, 컨트리 가수 리 그린우드(Lee Greenwood)가 〈하나님이 미국을 축복하시네 God Bless the USA〉라는 제목의 애절한 발라드를 부른다고 했다. 제프리스는 나에게 홍보 전단을 건넸다. 거기에는 기조 연설자 켈빈 코크란(Kelvin Cochran)의 사진과 "기독교인의 신념 때문에 해고된 전 애틀랜타 소방서장"이라는 설명이 실려 있었다.

광고지를 살펴보는 사이 제프리스는 미소를 지으며 말했다.

"박해가 얼마나 고귀한 것인지 이야기하는 사람들은 한 번도 박해를 경험해 본 적이 없는 사람들입니다."

6장

★ ★ ★

박해 콤플렉스:
불안과 두려움의 실체

"너무 많은 기독교인이 거만하게 행동하며
늘 화를 내고 불안해하면서 못된 짓을 하고 있다."

"너희 원수를 사랑하고, 너희를 박해하는
사람을 위하여 기도하여라"(마태복음 5:44).

존 딕슨(John Dickson) 교수는 휘턴칼리지 캠퍼스에서 강당을 가득
채운 청중에게 15년 전에 무슨 일인가가 일어났다고 설명했다. "제
가 기독교를 바라보던 방식이 바뀌었습니다."

15년 전, 딕슨은 고향인 호주에 돌아가 '종교가 없는 편이 더 나
은가'를 놓고 토론하는 TV 방송에 출연했다. 호주 전역에 방영되는
프로그램이었다. 소수의 학자로 구성된 토론팀들이 각자 자신들의
주장을 펼쳤다. 초대교회 사도 시대 전문가이자 저명한 신학자인 딕

슨은 기독교가 사회에 이로운 영향을 끼친다는 주장을 펼쳤다.

토론이 시작되기 전에 표본 그룹의 의견을 설문 조사하여 그 결과를 숫자로 나타냈다. 응답자의 대다수는 어떤 종교(특히 기독교)도 사회를 더 낫게 만들지 않는다는 생각을 품고 있었다. 토론이 끝난 후에 다시 조사했을 때도 결과는 바뀌지 않았다. 딕슨은 이 결과에 별로 놀라지 않았다. 그를 놀라게 한 것은 따로 있었다. 존슨은 기독교를 반대하는 상대 토론자들이 제시한 논리를 듣고, 또 대중이 그 논리에 얼마나 깊이 공감하는지를 보고 무척 놀랐다.

"예전에는 너무 독선적인 것이 기독교의 문제라고 말하는 사람이 꽤 많았는데, 이제는 '사실, 기독교의 문제는 사악하다는 점이다'라고 말하는 사람들이 훨씬 더 많아졌습니다."

수십 년간 전 세계에서 종교에 대한 인식이 어떻게 변해 왔는지 연구해 온 딕슨은 바로 여기서 기독교에 대한 적대감이 커지는 이유를 설명할 '명확한 통찰'을 발견했노라고 말했다. 사회과학을 연구하면 할수록 이 통찰은 더 명확해졌다. 호주, 미국, 그 밖의 다른 나라에서 교회에 대한 대중의 인식이 나빠지는 것과 주일 예배 참석률 감소, 교단 회원 감소, 기독교인을 자처하는 사람 수 감소와 같은 다른 관련 지표들을 연결하는 데는 굳이 논리적 비약이 필요하지 않았다.

딕슨은 휘턴칼리지 강당에 모인 청중에게 최근 호주가 공식적으로 '포스트 기독교 국가'가 되었다고 알렸다. 모든 언론이 주목하는 가운데 호주 통계청은 2022년 6월 예수 추종자를 자처하는 호주인의 비율이 조사 이래 처음으로 50퍼센트 아래로 떨어졌다고 발표했다. 이는 2011년 61퍼센트에서 2016년 52퍼센트, 2022년 44퍼센트로 급격한 내림세를 보이던 수십 년간의 궤적이 정점을 찍은 것이었다.

그다음에 딕슨은 충격적인 발표를 했다.

"10년 이내에 기독교인은 미국에서 소수자가 될 것입니다." 수치는 명확했다. 미국에서 기독교인을 자처하는 비율은 호주와 거의 같은 속도로 줄어들고 있다. 2007년에는 78퍼센트의 미국인이 기독교를 믿는다고 답했지만, 2021년에는 그 비율이 63퍼센트로 감소했다.

"우리는 여러분보다 10년 앞서 있습니다." 딕슨 교수는 얼굴에 선한 미소를 띠고 팔을 벌리며 말했다. "친애하는 벗에게, 미래에서 안부를 전합니다."

휘턴칼리지는 미국 복음주의 운동의 중심이며 세계에서 가장 중요한 기독교 기관 중 하나로 널리 인정받고 있다. 1860년, 노예제 폐지론자 조녀선 블랜차드(Jonathan Blanchard)가 설립한 이 학교는 여성과 흑인 학생들의 교육에 선구적인 역할을 했으며, 지하철도*정거장으로도 사용되었다. 이후 150여 년 동안 휘턴칼리지는 교리적·학문적 거인이 되어 존 파이퍼(John Piper), 마이클 거슨(Michael Gerson), 빌리 그레이엄과 같은 영향력 있는 인물들을 배출했다.

리버티대학교, 밥존스대학교, 오럴로버츠대학교, 그리고 수많은 남침례교 학교들과 마찬가지로 휘턴칼리지도 가치관과 교육 내용이 보수적인 편이다. 술과 담배는 물론 "동성애적 행동"도 금지하며 엄격한 개혁주의 개신교 신앙을 지향한다. 휘턴칼리지가 다른 학교들과 구별되는 점은 문화에 접근하는 독특한 방식에 있다. 다른 많은 우파 기독교 대학들과는 달리, 휘턴칼리지는 정치 및 시사 문제에 관해 비교적 온건한 태도를 오랫동안 유지해 왔다. 그렇다고

---

* 19세기 미국 남부에서 북부의 자유 주, 즉 노예제도가 금지된 주로 노예들을 탈출시키던 비밀 경로와 네트워크를 일컫는 용어다.

약한 모습만 보이는 것은 절대 아니다. 휘턴칼리지는 직원들에게 '피임 보장'*을 제공해야 한다는 오바마 행정부의 명령에 맞서 연방 법원에 소송을 제기하여 종교의 자유와 관련해 중대한 승리를 거둔 바 있다. 그러나 휘턴칼리지를 돋보이게 하는 것은 이런 활동이 아니다. 캠퍼스 입구에 있는 회색 석판에 새겨진 학교의 사명은 "그리스도와 그의 나라를 위하여"다.

이 모든 것은 왜 이 대학이 최근 몇 년 동안 '어느 편에도 속하지 않는 집단'이 되었는지를 설명하는 데 도움이 된다. 많은 진보 기독교인들은 휘턴칼리지가 신학 면에서 너무 보수적이라고 불평하고, 많은 보수 기독교인들은 휘턴칼리지가 태도 면에서 너무 소극적이라고 불평한다. 요즘 휘턴칼리지가 어딘가 혹은 누군가에게 속해 있다면, 그들은 바로 10월의 어느 날 오후 일리노이에 모인 조용하고 헌신적이며 정치적 소속이 없는 교회 지도자들일 것이다. 흑인과 백인, 남성과 여성, 대형 교회와 소형 교회 구성원을 막론하고, 그들은 미국 복음주의를 구해야 한다는 공통의 사명을 안고 이 좁고 어두운 강당에 모였다.

연례 "앰플리파이" 콘퍼런스를 주최한 휘턴칼리지 총장 필립 라이켄(Philip Ryken)은 현재 직면한 위험을 즉각적으로 인식하고 인정했다. 라이켄은 미국 교회가 우리 눈앞에서 실시간으로 분열되고 있다고 말했다. 그 이유는 바로 두려움 때문이었다.

"누군가는 백인 다수 문화에서 피해를 입을까 봐 두려워하고,

---

* 건강 보험을 통해 직원들에게 피임약이나 피임 도구의 비용을 지원하거나 제공해야 한다는 의미다. 오바마 행정부 시절, 피임 보장을 건강 보험 혜택의 일부로 포함시켜야 한다는 의무가 있었는데, 휘턴칼리지는 종교적인 이유로 이를 제공하는 것에 반대하며 소송을 제기했다.

누군가는 비백인 문화에서 인종적 소수자가 될까 봐 두려워하고, 누군가는 포스트 기독교 문화에서 종교적 소수자가 될까 봐 두려워합니다." 라이켄은 계속 말을 이었다. "우리 모두 두려움을 품고 있습니다. 문화 속에서, 그리고 교회 안에서 일어나는 일들이 그 두려움을 더욱 키우고 있습니다."

상황이 이러하니 지금 강당에 모인 사람들이 더더욱 희망의 메시지로 하나가 되어야 한다고 라이켄은 선언했다. 그리고 바울이 코린토스 교회에 보낸 첫 번째 편지를 읽었다. "나도 전해 받은 중요한 것을 여러분에게 전해 드렸습니다. 그것은 곧, 그리스도께서 성경대로 우리 죄를 위하여 죽으셨다는 것과, 무덤에 묻히셨다는 것과, 성경대로 사흘날에 살아나셨다는 것과, 게바에게 나타나시고 다음에 열두 제자에게 나타나셨다고 하는 것입니다."*

바울의 편지는 그리스도인들 안에 "있는 큰 사랑이 두려움을 내쫓는다"는 사실을 우리에게 상기시킨다고 라이켄은 말했다. 그 큰 사랑은 우리를 담대하게 만들어 복음을 전하게 한다. 특히 반감을 보이는 사람을 만났을 때 담대히 복음을 전하게 돕는다. 그 큰 사랑은 우리를 담대하게 만들어 예수의 희생이 "세상의 다른 어떤 것보다 훨씬 더 중요하다"는 사실을 깨닫게 한다. 그 큰 사랑은 또한 우리를 담대하게 만들어 "사도들이 얼마나 두려움 없이 행동했는지" 떠올리게 하고, 사도들의 용기뿐만 아니라 그들의 친절함과 온유함과 겸손함을 본받게 한다.

라이켄은 "우리가 이 메시지를 이해할 때 우리를 갈라놓은 모든 것들이 바로잡힙니다"라고 말했다. 그리고 이렇게 덧붙였다. "이 메시지는 메시지를 받는 사람들이 어떤 사람인지를 정의할 뿐만 아

---

* 고린도전서 15:3-5.

니라, 메시지를 전하는 우리가 누구인지도 정의한다는 점을 이해해야 합니다."

호주 출신의 신학자 존 딕슨이 앰플리파이 콘퍼런스에서 왜 그렇게 중요한 역할을 맡았는지 이제 이해가 되었다.

곧 미국에서 기독교인이 소수가 될 상황에서 우리가 던져야 할 질문은 '잃어버린 지위를 되찾기 위해 어떻게 싸울 것인가'가 아니다. 그보다는 복음에 담긴 희망과 자신감과 큰 사랑을 반영하여 어떻게 하면 "잘 잃을 것인지"를 질문해야 한다고 딕슨은 말했다.

딕슨은 현재 미국 교회가 "불량배 증후군"을 앓고 있다고 말했다. 너무 많은 기독교인이 거만하게 행동하며 소외된 사람들을 괴롭히고, 늘 화를 내고 불안해하면서 못된 짓을 하고 있다는 말이다. "교사라면 누구나 운동장에서 다른 아이들을 괴롭히는 아이가 보통 가장 불안한 아이라는 사실을 잘 알 겁니다. 보상 메커니즘이지요. 그 아이에게 정말 자신감이 있다면, 굳이 힘을 과시할 필요가 없을 겁니다"라고 딕슨은 말했다. "교회도 마찬가지입니다. 괴롭히는 교회는 불안한 교회예요."

딕슨은 청중에게 바울이 마케도니아의 고대 도시 필리피(빌립보)에서 억울하게 감옥에 갇혔을 때를 떠올려 보라고 말했다. "바울이 어떻게 대응했습니까? 찬송을 불렀습니다!" 딕슨은 크게 소리치며 청중의 환호를 끌어 냈다. "바울에게는 당연한 일이었습니다! 감옥에 갇혔네. 자, 찬송합시다!"

몇 년 후, 바울은 로마에 갔다가 또 감옥에 갇혔다. 추종자들은 바울이 목숨을 잃을까 봐 걱정했다. 그런데 필리피 사람들에게 보낸 편지를 보면 바울의 반응이 무척 기이하다고 딕슨은 설명했다. "형제자매 여러분, 내게 일어난 일이 도리어 복음을 전파하는 데에 도움을 준 사실을, 여러분이 알아주기를 바랍니다. 내가 그리스도 안에서 감옥에 갇혔다는 사실이 온 친위대와 그 밖의 모든 사람에게 알려졌습니다"라고 바울은 편지에 썼다. "주님 안에 있는 형제자매 가운데서 많은 사람이, 내가 갇혀 있음으로 말미암아 더 확신을 얻어서, 하나님의 말씀을 겁 없이 더욱 담대하게 전하게 되었습니다."*

딕슨은 요점을 강조하기 위해 잠시 멈췄다가 다시 말을 이었다.

"사회적 지위와 자유 등등 여러 면에서 패배로 느껴질 만한 일이 바울에게는 승리였습니다. 바울은 기쁘게 패배하는 법을 통달한 사람이었습니다. 아마도 복음에 관한 한, 지는 것이 이기는 것임을 알고 있었기 때문일 겁니다."

딕슨은 자신이 경험했던 패배에 관하여 이야기했다. 그는 호주 문화계 엘리트 집단에서 조롱과 경멸을 받았다. 공립학교에서는 그의 책을 금서로 지정했다. 그리고 몇 년 전 전국에 방영된 TV 토론에서도 패배했다.

그런데 토론 이후에 예상치 못한 일이 벌어졌다. 토론 상대였던 신실한 유대인 교수가 딕슨의 주장을 흥미롭게 여겨 자기 수업에 와서 강연해 달라고 요청했다. 그 교수는 그 후에도 딕슨을 여러 번 다시 불렀다. 그렇게 여러 번 강연한 끝에, 마침내 그 교수는 딕슨에게 '예수의 삶과 복음서'에 관한 4학점짜리 정규 강의를 맡아 달라고 제안했다. 결국 딕슨은 호주를 대표하는 대학 중 하나인 시드니 대학교에서 10년 동안 강의하며 셀 수 없이 많은 젊은이들에게 그리스도의 메시지를 전했다.

"여러분, 때로는 승리가 패배로 위장하기도 합니다." 딕슨이 부드러운 목소리로 말했다.

---

* 빌립보서 1:12-14.

그리고 잠시 멈추었다가 이렇게 말했다. "결국, 우리는 죽음과 부활의 사람들입니다."

★ ★ ★

휘턴칼리지 행사의 비공식 주제는 순교와 박해였다. 초대교회를 세운 진정한 순교와 오늘날 교회의 인위적인 순교. 로마에서 그리스도를 따르던 사람들이 실제로 겪었던 박해와 미국에서 그리스도 추종자들이 겪는 과장된 박해. 이 둘의 대조는 상당히 충격적이었다.

거의 모든 발표자와 마찬가지로, 시카고 남부 출신의 역동적인 흑인 설교자 찰리 데이츠(Charlie Dates)도 사도 바울의 예를 들었다. 그런데 접근 방식이 독특했다. 데이츠는 바울이 시민권을 취득한 도시 로마의 영광을 중심으로 설교를 구성했다.

"로마라고 하면 사람들은 흔히 클라우디우스와 네로가 쥐고 있던 절대 권력을 떠올립니다. 로마 이외의 권위를 내세우는 모든 사상에 반대하는 두 개의 거대한 탑이죠. 산기슭과 거대한 군단들, 군사력이 약한 나라들을 제압하려는 로마제국의 수도를 흔히들 생각합니다. 로마는 강력하고 자부심이 넘치는 도시였습니다." 데이츠는 인상적인 저음으로 크게 외쳤다. "그 시대 지식인들은 로마에서 살고 호흡했습니다. 로마는 세계의 수도였습니다. 경제 중심지이자 정치 중심지인 영향력 있는 도시 로마에 대한 자부심은 실로 대단했습니다."

개명 전 이름이 사울이었던 바울은 이 영광스러운 제국의 산물이었다. "지적 거물"인 사울은 "타르수스(다소)에서 대학에 다녔고, 당시 세계에서 가장 뛰어난 랍비 중 한 명에게 가르침을 받았습니다"라고 데이츠는 설명했다. 이 청년은 유대 민족의 종교 관습을 따랐지만, 국적을 따지자면 로마인이었다. 사울은 양쪽 세계 모두에서 존경을 받았다. 유대 종교 엘리트인 바리새인들이 그에게 그리스도인들을 박해하는 일을 감독하게 할 정도였다.

그런데 예상치 못한 일이 일어났다. 자신의 신앙을 공개적으로 밝히고 설교하던 스데반이라는 그리스도인을 살해하는 현장을 감독한 후, 스데반과 같은 이단자들을 더 많이 체포하러 다마스쿠스(다메섹)로 향하던 중 사울은 갑자기 눈이 멀어 버렸다. "사울아, 사울아, 네가 왜 나를 핍박하느냐?"라는 음성이 하늘에서 들려왔다.

"주님, 누구십니까?" 하고 사울은 물었다.

"나는 네가 핍박하는 예수다."*

신약 성경에서 이보다 더 중요한 순간은 거의 찾기 어렵다. 사울은 곧 시력을 회복하고 이름을 바울로 바꾼다. 그리고 로마제국 전역을 여행하기 시작한다. 사도행전에 따르면, 그가 "여전히 주님의 제자들을 위협하면서, 살기를 띠고 있었"던 바로 그 장소들을 다시 찾아가 전에 자신이 탄압했던 바로 그 메시지를 전파하기 시작한다.

후일, 바울은 로마에 있는 초대교회에 보낸 편지에 데이츠가 성경에서 "가장 터무니없는" 문장이라고 묘사한 문장을 썼다. "나는 복음을 부끄러워하지 않습니다." 바울은 그 이유를 이렇게 설명한다. "이 복음은 … 모든 믿는 사람을 구원하는 하나님의 능력입니다."**

데이츠가 바울의 말이 터무니없다고 한 이유는 바울에게는 복음을 부끄러워할 만한 이유가 충분했기 때문이다.

"이런 혈통을 가진 사람이 예수라는 사람에게 구원의 능력이

---

* 사도행전 9:4-5.
** 로마서 1:16.

있다고 주장한다는 게 무슨 의미일까요?" 데이츠가 물었다. "자존심 강한 바리새인이라면, 나무에 매달린 사람을 세상을 구원할 구세주로 여길 리 만무합니다. 대중의 인기를 얻으려는 사람이라면, 누구도 그런 인기 없는 메시지와 자신을 연관 지으려 하지 않을 겁니다."

역사도 이에 동의한다. 로마 대화재에 대한 책임을 그리스도인들에게 돌린 네로 황제는 수 세기에 걸쳐 박해의 선례를 남겼다. 그는 예수를 따르는 사람들을 대량으로 학살했다. 참수하고, 십자가에 매달고, 사자 우리에 던지는 것 외에도 야만적인 공개 처형을 다양하게 자행했다. 네로가 통치하는 동안 바울은 제국을 돌며 갈릴리 시골 목수의 아들이 로마제국의 세속적이고 물질적인 권력을 모두 능가하는 왕국을 세웠다고 전파했다.

바울은 이 세상의 통치자들에게 충성하지 않은 대가를 톡톡히 치렀다. 수년간 매를 맞고 고문당하고 감옥에 갇히고 가택 연금에 시달린 끝에 결국 로마 정부에 의해 처형당했다.

그런데 바울만 그랬던 것이 아니다.

예수의 오른팔이었던 제자 베드로를 생각해 보라. 베드로는 신앙 때문에 시련을 겪는 소아시아(오늘날의 튀르키예) 그리스도인들에게 로마에서 편지를 썼다. 첫 번째 서신에서 베드로는 그들에게 고통 속에서 기뻐하라고 간청한다. 고난을 통해 예수에게 더 가까이 갈 수 있다고, 고난은 그리스도인들이 한때 품었던 충동, 태도, 정체성을 정화의 "불"로 없애는 과정이라고 가르쳤다.

휘턴칼리지 콘퍼런스에 참석한 또 다른 목회자 로럴 벙커(Laurel Bunker)는 베드로의 편지에서 가장 중요한 부분을 지적했다. 초대 그리스도인들을 위로한 후, 베드로는 이 박해 때문에 세상에 증언하는 방식을 바꾸지 말라고 권면한다. 구체적으로, 그들을 박해하는 사람들에게 도리어 선을 베풀라고 베드로는 말한다.

벙커는 베드로전서 3장에 나오는 구절을 읽었다. "마지막으로 말합니다. 여러분은 모두 한마음을 품으며, 서로 동정하며, 서로 사랑하며, 자비로우며, 겸손하십시오. 악을 악으로 갚거나 모욕을 모욕으로 갚지 말고, 복을 빌어 주십시오. 여러분으로 하여금 복을 상속받게 하시려고, 하나님께서 여러분을 부르셨습니다."

벙커는 베드로가 편지에서 시편을 인용한 것을 언급했다. "생명을 사랑하고, 좋은 날을 보려고 하는 사람은 혀를 다스려 악한 말을 하지 못하게 하며, 입술을 닫아서 거짓말을 하지 못하게 하여라. 악에서 떠나, 선을 행하며, 평화를 추구하며, 그것을 좇아라. 주님의 눈은 의인들을 굽어보시고, 주님의 귀는 그들의 간구를 들으신다. 그러나 주님은 악을 행하는 자들에게서는 얼굴을 돌리신다."*

벙커는 '악'이라는 단어를 말한 후 성경에서 눈을 떼고 위를 바라보았다.

"오, 하나님," 벙커가 말했다. "만약 악이 우리에게서 나온다면, 우리는 어떻게 해야 합니까?"

벙커의 메시지는 교회에 대한 세상의 신뢰가 사라지고 있다는 딕슨의 이론과 맞닿아 있었다. 벙커는 대중이 기독교인들에게 등을 돌린 이유는 기독교인들이 세상 사람들보다 더 나은 행동을 하기 때문이 아니라고 말했다. 대중이 기독교인들에게 등을 돌린 이유는 기독교인들이 세상 사람들보다 더 못된 행동을 하기 때문이라고 했다. 이런 못된 행동은 대부분 기독교인의 피해망상에서 비롯되며, 이는 일부 신자들이 현실과 상상을 넘나들며 적을 공격하는 원인이 된다고 주장했다. 이러한 행동은 베드로의 말과 예수의 가르침에 정면으로 반하는 것이다. 예수는 이렇게 말씀하셨다. "'네 이웃을 사랑

---

*   베드로전서 3:8-12.

하고, 네 원수를 미워하여라' 하고 말한 것을 너희는 들었다. 그러나 나는 너희에게 말한다. 너희 원수를 사랑하고, 너희를 박해하는 사람을 위하여 기도하여라."

벙커는 자신이 가장 큰 범죄자임을 인정했다.

"제가 다 망쳤습니다. 소셜 미디어가 던진 미끼를 가족과 함께 덥석 물었거든요. 남편과 저는 구원받지 못한 가족들에게 둘러싸여 있습니다." 벙커는 설명을 이어 나갔다. "우리는 배척당했습니다. 따돌림당했습니다. 우리를 두고 뒤에서 수군거리는 소리를 들었습니다. 이런 일을 당하면 마음이 아프죠. 견디기 힘듭니다. 절망스럽습니다. 더러는 버럭 화를 내고 싶을 때도 있습니다."

벙커는 페이스북에서 오빠와 논쟁을 벌였던 이야기를 들려주었다. 악의에 차서 긴 메시지를 작성했는데, 남편이 방에 들어와 메시지를 삭제하고 제발 그만두라며 말렸다. "책상 앞에 앉아 울고 있을 때, 하나님께서 성령을 통해 저에게 말씀하셨습니다. '너는 그가 나를 거부해서 화가 난 것이 아니다. 너를 거부해서 화가 난 것이다.'" 벙커는 당시를 떠올리며 말을 이었다. "부끄러웠습니다. 왜냐하면, 그게 사실이었으니까요."

벙커는 하나님께서 죄인들을 은혜로 대하실 뿐만 아니라, 우리에게도 그렇게 하라고 명령하신다고 강조했다. 승리하고 있을 때는 은혜를 베풀기가 쉽지만, 패배하고 있을 때는 그러기가 훨씬 더 어렵다고 말했다. 개신교 종교개혁자 마르틴 루터(Martin Luther)가 했던 "하나님과 함께라면 한 사람이 다수다"라는 말을 인용하며, 벙커는 무조건 은혜를 베푸는 것이 오늘날 복음주의의 중요한 과제라고 주장했다.

"하나님에게 너무 어려운 일은 없다는 걸 우리는 기억해야 합니다." 벙커가 말을 이었다. "여러분이 지금 이 순간 제정신으로 앉아 있을 수 있다는 사실 자체가 기적입니다. 삶이 아무리 엉망진창이어도 하나님이 해결하시지 못할 만큼 어려운 일은 아니었어요. 그러니 하나님의 자녀에게 공간을 조금만 내주세요. 사회 부적응자에게 공간을 조금만 내주세요. 싱글맘에게 공간을 조금만 내주세요. … 성 정체성 때문에 힘들어하는 아이에게 공간을 조금만 내주세요. 소위 말하는 '깨어 있음' 의제*에 화를 낼 수는 있습니다. 하지만 복음의 사람들이 더 나은 대안을 제시하지 못하면, 우리가 하는 비판이나 분노는 아무 의미가 없습니다."

다음 세대의 잠재적인 신자들이 우리를 지켜보고 있다고 벙커는 경고했다. "그들은 우리가 예수를 '가장' 사랑하는지 알고 싶어 합니다. 돈보다, 사회적 지위보다, 정치적 당파보다, 나라보다 예수를 '더' 사랑하는지 말입니다."

"단기적이고 피상적인 전도 방식으로는 하나님 나라의 일을 할 수 없습니다"라고 벙커는 힘주어 말했다. 그리스도인들이 예수를 위해 영혼을 얻고자 한다면, 은혜를 베푸는 일부터 시작해야 한다. 받을 자격이 없는 사람들에게 은혜를 베풀고, 문화적 다양성을 존중하며 포용하고, 모든 사람, 특히 우리의 적들에게서 "하나님의 형상과 모습"을 발견하는 일부터 시작해야 한다. 두려움에 사로잡힌 마음으로는 이러한 일들을 할 수 없다고 벙커는 강조했다. 그리고 청중에게 두려움을 극복하자고 간청했다.

"예수님은 반대 세력들과 적대적인 장소에 함께 있는 게 어떤

---

* 흔히 '진보적 의제'로 통칭되는 사회 정의, 평등, 다양성, 포용성을 강조하는 주제들로 인종 평등, 성평등, 성 소수자 권리, 사회적·경제적 불평등 해소, 환경 정의, 이주민과 난민의 권리 보호, 언어적·문화적 다양성 존중, 경찰 및 형사 사법 개혁 등이 포함된다.

건지 잘 아십니다. 그분은 열두 명의 괴짜를 사용하여 세상을 뒤집어 놓으셨죠. 저는 그분이 여기 계신 괴짜 몇 명도 분명히 사용하실 수 있다고 생각합니다." 벙커 목사의 말에 웃음소리가 강당을 가득 채웠다. 하지만 벙커는 진지했다.

"시카고의 흑인 아이들, 자살 충동에 시달리는 게이 소년들, 싱글맘들, 매춘부들, 사회에서 소외되고 고통받는 사람들. 그들이 복음을 알 유일한 방법은 우리가 가는 것뿐입니다." 벙커는 그렇게 설교했다. "그들이 우리에게 오지는 않을 겁니다. 그들은 교회 첨탑에 관심이 없습니다. 하지만 그들은 알고 싶어 합니다. 내 삶이 구원받을 수 있는가? 내 인생에 목적이 있는가?"

벙커는 시작점으로 돌아가서 베드로전서를 읽으며 발표를 마무리했다. 미래의 순교자(베드로는 바울처럼 네로 통치기에 로마에서 처형되었다)가 신자들에게 신앙과 가치관을 견고히 지키라고 촉구하는 내용이었다.

"그러나 정의를 위하여 고난을 받으면, 여러분은 복이 있습니다. 그들의 위협을 무서워하지 말며, 흔들리지 마십시오."* 벙커는 이 구절을 읽고 고개를 숙여 기도했다.

★ ★ ★

역사의 특정 시점에서 사회의 균열은 교회를 더욱 강하게 만들었다.

휘턴에 있는 빌리그레이엄센터의 에드 스테처(Ed Stetzer) 소장은 1960년대와 1970년대 초를 떠올려 보라고 말했다. 그때는 "사방이 분열되어" 있었다. 존 F. 케네디 대통령과 그의 동생 로버트 F. 케네디 사이의 불화, 마틴 루서 킹 주니어 목사의 암살, 켄트주립대학

---

* 베드로전서 3:14.

교 총격 사건과 전국 도시 곳곳에서 발생한 광포한 폭동, 워터게이트 사건과 베트남에서 벌어진 불필요한 유혈 사태, 사회 전반에 유행병처럼 퍼진 마약 문화와 포르노그래피, 로 대 웨이드 판결 등등. "그리고 1976년은 '복음주의자의 해'로 불렸습니다." 스테처는 '참 이상하지 않냐'는 듯 어깨를 으쓱하며 말했다.

오늘날 상황은 다르다. 스테처는 현재의 사회 균열은 교회를 약화시키고 있다고 말했다. 내 주변에 앉은 사람들 전부 고개를 끄덕이며 그 말에 동의했다.

"예수 그리스도의 교회는 산만하고 분열되어 있습니다. 제 평생 이 정도의 분열은 본 적이 없습니다. 최근 몇 년은 우리 대부분에게 가장 힘든 시간이었습니다." 스테처는 계속 말을 이었다. "우리는 다시금 우리가 진정 누구인지 보여 줘야 합니다. 복음주의라고 불리는 이 운동에서 제거해야 할 것들이 있고, 새롭게 배워야 할 것들이 있습니다."

스테처는 복음주의에서 제거해야 할 것들에 초점을 맞추며 그중 첫 번째로 악의를 지적했다. 자비로우신 하나님의 사랑을 "지금은 우리가 제대로 보여 주지 못하고 있지만" 기독교인들이 자신을 돌아본다면 그 사랑을 다시 보여 줄 수 있다고 그는 말했다. 누구의 이름도 거론하지 않았지만, 스테처는 명백한 진리를 말하고 있었다. 교회가 인기가 없는 이유는 자기들이 한 추한 행동과는 상관이 없다는 로버트 제프리스 같은 사람들의 주장은 참 믿기 어렵다.

"현실은 이렇습니다. 지난 몇 년 동안 저를 비롯한 많은 이들은 하나님의 사람들이 너무 많은 곳에서 너무 많은 방식으로 복음이 아닌 다른 것을 내뿜는 현 상황에 우려를 표해 왔습니다." 스테처가 이 말을 하자 여러 사람이 동시에 "할렐루야!"를 외쳤다. 스테처는 고개를 끄덕이며 말을 이었다. "하나님의 사람들이 다시 복음의 아름다움을 내뿜도록, 저는 우리가 필요한 일들을 해야 한다고 믿습니다."

스테처의 발언에 담긴 속뜻은 명확했다. 이제 복음주의자들이 기독교에 대해 말하는 것을 멈추고 실제로 기독교를 실천할 때가 되었다는 말이다. 실천의 핵심은 제자 훈련이다. 기독교에서 말하는 '제자 훈련'은 단순히 '제자로 만드는 것' 이상을 의미한다. 'discipline'은 적극적이고 능동적인 동사로서, 특히 쉽게 받아들여지지 않거나 불편하게 느껴질 수 있는 진리를 가르치는 것을 의미한다.

벙커가 예수의 제자들을 "열두 명의 괴짜"라고 부른 것은 틀린 말이 아니다. 그들은 다양한 배경을 가진 자격 없는 사람들이었다. 어부와 소상인, 세리와 정치 활동가 등이 있었다. 예수를 따르는 3년 동안 제자들은 반복적으로, 그리고 종종 우스꽝스럽게도, 예수의 가르침을 이해하지 못했다. 예수는 그들을 사랑하셨지만 어린애를 대하듯 오냐오냐하지 않으셨다. 제자들이 잘못했을 때나 인간적인 약함을 보일 때마다 그들을 꾸짖으셨다. 예수는 그들의 믿음 없음을 꾸짖으셨고, 그들의 허영심과 편견과 선입견을 질책하셨다. 그들이 가르침을 이해하지 못하는 것에 대해 비판하셨다.

이것이 제자 훈련이다. 그리고 빈센트 버코트(Vincent Bacote)가 지적했듯, 미국의 많은 복음주의 교회에 없는 것이 바로 이것이다.

"만약 복음주의의 가장 큰 문제가 무엇이냐고 누가 물으면, 저는 교리 교육 부재라고 답할 겁니다. 이는 신앙 형성의 문제이며, 제자 훈련의 문제입니다. 성경에 대한 지식을 갖춰야 할 사람들인데, 많은 사람이 그렇지 못합니다." 휘턴칼리지의 저명한 신학자 버코트는 이렇게 말을 이었다. "복음주의의 천재성은 그 넓이에 있습니다. 위험성은 깊이가 부족하다는 겁니다. 많은 사람들이 충분히 깊이 들어가지 않는 것이 문제입니다."

버코트는 성경에 얕게 머무름으로써 너무 많은 미국 기독교인이 자신의 문화적 성향과 하나님의 완전한 기준 사이에 꼭 필요한 충돌을 피하고 있다고 말했다. 기독교인들이 주로 사회에 의해 제자화되면, 그들은 필연적으로 자신의 습관과 행동, 정치적 견해가 옳다는 것을 성경에서 확인받으려고 한다. "하지만 성경이 하나님의 말씀이라고 믿는다면, 우리의 행동과 습관, 신념을 성경의 기준에 따라 평가하고 검토해야 합니다. 그것이 예수님이 오신 이유입니다. 하나님과 우리의 수직적 관계를 고치기 위해 오신 겁니다"라고 버코트는 말했다. "그분은 우리의 삶 전체를 원하십니다. 우리의 존재 자체가 변화되기를 원하십니다."

우리는 5층에 있는 버코트의 사무실에 앉아 있었다. 책의 무게 때문에 금방이라도 책장이 무너질 것처럼 보였다. 버코트 역시 책을 쓰는 저자이고, 신학 교수로 재직한 지도 오래되었다. 현재는 응용기독교윤리센터 소장을 맡고 있다. 이 센터는 휘턴칼리지에서 사회와 문화 전반에 참여하며 영향을 미치는 다양한 활동을 담당하고 있다. 그에 걸맞게 종교부터 전쟁, 선거, 역사, 음악, 스포츠까지 다양한 분야의 책이 우리 뒤를 뺑 두른 책장에 꽂혀 있었다.

자신의 연구 전체를 되돌아보며, 버코트는 미국 복음주의에 관해 두 가지는 자신 있게 말할 수 있다고 했다. 첫 번째는 너무 많은 미국 기독교인이 제자 훈련이 심각하게 부족하다는 점이었다. 두 번째는 첫 번째의 결과로 너무 많은 미국 기독교인이 자신을 '미국' 기독교인으로 생각한다는 점이었다.

"과연 누가 그들에게 우상 숭배에 관해 설교하나요? 제 말은, 정말로, 복음주의 교회에서 어떤 종류의 우상 숭배에 관해, 하물며 국가에 대한 우상 숭배에 관해 설교를 듣는 경우가 얼마나 되겠습니까?" 버코트는 두 손을 내밀며 예시를 제공해 달라는 듯이 물었다. "애초에 우상 숭배에 관해 설교하는 사람이 없으니, 이 특정한 종류의 우상 숭배가 일상 속에 깊이 스며 있는 건 놀랄 일이 아닙니다."

이 상황에서 긍정적인 점은 일부 기독교인들이 "자신들이 늘 생각해 왔던 것을 이제 우리에게 드러내고 있다"는 점이라고 버코트는 지적했다. 사실 최근의 소란은 미국 복음주의자들 사이에 뿌리내린 민족과 국가에 대한 강박을 표면으로 끌어 올렸다. 버코트가 하고 싶은 일은 대다수가 현재와 미래의 목회자들인 자기 학생들을 끊임없이 자극하고 고무하는 것이다. 예수가 제자들에게 하셨던 것처럼 말이다.

"나라를 사랑할 수는 있지만 숭배할 필요는 없다는 점을 이해시켜야 합니다"라고 버코트는 말했다. "나라를 사랑하면서도 이웃에게 선을 행하는 것이 얼마든지 가능하다는 점을 이해시켜야 합니다. 다른 사람들이 무언가를 얻는다고 해서 내가 무언가를 잃는 건 아닙니다."

버코트는 이런 답을 찾는 것이 어렵지 않다고 말했다. 기독교인들이 찾으려고만 하면 찾을 수 있다고 했다.

"복음주의가 계속 기회를 누리는 길은 성경에 쓰인 말을 그대로 실천하는 겁니다. 네 이웃을 네 몸 같이 사랑하라고 하신 말씀 말입니다."

예수는 다른 어떤 계명보다 중요하다며 두 가지 계명을 강조했다. 버코트가 방금 언급한 것은 그중 두 번째 계명이다. 국가를 우상처럼 숭배하는 문제에 대한 답은 "네 마음을 다하고, 네 목숨을 다하고, 네 뜻을 다하고, 네 힘을 다하여, 너의 하나님이신 주님을 사랑하여라"*라는 첫 번째 계명(이자 가장 큰 계명)을 강조하는 제자 훈련에서 찾을 수 있다.

---

* 마가복음 12:30.

★ ★ ★

진홍색과 불타는 주황색 잎이 날카로운 바람에 흩날리는 캠퍼스를 거닐다가 존 딕슨 교수는 휘턴칼리지에 온 지 3주 밖에 안 되었다고 내게 말했다. 수년 동안 미국 대학에서 전임으로 가르칠 기회가 많았지만, 고국인 호주를 떠나고 싶지 않았다고 했다. 아이들이 그곳에 있었고, 친구들도 그곳에 있었으며, 교회도 그곳에 있었다. 삶의 터전을 뿌리째 옮기려면 특별한 무언가가, 이를테면 하나님이 주신 특별한 자극이나 영감 같은 것이 필요했을 것이다.

그래서 나는 딕슨에게 마침내 그를 미국으로 오게 한 것이 무엇이냐고 물었다.

"그건 바로 이런 것들 때문입니다." 주변을 가리키며 앰플리파이 콘퍼런스의 주제를 요약하듯 딕슨이 말했다. "분열, 불안, 권력 및 지위 상실에 대한 두려움. 이게 제가 여기 온 이유입니다."

이해하기 어려웠다. 딕슨은 호주에서 만족스러운 삶을 살고 있었다. 물론 세속화 추세가 걱정스러웠을 수는 있겠지만, 적어도 남아 있는 교회들만큼은 비교적 건강했다. 호주 기독교계에는 내전이 없었다. 지난 10년간 미국 복음주의 운동을 크게 분열시켰던 싸움이 호주에는 거의 존재하지 않았다.

딕슨도 그 점에 동의했다. 그러나 그는 미국 기독교가 외부와 영향을 주고 받지 않는 진공 상태에 있는 것이 아니라고 경고했다.

"영국, 유럽, 호주의 복음주의자들은 여기 미국의 복음주의자들과 매우 다릅니다. 그리고 저는 지난 10년 동안 많은 호주 사람이 더 이상 '복음주의자'라는 용어를 사용하지 않으려 한다는 걸 알게 되었습니다. 호주 사람들이 '복음주의자'라고 할 때, 그것은 영국의 복음주의를 의미했습니다. 공공의 영역에서 사회적 활동에 활발하게 참여하면서 성경으로 사람들에게 복음을 전하는 윌리엄 윌버포스(William Wilberforce)의 온화한 성공회 말입니다. 그러나 이제 호주 사람들은 더 이상 '복음주의자'라는 말을 쓰고 싶어 하지 않습니다."

왜 그럴까?

"왜냐하면 호주와 영국에는 이렇게 정치적으로 열성적인 복음주의가 존재하지 않기 때문입니다. 원래부터 없었어요." 딕슨은 이렇게 말을 이었다. "하지만 언론 보도를 통해 미국 복음주의에 관해 계속 듣고 있습니다. 미국에서 일어나는 일은 중요합니다. 요즘은 호주에서도 누군가 당신에게 '복음주의자'인지 묻는다면, 그건 당신이 온화하고 지적으로 예리하며 성경을 상세히 풀어 설교하고 신자들을 사랑과 배려로 대하는 목회자인지 묻는 것이 아닙니다. 네, 맞습니다. 당신이 우파인지 묻는 겁니다."

미국의 질병이 국제 사회에 어떤 영향을 끼쳤는지 보여 주는 이야기였다. 지난 몇 년 동안, 나는 미국 전역에 사는 기독교인들과 비슷한 대화를 나누었다. 그중 딕슨에게 말한 한 가지 일화가 아직도 기억에 남는다. 사우스캐롤라이나주 그린빌에 있는 올더스게이트연합감리교회를 방문했을 때, 나는 목사와 스무 명의 장로와 함께 비공식 토론 모임을 만들었다. 그 교회가 속한 교단은 동성애자 목사의 안수 문제나 동성 커플의 결혼 문제와 같은 사회적 이슈로 인해 분열 직전이었고, 개교회도 분열 위기에 처해 있었다. 담임 목사는 오래된 갈등을 수면 밖으로 드러내고 교회를 구할 수 있을지 알아보고자 나를 불렀다. 사람들이 스티로폼 그릇에 담긴 바닐라 아이스크림을 먹기 시작할 때, 나는 방 안에 있는 이들 중 자신이 '복음주의자'라고 생각하는 사람이 얼마나 되는지 물었다. 절반이 손을 들었다. 그 후 두 시간 동안, 스스로 복음주의자라고 밝힌 절반과 나머지 절반은 정치적 성향, 주로 소비하는 미디어, 시사 문제에 대한 견해 등 모든 면에서 극명하게 갈렸다. '복음주의자'는 더 이상 성경적 신념을 반영하는 용어가 아니었다. 이제는 주로 문화적 소속감을 나타내는 용어가 되었다.

"영국이나 호주에서는 그렇지 않아요"라고 딕슨은 말했다. "호주인들은 영국 복음주의를 물려받았습니다. 그래서 그 틀 안에 머물러 있죠. 물론 우리에게 영향을 미친 미국인이 몇몇 있었죠. 빌리 그레이엄은 1959년에 시드니에서 엄청난 영향을 미쳤습니다. 그 결과 1960년대에 많은 사람이 개종했죠. 그러나 그들은 성공회로 개종했습니다. 그래서 영국과 호주에는 원래의 복음주의가 그대로 남아 있는 반면, 미국은 자기만의 길을 걸어간 겁니다."

학교 식당에 앉아 세계 각국을 상징하는 깃발 수백 개에 둘러싸여 있다 보니, 자연스럽게 과거와 역할이 뒤바뀐 현 상황을 곱씹지 않을 수 없었다. 미국 교회는 예수의 복음을 전하기 위해 수 세기 동안 선교사를 훈련하고 후원하여 전 세계에 파견했다. 그런데 이제 딕슨이 여기 앉아 밥과 치킨 카레를 먹으며 미국을 자신의 '선교지'로 묘사하고 있었다. 딕슨의 말투에는 비꼬거나 거들먹거리는 느낌이 전혀 없었다. 요점을 피하지도 않았다. 이 나라 사람들에게는 정말로 도움이 필요했다.

딕슨은 전투에 대비하도록 목사들을 준비시키는 것뿐만이 아니라, 자신도 직접 전투에 뛰어드는 것 역시 이곳에서 자신이 맡은 소명이라고 말했다. 미국에 온 이후, 딕슨은 이미 여러 교회에서 주일 예배 때 설교를 했다. 사람들이 비교적 잘 받아들이고 있다는 현재까지의 보고를 듣고 기쁘기도 했고 약간 놀라기도 했다.

"아시다시피, 사람들은 억양이 다르면 다르게 받아들입니다." 딕슨이 싱긋 웃으며 말했다.

"사실 억양 때문만은 아닙니다." 딕슨은 웃음기를 지우고 진지한 표정으로 말했다. "사람들이 저를 공화당원이나 민주당원으로 생각하지 않기 때문이죠. 저는 그 범주에 맞지 않으니까요. 그 사람들은 우리나라 정당이 뭐뭐 있는지도 모릅니다. 호주에서는 보수파가 보편적 의료보험을 지지합니다. 복음주의자들도 보편적 의료보험을 지지합니다. 제가 사는 나라에서는 제 급여의 1.5퍼센트로 전체 의료 시스템을 운영합니다. 병원도 무료, 의사도 무료입니다. 하지만 여기에서는 보편적 의료보험을 지지하면 사회주의자 소리를 듣습니다."

딕슨은 소리 내 웃었다. "그래서 예전에는 여기 오면 고대부터 오늘날까지 의료 복지의 역사에 관해 강연하곤 했습니다. 아시다시피, 4세기에 공공 병원을 시작한 장본인이 초기 기독교인들이니까요. 미국인들은 이런 이야기를 한다고 해서 제가 교활한 오바마케어 지지자라고 생각하지 않습니다. 그냥 '아, 저 사람은 호주 사람이야'라고 생각하죠."

나도 소리 내 웃었다. 나는 딕슨에게 미국 복음주의자들이 공공 의료 시스템 같은 문제를 놓고 싸우던 때가 좋았다고 말했다. 지금 미국 교회는 선거 제도가 타당한가, 사회에서 인종차별에 맞서 싸워야 하는가, 치명적인 팬데믹 기간에 마스크를 착용해야 하는가, 백신을 맞는 것이 윤리적으로 올바른가, 민주당 안에 아이들을 잡아먹는 사탄 숭배 집단이 정말 존재하는가를 둘러싼 내부 분열로 붕괴하고 있었다.

미국 교회 안에 불화가 없었던 것은 아니다. 하지만 남북 전쟁 이후 신자들 사이에 이렇게 양극화가 심해진 적은 없었다. 이번 콘퍼런스에서 발표한 어떤 목사는 지금이 1860년대보다 더 위태로운 시기라면서, 지금 우리는 500년 기독교 역사에서 매우 중요한 순간을 마주하고 있다고 말했다. 나는 딕슨에게 그 말에 동의하냐고 물었다.

딕슨은 천천히 고개를 끄덕이며 "네, 동의합니다"라고 대답했다. "하지만 저는 이 순간이 부정적인 순간보다는 긍정적인 순간이 될 가능성이 더 크다고 감히 생각합니다. 왜냐하면 저는 미국 복음주의를 약간의 혼란 속에 잠들어 있는 거인이라고 생각하기 때문입니다. 만약 미국 복음주의자들이 이 순간에 방향을 틀어서 이러한 질문들, 그러니까 잘 잃는다는 것이 무엇을 의미하는지, 뻔뻔하거나 오만하거나 타인을 조종하려 하거나 통제하려 들지 않고 밝고 긍정적인 자신감을 갖는다는 것이 무엇을 의미하는지에 대한 답을 찾을 수 있다면, 지금 이 혼란이 오히려 미국에 축복이 될 것이고, 세계에 축복이 될 것이라고 생각합니다."

딕슨은 미국 복음주의가 혼란에서 깨어나려면 먼저 박해받고 있다는 피해망상에서 벗어나야 한다고 말했다.

"제 전문 분야는 1세기부터 6세기까지입니다." 딕슨이 설명을 이어 갔다. "니체는 기독교인들을 두고 노예근성을 가진 자들이라고 비난했죠. 니체는 노예근성이 기독교인들에게 겸손의 윤리를 부여했다고 생각했습니다. 하지만 실제 데이터는 정반대입니다. 특히 초기 몇 세기의 기독교인들은 예수가 주님이라는 확신이 너무나 강해서 이방 신들을 조롱하는 무례한 행동을 서슴치 않을 정도였습니다. 그들은 자신감 넘치고 쾌활했습니다. 감옥에 갇혀 있을 때조차도 찬송을 부르고 다른 사람들을 격려하는 편지를 썼습니다."

보여 주기 위한 행동이 아니었다. 초대교회 성도들은 자신들의 주장을 증명하고자 애써 그렇게 행동한 것이 아니다. 오히려, 그들은 예수의 부활을 직접 목격한 시대, 혹은 목격자들이 살던 시대와 매우 가까운 시대에 살았기 때문에 절대적인 확신에 뿌리를 둔 황홀감에 빠져 그렇게 행동했다. 그들은 공개 처형된 랍비 예수가 살아 있는 것이 목격되었다는 사실을 의심하지 않았고, 이 소식을 전해야 한다는 생각에 너무 들뜬 나머지 다른 것에 신경 쓸 겨를이 없었다.

딕슨은 계속해서 말했다. "저는 우리가 기독교 이전의 세계를 복음화했던 지혜를 기독교 이후의 세계를 다시 복음화하는 데 적용해야 한다고 생각합니다."

딕슨의 말을 듣다가 마지막 대목에서 눈이 휘둥그레졌던 것 같다. 내가 혼란스러워하는 것을 눈치챈 딕슨이 몸을 앞으로 숙였다.

"중국 지하 교회 목사들과 함께 시간을 보낸 적이 있는데, 그들에게 기쁨이 넘치는 걸 보고 무척 놀랐습니다." 딕슨은 계속 설명을 이어 갔다. "제가 만난 목사들은 모두 감옥에 갔다 왔어요. 그중 한 명은 세 번이나 갔다 왔습니다. 하지만 그들은 두려워하지 않았고 피해망상에 사로잡히지도 않았습니다. 그들은 정말로 쾌활합니다. '감옥에 가면 더 많은 사람에게 복음을 전할 수 있겠구나'라고 생각하기 때문입니다."

딕슨은 다른 교회들과 비교하면 미국 교회의 태도는 좋지 않은 평가를 받을 수 있다고 말했다. "여기서 복음주의자들을 움직이는 건 대부분 나라를 잃는다는 두려움, 권력을 잃는다는 두려움입니다." 딕슨은 이렇게 덧붙였다. "전혀 건강하지 못한 거죠. 우리는 자신을 다른 사람의 만찬에 초대받은 열성적인 손님으로 생각해야 합니다. 거기에 있는 것이 기쁘고, 관점을 공유하는 것이 기쁩니다. 그러나 우리는 항상 존중하고 늘 겸손해야 합니다. 왜냐하면 거기는 우리 집이 아니니까요."

미국 복음주의자가 겸손하기란 쉬운 일이 아니다. 세계 최강국의 시민이라는 자부심만으로도 이미 문제를 일으키기에 충분한데, 여기에 천국에서 누릴 독점적 특권에 대한 확신이 더해지면 더 큰 문제를 야기한다. 우리는 겸손하지 못하고 지나치게 자기만족에 빠진 사람들이다. 우리는 우리의 이점, 즉 번영과 세속적 지위에 너무 익숙해져서 그것을 당연하게 여긴다.

딕슨은 특권을 당연시하는 이런 태도를 없애는 방법은 상상할 수 있는 가장 겸손한 일을 하는 것이라고 말했다. 박사 수준의 엄밀성과 유치원생 수준의 순수성을 가지고 성경을 공부하는 것이다.

"성경을 중시하는 사람들과 그렇지 않은 사람들이 있습니다. 얼마나 많은 미국 교회가 성경을 중시하는 사람들로 채워져 있는지, 저는 잘 모르겠습니다"라고 딕슨은 말했다. "성경 자체를 끊임없이 강조하는 지루하고 딱딱한 영국 성공회에 비해, 미국 교회는 현대적 적용과 예화에 너무 많은 초점을 맞추고 있습니다."

딕슨은 두 손가락으로 성경을 두드렸다. "어쩌면 우리에게는 좀 더 지루한 것이 필요한지도 모릅니다."

7장

★ ★ ★

기만의 먹이사슬:
거짓 정보의 확산과 팽창

"플러드게이트교회는 잘못된 정보가 돌고 돌며
몸집을 불려 가는 먹이사슬이 되었다."

"그는 거짓말쟁이이며,
거짓의 아비이기 때문이다"(요한복음 8:44).

"말씀을 전하기 앞서, 또 다시 통렬한 비판을 해야겠습니다." 목사가
선언하듯 말했다.

"계속하세요!" 한 남자가 외쳤다. "아멘!" 나보다 몇 줄 앞에 앉
은 여자가 외쳤다.

40분의 찬양과 40분의 설교 사이에 끼어 있는 순서는 내가 예
배당에서 본 것 중 가장 이상한 의식이었다. 목사 빌 볼린(Bill Bolin)
은 그것을 '통렬한 비판'이라고 불렀다. 플러드게이트교회 교인들

은 그것을 "헤드라인 뉴스"라는 다른 이름으로 불렀다.

두꺼운 턱살에 염색한 머리카락이 점점 얇아지는 60대 중반의 붙임성 있는 남자 볼린은 히피에서 힙스터로 변신한 사람처럼 보였다. 꽃무늬 셔츠를 진청색 청바지 위로 꺼내 입은 그가 입을 열었다. "백신에 관해서 말하자면…." 볼린이 이야기를 시작하자 청중은 그가 내뱉는 한마디 한마디에 신경을 집중했다.

그 후 15분 동안 볼린은 죄의 용서, 육신의 부활, 영생에 관해 언급하지 않았다. 대신에 "매우 위험한" 코로나19 백신과 관련된 허위 정보와 음모론적인 헛소리를 쏟아 냈다. "플러드게이트교회에 다니는 익명의 간호사가 며칠 전 제 아내에게 말해 주었습니다. 그녀가 일하는 병원에 코로나 환자가 두 명 입원해 있다고요. 두 명이요." 볼린은 극적 효과를 위해 잠시 말을 멈췄다. "그런데 백신 부작용 환자는 103명이에요." 주변 사람들이 모두 숨을 죽였다.

"이건 어떻습니까?"라고 볼린이 잠시 후 말을 이었다. 그는 "지난 15개월 동안 미국 의회 의원 중 100명에서 200명이, 그리고 그들의 직원들과 가족들 상당수가 코로나에 걸려서 자기 동료 의사에게 치료를 받았다"고 주장하는 한 의사에 관해 이야기했다. 볼린은 말을 멈추고 손을 귀에 가져다 댔다.

사람들이 일제히 대답했다. "이버멕틴."*

볼린은 못 들은 척했다. "뭐라고요?" 강단 위로 몸을 기울이며

---

* 주로 기생충 감염을 치료하기 위해 사용되는 약물이다. 코로나19 팬데믹 기간에 일부 사람들이 이버멕틴이 코로나19 치료에 효과가 있을 수 있다고 주장하면서 이 약물에 대한 관심이 높아졌다. 일부 음모론자들은 제약회사들이 더 비싼 치료법이나 백신을 판매하기 위해 이버멕틴의 효과를 은폐하고 있다고 주장했고, 백신 반대파들은 백신의 부작용을 과장하거나 허위 정보를 퍼뜨리며 이버멕틴을 대안으로 제시했다.

그가 물었다.

이번에는 사람들이 더 크게 소리를 질렀다. "이버멕틴!" 볼린은 고개를 끄덕였다.

내가 플러드게이트교회에 온 것은 이번이 처음이 아니다. 그래서 나는 볼린이 하는 말에 크게 놀라지 않았다. 하지만 여전히 이곳을 어떻게 이해해야 좋을지 몰랐다.

나는 바로 길 건너편에 있는, 동네에서 가장 큰 교회의 담임 목사의 아들로 자랐다. 그래서 취재하러 이미 여러 번 와 봤던 곳처럼 지역 복음주의 현장을 잘 알고 있다. 어떤 목사들이 다투고 있는지, 어느 교회가 스캔들에 휘말렸는지, 어느 교회 소프트볼 팀에 집사가 유격수로 뛰는지, 어느 교회가 십일조를 내지 않는 실력 있는 선수들로 팀을 구성했는지 다 안다. 하지만 플러드게이트교회에 관해서는 들어 본 적이 없었다. 사실 얼마 전까지만 해도 여기 앉아 있는 사람들 역시 마찬가지였다.

볼린은 수년간 매주 일요일 백여 명의 청중 앞에서 설교했다. 그러다 2020년 부활절에 볼린은 미시간주의 코로나19 긴급 폐쇄 명령을 따르지 않고 실내 예배를 진행하겠다고 발표했다. 브라이턴(그리고 극단적으로 보수적인 리빙스턴 카운티)에서 한 지역 목사가 민주당 주지사에 맞서고 있다는 소문이 퍼지자, 플러드게이트는 교회에서 하나의 운동으로 변모했다. 볼린은 삼류 미디어의 유명 인사가 되었다. 지역 정치인들과 활동가들은 그의 강단을 빌려 자신들의 주장을 홍보했고, 그 사이에 플러드게이트교회의 교인 수는 급격히 증가했다. 다른 교회에 오래 다닌 신도들이 길가에 자리한 이 작은 교회로 대거 옮겨 왔다. 2021년 부활절 무렵, 플러드게이트교회에는 매주 일요일 1,500명이 출석하고 있었다.

그렇게 해서 나도 빌 볼린이라는 이름을 알게 되었다. 최근에 미시간으로 돌아왔는데, 팬데믹 초기에 가족 친구를 만날 때마다 요즘 새로 떠오른 플러드게이트교회에 관해 들어 보았냐고 묻곤 했다. 플러드게이트교회는 내가 자란 코너스톤교회에서 불과 몇 킬로미터 거리에 있었고, 코너스톤과 다른 교회들로부터 교인들을 빼앗아 가고 있었다. 처음에는 시시한 소문이라 여기고 어이없어하며 무시했다. 교회들은 다른 교회에 교인을 빼앗기는 것을 좋아하지 않는다. 이런 갈등은 늘 있어 왔다. 그래서 이로 인해 생긴 감정의 골과 불안한 소문도 곧 사라지리라 생각했다.

하지만 그렇지 않았다. 사람들은 플러드게이트 이야기를 계속했다. 플러드게이트교회는 내 고향에서 하나의 현상이 되었고, 그곳에 직접 가서 예배에 참석해 보니 그 이유를 알 수 있었다. 볼린은 목사라기보다는 공연자에 가까웠다. 그는 강단을 비판의 장으로 바꾸었고, 마치 대학 캠퍼스 커피숍에 마련된 자유 발언대에 올라 선 사람처럼 즉흥적으로 이야기를 이어 갔다. 그는 노골적으로 신자들의 정치적·문화적 불안을 자극했다. 그리고 그 전략은 효과가 있었다. 가장 힘들었던 부분은 내가 알던 사람들, 이 지역 사회에서 내가 존경하고 아끼던 사람들이 이 영적 사기에 넘어가는 모습을 지켜보는 것이었다. 이제 그들은 복음의 가르침을 통해 삶을 돌아보고 잘못된 점을 고쳐 변화되기 위해서가 아니라, 자신 안에 있는 나쁜 충동이 나쁘지 않다는 확인을 받기 위해 교회에 오고 있었다. 볼린은 예수 그리스도의 메시지를 천박하게 왜곡해서 전달했고, 사람들은 그것을 좋아했다.

2021년 10월의 이 특정한 일요일에, 볼린 목사는 캘리포니아주가 학생들에게 백신 접종을 강제하고 있다는 소식부터 국세청이 개인 은행 계좌에 대한 감시를 강화하려 한다는 소식까지 온갖 이야기를 다 했다. 미국 정부가 기독교 신자들의 예배할 권리를 박탈할 것이라고 경고하는 새 책을 홍보했고(내 앞에 앉은 부부는 이야기를 듣자마자 아마존에서 원클릭으로 구매했다), 폭스뉴스 해설자와 나눈 대화를 언급하며 이제 두 번째 내전이 일어날 가능성을 완전히 배제할 수 없는 상황이라고 말했다. 2020년 대선에서 도널드 트럼프에게서 대통령직을 도둑질했다는 증거가 쌓여 가고 있다면서 "애리조나와 조지아, 그 밖의 다른 주에서 나오는 정보를 보면, 50개 주 전체를 철저히 조사해서 실제로 얼마나 많은 선거 부정과 조작이 있었는지 알아봐야 할 때"라고 결론지었다. 내 주변에 앉아 있던 교회 신자들은 그 말에 환호했다.

그러다 볼린은 노트에서 눈을 떼고 고개를 들었다. "오늘 아침 한 방문객이 '목사가 이런 문제에 관해 이야기하는 걸 들으니 정말 신선하다'고 말하더군요." 볼린은 스스로 유도한 박수갈채를 즐기며 이렇게 덧붙였다. "저는 교회에서 이런 이야기를 해도 괜찮다고 생각합니다."

볼린은 계속 이야기해도 되겠냐고 물었다. 청중은 더 큰 박수로 화답했다.

★ ★ ★

플러드게이트 예배당에 처음 들어섰을 때 십자가는 보이지 않았다. 하지만 미국 국기는 많이 보였다. 무대 뒤 스크린에도 국기가 있었고, 나누어 주는 책자에도 국기가 있었다. 심지어 마스크를 착용한 사람을 딱 한 명 보았는데 마스크에도 국기가 인쇄되어 있었다. 2021년 5월이었고, 플러드게이트교회에서는 팬데믹 폐쇄, 마스크 착용, 백신 의무화에 반대하는 단체 스탠드업미시간의 행사가 열리고 있었다. 스탠드업미시간 리빙스턴 카운티 지부 출범을 기념하는 자리였다.

대통령 선거 운동을 취재하면서 아이오와, 사우스캐롤라이나, 텍사스 등지의 교회에서 열린 정치 집회에 참석한 적이 있지만, 이런 광경은 처음이었다. 주차장은 특정 정당의 구호가 적힌 차량들로 북적였다. 현관에는 클립보드에 무언가를 적고 있는 사람들이 가득했다. (코로나 역학 조사를 위한 사전 조치일 것이라고 생각했는데, 사실은 다양한 우파 단체에서 자원봉사자를 모집하고 있었다.) 예배당 안에는 MAGA 모자를 쓰고 수정헌법 제2조 문구가 새겨진 티셔츠를 입은 참석자들이 앉아 있었다. 성경을 든 사람은 한 명도 보이지 않았다.

그 후 세 시간 동안 교회는 원형 경기장으로 변했다. 스탠드업 미시간의 전무 이사는 주 정부를 장악한 "사악한" 민주당을 비난했고, 민주당의 엘리트 집단이 사탄 숭배 의식으로 아이들의 인육을 먹는다는 큐어넌의 주장이 "일부 사실일 가능성이 있다"고 말했으며, 기독교인들은 "너무 착하다"면서 청중에게 "불에는 불로 맞서 싸우라"고 촉구했다. 카운티위원회 의장은 비판적 인종 이론을 맹비난하며 다양성 교육에 자금을 지원하려 한 지역 공무원의 계획을 무산시켰다고 자랑했다. 미시간주 상원의원 한 명은 기독교 보수층을 겨냥해 '왜 그레첸 휘트머를 주지사로 만들었는지 하나님께 물었다'고 농담했다가, 청중이 일어나서 2020년 대선 때 미시간주에서 트럼프가 승리했냐 안 했냐 물으며 질문에 답하라고 소리치자 겁을 먹었다. 당황한 기색이 역력한 상원의원은 그 질문에 답하기를 거부했다.

나는 그 상원의원을 알고 있었다. 그녀의 이름은 라나 타이스(Lana Theis)였다. 타이스는 코너스톤교회를 오래 다녔다. 내 아버지를 영적 멘토로 여겼으며, 아버지가 돌아가시고 얼마 지나지 않아 눈물을 흘리며 아버지가 너무나 그립다고 이야기했었다. 타이스는 아버지가 돌아가시고 얼마 안 되어 교회를 떠났다. 나는 플러드게이

1부 나라

트교회에서 타이스를 보고 별로 놀라지 않았다. 타이스는 극우 성향의 후보와 예비 선거에서 경쟁하고 있었고, 볼린 같은 사람들의 지지가 필요했다. 그럼에도 MAGA 광신자들에게 야유를 받고, 바이든이 미시간에서 정정당당하게 승리했다는 사실을 알면서도 이를 인정하지 않는 타이스를 보면서 치밀어 오르는 혐오감을 억누르기 힘들었다. 타이스는 예배당에서 정치인에게 기대할 수 있는 가장 기본적인 진실을 말하기를 거부했다. 아버지가 이 광경을 보지 못한 것이 다행이었다.

어쩌면 내가 타이스에게 너무 가혹한 것일지도 모르겠다. 타이스도 결국은 선출직 공무원일 뿐인데 말이다. 진짜 부끄러워해야 할 사람은 볼린이다. 프로그램 초반에 정부에 불복종하는 "록스타"로 소개된 이 목사는 마치 강단에서 어디까지 무례해질 수 있는지 보여 주려는 듯 굴었다. 볼린은 코로나19가 "우리에게 마스크 씌운 사람, 앤서니 파우치(Anthony Fauci) 박사의 자금 지원과 승인 아래 조작된 것일 수 있다"는 말로 이야기를 시작했다. 여기저기서 앤서니 파우치에게 야유를 보내자 볼린은 군중을 더 부추겼다. "좋습니다. 계속하세요!" 악의에 찬 야유가 예배당을 가득 채웠다. 잠시 후, 볼린 목사는 자기가 휘트머 주지사를 얼마나 심하게 모욕했는지 자랑하기 시작했다. "휘트머에게 나치 경례를 하고 '휘틀러'라고 부른 게 아마도 제가 저지른 가장 극악무도한 짓일 겁니다." 볼린이 빙그레 웃으며 말했다.

예배당을 둘러보았다. 목사가 강단에서 나치 경례를 했다고 자랑하는데도 문제를 제기하는 사람이 한 명도 없었다. 놀라는 기색조차 없었다. 이후 다시 플러드게이트교회를 방문해서 볼린과 긴 대화를 나누었는데, 그가 하는 이야기는 항상 충격적이었다. 이런 극단적인 정치적 발언과 행동이 플러드게이트교회(그리고 볼린)의 정체성을 이루는 핵심 요소라는 점이 명백해졌다.

캘리포니아 남부 결손 가정에서 자란 볼린은 그리스도인이 되기 전에는 자신이 "급진적인 진보주의자"였다고 말했다. 아홉 살 때부터 술을 마시고 마약을 하기 시작했다. 열두 살 때 교회 다니는 한 남자를 만났는데, 그 남자는 볼린을 기독교로 개종시키려 했고, 이후 그를 성추행하려 했다. 그 사건 이후로 볼린은 자신을 해치는 행동과 습관에 더 심하게 빠져들었다. 오컬트에 빠졌고, 폭력적인 갱단과 어울리며 법의 경계를 넘나들었다. 톰 페티(Tom Petty) 콘서트에 몰래 들어갔다가 "LSD에 너무 취해" 무대에 뛰어올라 기타를 잡은 일도 있었다.

성숙해지면서부터는 진보적인 운동에 관심을 가지게 되었다. 로버트 F. 케네디와 마틴 루서 킹 주니어에게 매료되어 시위 예술에 몰두했다. 행진, 연좌 농성, 단식 투쟁에 몸을 바쳤다. 마녀 숭배나 갱단 활동에 더는 끌리지 않았고, "자랑스러운 히피"가 되어 정치와 반문화 운동에 몰두했다.

그 후, 스무 살이 되던 해, 히치하이킹으로 전국을 횡단할 계획을 세우고 짐을 싸다가 오래된 성경책을 발견했다. 자신을 성추행하려 했던 남자가 준, 오랫동안 잊고 있던 선물이었다. "성경책을 집어 들었는데, 아 저는 초자연적인 것을 믿는 사람입니다, 팔이 불타는 것 같은 느낌이 들더군요." 볼린은 나에게 그렇게 말했다. "그리고 '내게 돌아오지 않으면 죽을 것이다'라는 음성이 들렸습니다."

볼린은 히치하이킹을 해서 네바다주 리노로 향했고, 그곳에 사는 기독교인 사촌에게 자기를 교회에 데려가 줄 수 있는지 물었다. "결단의 시간이 있었고, 저는 앞으로 나갔습니다. 그리고 그날 오후에 세례를 받았죠." 볼린은 당시를 회상하며 말을 이었다. "저는 더 이상 예전의 제가 아니었습니다. 세례는 저를 완전히 바꾸어 놓았습니다."

정치관도 그 변화에 포함되었다. 약물 남용 상담사로 일하고, 성경 대학에 다니고, 캘리포니아에서 펜실베이니아까지 여러 교회에서 목회하는 등 기독교인으로서 새 삶을 시작하면서 볼린은 자신의 기존 입장 중 많은 것이 새로운 신앙과 양립할 수 없다는 사실을 깨달았다. 특히, 낙태와 종교의 자유에 관한 견해는 백팔십도 바뀌었다. 하지만 한 가지는 변하지 않았다. "저는 항상 시위에 열정적이었습니다"라고 볼린은 내게 말했다. "이건 그때나 지금이나 똑같아요."

거기서부터 익숙한 궤적이 시작되었다. 모럴머조리티 시대에 비슷한 생각과 믿음을 가진 복음주의 기관들에서 성장한 볼린은 재빠르게 보수 신학과 보수 이데올로기를 결합했다. 내가 만난 그 또래 목사들 가운데 많은 이가 종교적 우파의 위선과 무자비한 접근 방식에 환멸을 느낀 것과 달리, 볼린은 복음주의자들이 정치적으로 더 강력하게 행동해야 한다고 믿었다. "기독교인들이 정치에 참여하는 데 소홀했어요." 볼린은 나에게 그렇게 말했다. "우리가 국가적으로 이렇게 끔찍한 상황에 처한 이유 중 하나는 바로 그 때문입니다."

볼린은 젊은 기독교인으로서 교회와 미국의 역사를 공부하면 할수록 "과거에는 목사들이 지역 사회에서 중요한 영향력을 행사하며, 선거에서 누구를 뽑을지 결정하는 데 큰 역할을 했다"는 사실을 깨닫게 되었다. 그래서 사역을 시작하면서 그 전통을 회복하려고 했다. 2010년에 볼린이 플러드게이트교회에 부임했을 때, 1972년에 설립되어 한때 '아버지의 집'으로 불렸던 이 교회는 정치적으로 중립적이었다. "낙태 반대와 같은 생명 옹호 문제에 관해서는 태도가 분명했지만, 그 외의 정치적인 문제들에 관해서는 적극적으로 관여하지 않았습니다." 볼린이 당시를 회상하며 말했다. 볼린이 이를 바꾸려고 하자 "적응하는 사람도 있었고 떠나는 사람도 있었다."

교회에 부임하고 첫 10년 동안 교인 수가 늘 백 명 정도였다고 볼린은 말했다. 트럼프의 대선 출마를 포함하여 많은 정치적 논란에 깊이 관여했지만, 교인 수는 늘지 않았다. 돌이켜 보면, 특정 이슈에 관해 잘못된 편에 섰기 때문이 아니었을까 싶다. "저는 도널드 트럼프가 대통령으로 당선되길 결코 원하지 않았어요." 볼린은 크게 웃으며 말했다. 볼린은 트럼프가 평생 민주당 지지자로 살아왔으면서 보수 유권자들을 속이는 사기꾼이라고 생각했다. "그가 하는 온갖 공격과 거친 발언들이 무척 혐오스러웠어요."

그렇다면 그사이에 대체 무슨 일이 있었던 걸까?

"제가 틀렸다는 걸 그가 증명했거든요"라고 볼린이 대답했다. "트럼프는 역대 그 어떤 대통령보다 생명을 옹호하는 대통령이 되었죠. 보수 성향 판사들을 임명함으로써 향후 50년 동안 이 나라를 변화시킬 토대를 마련했습니다. 생명 옹호와 사법부 재편성이라는 두 가지 이슈만으로도 저는 그를 존경합니다."

나는 볼린에게 불과 몇 년 만에 혐오에서 존경으로 바뀐 이 감정 변화에 관해 설명해 달라고 요청했다.

볼린은 자신이 한때 트럼프를 반대했던 이유에 관해서는 말하지 않고, 대신 트럼프를 반대하는 사람들이 합당한 이유 없이 그를 반대한다는 듯이 말했다. "많은 사람들이 기독교인이라면 도널드 트럼프를 지지해서는 안 된다고 말합니다. 도덕성이 어떻고, 결혼을 여러 번 했고, 뭐 그런 것 때문에요." 볼린은 이렇게 반문했다. "제 대답은 이겁니다. 언제 우리가 개인의 도덕성을 이유로 사람들을 정치에서 배제한 적이 있었나요?"

대부분의 복음주의자들은 이쯤에서 잠시 멈추고 1990년대에 마치 십자군 운동이라도 하듯이 빌 클린턴을 격하게 반대했던 자신의 행동을 돌아볼 것이다. 볼린도 그 운동에 참여했었다. 그러나 그는 그런 비교를 거부했다. 클린턴은 반복적으로 거짓말을 하고 성추행 혐의를 받아 왔던 사람이라고 주장했다. 그 말에 충격을 받은 내가 클린턴과 트럼프의 차이를 묻기도 전에, 볼린은 클린턴뿐만 아니라 현 대통령인 조 바이든에 대해서도 망상에 불과한 터무니없는 혐의들을 제기하며 민주당 전체를 음험하고 약탈적인 집단으로 묘사했다.

대화가 계속될수록 볼린은 트럼프를 의심했던 과거가 부끄러운 듯했다. 트럼프 전 대통령의 업적을 하나하나 나열하며, 여전히 그의 도덕성에 신경 쓰는 "거만한" 기독교인들을 비웃었다. 1월 6일 폭동에 대해서는 "별일 아니"라며 옹호했다. 사실, 자신도 그날 워싱턴 D.C.에 갈 뻔했다면서 그 이유를 이렇게 설명했다. "우리 교회에서도 많은 사람이 갔거든요. 게다가 저는 도널드 트럼프를 사랑하니까요."

그다음에 볼린 목사가 한 말을 듣고 그제야 모든 것이 이해되었다. 볼린은 트럼프가 대통령에 출마할 때는 기독교인이 아니었지만, "마이크 펜스와 주변에 있는 다른 기독교인들에게 영향을 받아 대통령 재임 중에 거듭났다"고 믿고 있었다.

그게 사실이라면, 1월 6일에 트럼프를 그리스도에게 인도한 사람이 위험에 처했을 때 트럼프가 아무런 조치를 하지 않은 것은 문제가 안 되는 거냐고 나는 볼린에게 물었다.

"네." 그가 얼굴을 붉히며 대답했다. 그리고 이렇게 덧붙였다. "이 내용은 책에 싣지 않는 게 좋겠네요."

트럼프의 회심 경험(한때는 그가 어둠에 속한 사람이라 확신했다가 빛의 자녀가 되었다고 믿는 것)은 변화를 특히 중요하게 여기는 사람들에게는 대단히 의미 있는 일이다. 그러나 이것은 트럼프 개인의 이야기를 넘어 더 큰 사회적 현상을 보여 준다. 현대 복음주의자들은 국가의 운명에 대해 숙명론적인 시각을 가지고 있다. 그래서 잘못된 행동을 용서할 뿐만 아니라, 때로는 잘못된 행동이 정말로 옳다고 믿는 경향이 생기기도 한다.

★ ★ ★

번 호프너(Vern Hoffner)는 내 아버지가 목회하던 코너스톤교회의 장로였다. 코너스톤의 심사 과정은 매우 엄격했고, 번은 진지한 사람이었다. 경영학 박사 학위를 취득했고, IBM과 제너럴모터스에서 고위직을 역임했으며, 브라이턴으로 이사해 코너스톤교회에 합류하기 전에 다른 대형 교회에서 장로로 섬겼다. 그와 아내 낸시는 언제나 합리적인 사람들로 보였다. 그들을 의심할 이유는 전혀 없었다. 2021년 봄 어느 아침, 플러드게이트교회에서 번과 낸시를 보기 전까지는 말이다.

이제 코너스톤교회를 다니던 사람들이 볼린의 교회에 앉아 있는 모습을 봐도 별로 놀랍지 않았다. 크리스 와이넌스 목사의 말에 따르면, 내 모교회(母教會)는 "출애굽에 버금가는 대탈출"을 겪고 있었다. 사람들이 코너스톤을 떠난 대부분의 이유는 교회의 사명과는 아무 상관이 없었다. 단지 코로나19에 신중하게 대처하고, 트럼프를 지지하지도 않고, 국가의 이익을 최우선으로 여기는 이념과 가치에 반감을 보이는 와이넌스 목사가 싫어서였다. 이런 불만을 품은 사람들은 자연스럽게 플러드게이트에서 안식처를 찾았다. 나는 이들 '난민'들이 신앙이 미숙한 새 신자들일 거라고 생각했다. 일부는 그랬다. 하지만 대다수는 원숙한 신자들이었다. 이전에 다니던 교회에서 리더 역할을 하던 사람들이었다. 그들은 제자 훈련이 부족해서 떠난 것이 아니라, 제자가 되고 싶지 않아서 떠난 것이다. 그들은 번

호프너 같은 사람들이었다.

커피를 마시며 이야기를 나눌 때, 번과 낸시는 불안해 보였다. 오랫동안 충성을 다했던 목사의 아들에게 코너스톤을 떠난 이유를 자세히 설명하는 것이 조금 불편하다고 고백했다. 나는 두 사람에게 아버지의 후임자인 와이넌스가 어떤 행동을 했기에 그들이 충성심을 잃었는지 물었다. 그들은 서로 눈빛을 주고받았다.

"저희는 사람을 따르지 않아요. 하나님을 따르죠." 낸시가 말했다. "하지만 교회에서 보내는 시간이 늘어날수록 교회가 실수할 수 있는 사람들로 가득 찬 완벽하지 않은 곳이라는 걸 알게 돼요. 그런 사람들은 언젠가 당신을 실망시킬 거예요."

번이 고개를 끄덕였다. "절대 권력은 절대적으로 부패합니다." 두 사람은 암호를 주고받듯 알아들을 수 없는 소리를 하고 있었다. 나는 호프너 부부에게 20년 동안이나 다닌 교회가 정확히 어떤 잘못을 저질렀는지 설명해 달라고 부탁했다.

낸시는 "코너스톤이 문을 닫았어요"라고 말했다. "코로나19가 위기인 건 알지만, 위기가 닥쳤을 때 위기를 극복하도록 돕기 위해 존재하는 곳이 교회인데, 왜 교회를 닫아야 하죠? 그 교회 목사가 그런 결정을 내렸어요. 그건 잘못된 결정이었어요. 그런데 빌 볼린 목사는 정반대의 결정을 했죠."

번은 코로나19나 코너스톤교회를 닫기로 한 와이넌스의 결정을 전체적인 상황을 배제한 채 따로 떼어 생각하면 안된다고 말했다. 그리고 신을 경외하지 않는 정부 관료들이 성경을 가르치는 보수적인 교회들을 침묵시키기 위해 오랫동안 음모를 꾸며 왔다고 설명했다. 팬데믹은 그저 예행 연습에 불과하다고 했다. 번은 이 압력에 굴복한 목사는 진짜 시험이 닥쳤을 때 교인들을 보호할 수 없을 것이라고 말했다.

"교회는 스스로를 지켜야 합니다. 지금 빌 볼린이 하는 일이 그겁니다. 지금 일어나고 있는 일이 계속된다면, 나치 독일처럼 될 수 있어요. 당의 방침을 따르지 않으면 큰일 나는 거죠. 같은 일이 여기에서도 일어날 수 있어요."

나는 번에게 무슨 말인지 자세히 설명해 달라고 부탁했다.

"캔슬 컬처*를 좀 보세요. 이런저런 플랫폼에서 사람들을 쫓아내잖아요. 우리의 수정헌법 제1조(표현의 자유)와 수정헌법 제2조(무기 소지의 권리)는 또 어떻고요. 우리는 지금 공격받고 있습니다. 기독교인들이 공격받고 있어요. 다르다는 이유로요." 그가 대답했다. "지금 당장은 명확해 보이지 않을 수 있습니다. 하지만 이 추세가 계속된다면… 목사들이 강단에서 특정 주제를 이야기했다는 이유로 결국 감옥에 가게 될 겁니다."

낸시는 민주당이 코로나19 기간에 불법 이민자들이 남쪽 국경을 넘지 못하게 막는 일보다 기독교인들의 예배를 제한하는 일에 더 많은 노력을 기울였다고 투덜거렸다.

"불법 이민자들이 전국으로 흩어지고 있어요. 온갖 질병을 옮기면서 밤을 틈타 이동하고 있다니까요." 낸시가 열을 내며 말했다. "누가 이 일에 앞장서고 있는지 보세요. 바로 가톨릭교회예요."

낸시는 혐오스럽다는 듯이 고개를 저었다. 나는 낸시의 말투에, 그리고 낸시가 코너스톤에서 선교사들을 지원하는 일에 참여했다는 사실에 충격을 받았다. 아내의 말이 너무 냉혹하게 들릴까 걱정

---

* 사회적으로 문제가 되는 발언이나 행동을 한 사람이나 단체를 대중이 집단적으로 비난하고 배척하는 현상을 말한다. 주로 소셜 미디어를 통해 구독이나 팔로우를 취소하는 형태로 이루어지며, 그 결과로 문제의 인물 혹은 단체가 사회적으로 고립되거나 직장, 사회적 지위 등을 잃게 되는 경우가 많다.

됐는지 번이 끼어들었다.

"우리는 동정심이 없는 사람들이 아니에요. 다만 이미 이곳에 있는 사람들을 돕고 싶어요. 이 나라를 강하게 유지하고 싶습니다." 번이 말했다. "동정심이 있지만, 그 동정심이 우리를 사회주의로 이끄는 걸 원하지 않습니다."

대화를 하면 할수록, 호프너 부부의 문제는 코로나19 방침 때문에 불거진 것이 아니라는 사실이 점점 더 분명해졌다. 그들이 이민자, 미국, 트럼프와 바이든, 그리고 정치적 싸움에 참여해야 할 기독교인의 의무를 이야기할 때 사용하는 언어는 와이넌스가 신자들에게서 없애려 했던 바로 그 사고방식이었다.

나는 볼린이 한 말을 떠올렸다. 볼린은 자기 교회에 새로 온 신자들 거의 모두가 이전 교회 목사에게 불만을 품고 있었지만, 대부분은 교회를 떠날 생각을 한 번도 해본 적이 없었다고 했다. 그들이 결별을 결심하게 된 계기는 팬데믹과 교회 폐쇄였다. 플러드게이트의 새로운 신자들을 더 많이 만나 대화하면서 나는 그 이야기가 사실임을 확인했다.

제프 마이어스(Jeff Myers)와 디드러 마이어스(Deidre Myers)는 2020년 여름에 플러드게이트교회에 출석하기 시작했다. 수년 동안 그들은 디트로이트 교외에 있는 오크포인트밀퍼드라는 교회에 소속되어 있었다. 설교 때 정치적인 주제나 문제를 충분히 다루지 않아서 실망했지만, 결혼 관련 사역을 이끌고 홈스쿨링을 하는 다른 가정들과 교류하는 등 교회 활동에 매우 적극적이었다. 두 사람은 폴 젠킨슨(Paul Jenkinson) 목사 부부와 친구였다.

그러다 코로나가 닥쳤다. 교회가 문을 닫으면서, 당회가 팬데믹 방역 수칙을 놓고 밤늦게까지 논쟁을 벌인다는 소문이 돌았다. 교회가 문을 닫는 기간이 길어질수록 누가 결정권을 쥐고 있는지에 대한 추측이 늘어 갔다. 그 무렵 조지 플로이드가 살해되었다. 플로이드가 다니던 오크포인트노비교회는 〈대화〉라는 시리즈를 소개했는데, 이 영상에는 흑인 목사들과 사회정의 활동가들과의 인터뷰가 담겨 있었다.

"속이 메스꺼웠어요." 디드러가 한 에피소드를 떠올리며 내게 말했다. 그러자 제프가 이렇게 덧붙였다. "목사의 아들이었어요." 제프의 주장에 따르면 캐나다 안티파* 소속이었다. "백인 특권과 비판적 인종 이론에 대해 강연하더군요." (목사의 아들이라는 그 사람이 실제로 안티파와 관련이 있는지는 확인할 수 없었고, 그 가족을 아는 여러 사람들은 내가 이 질문을 하자 웃음을 터뜨렸다. 그렇긴 해도 해당 에피소드는 확실히 과한 면이 있었다. 우파 정치 성향이 침투하는 것을 적절히 경계해 온 교회에 좌파 정치 성향을 대담하게 주입하는 내용이었다.)

항의가 빗발치자 목사는 "균열을 일으킨 것"에 대해 사과했고, 장로들은 비판적 인종 이론을 비난하는 별도의 성명을 발표했다. 하지만 문제를 수습하기에 충분하지 않았다. 제프와 디드러에 따르면, 오크포인트 네트워크 교회를 떠난 사람은 두 사람만이 아니었다. 많은 사람이 교회를 떠났다.

디드러는 다른 교회를 다니던 친구들이 폐쇄 방침 때문에 교회를 잃고 페이스북에 플러드게이트교회에 관해 올린 글을 보았다. 처음 참석한 예배에서 볼린 목사가 전에 다니던 교회에 속았다고 느끼는 제프와 디드러 같은 사람들을 대변하는 설교를 했을 때 디드

---

* 반파시스트(Anti-Fascist)의 줄임말로, 극우와 파시즘에 반대하는 좌파 운동을 의미한다. 주로 인종차별, 백인 우월주의, 극우 이데올로기 등에 반대하는 활동을 한다. 특정 조직이나 단체로 정의되지 않으며, 다양한 지역에서 독립적으로 활동하는 느슨한 네트워크로 이루어져 있다.

러는 눈물을 흘렸다. 제프도 똑같이 감동받았다. 그들은 그렇게 새로운 보금자리를 찾았다.

제프와 디드러가 젠킨슨을 만나 밀퍼드교회를 떠나겠다고 말했을 때 긴장감은 최고조에 달했다. 두 사람이 가장 두려워하던 바가 이미 사실로 확인된 상태였다. 당회에 참석한 한 친구가 그들의 목사이자 친구인 젠킨슨이 교회를 계속 닫아 두자고 주장했다고 알려 주었다. 제프와 디드러는 교회에서 정치와 관련된 문제를 다루지 않는다며 젠킨슨을 질타했다. 개인적으로는 낙태에 반대하면서 왜 낙태에 관해 설교하지 않냐고 목사에게 물었을 때, 두 사람은 가장 듣기 싫은 답변을 들었다. "그랬다가는 '교인의 절반을 잃게 될 겁니다'라고 말하더군요." 당시를 떠올리며 제프가 말했다.

나는 젠킨슨과도 이야기를 나눴는데, 그는 그 대화를 약간 다르게 기억했다. 두 사람은 단지 낙태 반대 설교만을 강요한 것이 아니었다. 제프와 디드러는 강단에서 정치적 중립을 지키려는 목사의 정책에 이의를 제기하고, 교회를 분열시킬 수 있는 논쟁을 피하기 위해 쉬운 길을 선택했다며 그를 비난했다.

"내가 두 사람에게 했던 말을 기억해요. '내가 선택한 이 길이 더 어려운 길이에요'라고 말했습니다." 젠킨슨 목사가 당시를 떠올리며 말했다. "이렇게 하면 교인을 잃습니다. 사람들을 모으려면, 특정 집단을 선택하고 그 집단의 깃발을 높이 들고 매우 시끄럽게 떠들면 돼요. 그러면 많은 사람을 모을 수 있습니다. 아주 쉬운 길이에요. 그러나 그 길은 복음을 싸구려로 만듭니다."

정확한 대화 내용이 무엇이었든, 제프와 디드러에게는 젠킨슨의 태도가 비겁해 보였다. "이런 대화가 쉽지 않다는 건 알지만, 우리가 밀퍼드교회를 떠난 이유는 그들이 대화를 하려 하지 않았기 때문이에요"라고 제프가 말했다. "그들은 그냥 모두를 행복하게 만들려고 했어요. 폴 젠킨슨은 보수주의자이지만, 그의 보수주의는 아무 힘이 없어요."

토니 데펠리스(Tony DeFelice)도 플러드게이트교회에 새로 온 신자였고, 힘 없는 목사에게 지친 또 다른 기독교인이었다. 민주당 성향이 강한 디트로이트 교외 플리머스에 있는 이전 교회에서는 "정치에 관해 한마디도 하지 않았어요. 어떤 이슈에 관해서도요"라고 그는 나에게 말했다. "플러드게이트교회에 왔을 때, 우리가 놓치고 있던 게 뭔지 확실히 알게 되었죠."

건축물 안전검사관인 데펠리스는 팬데믹이 시작되었을 무렵 플리머스교회를 14년째 다니고 있었다. 그와 아내 린다는 그곳에 친구와 가족이 있었고, 딸 중 한 명은 여전히 교회 직원으로 일하고 있다. 토니와 린다는 교회가 너무 중도적이고 "지나치게 구도자 중심"인 것이 불만이었지만, 떠날 생각은 없었다.

그러다 2020년 3월에 모든 것이 무너졌다.

"우리가 교회를 떠난 게 아닙니다. 교회가 우리를 떠났습니다." 토니는 그렇게 말했다. "코로나 어쩌고 하는 그 모든 것은 우리 생애에서 인류가 들은 가장 큰 거짓말입니다. 그들은 그 거짓말에 넘어갔어요."

토니와 린다는 플러드게이트 스타일과 백신 및 선거 사기에 관한 볼린 목사의 불같은 메시지가 기독교인의 책임을 바라보는 시각을 바꾸어 주었다고 말했다. "이것은 선과 악의 싸움입니다. 이것이 우리가 사는 세상입니다. 이는 영적 전투이고, 우리는 영적 전투의 문턱에 와 있습니다." 토니의 말이다.

이것이 빌 볼린이 전하는 복음이다. 그러나 길 건너편 코너스톤 교회에서는 크리스 와이넌스가 사뭇 다른 내용을 설교하고 있었다.

"끊이지 않는 영적 전투를 성경이 묘사하고 있는 건 맞습니다.

문제는 많은 기독교인이 정치적 강령을 홍보하면서 스스로 영적 전투에 참여하고 있다고 믿고, 마치 그 정치적 전투에 하나님 나라의 명운이 걸린 것처럼 군다는 겁니다." 와이넌스는 이렇게 설명했다. "그러나 하나님 나라는 위태롭지 않습니다. 우리의 싸움은 혈과 육을 상대하는 것이 아니라고 성경은 분명히 말합니다. 그리스도가 십자가에서 이루신 일은 도널드 트럼프가 선거에서 진다고 해서 위태로워지지 않습니다."

번과 낸시가 왜 코너스톤을 떠나기로 했는지 이해가 되었다. 호프너 부부(그리고 마이어스 부부와 데펠리스 부부 같은 사람들)는 정치적인 것과 영적인 것을 구분하는 일에는 더 이상 관심이 없었다. 세속주의자들과 진보주의자들 손에 나라가 망하기 직전인데, 교회가 중립을 지킬 여유 따위는 없었다. 토니 데펠리스는 트럼프에 대한 공격이 실제로는 기독교에 대한 공격이라고 말했다. 그는 미국이 더 이상 기독교적 가치와 전통을 따르지 못하게 하려는 악마의 음모에 의해 2020년 대선이 조작되었다고 믿었다. 그리고 정의가 승리할 것이라고 확신했다. 여러 주에서 지난 선거 결과를 무효화할 것이고, 바이든의 첫 임기가 끝나기 전에 트럼프가 다시 대통령직에 복귀할 것이라고 주장했다.

"진실이 드러나고 있습니다"라고 토니는 말했다.

나는 바이든이 정정당당하게 승리했다는 증거를 제시하면서, 그런 확신을 갖게 된 근거가 대체 뭐냐고 캐물었다. 이런 압박에도 토니는 흔들리지 않았다. 토니는 2천 년 전 예수가 죽은 자 가운데서 부활했다고 확신하는 것만큼, 2020년 대선에서 트럼프가 승리했다고 확신한다고 했다.

★ ★ ★

플러드게이트교회 뒤편에 있는 좁은 사무실에 앉아 빌 볼린은 자신이 잘 하고 있는지 의심하고 있었다.

2022년 봄이었다. 우리는 지난 일 년 동안 교회 내 극단주의에 대해 여러 차례 긴 대화를 나누었다. 볼린의 교회에는 트럼프가 여전히 정부를 운영하고 있다고 확신하는 사람들, 바이든이 실제로 백악관에 살지 않는다고 믿는 사람들, 큐어넌을 맹신하는 사람들, 토니 데펠리스처럼 기독교인으로서의 정체성과 미국인으로서의 정체성을 의도적으로 혼동하는 사람들 등등이 있었다.

볼린은 이런 상황에 자신도 어느 정도 일조했음을 자각하고 있는 듯했다. 그는 기독교인들이 우선순위를 혼동하는 것이 걱정된다고 말했다. 바이든이나 2020년 대선에 관한 발언(그는 이를 "비본질적인 것들"이라고 불렀다)을 예수에 관한 발언(교회에 오는 사람들이 집중해야 할 "본질적인 것들")과 동일한 무게로 받아들이는 것은 결코 자신이 의도한 바가 아니라고 말했다.

"저는 종교적 관점과 정치적 관점을 구분합니다." 볼린은 나에게 그렇게 말했다. "제 정치적 발언이 무오(無誤)하다고 보지는 않습니다."

지나치게 관대한 표현이다. 나는 볼린의 설교를 듣고, 마주 앉아 인터뷰하고, 페이스북을 팔로우하는 동안, 무책임하게 진실을 오도하는 발언과 명백히 거짓인 정치적 발언을 수십 개나 기록해 두었다. 그 발언의 근거가 대체 뭐냐고 물을 때마다 볼린은 자신이 읽은 "여러 기사들"을 인용하거나 헤드라인 유에스에이(Headline USA)나 보수 전사들(Conservative Fighters)과 같은 웹사이트 링크를 보냈다. 그런 다음 그 주장들이 논란의 여지가 있다고 인정하고, 자신이 말하거나 소셜 미디어에 올린 모든 주장을 반드시 믿는 것은 아니라고 말했다.

진리를 가르치는 선생으로서 신뢰받는 사람은 말할 것도 없고 누가 해도 위험한 행동이다. 예수는 진실성의 문제를 가볍게 여기지 않으셨다. 예수는 "거짓의 아비"인 사탄과 대조하여 자신을 진리의 화신으로 묘사하면서 제자들에게 "진리가 너희를 자유롭게 할 것이다"*라고 말씀하셨다. 거짓을 퍼뜨리는 행위는 그리스도가 보이신 모범에 반하는 행위일 뿐만 아니라, 마귀의 일을 하는 것이다. 그러므로 신앙을 고백하는 기독교인이라면 누구나 이를 두려워해야 한다.

많은 사람이 그를 신뢰하고 올바른 판단을 대신 내려 주기를 기대하지만, 볼린은 이에 대해 부담을 느끼지 않는 듯했다. 볼린이 논평할 때 인용한 조잡한 웹사이트와 팟캐스트는 그의 교인들이 나에게 제시한 정보원과 같은 것이었다. 플러드게이트교회는 잘못된 정보가 돌고 돌며 몸집을 불려 가는 먹이사슬이 되었다. 어떤 의미에서, 기독교인들은 항상 비신자들과는 다른 눈으로 세상을 바라봐 왔다. 그러나 이것은 새로운 현상이었다. 확실히 본질적인 것은 아니었다.

어느 날, 나는 볼린이 몇 달 전 페이스북에 올린 게시물을 보여 주었다. "나는 여전히 1억 5,400만 표가 집계되는 일이 어떻게 가능한지 궁금하다. 우리나라에는 등록된 유권자가 1억 3,300만 명밖에 없다." 나는 볼린에게 '2020년에 1억 6,800만 명 이상의 미국인이 유권자로 등록되었다'는 데이터를 미국 인구조사국이 발표한 이후에도 이 게시물이 그의 페이스북에 계속 게시되어 있었다는 점을

---

* 요한복음 8:32.

지적했다. 구글에서 간단히 검색만 해 봐도 정확한 수치를 알 수 있었다.

"네, 그 부분은 후회가 됩니다"라고 볼린은 말했다. 자신이 올린 숫자가 잘못되었다는 사실을 나중에 알았다고 설명했다. (그 게시물은 그때까지도 여전히 삭제되지 않은 상태였다. 볼린은 다음 날 게시물을 삭제했다고 내게 문자를 보내왔다.)

이렇게 쉬운 것을 잘못 알고 있는 것을 보면 어려운 것들도 잘못 알고 있을 것이라고 사람들이 의심하지는 않을까, 걱정되지 않냐고 볼린에게 물었다. 구원과 성화 같은 것들 말이다.

"전혀요. 걱정 안합니다. 뭐, 별로, 크게, 걱정하지 않아요." 볼린은 급하게 고개를 좌우로 흔들며 말했다. "도발적인 발언이야 우리 나라가 세워진 이래로 강단과 정치의 일부였어요. 양쪽 모두 과장하는 역사가 오래됐죠. 그 게시물에서처럼 말입니다."

그래도 조금은 동요한 듯 보였다. 볼린은 플러드게이트교회에 다니는 몇몇 민주당 지지자가 자신의 정치적 발언을 꾸짖으면서도 "말씀에 관한 한, 당신을 신뢰할 수 있다"며 자신을 안심시켰다고 말했다.

그런 다음 예상치 못한 말을 했다. 주일 아침에 "헤드라인 뉴스" 논평을 줄일 생각이라고 했다. 해설을 덧붙이지 않고 뉴스 클립을 그대로 읽기만 할 수도 있고, 정치 관련 뉴스를 절반으로 줄이고 "기분 좋은" 뉴스를 추가하여 균형을 맞추는 방법도 있다고 했다. 더 생각해 보니, 그 순서를 완전히 없앨 수도 있을 것 같다고 했다. 정치적 견해는 페이스북에만 올리고 예배 시간에는 다루지 않는 방법도 있다고 했다.

"이제 우리는 팬데믹에서 엔데믹으로 넘어가고 있습니다. 우리 문화도 변할 겁니다. 코로나로 인한 큰 분열은 더 이상 없을 겁니다"

1부 나라

라고 볼린은 말했다. "열기가 가라앉을 겁니다."

하지만 새로운 일은 늘 생겨나는 법이다. 열기가 가라앉을 것이라는 말을 하기 직전, 볼린은 주일 아침에 애플이 "임신한 남자 이모티콘"을 아이폰에 추가한 일에 관해 이야기할 것이라고 예고했다. 돌아갈 길은 없었다.

볼린은 젊은 보수주의자들 표현대로 "진보를 혼내 주는" 말 폭탄을 마구 투하할 때 뇌에서 분출되는 도파민에 이미 중독되어 버렸다. 그러나 이러한 태도는 바울의 가르침과 양립할 수 없다. 바울은 우리에게 "할 수 있는 대로 모든 사람과 더불어 화평하게 지내십시오"* 라고 가르쳤다. 나중에 바울은 솔로몬의 잠언을 상기시킨다. "네 원수가 주리거든 먹을 것을 주고, 그가 목말라 하거든 마실 것을 주어라. 그렇게 하는 것은, 네가 그의 머리 위에다가 숯불을 쌓는 셈이 될 것이다."** 바울은 로마서 12장 끝에서 이렇게 말하고, 바로 이어 13장에서 정부 당국에 복종하라고 가르친다. 이는 코로나19 기간에 교회를 잠시 닫기로 결정한 목사들이 인용했던 본문이다.

볼린은 복음주의 안에서 벌어지는 "재편성", 즉 기독교인들이 교회를 옮기고, 어떤 교회는 흥하고 어떤 교회는 쇠하고, 어떤 목사는 적응하고 어떤 목사는 떠나는 일련의 소란에 대해 상세히 진단했다. 볼린이 급성장한 자신의 사역에 관해 이야기할 때, 나는 그가 빠져나올 수 없는 덫에 빠졌다는 생각이 들었다. 볼린이 플러드게이트 강단에서 불을 지피는 일을 멈추면, 이미 그 불길에 익숙해진 교인들, 뜨거운 게 좋아서 플러드게이트교회에 온 사람들은 다시 불을 찾아 다른 교회로 갈 것이다.

---

* 　로마서 12:18.

** 　로마서 12:20.

볼린이 그런 위험을 감수할 리 없다. 그는 우리가 앉아 있는 건물(1970년대부터 예배를 드렸던 장소)을 최근에 팔고 길 아래에 있는 넓은 단지를 매입했다고 말했다. 플러드게이트교회의 수익이 2020년 이후 여섯 배나 증가했다고 했다. 이제 이 교회는 미시간주 남동부를 대표하는 차세대 대형 교회가 되겠다는 야망을 품고 확장의 길로 나아가고 있었다.

★ ★ ★

화요일 밤에 이렇게 사람들로 가득 찬 예배당은 본 적이 없다.

그날 플러드게이트교회에 모인 사람들은 볼린을 보려고 온 것이 아니었다. "살아 있는 미국 최고의 역사학자"로 소개된 한 남자의 이야기를 듣기 위해 애국심이 흘러 넘치는 복장을 갖춰 입고 수백 명이 그곳에 모였다. 그들이 보러 온 사람은 데이비드 바턴(David Barton)이었다.

주변에 앉은 사람들에게 바턴은 진짜 역사학자가 아니라고 말해 봤자 소용없었을 것이다. 청중은 그가 역사학을 정식으로 배우지 않았다는 사실에 신경 쓰지 않을 테니까. 그가 받은 학위라고는 오럴로버츠대학교에서 받은 종교교육 학사 학위가 전부이고, 학계에서 그는 웃음거리에 지나지 않는다고 해도 아무도 신경 쓰지 않았을 것이다. 2012년에 토머스 제퍼슨(Thomas Jefferson)에 관해 쓴 책에 부정확한 내용과 오류가 너무 많아 세계 최대의 기독교 출판사 토머스넬슨이 책을 전량 회수했다는 사실을 알려 주어도, 그 사건 이후 보수적인 기독교 학자 열 명이 저작물을 철저히 검토하여 심각한 결함을 드러냈고 이로써 그의 학문적 입지가 크게 흔들리고 망신을 당했다는 사실을 알려 주어도 아무도 중요하게 생각하지 않았을 것이다. 플러드게이트교회 교인들은 자신이 지금 미국에서 가장 저명한 보수 신학자 중 한 명에게 "당황스러운 사실 관계 오류, 전체 맥락을 무시하고 선택적으로 뽑아 쓴 인용문, 사람들을 잘못된 방향으로 이끄는 주장"이 가득하다고 평가받은 책의 저자이자, 학자인 척하는 정치 사기꾼의 말을 듣고 있다는 사실을 알게 되어도 전혀 개의치 않았을 것이다.

내 주변에 앉은 사람들에게는 이런 사실들이 전부 아무 의미가 없었다. 데이비드 바턴은 그들과 같은 신념을 가진 사람이기 때문이다. 바턴은 교회와 국가의 분리는 한낱 신화에 불과하다고 믿었다. 미국이 기독교 국가로 선언되어야 한다고 믿었다. 복음주의자들이 국가 핵심 부서와 문화 기관에서 정당한 자리를 되찾아야 할 때가 되었다고 믿었다. 그러니 바턴이 "미국회복투어" 일정으로 플러드게이트교회에 당도했을 때 마치 영웅처럼 환영을 받은 것은 당연한 일이었다.

공화당에서 일하고, 유력한 정치인들과 동맹을 맺고, 폭스뉴스의 총아가 되고, 작은 선전 제국을 세우고, 댈러스제일침례교회 같은 교회들에서 설교하고, 미국 우파의 향수를 자극하는 '대안적 사실'을 제시하는 인물로 자리 잡는 등 수십 년의 공적 활동을 통해 바턴은 자신의 궁극적인 목표를 거리낌 없이 말해 왔다. 버턴은 신정 정치를 선호하는 기독교 민족주의자이며, 더 나아가 정부뿐만 아니라 언론, 교육 시스템, 기타 문화 기관도 기독교인이 통제해야 한다고 믿는 지배주의자다. 한 번도 존재한 적 없는 미국의 모습을 회복하는 것, 이것이 바로 "미국회복투어"의 핵심이었다.

온갖 속임수와 기만에도 불구하고 한때 바턴은 정말로 매력적인 인물이었다. 하지만 이번 연설은 야심한 밤에 TV에 나오는 백과사전 광고만큼이나 열정이 없었다. 어두운색의 헐렁한 정장에 밝은 주황색 넥타이를 매고 손에 리모컨을 들고, 바턴은 인용문과 날짜,

지난 사건들을 조합한 슬라이드 쇼를 지루하게 선보이며, 신앙을 토대로 설립되었기 때문에 미국이 좋은 나라라고 주장했다. 노예제와 같은 불편한 에피소드는 변두리로 밀려났다. 바턴은 태연하게 "모든 인종, 모든 민족, 모든 나라가 어느 시점에는 노예제도를 가지고 있었다"면서 미국의 과오는 비교적 사소한 편인데, 세속적인 진보주의자들이 과오를 의도적으로 부각시켜 미국의 선함과 독실함을 깎아내리고 있다고 주장했다.

바턴은 사실을 너무 부주의하게 다루고 분석도 너무 허술해서 그와 비교하면 볼린조차 꼼꼼해 보일 정도였다. 한 번은 해리 호지어(Harry Hosier)라는 흑인 전도자 이야기를 들려주었는데, 호지어는 1800년대 초에 미국 개척지를 다니며 농부들에게 설교했다. 바턴은 인디애나 주민들을 가리키는 '호지어'라는 별명이 바로 이 흑인 기독교인에게서 유래한 것이라고 주장했다. 하지만 이는 사실이 아니다. 바턴은 이 이야기를 하면서 미국에 인종 문제가 있다고 믿는 것은 말이 안 된다고 했다.

이날 예배당에서 바턴은 1시간 15분 동안 특이한 버전의 기독교 이상(理想)을 찬양했다. 그는 총기 규제와 누진 소득세, 정부 주도 의료 서비스와 국가 주도 교육 과정을 비판했다. 또한, 비판적 인종 이론을 비난하면서 〈뉴욕 타임스〉의 1619 프로젝트*와 '흑인의 생명도 소중하다' 문구를 '소련의 낫과 망치'가 둘러싼 불길한 슬라이

---

* 2019년에 〈뉴욕 타임스 매거진〉이 시작한 언론 및 역사 프로젝트다. 아프리카 노예들이 영국 식민지였던 버지니아에 처음 도착한 해를 기념하며, 미국의 역사를 재검토하고 재해석하려는 목적으로 추진되었다. 찬사와 비판을 동시에 받았는데, 비판자들은 이 프로젝트가 역사적 사실을 왜곡하거나 과장한다고 주장했다. 특히 보수 진영에서 강한 반발을 샀으나, 미국의 역사와 현재를 이해하는 데 중요한 기여를 한 것으로 평가받고 있다.

드를 게시했다. 슬라이드에는 안티파와 무정부주의 상징도 포함되어 있었다. 바턴은 좌파가 "폭동, 반란, 급진화"를 조장하여 축복받은 우리나라를 내부에서 위협하고 있다고 말했다.

바턴은 역대하의 유명한 구절 "내 이름으로 일컫는 나의 백성이 스스로 겸손해져서, 기도하며 나를 찾고, 악한 길에서 떠나면, 내가 하늘에서 듣고 그 죄를 용서하여 주며, 그 땅을 다시 번영시켜 주겠다"*를 인용한 후, 찰스 피니(Charles Finney)의 말을 인용하며 연설을 마무리했다. 바턴은 피니가 19세기 초에 "한 해에 10만 명을 그리스도에게 인도했다"고 소개했다. 제2차 대각성 운동의 중심에 피니가 있었고, 부흥은 부흥을 추구하는 사람들에게만 온다고 설교했다고 설명했다. 바턴은 피니의 말을 인용하며 미국에서 "정치는 종교의 일부이며, 기독교인들은 하나님에 대한 의무의 일환으로 국가에 대한 의무를 다해야 한다"고 말했다.

마지막 슬라이드에는 검은 화면에 흐릿하게 찍힌 피니의 사진이 있었다(이 슬라이드를 넘기자마자 바턴은 웹사이트와 교회 로비에서 살 수 있다며 자신의 책을 홍보하기 시작했다). 바턴은 검은 화면에 선명한 흰색 글씨로 적힌 피니의 말을 큰 소리로 읽었다. "하나님은 기독교인들이 정치에서 어떤 길을 가느냐에 따라 이 나라를 축복하거나 저주하실 것이다."(사실 이것은 피니가 한 말을 정확히 인용한 것이 아니라 바턴이 자신의 해석에 따라 약간 변형한 것이다. 역사학자들은 이런 작은 변형도 무척 경계한다.)

바턴이 기립 박수에 감사를 표하며 무대에서 내려오자, 채드 코넬리(Chad Connelly)가 바로 이어서 무대에 뛰어 올라왔다. 코넬리는 미국회복투어 후반부를 책임지는 바턴의 파트너였다. 내가 사우스캐롤라이나에서 선거 운동을 취재할 때부터 알고 지낸 오랜 지인이

---

* 역대하 7:14.

기도 했다. 당시 코넬리는 사우스캐롤라이나주 공화당 의장을 맡고 있었다. 그러다 2013년에 공화당 전국위원회로 이동하여 당의 첫 번째 신앙 참여 이사*로 임명되었다. 코넬리는 2016년 선거에서 트럼프에게 투표하도록 복음주의자들을 동원했던 경험을 바탕으로 공화당의 대의를 위해 전국에서 보수적인 기독교인들을 동원하고자 '페이스윈스'라는 그룹을 창설했다.

페이스윈스는 바턴이 설립한 월빌더스와 마찬가지로 비영리 단체이므로 특정 후보나 정당을 명시적으로 지지할 수 없다. 그러나 미국회복투어는 정치적 성향을 숨기지 않았다. 건장하고 활기찬 남부인 코넬리는 자신들과 같은 사람들이 "하나님을 위해 이 나라를 되찾아야 한다"고 선언하며 2부 행사를 시작했다. 백인 보수 기독교인 청중들이 미국을 되찾기 위해 무엇을 해야 하는지, 또는 누구에게서 그것을 되찾아야 하는지는 바턴의 발표가 끝날 무렵 명확히 드러났다.

코넬리가 발표를 시작하면서 사람들에게 자기네 웹사이트를 방문하고 운동에 동참하라고 권유할 즈음, 나는 미국회복투어가 단순하게 사람들의 주머니를 터는 행사가 아니며 그보다 더 큰 목적을 가지고 있다는 사실을 깨달았다. (물론, 돈을 번 것도 사실이다. 월빌더스는 2021년에 550만 달러를 모금했으며, 그보다 규모가 작은 페이스윈스는 2022년에 80만 달러를 모금했다.) 이 순회 행사는 미국 복음주의자들을 위한 쌍방향 소통 집회였다. 포위당했을 때 대응하는 방법과 단순한 방어를

---

* 신앙 공동체, 특히 기독교 신앙을 가진 사람들과의 교류를 촉진하는 역할을 하는 직책이다. 주로 종교적 유권자들을 동원하고, 그들의 관심사를 정치적 의제에 반영하며, 선거에서 특정 정당이나 후보자를 지지하도록 독려하는 것을 목표로 삼는다.

넘어 공격에 나서는 방법을 가르쳤다. 바턴과 코넬리는 미국 기독교인들이 겪고 있는 위기를 아주 정교하고 치밀하게 설명하고, 그 문제를 해결하기 위한 종합적인 계획을 제시했다.

바턴은 플러드게이트교회에 모인 사람들에게 그들의 왕국이 침범당하고 있다고 설득했다. 코넬리는 그들에게 질문하려 했다. 자, 이제 무얼 해야겠습니까?

1
나라
THE
KINGDOM

2
권력
THE
POWER

3
영광
THE
GLORY

8장

★ ★ ★

공포 전술:
유권자 동원을 위한 선동

"기독교적 가치를 지키는 첫 번째 단계는
기독교적 가치를 포기하는 것이었다."

"짠맛을 잃은 소금은 아무 데도 쓸 데가 없으므로,
바깥에 내버려서 사람들이 짓밟을 뿐이다"(마태복음 5:13).

오하이오 88번째 지역구 하원의원 게리 클릭(Gary Click)은 최근 주
일 설교에서 버키주*의 성경적 정신을 강조했다. 오하이오는 미국
에서 유일하게 성경에서 직접 따온 표어("하나님과 함께라면 모든 것이 가
능하다")를 쓰는 주다.

---

*   오하이오주의 상징 나무인 버키 나무에서 유래한 별칭이다. 오하이오 주민
    들을 '버키'라고 부르기도 한다.

프리몬트침례교회 담임 목사 게리 클릭은 이어서 2016년 11월 8일을 "기독교인들이 미국을 변화시킨 날"로 기억해야 한다고 말했다. 도널드 트럼프를 당선시켜서 쇠퇴하는 국가에 희망을 되찾아 주었다면서 말이다.

마지막으로, 6개월 앞으로 다가온 2022년 가을 재선에 도전할 후보로서 게리 클릭은 사악한 진보주의자들이 "아이들을 잔인한 성적 의식에 길들이려" 하는 상황에서도 복음주의자들에게는 "비밀 무기"가 있음을 기억해야 한다고 강조했다. 나는 순진하게도 그가 말하는 비밀 무기가 예수를 의미한다고 생각했다.

클릭은 "도널드 트럼프가 대법원에 매우 헌법적인 판사 세 명을 임명했다"면서 이 판사들이 기독교인이 미국을 다시 장악하도록 돕고 있다고 말했다.

이때 클릭은 "이건 선거 유세가 아닙니다"라고 명확히 말했다.

그러나 누가 봐도 아닌 것이 아니었다. 우리는 오하이오 주의회 의사당 건물 중앙홀에 있었고, 클릭은 방금 공화당 고위 인사들의 이름을 나열했다. 수많은 의원, 교육위원회 위원, 주 감사원장, 두 명의 오하이오 대법원 판사 등등. 클릭은 자신과 생각이 같은 기독교인 보수주의자들이 좌파를 물리치기 위해 하는 여러 활동 중 일부를 강조했다. 내 주변에 있던 수백 명이 박수와 환호를 보냈다. 클릭은 치열했던 2016년 선거 결과를 자세히 설명하면서 "기독교인들의 투표가 당선을 결정지었다"고 말했다. 그리고 전국의 복음주의자들을 동원해 선거에서 트럼프가 승리하도록 이끈 공화당 선거 전략가를 소개했다. 채드 코넬리였다.

웅장한 음악이 중앙홀을 가득 채웠다. 무대 양옆에 있는 대형 스크린에는 올드 글로리를 배경으로 자랑스럽게 서 있는 코넬리의 모습이 잡혔다. "신앙을 가진 사람들이 자신이 믿는 가치에 투표할 때 신앙이 승리합니다!" 카메라를 똑바로 응시하며 남부 억양의 활기찬 목소리로 코넬리가 외쳤다. 이어서 코넬리의 업적을 소개하는 홍보 영상이 나왔다. 지난 몇 년 동안, 코넬리의 조직은 5만 명의 교회 지도자들과 협력하여 100만 명 이상의 기독교인을 유권자로 등록시켰다. 이러한 지원군은 절실히 필요했다. 코넬리의 조직을 지지하는 성직자들이 홍보 영상에서 한 말에 따르면, 미국은 지금 멸망할 위험에 처해 있기 때문이다.

오하이오주 케터링의 조사이어 케이긴(Josiah Kagin) 목사는 "우리 국가의 영혼을 지키기 위한 싸움이 오늘날보다 더 치열했던 적은 없습니다"라고 말했다. 플로리다주 드베리의 제이크 샘플스(Jake Samples) 목사는 "성경적 가치 위에 세워진 미국의 건국 원칙이 공격받고 있습니다"라고 말했다. 버지니아주 출신의 텔레복음 전도자 바이런 폭스(Byron Foxx)는 "이것은 우리 시대의 1776년 순간입니다"*라고 말했다.

마이크 앞에 섰을 때 코넬리는 지금이 매우 긴박한 상황임을 강조했다. 버지니아주는 지난 석 달 동안 미국회복투어가 방문한 16번째 주였다. 채드 코넬리와 데이비드 바턴은 그동안 수백 개의 교회에서 연설하며 수만 명의 기독교 유권자들과 교류했다. 코넬리는 중간 선거가 있는 2022년의 목표는 지난 몇 년 동안 등록한 100만 명의 유권자 수를 두 배로 늘리는 것이라고 말했다. "우리는 지금 나라를 빼앗기고 있습니다. 나라를 '빼앗기고' 있어요"라고 코넬리는 청중에게 말했다. "미국에서 투덜대며 불평하는 사람들과 하나님을 싫어하는 사람들 수를 능가하는 수의 기독교인들이 예수께서 우리

---

* 독립 선언이 이루어진 1776년에 견줄 만큼 지금 상황이 매우 중요한 역사적 순간임을 강조한 말이다.

에게 되라고 하신 소금과 빛이 되었다면, 우리는 지금 이 혼란을 겪지 않았을 겁니다."

코넬리가 청중에게 촉구하는 행동은 간단했다. "우리는 교회 사람 모두가 유권자 등록을 하고, 모두가 성경적 가치를 위해 투표하게 해야 합니다." 조금 전 클릭이 그랬던 것처럼 잠시 망설이다가 코넬리는 이렇게 덧붙였다. "우리는 누구에게 투표하라고 말하지 않습니다. 이것은 정당이나 정치인에 관한 이야기가 아니라, 우리의 성경적 세계관과 가장 일치하는 정책과 원칙에 관한 이야기입니다."

이 순회 행사는 공화당이 선거에서 승리할 수 있게 기독교 유권자들을 동원할 목적으로 기획된 것이 분명했다. 그런데도 코넬리는 이 이야기가 정치적인 것이 아니라고 단언했다. 그는 '공화당'의 가치를 홍보하기 위해 싸우는 것이 아니었다. '미국'의 가치를 알리기 위해 싸우고 있었다. 그 말인즉 '기독교'의 가치를 알리기 위해 싸우고 있다는 뜻이었다.

자기 차례가 되자 바턴은 이 주제를 이어 갔다. 미국이 특별한 이유는 우리의 사상 때문이라고 말했다. 그러나 그 사상은 인간에게서 나온 것이 아니라, 독립 혁명 시기에 설교자들의 입을 통해 하나님에게서 온 것이라고 했다. 그 시대 설교자들은 설교와 하나님께 드리는 간구를 통해 영국에 대항하는 반란의 기초를 다졌다. 바턴은 오래전에 잊힌 여러 성직자의 작품을 인용하면서 전쟁부터 복지, 의료, 과세에 이르기까지 오늘날 미국인이 직면한 모든 문제가 미국의 역사가 시작되던 초창기에 강단에서 다루었던 설교 주제라고 주장했다. 그가 말하려는 요점은 성경이 단순한 영적인 텍스트가 아니라, 미국의 자치 제도를 처음부터 명확하게 알려 주는 통치 지침서라는 것이었다.

바턴은 건국 이래 거의 첫 두 세기 동안은 미국에서 이것이 상식이었다고 주장했다. 그러다가 1960년대가 찾아왔다. 공립학교에서 기도가 금지되었다. 사회 정책은 전통적인 가족 구조를 약화시키도록 설계되었다. '애국심'은 부정적인 단어가 되었다. 이러한 문화적 격변에 기독교인들은 "신앙을 구분하여" 대응했다고 바턴은 말했다. 개인의 종교적 신념과 사회적 활동 사이에 선을 그었다고 했다. 기독교인들은 대통령 선거 때 투표하고 국가적 문제가 생겼을 때 집결하는 등 주요 이슈에만 집중해서 참여하는 데 그쳤다고 주장했다. 그 결과, 민주당은 도서관, 학군 이사회, 시의회 등 지역 단체들을 통해 눈에 띄지 않게 정책을 추진하여 지역 사회를 급진화시켰다.

바턴은 사람들을 겁주기 위해 통계 자료를 제시했지만, 공개된 여론 조사에 따르면 그 통계 자료는 대부분 부정확했다. 그는 밀레니얼 세대 열 명 중 세 명이 성 정체성을 LGBTQ로 밝힌 반면, 그들 부모 세대는 그 비율이 2퍼센트 미만이라고 말했다. 밀레니얼 세대의 절반이 자본주의보다 사회주의를 선호하는 반면, 그들 부모 세대는 그 비율이 14퍼센트에 불과하다고 했다. 밀레니얼 세대의 3분의 1만이 하나님을 믿는 반면, 그들 부모 세대는 89퍼센트가 하나님을 믿는다고 했다.

"무슨 일이 벌어지고 있는 걸까요?" 바턴은 물었다. 그리고 누가복음 6장에 나온 예수의 말을 인용하여 그 질문에 답했다. "누구든지 다 배우고 나면, 자기의 스승과 같이 될 것이다."* 바턴은 혀를 차며 고개를 저었다. "학교가 나라의 적이 되었습니다"라고 그는 말했다.

그래도 아직 희망은 있었다. 바턴은 일 년 전 버지니아 주지사 선거에서 공화당의 글렌 영킨(Glenn Youngkin)이 예상을 깨고 승리한 사례를 언급했다. 그는 이 승리가 복음주의자들이 마침내 방관자 역

---

* 누가복음 6:40.

　　　　　2부 권력

할에서 벗어났다는 증거라고 말했다. 그리고 자신의 파트너 코넬리가 이끄는 페이스윈스의 도움이 있었기에 이런 승리가 가능했다고 덧붙였다. 바턴은 코넬리의 조직이 버지니아에서 312개 교회와 협력하여 이전에 한 번도 투표하지 않은 7만 7,000명의 교인을 찾아냈다고 주장했다. 그런 다음 극적 효과를 살리기 위해 과장된 말투로 중요한 사실을 공개했다. "영킨은 '6만 6,000표' 차이로 승리했습니다." 청중은 기쁨에 차서 웅성거렸다.

바턴은 세인트폴, 덴버, 보이시 등 "진보 성향이 강한" 지역들에서도 비슷한 사례가 있었다고 말했다. 공화당이 승리한 지방 선거에 관한 뉴스 머리기사가 대형 스크린에 나타나자(후보자 대다수가 비판적 인종 이론이나 코로나19 규제에 반대하는 공약을 내걸고 출마했다), 바턴은 패턴이 나타나고 있다고 결론지었다. 교회가 참여하는 지역마다 공화당 후보들이 주요 선거에서 승리하고 있다고 했다.

정치적 목적이 분명한 행사인데도 애써 모르는 척한 클릭과 코넬리와는 다르게 바턴은 돌려 말하지 않았다. 가장 정직하지 못한 사람이 보이는 솔직한 태도라 신선하게 다가왔다. 텍사스 공화당 부의장을 지냈고, 2016년 테드 크루즈의 대선 출마를 돕기 위해 조용히 슈퍼 PAC*을 만든 바턴은 오랫동안 학자라는 외피 뒤에 정치적 목적을 숨겨 왔다. 하지만 더 이상은 아니었다. 시간이 촉박했다. 미국의 명운이 걸려 있었고, 이제 그는 싸움을 준비하고 있었다.

---

* Super Political Action Committee의 약자로, 특정 후보자 또는 정당을 지지하거나 반대하기 위해 설립된 정치 활동 위원회를 말한다. TV 광고, 우편물, 인터넷 광고 등을 통해 특정 후보자를 지지하거나 반대하는 캠페인을 벌일 수 있다. 슈퍼 PAC는 무제한으로 자금을 모금하고 지출할 수 있으며 개인, 기업, 노동조합 등으로부터 기부를 받을 수 있다. 다만 후보자나 정당과 직접 협력할 수는 없으며 독립적으로 활동해야 한다.

바턴은 적절한 시점에 '미국 독립 혁명'이라는 주제로 다시 돌아갔다. 조지 워싱턴이 이끄는 식민지 군대는 영국군에 견주어 수적으로 절대적으로 열세였음에도 불구하고 작은 전투에서 승리하는데 집중했고, 그 덕분에 전쟁에서 승리할 수 있었다. 때로는 목사들이 이끄는 지역 교회들이 우세한 영국군을 물리치는 데 중요한 역할을 했다. 이것이 모델이었다. 바턴은 이제 기독교인들이 교회의 조직력을 활용하여 동네와 마을에서 진보적 대의를 물리칠 때가 되었다고 말했다. 그렇게 개별 전투에서 승리해 나가면, 미국의 영혼을 지키기 위한 전쟁에서도 승리할 수 있다고 했다.

이 행사는 예상했던 방식으로 마무리되었다. 찰스 피니의 말 ("하나님은 기독교인들이 정치에서 어떤 길을 가느냐에 따라 이 나라를 축복하거나 저주하실 것이다")을 제멋대로 왜곡했고, QR 코드를 스캔해서 페이스윈스 웹사이트를 방문해 달라고 요청했고, 월빌더스닷컴에서 구입할 수 있는 바턴의 책들을 홍보했다. (클릭은 저자 사인이 담긴 《건국자들의 성경 The Founders' Bible》을 꺼내 들고 청중에게 꼭 사라고 추천했다. "아침에 경건의 시간을 가지면서 약간의 역사를 배울 수 있습니다.")

참석자들이 셀카를 찍고 사인을 받으러 바턴에게 몰려가는 사이 나는 코넬리를 옆으로 불러냈다. 우리는 사우스캐롤라이나 정치와 관련하여 여러 해에 걸쳐 몇 번 대화를 나눈 적이 있었다. 그래서 다시 한번 인사하고 싶었다. 코넬리는 나를 바로 기억했고, 내가 왜 거기에 있나 싶어 불안한 듯 보였다. 나는 그에게 그동안 교회를 돌며 취재한 내용과 정치적 극단주의가 미국 복음주의에 스며드는 현상황이 우려스럽다고 이야기했다.

코넬리는 미간을 찌푸렸다.

"그리스도인들은 하나님 앞에서 참여할 책임이 있습니다"라고 그는 말했다. "정치에 참여하지 않으면 어떻게 빛과 소금이 될 수 있겠습니까? 교회들이 우리를 실망시켰습니다. 목사들이 우리를 실망시켰습니다."

내가 대꾸하기도 전에 클릭이 급히 달려왔다. 당황한 표정이었다. "왜 판매할 책이 하나도 없죠?"라고 클릭이 코넬리에게 물었다. "이 사람들 전부 데이비드의 책을 사고 싶어 하는데."

코넬리는 움찔했다. "제가 잘 몰랐네요. 여기서 책을 파는 건 적절하지 않을 것 같았거든요." 장엄한 주변 환경을 가리키며 코넬리가 대답했다.

그러다가 기운을 차리고 클릭에게 말했다. "오늘 오후에 교회에서 팔 겁니다. 사람들한테 거기로 따라오라고 하세요."

미국회복투어는 오하이오주를 떠나기 전에 들를 곳이 하나 더 있었다. 나는 코넬리에게 나도 따라가도 되는지 물었다. 나는 우리를 실망시키고 있다는 목사들에 대해 좀 더 알고 싶었다. 코넬리는 그러라고 했고, 나는 미니밴을 서쪽으로 돌려 주도(州都) 콜럼버스를 떠나 반달리아라는 작은 마을로 향했다.

★ ★ ★

리빙워드교회의 리더 팻 머리(Pat Murray)는 코넬리가 좋아하는 스타일의 목사였다.

베이지색과 흰색이 주를 이룬 거대한 예배당에서 수백 명의 교인 앞에 선 머리는 모두에게 "자리에서 일어나 옆에 앉은 미국인과 손을 잡으세요"라고 말한 뒤 행사를 위해 기도했다. 머리는 하나님께 "나라를 구해 달라"고 간청하며 구원의 길을 설명했다. "아직도 유권자 등록을 하지 않은 사람들이 있습니다. 예수님의 이름으로 기도하오니, 하나님 지금 그들을 감동시켜 주십시오."

리빙워드교회에 모인 그 미국인들은 이번 월요일 밤에 특별한 무언가를 경험했다. 코넬리는 페이스윈스 홍보 영상을 보여 준 후, 바턴을 소개하기 전에 자신의 간증을 나누기로 마음먹었다. 사우스캐롤라이나주의 작은 마을 프로스페리티 출신인 코넬리는 주님을 알고 주의 길을 충실히 따르려 애썼지만, "피 웅덩이" 속에서 죽어 있는 아내를 발견했을 때 갈림길에 섰다고 고백했다. 코넬리는 악마의 음성을 들었다고 했다. "넌 실패했어." 동의할 수밖에 없었다. 하지만 교회 사람들이 그를 내버려 두지 않았다. 그들은 코넬리와 어린 두 아들을 그리스도의 사랑으로 감쌌다. 세 사람을 보호하고, 신앙을 키워 주었다. 결국 나이가 지긋하고 지혜로운 교회 친구(믿기 힘들겠지만 민주당 지지자였다고 했다)가 코넬리에게 두 아이를 둔 젊은 과부를 소개해 주었다. "저는 믿음이 역사하는 것을 보았습니다"라고 코넬리는 설명했다. "저는 하나님이 일하시는 것을 똑똑히 보았습니다."

이 말을 시작으로 '미국을 지키기 위한 지속적인 투쟁'으로 방향을 전환하며 코넬리는 하나님의 일이 끝나지 않았다고 말했다. 아직은 미국을 구할 기회가 있다. 하지만 주님에게는 우리의 협력이 꼭 필요하다고 그는 강조했다.

"우리는 지금 나라를 빼앗기고 있습니다, 여러분. 무엇이 이 나라를 특별하게 만들었는지 이해하지 못하는 사람들에게 나라를 빼앗기고 있어요"라고 코넬리는 말했다. "기독교인들이 일어나야 합니다. 그러기 위해서는 진리가 필요합니다."

코넬리는 바턴을 가리키며 말했다. "이 친구가 진리를 가지고 있습니다."

두 사람이 자리를 바꾸고 바턴이 슬라이드 쇼로 설교를 시작했을 때 나는 코넬리에게 양가감정을 느꼈다. 그를 좋아하지 않을 수 없었다. 그는 따뜻하고 자기를 낮출 줄 아는 사람이었으며, 성경 구절을 인용하는 것도 자연스러웠고 농담도 잘했다. 단순히 복음을 팔아 사기를 치고 있는 것은 아니라는 생각이 들었다. 바틴과 달리 신앙에 대한 확신과 진정성이 있는 사람처럼 보였다. 그렇다면 그런 확신과 진정성이 있는 사람이 대체 왜 바틴 같은 사기꾼과 함께 전국을 순회할까? 코넬리는 외부에서 보기에 이 일이 얼마나 우스꽝스러워 보이는지 알고 있을 것이다. 자신의 명성이 손상되는 것은 차치하더라도, 복음의 증거가 손상되는 것은 어떻게 정당화했을까? 미국회복투어는 목사들을 정치 평론가로 만들고 교회 예배당을 폭스뉴스 스튜디오로 만들고 있었다. 대체 무슨 목적이었을까?

우리가 예배당 바로 바깥에 있는 고급스럽고 세련된 커피숍에 자리를 잡고 앉았을 때(리빙워드교회는 반달리아에서 본 건물 중 가장 멋진 건물이었다), 코넬리는 내가 느끼는 회의감을 바로 알아차렸다.

"자, 시작할까요. 킹제임스성경으로 합시다. 내가 표시해 놨어요." 가죽 성경을 꺼내 마태복음 5장을 찾아 책장을 넘기며 코넬리가 내게 말했다.

그리고 성경 구절을 소리 내 읽었다. "너희는 세상의 소금이니 소금이 만일 그 맛을 잃으면 무엇으로 짜게 하리요. 후에는 아무 쓸데없어 다만 밖에 버려져 사람에게 밟힐 뿐이니라. 너희는 세상의 빛이라. 산 위에 있는 동네가 숨겨지지 못할 것이요. 사람이 등불을 켜서 말 아래에 두지 아니하고 등경 위에 두나니 이러므로 집 안 모든 사람에게 비치느니라. 이같이 너희 빛이 사람 앞에 비치게 하여 그들로 너희 착한 행실을 보고 하늘에 계신 너희 아버지께 영광을 돌리게 하라."*

코넬리는 성경을 내려놓고 손을 들어 올렸다. "어떻게 문화 속에서 소금과 빛이 되겠습니까, 문화에 참여하지 않고는?" 코넬리가

---

* 마태복음 5:13-16(개역개정).

물었다.

많이 들어 본 답변이었다. 지난 몇 년간, 정치와 종교의 결합에 관해 질문하면 거의 모든 복음주의자가 "소금과 빛"을 언급하며 에둘러 답했다. 문제는 성경 학자들이 예수가 정확히 무슨 뜻으로 이 말씀을 하셨는지에 대해 합의하지 못했다는 점이다. 예수는 분명히 세상에서 구별되는 존재가 되라고, 세상에 맛을 더하고 어둠 속에서 빛을 발하는 존재가 되라고 격려하시고자 이 말씀을 하셨을 것이다. 그러나 코넬리 같은 사람들은 여기에서 한 걸음 더 나아갔다. 그들은 우리가 세속적인 미국 정치 무대에서 기독교적 가치를 위해 싸움으로써 구별되는 존재가 되어야 한다고 확신하며 설교했다. 그러나 보수적 성향의 신자들을 포함하여 다른 많은 신자는 우리가 세속적인 미국 정치 무대를 우선시하지 않음으로써 구별되는 존재가 되어야 한다고 확신하고 있다.

예수가 네 복음서 중 세 곳에서 '소금'을 언급하신 것은 주목할 만하다. 각 기록에서 예수는 소금이 그 맛을 잃는 것, 즉 고유한 특성을 잃는 것에 대해 경고하신다. 예수는 소금을 단순한 조미료로 말씀하신 것이 아니다. 오염되지 않도록 지켜야 하는 독특한 것이 바로 소금이라고 말씀하신 것이다. 마태복음에서는 맛을 잃은 소금은 다른 평범한 돌과 함께 발에 밟히기에 적합하다고 하셨고, 누가복음에서는 그 소금이 완전히 목적을 잃어버렸으니 버려야 한다고 하셨다.

대부분의 기독교인은 정치 참여를 포함한 건전한 시민 활동이 우리의 독특한 맛을 오염시킬 위험이 없다는 데 동의할 것이다. 그러나 독특한 것이 얼마나 빠르게 평범해질 수 있는지 아는 사람은 많지 않다. 어떤 사람들은 "우리는 지금 나라를 빼앗기고 있습니다"라는 말을 듣고 학교 이사회에 출마할 결심을 한다. 또 어떤 사람들은 그 말을 듣고 워싱턴 D.C.에 몰려가서 평화로운 권력 이양을 방해하기도 한다. 코넬리는 예배당에서 선거 운동을 하는 상황에서 참여와 우상 숭배의 경계가 흐려지는 것에 대해 조금도 걱정하지 않았을까?

그는 의아한 표정으로 나를 쳐다보았다. "미국은 전 세계를 비추기 위해 산 위에 세운 빛나는 도시입니다. 여기 들어오려고 길게 늘어선 줄을 좀 보세요"라고 코넬리가 말했다. "세계 인구의 4퍼센트인 우리가 전 세계 선교 기금의 80퍼센트를 후원합니다. 적이 우리를 무너뜨리고 분열시키려는 데는 다 이유가 있습니다."

그가 말하는 "적"이 사탄을 의미하는지, 미국회복투어 내내 그가 비난해 온 세속적인 진보주의자들을 의미하는지, 현재 우크라이나에서 전쟁을 벌이고 있는 러시아인들을 의미하는지, 미국 내에서 '소금'을 멀리하는 사람들을 의미하는지, 바턴의 책을 사지 않는 사람들을 의미하는지, 그의 책을 교회에서는 팔아도 되지만 정부 건물에서는 팔면 안 된다고 생각하는 사람들을 의미하는지는 명확하지 않았다.

적은 대체 누구를 의미하느냐고 물으려는데, 한 남자가 대화를 가로막았다. 인근 마을 목사였다. 처음 보는 사람이었지만, 코넬리는 곧장 자리에서 일어나 악수하며 목사가 입은 조지아 불독스 셔츠가 멋지다고 칭찬했다. 그 목사는 갈등하는 듯 보였다. 나라가 걱정되긴 하지만, 교회를 정치인들에게 넘기는 것이 편치 않다고 했다.

"몇 가지 큰 이슈들에 관해서는 평소에도 이야기합니다." 그 목사가 코넬리에게 말했다. "다만, 잘 모르겠어요…."

"유권자 등록은 하셨나요?" 코넬리가 중간에 말을 끊고 물었다. 목사는 고개를 저었다. "아니요. 아직 안 했습니다. 하게 되겠죠, 아마." 코넬리는 적극적으로 설득에 들어갔다. "저 QR 코드를 찍어 보세요." 근처에 있는 포스터를 가리키며 그가 말했다. "여기 제 명함입니다. 이메일 주세요. 필요한 모든 것을 보내 드릴게요. 저희가 잘 준비해 드리겠습니다."

목사는 여전히 갈등하는 표정으로 고개를 끄덕이며 코넬리에게 감사 인사를 했다. 그가 자리를 뜨자 코넬리가 내 쪽을 향해 돌아앉았다. "이런 대화를 일주일에 백 번쯤 합니다"라고 그가 말했다. "지나치게 나서는 사람 같지는 않죠. 그렇죠?"

아무래도 걱정이 되는 모양이라고 내가 대답했다. 모든 사람이 주님의 성전에서 유권자 등록 운동이나 이런저런 선거 운동을 하는 것이 적절하다고 생각하지는 않는다. '미끄러운 경사면'*이라는 개념이 머릿속에 다시 떠올랐다. 유권자 등록 운동을 통해 정치에 뛰어든 교회가 어느 날 주일 아침 미시간주 브라이턴의 플러드게이트 교회처럼 '헤드라인 뉴스'가 주일 예배를 도배하는 상황을 맞이할 수도 있다는 말이다.

"저는 거기 가 본 적 없어요." 코넬리가 어깨를 으쓱하며 내게 말했다.

아니다. 그는 거기에 갔었다. 내가 미국회복투어를 처음 접한 곳이 작년 가을 플러드게이트교회에서였다. 게다가 나중에 알고 보니 코넬리와 바턴은 오하이오에 오기 전인 지난주에 플러드게이트 교회에 다시 가서 앙코르 공연까지 했다.

코넬리는 다시 어깨를 으쓱했다. "모든 목사님을 다 알지는 못합니다. 어떻게 다 기억하겠어요." 그가 멋쩍은 듯 말했다. "오늘 아침에 갔던 교회 이름도 기억이 안 나는데."

---

* 어떤 행동이나 결정이 점차적으로 더 큰 문제로 이어질 수 있다는 우려를 나타내는 비유적인 표현이다.

나는 플러드게이트교회에 대한 책임을 그에게 물으려던 것이 아니었다. 코넬리는 거의 40분 가까이 교회들이 정치로 인해 과격해지지 않았다고 주장하면서 내가 경고한 것과 같은 사례를 본 적이 없다고 맹세했다. 하지만 알고 보니 교회 본연의 사명을 잃어버린 교회를 최근에 두 번이나 방문한 바 있었다. 그런데도 코넬리는 그 사실을 인식하지 못했고, 나는 바로 그 점을 짚은 것이다.

코넬리는 교회를 분열시키는 문제에 대해 들은 적이 있다고 인정했다. "하지만 그건 뭐 새로운 일은 아닙니다. 우리 교회에서는 카펫 색깔 때문에 사람들이 떠났어요. 교회에서는 항상 싸움이 있어 왔습니다." 그가 대답했다. "교회를 분열시키는 새로운 이슈가 무엇인지, 저는 도무지 생각이 나지 않습니다."

이야기를 나누다 보니, 코넬리가 '버블' 속에서 완전히 고립된 채 살고 있다는 사실이 분명해졌다. 그의 고향 교회인 사우스캐롤라이나주 프로스페리티에 있는 남침례교회는 코로나19 기간에 딱 2주 동안만 문을 닫았다. 그 교회는 백인 보수주의자 공화당원 트럼프 지지자들로만 구성된 단일 공동체였다. 다양성이라고는 찾아볼 수 없었다. 그러니 선거나 백신 또는 인종차별 문제로 발생하는 갈등을 경험하지 못한 것은 당연했다. (그는 "오바마가 미국의 인종 문제를 만들었다"고 말했는데, 이는 그가 참석하는 성경 공부 모임에 흑인 기독교인이 전혀 없다는 사실을 거의 확실하게 보여 주는 말이었다.) 나는 코넬리에게 그의 교회와 다른 교회에서 이러한 분열이 어떻게 나타나는지 이해하려고 노력해 볼 생각은 없느냐고 물었다.

"예수 그리스도에게 초점을 맞추면, 그런 것들이 많이 사라집니다. 예수님이 교회에서 으뜸이 되시기 때문입니다." 내 질문에 그는 이렇게 답했다. "예수님 말고 다른 것에 초점을 맞추니까 분열이 생기는 거예요."

코넬리가 이 말을 하자마자 어떤 남자가 예배당에서 나와 커피 마시는 곳으로 다가왔다. "미국을 다시 위대하게"라는 문구가 새겨진 빨간색 모자를 쓰고 있었다. "그래서 예수님 말고 다른 것에 초점을 맞추는 것에 대해…."

코넬리가 정치인의 미소를 지으며 말했다. "저는 교회에 '어떤' 모자도 쓰고 가지 않을 겁니다."

★ ★ ★

사람들이 예배당을 빠져나와 임시로 마련된 판매대로 향했다. 그곳에는 나이가 지긋한 여성들이 무리를 지어 기다리고 있었다. 판매대에는 바턴의 책이 탑처럼 쌓여 있었다. 행사가 끝난 지 몇 분 만에 줄은 커피숍까지 이어졌다. 그 광경을 보고 있자니 조금 불쾌해졌다. 주의회 의사당 건물 안에서는 이런 물건들을 판매하는 것을 불편해하던 코넬리와 바턴이 교회 안에 돈 받는 테이블을 마련하는 데에는 아무런 거리낌이 없었다.

줄을 선 사람들의 외양은 다양했다. 평일 저녁 모임에 맞춰 캐주얼하게 입은 사람들도 있었지만, 나이가 든 사람들은 주로 정장을 입고 있었다. 특히 눈에 띈 점은 정치 집회에나 어울리는 옷을 입은 사람이 많았다는 점이다. 국기 문양이 있는 재킷, 밀리터리 셔츠, 위장 패턴 모자, 그리고 MAGA 문구가 새겨진 다양한 소품도 당연히 볼 수 있었다.

"슬픈 소식이에요!" 계산대에 있던 한 여성이 외쳤다. "책이 다 팔렸어요!"

여전히 줄을 서 있던 수십 명 사이에서 탄식하는 소리가 들려왔다.

"기쁜 소식도 있습니다." 여자가 계속해서 말했다. "오늘 밤 월

2부 권력

빌더스닷컴에 회원 가입하고 이메일 수신에 동의하시면, 데이비드 바턴의 모든 책을 30퍼센트 할인받을 수 있는 링크를 보내 드리겠습니다!"

사람들에게서 환호가 터졌다. 그중 한 명은 짐 라이트(Jim Wright)였다. 튼튼해 보이는 누런 국기 위에 독립 선언서 문구가 필기체로 적힌 셔츠를 입고 있었다. 덥수룩한 흰 수염에 눈이 반짝반짝 빛나서 마치 날씬한 산타클로스처럼 보였다. 1599년에 나온 제네바성경 애국자 판을 들고 있었는데, 표지에 조지 워싱턴이 델라웨어를 건너는 장면이 그려져 있었다. 라이트는 바턴이 편집한 《건국자들의 성경》을 사고 싶었지만, 방금 다 팔려 버린 참이었다. (애국을 주제로 한 성경 출판은 오래전부터 우파에서 벌여 온 사업으로, 도널드 트럼프 주니어는 그해 후반에 《우리 국민의 성경 We the People Bible》을 판매하면서 우리 "미국의 유대-기독교적 가치"를 지키겠다고 약속했다.)

라이트는 단순히 가장 좋아하는 저자이자 역사가가 바턴이라서 《건국자들의 성경》을 사고 싶었던 것이 아니었다. 오래지 않아 그 책을 더는 구할 수 없게 될 것이라서 사고 싶었다고 했다. 정부가 곧 이러한 책들을 압수할 것이며 자기와 같은 사람들을 노릴 것이라고 했다. 조 바이든 대통령 아래서 관료들이 곧 "우리의 권리와 언론의 자유와 종교의 자유를 제한하기 위해" 움직일 것이라고 라이트는 말했다.

나는 라이트에게 어디에서 그런 느낌을 받았냐고 물었다. 한 곳은 인터넷이었다. 그는 제로헤지닷컴(ZeroHedge.com), 루록웰닷컴(LouRockwell.com), 더뉴아메리칸닷컴(TheNewAmerican.com), 휴먼스비프리닷컴(HumansBeFree.com), 시티즌프리프레스닷컴(CitizenFree-Press.com)과 같은 웹사이트를 열심히 애독하고 있었다. [그는 또한 인포워즈(InfoWars)라는 미디어 플랫폼에서 파생된 〈데이비드 나이트 쇼 David Knight

Show〉 팟캐스트를 구독했는데, 이 팟캐스트는 알렉스 존스가 운영하는 인포워즈보다
훨씬 더 과격하고 자극적이었다.]

다른 한 곳은 교회였다. 라이트와 그의 아내는 수년 동안 근처
에 있는 사우스브룩이라는 "좀 더 진보적인" 교회에 다녔다. (라이트
에 따르면, 좀 더 진보적인 교회라는 말은 정치 캠페인에 참여하지 않는 교회라는 뜻이
었다.) 라이트의 아내는 여전히 사우스브룩교회에 다니고 있다. 하지
만 라이트는 몇 년 전에 교회를 나왔다. 그 교회 목사가 미국에서 기
독교가 직면한 위협에 대해 발언하지 않는 것이 화가 나서였다. 리
빙워드교회에 와서 기독교인이라면 행동에 나서야 한다는 팻 머리
목사의 설교를 들었을 때, 라이트는 자신이 비로소 보금자리를 찾았
다는 사실을 깨달았다.

"성경은 우리가 혈과 육을 상대로 싸우는 것이 아니고 공중의
권세를 상대로 싸우는 거라고 말합니다. 하지만 공중의 권세는 점점
더 물리적인 실체가 되어 가고 있습니다. 점점 더 혈과 육이 되어 가
고 있단 말입니다." 라이트가 내게 말했다. "우리는 그것을 매일 보
고 있습니다."

나는 라이트에게 예를 들어 달라고 부탁했다. 그러자 라이트는
2020년 대선에서 트럼프가 승리했는데 승리를 도둑맞았다고 열변
을 토했고, 전 세계를 상대로 음모를 꾸미는 세력이 미국의 양당을
장악했다고 주장했다. 코로나19 바이러스는 인구수를 통제하려고
일부러 퍼뜨린 것이고, 낙태된 아기들로 만든 백신이 수백만 명을
고의로 죽였으며, 기독교 엘리트들이 이 모든 일에 관여했다고 확신
에 차서 말했다.

"프랜시스 콜린스를 보세요." 최근까지 국립보건원을 이끌었던
사람을 언급하며 라이트가 말했다.

나는 콜린스가 복음주의자들 사이에서 높이 평가받고 있다고

대답했다. 그가 추진한 정책과 결정은 비판의 여지가 있지만, 그는 그리스도를 충실히 따르는 형제로 알려져 있다고 설명했다.

"아니, 아니, 아니," 라이트가 고개를 저으며 말했다. "아기들에 관한 거 말이에요."

이런 종류의 일화를 코넬리에게 전하면 비웃으며 무시할 것이 분명했다. 아마도 라이트를 주변부에서나 볼 수 있는 괴짜로 치부할 것이다. 일리가 없는 말은 아니다. 미국 복음주의 그룹에서 라이트 같은 사람들은 다수가 아니다. 그러나 내가 가는 곳마다 그런 사람들은 늘 존재했다. 큰 도시 교회에서든 작은 시골 교회에서든, 존경받는 인물들이 나오는 주류 행사에서든 사기꾼들이 등장하는 곁다리 행사에서든, 나는 계속해서 짐 라이트 같은 사람들과 마주쳤다. 한때 그들은 세상의 소음 따위에는 신경 쓰지 않고 예수에게 집중하던 전형적인 그리스도인이었다. 그러나 그 후 세상의 여러 요인이 그들에게 영향을 미쳤다. 그리고 그들이 이런 모임에 참석해 기독교인들에게 나라를 되찾으라고 촉구하는 바턴과 코넬리의 말을 들을 때, 그 메시지를 어떻게 해석할지는 알 수 없었다.

"저는 항상 제 생애에 큰 사건이 있을 거라고 생각했어요. 반란이나 혁명 같은 것 말입니다." 라이트가 내게 말했다. "일부 기독교인들은 우리가 정치에 관여하지 말아야 한다고 말합니다. 여기는 우리의 집이 아니니 걱정할 필요가 없다고요. 하지만 지금은 여기가 우리의 집입니다. 그리고 전 세계에 퍼지고 있는 박해가 우리에게 다가오고 있습니다."

라이트는 기독교가 지금 받는 공격, 이를테면 주 정부가 시민들에게 특정한 행동이나 결정을 강요하거나, 전통적인 사상을 가진 사람들이 학계와 기업에서 점점 배제되거나 무시당하는 상황은 단지 시작에 불과하다고 말했다. 앞으로는 상황이 훨씬 더 나빠질 것이라고 했다. 라이트는 기독교인들이 이 박해를 막기 위해 정치적 승리를 추구하는 것이 옳다고 말했다. 하지만 이는 일시적인 해결책일 뿐이다. 라이트는 상황이 더 나빠지는 것은 불가피하다고 말했다.

"우리는 싸움을 원하지 않습니다. 하지만 우리에게는 진리의 검이 있습니다." 라이트가 성경을 가리키며 말했다. "우리는 영적 전투를 벌이고 있으며, 이 전투는 머지않아 물리적 전투로 바뀔 수 있습니다."

★ ★ ★

몇 달 후, 나는 미시간에서 미국회복투어를 다시 취재했는데, 이번에는 극단적인 주변부 인물들은 피하기로 마음먹었다. 코넬리는 내가 정상이 아닌 기독교인들만 일부러 골라서 자기네 운동 전체를 부정적으로 묘사한다고 생각했지만, 사실 나는 정상적인 기독교인들을 간절히 만나고 싶었다. 코넬리는 내 보도에 균형을 더하기 위해 다음에 만날 때 목사 친구를 몇 명 데려오겠다고 약속했다.

우리구주복음주의루터교회 예배당에 앉아 있는데, 누군가 뒤에서 내 어깨를 톡톡 두드렸다. 낯익은 얼굴이었다. 미시간주에서 열린 우파 정치 집회에서 본 적이 있는 매튜 셰퍼드(Matthew Shepherd)라는 활동가였다. 처음 만난 곳은 트럼프 대통령이 자동차 제조업 관계자들에게 연설하던 지역 포드 공장의 야외 파티장이었다. 잊을 수 없는 장면이었다. 셰퍼드는 군용 차량처럼 개조하고 미국국기와 티파티 운동* 슬로건으로 장식한 주황색 트럭 짐칸에 서서 코로나19 정책을 이유로 민주당 주지사를 비난하는 구호를 외쳤다.

---

* 2009년에 시작된 보수 성향의 정치 운동으로 정부 지출과 세금 인상을 반대하며 작은 정부를 지지하는 경향이 있다.

2년 후, 셰퍼드와 나는 우리구주복음주의루터교회 예배당에서 소소한 대화를 나누고 있었다. 나는 그에게 어떤 계기로 이 교회에 오게 되었는지 물었다.

"저는 지상대명령을 따르는 목사입니다." 그가 대답했다.

목사라는 호칭이 실제 조직에서 진짜로 맡은 직책을 의미하지 않는 것은 분명했으나 더 물어볼 새도 없이 미국회복투어가 다시 시작되었다. 행사를 주최한 교회의 젊은 목사 크리스 토마(Chris Thoma)가 바턴과 코넬리와 함께 무대에 서는 영광에 대해 언급하며 말문을 열었다. 토마는 그를 목회의 길로 이끈 사람이 바턴이고, 코넬리는 최근에 샌디에이고에서 열린 행사에서 알게 되었다고 했다. 나는 토마가 말하는 행사가 뭔지 알고 있었다. 그 행사는 트럼프를 "역사상 가장 도덕적인 대통령"이라고 묘사한 활동가 찰리 커크와 그의 조직인 터닝포인트유에스에이가 함께 주최한 첫 번째 "목사 수뇌 회의"였다. 코넬리는 그 행사에 온 힘을 쏟고 있었다. 바턴과 함께 일하는 것만으로도 문제가 있다고 느꼈지만, 기독교적 미덕을 증진하겠다는 캠페인을 벌이면서 커크 같은 사람과 손을 잡는 것은 더욱 부적절하고 위선적으로 느껴졌다.

코넬리는 청중에게 페이스윈스의 활동 범위가 매일 확대되고 있다고 발표했다. 그와 바턴은 올해 선거 기간에 미국회복투어를 통해 23개 주를 방문했으며 유권자 등록도 목표치에 근접하고 있었다. 이는 크리스 토마처럼 확고한 신념을 가진 목사들이 도와줘서 이룰 수 있었던 성과라고 코넬리는 말했다.

기회를 감지한 코넬리는 거기 모인 모든 사람에게 촉구하기로 결심했다. "여러분은 타협할 겁니까, 아니면 진리 편에 설 겁니까?" 코넬리의 말에 온 예배당이 술렁거렸다.

바턴이 발표를 시작하자 나는 예배당 뒤편에 있는 작은 방으로

슬그머니 빠져나왔다. 코넬리는 '진리 편에 선' 지역 목사 세 명을 나에게 소개하고 싶어 했다. 커다란 직사각형 접이식 테이블에 코넬리와 스털링하이츠의 메트로그리스도교회 목사 도널드 이슨(Donald Eason), 홀트의 커뮤니티믿음교회 목사 제프리 홀(Jeffrey Hall), 그리고 "랜싱 의회에서 일하는 전임 선교사"라고 자신을 소개한 도미닉 버크하드(Dominic Burkhard)가 앉아 있었다.

코넬리는 정치적 활동이 교회를 분열시키는 문제를 두고 우리가 어떤 이야기를 나눴는지 친구들에게 요약해서 설명하며 대화를 시작했다. 친구들이 자신을 지지해 주리라 기대했던 코넬리는 전국 수백 개 교회를 방문했지만 그런 현상을 본 적이 없다고 다시 한번 말하고 목사들에게 의견을 물었다.

"미시간 교회들에는 확실히 정치적 분열이 있습니다." 홀이 말했다.

이슨도 고개를 끄덕였다. "정치적 분열이 많이 있죠."

"코로나가 사람들 사이에 뚜렷한 의견 차이를 만들었죠." 홀이 말을 이었다. "사람들이 교회에 전화를 걸거나 이메일을 보내서 문을 열었는지 물어봤어요. 그들은 문을 닫은 교회에서 온 사람들이었고, 우리가 강경한 태도로 정부 방침에 대응하는지 알고 싶어 했죠. 저는 정부와 전쟁을 벌이고 싶지 않았습니다. 한 달 정도 문을 닫았어요. 저는 그저 하나님께 영광을 돌리고 싶었어요. 하지만 일부 사람들이 원하는 건 그런 게 아니었습니다."

나는 코넬리에게 정부와 전쟁을 벌이고 교인 수를 열 배로 늘린 플러드게이트교회 이야기를 상기시켰다. 우리가 앉아 있는 곳에서 불과 몇 킬로미터 떨어진 곳에 그 교회의 널찍한 새 단지가 있었다. 코넬리는 멍한 표정을 지었다. 익숙한 표정이었다.

"빌 볼린 이야기군요." 이슨이 끼어들었다.

나는 이슨에게 플러드게이트교회 목사를 어떻게 아는지 물었다.

"아, 볼린이야 잘 알죠." 이슨이 어색하게 웃으며 말했다. "저희 다 볼린 알아요."

코넬리는 여전히 볼린을 모른다고 주장했다. 그래서 다른 사람들이 그에게 설명해 주었다. 코로나 기간에 교회 폐쇄 명령에 불응한 것부터 순교자처럼 외치는 태도, 휘트머 주지사를 비난하며 공격한 것, 우파 정치인 및 활동가들과 동맹을 맺은 것 등등.

"글쎄요, 우리 그룹에서 그 사람은 유니콘 같은 존재일 겁니다." 코넬리가 말했다. "다른 목사들은 안 그래요. 저는 그런 목사를 본 적이 없습니다."

하지만 코넬리는 방금 샌디에이고에서 찰리 커크와, 그리고 그와 똑같은 성향의 여러 목사들과 함께 있었다. 교회 내에서 일어나는 혼란이 대부분 아래에서부터 시작된 것은 사실이다. 극단적 성향의 교인들이 정치적 활동을 충분히 하지 않는 목사에게 반발해서 생기는 경우가 많다. 그러나 점점 더 많은 보수적인 목사들이 플러드게이트교회에서 볼린이 했던 것과 똑같은 일을 하는 것 또한 사실이다. 그런가 하면 다른 한편에는 교회 예배당에서 미국회복투어를 개최하길 거부하는 목사들, 코넬리가 "타협하는 자들"이라고 부른 목사들이 있다.

우리는 원점으로 돌아가 오하이오 주의회 의사당에서 나눴던 대화를 다시 시작했다. 코넬리는 그때 나에게 목사들이 교회를 정치에 참여시키지 않아서 "우리가 실패했다"고 말했었다. 이제 그는 그 주장을 더 강하게 밀어붙였다.

"연구에 따르면, 사람들이 교회를 떠나는 가장 큰 이유는 교회가 자신들의 삶이나 사회 문제와 관련이 없다고 생각하기 때문입니다. 목사가 쟁점에 대해 생각하는 법을 가르쳐 주지 않는데 뭐하러 교회에 오겠습니까?" 코넬리가 말했다. "기독교는 문화에 스며들어야 합니다. 분리되면 안 돼요."

기독교가 문화에 스며들려면 낙태, 동성애, 트랜스젠더 등 우리 시대의 중요한 쟁점에 맞서 싸워야 한다고 코넬리는 주장했다. 나는 왜 항상 한정된 주제만 반복해서 나열하는지 코넬리에게 굳이 이유를 묻지 않았다. 이유야 뻔했다. 가난한 사람들을 돌보고 난민을 맞아들이고 부의 유혹을 거절하는 등 성경적으로 명명백백한 문제를 다루는 것으로는 선거철에 보수층을 자극할 수 없기 때문이다. (폭스뉴스에서 이런 명확한 성경적 문제를 도덕적 의무로 다루는 사례 역시 거의 없었다.)

사실 내게는 물어야 할 더 시급한 질문들이 있었다. 코넬리의 조직 이름이 "페이스윈스"(Faith Wins)인데, 대체 무슨 뜻일까? 믿음이 실제로 무언가를 상대로 이기거나 질 수 있는 것인가? 모든 것이 너무 하찮게 느껴졌다. 정말로 예수가 죽음을 이기셨다고 믿는다면, 선거에서 이기는 것에 집착할 이유가 대체 뭔가? 하나님에게 죄를 용서하고 영혼을 구원할 능력이 있는데, 우리가 왜 이 땅에서 권력을 잃는 것에 신경 써야 하는가? 그리고 예수가 우리에게 천국 시민권을 주셨는데, 우리가 왜 미국에 집착해야 하는가?

랜싱 의회에서 활동하는 로비스트이자 선교사 버크하드가 끼어들었다.

"사람들도 구원받아야 하고 미국도 구원받아야 합니다. 두 가지를 모두 원한다고 문제 될 게 전혀 없습니다"라고 그가 말했다. "미국을 구하려고 하는 것은 잘못된 일이 아닙니다. 누군가는 시도해야 합니다. 누군가는 미국을 구하려고 노력해야 합니다."

버크하드의 오른쪽에 앉아 있던 이슨은 동의하지 않는 듯 고개를 저었다. 이 주제에 관해 이야기를 하면 할수록 마음이 점점 더 불편해진다고 이슨은 고백했다. 이슨은 코넬리와 마찬가지로 기독교가 미국 좌파의 표적이 되고 있다고 믿었다. 그러나 그는 최근에 설교를 준비하다가 스스로 느끼는 바가 컸다고 말했다. 초기 기독교회의 독특함에 관한 설교였다. 이슨은 기독교인들이 세상의 유행을 거부함으로써 어떻게 영향력을 얻고 회심자를 얻었는지 회중에게 설명했다. 미국 복음주의자들이 이 전통을 공부하면 좋을 것이라고 이슨은 말했다.

"우리의 목표는 영혼을 구원하는 것이지, 미국을 구원하는 것이 아닙니다. 먼저 그 영혼들을 구원하지 않으면 미국을 구원할 수 없습니다. 이게 사실입니다." 이슨이 버크하드에게 말했다. "온종일 미국을 위해 싸울 수는 있겠지요. 하지만 여기 있는 사람들을 구하지 않으면 아무 의미가 없습니다."

나는 영혼을 구원하지 못하게 방해하는 가장 큰 장애물은 드래그 퀸* 공연이나 비판적 인종 이론이 아니라는 점을 지적했다. 믿지 않는 대중, 즉 복음주의자들이 전도해야 하는 바로 그 사람들 사이에 기독교인들은 이웃을 사랑하는 일보다 잃어버린 사회적 지위를 되찾는 일에 더 관심이 많다는 인식이 퍼진 것이 가장 큰 문제였다. 나는 내 고향 교회의 목사인 크리스 와이넌스가 복음주의자들에 대해 한 말을 전했다. "그들 중 너무 많은 사람이 미국을 숭배합니다."

코넬리는 믿기지 않는다는 표정이었다. 자신의 목사 친구들을 향해 몸을 돌리고 코넬리가 물었다. "저는 그런 경우를 본 적이 없는데, 여러분은 있나요?"

---

* 여성적인 의상을 입고 화려한 메이크업과 연출을 통해 여성스러움을 과장되게 표현하는 퍼포머를 말한다. 드래그 퀸 문화는 성별과 성 표현의 경계를 허물며, 예술과 퍼포먼스를 통해 다양한 메시지를 전달하는 중요한 문화 현상이다. 드래그 퀸은 주로 남성이지만, 성 정체성과는 무관하게 누구나 될 수 있다.

"아, 저는 봤어요." 홀이 말했다. "얼마 전에 한 목사가 강단에서 사람들에게 올해 가을에 민주당에 투표하면 미친 거라고 말했어요."

이슨도 비슷한 이야기를 했다. 나는 미국에서 가장 저명한 기독교 보수주의자 중 한 명인 남침례신학교 총장 앨버트 몰러(Albert Mohler)가 최근에 비슷한 말을 했다고 지적했다. 예외적인 이야기가 아니었다. 목사들과 교회 관계자들, 복음주의 지도자들은 공화당의 정치적 입장을 예수의 가르침과 동일시하도록 압박을 받고 있었고, 그 압박은 채드 코넬리 같은 사람들에게서 나오고 있었다.

그러자 완전히 당황한 코넬리는 목사들이 시사 문제를 정면으로 다루지 않으면, 그들이 돌보는 기독교인들이 "세속적인 정보원"에 의존해 정치적 견해를 형성할 것이라고 주장했다. 목사들이 정치에 대해 설교해야 기독교인들이 성경적 가치에 따라 투표할 수 있다고 했다. 내가 보기에는 완전히 잘못된 말이다. 목사들이 자신의 역할을 제대로 하면, 즉 말씀을 깊이 있게 가르치고, 신자들을 제자로 양육하며, 소셜 미디어와 토크 라디오보다 성경과 기도에 초점을 맞추면, 특정 정당을 지지하는 노골적인 설교를 하지 않아도 될 것이다. 신자들이 성경을 잘 알게 되면, 성경적으로 투표하는 법도 잘 알게 될 것이다.

코넬리는 고개를 이리저리 흔들며 말했다. "이런 일에 관여할 필요가 없을 정도로 제자 훈련을 잘하고 있다고 생각하는 목사가 있으면 한번 만나보고 싶네요. 그런 목사가 있다면 잘못 생각하는 겁니다. 심각하게 잘못 생각하고 있어요." 코넬리가 흥분해서 말했다. "저는 주일학교 반 아이들에게 말합니다. 사람들에게 예수님을 잘 전하고 있다고 말하지 마라. 왜냐하면 우리는 문화를 빼앗기고 있기 때문이다. 우리가 사람들에게 예수님을 잘 전하고 있다면, 지금처럼 문화를 빼앗기지는 않을 것이다."

승패에 대한 이런 집착은 많은 것을 드러낸다. 우리 뒷편 예배당에서는 한 무리의 기독교인들을 더 똑똑하고 더 힘 있는 시민으로 기르기 위해 설계된 한 시간짜리 강의가 막 끝난 참이었다. 이제 그들은 바턴이 제공한 정보를 가지고 코넬리의 지시에 따라 미국 정치 전장의 참호로 돌격해야 했다.

하지만 '어떻게' 싸워야 하는지에 대한 지침은 없었다. 어떻게 올바르게 승리해야 하는지에 대한 가르침도 없었다. 존 딕슨이 설명한 "잘 잃는 법"에 대한 교훈도 없었다. 이것은 당연히 의도된 것이다. 코넬리와 바턴 같은 사람들에게 지는 것은 선택지에 없었다. 코넬리는 언젠가 내게 "상황이 너무 절박해서" 적에게 어떤 양보도 할 수 없다고 말했다.

달갑지 않은 동맹이라도 맺어야 했다. 비열한 전술이라도 받아들여야 했다. 기독교적 가치를 지키는 첫 번째 단계는 기독교적 가치를 포기하는 것이었다.

9장

★★★

혐오의 길:
거짓이 낳은 킹메이커

"두 사람은 사람들이 무슨 말을 듣고 싶어 하는지
귀신같이 알아차리는 재능과 그 말을 내뱉을 수 있는
뻔뻔함을 겸비한 무법자이자 양심 없는 사기꾼이었다."

"너희가 악한데, 어떻게 선한 것을 말할 수 있겠느냐?"(마태복음 12:34)

예순한 살인데도 랠프 리드(Ralph Reed)의 구릿빛 피부에는 주름 하나 없었다. 정갈하게 가르마를 탄 머리는 갈색빛을 그대로 간직하고 있었고 소년 같은 분위기마저 풍겼다. 너무나도 경쾌하고 활기찬 모습에 감탄하다가도 또 그것이 너무 부자연스러워 약간 의심스러울 정도였다.

이날은 리드의 신앙과자유연합이 주최한 연례 심포지엄 '다수로 가는 길'의 셋째 날이자 마지막 날이었다. 지난 48시간 동안 정치인들과 복음주의 지도자들이 연단에 올라 미국에서 기독교인들이 공격받고 있다고 경고하며 울부짖고 이를 갈았다. 이들은 참석자들(그리고 폭스뉴스 실시간 스트리밍 서비스를 통해 집에서 시청하는 사람들)에게 2022년 중간 선거에서 공화당에 투표해 세속주의의 점령을 종식시키자고 촉구했다. 11월까지는 이제 다섯 달 남았고, 만약 민주당이 계속해서 나라를 이끌면 우리는 절대 나라를 되찾지 못할 것이라고 했다.

그런데 이곳에서 이른바 '기독교 미국'*의 장례식을 주재하는 사람은 유명 디자이너가 만든 줄무늬 정장에 보라색 넥타이와 같은 색 포켓 스퀘어를 갖춰 입고, 양손에는 반짝이는 반지를 끼고, 손목에는 50센트 크기의 커프스단추를 착용하고 결혼사진에서나 볼 법한 미소를 지은 채 팔을 뻗으며 좋은 소식을 상기시켰다. "우리는 이 이야기가 어떻게 끝날지 알고 있습니다!" 리드는 심포지엄 첫날 신도들에게 이렇게 선언했다. 기독교인들은 절대 낙담해서는 안 된다는 점과 미국에서 우리가 겪는 고통에도 불구하고 하나님이 우주를 주관하신다는 사실을 상기시키려고 한 말이었다고 리드는 나중에 내게 설명했다. 나는 그가 그 말을 진심으로 믿고 있다고 생각했다. 하지만 그가 미소를 짓는 이유는 그 믿음 때문이 아니란 것도 알고 있었다.

지난 30년 동안 미국 기독교인들의 정치적 인식을 형성하고 동원하고 조종하는 측면에서 랠프 유진 리드 주니어만큼 많은 일을 한 사람은 없었다. 해군 아버지를 둔 그는 버지니아에서 태어나 플

---

* 미국이 기독교적 전통과 가치관을 중요하게 여기는 사회라는 의미로, 기독교 신앙이 미국 사회와 문화, 정치에 큰 영향을 미친다는 점을 강조하는 표현이다.

로리다에서 자랐으며 조지아에서 교육을 받았다. 그리고 워싱턴 D.C.에서 성인으로서 중요한 시기를 보냈다. 특히, 로널드 레이건 대통령 집권 초기에 그로버 노퀴스트(Grover Norquist)와 잭 애브라모프(Jack Abramoff) 같은 영향력 있는 젊은 보수주의자들과 어울리며 경험과 인맥을 쌓았다. 공화당에서 빠르게 승진하며 스스로 인정한 바와 같이 어떠한 더러운 일도 마다하지 않았다. 그러다 1980년대 중반, 예수를 영접하기로 기도한 후 중대한 결단을 내려야 했다. 피비린내 나는 당파 정치의 세계에 계속 머물 것인지, 아니면 학계처럼 좀 더 안정적이고 점잖은 일에 헌신할 것인지 선택해야 했다. 한동안은 계속 공화당에서 일하면서 미국사 박사 학위를 취득하기 위해 학업을 병행했다. 사실, 팻 로버트슨(Pat Robertson)과 우연히 만나기 전까지만 해도 학문에 전념할 생각이었다.

1989년, 한 해 전 공화당 예비 선거에 참여했다가 떨어진 텔레복음 전도자 로버트슨이 조지 H. W. 부시 대통령의 취임식에서 리드를 한쪽 구석으로 데려갔다. 로버트슨은 리드에게 공화당의 영적 퇴보가 걱정된다고 털어놓았다. 그는 제리 팔웰을 좋아하지 않았고, 사실 몇십 년 동안 그와 라이벌 관계였다. 그러나 로버트슨은 팔웰이 모럴머조리티를 통해 쌓아 올린 영향력을 존중했다. 이제 팔웰은 그 조직을 해체하고 있었고, 레이건의 종교적 우파 동맹들은 다른 일에 몰두하고 있었으며, 부시 대통령은 복음주의자들을 소외시킬 가능성이 커 보였다. 로버트슨은 앞으로 다가올 새로운 10년 동안 복음주의 운동의 정치적 영향력을 극대화하기 위해 모럴머조리티보다 더 많은 자금을 모을 수 있고 더 정교한 전략을 세울 수 있는 조직을 새로 출범시킬 기회를 감지했다. 리드는 집으로 돌아가 그런 조직에 대한 비전을 자세히 설명하는 메모를 작성했다. 그렇게 해서 기독교연합이 탄생했다. 설립은 로버트슨이 했지만, 실제 지휘는 로버트슨이 아니라 리드가 맡았다.

리드는 기독교연합을 거대한 조직으로 만드는 데 시간을 낭비하지 않았다. 워싱턴 D.C.에서 쌓은 인맥을 활용하여 K 스트리트*와 국회의사당에서 전략적 동맹을 맺었고, 정당 관계자들을 놀라게 할 만큼 많은 자금을 모았다. 유권자 정보 데이터베이스를 구축하고, 유명 목사들과 친분을 쌓고, 주(州) 및 지역 지부를 설립했다. 그리고 이와 동시에 기부자, 기자, 정치인 모두를 매료시킬 이야기를 만들어 냈다. 리드는 앞서 모럴머조리티를 만든 선배들보다 '언더독 스토리'의 힘을 더 잘 이해했다. 리드는 기독교연합을 현재 진행 중인 풀뿌리 운동으로 포장했다. 그는 복음주의자들이 더 이상 구태의연한 정치 게임에 만족하지 않고 완전히 새로운 게임을 만들 것이라는 점을 알리고자 했다. 기독교연합은 선거구 책임자 선출부터 전국 당 대의원 선출까지 공화당을 장악하고, 나아가 미국 선거 과정을 장악할 계획이었다. 그리고 리드는 이 목표를 달성할 방법을 알고 있는 유일한 사람이었다. 1991년 노퍽에 기반을 둔 일간지 〈버지니안-파일럿Virginian-Pilot〉과의 인터뷰에서 "제가 쓰는 전략은 게릴라전입니다"라고 리드는 말했다. "얼굴에 검은 칠을 하고 밤에 움직이죠. 시체 가방에 들어가기 전까지 상대방은 전쟁이 끝난 줄도 모릅니다."

타이밍이 절묘했다. 복음주의자들은 1980년대에 자신들이 지지하는 정책들을 성공적으로 추진했음에도 불구하고 공화당의 기존 권력층이 필요할 때만 자기들을 이용하고 필요 없어지면 무시한

---

*   워싱턴 D.C.에 있는 거리로 로비스트, 이익 단체, 컨설팅 회사, 법률 회사, 다양한 비정부 기구 사무실이 밀집해 있다. 미국 로비 산업을 대표하는 상징적인 용어로 사용된다.

다는 불만을 늘 품고 있었다. 그들은 공화당 체스판의 졸에 불과했다. 하지만 더 이상은 아니었다. 기독교연합은 복음주의자들이 조직화되고, 힘을 얻고, 동시에 분노하게 만들었다. 리드는 공화당에 이 유권자들이 필요한 것이지, 유권자들에게 공화당이 필요한 것이 아니라고 주장했다. 1992년 빌 클린턴의 당선을 거론하며 공화당이 얼마나 목적이 없고 영적으로 공허한지를 설명한 리드는 믿음이 없는 정당을 구원할 이는 진정한 신자들뿐이라고 주장했다. 1994년, 뉴트 깅그리치(Newt Gingrich)의 지휘 아래 공화당이 40년 만에 처음으로 하원에서 다수당이 되자, 이제 공화당 내 온건파가 보수적인 복음주의자들에게 자신들의 요구를 강요하거나 지시하는 것이 아니라 그 반대가 되었다. 수십 명의 우파 복음주의자가 하원의원으로 선출되었고, 이들의 주요 목표는 정부의 권한을 제한하고 유대-기독교적 가치를 미국 사회에 복원하는 것이었다. 순서는 중요하지 않았다. 두 가지 목표 다 똑같이 중요했다. 이듬해, 〈타임〉 지는 "하나님의 오른손"이라는 헤드라인과 함께 리드를 표지에 실었다. 그때 리드의 나이가 서른세 살이었다.

거의 30년이 지난 후, 그의 경력을 되짚으며 함께 앉아 있자니 리드가 미소를 짓는 이유를 알 것 같았다. 그는 정말로 여러 면에서 이 이야기가 어떻게 끝날지 알고 있었다. 리드는 자신이 상상했던 미래의 모습이 지금 우리가 보고 있는 장면과 비슷하다는 것을 깨달았다. 수천 명이 정치 연설 중간중간 찬송가를 부르고, 스포트라이트 조명이 분주하게 움직이고, 우렁찬 소개 음악이 울려 퍼졌다. 연회장은 사람들로 가득 찼고 연설이 끝날 때마다 기립 박수가 터져 나왔다. 반지에 입을 맞추는 대통령과 자신의 차례를 기다리는 예비 대통령 여럿이 한자리에 있었다. 어느 정당이 선거에서 이기든 복음주의자들은 이제 미국 정치의 주변부로 돌아가지 않을 것이다.

'기독교 미국'을 위한 캠페인은 신앙인으로서 그들의 정체성의 중심이 되었다. 그리고 리드는 권력을 되찾기 위해 애쓰는 것이 권력을 손에 쥐는 것보다 더 짜릿하다는 점을 알고 있었다.

"얼굴에 미소를 띠고 걸어 다니며 서로 껴안고 포옹하는 저 많은 사람을 좀 보세요. 다 잘 될 거라는 걸 모두가 아니까 이런 기쁨의 기운이 넘치는 겁니다." 리드가 내게 말했다. "아까 말했듯이 우리는 이 이야기가 어떻게 끝날지 알고 있습니다."

아니 어쩌면, 내가 리드에게 말했듯이, 저들이 껴안고 포옹하는 이유는 이번 선거 시즌에 공화당이 기세를 떨치고 있고 11월에는 공화당이 대승을 거둘 가능성이 크기 때문일지도 모른다.

리드는 환하게 웃으며 대답했다. "맞아요. 그런 이유도 있죠."

★ ★ ★

'다수로 가는 길' 행사를 이번에 처음 참석한 것은 아니다. 보수정치행동회의 같은 다른 우파 정치 축제들과 달리, 리드가 이끄는 이 모임은 대체로 진지한 분위기를 갖추고 있다. 무엇보다 조직 명칭에서도 '신앙'이 '자유'보다 앞에 있다. 리드는 자신이 설교자가 아니며 이 행사는 교회 예배가 아니라는 점을 항상 강조했지만, '다수로 가는 길' 행사는 일반적인 공화당 행사보다 조금 더 진지하고 훨씬 덜 공격적인 분위기였다.

그러나 올해는 달랐다. 첫 번째 연설을 맡은 활동가 리오 테렐 (Leo Terrell)이 "좌파가 우리의 자유를 빼앗고 … 예배를 방해하려 합니다"라고 경고할 때부터 심상치 않았다. 노골적인 종말론 분위기가 감돌았다. 이번 행사는 단순히 정책 차이를 토론하거나 특정 가치를 회복하기 위해 기도하는 자리가 아니었다. 이 콘퍼런스의 목적은 첫째로 어둠의 세력, 즉 민주당과 딥스테이트 관료들, 기업 엘리트들과 할리우드 악당들이 미국에서 기독교를 표적으로 삼고 있다는 점을 참석자들이 확실한 사실로 받아들이게 하고, 둘째로 그것이 성공하면 하나님의 백성들을 선동하여 반격하게 하는 것임이 분명해졌다.

"우리는 그들이 우리의 나라를 빼앗게 놔두지 않을 겁니다"라고 공화당 전국위원회 위원장 로나 롬니 맥대니얼(Ronna Romney Mc-Daniel)이 선언했다.

"우리는. 기도. 해야. 합니다"라고 맥대니얼은 단어 하나하나에 힘을 주었다. 그리고 이렇게 덧붙였다. "왜냐하면, 우리는 11월에 승리해야만 하기 때문입니다."

나는 사흘 동안 기독교인들이 기도하는 모습을 지켜보았다. 그들은 하나님의 뜻이 이루어지기를, 그들의 잘못을 용서해 주시기를, 또는 유혹에서 벗어나기를 기도하는 것이 아니었다. 다가오는 선거에서 "붉은 물결"이 일어나기를 기도하고 있었다. 이 기도가 부정직한 이유는 그저 정치적 목적으로 하는 기도임에도 불구하고, 마치 영원한 중요성을 지닌 종교적 의미가 담긴 기도처럼 보이게 한다는 점이었다.

"우리는 하나님 군대의 군사이며 조국을 지키는 영적 전쟁에 함께 참여하고 있습니다. 선택지는 두 가지뿐입니다. 맞서 싸울 것인가, 그냥 패배할 것인가." 노스캐롤라이나 하원의원 후보인 보 하인즈(Bo Hines)가 말했다. 하인즈는 군중에게 어느 쪽을 선택할 것인지 물었다. 청중의 함성이 기대했던 수준에 도달하자 하인즈는 이렇게 외쳤다. "우리는 종교의 자유를 지키기 위해 싸울 것입니다. 그리하여 우리가 유일하신 참 하나님을 예배할 수 있도록!"

트럼프 대통령의 국제종교자유대사를 역임한 전 캔자스 주지사 샘 브라운백(Sam Brownback)이 하인즈의 뒤를 이어 무대에 올랐

278 　　　　　2부 권력

다. 그는 동성 결혼에 반대하는 입장을 설명하기 위해 성경 구절을 인용한 핀란드 정치인이 "형사 기소당했다"고 말했다. 다음에는 이 러한 박해가 미국에서 "우리에게 다가올 것"이라고 단언하자 청중은 웅성거렸다.

브라운백은 그 후 상황을 추가로 설명하지 않았다. 예를 들어, 핀란드 검찰이 그 정치인에게 벌금을 부과하려 한 것이지 투옥하려 한 것은 아니었다는 점이나, 핀란드 법원이 만장일치로 모든 혐의를 기각했다는 점, 이 사건이 전 세계 민주주의 국가에서 표현의 자유 조항이 여전히 견고함을 강조하는 역할을 했다는 점 등을 설명하지 않았다. 대신 브라운백은 연단을 두드리기 시작했다. "우리는 반격해야 합니다!" 브라운백의 말을 듣고 청중들이 자리에서 벌떡 일어났다.

내슈빌에 모인 이 다수의 사람은 '평화의 왕'을 경배한다고 주장했지만, 갈등이 언급될 때마다 함성을 질렀다. 일부는 다른 선택지가 없어서 '반격하자'는 이 강력한 주장에 마지못해 동의하는 것처럼 보이려고 애썼다. 예수 추종자들이 다른 미국인들이 누리는 헌법적 보호를 더 이상 받지 못하고 있으므로("정부는 우리를 보호하기 위해 존재합니다. 그런데 정말 그런가요?"라고 폭스뉴스 진행자 제닌 피로가 무대에서 의미심장하게 물었다) 이제 기독교인들이 스스로 문제를 해결할 때가 되었다고 일부 연사는 말했다.

"여러분 중 미국을 사랑하는 사람이 얼마나 되나요? 아멘으로 답하세요!" 애틀랜타의 목사이자 오랜 보수 활동가 리처드 리(Rich- ard Lee)가 외쳤다.

청중은 한목소리로 외쳤다. "아멘!"

"우리는 자기밖에 모르고 정신적으로 결함이 있는 노인네를 백악관에 모시고 있습니다." 리가 말을 이었다. "어떤 사람들은 그가 자신이 무슨 일을 하고 있는지도 모른다고 말하지만, 알고 있습니다. 왜냐하면 그는 사악하기 때문이죠. 그는 사악합니다. 단지 다른 철학을 따르고 있는 것이 아닙니다. 그는 사악합니다. 그 사람 밑에 있는 모든 직원이 사악합니다. 그들 모두 괴짜들입니다."

우레와 같은 박수를 받으며 리는 기독교인들이 나라를 구하고, 사악한 괴짜들의 음모를 깨부수고, 자신의 권리를 재확립하고, 정부의 통제권을 되찾아야 할 때라고 주장했다.

"감사하게도, 내년 1월쯤에는 그 노인네가 수갑을 차고 사라질 것 같습니다"라고 리는 결론지었다.

리가 콘퍼런스에 참석한 다른 많은 사람들처럼 트럼프가 대통령직에 복귀할 날이 임박했다고 보는지는 분명하지 않았다. (한 패널 토론에는 2020년 대선에서 트럼프가 승리했을 뿐만 아니라 여전히 미국의 비밀 대통령이며 "지구를 위해 하나님이 세운 대통령"이라고 선언한 큐어넌 음모론자이자 자칭 "예언자" 조니 엔로우가 참석했다.) 텍사스주 하원의원 루이 고머트(Louie Gohmert)는 평소 이성적이지 않은 발언을 자주 하는 사람임에도 불구하고 트럼프가 백악관에 메시아처럼 다시 돌아올 것이라는 기대에 잠시 반기를 드는 것처럼 보였다.

"우리의 희망은 에어포스원을 타고 오지 않을 겁니다"라고 고머트는 말했다. "하지만 우리가 학교에서 다시 도덕을 가르치고 종교적인 가치를 교육하지 않는다면, 우리는 쇠퇴의 길로 접어들 것입니다."

그 후 고머트는 종교 집회의 자유와 표현의 자유 같은 가장 소중한 자유가 정부 내 부정직한 사람들에 의해 짓밟히고 있다고 경고했다. 불과 2주 전, 트럼프 행정부 관료가 기소된 일을 두고 "공화당원이면 의회나 FBI 요원에게 거짓말을 하면 안 된다. 고깟 거짓말로도 기소당할 수 있다"라고 불평했던 사람이 한 말이라고 믿기 힘든 발언이었다.

고머트는 독설에 가까운 연설을 마치며 하나님에게 받은 많은 복에 감사하다가 "메릭 갈런드(Merrick Garland)가 대법원에 있지 않은 것"도 복에 포함시켰다. (천지를 창조하신 분께서도 공화당 상원의원들이 오바마가 지명한 사법부 후보를 막은 것에 분명 안도하셨을 것이다. 암, 그렇고말고.)

행사가 진행될수록 분위기는 점점 더 기묘해졌다.

어느 오후, 커피와 페이스트리를 파는 임시 매장 키오스크 앞에서 줄을 서서 기다리는데 내 뒤에 있던 여자가 스타벅스 커피가 제공되는 것을 보고 혐오감을 표출했다. "걔네는 아기 인육을 커피에 넣어." 그녀가 친구들에게 말했다. (그들은 줄을 서서 병에 든 물을 샀다.) 저녁에는 연회장에서 공동 예배를 드리는 시간에 무대에 오른 가수 한 명이 예수가 "가짜 뉴스" 때문에 십자가에 못 박혔다고 주장했다. '히스패닉계의 정치 성향 변화'에 관한 패널 토론이 끝날 무렵, 리드의 직원 중 한 명인 사회자는 "하나님이 히스패닉 공동체에서 일하고 계십니다. 그래서 그들이 오른쪽으로 향하고 있는 겁니다. 왜냐하면 하나님은 옳으(우파)시니까요."*라고 결론지었다.

스텔라 이매뉴얼(Stella Immanuel)도 패널로 참석했다. 팬데믹 기간에 말라리아 치료제인 하이드록시클로로퀸으로 코로나19를 치료할 수 있다고 주장하여 소셜 미디어에서 유명해진 텍사스의 소아과 의사다. "사회적 영향력"을 주제로 토론하는 자리에서 이매뉴얼은 백신과 '짐승의 표'에 관한 기괴한 독백을 시작하여 동료 패널들까지 불편해하며 몸을 뒤틀게 만들었다. 나이지리아에서 의학 학위를 취득한 이매뉴얼은 휴스턴 외곽에 있는 작은 상가 건물에서 의원을

---

* '오른쪽의', '옳은', '우파'를 뜻하는 'right'의 중의적 의미를 이용한 말장난이다.

운영했으며, 바로 옆에는 그녀가 목회하는 불의능력교회가 있었다. 이매뉴얼이 극우파에 끼친 영향은 이미 잘 알려져 있다. 윌 서머(Will Sommer) 기자가 보도한 바에 따르면, 이매뉴얼은 "의료 및 기타 문제에 관해 기괴한 주장을 해 온 전력이 있었다." 그중에는 "낭종과 자궁내막증과 같은 부인과 문제는 사실 사람들이 꿈에 악마나 마녀와 성관계를 해서 생긴다. … 현재 외계인 DNA가 치료에 사용되고 있다. … 정부는 인간이 아닌 '파충류'와 다른 외계인들에 의해 부분적으로 운영된다"는 주장이 있다.

이매뉴얼은 이런 기괴한 주장을 펼치고도 '다수로 가는 길' 콘퍼런스에 초대되었다. 전시장 안 이매뉴얼이 운영하는 부스에는 수면 보조, 면역 지원, 식이 건강에 도움이 된다고 주장하는 알약 병, 크림, 스프레이 등의 의약품이 피라미드 형태로 진열되어 있었다. 브랜드가 없는 제품들로 '닥터스텔라'라는 작은 로고만 붙어 있었다. 간이 약국 옆에는 이매뉴얼의 책 《미국을 살리자 Let America Live》가 탑처럼 쌓여 있었다. 오순절 계열의 대형 출판사 카리스마미디어에서 출판한 책이었다. 테이블 앞에 걸려 있는 흰색 티셔츠에는 미국 국기 위에 전투 도끼 두 개를 교차시킨 그림이 그려져 있었고, 양옆에는 피가 뚝뚝 떨어지고 있었다. "나는 하나님의 전투 도끼이자 전쟁 무기입니다"라는 문구도 파란색으로 적혀 있었다. 아래에는 닥터스텔라 로고와 구약 성경 예레미야서에서 따온 문장이 박혀 있었다.

이런 주제들(애국심과 신성한 사명, 민족주의와 무자비한 정복)은 콘퍼런스 홀 곳곳에서 접할 수 있었다. 흰색 권총으로 장식된 검은 깃발도 보았는데 거기에는 "하나님과 총과 트럼프"라는 글자가 적혀 있었다. 그 깃발은 높이 비상하는 독수리와 장전된 권총이 그려진 장식용 번호판 옆에서 판매되고 있었다. 번호판에는 "하나님과 권총과 배짱이 미국을 만들었다. 이 세 가지를 모두 지키자"라고 적혀 있었다.

2부 권력

《미국 최초의 성경 *The First American Bible*》을 할인해서 149.99달러에 파는 테이블 옆쪽에는 "두려움을 이기는 신앙", "이제부터 전쟁이다" 같은 구호가 적힌 티셔츠들이 걸려 있었다. 가장 잘 팔리는 티셔츠는 색상이 일곱 가지나 되어서 취향대로 고를 수 있었다. 그 티셔츠에는 보수파들이 "퍽 조 바이든" 대신 사용하는 은어인 "렛츠 고 브랜든"이 적혀 있었고, #FJB라는 해시태그도 포함되어 있어서 어떤 변명도 불가능하게 만들었다.*

부스를 운영하는 데이브 클러큰(Dave Klucken)에게 조지아주 로건빌에서 여기까지 온 계기를 물었더니, "미국이 하나님을 빼앗겼으니까요"라고 대답했다.

정말로 #FJB가 하나님을 되찾는 적절한 방법이라고 생각하냐고 물었더니 클러큰은 어깨를 으쓱했다. 그리고 "사람들이 계속 찾으니까 파는 거죠"라고 둘러댔다. "사람들이 원하는 것을 줘야죠."

불과 5~6년 전만 해도, 복음주의 정치 브랜드에 대한 논란이 커지고 있을 때조차, 기독교와 관련된 행사에서 이런 저속하고 폭력적인 상징이 등장했으면 충격적인 사건으로 여겼을 것이다. 그러나 랠프 리드는 전혀 개의치 않았다. 리드는 사람들이 원하는 것을 주고 있었다. 그들에게 도널드 트럼프를 주고 있었다.

★ ★ ★

'다수로 가는 길' 콘퍼런스에서는 많은 목사가 연설했다. 내 오랜 논

---

*   2021년 10월, 나스카 경주 우승자인 브랜든 브라운과의 인터뷰 중에 관중들이 "Fuck Joe Biden"을 외쳤는데, 이를 NBC 스포츠 리포터가 잘못 알아듣고 "Let's Go Brandon"이라고 발음한 데서 유래했다. 이 사건 이후 "렛츠 고 브랜든"은 보수 진영에서 바이든 대통령을 비판하는 구호로 빠르게 퍼져 나갔다.

쟁 상대인 댈러스제일침례교회의 로버트 제프리스 목사도 그중 하나였다. 제프리스는 옛날에는 소금을 방부제로 사용했다면서 예수는 실제로 더 많은 영혼이 구원받을 수 있도록 기독교인들이 미국을 조금 더 오래 보존해 주길 원하신다고 주장했다. 조지아주 게인즈빌의 프리채플교회 젠테젠 프랭클린(Jentezen Franklin) 목사는 "우리의 적"에게 대항하자며 전투적인 어조로 저항과 행동을 촉구했다. 특히, 어린이 탈의실에 침입한다는 드래그 퀸들에게 대항해야 한다고 강조했다. 그리고 베이비부머 세대 청중에게 다음 세대 복음주의자들이 문화 전쟁을 이어 갈 수 있도록 그들이 앞장서 교육하고 지원해야 한다고 간청했다.

그러나 수많은 목사가 있어도 이 행사에서 경건한 존재로 대우받은 유일한 사람, 트럼프와 동급의 존경을 받은 유일한 인물은 전 대통령의 영적 고문이었던 폴라 화이트(Paula White)였다.

화이트가 복음주의 공동체에서 누구보다 큰 영향력을 갖게 된 과정을 이해하려면, 트럼프가 공화당을 장악한 과정을 살펴보아야 한다. 두 사람 다 자신의 권위를 정당화할 수 있는 정규 교육(화이트는 신학, 트럼프는 법학이나 행정학)을 받지 못했다. 둘 다 여러 번 결혼 생활에 실패했고 불륜 스캔들에 휘말렸다. 둘 다 법적·윤리적·재정적 부정행위로 인해 회복이 안 될 정도로 평판이 땅에 떨어질 뻔했지만, 어떻게든 더 추앙받는 위치로 다시 부상했다. 두 사람은 사람들이 무슨 말을 듣고 싶어 하는지 귀신같이 알아차리는 재능과 그 말을 내뱉을 수 있는 뻔뻔함을 겸비한 무법자이자 양심 없는 사기꾼이었다. 트럼프는 사람들에게 이상적인 미국에 대한 향수(鄕愁)를 파는 법을 알고 있었다. 하지만 화이트는 그보다 더 좋은 것을 팔고 있었다. 바로 번영의 복음이다.

번영의 복음은 "건강과 부의 복음"으로도 알려져 있다. 화이트가 설교하는 번영의 복음은 단순하다. 사람이 더 큰 믿음을 보일수록 하나님은 그에게 물질적 편안함을 더 많이 제공하신다. 믿음을 가장 생생하게 드러내는 길은 무엇일까? 물론 돈을 기부하는 것이다. 교회와 텔레복음 전도자, 관련 기독교 사업체에 돈을 기부하면 된다. 이는 비주류의 견해가 절대 아니다. 물론 오순절 교단도 포함되지만, 오순절 교단에만 국한되지 않는 많은 은사적 복음주의 운동이 번영의 복음을 지지한다. 하나님이 믿음을 통해 우리를 영원한 저주에서 구원하신다면, 바로 그 신앙이 이 땅의 가난과 질병으로부터 우리를 구원할 것이라고 생각한다.

성경에는 번영의 복음과 명백히 모순되는 내용이 무수히 많다. 예수가 믿음이 충분하지 못해서 무일푼으로 살다가 로마의 십자가에 못 박히는 것으로 생을 마감했다는 말인가? 하지만 부유한 미국인들에게 번영의 복음은 충분히 매력적이다. 번영의 복음은 역설계가 편리하다. 신앙 부분은 잊어라. 돈이 많다면 분명 하나님이 축복하신 것이고, 하나님이 축복하셨다면 당신은 분명히 경건한 삶을 살고 있는 것이다. 화이트는 1990년대 초부터 이 속임수를 이용해 왔다. 그 덕분에 스타들의 영적 멘토가 되었고, 끝없이 많은 돈을 벌었으며, 한때는 미국에서 남달리 부유한 사람들과 교류할 수 있었다. 화이트는 자신이 트럼프를 기독교로 개종시켰다는 소문을 여러 번 부인했지만(화이트는 트럼프가 어린 시절부터 신앙인이었다고 주장한다), 트럼프의 종교적 조언자로서 역할을 즐겼다. 트럼프의 복음주의자문위원회를 주재했으며, 취임식에서 기도를 올렸고, 백악관에서 기도 모임을 이끌었으며, 미국 대통령과 직접 소통할 수 있는 위치에 올랐다. 화이트를 21세기에 정치적으로 가장 성공한 목사라고 부르는 것은 절대 과장이 아니다.

화이트가 신앙과자유연합 콘퍼런스에서 연설할 차례를 기다리고 있을 때, 이 조직의 전무 이사 티모시 헤드(Timothy Head)는 화이트를 현대판 성경 영웅으로 묘사했다. 선지자까지는 아니더라도 적어도 에스더, 다니엘, 모르드개와 같은 구약의 거인들에게 견줄 만한 인물이라고 했다. 배후에서 권력을 모아 "국가의 운명을 바꾸고" 이 땅에서 하나님의 뜻을 이룬 사람들과 어깨를 나란히 할 만한 그런 인물이라고 했다. 잠시 후 무대에 오른 화이트는 열광적인 박수에 손사래를 쳤다. 화이트가 내슈빌에 온 이유는 더 위대한 사람이 온다는 사실을 알리기 위해서였기 때문이다.

"저는 진리를 옹호하고 이 땅에서 선을 행하기 위해 이렇게 혹독한 비판을 받은 가족이나 사람을 이제껏 본 적이 없습니다." 화이트가 청중에게 말했다. 그리고 트럼프를 다윗 왕에 비유하며 그런 가혹한 공격을 잘 견뎌 낸 것은 "영적 강인함" 덕분이라며 칭찬했다. 그리고 트럼프 지지자들에게도 앞으로 비슷한 용기가 필요할 것이라고 경고했다.

"지금 우리가 사는 미국은 트럼프 대통령 시절과 전혀 다릅니다"라고 화이트는 선언했다. 날이 갈수록 상황이 나빠지고 있다. 이 약속의 땅은 곧 구제 불능이 될지도 모른다. 하나님을 경외하는 사람이라면 무엇을 해야 할까?

"정치는 중요합니다"라고 화이트는 말을 이었다. "그냥 주저앉아서 한 무리의 사람들이 나라의 운명을 좌지우지하도록 내버려 둘 수 없습니다. … 저는 우리가 일어나서 하나님이 우리에게 맡기신 책임을 다해 이 나라를 최선의 상태로 되돌려야 한다고 믿습니다."

화이트는 특별한 눈짓이나 고갯짓 없이도 분연히 일어선 한 사람이 있음을 분명히 했다. 부당하게 권좌에서 쫓겨났지만, 그가 복귀할 날이 다가오고 있었다.

트럼프가 게일로드오프리랜드리조트 연회장에서 무대에 오르자 리 그린우드의 〈하나님이 미국을 축복하시네〉가 흘러나와 열정적인 애국자들의 심금을 울렸다. 기대감이 한껏 고조되었다. 트럼프 전 대통령은 18개월 전 불쾌하게 퇴임한 이후 이례적으로 조용히 지내고 있었다. 트럼프 관련 뉴스가 끊임없이 쏟아지고 있어서 평소와 다른 이런 행보가 더 눈에 띄었다. 트럼프가 내슈빌에 왔을 때, 케이블 뉴스 분할 화면 한쪽에서는 '다수로 가는 길' 행사가, 다른 한쪽에서는 1월 6일 국회의사당 습격에 대한 의회 특별 조사가 중계되고 있었다. 트럼프가 연설을 시작하기 전에 미국 국민들은 존경받는 보수 판사 J. 마이클 루티그(J. Michael Luttig)의 충격적인 증언을 들었다. 루티그는 트럼프와 그의 동맹들을 가리켜 "미국 민주주의에 대한 현존하는 명백한 위협"이라고 칭했다. 트럼프 전 대통령은 여러 관할 구역에서 각종 부정행위로 조사를 받고 있었다. 최근에는 정치 전문 매체 〈폴리티코〉가 낙태를 합법화한 로 대 웨이드 판결을 뒤집을 가능성이 있는 대법원 결정 초안을 공개했다. 낙태 반대 운동가들에게 이것은 50년 만에 얻은 매우 중요한 성과였다. 한편, 내부 인사들은 트럼프가 곧 2024년 대선 출마를 선언할 것이라고 예고하고 있었다. 그리고 복음주의자들은 여전히 트럼프가 굴리는 정치 기계의 가장 충성스러운 톱니바퀴였다. 연회장에 모인 사람들은 다들 소곤거렸다. "트럼프가 이 행사에서 선거 운동을 시작할까요?"

연설은 실망스러웠다. 출마 선언은 없었다. 우리 생애 가장 생명 옹호적인 대통령이라더니, 대법원 결정 초안 유출 사건도 그냥 지나가는 말로 언급한 것이 전부였다. 트럼프는 1월 6일 사건이 과장되었다고 불평하고, 조사는 정당하지 않다고 말하고, 자신을 반대하는 공화당원들을 "악랄한 패배자"라고 불렀다. 트럼프는 불안해 보였고, 마치 히트곡을 연주하는 데 지친 음악가처럼 지루해 보이기까지 했다. 관중들도 불안해 보였다. 그러다가 트럼프는 전 부통령을 언급했다.

"마이크 펜스는 위대해질 기회가 있었습니다. 솔직히 말하면, 역사적 인물이 될 기회가 있었어요." 트럼프는 얼굴을 찡그리며 말했다. "나는 그를 좋아해요. 그래서 이런 말을 하는 게 슬프지만, 마이크에게는 행동할 용기가 없었습니다."

펜스의 이름이 나오자 관중들은 야유를 보냈다. 전 대통령은 전 부통령을 계속 공격했고, 관중들은 계속 야유를 보냈다. 그 후 5분 동안, 그리고 2021년 1월 6일에 두 사람이 갈라선 이후 처음 공개적으로, 트럼프는 펜스가 그날 조 바이든의 당선을 공식화했다며 맹비난했다. 트럼프는 주(州)에서 보낸 선거인단 표를 공식적으로 집계하는 헌법적 의무를 벗어 던지지 못했다며 전 부통령을 "로봇"이라고 조롱했다. 두 사람을 계속 권좌에 앉혀 줄 수도 있는 창의적인 법률 이론을 받아들일 용기가 없었던 겁쟁이라고 했다. "겁"이 너무 많아서 해야 할 일을 하지 못했다며 펜스를 비난했다.

잊을 수 없는 장면이었다. 20년 동안 펜스는 이 공동체의 사랑을 받았고, 모럴머조리티가 불을 붙인 횃불을 이어받은 존경받는 인물이었다. "저는 기독교인이자 보수주의자이며 공화당원입니다. 방금 말한 순서대로입니다"라고 자신을 소개하는 진정으로 거듭난 복음주의자로 알려져 있었다. 이 행사에서도 주요 연설자로 나섰었고, 이 자리에 모인 많은 사람을 절친한 친구로 여겼다. 그런데 이제 그들이 그를 배신했다. 성경의 교리를 부정하거나 왜곡해서도 아니었고, 그동안 믿어 온 이념이나 신념을 버려서도 아니었다. 그들이 그토록 찬양하던 법을 따랐다는 이유 때문이었다. 그들이 그토록 사랑하던 헌법을 준수했다는 이유 때문이었다.

이 상황을 어떻게 받아들여야 할까? 나는 트럼프가 한 연설의 시작 부분을 떠올렸다. 이 콘퍼런스의 서사를 완벽하게 응축한 대사여서 리드의 도움을 받아 작성했을 것이라는 의심이 들었던 부분이다. "미국에 가장 위협이 되는 존재는 외부의 적이 아닙니다. 아무리 강력한 적이라도, 아니에요." 트럼프가 말했다. "미국의 가장 큰 위협은 내부 사람들에 의해 우리의 국가가 파괴되는 것입니다."

곧이어 트럼프는 이렇게 덧붙였다. "이것은 단순히 정치적인 문제가 아니라, 영적인 문제입니다."

그때 모든 것이 분명해졌다. 이 연설과 '다수로 가는 길' 전체 행사는 이중적인 의미로 실행되었다. 그렇다. 급진적인 '깨어 있음' 의제가 비판적 인종 이론과 트랜스젠더리즘 등을 진전시키고 있다는 이야기가 끊임없이 나왔다. 그리고 진보주의가 제멋대로 날뛴다는 경고가 나올 때마다 보수주의가 너무 말랑해졌다는 비난이 따라 나왔다. 목사들과 정치인들은 자신들과 가치를 공유하면서도 그 가치를 위해 싸우지 않는 사람들을 서슴없이 "겁쟁이"로 낙인찍었다. 그들이 말하는 적은 단순히 하나님을 경외할 줄 모르는 좌파 세속주의자들만이 아니었다. 비겁한 우파 기독교인들 역시 그들의 적이었다. 그들의 왕국이 얼마나 위태로운지 인식하지 못하는 사람들이 적이었고, 권력을 추구하는 과정에서 원칙과 법이 방해가 될 때 아무것도 안 하는 사람들이 적이었다. 바로 마이크 펜스 같은 사람들이 그들의 적이었다.

★ ★ ★

리드는 식탁 상석에 앉아 있었지만, 음식에는 손도 대지 않았다. AP 통신, 폭스뉴스, NPR 등 몇몇 다른 기자들이 우리와 함께 2층 이사회실에서 점심을 먹었다. 트럼프가 90분에 걸친 긴 연설을 방금 마쳤고, 리드는 자신에게 의미 있는 이 승리의 순간을 기록하고 싶어했다. 리드는 정치에 발을 들이기 전부터 계산하면 트럼프가 신앙과 자유연합 콘퍼런스에서 연설한 것이 이번이 일곱 번째라며 자랑스러워했다. 조직은 트럼프와 함께 힘과 영향력을 키워 왔다. 리드는 트럼프가 연설에서 언급했던 통계를 반복해서 읊기 시작했다. 신앙과자유연합은 앞으로 몇 달 안에 800만 개가 넘는 집의 문을 두드리고, 1천만 통의 전화를 걸고, 2천 500만 통의 문자 메시지를 보내고, 10만 개 교회에 유권자 안내서를 배포할 것이라고 했다. 이 수치가 사실인지 검증하기는 어려웠지만, 유권자 등록을 한 복음주의자 수가 전반적으로 증가했다는 점에는 의심의 여지가 없었다. 오늘날 리드의 조직은 4천만 명이 넘는 유권자 파일을 보유하고 있다. 1990년대 중반 기독교연합 전성기에 800만 명이었던 것과 비교해도 엄청난 숫자다.

이 숫자가 11월 선거에서 공화당의 압승을 견인하리라고 확신한 리드는 중간 선거 역사상 복음주의 유권자들의 투표율이 가장 높을 것으로 예측했다. "우리에게는 무너져 가는 대통령이 있습니다"라고 리드는 말했다. 전례가 없을 정도로 인플레이션이 심각해서 11월까지 바이든의 지지율이 반등할 가능성은 없다고 리드는 주장했다.

그러나 솔직히 말하자면(실제로 리드는 이때 솔직했다), 리드가 선거 결과를 낙관한 진짜 이유는 바이든의 지지율이 낮아서가 아니었다.

"저들은 두려워하고 있습니다. 나라의 미래를 진심으로 두려워하고 있어요." 리드는 연회장에 있는 사람들을 가리키며 말했다. "저는 지미 카터가 대통령이었을 때 이후로 들어 보지 못한 말을 듣고 있습니다. '이런 정책들이 계속되면 나라가 살아남을 수 있을지 모르겠다' 같은 말을 듣고 있어요."

리드는 그 말이 얼마나 한심하게 들리는지 알고 있는 듯 잠시 말을 멈췄다.

"그 말이 사실이냐 아니냐를 따지려는 게 아닙니다"라고 리드는 덧붙였다. "저는 단지 이 사람들이 두려워하고 있다는 사실을 말하는 겁니다. 그리고 그것은 투표율을 높이는 데 아주 큰 동기 부여가 됩니다."

리드의 말이 옳았다. 이 사람들은 두려워하고 있었다. 부분적으로는 경제적·문화적 불안정성 때문에 두려워했다. 하지만 대부분은 리드 같은 사람들이 두려워하게 만들고 있었기 때문이었다. 리드 같은 부류는 사람들에게 겁을 줄 필요가 있었다. 물론, "두려워하지 말라"가 성경에서 가장 자주 인용되는 명령이지만, 리드는 설교자가 아니다. 리드는 정치 전략가다. 정치 전략가의 임무는 선거에서 승리하는 것이다. 선거를 승리로 이끄는 데 가장 쓸모 있는 도구가 두려움이라는 사실을 리드는 오래전에 깨달았다. 그래서 내슈빌에서 리드는 굶주린 정치적 열성분자들을 무대 위에 올려 기독교인들을 두려움에 떨게 했다. 리드는 사흘 동안 신자들 수천 명이 모여서 자녀들이 조종당하고 있다, 공동체가 침략당하고 있다, 총이 압수될 것이다, 의학적 치료가 의심스럽다, 신문이 거짓말을 하고 있다, 선출직 공무원들이 악랄하다, 정부가 자신들을 감시하고 있다, 공공 생활에서 신앙이 금지되고 있다, 지도자가 자기들 대신 부당하게 박해받고 있다, 나라가 곧 망할 위기다 같은 말을 듣는 모습을 지켜보았다.

성경이 두려움에 대해 자주 강하게 경고하는 데는 다 이유가 있다. 두려움은 신앙만큼이나 힘이 세기 때문이다. 그런데 신앙이 우리의 시선을 영원한 것에 붙잡아 두는 반면, 두려움은 우리를 혼란스럽게 하고 방향을 잃게 하며 이 세상에 집중하게 만든다. 신앙은 그리스도의 몸인 교회 안에서 우리의 자리를 지키게 하지만, 두려움은 우리 자신의 살과 피를 보호하는 일에 열중하게 만든다. 베드로는 예수처럼 갈릴리 바다 위를 걷고 있었다. 그런데 바람이 휘몰아치자 겁을 먹고 즉시 가라앉기 시작했다. 그 순간 예수가 베드로의 손을 잡고 끌어 올리며 말씀하셨다. "믿음이 적은 사람아, 왜 의심하였느냐?"

정치인들과 정치 협잡꾼들이 선거에서 이기려고 두려움이라는 강력한 무기를 이용하는 모습을 눈앞에서 보았다고 그리 놀랄 일은 아니다. 하지만 그래도 실망스러운 것은 사실이다. 기독교인들은 이 망가진 세상의 방식을 뛰어넘도록, 또한 비신자들보다 더 통찰력 있는 삶을 살도록 부름을 받았다. 무신론자들로 가득 찬 배심원단이 세뇌를 당해서 범죄 현장에 지문을 잔뜩 남긴 범죄자가 무죄라고 믿는대도 기독교인 대부분은 시큰둥하게 반응할 것이다. 진리를 알아보려면 분별의 은사가 필요한데 그것이 없어서 그렇다고들 말할 것이다. 분별할 줄 아는 영적 은사 말이다. 그런데 지금 여기 풍경은 어떠한가. 연회장을 가득 채운 기독교인들이 "믿음이 두려움을 이긴다"라는 문구가 박힌 티셔츠를 입고 모든 것을 거꾸로 하고 있다.

"극좌파는 자기들 의견이 무슨 종교라도 되는 양 사람들 목구멍에 밀어 넣으려 해요. 제가 십자군 전사는 아니지만, 우리에게는 진짜 종교가 있고, 그건 사람들 권리를 지키는 데 중점을 둬요." 켄터키 출신의 퇴역 육군 의무병 랜디 피처(Randy Pitcher)가 행사장 밖 로비에서 나에게 말했다. 그는 주변 현장을 가리켰다. "이런 이야기를 들으면 우리에게 더 많은 권력이 필요하다는 사실을 절감하게 돼요. 우리에게는 그 목표를 달성할 충분한 인원이 있어요."

"우리는 지금 곤경에 처해 있습니다." 플로리다 남부에서 온 리디아 말도나도(Lydia Maldonado) 목사가 말했다. "트럼프가 퇴임하자마자 하나님은 백악관에서 쫓겨났습니다. 트럼프가 백악관을 떠날 때 하나님도 함께 떠나셨어요."

2부 권력

말도나도는 2020년에 주 하원의원에 출마했지만, 트럼프가 그랬듯 자신도 선거를 "도둑맞았다"고 내게 말했다. 아마도 회의적인 내 태도를 감지했을 테지만, 그런데도 말도나도는 기독교인들에게 '투표 사기'를 폭로할 책임이 있다고 말했다. 그 이유는 "예수님이 지구상에서 활동한 최초의 정치인이기 때문"이라고 했다. 나는 예수가 십자가형을 당하기 전에 빌라도에게 "내 나라는 이 세상에 속한 것이 아니오"라고 말씀하신 것을 언급하며 그의 말에 답했다.

"아니요. 이 세상에 속한 거예요." 말도나도가 힘주어 말했다. "하나님께서 이 나라를 우리에게 주셨습니다. 우리는 이 왕국의 수호자예요. 그런데 지금, 적이 빼앗아 가게 놔두고 있어요."

리디아의 남편 에드워드 말도나도가 고개를 끄덕였다. 에드워드는 연방 정부에서 일하면서도(정확히 무슨 일을 하는지는 말하지 않았다) 연방 정부가 기독교인을 사냥하고 있다고 믿었다. 에드워드는 아내의 말에 동의했다. 세속적인 진보주의자들이 나라를 장악해 정부가 신자들을 적대시하고 있다고 믿었다. 에드워드는 트럼프의 말에도 동의했다. 미국을 구할 시간이 얼마 남지 않았다고 믿었다. 에드워드는 콘퍼런스에서 들은 거의 모든 말에 동의했다. 다만 그를 불편하게 하는 것이 하나 있었다.

"기독교인인데 왜 마이크 펜스를 야유하는지 이해가 안 됩니다. 그가 훨씬 더 독실한 사람인데…."

에드워드는 순간 멈칫했다. "트럼프보다 더 독실하다고 말하고 싶지는 않지만, 아시잖아요…." 에드워드는 목소리를 낮추며 미소 지었다.

명확히 하자면, 펜스가 일부러 이 혼란을 초래한 부분도 있다. 전 부통령은 성숙한 신앙인으로서 자신이 받는 신뢰를 바탕으로 2020년 내내 트럼프와 공화당이 추진한 '하나님과 국가'에 대한 신성모독적인 헛소리를 정리하려고 하지 않고 오히려 거기에 동참했다. "구국의 상징인 올드 글로리와 올드 글로리가 대표하는 모든 것을 바라봅시다"라고 펜스는 공화당 전당대회 연설에서 선언했다. "믿음과 자유의 창시자요 완성자를 바라봅시다. 그리고 주의 영이 있는 곳에 자유가 있다는 사실을 절대 잊지 맙시다. 그것은 자유가 '항상' 승리한다는 뜻입니다."

기독교 시청자들의 귀가 번쩍 뜨이는 순간이었다. 펜스는 신약성경의 귀중한 구절을 의도적으로 왜곡했다. 히브리서에는 "믿음의 창시자요 완성자이신 예수를 바라봅시다"*라고 나와 있다. "예수"를 "올드 글로리"로 대체한 것은 신성모독이었다. 펜스는 그리스도 안에서 거듭난 사람들이 누리는 자유와 미국인들이 누리는 무소불위의 '시민의 자유'를 의도적으로 혼동시켰다. 이는 기독교 민족주의를 고취해 기독교인들을 선동하려는 수사적 기만이다. 1월 6일에 그의 목숨을 위협하고 일 년 반 후 리드가 주최한 콘퍼런스에서 그에게 야유를 퍼부은, 별이 촘촘히 박힌 깃발을 든 바로 그 기독교인들 말이다.

위층 회의실에서는 테이블에 치킨과 아이스티를 놓고 기자 몇 명이 리드에게 펜스의 추락에 관해 질문했다. 오랜 친구인 전 부통령의 이름이 언급되자 수천 명이 야유를 보내는 모습을 보면서 리드는 기분이 어땠을까? 그토록 충성을 바치던 트럼프에게 비난받는 장면을 보면서 기분이 어땠을까? 자리에 없어서 자신을 변호하지도 못하는 펜스에게 그런 일이 벌어진 것을 보고 기분이 어땠을까?

"저는 초청했습니다." 리드는 그 상황에서 손을 털고 싶은 듯 말했다. "전에 여기 왔을 때 환영받았어요. 이번에도 왔으면 환영받았

---

*　히브리서 12:2.

을 겁니다."

몇 사람이 웃음을 터트렸다. 리드는 거짓말이 들통났음을 깨닫고 최선을 다해 변명했다. 가슴에 손을 얹고 펜스를 "친애하는 벗"이라고 부르며 이번에도 연설하러 왔으면 좋았을 것이라고 말했다. 그러고 나서 트럼프 역시 "친애하는 벗"이라며 1월 6일 사건에 대해 자신의 의견을 말할 권리가 있다고 설명했다. 다른 기자들, 심지어 폭스뉴스 기자마저 솔직하지 못한 태도에 짜증을 내는데도 리드는 계속 얼버무리기만 했다.

"친애하는 벗 중 한 명이 당신이 친애하는 다른 벗을 죽이려고 했을 수도 있다는 사실에 마음이 불편하긴 한가요?" 참다못해 내가 리드에게 물었다.

리드의 표정이 굳어졌다. "저는 그런 표현에 동의하지 않습니다"라고 리드는 말했다. 펜스가 폭도들 손에 넘어가든 말든 트럼프는 개의치 않았다는 증거가 점점 더 늘어나는데도, 리드는 이것이 부정확하다고 주장했다. 이 문제에 대해 트럼프와 직접 이야기를 나눴으며 그날 펜스가 안전하길 바랐다는 확답을 받았다고 말했다.

테이블에 둘러앉은 사람들은 어이가 없다는 듯 눈알을 굴렸다. 자기가 방금 한 말을 아무도 믿지 않는다는 사실은 리드도 알고 있었다.

"이렇게 말씀드릴게요." 리드가 다시 입을 열었다. "저는 백악관에서 일하지는 않았지만, 자주 갔습니다. 백악관에서 일하는 사람들 못지않게 백악관에서 많은 시간을 보냈어요. 저는 트럼프와 펜스가 어떻게 대화하고 교류하는지 보았고, 둘이 함께 기도했다는 것도 알고 있습니다. 두 사람은 서로에게 친애하는 벗이었고 진심으로 서로를 아꼈다는 것도 저는 알고 있습니다. 두 사람 사이에는 엄청난 애정이 있었어요."

그래서?

"음, 선거 이후에는 더 이상 그런 관계가 아니지만요."

리드는 어깨를 으쓱했다. "하지만 저는 이 일을 오래 해 왔습니다." 리드는 우리를 안심시키듯 말했다. "정치에서는 그런 일이 종종 일어납니다. 그게 현실이에요. 현실을 직시해야죠."

★ ★ ★

정치에서는?

진지한 기독교인이 삶의 다른 영역에서 이런 잔혹한 행동을 용인할 수 있을지 나는 궁금했다. 직장에서 악의적인 인신공격이 일어난다면 이를 용인할까? 가정에서 저속한 말과 폭력을 부추기는 말을 일삼는 것을 용인할까? 지역 학교나 비영리 단체 또는 교회에서 명백한 권력 남용이 이루어지는 것을 용인할까?

만약 대답이 "아니요"라면, 왜 정치에서는 이를 용인하는 것일까? 정치는 수단이 아니라 목적이 중요하기 때문이다. 법을 입안할 권력, 수사할 권력, 더 많은 권력을 축적할 권력을 손에 넣는 것이 중요하기 때문에 다른 기준에서는 절대 용납될 수 없는 수단이라도 정치에서는 정당화될 수 있다.

상황에 따라 기준을 바꾸는 이런 이중 잣대는 기독교인을 신뢰하지 못하게 만든다. 많은 복음주의자가 마치 교외에 사는 남편이 라스베이거스를 바라보듯 정치를 바라본다. 일상의 규칙과 기대가 적용되지 않는 별개의 도피처로 여기는 것이다. 문제는 정치에서 일어나는 일이 정치에만 영향을 끼치지 않는다는 점이다. 모든 사람이 이 사람들이 무엇을 하고 있는지 볼 수 있다. 만약 당신이 라스베이거스에서 성매매를 하고 코카인을 사는 이웃의 모습이 담긴 영상을 보게 된다면, 당신은 더 이상 그에게 결혼 생활에 관한 조언을 구하지 않을 것이다. 마찬가지다. 국회의사당에서 "마이크 펜스를 교수형에 처하라!"라고 외치는 이웃의 모습을 본다면, 당신은 더 이상 그에게 영적 지도를 받지 않을 것이다.

너무 극단적인 예라고 생각하는가? 그럴 수도 있다. 하지만 영적 파산이든 다른 종류의 파산이든, 파산은 서서히 그리고 한순간에 일어난다. 2016년에 기독교인들은 자신들이 선호하는 후보가 〈액세스 할리우드〉 테이프에서 여성의 성기를 움켜잡았다며 자랑했는데도 이를 용인했다. 선거는 양자택일이었고 대법원이 걸려 있었기 때문이다. 2022년에는 기독교인들이 "바이든, 엿이나 먹어"라는 문구가 적힌 옷을 입고 다녔다. 정치에서는 기독교의 격언은 물론이고 서로 예의를 지키는 기본 규칙조차 적용되지 않기 때문이다.

'다수로 가는 길' 콘퍼런스에서 마음이 가장 불편했던 부분도 바로 이 부분이었다. 예수는 우리 입에서 나오는 말이 우리 마음에 있는 것을 드러낸다고 경고하셨는데, 어떻게 거짓말과 혐오 발언을 단순한 정치적 수사로 치부할 수 있을까? 기독교인들이 마음을 새롭게 하시고 변화시키시는 하나님의 놀라운 능력을 나타내도록 부름을 받았다면, 그 하나님이 우리 안에 거하시며 우리에게 완전한 헌신을 요구하시며 어두운 세상에 하나님의 빛을 비추는 진리와 사랑의 삶을 살라고 명령하시는데, 어떻게 정치에서만 특별한 예외가 있을 수 있을까?

나는 콘퍼런스 마지막 날 리드와 대화하면서 이 문제에 대해 생각해 보았다. 트럼프의 연설보다 이번 행사에서 더 주목받은 순간은 리드의 고향인 조지아주에서 상원의원에 출마한 전 대학 풋볼 스타 허셜 워커(Herschel Walker)가 등장했을 때였다. 며칠 전, 〈데일리 비스트Daily Beast〉는 충격적인 뉴스를 보도했다. 워커가 결혼하지 않은 상태에서 낳은 세 자녀의 존재를 정식으로 인정하지 않는 등 아버지로서 무책임한 행동을 하고 있다는 내용이었다. 그동안 워커가 아이들을 버린 흑인 아버지들을 비난하는 데 앞장섰기 때문에 이 보도는 더 크게 주목을 받았다. 또한, 〈데일리 비스트〉는 워커의 인성에 대한 의문을 증폭시켰다. 워커는 학력을 위조하고, 사업이 크게 성공한 것처럼 부풀리고, 죽여 버리겠다며 전 부인을 여러 번 위협한 전력이 있었다. 그중 한 번은 전 부인에게 총을 겨누고 "머리통을 날려 버리겠다"며 위협했다고 했다.

워커가 '다수로 가는 길' 행사에서 리드와 대담하러 무대에 올랐을 때, 나는 그가 자책하며 겸손한 태도를 보이리라 기대했었다. 기독교인들은 용서하는 사람들이다. 게다가 워커는 이전에도 자신의 실패를 인정하며 정신 질환을 언급하고 예수를 향한 믿음이 자신의 삶을 변화시켰다고 주장한 적이 있다. 그러나 그날 워커와 리드는 전혀 다른 전략으로 대응했다. 그들은 편향된 진보 언론을 공격하면서 워커를 신앙과 애국심 때문에 박해받는 용감한 그리스도의 추종자로 포장했다. 보도 내용 중 어떤 부분이 잘못되었다고 딱집어 반박하지도 않았지만, 그런 것은 중요하지 않았다. 프로그램이 끝날 무렵, 피해자는 트라우마에 시달리는 전처도 아버지 없이 자라는 자녀들도 아니었고 바로 워커였다. 워커는 구약 성서 이사야서에 나오는 "너를 치려고 제조된 모든 연장이 쓸모가 없을 것이라"*라는 구절을 크게 외쳤고, 군중은 기립해 환호했다.

이는 리드가 주최한 전체 행사의 성격을 단번에 보여 주는 축소판과도 같았다. 인품은 중요하지 않았다. 진실도 중요하지 않았다. 명예와 정직도 중요하지 않았다. 그것들은 수단에 불과했고 중요한 것은 목적이었다. 선거에서 승리하는 것, 오직 그것만이 중요

★ 이사야 54:17(개역개정).

했다. 목적을 달성하기 위해 리드와 그를 따르는 제자들은 하나님의 아들 예수 그리스도의 이름을 부르며 그분이 자기들 편이라고 주장하는 것도 마다하지 않았다.

호텔 직원들이 그날 저녁 공식 만찬을 위해 우아한 흰색 천으로 연회장 테이블을 꾸미는 동안, 나는 리드와 검은색 가죽 소파에 앉아 최대한 단순하게 질문을 던졌다.

"정치가 추악하다고 하셨죠? 정치는 원래 그런 거라고요. 하지만 제가 알고 싶은 건 이겁니다. 기독교인이라면 더 높은 기준을 가져야 하지 않을까요?"

"물론입니다. 당연히 그렇죠." 리드가 대답했다. "하지만 용어를 정의할 필요가 있습니다."

리드는 이쪽 기독교인의 눈에는 불명예스러운 행동이 저쪽 기독교인의 눈에는 명예로운 행동으로 보일 수 있다고 주장했다. 예를 들어, 트럼프가 2020년 대선에 대해 소송을 제기한 전략이 그렇게 해석될 수 있다고 했다. 민감한 주제를 피해 가려는 나름의 시도였다. 그래서 나는 그를 더 압박하지 않을 수 없었다. 조지아주 국무장관에게 승리에 필요한 표를 "찾아 달라"고 요청한 트럼프에 대해서는 어떻게 생각하는가? 스스로 사기꾼이라고 고백한 사람들과 손을 잡고 미국 국민을 속이는 조직적인 캠페인을 주도한 로나 롬니 맥대니얼에 대해서는 어떻게 생각하는가? 이 행사에 초청한 사람들, 더 많은 거짓말을 퍼뜨리면서 전능자의 이름을 들먹이는 사람들에 대해서는 어떻게 생각하는가? 그 사람들은 전부 선거에서 이기겠다는 일념으로 그런 행동을 했는데, 그런 행동은 불명예스러운 행동이 아닌가? 그런 행동이 예수 그리스도를 전해야 하는 증인들의 진정성을 훼손하지는 않는가?

"글쎄요. 저는…" 리드는 말을 고르느라 뜸을 들였다. "기독교인 개개인이 자신의 행동을 스스로 결정해야 한다고 생각합니다. 그리고 캠페인 맥락에서 보면, 이쪽 진영이든 저쪽 진영이든, 상대측이 불명예스럽게 행동하는 것이지 자신들은 명예롭게 행동한다고 생각하지 않나요. 기독교인이냐 아니냐를 떠나 그게 사실이라고 생각합니다."

그럴 수도 있다. 하지만 비기독교인과 달리 기독교인들은 구체적이고 명확하며 애매하지 않은 행동 규범을 가지고 있다. "기독교인 개개인"이 그 규범을 입맛대로 해석할 수 있다는 리드의 주장은 애초에 복음주의자들이 흐리멍덩한 주류 기독교에서 뛰쳐나오게 만든 도덕적 상대주의와 다르지 않다.

이 점을 지적하자, 리드는 갑자기 눈을 반짝이며 내 뒤를 바라보았다. "윈섬!"

우리 쪽으로 다가오는 사람은 최근에 버지니아 부지사로 선출된 윈섬 시어스(Winsome Sears)였다. 시어스는 캐주얼한 차림이었고, 직원 두 명이 옷 가방과 커다란 포트폴리오 여러 개를 들고 있었다. 리드는 소파에서 벌떡 일어나 인사를 건네며 시어스에게 저녁 기조연설을 무척 기대하고 있다고 말했다. 시어스는 약간 긴장한 듯 보였다.

"그래서, 저는 무슨 이야기를 해야 할까요?" 시어스가 리드에게 물었다.

리드는 놀란 표정을 지었다. "어, 제가 전달하지 않았나요?" 리드가 직원 중 한 명에게 물었다.

요점은 이해했으나 더 구체적인 지침이 필요하다고 직원들이 답했다. 그러자 리드가 손을 비비며 시어스에게 이민자의 딸로 자라온 이야기를 들려주라고 했다. 시어스가 버지니아에서 주도했던

"부모 권리 운동"*에 관해, 바이든이 아프가니스탄에서 "꽁무니를 뺀" 일에 관해, 민주당이 자신들 같은 기독교인들에게 강요하고 있는 "급진적 의제"에 관해, 그리고 지난 가을 버지니아에서 공화당이 거둔 승리가 "143일 후에 미국에서 일어날 일의 전조"라는 점에 관해 이야기하라고 했다.

시어스는 아무 표정이 없었다.

"하지만 뭐, 무슨 말씀을 하시든, 훌륭할 겁니다!" 리드는 웃으며 말을 맺었다.

"그분이 저에게 주시는 말씀이면 뭐든지요." 시어스가 위를 올려다보며 대답했다.

"맞습니다. 아멘." 리드가 엄숙한 표정을 지으며 말했다. "주말 내내 우리가 기도한 게 바로 그거잖아요. 성령께서 이끌어 달라고, 모든 연사가 하는 모든 말이 그분의 뜻에 부합되게 해 달라고 말이에요." 리드는 잠시 말을 멈췄다. "그리고 청중이 들어야 할 말을 하게 해 달라고요."

시어스는 고개를 끄덕였다. "행동 촉구요?" 시어스가 물었다.

리드의 얼굴에 다시 미소가 돌아왔다.

---

* 자녀의 교육, 보건, 종교적 가치와 관련된 사안에서 부모의 권리와 권한을 확대해야 한다고 주장하는 운동을 말한다. 커리큘럼과 교육 내용 등 학교 교육 전반에 개입하고, 학교 이사회나 교육 정책에 적극적으로 참여한다.

10장

★ ★ ★

세뇌된 신앙:
솔깃한 권력의 유혹

"복음주의자들은 적들을 정죄하고
이 땅에서 자신들의 왕국을 보호할 권력을 축적해 왔다."

"세상을 심판하시려는 것이 아니라, 아들을 통하여
세상을 구원하시려는 것이다"(요한복음 3:17).

짐 조던(Jim Jordan)이 소개될 즈음부터 나는 신앙과자유연합 연설자들의 말을 흘려듣기 시작했다. 오하이오주 하원의원의 연설은 앞에서 들은 수많은 연설과 구분이 안 될 정도로 비슷했다. 조던은 "자유를 싫어하고" "중서부 사람들을 경멸하는" "좌파들"을 비난했다. 그리고 "예수 다음으로, 이 세상에 일어난 가장 좋은 일은 바로 미국입니다"라고 말했다. 마치 프롬프터가 몇 시간 동안 같은 페이지에 멈춰 있는 것 같았다. 더는 안 되겠다 싶어 연회장에서 나가려고 자리

302

에서 일어섰다.

"저는 캘 토머스(Cal Thomas)가 한 말을 참 좋아합니다." 조던이 청중에게 말했다.

엉거주춤 일어서다 그 말에 다시 자리에 앉았다. 캘 토머스는 랠프 리드가 주최한 행사에서 거론될 것으로 예상했던 이름은 아니었다.

조던은 이렇게 말을 이었다. "캘 토머스가 훌륭한 말을 했습니다. '나는 매일 아침 성경과 〈뉴욕 타임스〉를 읽습니다. 그래서 양쪽에서 무슨 일이 일어나고 있는지 알 수 있습니다'라고요."

토머스가 자신의 책《가장 중요한 것들 The Things That Matter Most》을 홍보하기 위해 1994년에 C-SPAN과 인터뷰할 때 했던 유명한 발언과 거의 비슷한 말이었다. 미국 생활을 재치 있고 영리하게 관찰하여 칼럼을 쓰던 캘 토머스는 전국 500개 이상의 신문에 동시에 실리는 신디케이트 칼럼을 통해 한때 미국에서 가장 많은 사람이 애독하는 저널리스트 중 한 명으로 손꼽혔다. 성경과 〈뉴욕 타임스〉에 대한 재치 있는 발언은 그의 과거를 떠올리게 하는 말이다. 토머스는 모럴머조리티에서 5년 동안 제리 팔웰 시니어의 대변인으로 일했다. 그는 복음주의 기독교인이자 정치적 보수주의자였고, 한때는 그 두 가지 용어를 같은 의미로 사용하곤 했다.

그러나 짐 조던은 그 C-SPAN 인터뷰를 한 지 5년 만에 캘 토머스가 또 다른 책을 썼다는 사실은 언급하지 않았다. 목사 에드 돕슨과 함께 쓴《권력에 눈이 멀어 Blinded by Might》는 후회와 자백으로 가득 찬 책이었다. 에드 돕슨은 리버티대학교의 학장이자 제리 팔웰의 신뢰를 받던 인물로 모럴머조리티 창립에도 참여했다. 두 사람은 이 책에서 종교적 우파의 부상을 날카롭게 비판했다. 1920년대에 스콥스 재판에서 근본주의자들이 굴욕을 당한 일과 1960년대에 진보주의자들이 교회와 문화를 장악한 일을 생각하면, 로널드 레이건의 집권은 20세기 초 이래 보수 기독교인들에게 찾아온 "가장 큰 기회의 순간"이라고 믿었었노라고 두 사람은 회상했다. "우리는 미국을 변화시키기 위해 나아가고 있었다"라고 그들은 책에 썼다. "우리에게는 모든 잘못을 바로잡고 모든 문제를 해결할 힘이 있었다."

하지만 그들은 미국을 변화시키지 못했다. 적어도 그들이 희망했던 방식으로는 아니었다.

토머스와 돕슨은 그 책에서 그들과 미국 복음주의자들이 꿈꾸던 지상 낙원 같은 영적 유토피아를 실현하지 못했다고 인정했다. 오히려 모럴머조리티 때문에 나라 전체에 분노와 적개심과 두려움이 더욱 팽배해지고 분열이 더욱 극심해져서 그리스도와 더욱 멀어졌다는 증거가 여기저기서 드러났다. 예수는 죄를 미워하고 죄인을 사랑하시는 분으로 알려져 있었지만, 미국 복음주의자들은 죄도 미워하고 죄인도 미워하는 부류로 알려져 있었다. 선거에서 이겨서 단기적으로는 성공을 거뒀지만, 장기적으로는 잃은 것이 많았다. 문화는 그들과 더 멀어졌고, 그 과정에서 교회는 독특성을 잃었다. "우리가 잘못된 무기를 손에 들어서 전쟁에서 지고 있다는 점을 인정할 때가 되었다고 생각한다"라고 토머스와 돕슨은 책에 썼다.

두 사람은 종교적 우파의 "일방적인 무장 해제"라는 급진적인 해법을 제시했다. 기독교인들이 "정치에 관해 입을 다물거나 분리주의자가 될 필요는 없다"고 썼지만, 경계와 우선순위를 완전히 재설정해야 한다고 주장했다. 모럴머조리티는 뻔뻔한 공포 전술을 사용해 수많은 미국 교회 신자들이 신앙의 초점을 하나님에게서 정치 권력자나 인간에게 옮기도록 유도했다. 토머스와 돕슨은 "권력의 유혹"이 그리스도의 메시지를 망치고 있다고 썼다. 회심자를 얻는 것보다 선거에서 승리하는 것이 더 중요해졌고, 교회가 거룩해지는 것보다 문화를 꾸짖는 것이 더 중요해졌다. 자신들만의 불과 유황을 모은 토머스와 돕슨은 옛 상사 팔웰과 그의 많은 후계자(생물학적 후계자이든 아니든)에게 "영적 권위를 정치적 권위와 혼동하지 말라"고 경고했다.

1999년에 이 책이 출간되었을 때 미국 복음주의 내부에서 큰 소란이 일었다. 빌리 그레이엄이 1956년에 창간한 권위 있는 잡지 〈크리스채너티 투데이〉는 한 호 전체를 할애하여 《권력에 눈이 멀어》에 대한 논쟁을 다루었다. (표지 헤드라인은 "종교적 우파의 시대는 끝났는가?"였다.) 이 책의 논지를 옹호하는 기고자는 레이건 대통령의 전 보좌관 돈 에벌리(Don Eberly), 20년 전 운명적인 회의에서 "모럴머조리티"라는 용어를 만들어 낸 폴 웨이리치, 그리고 저자 캘 토머스였다. 반면, 이 책의 논지에 반대하는 기고자는 제리 팔웰 시니어, 포커스온더패밀리 대표 제임스 돕슨, 그리고 미국에서 가장 크고 가장 돈 많고 가장 영향력 있는 복음주의 정치 단체로 성장한 기독교연합의 랠프 리드였다.

리드의 글은 특히 주목할 만했다. 제목은 "우리는 멈출 수 없다"였다. 리드는 최근 몇 년 동안 거둔 승리를 열거하며 자신과 동맹들이 여러 주에서 도박 합법화 법안을 어떻게 물리쳤는지 자랑했다. 리드가 도박 사업을 운영하는 인디언 부족에게 출처가 불분명한 돈 수백만 달러를 받고 인근 주에 경쟁 시설이 들어서지 못하도록 기독교 유권자들을 동원해 도박 합법화 법안에 반대하게 한 사실이 폭로되기까지는 그로부터 6년이 더 걸렸다. 이는 리드의 절친한 친구이자 로비스트인 잭 애브라모프를 무너뜨리고 감옥에 보낸 광범위한 스캔들의 일부였다. 리드는 법적으로는 아무런 잘못도 하지 않았다(만약 기만이 범죄라면 종신형을 선고받았을 것이다). 하지만 이 폭로로 리드와 그가 이끄는 운동을 둘러싼 여러 가지 의혹이 사실로 드러났다.

그래서 랠프 리드가 주최한 행사에서 캘 토머스의 이름이 나오는 것을 듣고 무척 놀랐다. 토머스만큼 우파 부흥에 혐오감을 느낄 사람은 없을 거라고 생각했기 때문이다.

몇 달 후, 나는 워싱턴에서 토머스와 함께 아침을 먹었다. 몇 블록 떨어진 곳에 국회의사당 건물이 보였다. 1월 6일 폭동 이후 설치했던 보호용 울타리는 이제 철거되고 없었다. 키가 크고 날씬하며 여든 살 생일을 앞두고도 여전히 예리함을 잃지 않은 토머스가 커피를 마시면서 내게 요즘 무슨 일을 하고 있는지 물었다. 나는 내쉬빌에서 열린 리드의 행사에 참석했던 이야기를 했다. 토머스가 커피잔을 내려놓았다.

"트럼프가 펜스를 언급하자 그날 그곳에 모인 복음주의자들이 그리스도 안에서 한 형제인 펜스에게 야유를 보냈다는 소식을 듣고 '갈 데까지 갔구나' 하고 혼자 중얼거렸습니다"라고 토머스가 말했다. "여기 당신들의 형제가 있습니다. 당신들이 경배한다고 주장하는 주님을 경배하는 사람이 여기 있습니다. 일요일마다 교회에 가는 사람이 여기 있습니다. 오직 한 명의 아내만 두었고, 다른 이와 부정을 저질렀다는 비난을 받은 적이 없는 사람이 여기 있습니다. 그런데 당신들은 그에게 야유를 보냅니까? 연쇄 간통범이 아니라요? 당신들이 생각할 수 있는 최악의 언어를 사용하고 당신들이 반대하는 온갖 짓을 저지르는 사람이 아니라요? 성경적 관점에서 누가 설명 좀 해 주세요. 제발."

토머스는 트럼프를 무조건 반대하는 사람이 아니었다. 사실, 그는 두 번이나 트럼프에게 투표했다고 인정했다. 종교적 우파를 비판하는 책을 출간했지만, 토머스는 여전히 복음주의자이자 보수적인 공화당원으로서 정체성을 지키고 있었다. 예전 토머스와 새로운 토머스의 차이점, 즉《권력에 눈이 멀어》의 핵심은 이제 그 정체성들이 엄격하고 적절하게 정리되었다는 점이라고 그는 설명했다. 그 덕분에 그는 다른 복음주의 동료들은 이해할 수 없는 지적 자율성을 갖게 되었다. 어느 날 트럼프를 칭찬하고 다음 날 트럼프를 비난해도 문제 될 것이 전혀 없었으며, 공화당원이 특정한 도덕적 기준을 충족하지 못하는 것을 비판하고 민주당원이 다른 도덕적 기준을 충족하는 것을 칭찬해도 문제 될 것이 전혀 없었다. 토머스의 행동과 결정을 이끄는 기본 원칙은 정당의 정책이나 이념이 아니라 산상수훈이었다. 그는 자신의 신앙을 정치적 맥락에서 고려하는 대신, 정치를 신앙의 맥락에서 고려했다.

토머스는 그리스도를 믿는 신앙을 바탕으로 사회적·경제적·정치적 질문들을 다루는 칼럼을 계속 쓰고 있고, 여전히 많은 사람이 그가 쓴 글을 읽고 있었다. 그러나 그를 둘러싼 세상은 알아볼 수 없을 정도로 크게 변했다.

"트럼프를 비판하는 글을 썼다가 어느 날 편지를 받았어요. 그 사람은 제가 기독교인이 아니라고 비난하더군요." 토머스가 말했다. "트럼프를 전적으로 지지하는 사람들과는 대화다운 대화를 나눌 수 없어요. 당신이 트럼프에게서 어떤 결점이라도 발견하면, 설사 그 결점이 명명백백하더라도 그들은 트럼프를 대신해 변명하든가 당신을 공격하니까요."

흥미로운 점은 펜스만큼 트럼프를 전적으로 지지한 사람은 아무도 없었다는 점이라고 토머스는 덧붙였다. 윤리적인 문제에서 신뢰와 존경을 받는 인물이었던 전 부통령은 자신의 상사에게 철저히 복종함으로써 스스로 명성을 잃었다. 오랜 친구들과 자신을 존경하던 사람들을 잃은 것은 말할 것도 없다. 하지만 그 정도로는 MAGA 군중을 만족시키기에 충분하지 않았다. 펜스가 독립적으로 사고하며 대통령의 자존심보다 법치주의를 더 우선시하는 순간, 트럼프의 하수인들은 그에게 등을 돌렸다. 토머스는 어느새 전 부통령을 동정하고 있었다.

나는 펜스를 동정하지 않았다. 나는 토머스에게 펜스가 자신을 "저는 기독교인이자 보수주의자이며 공화당원입니다. 방금 말한 순서대로입니다"라고 소개한 것을 상기시켰다. 여러 차례 공개적으로 다른 어떤 정체성보다 예수의 제자라는 정체성을 가장 앞세웠으니, 계속해서 주목을 받고 평가와 검증을 받는 것은 지극히 당연한 일이다. 트럼프를 에워싼 비겁하고 욕심 많은 모사꾼들과 달리, 펜스는 무엇이 옳고 무엇이 그른지 알고 있었다. 따라서 더 높은 기준에 따라 평가받아야 마땅하다. 펜스는 1월 6일에 용감하고 명예로운 일을 했지만, 사실 그는 4년 동안 트럼프의 권력 남용과 폭력적 수사(修辭), 권위주의적 충동을 못 본 척하고 대신 변명하면서 1월 6일 폭동을 촉발한 장본인이기도 하다.

토머스는 무표정으로 있다가 고개를 끄덕이기 시작했다.

"사임하는 게 나았을까요, 글쎄요"라고 토머스가 말했다. "언젠가 이 문제에 관해 그와 얘기한 적이 있습니다. 그는 자신이 세상의 빛과 소금이 되고 있다고 생각했던 것 같아요. 대통령에게 직접 조언하고 있었으니까요. 개인적인 문제에 관해서는 잘 모르겠지만, 입법과 관련된 일에 관해서는 계속 조언을 한 게 확실합니다. 그리고 내부에 남아 있어야 최소한의 영향력을 발휘할 수 있다고 생각한 것 같아요."

토머스는 머리를 갸웃하며 어떤 논리가 타당한지 고민하는 듯했다. "대통령이 폭력적인 발언을 계속하고, 특히 헌법에 어긋나는 일을 그에게 요청하는 상황에서는 사임하는 것도 타당할 수 있지요." 토머스가 계속 말을 이었다. "하지만 그곳에 남아서 옳은 일을

위해 계속 싸워야 한다는 논리도 저는 이해가 갑니다.ˮ

이것은 많은 공화당원, 특히 고위직에 있는 기독교인들이 트럼프 시대에 겪은 결정적인 딜레마였다. 예수를 따른다고 주장하는 사람들이 양심에 반하는 행동을 요구받는 상황에서, 그 자리에 남아 있는 것이 더 나쁜 상황을 막을 수 있다고 생각하여 자리를 지키는 것이 옳을까? 아니면 자신이 떠나면 상황이 더 나빠질 수 있다는 것을 알면서도 개인의 명예를 지키기 위해 그 자리를 떠나야 할까?

전에 워싱턴을 방문했을 때, 이와는 매우 다른 관점에서 이 같은 질문에 맞닥뜨린 적이 있다.

★ ★ ★

2021년 가을, 나는 토머스처럼 속해 있던 조직의 일원으로서의 지위를 포기한 두 남자와 함께 저녁을 먹었다. 한 명은 최근에 남침례교를 탈퇴한 러셀 무어였고, 다른 한 명은 1월 6일 폭동을 조사하는 의회위원회에 참여했다는 이유로 공화당에서 기피 인물이 된 일리노이 출신의 공화당 하원의원 애덤 킨징거(Adam Kinzinger)였다.

무어는 전국을 돌아다니며 종교 지도자들에게 조언을 건네고 그들을 안심시키는 일만 한 것이 아니었다. 남침례교 탈퇴 후 무어는 권위 있는 위치에 있는 신자들, 그중에서도 극우 세력의 표적이 된 신자들을 지원하는 데 중점을 두었다. 많은 정치인이 어떻게 하면 트럼프 현상을 헤쳐 나갈 수 있는지 무어에게 조언을 구했지만, 트럼프와 무어가 라이벌 관계였던 탓에 무어와의 관계를 공개적으로 드러내고 싶어 하는 사람은 거의 없었다. 그러나 킨징거는 개의치 않았다. 킨징거는 무어만큼이나 미국 대통령에게 반복적으로 공격을 받은 경험이 있는 몇 안 되는 사람 중 하나였다. 이 경험은 두 사람을 끈끈하게 묶어 주었고, 특이한 클럽의 일원으로 만들었다.

하지만 서로 위로나 나누려고 저녁 식사 자리를 마련한 것은 아니다. 두 사람이 만난 이유는 킨징거가 중대한 결정을 내려야 했기 때문이다.

킨징거는 2010년에 처음으로 연방 하원의원에 출마했다. 그해는 티파티 열풍과 신임 대통령 버락 오바마에 대한 반감이 거센 해였다. 킨징거는 유망한 후보였다. 그는 신앙 기반 단체의 지도자와 교사인 부모 밑에서 자랐으며, 2003년에 지방의회 의원직을 사임하고 공군에 입대해 조종사 자격을 취득했다. 그 후 이라크와 아프가니스탄에서 임무를 수행했고, 예비역으로 전환된 후 고향으로 돌아와 지역구 공화당 예비 선거에 출마했다. 그리고 보수주의 거물로 떠오른 전 알래스카 주지사이자 부통령 후보 세라 페일린(Sarah Palin)의 지지를 받아 압도적 표차로 지역구 후보로 선출되었다. 그 후 11월에 민주당 현직 의원을 꺾고 워싱턴으로 향했다.

이후 10년 동안, 킨징거는 과도하게 소란스럽고 자멸적인 행동을 일삼는 공화당 하원의원들 사이에서 똑똑하고 이성적인 의원으로 입지를 다졌다. 입법 과정에서 타협안을 도출하고 의회 교착 상태를 타개하는 데 도움을 주어 "온건파"라는 꼬리표를 얻었지만, 낙태권과 오바마케어, 세금 인상에 대해서는 일관되게 반대했다. 킨징거는 큰 정치적 이벤트나 극적인 행동을 간헐적으로 펼치는 것보다는 일상적인 노력을 통해 서서히 성과를 이루는 실용주의자로 평가받았다. 하지만 중요한 이슈에 대해서는 절대 양보하지 않는 원칙을 고수했다. 특히 국가 안보와 정치 윤리에 관해서는 절대주의자를 자처했다. 그래서 그가 2016년 대선에서 공화당 의원 중 최초로 트럼프에게 투표하지 않겠다고 선언했을 때도 크게 놀랍지 않았다. 킨징거는 CNN과 한 인터뷰에서 "나는 공화당원이기 전에 미국인입니다"라고 말하며 힐러리 클린턴에게도 투표하지 않겠다고 덧붙였다.

2부 권력

그 순간부터 킨징거는 공화당 내에서 천덕꾸러기가 되었다. 그가 워싱턴에서 훌륭한 일을 많이 했다는 사실도, 유권자들에게 사랑을 받는다는 사실도, 트럼프의 정책에 90퍼센트 이상 찬성표를 던졌다는 사실도 중요하지 않았다. (심지어 킨징거는 2019년 트럼프에 대한 첫 번째 탄핵안에 반대표를 던졌고, 2020년 트럼프의 재선을 지지했다.) 킨징거가 이분법적 상황에서 잘못된 편에 섰다는 사실은 변하지 않았다. 충성스러운 지지자가 아니면 모두 트럼프의 적이었다.

킨징거는 이런 곤경에 처해도 개의치 않았다. 사실, 그는 다음 선거에서 낙선할 것을 두려워하지 않고 대통령에 대해 솔직하게 말할 수 있는 몇 안 되는 공화당원 중 하나라는 사실에 해방감을 느꼈다. 그는 2018년과 2020년 선거에서 압도적 표차로 승리했고, 시카고 지역에서 공화당 소속으로 당선된 마지막 하원의원이 되었다. 트럼프 재임 기간에 최악의 상황을 견뎌 낸 킨징거는 공화당을 '포스트 트럼프 시대'로 이끌고 싶어 했다.

그러다 1월 6일이 찾아왔다. 킨징거는 문제가 생길 것을 알고 있었다. 제레미 피터스(Jeremy W. Peters) 기자와 진행한 인터뷰에 따르면, 킨징거는 그날 아내와 사무실 직원들에게 국회의사당에 오지 말라고 말했다. 그는 자신의 0.380 구경 루거 LCP 권총을 가지고 출근했고, 국회의사당 경찰이 건물을 봉쇄하자 권총을 손에 들고 사무실에 몸을 숨겼다. 그날 밤, 소란이 정리되고 여러 명의 미국인이 사망한 후, 킨징거는 147명의 공화당 소속 의원들이 선거 결과 인증에 반대하는 모습을 보고 충격을 받았다. 이는 몇 시간 전에 미국 민주주의의 성지를 습격한 테러리스트들의 요구에 굴복한 것이나 다름없었다. 일주일 후, 킨징거는 폭력을 선동하고 권력 이양을 방해한 혐의로 트럼프를 탄핵하는 데 찬성했다. 탄핵에 찬성한 단 열 명의 공화당 하원의원 중 한 명이었다. 나머지 공화당 의원들은 정직과 책임감의 가면을 벗어던지고 이제는 그런 척조차 하지 않았다. 동료 의원들은 이미 선택을 했다. 그래서 킨징거도 선택을 했다. 와이오밍주 정치 가문 출신의 공화당원 리즈 체니(Liz Cheney)와 함께 1월 6일 폭동을 조사하는 위원회에 합류하기로 한 것이다.

"모든 사람은 자신이 옳다고 생각하는 일을 할 책임이 있습니다." 킨징거는 당시 나에게 이렇게 말했다. "이것이 제가 옳다고 생각하는 일입니다."

킨징거는 전에 트럼프를 비판했을 때도 MAGA 열성 지지자들에게 배신자 취급을 받았지만, 1월 6일 폭동을 조사하는 위원회에 합류하고 나서는 완전히 악마 취급을 받았다. 그저 비유적인 표현이 아니다. 킨징거는 〈뉴욕 타임스〉에 사촌에게 육필 편지를 받은 사실을 털어놓았다. 가족 구성원 열한 명이 서명한 그 편지에서 가족들은 그가 "악마의 군대"를 위해 싸우고 동료 기독교인들을 배신했다며 비난했다. "맙소사, 네가 어떻게 우리와 하나님을 이렇게 크게 실망시킬 수가 있니!" 편지에는 그렇게 적혀 있었다. "킨징거 가문에 먹칠을 해도 분수가 있지!"

킨징거 의원은 가족들이 우파 교회에 "세뇌당했다"고 말했다. 그리고 세뇌당한 사람들은 그들만이 아니었다. 조사가 진행되면서 킨징거가 트럼프의 혐의를 더 강하게 비판하기 시작하자 그에 대한 공격이 더 격렬해졌다. 지역 주민들은 그에게 세상이 곧 망하기라도 할 것처럼 위협적인 말을 해 댔고, 민주당 친구들과 손잡고 같이 지옥에 떨어질 것이라고 경고하는 편지가 전국 각지에서 쏟아져 들어왔다. 살해 위협도 끊이지 않았다. 이에 그의 아내는 겁에 질렸다. 무어와 셋이서 저녁 식사 자리를 가졌을 때는 의회 조사가 시작된 지 4개월째였는데, 참전 용사이기도 한 킨징거 의원은 마치 전쟁터에서 막 돌아온 사람처럼 지쳐 보였다.

"이만하면 할 만큼 했다는 생각이 들어요." 킨징거가 무어에게 말했다. "어떤 날은 은퇴하고 다시는 출마하지 말아야겠다고 생각해요. 어떤 날은 공화당을 나와서 다시 출마해야겠다고 생각하고요. 제가 절대 하지 않을 일은 공화당 후보로 다시 출마하는 겁니다. 그런 일은… 할 수가 없어요."

무어는 킨징거 의원이 더 이상 공화당원으로 남고 싶어 하지 않는 이유를 이해했다. 그리고 당을 떠나는 일이 외부인이 생각하는 것보다 훨씬 더 어려운 일이라는 점도 이해했다.

"속해 있던 조직에서 나오고 나면, 계속 남아 있어야 했나, 남아 있었으면 변화를 일으킬 수 있었을까, 계속 뒤돌아보고 고민하게 됩니다." 무어가 말했다. "제가 남침례교를 떠날 때 그랬거든요. 동료들이 고군분투하는 모습을 보면서, 남아 있었으면 뭐라도 도울 수 있었을 텐데, 하고 계속 생각했어요. 내가 떠나서 생긴 문제일지도 모른다는 죄책감마저 들더군요."

킨징거는 고개를 끄덕였다. "제가 알고 싶은 게 바로 그겁니다. 내가 없으면 상황이 더 나빠질 걸 알면서도 그만둘 수 있을까, 하는 거요." 킨징거가 무어에게 물었다. "떠날 때가 언제인지 어떻게 알 수 있나요?"

무어는 자신에게 쏟아지는 비난 때문에 아빠가 도덕적으로 큰 잘못을 저질렀다고 의심한 아들 이야기와, 남침례교에 계속 남아 있을 생각이면 종교 간 결혼을 준비하라고 말한 아내 이야기를 들려주었다. 무어는 수년 동안 남침례교에서 직책을 내려놓지 못한 이유가 "내가 나가면 나보다 못한 사람이 그 자리를 차지할 것이고, 그러면 교단이 겪는 고통은 결국 내 탓이라는 착각" 때문이었다고 했다. 하지만 무어는 마침내 자신이 그 자리에 계속 있는 것이 교단에 다른 방식으로 해를 끼치고 있다는 사실을 깨달았다.

킨징거도 가장 두려운 것이 바로 그것이라고 고백했다. 그리고 당시 아내가 첫아이를 임신 중이었다고 말했다. 아들이었다. 킨징거는 언젠가 아들이 아버지가 역사의 올바른 편에 서 있었다는 점을 이해하길 바랐고, 벌써 그 점을 신경 쓰고 있었다.

킨징거는 잠시 말없이 앉아 있었다. 그러다 점원이 계산서를 가져다주자, 그는 그날 사도 바울이 제자 디모데에게 보낸 마지막 편지를 읽었다고 말했다.

"나는 선한 싸움을 다 싸우고, 달려갈 길을 마치고, 믿음을 지켰습니다."*

몇 주 후, 킨징거는 정계 은퇴를 선언했다.

★ ★ ★

캘 토머스는 권력의 요람인 수도에서 태어나 자랐다. 대학도 그곳에서 다녔고, NBC 뉴스 사환으로 일하면서 첫 직장 생활도 그곳에서 시작했다. "서른 살까지 부와 명성을 얻는 것"이 그의 목표였고, 20대 중반에 NBC 라디오와 텔레비전에서 리포터로 일하며 업계의 떠오르는 스타로 명성을 얻으며 목표를 향해 잘 나아가고 있었다. 하지만 이상하게 행복하지 않았다. 내면 깊숙이 충족되지 않는 공허함을 느꼈다. 서른 살이 되었을 때, 그는 자신을 스스로 파멸로 몰아넣었고(구체적인 이유나 사건은 중요하지 않다며 자세히 설명하지 않았다), 결국 NBC에서 해고당했다.

토머스는 점점 나락으로 빠져들기 시작했다. 신앙이 깊은 기독교인으로 국가조찬기도회에서 자원봉사를 하던 아내는 남편에게 그 행사를 통해 알게 된 사람들을 만나 보라고 말했다. 토머스는 신

---

* 디모데후서 4:7.

앙이 깊지 않았다. 막연히 신의 존재를 믿었고 사회적 관습 때문에 가끔 교회에 가기도 했지만, 성경에 대해 잘 알지 못했다. 그는 아내의 제안을 거절했다.

"아내는 제게 '직장을 잃은 것에 대해 하나님에게 감사하기 전에는 절대 성공할 수 없을 거야'라고 말하더군요." 당시를 떠올리며 토머스가 말했다. "아내 말이 맞았어요. 제 일이 저의 신이었죠. 일이 삶의 중심이었고, 아내와 아이들을 포함한 모든 것이 그 주위를 돌고 있었어요."

토머스는 결국 굴복했다. 어느 날 워싱턴에서 열린 소규모 모임에서 연방 판사가 "예수 그리스도와의 개인적인 관계"에 관해 이야기하는 것을 들었다. 토머스에게는 매우 낯설었던 그 표현이 그를 완전히 사로잡았다. 얼마 지나지 않아 토머스는 "거듭났고," 그리스도 안에서 새로운 인격을 가지게 되었으며, 하나님의 뜻에 자신을 맡기기로 서약했다. 그러나 그 여정이 순탄할 리 없었다. 세속적이냐 신앙적이냐를 떠나 워싱턴 D.C.에 사는 여느 동시대인들처럼 토머스도 정치에 중독되어 있었다. 그는 기독교 신앙에 대한 열정과 보수주의 신념을 융합하는 데 아무런 문제가 없다고 생각했다. 그래서 모럴머조리티에 합류했다. 제리 팔웰 시니어에게는 워싱턴 기자들에게 조직을 홍보할 홍보 대사가 필요했다. 기자들이 잘 알고 좋아하고 신뢰하는 사람 말이다. 토머스는 워싱턴 D.C.의 사회·정치 인사들과 인맥이 있었고, 정치적 이념이 다른 사람들과도 자주 만나 식사하며 친밀한 관계를 유지하는 흔치 않은 인물이었으므로 그 역할에 적합했다. NBC에서 해고당한 후 방황하던 토머스는 1980년에 모럴머조리티에 합류하여 부회장이 되었다. 그리고 비로소 내면 깊숙이 충만함을 느꼈다.

그러나 그 충만감은 오래가지 않았다. 토머스는 다마스쿠스(다메섹)로 가는 길에 예수를 만난 바울처럼 특별한 계기가 있어서 팔웰 시니어와 함께하는 일에 의문을 품게 된 것은 아니라고 말했다. 의심은 서서히 쌓여 갔다. 어떤 주제에 관해서든 매우 격렬하고 극단적인 메시지를 전달했으나 현실과는 괴리가 있었고, 예수 그리스도의 본보기를 따르지도 못한다는 점에서 점점 죄책감을 느꼈다. 선거에서 이기기 위해 노력하는 것에는 찬성했다. 하지만 털사에 사는 은퇴자에게 기부금 20달러를 받아 내기 위해 하나님의 진노를 들먹이는 것은 전략이라기보다는 사기처럼 느껴졌다.

"저는 이런 모금 전략 회의에 참석하곤 했습니다. 항상 기도로 시작해서 교묘한 속임수로 끝났죠." 토머스가 당시를 회상하며 말했다. "한 번은 양쪽에서 돈을 모으는 모금업자를 고용했어요. 마치 싸구려 창녀처럼요. 그 사람 아내는 여성의 선택권을 옹호하는 페미니즘 단체인 전국여성기구 회원이었어요. 그 사람은 아내를 위해 모금을 하면서 동시에 팔웰을 위해서도 모금을 했죠. 그 사람이 모금 목표를 달성하면, 우리는 바에 가서 그에게 돈을 기부한 사람들의 어리석음을 비웃으며 축배를 들었어요."

거의 40년이 지났지만, 토머스는 여전히 그때 일을 부끄러워했다. 순진한 신자들을 먹잇감으로 삼는 이런 관행은 모럴머조리티와 그 후속 단체들의 핵심 사업 모델이었다.

"이런 편지를 보냅니다. '친애하는 애국자 여러분, 우리는 지금 붕괴하기 일보 직전입니다. 세속적인 인본주의자들, 사악한 낙태 찬성론자들, 트랜스젠더 옹호자들에게 곧 점령당할 위기입니다. 어쩌고저쩌고…'." 토머스가 설명을 이어 갔다. "항상 똑같아요. '기부하시면, 저희가 같은 금액을 추가로 기부하겠습니다!'"

별로 달라진 것은 없었다. 바로 그 순간 내 메일함에도 랠프 리드의 신앙과자유연합, 채드 코넬리의 페이스윈스 같은 단체들이 보

2부 권력

낸 비슷한 화법의 이메일이 여러 개 와 있었다.

"위협은 항상 존재해요. 터커 칼슨의 방송을 한번 보세요. '그들이 당신을 노리고 있다'라는 메시지를 매일 밤 전달합니다. 그리고 그게 효과가 있어요." 토머스가 말을 이었다. "한 번은 실제로 우리 모금업자 중 한 명에게 물었습니다. 사람들이 낸 기부금으로 어떤 일을 하고 있는지, 그런 긍정적인 편지는 왜 보내지 않냐고요. 그랬더니 냉소적인 표정으로 저를 쳐다보며 '긍정적인 내용으로는 돈을 모을 수가 없어요. 돈을 모으는 게 목표라면, 사람들에게 겁을 줘야죠'라고 하더군요."

토머스는 나에게 조금씩 선을 넘어갔다고 말했다. 모럴머조리티가 성공하자 그들은 자신들의 행동이 옳다고 스스로 믿게 되었다. 의심스러운 방법으로 모은 돈은 프로젝트가 하나님에게 축복받고 있다는 증거가 되었고, 따라서 더 의심스러운 방법으로 더 많은 돈을 모으는 것이 정당화되었다.

"제가 본 최악의 장면은 제리가 자신을 예수와 비교했을 때였어요. '겟세마네 동산에서 예수가 어떤 기분이었는지 이제 알 것 같다'라고 썼더군요." 토머스가 말했다. "그래서 제가 그에게 '제리, 그런 말은 하면 안 돼요'라고 말했어요. 그랬더니 '허, 나한테 확인도 안 받고 내보냈나 보네'라고 하더군요. 하지만 그의 승인 없이 나간 것은 아무것도 없었어요. 우리가 얼마나 극단적이었는지를 보여 주는 것이죠. 우리는 예수가 공화당원이었을 거라는 말도 서슴지 않았어요. 그분의 나라는 이 세상에 속한 것이 아닌데도 말이죠. 그런 주장을 어떻게 받아들일 수 있겠어요?"

사실, 받아들이는 방법은 간단했다. 미국 복음주의자들은 일부 신학자들이 "과거에 세례를 준다"라고 부르는 행위를 무척 능숙하게 잘한다. 역사적 기록이 존재하지 않는데도 불구하고 조지 워싱턴이 밸리 포지에서 한 목사에게 얼음물에 몸을 담그게 해 달라고 부탁했다는 이야기를 퍼뜨리고, 실제로는 노예 소유자이자 쾌락주의자였음에도 불구하고 토머스 제퍼슨이 신을 두려워하는 인도주의자였다고 주장하고, 실제로는 부흥 운동가들을 조롱했고 교회에 거의 출석하지 않았는데도 불구하고 링컨이 성경 구절을 인용한 것을 이용해 그를 복음주의자로 묘사하는 식이다. 아마도 언젠가는 백악관 집무실 기도 모임 때 찍은 사진들을 내밀며 트럼프가 진지하게 그리스도를 따르는 사람이었다고 주장할 것이 틀림없다.

이것이 모럴머조리티가 '기독교 미국'이라는 건물을 세운 발판이다. 토머스가 이 사실을 깨닫기까지는 오랜 시간이 걸렸다. 하지만 일단 깨닫고 나니, 외면할 수 없었다. 신앙이 성숙해짐에 따라 자신의 신념을 의심하고 자신의 생활 방식을 재고하기 시작했다. 토머스는 자신과 친구들이 하는 일이 정당하다는 근거를 성경에서 찾으려 했다. 그러나 그가 발견한 것은 책망과 회개하라는 부르심이었다.

전국 수백 개 매체에 동시에 칼럼을 게재할 수 있는 칼럼니스트 자리를 놓고 신문사 경영진들과 면담을 하기 전에, 토머스는 하나님께 기도했다. 이 기회를 내게 허락하신다면 미국을 위해서가 아니라 하나님을 위해서 사용하겠다고 약속했다. 토머스는 그 자리를 얻었고, 1985년에 모럴머조리티를 나왔으며, 그 후로 수십 년 동안 그 약속을 지키기 위해 노력해 왔다. 비록 완벽하지는 않았지만 말이다.

"이사야서에는 하나님께서 뭇 나라를 두레박에서 떨어지는 한 방울 물처럼 보신다고 나와 있어요. 세상 모든 나라가 다 해당됩니다." 토머스가 내게 말했다. "자, 미국이 유달리 축복받았나요? 물론이죠. 하지만 유달리 저주받을 수도 있어요. 조심해야 해요. 애국심은 금방 우상 숭배로 변할 수 있으니까요. 우상 숭배자가 되는 방법은 여러 가지가 있어요. 구약에서는 자식을 몰렉에게 희생 제물로 바치는 사례들이 있었죠. 하지만 사탄은 교묘해요. 지금은 신상(神像) 대신 정당과 대통령 후보가 있어요."

토머스는 1999년에 《권력에 눈이 멀어》라는 책을 쓰면서 참회를 다 했다고 생각했다. 25년이 지난 지금, 커피를 다시 따르며 그는 뭔가 더 해야 할 일이 있는지 궁금하다고 중얼거렸다.

★ ★ ★

"숭배하던 우상들에게 실망하기 시작하면, 그것이 여러분을 다시 하나님께로 이끌 수도 있습니다"라고 러셀 무어가 말했다.

무어는 워싱턴의 저명한 싱크탱크인 미국기업연구소(AEI)에서 눈에 띄게 젊은 청중 앞에 서 있었다. 제2차 세계대전 이전부터 우파를 대표하는 학자들이 고향으로 삼아 온 곳에서, 이제 막 워싱턴에서 경력을 시작하는 대학원생들, 국회 인턴들, 정치 신입들(그리고 트위드 재킷을 입은 학자들)로 가득 찬 방에서 연설하고 있었다. 그들 대부분은 이전에 AEI에 와 본 적도 없었고, AEI가 뭐 하는 곳인지 들어본 적도 없었다.

무어가 그 자리에 간 이유는 '신앙과 정치의 분리'라는 과제에 관해 이야기하기 위해서였다. 청중의 면면이 유난히 젊었던 이유는 그 때문이다. 수년간의 사회과학 연구 결과를 통해 젊은이들, 특히 젊은 신앙인들이 종교 단체의 진짜 의도나 목적을 알게 되면서 그 단체로부터 멀어지고 괴리감을 느끼고 있다는 사실이 밝혀졌다. 처음에 세운 규칙과 도덕적 기준이 조금씩 바뀌고 있었지만, 수십 년에 걸쳐 교회 안에서 이루어진 점진적 변화에 무감각해진 부모들은 아무 문제가 없다고 여겼다. 하지만 아이들은 분명히 문제가 있다고 느꼈다. 이들은 미국 복음주의의 운명을 결정지을 세대이자 모럴머조리티의 자식 세대였다.

청중들이 느끼는 실망감과 환멸을 군이 에두를 필요도 없었다. 무어는 복음주의에 대한 대중의 이미지가 "토치를 든 미스터 로저스"라며 연설을 시작했다. 얼핏 보면 로저스 아저씨처럼 친절하고 온화해 보이지만, 실제로는 불을 내뿜는 토치처럼 매우 강경하고 공격적이라는 뜻이다. 청중이 고개를 끄덕였다. 그러나 무어는 이 젊은이들이 환멸을 느끼는 와중에도 아직은 어떤 가능성 혹은 희망이 남아 있다는 점을 알았으면 했다. 이 점은 나이와 지위와 지역을 막론하고 다양한 사람들에게 그동안 해 왔던 설교와도 일치했다. 하지만 그날 모인 청중은 향후 워싱턴 정가에서 영향력을 행사하는 중요 인물이 될 수도 있는 젊은이들이라서 무어는 좀 더 명확하게 말했다. 가족부터 정당, 문화 집단, 심지어 교회에 이르기까지 세속적인 관계나 소속감에서 발생하는 문제들은 우리가 신앙 안에서 갖는 변하지 않는 정체성이 얼마나 중요한지를 깨닫게 해 준다고 말이다.

"집이 없는 사람들만이 절박하게 집을 찾아 나선다는 점을 기억하세요." 무어가 청중을 바라보며 말했다. "이 세상에서 완전한 소속감을 느끼지 못하고 마치 집이 없는 이방인처럼 살아가는 것이 그리스도인의 삶입니다. 그것이 정상이에요. 그 상황을 정상이라고 본다면… 우리는 세상과의 관계 속에서도 신앙을 지킬 수 있고, 세속적인 기준에 맞춰 살지 않아도 두려워하지 않을 수 있습니다. 자유로워질 수 있습니다."

무어는 그 자리에 참석한 기독교인들에게 이러한 현실을 하나의 선택지로 제시하지 않았다. 남부 특유의 부드러우면서도 직설적인 화법으로, 인생에서 무엇을 우선시해야 하는지는 이미 정해져 있다고 강조했다.

"복음이 진리라면, 그것은 복음이 '목적을 위한 수단'이 아니라는 뜻입니다. 복음은 국가에 대한 충성심을 불러일으키기 위한 도구

2부 권력

도, 사회적 유대를 형성하기 위한 도구도, 시민의 역할과 책임을 가르치기 위한 도구도 아닙니다. 복음은 하나님이 십자가에 못 박히신 예수를 죽은 자 가운데서 살리시고 하나님 오른편에 앉히셔서 우주의 통치자로 삼으셨다는 선포입니다. 이것이 참이라면, 다른 충성은 모두 부차적입니다." 무어는 목소리를 높이며 말했다. "예수께서는 우리에게 기도하는 법을 가르치시면서, 거룩하신 우리 아버지께 무엇보다 먼저 '그 나라를 오게 하여 주시며, 그 뜻을 하늘에서 이루심 같이, 땅에서도 이루어 주십시오'라고 기도하라고 하셨습니다. 그러고 나서야 일용할 양식을 구하는 문제로 넘어갑니다."

예수는 먼저 하나님의 나라와 의를 구하라고 가르치시면서, 그러면 우리에게 필요한 "이 모든 것"을 채워 주시겠다고 약속하셨다. 하지만 우리는 우선순위를 바꾸어 우리에게 필요한 "이 모든 것"을 먼저 구하고 있으며, 이 때문에 기독교의 본래 메시지가 약해졌다. 무어는 너무나 많은 신자가 '하나님은 기독교인들이 사회에서 높은 자리를 차지할 때 가장 영광을 받으신다'고 주장하면서 이를 합리화한다고 지적했다. 이는 예수의 가르침을 올바로 따르지 않고 정반대로 행동하는 것이다.

"기독교의 가르침과 증언은 세속적인 권력이나 지위를 통하지 않고 전파하는 것이 가장 좋습니다"라고 무어는 말했다. 그리고 수필가 웬델 베리(Wendell Berry)의 말을 인용했다. "변화가 오려면, 변두리에서 와야 합니다."

연설이 끝나고 질의응답 시간으로 넘어가자 좌파의 전술을 분석하거나 우파의 행동을 합리화하는 데 관심이 있는 사람은 아무도 없는 듯했다. 질문 하나하나가 탐구적이고 성찰적이었다. "외부 세계는 우리를 역겨워한다"는 무어의 주장에 다들 동의하는 것 같았지만, 외부 세계 이야기를 하고 싶어 하는 사람은 없었다. 여기 모인 젊은 기독교인들은 교회에서 무엇이 잘못되었는지, 어떻게 하면 고칠 수 있을지를 논의하고 싶어 했다.

무어는 기독교인들이 적이라고 생각하는 사람들보다 겉보기에 동맹처럼 보이지만 실제로는 그렇지 않은 사람들에게 더 신경을 쓰는 것부터 시작하자고 말했다. 나는 그 말이 무슨 뜻인지 잘 알고 있었다.

오늘날의 복음주의는 비신자들에게는 적대적인 자세를 취하고 교회 다니는 신자들에게는 무한한 은혜를 베풀라고 설교하지만, 신약 성경이 제시하는 모델은 정반대다. 신약 성경은 교회 내부 사람들에게는 엄격하게 책임을 묻고, 외부 사람들에게는 넘치게 자선을 베풀라고 강조한다.

무어는 몇 가지 예를 들며 "예수님이 침착하실 때 주변 사람들은 공황에 빠지는 장면이 복음서 전반에 나옵니다"라고 말했다. "그런데 주변 사람들은 화내지 않는 상황에서 예수님이 분노를 보이시는 순간들도 있어요. 성전 뜰에서도, 약자들을 소외시키고 배척하는 모습을 보셨을 때도, 하나님의 거룩함을 상품화하는 모습을 보셨을 때도 예수님은 분노하셨습니다. 왜 그러셨을까요?"

무어는 그 이유가 하나님을 안다고 고백하는 사람들에게 기대하시는 바가 더 컸기 때문이라고 설명했다. 기독교인들은 예수의 이러한 태도를 본받아, 신앙을 고백하는 사람들에게는 더 높은 기준과 책임을 요구하고, 외부 사람들에게는 자비와 사랑을 베풀라는 가르침을 받았다. 한 학생이 그리스도 안에서 형제자매에게 "은혜와 책임의 균형"을 어떻게 맞춰야 할지 묻자, 무어는 곧장 사도 바울의 편지를 언급했다. 그리스 코린토스에 있던 문제 많은 초대교회에 보낸 첫 번째 편지였다.

"바울이 부도덕한 사람과 사귀지 말라고 했을 때 그 부도덕한

2부 권력

사람은 세상에 있는 부도덕한 사람이 아니라, 그리스도인이라는 꼬리표를 달고서 부도덕한 사람을 가리킵니다"라고 무어는 설명했다. 그리고 바울의 말을 직접 인용해 이렇게 말했다. "밖에 있는 사람들을 심판하는 것이, 나에게 무슨 상관이 있습니까? 여러분이 심판해야 할 사람들은 안에 있는 사람들이 아니겠습니까? 밖에 있는 사람들은 하나님께서 심판하실 것입니다."*

무어는 "기독교 신앙은 유전적으로 물려받는 것이 아니"라는 점을 상기시켜 준 옛 스승의 이야기를 들려주며 설명을 마무리했다. 사도 바울부터 아우구스티누스(Aurelius Augustinus)까지, C. S. 루이스(C. S. Lewis)부터 찰스 콜슨(Charles Colson)까지 그리스도를 가장 강력하게 옹호했던 이들 중 일부는 한때 '하나님의 가족'과는 거리가 먼 삶을 살았다는 것이 요지였다.

"무신론자나 불가지론자들과 이야기를 나누면 그들 대부분은 진심으로 궁금해합니다. 일부는 정말, 정말로 화가 나 있죠. 하지만 99.9퍼센트는 신에게 화가 난 게 아닙니다. 종교를 파괴적인 방식으로 사용한 부모나 자신에게 상처를 준 목사에게 화가 난 것이죠. … 그 사람은 예수님이 사랑하시는 사람이고, 예수님이 위해 죽으신 사람이며, 상처 입은 사람입니다"라고 무어는 말했다. "제 임무는 논쟁에서 이기는 것이 아닙니다. [하나님의] 자리에 서서 '수고하며 무거운 짐을 진 사람은 모두 내게로 오너라. 내가 너희를 쉬게 하겠다'라고 말하는 것입니다."

무어는 "그들의 의견과 행동에 아무리 화가 나더라도, 우리가 하나님의 은혜로 다가갈 수 없는 사람은 없습니다"라고 결론을 내렸다.

---

* 고린도전서 5:12-13.

★ ★ ★

토머스는 미국 복음주의가 오랫동안 철저한 반성을 해야 한다는 점에 동의했다.《권력에 눈이 멀어》가 큰 변화를 끌어내지는 못했지만, 공동 저자인 토머스와 돕슨은 적어도 대화를 시작하는 데는 성공했다. (돕슨은 2015년에 루게릭병으로 사망했다. 2008년에는 여전히 낙태에 강력히 반대하지만, 민주당 후보가 예수의 가르침을 더 잘 대표한다고 생각해 오바마에게 투표했다고 밝히면서 복음주의자들 사이에서 큰 논란을 일으켰다.) 토머스는 시작된 대화를 더 발전시키기 위해 자신이 무슨 일을 더 할 수 있을지 모르겠다고 했다. 다만, 문제는 1999년보다 더 심각해졌다고 말했다.

"우리는 과거에 한 잘못을 미래에 되풀이하지 않도록 경고하고자 책을 썼습니다." 토머스는 이 말을 하고 자신들의 경고가 충분히 강력하지 않았음을 인정했다. "이 새로운 세대를 보세요. 20퍼센트가 넘는 젊은이들이 아무런 신앙도 갖고 있지 않습니다. 그중 일부는 우리의 책임이라고 생각합니다. 우리 복음주의자들이 보여 준 행동과 태도 때문이지요. 이 아이들은 '우리 대 저들'이라는 구도에 갇히고 싶어 하지 않습니다. 그들에게는 다양한 관점을 가진 친구들이 있는데, 교회에 가려면 그 친구들을 미워해야 한다고 생각합니다."

토머스가 계속 말을 이었다. "오늘날 복음주의 운동의 가장 큰 결점은 우리가 따라야 한다고 주장하는 분의 명령에 불순종하고 있다는 겁니다. 그 명령이 무엇입니까? 원수를 사랑해라. 너희를 박해하는 자들을 위해 기도해라. 배고픈 자에게 먹을 것을 줘라. 헐벗은 자에게 옷을 입혀라. 과부와 고아를 돌봐라. 감옥에 있는 자들을 찾아가라. 먼저 하나님의 나라를 구하라. 이겁니다."

미국에는 이 명령을 엄격하게 따르는 수백만 명의 기독교인이

2부 권력

있다. 그러나 그보다 더 많은 사람이 이 명령을 따르지 않거나, 기껏해야 선택적으로 일관성 없이 따르고 있다. 나는 허드슨 밸리에 있는 굿윌교회의 존 토레스 목사가 교인들에 대해 내게 했던 말을 떠올렸다. 정치적으로 가장 열성적인 사람들이 가장 후하게 베푸는 사람들이기도 하다는 말. 따뜻한 마음씨를 가지고 있어도 우선순위를 잘못 정하는 경우는 충분히 있을 수 있다. 문제는 토머스가 인용한 처음 두 가지 명령, 즉 원수를 사랑하고 너희를 박해하는 자들을 위해 기도하라는 명령이 친절하고 자애로운 오늘날의 많은 복음주의자가 채택한 문화적 갈등을 조장하는 태도와 양립할 수 없다는 점이다. 대중은 그들이 미혼모를 지원하고 아프리카에 깨끗한 물을 공급하기 위해 기부하는 모습을 보지 않는다. 대중이 보는 것은 그러한 선행을 가리고 실제로 그 선행들이 일어날 가능성을 희박하게 만드는 공격적인 태도다.

"보통 사람들에게 '기독교인이 된다는 것이 무엇을 의미한다고 생각하나요?'라고 물으면, '트럼프 지지, 공화당, 우파, 낙태 반대, 동성애 혐오'라고 답할 겁니다. 아마도 목록이 끝없이 이어지겠죠." 토머스가 내게 말했다. "왜 그렇게 말할까요? 우리가 세상 사람들에게 보여 주는 모습이 그런 모습이기 때문입니다. 그것이 우리의 공적인 우선순위입니다. 사람들은 주목하지 않아도 하나님은 진정으로 중요하게 여기시는 다른 것들이 아니라요."

조금 가혹한 말이기는 했다. 아마도 자신의 주장을 강조하기 위해 다소 과장되게 표현했을 것이다. 하지만 토머스의 말은 틀리지 않았다. 적어도 가톨릭교회는 굶주린 사람, 장애인, 마약 중독자, 학대받는 사람, 병든 사람 등 도움이 필요한 사람들에게 후하게 베푸는 가시적이고 중앙집중적인 사회 프로그램으로 스캔들을 상쇄하기라도 한다. 하지만 복음주의 교회는 그런 이미지조차 없다. 사람들은 복음주의 교회를 생각할 때 자선 활동을 떠올리지 않는다. 이는 복음주의자들이 자선 활동을 하지 않아서가 아니다. 개신교와 가톨릭을 포함한 기독교인들이 비종교인들보다 기부를 더 많이 한다는 사실이 여러 연구 결과를 통해 입증된 바 있다. 문제는 신학에 영향을 받은 강조점이 다르다는 점이다. 가톨릭이 믿음에 수반되어야 하는 "행위"를 강조하는 반면, 개신교는 오직 은혜로 구원받는다는 교리를 고수한다. 그래서 복음주의자들이 공적으로 강조하는 우선순위는 사회적 선행과는 거리가 있다. 그들의 교회가 사회에 깊이 이바지하고 있음에도 불구하고 말이다.

댈러스제일침례교회 로버트 제프리스와 나눈 대화가 떠올랐다. 세련된 커피숍과 30미터 높이의 분수를 갖춘 2억 5,000만 달러 규모의 시설을 둘러본 후, 나는 제프리스에게 댈러스 지역 사회를 위해 교회가 무엇을 하고 있는지 물었다. 공정한 질문이라 생각했다. 교회가 엄청난 부를 가지고 있다는 사실과는 별개로, 제프리스는 정치 활동으로 뉴스에 자주 등장했고, 그러니 당연히 정치 활동 외에 사람들을 돕는 일로도 이름이 알려지길 원할 것이라고 생각했다. 제프리스는 노숙자 쉼터와 여성 건강 센터(둘 다 칭찬할 만한 프로젝트다)를 언급했지만, 이 프로젝트나 댈러스제일침례교회가 후원하는 다른 복지 프로젝트에 관해 자세히 설명하고 싶지 않은지 서둘러 화제를 바꿨다. "우리는 종교적인 사회 복지 기관이 아닙니다"라고 그는 말했다. "저는 그것이 교회의 본래 목적이라고 생각하지 않습니다."

그 말이 몇 달 동안 내 머릿속을 맴돌았다. 내가 그 말을 전하자 토머스는 인상을 찌푸렸다. 그리고 이렇게 물었다. "트럼프를 전적으로 지지했던 걸 후회하고 있을까요? 한동안 제프리스 소식을 듣지 못한 것 같네요."

나는 토머스에게 제프리스와 나눈 대화 내용을 이야기했다. 전혀 후회하지 않는다는 말도 했다. 토머스는 못마땅한 듯한 표정을 지었다. 그리고 밋 롬니를 물리치기 위해 자신과 다른 저명한 복음주의 지도자들에게 성경을 믿고 거듭난 기독교인이면 됐지 미국 대통령에게 그 이상을 요구하지 말라고 강의했던 그때 그 로버트 제프리스를 떠올렸다.

"민권을 지지하면서 KKK 단원이 되는 것과 같죠"라고 토머스가 웃으며 말했다.

아이러니하게도 토머스 역시 문화 전쟁에 익숙한 사람이었다. 《권력에 눈이 멀어》 이후에도 사회적으로 논란이 되는 주제들에 대해 극명하게 다른 양쪽 입장 중 한쪽을 대변하는 칼럼을 계속 써 왔다. 그러나 좌파 진영은 그를 악당으로 여기지 않았다. 토머스는 테드 케네디와 낸시 펠로시를 친구라고 부르는 사람이었다. 낮에는 보수적인 칼럼을 쓰고 밤에는 미국에서 가장 저명한 진보주의자들과 함께 저녁을 먹는 사람이었다. 비결이 무엇이었을까?

"저는 예수님처럼 되고 싶어요. 예수님은 '세리와 죄인'들과 함께 식사하셨죠. 저는 이걸 '공화당 지지자와 민주당 지지자'로 바꿔 말하곤 합니다." 토머스가 장난스럽게 웃으며 말했다. "예수님은 세리들, 창녀들과도 어울리셨어요. 저도 그런 사람으로 알려지고 싶어요. 사람들이 제 안에서 예수님을 보고, 그분께 매료되기를 바랍니다. 그것이 제 삶의 목적이에요."

"사람이 자기 친구를 위하여 자기 목숨을 내놓는 것보다 더 큰 사랑은 없다." 예수가 최후의 만찬 때 제자들에게 하신 이 말씀은 경이롭고 감동적이다. 그러나 전후 문맥을 고려하지 않고 읽으면 하나님의 자비로운 본성을 오해할 수 있다. 예수는 선택된 소수에게만 특혜를 주기 위해 육신을 취하신 것이 아니다. 바울에 따르면, 하나님의 사랑은 우리가 아직 하나님의 원수였을 때 그분의 아들이 우리를 위해 죽으셨다는 사실에서 드러난다. 이것이 우리가 말과 행동으로 전해야 할 복음이다. 그리스도인이 된다는 것은 이미 우리와 식탁에 둘러앉은 사람들을 위해 희생하는 것이 아니라, 우리가 식탁에 초대할 생각조차 해 본 적 없는 사람들을 위해 희생해야 한다는 뜻이다.

원수를 사랑하는 것에는 재미있는 점이 있다. 일단 그들을 사랑하면, 그들은 더 이상 당신의 원수가 아니게 된다.

"맞아요. 정치 성향에 상관없이 누군가를 사랑하면, 그 사람이 나를 미워하기가 매우 어렵습니다. 그때에야 비로소 진정한 대화를 나눌 수 있죠"라고 토머스가 말했다. "그들을 회심시키고 싶은 건가요, 아니면 정죄하고 싶은 건가요?"

성경에서 가장 잘 알려진 구절은 요한복음 3장 16절이다. 이 구절에서 예수는 죄인들이 그를 믿어 영생을 얻을 수 있도록 하나님의 외아들을 희생시키려 하시는 하나님의 계획을 밝힌다. 그러나 토머스가 지적했듯이, 훨씬 덜 인용되는 그다음 구절도 매우 중요하다. "하나님께서 아들을 세상에 보내신 것은, 세상을 심판하시려는 것이 아니라, 아들을 통하여 세상을 구원하시려는 것이다."

방식은 달라도 토머스와 러셀 무어가 말하려는 요지는 같았다. 복음주의자들은 적들을 정죄하고 이 땅에서 자신들의 왕국을 보호할 수 있는 권력을 성공적으로 축적해 왔다. 그런데 정작 하나님이 우리에게 주시는 진짜 힘은 제대로 활용하지 못하고 낭비해 버렸다.

11장

★ ★ ★

분노 사업:
광기의 교회가 파는 것

"분노가 비즈니스 모델이라는 사실을,
광기가 교회 성장 전략이라는 사실을 알아챘다."

"너희는 강도에게 하듯이, 칼과 몽둥이를 들고
나를 잡으러 왔느냐?"(마태복음 26:55)

테네시주 윌슨 카운티 외곽 숲속에 자리한 그렉 록(Greg Locke)의 글
로벌비전성경교회는 마치 요새 같았다. 급하게 확장한 흔적이 역력
한 잘린 참나무 더미가 교회 단지를 둘러싸고 있고, 울퉁불퉁한 자
갈 주차장은 주요 도로에서 멀리 떨어진 높은 곳에 자리하고 있다.
꼭대기에는 거대한 흰색 텐트가 있고, 그 앞에는 "교회 단지에서는
마스크를 착용할 수 없습니다"라는 표지판이 세워져 있다.

표지판을 지나 안으로 들어가니, 무전기용 이어폰을 착용하고

군복 바지를 입은 남자들이 입구를 지키고 있었다. 그 뒤로는 사람들 수백 명이 삼나무 조각이 깔린 바닥에서 열정적으로 뛰고 있었다. 그렉 록 목사는 그들을 "하나님의 군대에 들어온 군인들"이라고 불렀다. 이 말을 문자 그대로 받아들이기라도 한 듯이 상당수가 실제로 총을 들고 있었다.

복음주의자들 대부분은 그렉 록이 겨냥하는 핵심 대상층이 자신들은 아니라고 생각한다. 그렉 록은 자폐아들이 악마에게 사로잡혀 있다고 말한 바 있다. 오컬트를 조장하는 〈해리 포터〉 시리즈와 여타의 책과 게임을 박멸하는 분서(焚書) 행사를 마련하기도 했다. 바이든 대통령을 "성 착취를 위해 인신매매나 하는, 악마에 사로잡힌 잡종"이라 부르기도 했다.

이 모든 이야기가 다소 이상하게, 불길하게, 혹은 위험하게 들리는가? 당연하다. 내가 이곳을 방문하기 전날, 그 지역 목사 한 명도 내게 "위험하다"고 경고했다. 그런데 무엇과 비교하여 이상한 것일까? 이 무렵 나는 군국주의와 임박한 종말론에 관한 온갖 수사(修辭)에 이미 무뎌져 있었다. 선거 사기를 주장하는 자들과 "흑인의 생명도 소중하다"는 인권 운동에 사탄의 의도가 숨겨져 있다고 비난하는 자들을 연사로 초청해 주중 행사를 개최하는 교회들, 자기들이 주류라고 여기는 그 교회들이 이제 진부하게 느껴질 정도였다. 과거라면 충격과 경악을 불러일으켰을 법한 일들이 이제는 교회 안에서 흔하게 벌어졌고, 영적인 환경이 크게 변해서 교회가 더는 본래의 목적을 유지하지 못하는 가증스러운 모습으로 변해 버렸다. 고함 소리, 전투 도끼, 펜스를 향한 야유 같은 극적인 일들이 눈앞에 펼쳐져도 더 이상 충격으로 다가오지도 않았다.

이제 가장 멀리 떨어진 최극단을 찾아갈 때가 되었다는 생각이 들었다. 그렉 록을 만나러 가야 할 시간이었다.

2부 권력

얼마 전까지만 해도 그렉 록은 테네시주에 있는 작은 교회의 목사였다. 그런데 2016년에 대형 마트 타깃 매장 앞에서 화장실과 성 정체성에 관한 이 회사의 정책*을 비난하는 동영상을 찍어 입소문을 탔다. 그 동영상은 1,800만 회가 넘는 조회 수를 기록했고, 덕분에 록에게는 특이한 복음주의자로서 확실한 브랜드가 생겼다. 소셜 미디어를 통해 기독교 세계에서 홀로 용기 있게 외치는 목소리로 자신을 홍보한 록은 곧 트럼프의 심복인 로저 스톤(Roger Stone), 선전 영화 제작자 디네시 드수자(Dinesh D'Souza), 우파 선동가 찰리 커크 같은 인물들과 어울리며 복음주의 세계에서 가장 확고한 트럼프 지지자 중 한 명으로 명성을 쌓았다. 그러는 동안 교인 수는 급격히 늘어났고, 250명을 수용할 수 있는 낡은 건물에서 큰 야외 텐트로 옮겼다가, 더 큰 텐트로 옮겼고, 결국은 현재의 거대한 텐트로 옮겨 오게 되었다. 이 텐트는 무려 3천 명을 수용할 수 있는 규모로 바넘과 베일리**마저 부러워할 정도였다.

적합한 비유라고 생각한다. 글로벌비전성경교회에서 여는 집회는 부흥회라기보다는 서커스에 가깝기 때문이다. 내가 방문한 일요일 아침, 록은 무대를 서성이며 테네시주 말고 다른 주에서 온 사람이 몇 명이나 되는지 물었다. 많은 사람이 손을 들었다. "오늘만 이런 게 아니에요. 매주 이래요!" 록은 특유의 허클베리 사투리로

---

*   타깃은 고객이 자신의 성 정체성에 따라 화장실을 선택해서 사용할 수 있도록 허용하고 있다. 처음 도입되었을 때 많은 논란과 반발을 불러일으켰으며 불매 운동이 일어나기도 했으나, 타깃은 모든 고객이 매장에서 환대받으며 안전감을 느낄 수 있도록 이 정책을 도입했다고 밝혔다.
**   미국의 유명한 서커스 제작자 P. T. 바넘과 제임스 앤서니 베일리를 말한다. 바넘은 뮤지컬 영화 〈위대한 쇼맨The Greatest Showman〉의 실제 주인공이기도 하다.

소리쳤다.

록은 방문객들에게 특별한 쇼를 선보이려고 일요일마다 특별 연사를 섭외했다. 그날의 초대 손님은 TV 시리즈 〈해저드 마을의 듀크 가족 The Dukes of Hazzard〉에서 보 듀크를 연기한 배우 존 슈나이더 (John Schneider)였다. 군중은 열광했다. 모두가 휴대전화를 높이 치켜들고 마치 교황을 기다리는 가톨릭 신자들처럼 슈나이더를 반겼다.

슈나이더가 온 목적은 연설과 노래를 하기 위해서였다. 텐트 안에는 활력이 넘쳤다. 심지어 군복 차림에 옆구리에 총을 차고 매우 심각한 표정을 한 남자들조차도 발뒤꿈치를 살짝살짝 들며 손뼉 쳤다. 슈나이더는 노래 사이사이에 다양한 발언을 했다. 독감 예방 주사가 사람들을 병들게 한다고 주장했고, 자신과 같은 신자들을 깔보는 기독교 엘리트들을 비난했다. 바이든을 "브랜든"이라고 부르며* 기독교인들이 폭력적 봉기에 동참할 준비를 해야 한다고 암시하기도 했다.

"우리는 바로 이런 때를 위해 태어났습니다. 하나님이 여러분에게 무언가를 하라고 부르고 계십니다"라고 슈나이더는 말했다. "우리에게는 되찾아야 할 나라가 있습니다. 만약 되찾지 못하면, 그래요 뭐, 강제로라도 찾아와야 합니다."

남부연합 깃발이 그려진 자동차 "제너럴 리"를 모는 밀주업자 캐릭터로 유명해진 배우에게 신학을 기대할 수는 없는 노릇이지만, 그렇다 해도 좀 특이한 성경 해석이었다. 하나님이 기독교인들에게 나라를 "되찾아" 오라는 "소명"을 주셨다는 주장, 특히 무력을 써서

---

* "Fuck Joe Biden"을 대체하는 "Let's Go Brandon"에서 유래한 것으로, 우파 지지자들 사이에서 바이든에 대한 조롱을 간접적으로 표현하기 위해 사용하는 일종의 암호다.

라도 반드시 찾아오라고 부르고 계신다는 주장은 헛웃음이 나올 정도로 예수의 가르침과 맞지 않는다. 예수는 순종의 가르침과 비폭력의 칙령으로 기존 권위에 도전했고, 자신을 체포하러 온 자들이 무기를 휘두르는 모습을 보고 비웃었다. 예수는 그들에게 "너희는 강도에게 하듯이, 칼과 몽둥이를 들고 나를 잡으러 왔느냐?" 하고 물으셨다.

이런저런 일화를 두서없이 나열한 뒤에, 슈나이더는 마침내 글로벌비전성경교회에 온 목적을 분명히 밝히며 사람들에게 홈페이지에 방문해 자신을 지지해 달라고 요청했다. 마지막 곡을 부르기 전, 슈나이더의 음악 파트너인 코디라는 남자가 자신의 앨범을 홍보했다. 그 후, 어색하게 화제를 돌려 미국 내에서 예수에 반대하는 캠페인이 벌어지고 있다고 설명한 뒤, 애국심으로 가득한 노래 〈라이즈 업 Rise Up〉을 부르며 순서를 마치겠다고 했다.

그날 설교는 구약의 블레셋 사람들이 선택받은 하나님의 백성을 물리칠 방법은 그들을 하나님과 떼어 놓는 것뿐이라고 생각해서 이스라엘 백성에게서 언약궤를 훔쳤다는 내용이었다. 록은 오늘날 미국에서도 똑같은 일이 벌어지고 있다고 경고했다. 적(진보주의자들)이 "조작된 가짜 전염병"*을 무기 삼아 교회를 폐쇄함으로써 기독교인들을 하나님과 떼어 놓으려는 음모를 꾸몄다고 말했다. 그런데도 너무도 많은 기독교인이 두 손 놓고 방관하고 있다며 개탄했다.

"한 가지 말씀드릴까요?" 록이 으르렁거리듯 소리쳤다. "교회 문을 연다고 나한테 화를 내는 창녀를 저는 본 적이 없습니다! 알코올 중독자나 술주정뱅이가 여기 와서 '이게 뭐 하는 짓이오!'라고

---

* 코로나19가 계획적으로 조작되었다고 주장하는 음모론자들은 '팬데믹' 대신 '플랜데믹'(plandemic)이라는 용어를 쓴다.

따지나요? 아니에요! 교회 문을 계속 연다고 나한테 화를 내는 마약 중독자? 저는 본 적이 없습니다! '오, 록 형제, 좀 진정하세요. 당신이 우리를 부끄럽게 만들고 있어요'라는 편지를 보내는 사람들은 항상 설교자들이에요."

록은 고개를 끄덕이기 시작했다. "맞습니다! 겁쟁이들, 내가 그 겁쟁이들을 전부 부끄럽게 만들었습니다!" 청중은 열광했다. "부끄러워? 누가? 내가?" 목사는 손가락을 흔들며 외쳤다.

예배가 시작될 때쯤 록은 참석자 수에 감탄하며 이 집회를 빌리 그레이엄의 부흥회에 견주었다. 그의 말을 들으며 흥미로운 질문이 떠올랐다. 그레이엄은 이 모든 일을 어떻게 생각할까?

20세기의 가장 유명한 복음 전도자 빌리 그레이엄은 그의 "십자군"을 이끌고 수백 개국을 순회하며 수백만 명에게 설교했다. 초기 정치 성향(1950년대에는 공산주의의 악에 대해 경고했고, 1960년대에는 리처드 닉슨과 동맹을 맺었다)과 달리, 경력이 쌓임에 따라 당파주의에 회의적인 태도를 공개적으로 드러냈다. 종교적 우파와 거리를 두고 모럴 머조리티를 멀리하면서 "미국의 목사"로 알려졌다. 그레이엄은 거의 70년에 걸쳐 모든 미국 대통령과 만나 기도했다. 사망하기 전, 그레이엄은 초기 정치 활동에 대해 회개하며 그 활동이 "선을 넘어서" 그리스도를 증언하는 일에 해를 끼쳤노라고 말했다. 그러나 가장 비양심적이었던 순간에도 그레이엄은 1970년대와 1980년대에 그를 따르던 텔레복음 전도자들부터 오늘날의 랠프 리드와 그렉 록에 이르기까지 공공연히 사익을 추구하는 사람들과 비교하면 모범적이라 할 만했다. 그레이엄이 이끄는 집회에서는 광분해서 날뛰는 당파주의를 찾을 수 없었다. 총도 없었고, 폭력을 부추기는 발언도 없었으며, 전투태세라도 갖춘 듯이 군복을 입은 무리도 없었다.

록은 현대 기독교 역사의 복음 전도 활동보다는 중세 시대의 정복 정신에 더 가까운, 매우 다른 성향의 십자군을 이끌고 있었다. 그 일요일 아침, 글로벌비전성경교회의 급격한 성장을 기뻐하며 록 목사는 기독교인들이 이제 더는 밀려나지 않을 것이라고 말했다. 세속주의자들이 교회와 전쟁을 벌이길 원한다면, 전쟁을 하게 될 것이라고 말했다.

"일어서야 할 때입니다. 반격해야 할 때입니다. 싸워야 할 때입니다." 록 목사는 우렁차게 외쳤다. "책의 마지막 부분을 읽어 봤습니다. 우리가 이기는 쪽입니다. 좌파는 이기지 못합니다! 사회주의자들은 이기지 못합니다! 낸시 펠로시는 이기지 못합니다! 악마는 이기지 못합니다!"

★ ★ ★

록은 테네시주 머프리즈버러에 있는 선한목자아동센터에서 지내던 열여섯 살 때 예수 그리스도를 믿게 되었다. 어쩌면 이 회심이 그의 인생행로를 바꿨을지도 모른다. 하지만 십 대 시절 소년원에 가게 만든 행동 습관을 완전히 고치지는 못했다.

자신을 "문제아"라고 묘사한 록은 소년원에 들어가기 전까지 다섯 번이나 체포되었다. 꽤 오랜 기간 그것이 어쩔 수 없는 운명처럼 보였다. 〈테네시안 The Tennessean〉에 따르면, 아버지가 마약 거래와 무장 강도 혐의로 보안 등급이 가장 높은 교도소에 수감되었을 때 록은 걸음마를 막 배우기 시작한 유아였다. 그는 의붓아버지를 증오했고, 폭력적인 음악, 끊임없는 주먹다짐, 그리고 결국 범죄로 이어지는 반항적인 삶에 빠져들었다.

어느 날 밤 부흥회에 참석하지 않았다면, 선한목자아동센터에서 보낸 시간은 직업적인 범죄자의 삶을 준비하는 일시적인 정류장에 불과했을 것이다. 부흥회 목사는 록이 연루된 활동들을 책망했고, 젊은 록은 처음에 이런 책망을 잘 받아들이지 못해 목사를 찾아가 소리를 질렀다. 하지만 다음 날 밤 다시 부흥회에 참석하기로 마음먹었다. 이번에는 주의 깊게 말씀을 들었고, 부흥회가 끝날 무렵 제단 앞에 나가 자신을 구원해 달라고 기도했다.

얼마 지나지 않아, 록은 설교하라는 부르심을 느꼈다. 소년원에서 설교 연습을 시작했고, 지역 라디오 방송국에서 방송 시간을 구매할 돈을 모으기 위해 잡다한 일을 했다. 열아홉 살에 록은 선한목자아동센터에서 직원으로 일하던 연상의 여성과 결혼하고 성경 대학에 다니기 시작했다. 이후 10년 동안 독립 침례교회의 순회 전도사로 일하며 미국 46개 주와 세계 15개국을 방문했다. 서른 살이 되었을 무렵, 록은 떠도는 생활에 지쳐 있었다. 그래서 고향으로 돌아와 어린 시절 살던 집에서 그리 멀지 않은 곳에 글로벌비전성경교회를 개척했다.

록이 뉴스 헤드라인을 장식하기까지는 꽤 시간이 걸렸다. 실제로 테네시주로 돌아온 후 10년 동안 그가 일으킨 유일한 논란은 자신이 소속되어 있던 소규모 근본주의 침례교단에서 떨어져 나와 글로벌비전성경교회를 독립 교회로 선언한 것 정도였다. 복음주의 교회가 수백 개나 있는 광활한 내슈빌 지역에서 록이 유명해진 것은 글로벌비전성경교회의 인상적인 자선 활동과 지역 사회 봉사 활동 덕분이었다. 그는 지역 곳곳에서 공개 행사를 열어 노숙자와 마약 중독자를 위한 후원금을 모금하고 이 돈을 도움이 필요한 사람들에게 직접 기부했다. (이 교회는 오늘날에도 이 관행을 이어 가고 있다.)

록의 행동과 평판이 바뀌기 시작한 때는 2015년경부터였다. 대법원이 오버거펠 대 호지스 판결로 동성 결혼을 합법화하기 직전, 록은 "나는 벽장에서 나오고 있다"라는 제목의 동영상을 찍어 기독교가 공격받고 있으며 신자들이 반격해야 한다고 선언했다.* 록은 지역 교회가 지상에서 "통치 권위"가 되어야 하며, 미국 정치 시스템이 이제는 그리스도를 따르는 사람들에게 정당성을 잃었다고 주장했다. 이 동영상은 조회 수 600만 회를 넘기며 자칭 "촌뜨기 설교자"가 올린 동영상치고는 나쁘지 않은 기록을 세웠고, 록의 페이스북 팔로워 수는 몇 주 만에 열 배나 증가했다.

한때 소셜 미디어 사용을 꺼렸던 록은 얼마 지나지 않아 온라인에서 살다시피 했다. 한 번은 지역에 있는 학교 앞에서 동영상을 촬영하면서 교사들이 이슬람에 관해 가르치며 아이들을 "세뇌하고" 있다고 비난했다. (대부분 기독교인인 윌슨 카운티 교육자들은 해당 커리큘럼이 표준 교육 과정이며 수년째 가르쳐 온 내용이라고 설명했다.) 또 한 번은 테네시주 공화당 주지사 빌 해슬럼(Bill Haslam)이 성경을 테네시주 공식 도서로 지정하는 법안을 거부한 것에 대해 카메라 앞에서 분노를 표출했다. ("이 나라의 기틀을 잡은 사람들은 코란을 사용하지 않았습니다." 록은 해슬럼을 비웃으며 이렇게 말했다.)

공식은 간단했다. 도널드 트럼프가 트위터를 무기 삼아 상대를 괴롭히고 MAGA 열성 팬들로 소규모 군대를 꾸려 대통령직에 오르려 했던 것처럼, 록은 더 넓은 문화권에서 기독교의 적들에 맞서는 캠페인에 동참할 사람들을 모집하는 도구로 페이스북을 활용했다. 이는 대성공을 거두었다. 타깃의 화장실 정책을 비난하는 영상을 찍을 때쯤, 록은 온라인에서 매일 수백 명의 팔로워를 새로 얻었고 글로벌비전성경교회에는 매주 새로운 신자들이 찾아왔다. 타깃 영상 덕분에 록은 '미국의 하나님 군대'의 게릴라 투사에서 장군으

---

* '벽장에서 나온다'라는 표현은 일반적으로 LGBTQ+ 사람들이 자신의 성정체성을 공개하는 것을 의미하는 은유적 표현이다. 그렉 록은 일부러 이 표현을 비틀어 사용했다.

로 승격되었다.

　모두가 록의 전술을 좋아한 것은 아니었다. 원래 회중 중 일부
는 달라진 교회 이미지가 선교 활동에 해를 끼칠 것을 우려하여 글
로벌비전성경교회를 떠났다. 록 역시 이 점을 걱정했다. "과감한 연
민"의 개념을 바탕으로 교회를 설립했는데, 이제는 단순히 과감함
혹은 과격함으로만 알려져 있었다. 글로벌비전성경교회가 모은 구
호 자금은 록이 다른 사람들에게 고통을 가함으로써 얻은 이익에
비하면 미미한 수준이었다. 갑자기, 원수를 사랑하고 얻는 보상이
그들을 미워하고 얻는 보상에 비해 사소하게 느껴졌다.

　트럼프가 대통령으로 재임했던 시기는 우파 사기꾼들에게 황
금의 기회였고, 록도 이 기회를 이용해 크게 성공했다. 복음주의 세
계에서 그가 유명해지는 만큼 글로벌비전성경교회도 크게 성장했
다. 록은 어느새 무시하기 어려운 인물이 되었다. 논란은 끊임없이
이어졌다. 트랜스젠더를 규탄했고, MAGA 인사들과 동맹을 맺었
다. 거기에다 사생활(시끌벅적하게 이혼한 뒤 전 부인의 가장 친한 친구와 재혼
하여 일부 교인들을 충격에 빠뜨렸다)까지 말썽이었다. 다른 사람이라면 후
퇴할 상황에서도 록은 항상 전진하며 걸 수 있는 싸움은 다 걸었다.

　그에 대한 보상은 코로나19와 함께 찾아왔다. 록은 글로벌비전
성경교회의 문을 닫기를 거부했고, 교회 문을 닫은 목사들을 공개적
으로 비난했다. 그러면서 자신을 '종교적 신념에서 힘과 정당성을
얻는 복수자'요, '후퇴하는 미국 기독교 내부에서 홀로 외치는 대담
한 목소리'로 묘사했다. 팔로워 수는 계속 증가했고, 그는 한계를 계
속 밀어붙였다. 그가 찍어 올리는 바이럴 동영상은 예수 그리스도에
관한 내용보다 자신에 관한 내용이 점점 더 많아졌다. 의료 당국에
대한 비난, 바이든에 대한 조롱, 백신에 대한 불신, 1월 6일에 워싱
턴 D.C.에서 벌어진 시위 등등. 2020년에 가장 높은 조회 수를 기

록한 동영상 중 하나에서 록은 던킨도너츠 직원이 가게 안에서 마스크를 착용하라고 요구하자 그를 질책했다.

내가 글로벌비전성경교회를 방문했을 때 록은 인터뷰 요청에 응하지 않았다. 그런데 몇 달 후, 불쑥 전화를 걸어왔다. 자만심과 적대감에 가득 찬 사람을 상대하게 되리라 짐작했다. 하지만 내가 맞닥뜨린 사람은 전혀 다른 모습이었다. 불안감과 자신에 대한 회의감에 휩싸인 사람이었다.

★ ★ ★

"미국이 쇠퇴하고 있다고 믿냐고요? 그렇고 말고요. 우리가 원래의 가치에서 많이 멀어졌다고 생각하냐고요? 네, 맞습니다. 헌법과 성경이 공격받고 있다고 믿냐고요? 백번 천번이요. 그렇다고 제가 정부에 맞서 무기를 들겠다는 뜻은 아닙니다." 록은 확신에 차서 말했다.

그리고 이어서 덧붙였다. "저는 총기 소유의 권리를 확실히 믿습니다. 그래서 사람들에게 말했습니다. '봐라, 우리는 여전히 수정헌법 제1조의 권리를 믿는다. 만약 저들이 우리를 막으려고 우리 텐트에 찾아오면, 우리는 수정헌법 제2조의 권리로 그들을 맞이할 것이다'라고요."

폭력을 쓸 생각은 없다고 숨도 안 쉬고 이야기하더니, 바로 이어서 모이지 못하게 방해하는 자가 있으면 교인들이 총으로 쏠 것이라고 말하는 식의 이런 모순된 주장은 우리가 대화하는 긴 시간 내내 계속 반복되었다. 록 목사는 놀랍도록 사색적이었고 까다로운 질문도 잘 받아 주었다. 자신이 너무 지나치게 행동했다고 여러 번 인정했고, 입소문을 타고 퍼진 잘못된 발언 때문에 설교의 본질이 흐려졌다며 한탄했다. 그러면서도 내가 자신의 뉘우침을 비겁함으로 받아들일까 봐 두려운 듯 그 발언에 더욱 강하게 집착했다.

인터뷰 초반에 록은 한 가지 걱정을 털어놓았다. 글로벌비전성경교회가 폭발적으로 성장하는 것은 기뻤다. 매주 평균 2천 명이 넘는 사람이 예배에 참석하고 있었고, 그중 수백 명은 처음 방문한 외지인이었다. 하지만 록은 특정 부류가 "잘못된 이유"로 교회에 오는 것은 아닌가 걱정했다. 일부는 '미국 우선주의' 같은 정치적 메시지를 기대했다. 일부는 교회가 정부에 맞서는 폭력적인 반란을 준비하고 있기를 바랐다. 일부는 록이 전설적인 큐어넌 운동의 선구자 Q의 등장을 예언해 주기를 바랐고, 미국의 주요 좌파 인사들에 대한 군사 재판과 공개 처형이 언제 있을지 알려 주기를 기대했다.

"다들 당연히 제가 Q라고 생각합니다. 아동 성매매가 실재한다고 믿고 선거가 도둑맞았다고 믿는다는 이유로요. 그 사람들이 여기 온 건 그래서예요. 그들은 그 생각에서 벗어나지 못합니다"라고 록이 말했다. "교회의 많은 부분이 큐어넌 운동을 받아들인 것처럼 보이겠지만, 사실 큐어넌 운동과 교회는 대립하는 별개의 조직입니다."

나는 록에게 큐어넌 사람들이 완전히 다른 신을 숭배한다는 말처럼 들린다고 말했다. 록은 고개를 끄덕였다.

"저는 그들과 엮이고 싶지 않습니다. 큐어넌 운동이든 다른 음모론 운동이든, 연관되고 싶지 않아요. 음모론이 복음에 해로울 수 있다고 생각하니까요. 제가 예수에 대해 하는 설교는 음모론이 아니잖아요."

록은 조금 전 나에게 트럼프의 재선이 도둑맞았다고 믿는다고 말했다. 그는 백신, 세계화 계략, 딥스테이트 정권에 관한 특정 신념을 고수한다. 흔히 음모론으로 묘사되는 신념들이다. 록은 예수의 가르침(중심 진리)과 음모론적 주장(주변 진리) 둘 다 강하게 확신하며 권위를 가지고 설교하는데, 그의 설교를 듣는 사람들은 이 두 가지를 혼합하여 하나의 신념 체계로 받아들일 수 있다. 그는 과연 이 점을 이해하고 있을까?

"이해합니다. 의심의 여지 없이 타당한 지적이라고 생각합니다." 록 목사가 대답했다. 그러면서 대부분의 주일 아침 설교는 90 퍼센트가 성경적이라고 반박했다. "구절 하나하나, 행간 하나하나, 단어 하나하나" 세세하고 철저하게 해석하고 가르친다고, 정치적 메시지는 기껏해야 10퍼센트에 불과하다고 했다. 그런데도 대중은 정반대로 인식하고 있다며 록은 불평했다. 바이럴 영상으로만 그를 접한 사람들은 정치적인 내용이 90퍼센트이고 성경적인 내용은 10퍼센트에 불과하다고 여긴다며 하소연했다.

"저는 대담하고 활기차며, 감정을 적극적으로 표현하는 편입니다. 무언가를 믿으면 정말로 믿어요. 그러니까, 네, 뭐 누군가는 '이 사람 미쳤다, 위험하다'라고 생각할 수도 있어요. 이해해요." 록이 나를 보며 말했다. "하지만 저랑 대화하거나 커피 한잔하면서 함께 시간을 보내거나 실제로 예배에 참석해 보면, '오, 와, 생각했던 것만큼 거칠지 않네'라고 생각할 거예요."

록은 소리 내 웃었다. "사람들이 저와 우리 교회에 대해 어떤 인식을 갖고 있다고 생각해요. 짐 존스와 쿨에이드 같은, 뭐 그런 걸 생각하는 거죠. 하지만 사실 우리는 구절 하나하나, 행간 하나하나를 전파하는 사람들일 뿐이에요." 록은 이렇게 덧붙였다. "그냥 가끔 제가 좀 흥분할 때가 있을 뿐이에요."

야고보는 편지에서 인간의 혀를 거대한 배를 조종하는 매우 작은 키에 비유한다.* 그런데 록은 이 개념을 이해하지 못하는 것 같았다. 그는 자신의 극단적인 발언에 대한 우려를 대수롭지 않게 여기

---

* 야고보서 3:4-5.

면서, 자신이 오해받고 있다고 불평했다. 나는 그에게 비판자들이 틀렸음을 증명할 확실한 방법이 하나 있다고 제안했다. 종교적 메시지와 정치적 메시지를 혼합하지 않으면, 사람들도 그가 우선순위를 혼동하고 있다고 생각하지 않을 것 아닌가?

"네, 뭐 어느 정도 타당한 얘기라고 생각합니다." 그도 인정했다. "우리는 때때로 두려움에 사로잡혀 행동할 수 있어요. 우리의 권리가 박탈당하는 것을 보고 있고, 우리 아이들이 배우는 것들이 우리가 자라면서 배운 것과 판이하다는 걸 아니까요. 하지만 제 얘기를 하자면, 저도 성장했어요. 이제 마흔여섯 살이 다 되어 가요. 사람들이 제가 지상의 왕국을 하늘나라보다 더 중시한다고 생각하던 때가 있었나요? 네, 아마 있었을 겁니다. 그리고 그것은 아마도 제 잘못이었을 겁니다. 아마도 제가 스스로 자충수를 두고 너무 과도하게 흥분했던 것 같습니다."

그중 한 번은 던킨도너츠 직원과 대치했을 때였다고 록은 말했다. 록은 동영상에 나온 던킨 직원이 자신의 팔로워들에게 협박과 증오가 담긴 이메일을 받은 사실을 알게 되었을 때, 교인들 앞에서 눈물로 사과하며 자신이 "예수를 위하는 얼간이"였다고 인정했다. (나에게는 좀 더 직설적으로 자신이 "엄청 멍청한 놈"처럼 행동했다고 말했다.) 록 목사는 교인들에게 그 직원을 위해 특별 헌금을 해 달라고 부탁했고, 그에게 3천 달러짜리 수표를 전달하며 개인적으로 사과했다. "영향력에 대해 배운 게 있습니다. 영향력을 이용해 선한 일을 많이 할 수 있지만, 그 힘을 조심스럽게 사용하지 않으면 많은 사람에게 상처를 줄 수 있다는 것이죠"라고 그는 말했다.

록은 글로벌비전성경교회의 상황이 지금은 "매우 다르다"고 설명했다. 내가 방문한 지 얼마 되지 않았는데, 그사이 목회 방식을 바꾸었다고 말했다. 지난 10년 동안 하나님이 주신 영향력을 통해 그는 테네시 중부 언덕에 있는 텐트에 수천 명을 끌어모았다. 이제 그에게는 돌봐야 할 양 떼가 있으니, 더 이상 다른 데 신경 쓸 시간이 없다고 했다.

"정말로 우리 교인들을 돌보는 데 집중하고 있습니다. 전 세계 수만 명이 저를 자신의 목사로 여기고 있지만, 저는 그들을 만나 본 적도 없어요"라고 록은 말했다. "많은 회의를 취소하고 있습니다. 이제는 집회에도 가지 않아요. 제가 마라라고*에 가길 바라는 사람들이 있지만, 저는 이제 그런 것에서 벗어났습니다. 아시죠? 솔직히 말해서 지겨워졌어요. 이제는 그저 우리 교인들을 돌보고 싶어요."

하지만 지겨움은 그리 오래가지 않았다.

우리가 대화를 나누고 몇 달 뒤, 록은 다시 집회에 나갔고 교회 강단에서도 예전에 하던 발언을 그대로 이어 갔다. 그는 톰 행크스와 오프라 윈프리를 "소아성애자"라고 비난했고, 바이든 대통령의 아들 헌터 바이든(Hunter Biden)을 총살형에 처해야 한다고 주장했다. 그는 민주당원을 "하나님을 부정하는 악마"라고 부르며 "이 나라에서 그리스도인이라면 민주당에 투표할 수 없다"라고 말했다. 또한, 자신이 수집한 돌격 소총을 자랑하며 총을 장전하는 소리를 흉내 냈고, 기독교인들이 성경적 권위를 가지고 "무력으로" 미국을 다시 찾아올 수 있다고 주장했다. 록은 카메라를 향해 손가락을 직접 겨누며 경고했다. "당신들은 아직 진짜 반란을 본 적이 없다!"

록이 재능 있는 쇼맨이라는 점에는 의심의 여지가 없었다. 지금 그 사람들을 위해 연기를 하고 있거나, 나를 위해 연기를 했거나 둘 중 하나다. 과연 어느 쪽일까?

록은 그 무대에서 자신이 한 말 중 일부를 진심으로 믿고 있는

---

*   미국 플로리다주 팜비치에 자리한 도널드 트럼프의 개인 리조트를 말한다.

것이 분명했다. 하지만 그가 내뱉은 호전적이고 잔인한 발언들 대부분은 그냥 퍼포먼스에 불과하다는 것 역시 분명한 사실이다. 그는 확신에 차서 나에게 말했다. "저는 사람들에게 반대하는 것이 아닙니다. 기자님과 저는, 마주 앉아 대화를 나누면 많은 부분에서 의견이 다를 게 분명하지만, 그런 차이가 우리를 적으로 만들지는 않습니다. 오히려 우리를 더 인간답게 만들죠." 록은 화끈한 발언 뒤에는 다 전략이 있다고 내게 전화로 설명했다. 많은 소란을 일으켜서 외부 사람들을 대거 글로벌비전성경교회로 끌어들인 후, 몰래 그들을 그리스도에게로 회심시키고 있다는 것이다. 동의를 구하는 그의 눈짓과 턱짓이 마치 눈에 보이는 듯했다.

하지만 글로벌비전성경교회에 모인 그 사람들이 록이 하는 게임을 반드시 이해하고 있는 것은 아니다. 매주 마운트 줄리엣으로 순례를 오는 사람들 수천 명은 록이 실제로는 큐어넌을 농담쯤으로 여긴다는 사실을 모른다. 록이 실제로는 사람들이 교회에 올 때 총을 가져오지 않았으면 하고 바란다는 사실도, 실제로는 "기독교 민족주의"가 모순된 용어라고 생각한다는 사실도 그들은 알지 못한다. 록이 그들에게는 그런 사실을 말하지 않기 때문이다. 기독교 우파의 수많은 유명 인사들처럼 록은 이 가식의 실체를 알고 있지만, 자신의 추종자들이 그 실체를 알아차리지 못하게 하려고 온갖 노력을 기울인다.

그럭 록이 그래도 조금은 이성적인 사람이라는 사실을 알았으니, 글로벌비전성경교회의 무대에서 활보하는 페르소나와는 달리 통찰력과 자기 인식이 있는 사람이라는 사실을 알았으니, 미국 복음주의 운동이 원래의 정신을 되찾을 가능성이 전혀 없지는 않다는 생각에 기분이 나아질 법도 했다. 하지만 록과 대화를 나눈 후에 내 기분은 전혀 나아지지 않았다. 오히려 훨씬 더 나빠졌다.

록은 진짜로 재능 있는 설교자다. 강단에서 10퍼센트 이상의 시간을 정치적 발언에 할애하지만, 다른 내용도 상당히 매력적으로 전달할 줄 안다. 그는 메모 없이 성경 한 장 전체를 술술 외우며, 구약의 율법과 신약의 적용을 날카롭고 자조적인 농담과 함께 자연스럽게 엮어 내는 능력이 있다. 본질적인 내용에 충실할 때 록의 스타일은 놀랄 만큼 효과적일 수 있다. 그가 이성적인 면을 십분 살려서 복음만 전하는 설교자의 길을 걸었다면, 지금만큼이나 영향력 있는 인물이 되었을 것이라고 나는 믿는다.

그러나 록은 지름길을 택했다. 그는 비이성적인 발언을 원하는 시장이 있다는 사실을 알아챘다. 분노가 비즈니스 모델이라는 사실을 깨달았다. 광기가 교회 성장 전략이라는 사실을 알아챘다. 적을 사랑하는 쪽보다 미워하는 쪽이 훨씬 더 힘이 세다는 사실을, 적어도 즉각적인 관점에서는 그렇다는 사실을 깨달았다.

결과를 반박하기는 어렵다. 미국에서 가장 저명한 보수주의자들이 글로벌비전성경교회에서 연설하기 위해 줄을 섰다. 미국 대통령은 2020년 공화당 전당대회를 위해 그를 워싱턴에 초청했다. 프랭클린 그레이엄마저 백악관에서 그와 함께 사진을 찍었다. 빌리 그레이엄이 되기를 꿈꿨던 오래전 문제아였던 그에게는, 그 이후 한참 동안 복음주의 세계에서 가장 존경받는 인물들에게 외면당했던 그에게는 이것이 '신의 인증'처럼 느껴졌을 것이다.

록은 복음주의 기득권층에 굴복하지 않고 이 정당성을 손에 넣었다. 사실, 록은 복음주의 기득권층이 자신에게 굴복하게 했다. 그는 코로나19 이전까지만 해도 극단적이고 비이성적인 반좌파 발언과 행동으로 복음주의 세계에서 이단아 취급을 받았다. 그런데 바이러스가 퍼지면서 교회 폐쇄 여부가 교회 지도자들의 태도와 신념을 판단하는 중요한 기준이 되자 이단아에서 선지자로 위치가 바뀌었다. 코로나바이러스로 인한 혼란이 가라앉은 후, 정부에 반기를 들었던 목사들, 특히 공개적으로 반기를 들었다가 그로 인해 교인 수가 두 배로 늘고 헌금이 세 배로 느는 모습을 목격한 목사들은 록이 진작 알고 있던 사실을 그제야 비로소 깨달았다. 이것이 '새로운 표준'이라는 사실을 말이다. 그들은 이런 자세를 영구적으로 고수하기로 했다. 그래서 단순히 공공 보건 정책에 대한 견해를 밝히는 것을 넘어서 더 폭넓은 정치적·사회적 문제들에 깊이 관여했다. 이제는 문화 전쟁에서 물러서거나 중립적인 태도를 취할 수 없었다. 성찬식과 같은 종교 의식 못지않게 이제는 정치 이야기가 교회 생활에서 필수적인 요소가 되었다.

"돌아갈 수는 없을 것 같습니다." 록은 나에게 말했다. "기차가 이미 출발했습니다."

미국 교회의 극단주의는 새로운 것이 아니다. 20세기 말에서 21세기 초에 "하나님은 유대인, 게이, 죽은 군인을 미워하신다"라고 쓴 피켓을 들고 시위를 벌이며 악명을 떨친 캔자스주 웨스트보로침례교회를 떠올려 보라. 하지만 록은 트럼프 시대의 독특한 현상을 체현하고 있다. 글로벌비전성경교회를 방문했을 때 가장 인상적이었던 부분은 예배가 끝난 후 찾아온 예상치 못한 무덤덤함이었다. 록에게는 특별한 것이 없었다. 그는 내가 미국 곳곳을 다니면서 다른 목사들에게서 들었던 말과 비슷한 말을 했다. 분위기는 차치하고 (알렉스 존스의 이름이 인쇄된 티셔츠를 입고 권총을 옆구리에 찬 남자와 텐트 안에 나란히 앉아 예배를 드리는 것이 흔한 경험은 아니다), 내용만 보자면 지루할 정도로 익숙하고 예측 가능했다.

물론, 자존심 강한 기독교인들에게는 충격으로 다가올 것이다.

이들은 여전히 자기네 목사는 록과 전혀 다르다고 믿고 싶어 하며, 자기네 교회는 글로벌비전성경교회와 전혀 다르다고 생각하고, 자신들은 그 텐트 안에 모인 사람들과 전혀 다르다고 여기기 때문이다. 이들 자존심 강한 기독교인들은 부정하고 있다. 복음주의자들이 글로벌비전성경교회를 웨스트보로침례교회 같은 별종으로 치부하기는 쉽다. 그러나 자신의 교회에 침투한 극단주의를 면밀히 검토하고 그 종착점을 숙고하기란 훨씬 더 어렵다. 이러한 환경에서 목사가 음모론과 정치적 기만에 손을 대기 시작하면, 그를 제어할 장치나 방어 수단이 있을까? 그리고 만약 목사가 통제 불가능한 수준으로 극단적인 길로 빠져 버리면 어떻게 될까? 교회나 교인들이 그 사실을 알아차릴 수는 있을까? 정치와 마찬가지로, 교회 내에서도 비주류와 주류를 구분하는 명확한 경계선은 이제 존재하지 않는다. 십년 전이었다면, 글로벌비전성경교회는 이단으로 간주되었을 것이다. 그러나 오늘날 록은 페이스북 팔로워 220만 명에게 설교하고, 백악관에서 프랭클린 그레이엄과 나란히 서서 사진을 찍는다.

글로벌비전성경교회를 나서면서 문득 이런 생각이 들었다. 소규모 보수 교회 목사들 가운데, 이를테면 내 고향 브라이턴에 있는 플러드게이트교회의 빌 볼린 같은, 보수적인 작은 교회 목사들 가운데 이 텐트 안에서 록의 설교를 들으며 불편함을 느낄 목사가 과연 얼마나 될까? 내 예상으로는 거의 없을 것 같다. 글로벌비전성경교회와 플러드게이트교회는 정도의 차이는 있을지 몰라도 본질상 다르지 않다.

록과 볼린, 그리고 내가 지난 몇 년간 만난 수많은 우파 목사들을 하나로 묶는 공통점은 이들이 이제 단순한 교회 지도자 이상의 역할을 기대받고 있다는 점이다. 이제 그들은 정치 해설가, 사회 평론가, 미디어 비평가, 정보 관리자 역할까지 하고 있다. 그 책임은 그들 자신에게 있다. 목사가 교회는 단순히 하나님을 경배하는 것 이상의 역할을 해야 한다고 결정하면, 교인들도 목사는 단순히 설교 하는 것 이상의 역할을 해야 한다고 생각하는 법이다.

이것은 어쩌면 일부 목사들이 항상 바랐던 일일지도 모른다. 교인들 삶의 모든 측면을 지도하고 영향을 미칠 기회가 될 수 있으니 말이다. 그러나 영적 측면에서 볼 때, 이는 실패할 수밖에 없는 계획이다. 목사들은 이미 성경에 적힌 가르침과 해답을 교인들에게 모두 전달하는 데도 어려움을 겪고 있다. 불확실함을 용납하지 않는 현대 복음주의 문화에서는 '깨어 있음'을 '나약함'으로 보고, '우유부단함'을 '잘못된 행동'으로 여긴다. 이러한 환경에서 목사에게 종교적인 것 외에도 모든 문제에 대한 답을 제공하라고 요구하면, 교회라는 제도 자체가 무너질 위험이 있다. 교인들은 목사가 승인해 준 방식으로 삶을 살면서, 기독교인으로서 적합하지 않을 수 있는 행동들도 정당화하기 위해 갈수록 객관적인 종교적 가르침 대신 주관적인 종교적 정당화를 갈망할 것이기 때문이다.

이 길 끝에는 재앙이 기다리고 있다. 지금은 목사가 종교적 이유로 교인들의 행동을 정당화해 주고 있지만, 시간이 지나면 목사가 자신의 필요에 따라 정당성의 근거를 만들어 낼 수도 있다. 십자군 전쟁과 종교 재판, 노예 무역과 성 학대 스캔들 등 교회 역사에서 가장 어두운 시기의 공통점은 기독교 권위자들이 더 큰 선을 위해 성경을 왜곡하려는 의지를 다졌다는 점이다.

글로벌비전성경교회를 다녀오고 한참이 지난 후에도 그곳에서 본 폭력적인 이미지(온갖 총기와 군용 장비, 수정헌법 제2조에 대한 과격한 발언)를 떨쳐 낼 수 없었던 이유는 바로 그 때문이었다. 록은 그 발언이 어디까지나 방어적 차원에서 나온 것이라고 딱 잘라 말했다. 하지만 방어용으로 한 말은 언제든지 공격용으로 바뀔 수 있다.

12장

★★★

시민종교로 변신한 트럼피즘:
민주주의의 파괴자

"오래된 괴물을 처치하기 어려운 이유는 그 괴물이
인간의 두려움을 먹이로 삼기 때문이다."

"너희는 세상에서 환난을 당할 것이다.
그러나 용기를 내어라. 내가 세상을 이겼다"(요한복음 16:33).

검은 터틀넥을 입고 안경을 쓰고 희끗희끗한 수염을 기른 키 작은
남자는 전쟁 시기에 흔히 볼 수 있는 반체제 인사가 아니었다. 그의
이름은 시릴 호보룬(Cyril Hovorun)이었다.

정교회 수사(修士)인 호보룬은 10년 동안 모스크바에서 러시아
정교회 수장이자 러시아에서 두 번째로 영향력이 큰 총대주교 키릴
(Kirill)의 신학 참모로 일했다. 그는 우크라이나에서 태어나 세계 여
러 곳에서 교육을 받았지만, 소련의 중심인 모스크바에서 자신의 지

적 재능을 발휘해야 한다는 의무감을 느꼈다. (우크라이나 정교회는 수세기 동안 러시아 정교회의 영향력 아래 있었다.) 모스크바에서는 특별한 기회가 젊은 수사를 기다리고 있었다. 호보룬의 설명에 따르면, 고향 우크라이나와 달리 러시아 사람들 중 기독교 신앙을 실천하는 사람은 소수였다. 호보룬은 대다수, 그러니까 러시아 국민의 80퍼센트가량이 기독교를 "정체성의 문제, 문화와 관련된 문제"로 본다고 추정했다.

크렘린궁 관점에서 보면 다행스럽게도, 교리적 확신이 없어도 종교적 집단주의를 형성하는 데 문제가 없었다. 역사가 마라 코젤스키(Mara Kozelsky)가 관찰한 바에 따르면, "정교회 기독교 민족주의가 소련 붕괴 이후 러시아에서 부상하고 있다." 이는 방향을 잃고 혼란에 빠진 국민에게 다시 국가의 정당성을 인정받기 위해 정부가 정교회와 연대를 강화한 결과였다. 2007년 블라디미르 푸틴이 글로벌 안보 포럼에서 옛 소련 제국을 재건하겠다고 선언했을 때, 호보룬은 경각심을 느꼈다. 더 걱정스러웠던 점은 그 무렵 크렘린궁이 "전통적 가치"를 회복해야 한다는 명분으로 노골적인 표현을 사용하기 시작했다는 점이었다. 호보룬은 러시아 정부가 총대주교 키릴이나 러시아 정교회와 협력하려는 이유가 인기 없는 정책을 추진하기 위해 영적 정당성을 확보하려는 속셈이라고 생각했다.

교회와 국가가 맺은 이 동맹은 처음에는 대부분 의례적인 것처럼 보였으며, 의기소침해진 러시아 국민에게 다시 한번 러시아 정교회에 대한 자부심을 심어 주려는 의도로 보였다. 러시아 정부는 교황의 입국을 거부했고, 복음주의자들을 겨냥해 선교 활동을 범죄로 규정하는 법을 도입했으며, 모스크바 성당에서 푸틴에 대한 항의 시위를 벌인 여성 록 스타 세 명을 체포하여 국가 권력을 상징적으로 과시했다. 2013년에 러시아가 "비전통적 성관계에 대한 선전"을 금지하는 법을 통과시켰을 때, 푸틴이 진보적이고 세속적인 서방 지도자들과 구별되는, 전통적인 종교와 문화의 가치를 지키는 수호자로 스스로 자리매김하고 있음이 명백해졌다.

크렘린궁의 계획은 곧 더 음흉한 방향으로 전개되었다. 2014년, 러시아는 역사적으로 러시아인들에게 중요한 의미가 있는 우크라이나 영토 크림반도를 침공하여 병합했다. 국제법을 노골적으로 위반한 이 행위와 우크라이나 동부의 분쟁 지역인 돈바스에서 벌어진 유혈 사태를 러시아 국민이 수용할 수 있었던 이유는 모스크바의 신성한 운명을 강조하는 선전 덕분이었다. 정교회의 제도적 독립성은 이제 완전히 사라졌다. 블라디미르 푸틴과 키릴 총대주교는 이제 한 몸처럼 움직이고 있다. 크렘린궁의 지원을 받은 많은 분리주의자가 돈바스에서 우크라이나 주권을 무너뜨리기 위해 싸웠지만, 유난히 눈에 띄는 특수부대가 있었다. NBC 뉴스의 현장 보도에 따르면, 그들은 "돌격대"로 불렸고, 자기들끼리는 '러시아 정교회 군대'라 칭했다.

2022년에 푸틴이 우크라이나에 대한 전면 침공을 감행할 즈음, 크렘린궁은 민족주의적 침략을 문화 방어의 개념으로, 지정학적 정복을 종교적 의무로 묘사하는 선전 전략을 완성했다. 이는 계몽주의 시대 이전에 전쟁을 정당화하기 위해 내세우던 '개전 이유'로 회귀하는 것이었다. 러시아는 두 번의 세계대전에 자국을 방어하기 위해 참전했으며, 이제 푸틴은 마지막 차르 이전의 시대로 돌아가려 했고, 아무도 그를 막을 수 없었다. 러시아 국민들은 우크라이나를 세속주의자, 배교자, 심지어 나치로부터 해방하기 위해 자신들이 "성스러운 전쟁"을 하고 있다고 믿었다고 호보룬은 말했다. 이 과정에서 키릴 총대주교가 많은 일을 했다. 그는 우크라이나로 향하는 러시아 군인들에게 "나라를 위해 목숨을 바치면 하나님이 그대들과 함께하실 겁니다"라고 말했다. 그러나 역사는 러시아 대통령이 새로운 정경을 집필한 것으로 기록할 것이다.

"저는 이 현상을 '푸티니즘*의 정치 신학'이라고 부르고 싶습니다." 크림반도 분쟁이 일어나기 전에 자진해서 러시아로 거처를 옮긴 호보룬은 이렇게 말했다.

★ ★ ★

2022년 가을, 우크라이나 침공이 치욕스러운 교착 상태에 빠질 무렵, 호보룬은 프랑스 남부에서 몇몇 기자와 학자를 만났다.

모임 장소는 그날의 주제와 전혀 어울리지 않는 곳이었다. 호보룬 수사는 프랑스 리비에라가 내려다보이는 고급 리조트 꼭대기에 앉아 고향 우크라이나에서 벌어지고 있는 잔혹 행위들을 부드럽고 차분한 어조로 분석했다. 의도한 것은 아니었겠지만, 이런 강렬한 대비는 사람들이 그날 주제의 심각성을 이해하는 데 도움이 되었다. 이번 행사는 비영리 단체 페이스앵글포럼이 주최한 것으로, 중국 문제와 유럽의 민주주의 붕괴에 관한 패널 토론도 함께 진행되었다. 페이스앵글포럼의 진행자 조시 굿(Josh Good)은 미국인과 유럽인을 막론하고 포럼에 온 많은 서구인이 2천 킬로미터 떨어진 곳에서 격렬한 지상전이 벌어지고 있는 "기이한 현실"에 관해 거의 알지 못한 채 "일상을 이어 가고 있다"고 말했다.

전쟁은 푸틴에게 유리하게 진행되지 않았다. 이는 이미 알려진

---

*　블라디미르 푸틴의 통치 아래 러시아에서 나타난 독특한 정치 체제와 이념을 가리키며, 주요 특징으로는 권위주의적 통치, 국가주의, 경제적 국가주의, 강경한 외교정책, 사회적 보수주의를 들 수 있다. 푸티니즘은 러시아 내외에서 푸틴의 장기 집권을 가능하게 한 핵심 이념으로 간주된다.

사실이었다. 우크라이나인들은 조국을 지키고자 결의에 찬 방어전을 펼치고 있었고, 러시아 군대의 사기는 무너지고 있었다. 호보룬에 따르면, 그 이유 중 하나는 크렘린궁의 종교적 수사(修辭)가 러시아 군인들에게 식상해졌기 때문이다. '신의 뜻에 따른 공격'이라는 개념이 크림반도 침공 때는 통했고, 우크라이나 침공 때도 초기에는 비교적 효과를 발휘했다. 하지만 이제 러시아 군인들은 자신들이 속았다는 사실을 깨닫고 있었다. 키이우에 그들을 기다리는 나치 군단 따위는 없었고, 그들은 거룩한 해방군으로 환영받지 못했다. 친근한 이웃 나라를 포격하는 그 행위에서는 어떠한 신성함도 찾을 수 없었다.

미국인들 귀에는 이 소식이 근사하게 들렸다. 그러나 호보룬은 그 상황을 그리 낙관하지 않았다. 러시아 내에서는 선전 캠페인이 여전히 큰 효과를 발휘하고 있었다. 크렘린궁은 서구에서 나오는 정보를 차단하고 국영 매체의 도움을 받아 러시아의 아들들이 신성한 투쟁에 참여하고 있다며 국민을 설득했다. 그런데 세뇌당한 이들은 러시아 국민만이 아니었다. 당시 폭스뉴스의 최고 인기 진행자였던 터커 칼슨도 전쟁 첫해 동안 푸틴을 변호하고 그의 잔혹함을 축소하며, 미국이 우크라이나를 지원하는 것을 가리켜 "전통적 가치를 지닌 정통 기독교 국가"를 무너뜨리려는 세속적인 "지하드"라고 묘사했다. (공화당 하원의원 마조리 테일러 그린 같은 극우 정치인들이 칼슨의 뉴스쇼에 출연해 "우크라이나에서 러시아와 싸우는 이 전쟁"에 대해 격분하며 푸틴을 옹호하고, 우크라이나를 지원하는 미국 정부를 비판하는 데 동참했다.) 크렘린궁은 자신들의 주장을 강화하기 위해 칼슨의 뉴스쇼를 러시아 국영 텔레비전에서 반복해서 틀었다. 이 성스러운 전쟁에서 패배하고 있다는 사실(사망자 수를 조작할 수는 있어도 완전히 숨길 수는 없다)은 푸틴에게 전쟁을 확대할 명분을 더 많이 제공했을 뿐이다.

"푸틴이 쓰는 신학적 언어의 강도가 정말로 세졌습니다." 호보룬이 우리에게 말했다. "나치 섬멸에서 사탄 섬멸까지, 그의 수사(修辭)는 먼 길을 걸어왔습니다."

이 시점에 푸틴의 군대는 자신들이 우크라이나에서 루시퍼와 싸우고 있는 것이 아니라는 사실을 대부분 알고 있었다. 그러나 이제 그 사실은 중요하지 않았다. 국가적 치욕과 솔깃한 경제적 보상(뉴스 보도에 따르면 병사들은 러시아 평균 임금의 세 배를 받는다)은 이 전쟁을 상상했던 것보다 훨씬 더 길고 훨씬 더 추한 전쟁으로 만들었다. 프랑스에 모인 우리는 푸틴과 그의 군대가 저지른 전쟁 범죄 기록을 결코 가볍게 보지 않았다. 민간인 시신이 대량으로 묻힌 집단 묘지, 병원과 아동 보호소에 대한 공격, 고문과 집단 학살이 의심되는 증거 등이 그 예였다.

"신에게 특별한 임무를 받으면, 도덕적 규범에 얽매이지 않게 되지요"라고 호보룬은 말했다. "임무를 수행하는 데 필요한 일은 무엇이든 거리낌 없이 하게 됩니다."

호보룬은 푸틴이 실제로는 종교적인 사람이 아니라고 재빨리 설명을 덧붙였다. 러시아 지도자 푸틴은 자신의 이념적 의제를 지지하는 영적 개념이라면 무엇이든 선택하는 "절충적 신학"을 실천하고 있을 뿐이었다. 푸틴에게 유일한 상수(常數), 다시 말해 그가 유일하게 믿는 것은 오직 권력뿐이다. 종교를 무기화함으로써 푸틴은 그 어느 때보다 더 많은 권력을 축적했다고 호보룬은 말했다.

러시아는 단순히 자신의 야망을 정당화하는 데만 기독교를 이용한 것이 아니다. 러시아는 기독교를 이용하여 적을 정의하고 있었다. 이는 역사상 가장 큰 범죄를 예고하는 정체성 조작 같은 것이었고, 러시아가 우크라이나에서 저지른 잔혹 행위는 교회의 축복이 없었다면 불가능했을 것이다.

★ ★ ★

"정체성이 곧 야만은 아닙니다." 미로슬라브 볼프(Miroslav Volf)가 우리에게 말했다. "하지만 야만으로 이어질 수 있지요."

볼프는 누구보다 이 점을 잘 알고 있을 것이다. 예일대학교 신앙및문화센터 소장인 저명한 신학자는 동료 학자 호보룬과 함께 발표를 하고자 프랑스에 왔다. 옛 유고슬라비아에서 자란 볼프는 고등학생 때 전교생 중 유일한 개신교도였다. 오순절교회 목사의 아들이었고, 대다수 개신교도들처럼 정부 당국의 엄격한 감시를 받았다. 볼프는 민족-종교적 경계가 뚜렷한 환경에서 자랐다. 크로아티아공화국은 대부분 가톨릭이었고, 세르비아공화국은 대부분 정교회였으며, 보스니아-헤르체고비나공화국은 대부분 이슬람이었다. 이들 국가와 다른 국가의 교회들은 1980년대 후반 유고슬라비아가 내전으로 치닫는 동안 교조적인 민족주의를 설교했다.

"세계는 하나로 통합되고 있었으나 유고슬라비아는 분열되고 있었습니다." 동유럽 특유의 억양에 키가 크고 머리가 벗겨진 볼프 교수가 당시를 회상하며 말했다. "우리는 종교적 동기에 따라 강화된 민족 정체성을 다시 확인하는 경험을 했습니다."

그 결과는 10년간의 집단 학살과 민족 청소였다. 학살의 규모를 정확히 수치화하기는 어렵지만, 일반적으로 학자들은 발칸반도에서 약 15만 명이 살해되고 최대 400만 명이 폭력을 피해 난민이 된 것으로 추정하고 있다. 주요 선동자는 세르비아 대통령 슬로보단 밀로셰비치(Slobodan Milošević)로, 그는 자국 내 모슬렘 코소보인들을 악마로 규정하며 권력을 잡았다. 역사가들은 밀로셰비치가 내전을 촉발한 대국민 연설에서 라이벌 종교 집단이 자기 민족을 박해했다는 사실을 언급했다고 지적한다. 밀로셰비치가 그 메시지를 전달할 때 정교회 사제들이 뒤에 서서 힘을 실어 주었다.

이것이 볼프가 태어난 세계다. 서구에서 신학 공부를 마치고 고향에 돌아와 학생들을 가르치던 볼프는 크로아티아가 독립을 선언한 1991년에 그곳을 떠났고, 자신의 고국이 내전으로 황폐해지는 모습을 미국에서 지켜보았다. 이후 볼프 교수는 역사가 반복되는 것을 막기 위해 큰 노력을 기울였다. 그는 "원수를 사랑하라는 예수의 계명을 진지하게 받아들인다"면서 이를 기독교 신앙의 초석으로 삼았다. 그러나 비폭력을 옹호하는 활동만으로는 한계가 있었다. 그래서 볼프는 종교적 전체주의가 부활하는 것을 막고자 극단주의자들이 왜곡한 자신의 신앙 전통을 되찾으려고 노력했다.

볼프는 성경의 이야기가 인류의 사고방식이 점차 발전하고 희망적으로 변화하는 과정을 보여 준다고 말했다. 출애굽기에서 시작된, 선택된 하나님의 백성이 속박에서 벗어나 마침내 언약 국가인 이스라엘에 들어가는 이야기는 예수의 등장으로 완성되었다. 예수는 제자들에게 자신의 메시지를 모든 나라에 전하라고 말씀하셨다. 이 변혁의 효과는 매우 커서 결코 과소평가될 수 없다. 즉시, 거의 하룻밤 사이에, 자기 민족이 아니면 교류하기를 꺼리던 사람들이 다른 민족을 형제자매라고 부르기 시작했다. 바울이 갈라디아서에 쓴 것처럼 말이다. "유대 사람도 그리스 사람도 없으며, 종도 자유인도 없으며, 남자와 여자가 없습니다. 여러분 모두가 그리스도 예수 안에서 하나이기 때문입니다."*

성경의 마지막 책인 요한계시록은 그리스도가 새로운 예루살렘에서 신자들과 함께 거주하며 다양한 나라, 다양한 민족, 다양한 인종의 사람들이 그리스도의 가르침 안에서 영원히 하나가 되어 살

---

* 갈라디아서 3:28.

아가는 이상적인 미래를 묘사한다. 그러나 신앙을 고백하는 기독교인들이 사회적 적대감, 집단적 허무주의, 신체적 폭력을 정당화하는 방식으로 "종교의 지형을 왜곡하면" 이 비전이 실현되는 것을 보기가 어렵다고 볼프는 말했다.

이러한 왜곡이나 충돌이 전례가 없는 것은 아니다. 종교와 정치는 원래 천적이다. 둘 다 대중에게 소속감과 정체성을 제공하기 때문이다. 두 영역 사이의 긴장은 건강하고 필요하다. 그러나 하나가 다른 하나를 완전히 지배하게 되면, 억압으로 이어져 비참한 죽음과 고통을 초래한다는 사실을 역사는 보여 준다.

볼프가 유고슬라비아에서 목격한 광경은 수 세기 동안 반복되었고 지금도 반복되고 있다. 볼프는 다음과 같은 세 가지 특징이 나타날 때 종교적 신념이라는 미명 아래 전체주의가 서서히 퍼져 나간다고 보았다. 첫째는 지도자들이 보편적인 인간성보다 민족적 또는 문화적 정체성의 우월함을 주장할 때다. 둘째는 특정 정체성의 정화를 강조할 때다(이는 필연적으로 민족 청소로 이어진다). 셋째는 집단 정체성을 보호하기 위해 폭력을 정당화할 때다.

현대 세계의 사람들은 사라져 가는 기술 이전 시대와 아직 완전히 도래하지 않은 미래 세계 "사이에 끼어 살고 있다"라고 볼프는 말했다. 붕괴하는 제도, 불안정한 문화, 불충분한 경제 등에서 비롯된 불안은 종교와 정치가 교차하는 지점에서 위기를 만든다. 볼프는 기독교인들이 종교적 정체성을 통해 이 위기를 극복한다고 주장하나, 실제로는 정치적 정체성을 통해 빠져나갈 길을 모색하고 있다고 우려를 표했다. 신자들이 이 땅에서의 목표를 달성하기 위해 종교적 상징을 소환할 때, 그 상징은 결국 싸구려로 전락하여 아무 의미도 없어진다. 이것이 볼프의 젊은 시절 유고슬라비아에서 일어난 일이자, 오늘날 우크라이나에서 블라디미르 푸틴과 키릴 총대주교에 의해 일어나고 있는 일이다. 볼프는 현재의 추세를 억제하지 않고 놔두면 다른 곳에서도 이런 일이 일어날 수 있다고 경고했다.

볼프는 동유럽의 기독교인 군인들 사이에서 흔히 볼 수 있는 손 모양을 보여 주었다. 얼핏 평화의 상징처럼 보이지만, 엄지손가락이 튀어나온 손 모양이었다. 이는 종교적인 목적을 담고 있었다. 지상의 평화를 기원하는 두 손가락 대신 삼위일체를 상징하는 세 손가락은 신의 축복을 기원하는 의미였다.

"그러나 탱크를 타고 가며 이 수신호를 보내는 군인을 본다고 해도, 그 사람들 마음에는 그런 신학이 없습니다"라고 볼프는 말했다. "그 수신호는 알맹이가 빠진 종교적 상징일 뿐입니다. 그저 정체성을 드러내는 표식으로 쓰일 뿐이죠."

나도 그런 표식이 몇 가지 떠올랐다.

★ ★ ★

이것은 프랑스에서 두 명의 동유럽 학자가 러시아와 우크라이나 간의 전쟁에 관해 나눈 대화였지만, 그 이면에는 미국 복음주의 교회에 관한 내용이 많이 포함되어 있었다. 호보룬은 푸틴이 자국민을 어떻게 조종하여 러시아에 대한 수정주의적 "건국 신화"를 믿게 했는지 설명하면서 터져 나오는 웃음을 억지로 참았다. 푸틴의 궁극적인 목표는 "러시아를 다시 위대하게 만드는 것"이었다. 볼프는 미국 학생들과 나눈 대화들을 언급하며, 종교와 민족주의가 "오늘날의 전체주의 운동들"(방 안에 있는 누구도 복수형 '들'을 놓치지 않았다)에 어떤 영향을 미치고 있는지 자세히 설명했다. 이 박식하고 품위 있는 두 신사는 대서양 건너편에서 벌어지는 추악한 일들을 자세히 이야기하고 싶어 하지 않는 듯했다. 그러나 우리 중 대부분은 그 이야기에 관심이 있었다.

미국은 지상전에 휩싸인 것도 아니고, 다른 주권 국가와 성전 (聖戰)을 벌이고 있는 것도 아니다. 하지만 미국 기독교의 본질과 성격을 두고 전쟁이 벌어지고 있고, 그 여파가 전 세계에 미치고 있다. 최근 몇 년 동안 나는 여러 대륙의 선교사 및 전도자들과 이야기를 나눴는데, 그들 모두 근본적인 우려를 공유하고 있었다. 미국 복음주의 교회에서 터져 나오는 이 모든 국가주의적 발언들은 단순한 말에 불과한가? 아니면 국가와 기독교의 관계를 재구성하려는 진지한 노력의 일환인가? 만약 후자라면, 상식적인 기독교인들은 왜 이를 막기 위해 더 큰 노력을 기울이지 않는 것일까?

나를 가장 괴롭힌 것은 마지막 질문이었다. 2001년 9월 11일 이후 수년 동안 탈레반, 알카에다, ISIS가 알라의 이름으로 무고한 사람들을 학살하면서, 서구 지식인들은 폭력적인 극단주의자들로부터 종교를 되찾는 데 도움을 줄 "온건한 모슬렘"을 발굴하고 그들의 목소리를 강조하는 일에 집착했다. 이 전략이 과연 현명한 전략인지, 과연 효과가 있을지는 의심스러웠다. 하지만 나는 이제 기독교도 이와 비슷한 대화를 나눌 때가 되지 않았나 하는 느낌을 받았다. 전 세계에서, 러시아에서, 그리고 미국에서 이런 대화가 필요하다고 생각했다. 자살 폭탄 테러범과 1월 6일 폭도들을 동일시하거나 블라디미르 푸틴과 오사마 빈 라덴이 초래한 사망자 수를 비교하려는 것이 아니라, 종교 교리가 정치 이념에 감염되면 어떤 결과가 초래되는지 확인하려는 것이다. 십자군 전쟁과 같은 다른 종교 전쟁들에 비하면 현재 미국의 위기가 사소해 보일지 몰라도, 상황은 매우 빠르게 나빠지고 있고, 이를 해결하지 않으면 앞으로 더 나빠질 것이다.

그런데 어떻게? 나는 평생 복음주의 세계에 젖어 살았지만, 무엇으로 미국 복음주의를 위기에서 구할 수 있을지, 더 현실적으로 말하자면, 과연 '누가' 이 위기에서 벗어나게 도울 수 있을지 답이 보이지 않았다. 재앙에 가까운 어떤 사건이 일어나 교회를 통합시킬 것이라는 기대는 이제 무의미해졌다. 우리는 한 세기에 한 번 있을 법한 팬데믹을 막 겪었고, 이 재앙은 기존의 분열을 더욱 심화시켰다. 상황은 거의 절망적으로 보였다. 미국 기독교의 본질을 지키기 위한 싸움은 처음부터 불공정한 싸움이었다. 한쪽에는 문화 전쟁 베테랑인 보수적인 기독교인들이 있다. 그들은 갈등을 즐기는 사람들이다. 반대편에는 그들보다 "온건한" 기독교인들이 있다. 그들은 신학적으로가 아니라 기질적으로 본래 갈등을 일으키는 것을 꺼리는 사람들이다. (내가 알기로, 자신의 싸움이 혈과 육을 상대하는 것이 아니라고 믿는 사람들은 혈과 육을 상대로 싸우려 하지 않는다.)

볼프와 호보룬에게 (보편적인 논의를 좁은 시각으로 바라본 것을 사과하고) 이 모든 상황을 설명하면서 미국 복음주의 교회에 어떤 희망이 있을지 물었다.

"미국 기독교인들 가운데, 심지어 보수적인 복음주의자들 가운데 순수하게 영적인 관점에서 생각하는 사람이 얼마나 될지 궁금합니다"라고 볼프가 입을 열었다. 볼프 역시 이 싸움이 공정하지 않다고 생각했지만, 이유는 조금 달랐다. 나는 침묵하는 다수가 목소리를 내야 할 때라고 보았지만, 볼프는 그들이 여전히 '다수'인지조차 확신하지 못했다.

볼프는 미국에서 기독교인들을 가르치고 그들과 교류하며 수십 년을 보냈는데, 그사이에 무언가가 변했다고 말했다. 한 세대 전만 해도 이렇게 전투적인 태도로 신학에 접근하는 부류는 수면 아래에만 존재했는데, 이제는 교회가 복음주의 생태계를 가득 채운 "국가주의 이념에 사로잡혀 있다"고 했다. 볼프는 이제 기독교 민족주의가 미국에서 "복음주의 기독교의 주된 형태"가 되었다고 믿었고, 이 문제에 대해 "솔직히 어떻게 해야 할지 전혀 모르겠다"라고 말했다.

"이 비전은 너무나도 폐쇄적이고 배타적이어서 접근하는 게 거의 불가능한 것처럼 느껴집니다"라고 볼프는 우리에게 말했다. "이웃과 정치 현안에 관해 대화하기 어려운 것처럼, 신학적 논의를 하는 것 역시 무척 어렵습니다."

나는 볼프에게 미국 교회에서 신학이 약해진 책임이 누구에게 있다고 생각하냐고 물었다.

"지식이 풍부하고 사려 깊은 지도자들이 사라졌기 때문입니다"라고 그는 말했다. "복음주의 지도자들은 연예인이 되어 버렸습니다. 폴라 화이트는 영향력이 매우 매우 크지만, 신앙의 복잡성을 이해하는 깊이가 가장 얕은 대표적인 인물입니다."

이제 트럼프와 관련된 논의가 본격적으로 시작되었다. 이 모임 직후 〈월스트리트 저널〉의 편집장이 된 영국 기자 엠마 터커(Emma Tucker)가 '트럼프의 목사'를 언급한 볼프의 발언에 자극을 받아 내 질문을 더 발전시켜 나갔다. 터커는 호보룬에게 러시아에서 푸티니즘이 "세속 종교"로 작용하고 있는 상황을 고려할 때, 미국에서도 트럼피즘이 비슷한 영향을 미치고 있다고 보는지 물었다.

"물론, 우리는 비슷한 종류의 세속 종교를 마주하고 있습니다"라고 호보룬이 답했다. 하지만 세속 종교의 틀 안에서도 하나는 '정치 종교'이고 하나는 '시민 종교'라는 점이 다르다고 강조했다. 전자는 국가가 강제하는 종교이고, 후자는 시민들이 자발적으로 실천하는 종교다. 호보룬이 이러한 정의의 역사적 배경을 설명하자, 그가 왜 우리에게 이 개념을 이해시키려고 애쓰는지 알 것 같았다.

"정치 종교는 선택 사항이 아닙니다"라고 그는 말했다. "히틀러리즘, 나치즘, 공산주의가 바로 그 예입니다. 그것들은 정치적 종교였습니다. 훨씬 더 폭력적이었죠. 푸티니즘도 그렇게 바뀌었습니다. 푸티니즘은 원래 일련의 의식, 유사 종교 의식, 사상을 갖춘 시민 종교로 시작되었습니다. 러시아 사람들에게 선택 사항이었죠. 하지만 이제 더는 선택 사항이 아닙니다. 이제 푸티니즘은 러시아인들에게 강제력을 가진 정치 종교가 되었습니다."

"트럼피즘은 여전히 시민 종교입니다. 시민 종교의 한 형태를 취하고 있죠. 아직 정치 종교는 아닙니다"라고 그는 덧붙였다.

호보룬은 핵심을 강조하려는 듯 손가락을 위로 들어 올렸다. 2016년 트럼프가 대통령에 당선된 후, 그는 보수적인 에큐머니컬 잡지 〈퍼스트 띵스〉에 트럼피즘이 미국 최초의 정치 종교가 될 수 있다는 내용의 글을 기고했으나 게재되지 않았다고 말했다. 편집진은 그의 주장을 받아들이기 어려웠을 것이다. 미국의 정치 체제는 임기 제한, 견제와 균형, 평화로운 권력 이양 등 독재를 억제하는 장치를 갖추고 있으니까 말이다. 그런데도 호보룬은 1월 6일의 아수라장이 벌어지기 훨씬 전부터 이 모든 장치도 본질적인 문제를 해결하지는 못한다고 주장했다. 푸티니즘의 정치 신학이 이제 푸틴 개인을 넘어선 것처럼, 트럼피즘도 종교 이념으로서 트럼프가 퇴임한 후에도 지속될 방식으로 뿌리를 내리고 있었기 때문이다. 잡지 편집진은 러시아에서 일어난 일, 즉 갑작스럽고 폭력적인 방식으로 시민 종교가 정치 종교로 바뀌는 일이 미국에서도 일어날 수 있다는 점을 인정하지 않았다. 이는 대다수 미국 기독교인의 의견을 대변하는 입장이기도 했다.

"안타깝게도 저는 여전히 그런 일이 가능하다고 믿고 있습니다"라고 호보룬은 말했다.

호보룬이 그래도 낙관적인 시각을 잃지 않았던 이유는 미국 복음주의와 러시아 정교회의 근본적인 차이 때문이었다. "정치적 성향의 복음주의는, 말뿐이라도 어쨌거나, 그리스도를 중심에 둡니다"라고 그는 말했다. "정치적 성향의 정교회는 그렇지 않습니다. 그리스도에 관해 말하길 꺼립니다. 푸틴이나 다른 사람들을 보면, 그들은 그리스도에 관해 말하지 않습니다. 신앙에 관한 다른 것들을 이야기할 뿐입니다."

하지만 볼프는 말뿐인 그 차이가 더 이상 중요하지 않다고 생각했다.

"저는… 복음서의 그리스도가 우리에게 도덕적으로 낯선 존재가 되었다고 믿게 되었습니다. 복음서를 읽어 보면 그리스도가 매우 중요하게 생각하는 것들이 있는데, 대부분의 복음주의 기독교인들은 그것들을 별로 중요하게 생각하지 않습니다. 그리고 그들이 정말로 중요하게 생각하는 것들이 그리스도에게는 별로 중요하지 않습니다."

볼프는 그리고 이렇게 덧붙였다. "그리스도가 기독교의 핵심이라는 점에서, 그리스도 없이는 기독교도 없으니까요, 그런 의미에서 우리는 지금 위기에 빠진 기독교를 보고 있습니다. 그리스도와 단절된 탓이죠."

한 기자가 볼프에게 좀 더 구체적으로 설명해 달라고 요청했다. 그리스도가 매우 중요하게 생각했던 것들의 예를 몇 가지 들어 줄 수 있냐고 물었다. 볼프 교수는 기자의 질문에 눈을 반짝였다.

그리스도는 가난한 사람들에게 깊은 관심을 보였지만, 오늘날의 복음주의 담론에서는 가난한 사람들이 "거의 언급되지 않습니다"라고 볼프는 말했다.

그리스도는 기적을 경험한 사람들에게 아무에게도 알리지 말라고 당부하는 등 명성을 얻는 것을 피하려 했지만, 오늘날의 복음주의 지도자들은 "명성에 취해 있다"라고 지적했다.

그리스도는 우리에게 원수를 사랑하라고 했지만, 오늘날 복음주의 교회에서는 "빈말로라도 그런 말을 하지 않는다"고 말했다.

"현대의 근본적인 가치, 그러니까 우리 대부분의 근본적인 가치를 복음서에서 찾을 수 있는 가치와 대조해 보면, 엄청난 불일치를 발견하게 됩니다"라고 볼프 교수는 결론지었다. "저는 이 점이 정말 정말 우려가 됩니다."

파리에서 활동하는 미국 출신 기자 토머스 채터턴 윌리엄스(Thomas Chatterton Williams)는 볼프가 설명한 "미국 상황"에 대해 마지막으로 의견을 밝혔다.

"저희 외가 쪽이 복음주의 기독교인이고, 특히 이모는 그리스도와 인격적인 관계를 맺고 사는 독실한 분입니다"라고 윌리엄스는 말했다. "이모는 트럼프가 매우 결함이 많은 인간이라고 말하면서도 트럼프에게 두 번이나 투표했습니다. 힐러리 클린턴처럼 정말로 사악한 여자가 대통령이 되는 것을 막기 위해서요. 그러면서 하나님은 항상 결함이 있는 인간들과 함께 일하시면서 더 큰 선을 이루신다며 자신을 합리화했습니다."

윌리엄스는 그 이모가 최근 캘리포니아에서 조지아로 이사했다고 말했다. 최근 전화 통화에서 이모는 그에게 공화당 상원의원 후보인 허셜 워커에게 투표할 생각이라고 말했다. 〈데일리 비스트〉의 폭로 기사를 시작으로, 워커가 최소 한 번 이상 낙태 비용을 댔다는 신뢰할 만한 증거를 제시한 수많은 뉴스 보도가 있었음에도 불구하고, 이는 중요하지 않았다. 워커가 공식적으로 인정한 아들(다른

세 명은 인정하지 않았다)이 뉴스 보도를 보고 자칭 "도덕적이고 기독교
적이며 올바른 사람"인 아버지가 사실은 자신과 어머니를 버리고
"여러 여자와 놀아났고" "우리를 죽여 버리겠다고 협박했다"라고 트
위터에 올렸다는 사실도 중요하지 않았다. 윌리엄스는 이런 명백한
인격적 결함이 이모에게는 전혀 중요하지 않았다고 말했다. 왜냐하
면, 워커도 트럼프처럼 '올바른' 팀에서 뛰고 있었기 때문이다.

　"이 상황을 이해해 보려고 노력 중입니다"라고 윌리엄스는 볼프
에게 말했다. "어떻게 기독교가 이렇게 끔찍한 반기독교적 행위를
용납할 수 있는 걸까요? 하나님은 더 큰 계획을 가지고 결함이 있는
사람들을 사용하시기 때문에 어떤 사람의 행동도 변명할 수 있다는
말까지 하는데, 그러면 실제 기독교에 남아 있는 건 뭔가요?"

　볼프는 고개를 저으며 적절한 말을 찾으려 고민했다.

　"문제를 정확히 짚어 내셨네요"라고 볼프 교수가 말했다.

★　★　★

허셜 워커가 민주당 후보를 사탄의 화신에 비유하며 미국 상원의원
선거 운동을 마무리한 것은 놀라운 일이 아니었다. 결국, 푸티니즘
과 트럼피즘이 성공한 이유는 상대를 문자 그대로 악마화했기 때문
이다. 적을 단순히 그릇되거나 불쾌한 존재로 묘사하지 않고 사악하
고 악마 같은 존재로 묘사했기 때문에 성공한 것이다. 이러한 정치-
종교 운동은 상대를 악인으로 그리기 때문에 신학적 근거를 들어
그들을 무찌르기란 본질상 쉽지 않다. 그럼에도 불구하고 볼프와 호
보룬은 이것이 그들을 무찌르는 유일한 방법이라고 주장했다. 정치
적 맥락에서 잔인함과 악의와 폭력을 비난하는 것만으로는 한계가
있다. 정치 자체가 본질상 잔인하고 악의적이며 폭력적이기 때문이
다. 호보룬은 이러한 세속 종교의 피상성을 폭로하려면 "그들을 신

학적으로 해체해야 한다"라고 말했다.

'해체'라는 용어는 미국 복음주의 내에서 큰 분열을 초래했다. 이 개념은 새로운 것이 아니었지만, 트럼프 시대에 그 중요성이 부각되었다. 복음주의 전통에서 자란 기독교인들, 즉 트럼프를 지지하는 편 가르기 정치와 보수적인 신학이 손쉽게 융합된 교회에서 자란 사람들은 부모와 목사들을 보면서 자신의 신념을 의심하기 시작했다. 그들이 정치에 관해 저토록 잘못 알고 있다면, 신학에 관해서는 무엇을 잘못 알고 있을까 하는 생각을 하게 된 것이다.

나는 내가 해체주의자라고 생각하지는 않지만, 그 기본적인 감정에는 공감했다. 내 생각에 성경적 기독교는 우리 자신의 신념과 편견을 끊임없이 재평가하라고 요구한다. 그리고 해체는 어떤 예상치 못한 사건에 대한 반응으로 이루어지는 것이 아니라 매일매일 이루어져야 한다. 대부분의 현대 복음주의 운동은 해체주의를 전반적으로 비난하며, 해체주의가 진보 진영의 정치 도구라고 그릇된 주장을 펼친다. 해체주의가 교회 안에 불안을 초래할까 봐 두려워하기 때문이다.

호보룬과 볼프는 대규모 해체를 권장했다. 이는 개인적인 성경 해석에 이의를 제기하는 수준을 훨씬 뛰어넘는 것이다. 그들이 구상한 해법은 진지한 신앙을 가진 기독교인들이 이러한 세속 종교에서 신학적 정당성을 제거하기 위해 집단적으로, 그리고 개별적으로 노력하는 것이다. 볼프가 언급했듯이, 나쁜 종교를 해독하는 최고의 해독제는 좋은 종교다.

호보룬은 희망적인 전례를 지적했다. 볼프의 스승이었던 독일 신학자 위르겐 몰트만(Jürgen Moltmann)은 제2차 세계대전 이후 유럽에서 기독교 내에서 발생한 치명적인 왜곡을 바로잡기 위해 교파 간 협력을 이끌었던 인물이다. 이는 쉬운 일이 아니었다. 호보룬은

"전체주의 신학"이 수십 년 동안 유럽 대부분을 장악하고 있었다고 말했다. 기독교 파시스트들이 로마 가톨릭교회 내에 발판을 마련하고 있었다. 독일의 '독일 기독교' 세력은 광적인 반유대주의자들이었다. 루마니아와 동유럽의 다른 곳에서는 정교회 지도자들이 반민주적 선전을 퍼뜨렸다. 기독교인들은 나치의 상징을 두른 병사들 손에 유대인 600만 명이 학살된 후에야 이러한 파시즘, 반유대주의, 권위주의를 해체하기 시작했다. "푸티니즘은 이 모든 조각을 모아 붙인 모자이크입니다"라고 호보룬은 말했다. "우리는 함께 모여 1930년대의 전체주의 신학과 매우 유사한 이 새로운 괴물에 대처할 방법을 찾아야 합니다."

점심을 먹으며 볼프가 내게 말한 바에 따르면, 오래된 괴물을 처치하기 어려운 이유는 그 괴물이 인간의 두려움을 먹이로 삼기 때문이다. 예수는 제자들에게 "용기를 내어라!"라고 말씀하셨다. 왜냐하면, 그분이 이 세상을 이기셨기 때문이다. 그러나 우리 대부분은 그분의 말씀을 듣지 않는다. 기독교인들도 다른 사람들과 마찬가지로 집단적 사고와 정체성에 기반한 공포에 취약하다. 예수가 제자들에게 환난을 당할 것이라고 말씀하셨음에도 불구하고(어쩌면 그 말씀 때문에) 콘스탄티누스 시대 이후 기독교인들은 불안에 떨며 국가의 품으로 달려가 자신들을 보호해 줄 통치자들에게 의존했다. 볼프가 말했듯이, 아이러니한 점은 예수가 국가에 의해 죽임을 당한 이유가 바로 "당시 그 지역의 권력에 도전하며 대안을 제시했기 때문"이라는 점이다.

지난 세기에 이러한 권력과 대안 사이의 경계를 의도적으로 흐리게 만든 결과 재앙이 닥쳐왔다. 볼프는 히틀러와 나치즘에 맞서 신학적 논거를 제시했던 전설적인 스위스 신학자 카를 바르트(Karl Barth)의 말을 경청하지 않으면 역사가 반복될 수 있다고 경고했다.

바르트는 교회가 그리스도의 가르침을 실천하려면 이 세상의 모든 사회 질서, 정치 질서, 정부 질서와 비판적 거리를 유지하는 "믿을 수 없는 동맹"이 되어야 한다고 썼다.

전하기 쉬운 메시지는 아니다. 볼프의 스승이었던 몰트만은 나치 시대에 비슷한 경험을 한 덕분에 남다른 신뢰성을 지니고 있었다. 열여섯 살에 독일 군대에 징집된 몰트만은 처음으로 맞닥뜨린 영국 군인에게 항복했고, 3년간 전쟁 포로로 지냈다. 이때 한 미국인 군목이 준 성경이 인생의 방향을 완전히 바꾸어 버렸다. 아우슈비츠에서 벌어진 잔혹 행위에 대한 몰트만의 성찰, 그리고 우리와 함께 피 흘리고 슬퍼하기 위해 인간의 모습을 취하신 주권자 하나님의 자비에 관한 몰트만의 가르침은 그 어떤 B-17 폭격기 못지않게 나치즘의 마법을 깨뜨리는 데 큰 역할을 했다.

프랑스에서 호보룬의 말을 들으면서, 그가 비슷한 청사진을 따르고 있음을 알 수 있었다. 한때 러시아 정교회의 내부자였던 그가 이제는 반체제 인사가 되어 망명 중에 전 세계를 돌며 푸티니즘의 위험성을 경고하고 있었다. 그의 경고는 매우 효과적이었다.

나는 그의 경고를 듣고 트럼피즘과 미국 복음주의 운동에 대해 생각했다. 문제가 되었던 사람들이 속죄하지 않아도 해체가 가능할까? 로버트 제프리스나 그렉 록 같은 사람들에게 전면적인 변화나 회개를 기대해서는 안 될 것이다. 지역 사회에서 시작되는 변화, 개별 교회에서 이루어지는 화해 과정, 위기에 빠진 교회를 이끌어 온 평범한 목회자들이 잘못된 것들을 바로잡는 것, 이것이 우리가 기대할 수 있는 최선이다.

이 희망의 문제점은 목회자 대부분이 위기를 전혀 인식하지 못하고 있다는 점이다.

13장

★ ★ ★

극단의 주류화:
사라진 문지기

"한때 극단적인 인물들이 권력을 얻지 못하게 막아 주던
전설적인 문지기들은 더 이상 존재하지 않는다."

"위에서 주지 않으셨더라면, 당신에게는 나를 어찌할
아무런 권한도 없을 것이오"(요한복음 19:11).

이리 호수의 반짝이는 쪽빛 물결에 둘러싸인 베이프런트컨벤션센터
안에서는 근육을 한껏 키운 남자들이 로비를 활보하며 제자리에서
뛰거나 스판덱스 슈트의 탄성을 시험하듯 몸을 구부리며 운동하고
있었다. 그들은 삼손처럼 거대한 근육을 갖게 해 준다는 파우더, 혈관
을 건강하게 해 준다는 비타민, 멋진 가슴 근육을 갖게 해 준다는 알
약 등 거의 초자연적인 개선을 약속하는 온갖 보조제를 들고 다녔다.
　　복도 저쪽에서는 보안 요원들이 거대한 금속 탐지기를 들고 있

었다. 국가 원수가 온 것도 아니고 주지사 후보자만 있었기에 다소 이질적인 광경이었다. 그러나 펜실베이니아의 공화당 주지사 후보 더그 마스트리아노(Doug Mastriano)는 만일의 사태에 대비하고 있었다. 2022년 1월 출마를 선언한 이후, 군 베테랑이자 극우 기독교 민족주의 그룹과 폭넓은 관계를 맺고 있는 마스트리아노는 종교 투쟁을 이끄는 위대한 지휘관으로 자신을 묘사해 왔다. 그는 악의 세력이 나라를 포위하고 있으며, 기독교인들이 이들을 몰아내야 한다고 경고했다. 선거 운동이 진행됨에 따라 이러한 종말론적 경고는 강도가 더욱 세졌다. 복도에 있는 금속 탐지기는 적들이 더그 마스트리아노를 노리고 있다는 점을 시각적으로 보여 주는 역할을 했다.

알고 보니, 검문소는 놀랄 만큼 유용했다. 입구에 "총기 반입 금지, 칼 반입 금지"라는 표지판이 있는데도, 몇몇 사람들이 무기를 소지한 채 행사장에 들어오려다 저지당했다. (내가 본 사람들은 차에 가서 무기를 두고 다시 행사장으로 돌아왔다.) 행사 전반에 폭력의 기운이 감돌았다. 금속 탐지기를 지나자마자 대형 연회장 밖 로비에 있는 접이식 테이블 주위에 모여 있는 수십 명의 사람이 보였다. 일부는 군복을 입고 군용 장비를 착용하고 있었다. 마스트리아노의 개인 경호팀으로, 주 전역에서 그를 호위하며 언제든지 그를 위해 목숨을 바칠 준비가 되어 있는 교인들이었다. 군중 속 다른 사람들은 좀 더 캐주얼한 차림이었고, 과녁 이미지와 수정헌법 제2조 문구가 인쇄된 티셔츠를 입고 있었다. 심지어 테이블 뒤에서 버튼, 범퍼 스티커, 잔디 표지판을 판매하는 자원봉사 할머니들조차 군대 스타일 글꼴로 디자인된 녹갈색 티셔츠를 입고 있었다.

그중 한 명이 선거 홍보물을 살펴보던 나를 따뜻하게 맞아 주었다. "정말 신나요." 그녀가 내게 말했다. "잭 포소비에크(Jack Posobiec)가 여기 와 있다니 믿어지세요?"

2부 권력

사실, 믿기지 않을 이유가 없었다.

음모론으로 유명한 포소비에크는 2016년 이른바 '#피자게이
트'를 옹호하며 극우 진영에서 명성을 얻었다. 피자게이트란 힐러
리 클린턴과 민주당 고위급 인사들이 워싱턴 D.C.에 있는 코멧핑퐁
이라는 인기 많은 피자 가게 지하실에서 아동 성매매 조직을 운영
하고 있다는 인터넷 루머였다. 포소비에크는 피자게이트 음모론에
그냥 가볍게 동참한 정도가 아니었다. 직접 그 식당을 찾아가 몰래
실시간 스트리밍 방송을 진행했고, 나중에 인포워즈의 알렉스 존스
채널에서 "어린아이들"이 너무 많아 의심스러웠다면서 "악마의 작
품", "비밀의 문" 등의 표현을 사용했다. 해당 영상은 유튜브에 업로
드된 후 소셜 미디어에서 폭발적으로 확산되었다. 2주 후, 한 남자
가 노스캐롤라이나에서 워싱턴 D.C.까지 차를 몰고 와서 코멧핑퐁
에 들어가 AR-15 소총으로 총격을 가하는 사건이 벌어졌다. (그 남
성은 경찰에게 아이들을 구하러 왔다고 말했지만, 그 식당에는 지하실 자체가 없다는
사실을 알게 되었다. 다행히 다친 사람은 없었다.) 포소비에크는 법 집행 기관
들이 위험하고 뻔뻔한 거짓말이라고 밝힌 이 피자게이트 사건을 선
동한 것에 대해 전혀 사과하지 않았다. 사실, 그는 본격적인 활동을
이제 막 시작한 참이었다.

트럼프의 심복인 로저 스톤의 제자였던 포소비에크는 그 후 4
년 동안 전문 과격분자와 영리 목적의 무뢰한들이 가득한 MAGA
생태계에서도 누구보다 활발하게 활동하며 두각을 나타냈다. 그는
2016년 워싱턴에서 한밤중에 강도에게 살해된 젊은 민주당 직원 세
스 리치(Seth Rich)가 민감한 당 문서를 유출했다가 사건을 은폐하려
는 세력에 의해 살해당했다는 끔찍한 거짓말을 퍼뜨렸다. 또, 미국
의 이민 정책이 "백인 대학살" 계획의 일환이라고 억측했다. 그는 반
정부 극단주의자, 반유대주의자, 백인 민족주의자들로 구성된 광범

위한 네트워크와 관계를 구축했다. 2020년 대통령 선거를 몇 달 앞두고 포소비에크는 트럼프와 그의 동맹들이 평화로운 권력 이양에 반대하여 미국인 수백만 명을 결집하기 위해 사용할 "선거 도둑질 중지"라는 문구를 대중화하는 데 일조했다.

이런 활동 중에 포소비에크는 마스트리아노라는 동맹을 찾았다. 펜실베이니아주 상원의원인 마스트리아노는 바이든의 당선이 "조작되었다"고 주장하며 자신과 동료 의원들이 주의 선거인단 투표를 트럼프에게 넘길 수 있다고 말했다. 이것은 단순한 정치적인 문제가 아니었다. 마스트리아노는 자신이 하나님의 뜻을 따르는 사람이므로 미국 선거를 관리하는 귀찮은 법과 절차에 구속받지 않는다고 느꼈다. 〈롤링 스톤〉이 공개한 영상에 따르면, 실제로 자신의 입법적 책략이 실패로 돌아가자, 마스트리아노는 2020년 12월에 저명한 기독교 민족주의자들이 조직한 줌 회의에 참여하여, 선거인단이 바이든을 다음 대통령으로 확정한 후인데도 공화당이 "담대하게 일어나" 바이든이 취임하기 전에 "권력을 움켜쥘" 수 있게 해 달라고 하나님께 기도했다. 일주일 후, 마스트리아노는 워싱턴에서 열린 1월 6일 시위에 참여했을 뿐만 아니라, 선거구 주민들이 시위에 참여할 수 있도록 선거 자금으로 워싱턴행 버스를 전세 냈다.

일 년 후 펜실베이니아주 게티즈버그에서 주지사 선거 운동을 시작할 때, 전통 의상을 입은 한 목사가 뿔 나팔을 불어 마스트리아노의 출마를 알렸다. 메시지는 명확했다. 미국에 두 번째 내전이 임박했다는 것이었다. 그 내전은 영적 전쟁이었다.

펜실베이니아 주민들은 이에 별로 열광하지 않는 것 같았다. 다음 대통령 선거에서 펜실베이니아의 선거인단 투표를 민주당 후보에게 주지 않기 위해 행정 권한을 사용할 계획이라는 마스트리아노의 발언에도 별 반응을 보이지 않았다. 2022년 10월에 마스트리아

2부 권력

노와 포소비에크가 이리에 도착했을 때, 공화당 후보 마스트리아노는 민주당 후보 조시 샤피로(Josh Shapiro)에게 두 자릿수 차이로 뒤처지고 있었다. 그해 초여름에 기록적인 인플레이션으로 바이든의 인기가 폭락한 상황에서, 미국에서 가장 경쟁이 치열한 경합 주 중 한 곳에서 공화당 후보가 크게 뒤처지는 모습을 보는 것은 퍽 이상한 일이었다.

하지만 마스트리아노는 걱정하지 않았다. 그는 이리에 모인 지지자들에게 무대가 준비되었으니 성경의 기적이 곧 일어날 것이라고 말했다.

"우리는 우리 주(州)를 폭풍처럼 되찾을 것입니다!" 마스트리아노는 선거일에 "예측자들을 놀라게 할 것"이라면서 이렇게 선언했다. 청중은 환호했다. "뭔가가 일어나고 있습니다. 정말 놀라운 일이 벌어지고 있습니다"라고 그는 말했다. "우리 주를 건설한 윌리엄 펜(William Penn)도 자랑스러워할 겁니다."

마스트리아노는 갑자기 교수 같은 말투로 윌리엄 펜이 어떻게 "우리 주를 국가의 중심으로 세웠는지" 설명해 나갔다. 그것은 하나님을 경외하는 정부를 세우기 위한 "거룩한 실험"의 일부였다. "미국은 펜실베이니아에 모든 것을 빚지고 있다"라고 그는 주장했으며, 따라서 미국은 윌리엄 펜에게 모든 것을 빚지고 있다고 덧붙였다. 동시대 사람들에게 "잘못된 신앙을 가지고 있고" "예수 이야기를 너무 많이 하고" "그릇된 정치적 신념을 가지고 있다"라고 비난받은 바로 그 윌리엄 펜에게 말이다.

마스트리아노는 자신을 21세기의 전설적인 퀘이커교도로 내세웠다. 하지만 펜이 당대의 박해를 극복한 것과 달리, 마스트리아노는 자신이 적에게 패할까 봐 대놓고 걱정했다. 그는 자신이 패배하면, 그것은 단순한 정치적 패배가 아니라 기독교인들이 이 땅에 와서 싸우고 피 흘리며 꿈꿔 온 이상적인 국가가 패배하는 것을 의미한다고 말했다.

"이것은 놀라운 꿈이며, 우리는 이 꿈을 거의 이루었습니다"라고 마스트리아노는 말했다. "하지만 빛이 깜빡이고 있습니다. 곧 꺼질 것 같습니다." 마스트리아노는 다른 연사들이 한 말을 반복했다. 이번 선거가 우리 일생에서 가장 중요한 선거라고 말이다.

그것으로도 충분히 극적이지 않다고 생각했는지, 잭 포소비에크는 "펜실베이니아를 파괴하고" "미국을 해체하는" 민주당의 여덟 가지 전략을 운운하며 후보자보다도 더 긴 시간 연설을 이어 갔다. 포소비에크의 연설은 체계적이지 않았다. 옆길로 새서 밋 롬니를 조롱했고, 마더 테레사와 힐러리 클린턴에 관한 터무니없는 이야기를 했고, 민주당 후보인 샤피로에게 주먹으로 한판 붙자고 제안하기도 했다. 그래도 주제만큼은 일관성이 있었다. 전 국민의 시선이 이 선거에 쏠려 있다면서, 마스트리아노가 "펜실베이니아를 구해 낸다면" 미국도 멸망할 위기에서 구원받을 수 있다고 선언했다.

"하나님이 바로 이를 위해 그를 일으켜 세우셨습니다. 그분은 여러분 모두를 일으켜 세우셨습니다. 그래서 우리가 모두 여기 있는 겁니다"라고 포소비에크는 외쳤다.

포소비에크는 마스트리아노와 미국을 향한 하나님의 계획을 더 자세히 설명하고 싶은 듯 보였다. 하지만 성모 마리아, 예수의 생일, 그리고 자신의 성지순례에 관한 이해할 수 없는 말을 한 후 앞줄을 향해 고개를 끄덕이며 연설을 마무리했다. "신학은 목사님께 맡기겠습니다."

인근 가든하이츠침례교회 목사인 조너선 와그너(Jonathan Wagner)는 간결하면서 이성적인 발언으로 시선을 끌었다. 광분해서 공포를 조장하는 연사들 사이에 끼어 있었지만, "주지사 후보 마스트리아노"라는 문구가 인쇄된 검은색 티셔츠를 입은 와그너는 마치 다른 행성에서 온 것처럼 보였다.

와그너는 무대에서 "우리를 위로해 주십시오"라고 기도했다. "우리는 이 나라에서 자유를 누리고 있습니다. 그 자유가 줄어들지 않기를 바랍니다. 그러나 주님, 진정한 자유는 예수 그리스도를 통해 오는 자유, 우리 죄에서 해방되는 자유임을 우리가 이해하게 도와주십시오."

와그너는 크게 숨을 내쉬었다. "주님, 우리가 그 사실을 이해할 수 있게 해 주십시오."

이리에서 그날 무대에 오른 이들 가운데 그가 받은 박수 소리가 가장 작았다. 와그너는 행사가 끝나자 연회장 측면 출구로 급히 나갔다. 나는 그를 멈춰 세우고 내 소개를 한 다음 우리가 방금 본 광경에 관해 이야기할 수 있는지 물었다. 와그너 목사는 멍한 표정을 지었다. "저는 정치를 이해하지 못합니다."

★ ★ ★

정치를 이해한다는 것, 적어도 마스트리아노와 같은 극단적인 인물이 공화당 내에서 이렇게 큰 영향력을 얻게 된 이유를 이해한다는 것은 이제 극단주의자들이 주류가 되었다는 사실을 받아들이는 것을 의미한다. 한때 극단적인 인물들이 권력을 얻지 못하게 막아 주던 전설적인 문지기들은 더 이상 존재하지 않는다. 누가 우리의 관심을 받을 자격이 있는지 없는지를 결정짓던 상상 속의 불문율은 더 이상 적용되지 않는다. 이는 비단 미국 정치에만 해당하는 이야기가 아니라, 미국 기독교에도 해당하는 이야기다. 도널드 트럼프를 대통령으로 만든 그 비대칭적인 힘들이 그렉 록 같은 목사를 하룻밤 사이에 복음주의 유명 인사로 만들었다.

랜스 월나우(Lance Wallnau)의 사례를 생각해 보자. 한때 텍사스의 무명 사업가였던 월나우는 방송인이나 기독교 "미래학자"가 되기를 희망하며 미디어 쪽을 기웃거렸다. 그러다 2015년 트럼프가 대통령감으로 "기름 부음"을 받았다고 예언하면서 유명해졌다. 새로 얻은 인기를 바탕으로 월나우는 팟캐스트, 자기 계발 비디오, 온라인 교육 세미나 등 다방면으로 사업을 확장했으며, 하나님에게 받았다는 통찰력을 바탕으로 수백만 명의 새로운 추종자를 얻었다.

얼마 되지 않아 공화당 정치인들이 찾아왔다. 돌이켜 보면, 이는 필연적이었다. 선출직 공무원들은 원래 돈 냄새를 잘 맡는다. 그들은 월나우와 손을 잡음으로써 "영적으로 충만한 삶 패키지"(DVD와 CD, 온라인 강좌를 결합한 상품으로 원래 가격은 397달러다)에 87달러를 기꺼이 내는 열광적인 월나우 팬들이 민주당의 악당들을 물리치는 데 도움이 될 것이라고 기대했다.

또 다른 이유로도 필연적이었다. 2016년 트럼프의 당선 이후, 공화당에는 교회, 국가, 대통령, 인류의 미래에 관해 형이상학적인 예언을 퍼뜨리며 의미를 찾는 과장되고 비현실적인 부적응자들이 늘어났다. 이들 중 일부는 부끄러움을 모르는 기회주의자들이었다. 종말론적 정치 설교를 하는 모든 목사가 자신이 설교한 내용을 진짜로 믿는 진정한 신봉자는 아니었다. 그러나 그들 중 많은 이가 진정한 신봉자였다. 2021년 민주당 대통령이 취임한 직후, 그들이 2022년 중간 선거 캠페인을 현대판 십자군 전쟁처럼 여길 것이라는 점이 분명해졌다. 그들에게 이 선거는 단순히 공화당과 민주당의 싸움이 아니라, 천국과 지옥의 대결이었다.

"주님, 예수의 이름과 보혈로 그들을 강하게 하소서." 2022년 봄 콜로라도 부흥회에서 스티브 홀트(Steve Holt) 목사는 두 명의 공화당 의원 옆에서 이렇게 기도했다. "이 주(州)가 예수의 피로 붉게 물들게 하시고, 정치적으로도 붉게 물들게 하소서."

두 의원 중 한 명인 더그 램본(Doug Lamborn)이 기도 중에 약간 불편한 기색을 보였고, 이 모습을 담은 동영상이 온라인에 널리 퍼졌다. 그러나 다른 한 명인 로렌 보버트(Lauren Boebert)는 매우 편안해 보였다. 보버트는 눈을 감고 소리 없이 기도를 중얼거리며, 왼손을 하늘로 들어 올려 경배하는 제스처를 취했다. 보버트는 예수의 피, 죄인들을 구원하기 위해 자기를 희생하신 그분의 귀한 피로 선거에서 승리하게 해 달라는 홀트 목사의 기도를 듣고도 전혀 불편한 기색을 보이지 않았다. 실제로 별로 불편하지 않았기 때문이다.

작은 마을의 식당 주인으로 공직에 출마하기 전 십 년 동안 네 번이나 체포된 적이 있는 보버트는 예상치 못한 승리가 "불신자들에게 표징과 기적이 될 것"이라며 하나님이 자신에게 하원의원에 출마하라고 말씀하셨다고 자랑하곤 했다. 그러나 비신자들이 보버트에게서 본 표징은 정신 이상의 징후뿐이었다. 2020년 후보 시절, 보버트는 공화당에서 큐어넌 사기극을 가장 노골적으로 지지한 인물이었다. 당선된 후, 보버트는 모슬렘 동료를 두고 자살 폭탄 테러범이라고 농담하며 "지하드 부대"라고 불렀다. 트럼프와 긴밀한 관계를 형성한 보버트는 2020년 선거 결과에 관한 허위 정보를 퍼뜨리는 데 앞장섰고, 1월 6일 아침에는 당시 상황을 가리켜 "1776년의 순간"이라고 말했다.

그러다 바이든이 취임한 후 보버트는 완전히 미쳐 버렸다. 정치 포럼과 종교 포럼을 막론하고(대부분은 그 둘이 잘 구분이 되지 않았다) 다양한 포럼에서 충격적인 발언을 쏟아냈다. 그전까지 나는 그런 말을 하는 미국 하원의원을 본 적이 없었다. 보버트는 "우리는 종말의 때에 살고 있습니다"라고 말했다. 또, 바이든이 죽게 해 달라고 공개적으로 기도했다. 예수에게 AR-15 소총이 넉넉히 있었다면 로마 정부가 그를 죽이지 못하게 막을 수 있었을 것이라는 말도 했다.

가장 충격적인 발언은 2022년 여름 어느 교회 집회에서 나왔다. 〈덴버 포스트 Denver Post〉에 따르면, 보버트는 "교회와 국가의 분리 어쩌고 하는 헛소리에 신물이 난다"라고 말했다. "교회가 정부를 지휘해야 합니다. 정부가 교회를 지휘해서는 안 돼요."

기독교 보수주의자들이 여러 세대에 걸쳐 신중하게 피해 왔던 신정 정치에 대한 지지를 명시적으로 드러낸 발언이었다. 보버트는 더 이상 이 논쟁을 회피하지 않기로 했다. 또한, "기독교 민족주의자"라는 비난도 더 이상 부인하지 않기로 했다. 더욱이 그녀는 혼자가 아니었다. 2022년 중간 선거가 다가오자 정부 안팎의 저명한 복음주의자들이 이 꼬리표를 흔쾌히 받아들이기 시작했다.

"나는 자랑스러운 기독교 민족주의자다. 이 악한 사람들이 내가 내 나라와 내 하나님을 자랑스럽게 사랑한다는 이유로 나를 나치라고 부르고 있다." 조지아주 하원의원 마조리 테일러 그린(Marjorie Taylor Greene)은 2022년 여름에 트위터에 이런 글을 올렸다. 그후 일 년이 채 되지 않아, 〈데일리 비스트〉는 그린이 바이든 대통령의 탄핵 결의안을 누가 먼저 제출할지를 두고 다투는 과정에서 보버트를 "못된 년"이라고 불렀다고 보도했다.

그린은 이어서 인스타그램에 게시물을 올렸다. "자랑스러운 기독교 민족주의자"라는 문구가 인쇄된 티셔츠를 입고 주먹을 불끈 쥐고 격투 자세를 취하고 있는 사진이었다.

이러한 변화를 앨버트 몰러만큼 잘 보여 주는 사람도 없다. 언젠가 〈타임〉지가 "복음주의 운동을 대표하는 지식인"이라고 칭한 바 있는 몰러는 남침례신학교 총장으로서 정치와 문화 문제에 관해 일관되게 성경을 최우선시하는 태도로 유명했다. 그는 2016년 트럼프의 대선 출마에 반대하며 "정직한 복음주의자라면 그를" 대통령으로는 말할 것도 없고 "옆집 사람으로도 원하지 않을 것"이라고 썼다. 그리고 "우상 숭배에 빠져" 1월 6일 국회의사당을 습격한 기독교인들을 비판했다. 몰러는 폭동 이후에 "민족주의는 항상 명확하고 실제로 존재하는 위협이 될 수 있다"라고 쓰기도 했다.

그런데 2022년 여름, 갑자기 이런 태도를 재고하는 듯 보였다. 몰러는 팟캐스트에서 "좌파는 저와 다른 사람들을 기독교 민족주의자라고 부릅니다. 마치 우리가 그것을 피해 도망가야 하는 것처럼 말이에요"라고 말했다. 그리고 이렇게 덧붙였다. "저는 도망칠 생각이 없습니다."

복음주의 세계에서 그를 존경하던 사람들과 친구들은 괴로워했다. 부디 진심에서 나온 말이 아니기를 기도했다. 몰러가 말주변이 없어서, 자신의 말이 어떤 결과를 초래할지 고려하지 못하고 성급하고 무성의하게 나온 말이기를 바랐다. 그러나 그들의 기도는 응답받지 못했다. 팟캐스트 논란이 있고 얼마 지나지 않아 몰러는 복음주의자 모임에서 2022년에 "잘못된 투표"를 한다면(그가 분명히 말했듯이, 잘못된 투표는 민주당에 투표하는 것을 의미했다) 그것은 하나님께 "불충하는" 짓이라고 말했다.

"투표는 신앙인의 중요한 책무입니다. 우리는 기독교인들에게 그 사실을 상기시켜야 합니다"라고 몰러는 말했다. "우리는 기독교인들에게 지금 무엇이 위태로운지 상기시켜야 합니다."

★ ★ ★

성경은 재미있는 방식으로 정치 지도자들을 제자리로 끌어내린다. 지구상에서 가장 강력한 권력자였던 파라오는 하나님이 내린 재앙 앞에서 철저히 무력했다. 누가복음은 당대의 모든 왕과 통치자를 열거한 뒤, 그들이 자신의 것이라고 믿었던 권위가 소박하게 사는 예언자 요한과 목수의 아들 예수에게 어떻게 주어졌는지 이야기한다. 자신을 왕으로 삼으려는 사람들을 피해 숨으시던 메시아는 바리새인들에게 "황제의 것은 황제에게 돌려주고, 하나님의 것은 하나님께 돌려드려라"라고 말하며, 우리의 진정한 헌신을 받으실 분은 오직 한 분뿐임을 암시한다.

영역본 성경에는 'power'라는 단어가 수백 번 등장한다. 'power'는 권위를 뜻하는 '엑소우시아'(*exousia*), 자연적인 힘을 뜻하는 '이스쿠스'(*ischus*), 최고권과 지배를 뜻하는 '크라토스'(*kratos*) 등 여러 그리스어 단어를 번역한 것이다. 그중에서도 가장 일반적인 어근은 폭발적인 힘, 폭발적인 잠재력, 폭발적인 능력을 뜻하는 '두나미스'(*dunamis*)다. (두나미스는 다이너마이트의 어원이다.) 신약 성경은 세속적인 통치자들의 통치를 자세히 다루지만, 그들에게는 이 그리스어 단어들을 거의 사용하지 않는다. 대신에 이 단어들은 우주를 통치하시는 하나님, 인류를 죄에서 구원하고자 자신의 생명을 바친 예수, 그리고 이 희망의 메시지를 모든 나라에 전하도록 성령의 권능을 받은 예수의 제자들에게 사용된다.

하지만 한 가지 주목할 만한 예외가 있다. 요한복음에서 예수가 체포되어 로마 당국에 넘겨진 후, 본디오 빌라도는 피고가 처벌을 받아 마땅한지 판단하고자 예수를 심문한다. 그러나 예수는 빌라도의 질문에 아무 대답도 하지 않으신다. 그러자 로마 총독은 화가 나서 예수에게 말한다. "나에게는 당신을 놓아줄 권한도 있고, 십자가에 처형할 권한도 있다는 것을 모르시오?"

이에 예수는 "위에서(from above) 주지 않으셨더라면, 당신에게는 나를 어찌할 아무런 권한도 없을 것이오"라고 대답한다.

여기 나오는 "from above"는 그리스어 "아노텐"(*anōthen*)을 번역한 것으로, 신약 성경 전체에서 하나님이 정하시고 하늘로부터 오는 것을 의미할 때 사용된다. 예수는 이처럼 놀라운 말로 빌라도의 말을 반박하신다. 로마 총독이 예수의 생사를 결정할 테지만, 예수는 하나님이 태초부터 이 사건을 계획하셨다고 말씀하고 계신다. 이 재판에서 빌라도는 하나님이 쓰신 대본을 읽는 배우로 캐스팅되었을 뿐이고, 로마제국에도 그 통치자들에게도 '고유 권한'은 없다고 말씀하고 계신다.

빌라도에게 하신 예수의 말씀은 성경 전체에 울려 퍼진다. 진정한 권력은 국가, 행정부, 선거 운동에서 나타나는 것이 아니다. 이러한 것들은 하나님의 고유한 최고 권위를 위조한 위조품에 불과하기 때문이다. 세금을 인상하는 권력은 예수를 죽음에서 부활시키는 권세가 아니며, 누군가를 상원의원 자리에 앉히는 권력은 예수를 하나님의 오른편에 앉히는 권세가 아니다. 기도가 되었든 성찰이 되었든 가르침이 되었든, 성경이 권력에 관해 언급하는 구절은 모두 하나님의 전능하심을 확언한다. 그리고 하나님이 그 권력을 인간에게 부여하신다면, 그것은 하나님의 나라와 하나님의 권세와 하나님의 영광을 선포하기 위함이라고 확언한다.

그런데도 왜 더그 마스트리아노는 1월 6일을 앞두고 공화당이 "권력을 움켜쥐게" 해 달라고 기도할까? 왜 앨버트 몰러는 "투표가 신앙인의 중요한 책무"라고 강조할까? 랠프 리드가 주최한 콘퍼런스에서 정치인, 목사 할 것 없이 왜 모든 연사가 민주당이 앞으로 2년 더 "권력을 잡는" 것이 두렵다고 말할까?

(지나치게 분석하고 해석하려다 혼란에 빠지지 않도록 주의하면서) 그리스어 언어학으로 돌아가 설명하는 것이 가장 간단할 것이다. 성경에서 가장 중요한 개념 중 하나인 "아피에미"(*aphiemi*)는 '분리하다, 버리다, 홀로 두다, 놓다'를 의미한다. 간단히 말해, 많은 미국 복음주의자는 놓지를 못한다. 그들은 국가 정체성에서 자신을 '분리하지' 못하고,

미국을 위해 싸우는 것이 하나님을 위해 싸우는 것이라는 생각을 '버리지' 못한다. 그래서 "기독교 민족주의"에 점점 더 매력을 느끼는 것이다. 전 트럼프 행정부 관료인 윌리엄 울프(William Wolfe)도 이 용어를 받아들이고 소셜 미디어에서 정기적으로 동료 신자들을 인신공격하며, "기독교인으로서 자신의 정치 참여 원동력"을 다음과 같은 간단한 트윗으로 요약했다. "공산주의자들이 권력을 잡고 있을 때 그들과 싸우는 것이 선하고 옳고 고귀한 일이라면, 그들이 절대 권력을 잡지 못하게 싸우는 것 또한 선하고 옳고 고귀한 일이다. 사실, 더 선하고 더 옳고 더 고귀한 일이다."

울프 같은 사람들은 근본적인 사실을 숨기지 않는다. 그들의 싸움은 공격적이다. 이제 기독교인들은 무언가를 지키기 위해서 정치에 참여할 수 없다. 지킬 것이 아무것도 남아 있지 않기 때문이다. 목표는 빼앗긴 것을 되찾는 것, 즉 종교적 보복주의다. 의도가 아무리 "고귀하다" 하더라도, 결국 나라를 향한 사랑과 패권에 대한 욕망 사이의 경계는 흐려질 수밖에 없다. 객관성을 위해 유명한 무신론자 조지 오웰(George Orwell)이 애국심과 민족주의를 어떻게 구별했는지 상기할 필요가 있다. 《동물 농장 *Animal Farm*》과 《1984》의 저자인 오웰은 "애국심은 군사적으로나 문화적으로나 방어적인 성격을 띠고 있다. 반면에 민족주의는 권력에 대한 욕망과 떼려야 뗄 수 없는 관계다"라고 썼다.

사도 바울은 그리스 에페수스 교회에 편지를 보내 이렇게 당부했다. "끝으로 말합니다. 여러분은 주님 안에서 그분의 힘찬 능력으로 굳세게 되십시오. 악마의 간계에 맞설 수 있도록, 하나님이 주시는 온몸을 덮는 갑옷을 입으십시오."* 주목할 점은 바울이 말하는

---

* 에베소서 6:10-11.

전쟁 무기가 대부분 방어용이라는 것이다. 진리의 허리띠, 정의의 가슴막이, 믿음의 방패, 구원의 투구 등. 바울이 언급한 무기 중 공격용은 "성령의 검 곧 하나님의 말씀"이 유일하다. (내 또래의 복음주의 자들은 아마도 주일학교에서 선생님이 특정 성경 구절을 언급하면, 성경책에서 그 구절을 빨리 찾는 훈련, 이른바 "검 훈련"을 기억할 것이다. 이는 "성령의 검, 곧 하나님의 말씀"이라는 표현에서 유래한 훈련이다.)

하지만 정치인들은 의도적으로 이 구절을 잘못 사용한다. 백악관 입성을 노리던 플로리다 주지사 론 디샌티스(Ron DeSantis)는 2022년에 전국을 돌며 자금을 모으고 보수적인 지지층을 결집하고자 에베소서를 자주 인용했다.

"좌파의 간계에 맞설 수 있도록, 하나님이 주시는 온몸을 덮는 갑옷을 입으십시오."

디샌티스가 "악마"를 "좌파"로 바꾸어 인용한 것은 청중이 성경을 잘 모른다는 점만을 노린 것이 아니다. 그는 성경의 가르침을 무시하게 만드는 강한 민족주의적 열정에 기대고 있었다. 디샌티스는 자신이 바울보다 더 잘 안다는 점, 진짜 적은 좌파라는 점, 진짜 싸움은 혈과 육을 상대하는 것이라는 점, 진짜 권력은 앤서니 파우치의 코로나 방역 지침을 무시하고 디즈니월드의 면세 혜택을 없앨 수 있는 정치인에게 있다는 점에 복음주의자 청중도 동의할 것이라고 확신했다.

결국, 디샌티스는 더 이상 은유적으로 말하지 않았다. 2022년 가을 재선을 향해 돌진하면서 플로리다 주지사는 국가와 (2024년 공화당 대통령 후보 지명 경쟁에서 주요 경쟁자가 될) 트럼프에게 경고하려 했다. 디샌티스는 캠페인 광고를 내기로 결정했는데, 흑백으로 촬영된 영화 같은 장면들은 라디오 진행자 폴 하비(Paul Harvey)의 유명한 연설 "그래서 하나님이 농부를 만드셨다"에서 빌려왔다. 그러나 중요한 변화가 하나 있었다.

"여덟째 날에," 낮고 울림이 있는 목소리가 울려 퍼지며 미국 국기 앞에 서 있는 디샌티스의 모습이 화면에 나왔다. "하나님이 계획한 낙원을 내려다보며 말씀하셨다. '나는 보호자가 필요하다.' 그래서 하나님이 전사(戰士)를 만드셨다."

이 2분짜리 동영상은 과장이 너무 심해 우스꽝스러운 데다가 지나친 자기 미화로 인해 철저히 혹평을 받았고, 그 탓에 호소력을 제대로 평가받지 못했다. 디샌티스가 자신을 하나님의 약속의 땅을 지키도록 기름 부음을 받은 수호자로 묘사하는 데 지나치게 몰입했다고 생각하기 쉽지만, 이 메시지가 공화당을 지지하는 복음주의자들이 간절히 듣고 싶어 하던 바로 그 메시지였다는 충분한 증거가 있다. 디샌티스가 광고를 내보내기 얼마 전, 메릴랜드대학교는 2천 명이 넘는 미국인을 대상으로 '교회와 국가의 분리'를 주제로 설문조사를 진행했다. 결과는 놀라웠다. 공화당 지지자의 61퍼센트가 미국 정부가 미국을 "기독교 국가"로 공식 선언하는 것을 지지한다고 답했다. 또한, 설문 조사에 참여한 복음주의자의 78퍼센트가 그러한 선언을 지지한다고 답했다.

이 맥락에서 보니 터무니없는 일들이 점점 이해되기 시작했다.

멜 깁슨의 영화 〈패션 오브 크라이스트 The Passion of the Christ〉에서 예수를 연기한 배우 짐 카비젤(Jim Caviezel)이 트럼프 측근들과 참여한 콘퍼런스에서 아이들의 피를 수확한다는 이야기를 한 이유는 무엇일까? 아이다호 부지사가 코로나19 정책에 반대하는 시위를 벌이면서 한 손에는 총을, 한 손에는 성경을 들고 있었던 이유는 무엇일까? 앨버트 몰러 같은 저명한 복음주의자들이 신정 정치를 명시적으로 지지하는 "원칙 선언문"에 서명한 전국보수주의회의에서 연설하기 위해 줄을 서는 이유는 무엇일까? (선언문에는 "성인은 사생활과 가정에서 종교적 또는 이념적 강요로부터 보호받아야 한다"라고 적혀 있다.) 친구들에 따르면 '다시 태어난 하나님의 복수의 도구'를 자처하기 전까지 불교도였다는, 공화당 애리조나 주지사 후보 카리 레이크(Kari Lake)가 스캔들로 몰락한 마스힐교회의 마크 드리스콜(Mark Driscoll) 목사와 어울리는 이유는 무엇일까? 목사들이 '현상금 사냥개'로 알려진 듀 앤 채프먼(Duane Chapman)을 전도 회의에 초대한 이유는 무엇일까? 더군다나 채프먼이 바이든도 곧 아돌프 히틀러처럼 자살할 것이라고 말할 때 목사들은 왜 그냥 지켜보기만 했을까?

종교적 우파들 사이에서 무슨 일인가가 벌어지고 있었고, 그것은 이전의 그 어떤 변화보다도 더 위협적이고 극단적인 변화였다. 이것은 더 이상 선거에서 이기고 문화를 수호하는 문제가 아니었다. 수단과 방법을 가리지 않고 적을 섬멸하고 나라를 지배하는 문제였다. 아무리 충격적인 수사(修辭)도, 아무리 음흉한 동맹도, 아무리 신성모독적인 성경 해석도 그들에게는 문제가 되지 않았다. 애초에 '놓는'(aphiemi) 것은 선택지에 없었다.

펜실베이니아주 이리에서 와그너 목사와 이야기를 나누면서 내가 가장 무서웠던 점은 많은 사람이 이러한 변화를 알아채지 못하고 있다는 점이었다.

★ ★ ★

와그너가 처음 참석한 정치 행사는 2022년 봄에 있었던 마스트리아노의 주지사 선거 유세였다. 이는 비현실적인 경험이었다. 지역 선거와 전국 선거 때도 투표를 거의 하지 않고 정치와 거리를 두고 살던 와그너 목사는 현장 분위기에 무척 놀랐다. 사람들은 불안해하고, 낙담하고, 두려워하는 듯했다. 자리를 뜨려던 찰나, 한 캠페인 관계자가 와그너에게 마스트리아노를 위해 구역을 돌며 지지 유세를 해 줄 수 있겠냐고 물었다.

"그래서 '아니요. 대신에 같이 다니며 예수 그리스도에 관해 이야기하겠습니다'라고 대답했어요." 와그너는 활짝 웃으며 당시를 회상했다. "저는 사람들에게 정치에 관해 이야기하지 않습니다. 저에게 정치는 그다지 중요하지 않으니까요."

40대 중반으로 얇은 염소수염과 온화한 성격을 지닌 와그너는 자신이 시사에 무지하다고 말했다. "뉴스 보는 데 시간을 낭비하지 않습니다. TV도, 라디오 토크쇼도, 신문도 보지 않아요." 와그너가 정치 세계를 접하는 유일한 창구는 페이스북 피드뿐이다. 2020년, 와그너는 기독교인 친구들이 마스트리아노의 "난롯가 대화"를 추천하는 것을 보고, 그 동영상들을 시청하기 시작했다. 마스트리아노 상원의원이 자신의 신앙과 코로나19에 대한 견해 등을 매일 카메라 앞에서 직접 이야기하는 동영상이었다. 와그너 목사는 마스트리아노가 하는 말에 모두 동의하지는 않았다. 그래도 마스트리아노가 기독교인으로서 자신의 신앙을 거리낌 없이 표현하는 모습을 좋게 보았다. 마스트리아노가 주지사 선거 출마를 선언하고 이리에 방문했을 때, 와그너는 직접 가서 확인하기로 마음먹었다.

와그너는 유세장에서 들은 몇 가지 이야기에 감명받았다. 와그너가 가장 중요하게 생각하는 정치적 이슈는 낙태 문제였고, 마스트리아노는 낙태에 대해 강경한 태도를 밝혔다. 공화당 후보인 그는 주지사가 된다면 무엇보다 먼저 어떠한 예외도 없이 낙태를 금지할 것이라고 말했다. 와그너 목사는 그 의견에 찬성했다. 그러나 2020년에 "도둑맞은 선거"에 대한 분노를 자극하는 것이나 마스트리아노가 집착하는 다른 이슈들은 마음에 와닿지 않았다. 와그너는 가을 선거에서 마스트리아노에게 투표할 계획이었지만, 정치 집회에 참석하는 것은 이번 한 번으로 충분하다고 판단했다.

2부 권력

6개월 후, 한 지역 공화당원이 와그너에게 전화를 걸어 마스트리아노가 이리에 다시 방문할 예정이니 행사에서 기도해 달라고 요청했다. 와그너는 갈등을 느꼈다. 지난번 유세 이후 마스트리아노에 관해 생각해 본 적도 없었고, 정치 집회에 참석하는 모험을 다시 하고 싶지도 않았다. 교회 교인들이 대부분 보수적이어서 유세장에서 기도하는 것은 문제가 되지 않을 테지만, 그런 행동이 교인들에게 잘못된 신호를 보내는 것은 아닐지 걱정했다. 와그너 목사에게는 오래된 원칙이 있었다. 교회에서 정치를 언급하는 유일한 시간은 주일 아침에 지도자들을 위해 기도할 때뿐이었다. 와그너는 마스트리아노의 초청을 받아들이면 "우리 교회의 진정한 목적"에 관해 외부인에게 잘못된 인상을 주게 될까 우려했다.

그런데도 와그너는 결국 어쩔 수 없이 승낙했다. 집회는 가든하이츠침례교회 근처에서 열릴 예정이었다. (주거 지역에 자리한 교회 건물은 벽돌색과 황갈색이 어우러져 고풍스러운 분위기를 풍겼다.) 교회에 다니지 않는 지역 주민들도 많이 참석할 예정이었다. 와그너는 이 기회에 지역 사회에 복음을 전할 수 있지 않을까 생각했다.

이후 우리가 대화를 나눌 때도 와그너는 그 일을 여전히 생각하고 있는 듯했다. 진짜로 정치에 관해 잘 모르는 사람처럼 보였다. 내가 전국 선거 분위기나 펜실베이니아에서 최근에 일어난 사건들에 관해 가볍게 이야기할 때도 멍한 표정을 지었다. 어느 순간, 나는 행사장 밖에서 시위하는 사람 중 일부가 마스트리아노를 "기독교 민족주의자"라고 비난하는 팻말을 들고 있었다는 점을 언급했다. 와그너는 그 용어에 대해 잘 모른다고 했다.

"그는 그냥 조국을 사랑하는 사람이고 기독교인일 뿐인데, 사람들이 그를 공격하는 것 같아요."라고 와그너는 말했다. "제 생각에는 그냥 기독교인을 좋아하지 않는 사람들이 있는 것 같아요."

나는 그 이유가 무엇이라고 생각하는지 물었다.

"우리가 사는 곳은 더 이상 기독교 국가가 아닙니다. 기독교 국가가 아니게 된 지 오래됐습니다." 이 말을 하고 와그너는 어깨를 으쓱했다. "어렸을 때는 매주 부흥회에 가는 게 일상이었어요. … 부모님은 몇 주 동안 이어지는 전도 집회에 관해 이야기하곤 하셨죠. 요즘에는 그런 일이 아예 없어요. 교회에서 무료 행사를 열어도 아무도 오지 않아요. 참여하고 싶어 하는 사람이 없어요."

나는 다시 "왜 그런 것 같냐"고 물었다.

"저도 알고 싶어요. 정말 모르겠어요"라고 와그너는 대답했다. 추측하자면, 공립학교와 대학에서 하나님과 미국인의 삶에 관해 "특정한 방식으로" 생각하도록 수십 년간 아이들을 "세뇌했기" 때문일지도 모르겠다고 했다. 와그너는 기독교인 친구들에게 이런 불평을 자주 듣는다고 했다. 그들 중에 많은 이가 미국이 성경적 가치관을 토대로 건국되었다는 점을 학교에서 가르치지 않는 것에 화가 나 있었다.

그 순간 와그너가 한 말을 듣고 깜짝 놀랐다.

"저는 그게 잘 이해가 안 됩니다. 건국의 아버지들 가운데 많은 사람이 기독교인이 아니었어요. 그리고 미안하지만, 저는 우리가 기독교 국가가 되기를 열망해서는 안 된다고 생각합니다. 저는 성경이 미국을 언급하는 걸 본 적이 없거든요."

와그너는 한숨을 쉬었다. "들어 보세요. 하나님이 하실 일은 하나님이 하실 거예요. 저는 미국에 대해 크게 걱정하지 않습니다." 와그너가 말했다. "저는 그냥 성경을 읽고, 말씀을 전하고, 신실하게 살면 되는 거예요."

와그너는 진퇴양난의 상황에 놓여 있었다. 초청을 거절하고 그들과 거리를 두면 "나약하다", "줏대 없다", "겁쟁이다"라는 말을 들기 십상이다. 초청을 받아들이고 마스트리아노와 손을 잡으면 "기독교 민족주의자"라는 말을 듣기 십상이다. 분명 와그너는 그 둘 다 아니고, 그저 자신이 이해하지 못한 무언가에 무심코 가입한 괜찮은 사람이다. 와그너는 자신과 우선순위가 같다고 생각한 사람들과 함께했지만, 막상 가까이 다가가자 그들이 정말로 자신과 우선순위를 공유하고 있는지 의심이 들기 시작했다.

"조 바이든이 대통령입니다. 저는 그에게 투표하지 않았지만, 그는 취임 선서를 했고, 저는 그를 위해 기도하고 있습니다. 공화당원들도 이제 그 일은 그만 잊고 앞으로 나아가야 합니다"라고 와그너는 나에게 말했다.

내가 중간에 말을 끊고 끼어들려 했지만, 와그너는 하던 말을 마저 했다.

"솔직히 말해서, 저는 트럼프에게 투표했지만, 그의 팬은 아닙니다. 그가 쓰는 표현과 도덕적인 문제들을 보면 그는 올바른 사람이 아닙니다. 저도 그에게 지쳤습니다."

와그너는 텅 빈 연회장을 둘러보다가 무대를 가리키며 미소를 지었다. "저 위에서 그렇게 말했으면, 쫓겨났을 겁니다."

나는 두려움과 우상 숭배에 대해 경고한 개회 기도가 암암리에 메시지를 전달하는 그만의 방식인지 물었다.

와그너는 고개를 끄덕였다. "이렇게 말씀드릴게요. 교회 강단에 미국 국기를 세워 두고 싶어 하는 사람이 많습니다. 7월 4일 독립기념일 같은 때에는 특히 더하죠. 하지만 저는 매번 거절했습니다. 우리는 하나님을 예배하러 교회에 오는 거지, 미국을 예배하러 오는 게 아니에요. 물론, 우리는 미국을 사랑하죠. 하지만 그건 별개의 문제입니다."

우리나라의 빛이 깜박인다는 말은 어떤가? 이번이 우리 일생에서 가장 중요한 선거라는 말은?

와그너 목사는 눈을 동그랗게 떴다. "지난 200년 동안 선거 때마다 그렇게 말했잖아요."

14장

***

트럼프 경제:
집착과 기생의 모델

"트럼프가 신의 뜻을 이루는 불완전한 도구라는
주장으로 상업적 성공을 거둔 이상, 이제 그에게는
그 이야기를 발전시킬 동기가 생겼다."

"이와 같이, 너희 빛을 사람에게 비추어서"(마태복음 5:16).

프로그램이 시작된 지 몇 시간이 지난 후였다. 매력적인 금발 여성
이 온리팬스 페이지에서 국가의 몰락을 경고하기 직전이었고, 브루
클린 억양을 가진 신비주의자가 선거일에 나올 붉은 달이 공화당의
승리를 예언한다고 말한 직후였다. 그때 켄터키주의 목사인 브라이
언 깁슨(Brian Gibson)이 본론으로 들어갔다.

"붉은 물결을 맞이할 준비가 됐습니까?" 깁슨이 소리쳤다. "우
리가 이 나라를 되찾는 모습을 보고 싶습니까? 워싱턴 D.C.가 뒤집

히고 하나님의 영광을 위해 바로 서는 모습을 보고 싶습니까?" 콘서트홀이 박수 소리로 들썩였다.

희끗희끗한 수염에 다부진 체격의 깁슨은 1월 6일 폭동 당시 악명 높은 "큐어넌 샤먼"*과 함께 사진을 찍은 인물로, 부패한 좌파들이 기독교가 전파되지 못하게 막으려고 나라를 망치고 있다고 경고했다.

하지만 아직 낙심하기는 이르다. 뉴욕주 민주당 의원들이 낙태 찬성 법안을 통과시켰기 때문이다. 깁슨은 그 법안을 가리켜 "하나님께 매우 소중한 존재"인 태어나지 않은 아기들을 죽이는 법안이라고 했다. 그리고 하나님이 자신에게 공화당이 선거일에 뉴욕을 되찾고 민주당의 홈구장에서 그들을 무찌를 것임을 계시하셨다고 전했다. 민주당이 낙태 찬성 법안을 통과시킨 데 대한 벌로 말이다.

2022년 11월 4일, 중간 선거를 며칠 앞두고 나는 아주 특이한 정치 집회에 참석했다. 퇴역 3성 장군과 최근 세례를 받고(문자적으로도 비유적으로도) 기독교 민족주의 교회에 들어온 마케팅 전문가가 주최한 이 행사에는 보수적인 성직자들, 트럼프를 따르는 정치인들, 애국 십자군,** 문화 전쟁 자본가들,*** 그리고 공화당의 승리가 임박했다는 복된 소식을 들으려고 일 인당 250달러(VIP 좌석은 500달

---

* 본명은 제이컵 앤서니 챈슬리로, 국회의사당 난입 사건에 가담한 인물이다. 당시 뿔 달린 모자를 쓰고 페이스 페인팅을 한 독특한 복장으로 주목받았다. 흔히 '큐어넌 샤먼' 또는 'Q 샤먼'으로 불린다.
** 자신을 미국의 전통적 가치를 수호하는 전사(戰士)로 여기는 사람들을 가리킨다. '십자군'이라는 표현은 이들이 자신들의 활동을 일종의 성전(聖戰)처럼 여긴다는 의미를 담고 있다.
*** 미국 내 문화적 갈등, 이른바 '문화 전쟁'을 이용하여 이익을 얻는 기업가나 사업가들을 의미한다. 이들은 특정 이념이나 정치적 견해를 지지하거나 그에 편승하여 상품이나 서비스를 판매하는 방식으로 경제적 이득을 취한다.

러)를 기꺼이 낸 사람들 수천 명이 모였다. "미국재각성투어" 입장권은 우파 복음주의 세계에서 가장 인기 있는 티켓이었다.

맨션극장 2층 객석에 앉아 요란한 십자가 목걸이와 큐어넌 스웨트셔츠, 빨간 MAGA 모자를 쓴 사람들로 가득 찬 극장을 바라보고 있자니, 마치 기원전 600년경에 활동한 예레미야 선지자의 목소리가 들리는 듯했다. 예레미야는 이스라엘 사람들이 "부끄러움을 모른다"고 한탄했다. 한 번역본에서는 이를 "얼굴을 붉히지도 않는다"라고 번역했다. 나는 지난 15년간 정치 저널리스트로 일하면서 온갖 속임수와 술책을 목격했다. 그래서 이제 웬만해서는 놀라지 않는다. 분노에도 면역이 되어 불의를 봐도 덤덤했다. 그러다 "미국재각성투어"를 알게 되었다.

사기꾼들과 선전가들, 심각한 수준의 소시오패스들이 이틀 동안 돌아가며 미주리주 대중의 불안을 부추겨 상업적 이득을 취했다. 그날 거기 모인 사람들은 희망을 찾아서 아칸소주 경계 바로 북쪽에 자리한 브랜슨까지 왔다. 그들의 나라는 거의 망해 가고 있었다. 정치인들은 무력해 보였고, 그들의 신은 그들에게 무관심한 듯 보였다. 그들은 미국이 아직 구원받을 수 있다고, 부흥이 다가오고 있다고 믿고 싶어 안달이 나 있었다.

웹 기반 비즈니스 "라우드마우스 프레이어"의 운영자 마티 그리샴(Marty Grisham)은 그들에게 그것이 가능하다고 말했다. 그리샴은 방금 하나님이 "붉은 군대"에 관한 환상을 보여 주었다고 했다. 붉은 군대는 중국 군대를 의미하는 것이 아니라, 바로 이 극장 안에 모인 하나님의 백성들, 국가의 미래를 위해 싸우는 기독교인들과 보수주의자들을 가리킨다고 힘주어 말했다. 붉은색은 단순히 공화당이 선거일에 승리한다는 사실만을 의미하지 않았다. "그리스도의 보혈이 덮고" 있으므로 그들은 절대 패배할 수 없다는 의미이기도

했다. (그리샴은 주어진 시간을 넘겨 종료를 알리는 음악이 흘러나올 때까지 "라우드 마우스프레이어닷오알지!"를 연호했다.)

모든 사기가 영적 성격을 띠지는 않았다. 어떤 사람은 교육 관련 다큐멘터리 예고편을 상영했고, 어떤 사람은 선거 사기에 맞서 싸우는 데 필요한 기금을 모금했다. 또 어떤 사람은 자신만의 특별한 식단을 홍보하며 "대규모 농업"의 위험성을 경고했다. 개인적으로 가장 인상 깊었던 사람은 "킹덤 퓨얼"이라는 분말을 판매하는 사람이었는데, 건강을 유지하고 오래 살며 사악한 의료 시스템에 대항하는 수단으로 그 제품을 소개했다. (맛은 바닐라와 초콜릿 두 가지였다.)

이번 행사에는 중심 주제가 있었고, 그 주제를 제시한 사람은 미국재각성투어를 기획한 두 주역 마이클 플린(Michael Flynn)과 클레이 클라크(Clay Clark)였다. 두 사람은 어느 순간 함께 무대에 올라 세계주의자들이 코로나19 팬데믹을 무기 삼아 봉쇄를 강요하고 세계 인구를 통제하려 한다고 설명했다. 그들이 지목한 주동자는 세계경제포럼의 수장 클라우스 슈바프(Klaus Schwab)였다. 두 사람은 슈바프가 세속적이고 전제적인 단일 세계 정부를 만들기 위해 "위대한 리셋"*을 추진하고 있다고 주장했다. 따라서 그에 대항할 "위대한 재각성"이 필요하다고 강조했다. 플린과 클라크는 미국의 주권뿐만 아니라 기독교의 패권을 수호하는 것이 자신들의 임무라고 선언했다.

한때 중동에서 대테러 전략을 감독하는 존경받는 군사 지휘관이었던 플린은 음모론에 빠지면서 한순간에 조롱거리가 되었다. 전

＊ 코로나19 팬데믹 이후 세계 경제와 사회 구조를 재편하자며 클라우스 슈바프가 제안한 것이다. 슈바프는 경제적 불평등, 환경 문제, 기술 발전으로 인한 변화에 대응하기 위해 세계 각국에 협력과 변화를 촉구했다.

육군 중장은 트럼프의 국가안보보좌관으로서 격동의 3주를 보내고 압박에 못 이겨 사임하기 훨씬 전부터 이미 나락으로 빠져들고 있었지만, FBI에 거짓말한 사건으로 돌이킬 수 없는 상황에 부닥쳤다. (결국 그는 해당 혐의에 대해 유죄를 인정했고, 2020년 대선 후 트럼프 대통령에게 사면을 받았다.) 플린은 끊임없이 '새로운 세계 질서'에 관해 말했다. 빌 게이츠가 순진한 백신 접종자들 피부밑에 추적 장치를 심었다고 비난하기도 했다. 2020년 7월 4일, 플린은 큐어넌을 공개적으로 지지하고 그들의 주장에 동조하는 동영상을 공유했고, 곧이어 미국재각성투어를 준비하기 시작했다.

클라크는 이상적인 파트너였다. 세련되고 재치가 있었고, 굴욕을 당해도 전혀 타격을 입지 않았다. 오클라호마에 기반을 둔 사업가 클라크는 박해받는 순교자를 자처하며 동정과 지지를 얻는 플린에게서 새로운 시장을 발견하고 이 시장의 규모를 대폭 확장했다. 그는 미국에서 가장 소외된 기독교 인플루언서와 보수적인 인플루언서들을 모집하여 불만을 표출하고, 나라를 구하고, 돈도 많이 벌자는 명목으로 단결시켰다. 클라크는 완벽하게 비상식적인 인물이었다. 플린의 조수로서 종말이 임박했다는 등의 사악한 음모론을 함께 퍼뜨리면서도, 웃음과 농담을 던지는 유쾌한 태도로 사람들이 그 위기감을 잠시나마 잊게 만들었다.

"위대한 리셋" 비난 연설이 끝난 후 플린을 따라 밖으로 나온 나는 그를 호위하는 경호원들과 마주쳤다. 그들은 극장 주차장에 설치한 대형 흰색 천막 밖 지정 구역으로 플린을 안내했다. 오른쪽을 보니 수백 명에 이르는 사람들이 건물 입구까지 길게 줄을 서 있었다. 플린의 열렬한 팬들로 플린의 사진과 포스터, 그리고 '#플린처럼싸우자'라는 해시태그가 인쇄된 의류 제품들을 들고 있었다. 곧 다른 귀빈이 플린과 합류했다. "마이필로우" 창립자로서 터무니없는 '도난 선거 이론'을 가장 적극적으로 옹호하는(그리고 가장 자주 반박당하는) 마이크 린델(Mike Lindell)이었다. 두 사람은 거의 한 시간 동안 사인 회를 열고, 셀카를 찍고, 포옹하며 미국에 아직 희망이 있다고 지지 자들을 다독였다. 그들 뒤에는 "내 이름으로 일컫는 나의 백성이…" 로 시작하는 구약 성서의 익숙한 구절이 새겨진 미국 국기가 휘날 리고 있었다.

나는 불과 3미터 떨어진 곳에서 텐트 모서리에 기대어 그 광경 을 경이롭게 바라보았다. 대형 제약회사의 거짓말에 잔뜩 겁을 먹은 사람들이 허가도 나지 않은 비타민 상자를 사서 들고 다녔다. 미국 청년들을 세뇌하는 적들에게 화가 난 사람들이 트럼프가 사자 굴에 있는 모습을 그린 그림을 사고 있었다. 하나님의 심판을 두려워하는 사람들이 "예수님은 대단한 분이야"라는 문구가 인쇄된 티셔츠를 입고 있었다.

나는 이들 중 일부는 이런 상황이 얼마나 아이러니한지 분명 알고 있으리라 생각했다. 한 테이블에서는 전 트럼프 보좌관 캐시 파텔(Kash Patel)이 쓴 어린이책을 팔고 있었다. (두려움을 모르는 군주를 상대로 벌어지는 딥스테이트의 쿠데타를 묘사한 《왕에 대한 음모The Plot Against the King》는 20달러에 팔렸다.) 근처에서는 "리빙 워터"라는 이름으로 필터 장치를 판매하고 있었다. 옆 테이블에서는 한 젊은 여성이 오클라호 마에 있는 레마성경훈련대학 팸플릿을 나누어 주었다. ("학위를 받지는 못해도 성경에 관해 배울 수 있어요"라고 해맑게 말했다.)

그야말로 사기꾼들을 위한 슈퍼볼 축제였다. 테이블을 돌아다 니며 대담하게 주인장들과 대화를 나눴다. "이 책이 정말 내 아들의 자폐증을 치료할 수 있을까요? 이 강연이 정말 예언을 해독해 중국 과의 전쟁을 예측할 수 있나요? 이 키트가 정말 핵겨울에서 살아남 는 데 도움이 될까요?" 즐거웠던 마음이 금세 짜증으로 가득 찼다.

그들은 진짜 효과가 있냐는 질문에 답변을 피하거나 동문서답하기 일쑤였다. 갑자기 사막에 고립된 사람처럼 목이 말랐다. 오아시스가 간절히 필요했다.

하지만 내가 발견한 것은 오아시스가 아니라 신기루였다. 그 신기루의 이름은 스티븐 스트랭(Stephen E. Strang)이었다.

★ ★ ★

어쩌면 잘 재단된 슈트, 세련된 빨간 넥타이, 정성스럽게 빗질한 머리 때문이었을지도 모른다. 어쩌면 그의 이름으로 나온 수많은 책 때문이었을 수도 있다. 행사장 텐트 안에서 스트랭이 유독 눈에 띈 데는 이유가 있었다. 그는 조용하고, 신중하며, 주변 환경에 눈에 띄게 당황한 모습이었다. 마치 선수 탈의실에 떠밀려 들어간 도서관 사서 같았다. 많은 책을 쓴 기독교 작가이자 출판업자인 스트랭은 자신의 책을 한 권당 5달러에 팔면서 책에 사인을 해 주고 있었다. 내가 잠시 쉬면서 대화를 나눌 수 있는지 물었을 때(몇 테이블 옆에서 기적의 약을 파는 사람들에게 밀려서 별로 주목을 받지 못하고 있었다), 스트랭은 주저 없이 동의했다.

"이런 일에는 기준이 있어야 합니다." 그가 고개를 저으며 투덜거렸다.

우리는 안으로 들어가 2층 객석 입구 앞에 있는 베이지색 소파에 앉았다. 텐트와 극장을 오가는 인파가 내려다보이는 자리였다. 그날 행사장에서 고급 정장 구두를 신은 사람은 스트랭이 유일한 것 같았다. 스트랭은 꼿꼿이 앉아 단정해 보이려고 의식적으로 노력했고, 우리 맞은편에 앉아 큐어넌 모자를 쓰고 핫도그를 먹는 남자를 애써 못 본 척했다. 나는 스트랭에게 행사장 분위기에 대해 어떻게 생각하는지 물었다.

"어느 그룹에나 괴짜들은 있기 마련이죠." 그가 대답했다. "하지만 '내 적의 적은 내 친구'라는 말이 있잖아요. 그리고 이들 중에 많은 이가 미국이 잘못된 방향으로 가고 있다고 느끼고 있어요. … 물론, 저는 여기에 있는 것 중 많은 부분에 동의하지 않아요. 하지만 이 나라가 가고 있는 방향에 대해서는 똑같이 걱정하고 있습니다."

70대 초반의 스트랭은 그 걱정을 꽤 오랫동안 해 왔다. 그는 브랜슨에서 멀지 않은 스프링필드에서 태어났다. 할아버지와 아버지 두 분 다 목사였고, 부모님은 보수적이고 열정적인 '하나님의 성회' 교단에서 활발히 활동했다. 당연히 매우 엄격한 환경에서 자랄 수밖에 없었다. 스트랭은 흡연, 음주, 춤, TV 시청, 영화 관람 등 젊은 남자가 할 수 있는 대부분의 활동이 잘못이고 죄악이라고 배웠다. (여성의 경우에는 여기에 '화장 금지' 항목이 하나 더 추가된다.)

나는 처음에 스트랭이 이런 이야기를 하는 이유가 교회가 현대 세계에 어떻게 적응했는지를 설명하기 위해서일 것이라고 지레짐작했다. "지금의 변화된 모습을 보면 거의 웃음이 나올 지경이에요"라고 그가 말했다. 대화가 길어질수록 사실은 그가 지나간 시절에 향수를 느끼고 있다는 사실이 점점 더 분명해졌다. 스트랭은 "타락"이라는 말을 반복하면서, 그리스도를 향한 열정이 줄어든 만큼 일반 기독교인의 양심이 느슨해졌다고 한탄했다.

스트랭은 젊은 시절 "하나님을 향한 열정이 불타올랐다"고 말했다. 그러나 성직자는 적성에 맞지 않았다. 그리스도를 위해 사회에 영향을 미칠 새로운 방법을 찾던 스트랭은 저널리즘으로 눈을 돌렸다. 일반 언론사에서 잠시 일한 후, 사업가 기질을 발휘해 자신의 저널리즘 역량과 교회 배경을 한데 버무리기로 마음먹었다. "조그만 잡지를 하나 발간했습니다"라고 스트랭은 말했다. "그것이 하나님의 은혜로 미디어 회사로 성장했지요."

'제국'이라는 표현이 더 잘 어울리는 그 회사의 이름은 카리스마미디어였다. 사실상 북미 오순절 운동 산하 출판 부서나 다름없었다. 스트랭은 한때 플로리다주 올랜도 근처에 6,224제곱미터 규모의 본사를 두고 200명의 직원을 이끌었다. 지금은 규모가 줄어들긴 했지만, 여전히 많은 인력을 고용해 격월간으로 잡지를 발행하고, 다양한 팟캐스트를 제작하며, 매년 수십 권의 책을 출판하고 있다. 2005년, 스트랭은 〈타임〉지가 선정한 "미국에서 가장 영향력 있는 복음주의자 25인"에 이름을 올렸다. 당시만 해도 주로 무대 뒤에서 활동했다. 하지만 2017년에 오순절계에 충격을 안겨 준 《하나님과 도널드 트럼프 God and Donald Trump》를 저술하면서 상황이 바뀌었다.

　이 책에서 스트랭은 트럼프를 반대자들이 묘사한 대로 혐오스럽고 악의적인 인간으로 그리지 않고, 오히려 넓은 마음을 가진(마이크 펜스의 표현을 빌리자면, 넓은 어깨를 가진) 가정적인 사람으로 그렸다. 트럼프의 도덕적 결함에 대해서는 오히려 그런 결점이 있기에 그가 미국의 기독교적 성격을 회복하기에 적합한 유일한 인물이라고 주장했다. 세속주의 세력을 물리치려면 세속 세계에서 온 인물이 필요했다. 스트랭은 이것이 바로 하나님이 트럼프를 일으켜 세워 미국의 지도자로 삼으시고 신비로운 방식으로 대통령직을 맡기신 이유라고 책에 썼다.

　책은 엄청나게 팔렸고, 스트랭은 딜레마에 빠졌다. 그가 트럼프를 항상 존경했던 것은 아니었다. 하지만 트럼프가 하나님의 뜻을 이루는 불완전한 도구라는 주장으로 상업적 성공을 거둔 이상, 이제 그에게는 그 이야기를 발전시킬 동기가 생겼다. 대통령의 무수한 결점들은 오히려 '하나님의 불완전한 도구'라는 원래의 전제를 강화할 뿐이었다. 트럼프에게 앞으로 어떤 악재가 닥치든, 스트랭에게는 이 이야기를 계속 밀고 나가는 것이 현명한 선택이었다.

그래서 그렇게 했다. 호메로스가 트로이 전쟁의 결과와 그 후 이야기를 다시 다룬 것처럼, 스트랭도 이전에 다룬 주제를 다시 다루며 여러 권의 책을 썼다. 그리고 그의 책에는 유명 인사들이 서문을 썼다.《트럼프 애프터쇼크 Trump Aftershock》에는 제리 팔웰 주니어가 서문을 썼고,《하나님, 트럼프, 2020년 대선 God, Trump, and the 2020 Election》에는 트럼프의 대선 패배에 항의하기 위해서라면 순교 같은 극단적인 희생까지도 감수해야 한다고 주장한 에릭 메택서스가 서문을 썼으며,《하나님, 트럼프, 코로나19 God, Trump, and Covid-19》에는 불미스러운 스캔들에 휘말린 텔레복음 전도자 짐 배커와 함께 "기적의 치료제" 판촉 쇼를 공동으로 진행했던 로리 배커가 서문을 썼다. 그리고《하나님과 캔슬 컬처 God and Cancel Culture》에는 마이크 린델이 서문을 썼다. 대규모 선거 사기를 증명하겠다며 전쟁을 벌이는 동안 베개 판매가 급감해 어려움을 겪던 린델은 선거 사기와 관련해 "3억 명 이상의 사람들"에게 종신형을 선고할 "충분한 증거"가 있다고 발언한 바 있다.

트럼프에 대한 이런 기생적 집착은 의도치 않게 흥미로운 결과를 불러왔다. 스트랭은 45대 대통령을 옹호하기 위해 실제로는 그가 도덕적인 사람이고 미국 기독교의 진정한 동맹이라는 점을 설명하는 데 너무 많은 시간을 들였고, 그러느라 미국 기독교 자체에 관한 더 중요한 질문들을 간과했다. 우리의 대화가 진행될수록 이 사실은 점점 더 분명해졌다. 스트랭은 반복적으로 트럼프를 언급하다가 돌연 트럼프 이야기를 하고 싶지 않다고 말하더니 결국에는 다시 트럼프 이야기로 화제를 돌렸다.

우리는 미국의 전통적 가치가 약해지는 문제를 논의하는 것으로 대화를 시작했다. 스트랭은 예전에는 "옳고 그름"이 명확하게 정의되어 있었다고 말했다. "결혼하는 것이 옳은 일이었습니다. 자녀

2부 권력

를 양육하는 것이 옳은 일이었습니다. 정직한 것이 올바른 태도였습니다." 스트랭은 세속적인 세력이 이런 기독교적 가치를 끊임없이 공격해서 약화시켰고, 결국 그로 말미암아 종교적 우파의 강경한 전술이 정당화되었다고 믿었다.

스트랭의 논리를 이해해 보려고 고심했으나 쉽지 않았다. 왜 기독교인들이 '세상이 거칠어지는 것'을 '기독교가 거칠어지는 것'을 정당화하는 근거로 삼아야 할까? 스트랭은 무표정한 얼굴로 아무 대꾸도 하지 않았다. "기자님이 말하려는 요점을 이해하지 못하겠습니다." 나는 명확히 설명하려고 노력했다. 그는 성교육, 드래그 퀸 쇼, 트랜스젠더 화장실 등 미국 사회의 도덕적 기준이 낮아지는 것에 우려를 표하고, 미국 기독교의 미래가 린델, 플린, 트럼프 같은 비현실적이고 극단적인 이단자들에게 달려 있다고 설명했다. 세상이 잘못하고 있는 것에 대해서는 잊어라. 세상이 어떻든 기독교인들은 더 높은 기준을 지켜야 하지 않는가?

"저는 도널드 트럼프가 변했다고 믿습니다."

스트랭은 말을 멈췄다. 그리고 트럼프의 세 번째 아내가 갓 태어난 아들과 집에 있을 때 트럼프의 변호사가 포르노 배우에게 돈을 주고 성관계에 대해 입을 다물게 한 "스토미 대니얼스(Stormy Daniels) 사건" 당시 자신을 방송에 불러 의견을 묻던 일을 설명하기 시작했다. 복음주의자가 TV에 나와 그러한 행동을 비난하기를 CNN은 바랐겠지만, "그들은 사람을 잘못 골랐다"라고 스트랭은 말했다. 스트랭은 그 시점에 트럼프를 버릴 생각이 없었다.

왜 버리지 않았을까?

스트랭은 대니얼스 사건은 애초에 없었다고 트럼프가 자신에게 직접 말했기 때문이라고 했다. 그리고 설령 그런 일이 있었다고 해도, "저는 그가 변했다고 생각합니다." 그는 자신이 아는 사람들이 백악관에서 트럼프와 함께 기도했던 일을 떠올리며 그렇게 말했다. 스트랭은 트럼프가 대통령 재임 중에 거듭난 기독교인이 되었다고 믿었다. 그렇지 않고서야 어떻게 미국 복음주의 운동을 위해 그렇게 대담한 태도를 취했겠냐고 반문했다.

"그는 우리의 영웅입니다." 스트랭이 말을 이었다. "그는 우리가 중요하게 여기는 가치를 지키기 위해 싸웁니다. 그래서 우리가 그를 지지하는 겁니다."

나는 눈썹을 찡그렸다. 우리의 영웅이라니. 스트랭은 어깨를 으쓱했다.

"어떤 정치인도 완벽하지 않습니다." 스트랭이 변명하듯 말했다. "그런데 흥미롭게도, 그들은 그에게 훨씬 더 높은 기준을 요구합니다."

스트랭이 말하는 "그들"은 거만한 기독교 엘리트들, 학계와 언론계에서 고위직을 차지하고 있는 반(反)트럼프 보수주의자들을 의미했다. 그는 특히 자신의 "경쟁자였던 〈크리스채니티 투데이〉에서 일하는 이들 같은 복음주의자들"에게 진저리를 쳤다.

스트랭은 나를 이해하지 못했고, 나도 그를 이해하지 못했다. 처음 대화를 시작할 때 "기준이 있어야 한다"라고 말했던 사람이 이제는 도널드 트럼프와 그를 지지하는 기독교인들에게만 예외적인 기준이 있어야 한다고 주장하는 것처럼 보였다.

그렇다고 스트랭이 자기 인식이 전혀 없는 사람은 아니었다. 신뢰를 되찾으려는 듯, 그는 트럼프를 포함해 2024년 공화당 대통령 후보들에 관해서는 객관적인 태도를 유지할 것이라고 설명했다.

"트럼프 지지 열차에 타라고 성가시게 구는 친구가 있습니다. 트럼프에게 출마를 권유하는 사람들이 있지만, 저는 철저히 중립을 지키고 있습니다"라고 스트랭은 말했다.

그리고 잠시 후 이렇게 덧붙였다. "만약 출마한다면, 당연히 그를 지지할 겁니다."

마지막으로 스트랭은 (이번에는 진심으로) 더 이상 트럼프에 관해 이야기하고 싶지 않다고 말했다. 나도 마찬가지였다. 물어야 할 더 중요한 질문들이 있었다.

★ ★ ★

스트랭은 이 행사가 종교적 신념에 기반한 것이 아니라, 영적인 요소가 살짝 가미된 정치적이고 문화적인 축제라고 나를 설득하려 했다. (아마도 스스로 그렇게 믿고 싶었을 것이다.) 그는 브랜슨에서 일어난 일들로 기독교 전체를 판단하는 것은 공정하지 않다고 말했다.

자신의 신앙과 미국재각성투어 사이에 거리를 두려는 그런 태도는 현명했다. 주요 연사 중 한 명인 스트랭은 금방 들통날 터무니없는 거짓말을 하고 공개적으로 폭력을 옹호하며 온갖 형태의 불건전한 이야기를 하는 사람들과 같은 무대에 섰다. 스트랭과 내가 나란히 앉아 이야기를 나누기 얼마 전, 오버스톡닷컴의 전 CEO 패트릭 번(Patrick Byrne)이 거의 한 시간 동안 숨 가쁘게 열변을 토했다. 2020년 선거 후 투표기를 압수하고 계엄령을 선포하도록 트럼프를 설득했다며 자랑했고, 아마존 창립자 제프 베조스(Jeff Bezos)를 "겁쟁이"라고 부르고, 국방부 장관 로이드 오스틴(Lloyd Austin)을 "뚱땡이"라고 불렀으며, 러시아 KGB와 미국의 딥스테이트가 손을 잡고 자신을 무력화하려 한다고 주장했다. 또한, 미셸 오바마를 차기 대통령으로 세우려는 비밀 정부의 음모를 자신이 폭로했다고 주장했다. (이때 객석에서 한 남자가 "마이클 오바마를 말하는 거겠지!"라고 소리쳤다. 미셸 오바마가 사실은 남자라고 믿는 극우파의 망상을 드러내는 발언이었다. 이 발언에 주변 청중들이 열광했다. 사람들은 곧 "마이클! 마이클! 마이클!"을 연호하며 야유했다.)

스트랭은 이 모든 것을 기독교와는 무관한 정치·문화 축제로 보아야 한다고 주장했다. 그러나 패트릭 번이 'f'로 시작하는 단어를 마구 난사하기 전후에 바로 그 무대에서, 바로 그 극장 안에서, 바로 그 사람들이 찬송가를 불렀다는 점을 고려하면, 스트랭의 주장에는 명백한 결함이 있다. 그것 말고도 고려해야 할 점은 또 있었다. 스트랭은 일부 연사를 기독교를 대표한다고 볼 수 없는 괴짜로 치부하려 했지만, 그날 무대에서 가장 저속한 행위를 저지른 상당수 사람들은 다름 아닌 목사들이었다는 점이다.

켄터키주에서 온 브라이언 깁슨 목사는 공화당을 위해 '빅 애플'을 되찾기 위한 하나님의 계획을 이야기하면서, 신자들이 교회 안에서 "사람들을 조종하는 마르크스주의자들"과 미국 기독교를 파괴하려는 정부 내 "악마적인" 민주당원들에 맞서 싸우는 거대한 싸움을 준비해야 한다고 경고했다.

테네시주에서 온 천막 교회 부흥 목사 그렉 록은 "예수!"와 "미국!"을 연호하며 군중을 열광시켰다. 그는 스스로 "기독교 민족주의자"라고 선언하고, "이제 싸움을 시작할 때입니다. 말만 할 때가 아니에요"라고 말했고, 자신이 "미국에서 가장 위험한 목사"라고 자랑했다.

일리노이주에서 온 케빈 가너(Kevin Garner) 목사는 그곳 행사장에서 가장 독특한 성직자였다. 자신을 청중에게 소개하면서 일리노이 주지사를 "저능아"라고 조롱한 클레이 클라크를 포함하여 다른 동료 목사들보다 더 돋보이고 싶은 압박감을 느꼈는지, 가너는 노아(방주를 만든 바로 그 노아)의 아들들과 현 미국의 위기를 연결하는 복잡한 이야기를 엮어 냈다. 노아의 장남 야벳이 유럽인들을 낳았고, 그들이 미국에 와서 기독교 국가를 탄생시켰다는 얘기였다. 가너는 미국의 첫 수도였던 필라델피아(빌라델비아)가 요한계시록에 언급된 것

2부 권력

은 우연이 아니라며, 하나님이 미국을 향한 거룩한 계획을 품고 계신다는 증거라고 말했다.

그런데 2020년에 모든 것이 어그러지고 말았다. 아시아 국가들의 조상으로 추정되는 노아의 둘째 아들 셈이 "아시아 바이러스"를 미국에 가져왔고, 아프리카 국가들의 조상으로 추정되는 막내아들 함이 "흑인의 생명도 소중하다"는 인권 시위를 가져왔기 때문이었다. 가너 목사는 청중이 줄거리를 놓치지 않고 잘 따라오도록(주위를 둘러보니 이미 상당수가 맥락을 이해하지 못하는 듯 보였다) 열정적으로 결론을 지었다. "필라델피아는 전 세계에 복음을 전파할 소명과 능력과 자유가 있는 기적의 도시였습니다. 그런데 2020년에 가장 심각한 선거 사기가 어디에서 일어났습니까? 필라델피아입니다! 지난 9월에 조 바이든이 어디에 가서 모든 MAGA 지지자들과 이 나라 유권자의 절반을 비난했습니까? 바로 필라델피아입니다!"

가너는 보이지 않는 연단을 주먹으로 두드리며 외쳤다. "혹시 하나님께서 우리에게 무언가를 말씀하려고 하시는 것 같지 않나요?!"

그 순간, 하나님이 나에게 하신 유일한 말씀은 그 극장에서 나가라는 것이었다. 노트를 덮고, 소지품을 챙기고, 사람들 사이를 헤집고 나오는데 가너의 마무리 기도가 들렸다. "하나님, 우리는 지금 외칩니다. 비록 우리는 자격이 없지만, 매일 새롭게 하시는 주님의 자비하심을 믿고 부르짖으며 기도합니다. 주님, 이 나라에, 특히 다음 주 화요일에, 세상의 그 어떤 부정행위도 이 붉은 물결을 막지 못하게 하소서."

잠시 후 스트랭과 이야기를 나누면서 나는 그에게 한 가지 중요한 점을 인정했다. 여기 모인 사람들 대부분은 설교를 들으러 온 것이 아니었다. 물론, 성경 구절을 인용하며 민주당원들을 비인간화하거나 게이 청소년들을 "젠더 퀴어 유니콘"이라고 조롱할 때 '할렐

루야'를 외치긴 했지만, 그런 영적 양식이 그들의 궁극적 허기를 채워 주지는 못했다. 그들에게는 더 많은 것이 필요했다. 노골적으로 정치적인 무언가가 필요했다. '트럼프적인' 무언가가 필요했다.

하지만 전직 대통령조차도 이 군중과 어울릴 만큼 비굴하지는 않았다. (스트랭이 말했듯, 기준은 있어야 한다.) 그래서 클라크는 브랜슨에 와서 연설해 달라며 에릭 트럼프(Eric Trump)를 섭외했다. 트럼프의 자녀 중에서 가장 말주변이 좋거나 가장 재미있는 인물은 아니지만, 어쨌거나 트럼프의 자식이니까. 에릭 트럼프는 마치 여리고 성벽을 직접 무너뜨린 사람처럼 위풍당당하게 무대에 걸어 나왔다. 극장 천장을 뚫을 기세로 환호성이 터져 나왔다. 그냥 무대에 올라왔을 뿐인데 그렇게 많은 환호를 받은 사람은 그가 유일했다.

"이곳이 진정한 미국입니다. 우리가 싸우는 이유, 우리가 사랑하는 이유가 바로 여기 있습니다." 에릭 트럼프는 마치 붉은 주(州)의 생명력을 흡수하려는 듯이 양팔을 벌리며 선언했다.

연설은 꽤 길었지만 새로운 내용은 없었다. 그는 자신이 뉴욕 주민이 아니라 플로리다 주민이라고 밝혀 박수를 받았고, 아버지가 국경 장벽을 세운 것을 자랑했으며, "그녀를 감옥에 넣어라!"라는 힘없는 구호를 끌어냈고, 워싱턴을 장악한 모호한 악의 집합체인 "늪"을 비난했다.

"저자들이 이 나라에 상상도 못 할 짓을 저지르고 있습니다. 그들이 기독교를 파괴하려는 방식, 가족을 파괴하려는 방식, 우리 아이들을 파괴하려는 방식, 우리의 역사를 파괴하려는 방식, 교과서를 다시 쓰려는 방식 모두 끔찍하기 이를 데 없습니다"라고 에릭 트럼프는 말했다. 그리고 이에 맞서는 행동을 나라를 지키기 위한 "전쟁"이라고 불렀다.

그는 2016년 대선이 아니었다면 그 전쟁에서 이미 졌을 것이라고 했다. 자기 아버지가 당선된 사건은 미국이 살아남아 싸우도록 기회를 주고자 "신이 개입"하신 사건이라고 말했다. 불법으로 대통령직을 강탈한 바이든 때문에 생긴 피해를 지켜보면서, 지금 트럼프 가족은 신성한 의무를 느낀다고 말했다.

"우리는 다시 해야 합니다!"라고 에릭 트럼프가 선언했다. 군중은 일제히 일어나 오랫동안 열정적으로 손뼉 치며 "유-에스-에이!"를 외쳤다.

잠시 후 에릭 트럼프는 한 인간으로서 바이든에게는 "장점이 단 하나도 없다"고 단언했고, 자신이 "엄청나게 많은" 총기와 탄약을 가지고 있다고 자랑했다. 그 후 하이라이트 영상으로 전체 행사가 마무리되었다. 플린이 무대에 올라 클라크와 함께 미국재각성투어의 하이라이트를 모은 동영상을 선보였다. 하이라이트에 담을 장면은 아주 많았다. 개회 기도를 하던 어떤 목사는 트럼프의 측근들 가운데서 "RINO 쓰레기"*를 제거해 달라고 하나님께 기도했다. 불과 몇 주 전인 가장 최근에는 자칭 예언자 보 폴니(Bo Polny)가 바이든, 카멀라 해리스(Kamala Harris), 힐러리 클린턴 등을 포함한 주요 정치인들의 얼굴을 보여 주며 "죽음의 천사"가 연말까지 그들을 찾아갈 것이라고 말했다.

결국, 감독판 영상은 투어의 주요 장면들만 선별한 요약본이었다. 알렉스 존스(Alex Jones)와 로저 스톤 같은 인물들도 카메오처럼 등장했고, 클라크가 세례를 받는 장면도 나왔다. 영상이 끝나고 박수가 잦아들자, 그 지역 목사가 마이크를 잡고 오후 세션을 종료했다. 하지만 그 전에 마지막 공지 사항이 있었다. 클라크처럼 세례를

---

* 'Republican In Name Only'의 약자로, 이름뿐인 공화당원으로서 실제로는 공화당의 이념과 가치를 따르지 않는 사람을 가리키는 경멸적인 호칭이다.

받고 싶은 사람들을 위해 저녁에 길 아래에 있는 윈덤호텔에서 성직자들이 세례식을 열 것이라는 공지였다.

"기억하세요." 목사가 말했다. "이 모든 것은 하나님의 영광을 위한 겁니다."

★ ★ ★

아마도 "예수는 위대하신 분이야"라는 문구가 인쇄된 티셔츠를 입고 정치적 반대자들에게 폭력을 휘두르라고 선동하는 구호를 외치는 사람들을 보았기 때문에 한 말일 것이다. 하지만 그들이 이 행사에 참석하러 브랜슨까지 온 이유가 "오직 하나님께 영광을"(Soli Deo Gloria)이라는 종교개혁 시대의 신조에 헌신하기 위해서가 아니라는 것쯤은 누구나 알 수 있었다. 무대에 오른 종교 지도자들이 아무리 찬송을 부르고 아무리 기도를 하고 아무리 성경 구절을 인용해도 이 행사의 진정한 목적을 감출 수는 없었다. 그들은 입술로는 전능하신 하나님을 찬양했지만, 그들의 마음은 하나님으로부터 멀어져 있었다.

나는 스트랭에게 이런 점이 걱정되지 않냐고 물었다. 기독교인들이 하나님의 나라를 먼저 구하는 대신 국가 정체성, 문화적 싸움, 정치적 의제를 우선시한다면, 비신자들이 하나님의 나라를 구할 가치가 없다고 결론짓는다고 한들 누가 비난할 수 있겠는가?

스트랭은 고개를 저었다. "기자님은 멋지고 작고 완벽한 것을 찾을 수 있어요." 그의 말은 미국에서 더 건강하고 더 신뢰할 만한 기독교 운동을 찾을 수 있다는 뜻이었다. "그러면 기분이 나아지겠죠. 하지만 그런다고 해서 변화가 일어나지는 않을 겁니다"라고 그는 말했다.

스트랭은 그것을 어떻게 확신하는 것일까? 예수는 제자들에게

"이와 같이, 너희 빛을 사람에게 비추어서, 그들이 너희의 착한 행실을 보고, 하늘에 계신 너희 아버지께 영광을 돌리게 하여라"라고 말씀하셨다. 바울 역시 "여러분의 말은 소금으로 맛을 내어 언제나 은혜가 넘쳐야 합니다"*라고 말하며, 외부 사람들을 하나님에게 인도하라고 가르쳤다. 기독교인들이 브랜슨에서 목격한 추악한 행위와 거리를 두면, 외부 사람들이 그리스도에게 더 끌릴 것이라는 믿음이 그렇게 터무니없는 것일까?

"그런 것을 보고 불평하는 사람들은 우리가 그것을 고치면 다른 것을 가지고 또 불평할 겁니다." 스트랭은 그렇게 말했다. "그들은 구원받는 것에 관심이 없어요. 그들은 주님을 위해 사는 것에 관심이 없습니다. 그냥 관심이 없어요."

댈러스제일침례교회에서 로버트 제프리스도 같은 주장을 펼쳤다. 기독교 집단의 진실성은 예수와 인격적인 관계를 맺고자 하는 개인의 열망과 무관하다는 것이다. 나는 이것이 미국 복음주의 운동의 미래를 좌우할 중요한 문제라고 생각했다. 러셀 무어 같은 일부 지도자들은 교회의 신뢰도가 낮아질수록 교회 출석자 수와 신앙 고백자 수가 감소한다고 강조했지만, 제프리스와 스트랭 같은 지도자들은 그러한 이론을 '영원한 정죄라는 불편한 진리를 설교할 용기가 없는 기독교인들의 게으른 비난'에 불과하다며 일축했다.

이 분열은 교회의 미래에 중대한 영향을 미쳤다. 그러나 스트랭은 이 논쟁이 이미 결론이 났다고 믿었다. 스트랭의 말에 따르면, 나는 미국 기독교 내에서 소수의 견해를 대변하고 있었다. 그 견해를 가진 사람들, 다시 말해 무어의 잡지 〈크리스채너티 투데이〉를 구독하는 선량한 복음주의 엘리트들은 신학적으로도 통계적으로도 큰

---

*   골로새서 4:6.

의미가 없다고 스트랭은 주장했다.

"제 주변에는 〈크리스채너티 투데이〉를 진지하게 받아들이는 사람이 아무도 없습니다"라고 스트랭은 말했다.

나는 왜 그런지 그 이유를 물었다.

"그들은 자신이 깨어 있다고 생각하죠"라고 그가 답했다.

"깨어 있다는 게 무슨 뜻이죠?"

스트랭은 얼굴을 찡그리며 나를 바라봤다. "음, 우리가 만든 용어는 아닙니다. 꽤 좌파적이죠."

"러셀 무어가 꽤 좌파적이라고 생각하시나요?"

"네." 그가 고개를 끄덕였다.

내 일은 무어의 명예를 지키는 것이 아니다. 하지만 신학적인 면에서든 정치적인 면에서든, 전통적 기준에서 보수적인 사람을 어떻게 '꽤 좌파적'이라고 묘사할 수 있는지 궁금했다.

스트랭은 내 질문에 답하지 않았다. 대신에 〈크리스채너티 투데이〉와의 오랜 불화, 〈뉴욕 타임스〉가 전체 맥락을 무시하고 자신의 말을 일부만 인용한 일, 그리고 왜 그가 평소 이런 인터뷰를 잘하지 않는지에 관해 불평하기 시작했다. "제가 무엇을 믿는지 진짜로 알고 싶으면, 최근에 나온 《하나님과 캔슬 컬처》나 첫 번째 책인 《하나님과 도널드 트럼프》를 읽어 보는 게 가장 좋습니다." 대화가 시작된 지 45분 만에 그는 내게 이렇게 말했다.

나는 조금 더 캐물었지만, 스트랭은 입을 닫기 시작했다. 그는 교회가 과연 건강한지를 묻는 물음에 더 이상 답할 생각이 없었다. 그의 지지자들은 아주 잘 지내고 있으니, 나와 무어 같은 사람들이 복음주의를 비판하고 싶다면, 그건 어디까지나 '당신들 문제'라는 식이었다. 스트랭은 인터뷰를 마무리할 시간이라고 말했다.

"마지막 질문입니다." 내가 말했다. "미국 교회를 볼 때 가장 우려되는 부분은 무엇인가요?"

스트랭은 머리를 긁적였다. 그러더니 몇 세대에 걸쳐 주요 기독교 교단 여러 곳이 어떻게 진보화되고, 무기력해지고, 영적인 열정이 사라졌는지를 자세히 설명하기 시작했다. 예수를 따르는 일에서 "네가 차든지 뜨겁든지 하면 좋겠다"*고 한 요한계시록의 한 구절을 떠올리며, 스트랭은 "하나님을 위해 불타오르는 대신 미지근하고 무의미해져서 세상의 가치를 받아들이고 그것을 기독교화하려는 행태"가 걱정된다고 말했다.

그렇게 거의 한 시간에 걸친 긴 대화가 어느 정도 열매를 맺고 있었다.

나는 "하나님을 위해 불타오른다"는 뜻이 기도와 말씀 묵상을 통해 하나님과의 관계를 발전시켜 나가고, 하나님의 사랑의 메시지를 전파할 수 있는 그리스도인이 된다는 의미라고 배웠다. 하지만 내가 만난 사람들 가운데 일부에게는 그것이 꽤 다른 의미임이 분명해지고 있었다.

스트랭 같은 사람들, 그리고 전국을 돌며 정치적으로 소극적인 교인들을 신앙이 거짓된 사람들로 묘사한 채드 코넬리 같은 사람들에게 기독교인의 경건함을 재는 기준은 내면의 노력과 자기 성찰이 아니라 외적인 싸움과 자기 과시였다. 이런 맥락에서 보니 온갖 음흉한 동맹과 도덕적 타협이 이해가 되었다. 정치적 영향력을 손에 넣으려고 애쓰는 행위는 예수를 믿는 신앙에서 벗어난 행위가 아니라 신앙을 증명하는 행위였던 셈이다.

기독교인들이 세속적인 방식을 따르는 것을 염려하는 사람들에게 스트랭은 그 모델이 사업적으로 성공할 수 있는 모델임을 증

---

* 요한계시록 3:15.

명했다. 트럼프가 건전한 정책을 추진한 점을 칭찬하는 것은 흔한 일이다. 가장 강력한 비판자들조차도 그가 대통령으로서 내린 특정 결정들을 칭찬했다. 하지만 스트랭은 여기서 한 걸음 더 나아가 그 정책 결정을 초자연적인 것과 연결 지었다. 스트랭은 특정 목적을 모든 수단을 정당화하는 도구로 사용했다. 스트랭은 어떤 사람이 중시하는 가치들이 그리스도가 보인 본과 반대되는 것임을 알면서도 그 사람과 그의 정치 운동을 말 그대로 '기독교화'했다.

가장 충격적인 부분은 스트랭이 이런 행위를 트럼프에게만 국한하지 않았다는 점이다. 가장 최근에 나온 그의 책에 서문을 쓴 사람은 마이크 린델인데, 린델은 함께 MAGA를 외치던 동료들조차도 결별을 선언할 만큼 지난 2년 동안 터무니없는 거짓말을 퍼뜨려 왔다. 내가 마이크 린델과 연합하는 것이 그리스도를 증언하는 데 도움이 되냐며 다시 한번 신뢰성 문제를 제기하자, 스트랭은 험악한 표정을 지으며 린델이야말로 진정한 기독교인이라며 인터뷰를 끝냈다.

나는 녹음기를 끄고 5달러에 산 《하나님과 캔슬 컬처》를 들고 밖으로 나갔다. 브랜슨을 둘러싼 울퉁불퉁한 암석 채석장 아래로 해가 저물고 있었다. 나는 미주리주 반대편에서 일요일 아침 예배에 참석할 계획을 세웠다.

그 후 네 시간 동안 나는 스티븐 스트랭에 관해 생각했다. 그가 내린 결정에 관해 생각했고, 아직도 묻고 싶은 질문들에 관해 생각했다. 서늘한 밤에 미주리주 북쪽으로 차를 몰면서도 세인트조지프에서 몇 가지 해답이 나를 기다리고 있는 줄은 전혀 알지 못했다.

1
나라
THE
KINGDOM

2
권력
THE
POWER

3
영광
THE
GLORY

15장

***

정체성 혼동:
실패한 실험의 재연

"기독교가 지배 문화가 되려고 하면 부패하게 됩니다.

처음부터 그랬어요."

"사람이 온 세상을 얻고도 제 목숨을 잃으면,

무슨 이득이 있겠느냐?"(마가복음 8:36).

가장 먼저 눈에 들어온 것은 주차장이었다. 정말로 거대해 보였고, 또 정말로 황량해 보였다. 생명의말씀교회 바깥에는 차량 800대를 주차할 수 있는 공간이 있었다. 하지만 쌀쌀한 일요일 아침 그곳에 주차된 차량은 그 10분의 1 정도밖에 되지 않았다. 낯선 광경이었다. 내가 방문한 대부분의 대형 교회에서는 주차하려면 기도와 신중한 전략이 필요했다. 보통은 주황색 조끼를 입은 사람들이 교회 첨탑이 보이지 않을 정도로 멀리 떨어진 임시 주차장으로 운전자들을 안내했다. 하지만 생명의말씀교회에서는 그러지 않았다.

수정하자면, 이제 이곳은 대형 교회가 아니다. 더 이상은 아니라는 말이다.

방문하기에 앞서, 브라이언 잔드(Brian Zahnd) 목사는 내게 교회 규모가 예전보다 훨씬 작아졌다고 언질을 주었다. 하지만 미리 이야기를 들었어도 충격이 덜하지는 않았다. 예배당에 들어서자마자 입이 딱 벌어졌다. 파란색 천장 조명이 비추는 어두운 무대 뒤로 길게 뻗은 인상적인 공간에는 나무 의자가 줄줄이 이어져 있었다. 천 명은 족히 수용할 수 있는 규모였지만, 참석자는 150명도 채 되지 않았다. 혹시나 덜 붐비는 예배 시간에 온 것은 아닐까 하는 생각에 휴대전화를 꺼내 교회 웹사이트에 들어가 다시 확인했다. 다른 예배 시간은 없었다. 생명의말씀교회는 일요일 오전에 딱 한 번 예배를 드렸다. 여기 모인 사람이 전부였다.

잔드 목사는 개의치 않는 듯 보였다. 예순세 살의 잔드 목사는 외모도 행동도 나이보다 훨씬 젊어 보였다. 검은색 청바지, 티셔츠, 가죽 재킷, 두꺼운 뿔테 안경을 착용했는데, 회색빛이 도는 수염과 짙은 머리카락이 대조를 이루었다. 그날 아침, 그는 무대를 가로지르며 오늘이 생명의말씀교회 창립 41주년이라고 발표했다. "오늘, 기분이 좋습니다." 제임스 브라운(James Brown)을 잠시 언급하며 잔드 목사가 말했다. 그의 활력은 전염성이 있었다. 내 주변에 자리한 사람들은 이미 일어서서 두 팔을 하늘로 뻗고 하나님과 그분의 자비하심을 찬양하고 있었다. 잔드 목사가 이 교회를 축복해 주신 하나님께 감사드리자, 교인들은 고개를 숙이고 두 손을 들어 올렸다. 그리고 자리에서 일어나 서로 껴안으며 웃었다. (잔드는 최소 일곱 사람과 인사하라고 했지만, 최소 할당량은 진즉에 넘어섰다.)

찬송과 기도와 포옹이 끝난 후, 잔드는 기원전 520년에 활동한 유대인 선지자 학개 이야기를 중심으로 설교를 시작했다. 우선, 역사적 배경을 설명했다. 솔로몬의 성전을 포함하여 예루살렘이 모두 파괴되고 유대인들이 바빌론에 포로로 잡혀간 지 67년이 지났다. 바빌론은 결국 페르시아에 의해 정복되었고, 유대인들은 페르시아 왕 키루스(고레스) 대왕의 통치를 받게 되었다. 잔드는 유대 포로들이 예루살렘에 돌아가 두 번째 성전을 지을 수 있게 허락한 사람이 바로 키루스라고 설명했다. 그들은 건축을 시작했지만, 작업이 차츰 더뎌지다가 결국 중단되었다. 두 번째 성전은 무려 15년 동안이나 미완성 상태로 남아 있었다. 이때 학개 선지자가 등장했다.

선지자는 우선순위가 잘못된 하나님의 백성을 질타했다. 가뭄과 다른 재앙들로 말미암은 고통은 사실 사사로운 욕구에만 몰두하고 하나님의 일을 소홀히 한 것에 대한 벌이라고 말했다. 학개는 나이 든 세대에게 솔로몬 성전이 얼마나 찬란했는지를 상기시키며, 새로운 성전이 그보다 훨씬 더 대단할 것이라고 예언해 유대인들을 놀라게 했다. 그는 하나님이 인류를 구원할 새로운 성전과 함께 새로운 예루살렘에 궁극적인 왕국을 세우실 계획이라고 말했다.

이 동기 부여 전술은 효과가 있었다. 유대인들은 성전을 완성했다. 하지만 학개의 예언은 적어도 사람들이 이해한 대로는 실현되지 않았다. 재건된 성전은 솔로몬 성전의 웅장함과는 거리가 멀었다. 심지어 수 세기 후 헤롯 왕이 화려하게 개조했을 때도 여전히 솔로몬 성전에 비할 바가 못 되었다.

학개가 예언한 것은 다른 왕국과 다른 성전이었는데 유대인들은 그 점을 이해하지 못했다고 잔드는 설명했다. 학개는 예수와 그분의 영원한 주권에 관해 말하고 있었다. 사람들은 '유대인이라는 정체성'과 '세상의 권력'이라는 유형(有形)의 영광에 너무 집착한 나머지 자신들에게 약속된 더 큰 영광을 놓치고 있었다.

"학개 선지자가 말한 더 찬란한 두 번째 성전은 인상적인 건물이나 국가의 이익이나 제국의 야망과는 아무 상관이 없습니다. 이런 것들은 모두 파라오, 시저, 그리고 다른 야심가들의 하찮은 야망일 뿐입니다. 사탄이 광야에서 제안하며 유혹했으나 예수께서 거절하신 이 세상 왕국들의 거짓 영광입니다"라고 잔드는 말했다.

"선지자가 말한 더 찬란한 성전은 바로 새 성전이신 그리스도의 몸을 뜻합니다"라고 목사는 덧붙였다. "우리는 절대 파괴될 수 없는 새 성전을 받았습니다. 그런데도 우리는 우리 앞에 있는 새 성전을 제대로 이해하지 못하고, 아름다우나 결국에는 덧없는 옛 성전을 그리워하기 바쁩니다."

인간의 것은 그 무엇도 영원하지 않다. 예수는 성전이 파괴된 지 사흘 만에 다시 일으키겠다고 약속하셨다. 이는 자신의 죽음과 부활을 예고한 것이지만, 또한 학개가 말한 두 번째 성전이 파괴될 것이라는 예언이기도 했다. 로마인들은 서기 70년에 두 번째 성전을 파괴했다. 하지만 그때는 또 다른 성전을 지을 필요가 없었다. 예수가 약속된 메시아임을 믿는 유대인이 점점 많아졌고, 그들은 자신을 '그리스도인'이라고 부르며 파괴될 수 없는 새롭고 영원한 질서가 세워졌다고 선포했다.

이는 모든 것을 바꾸어 놓았다. 수 세기 동안 토요일에 예배를 드려 온 유대인들이 일요일을 거룩한 날로 선포했다. 돼지고기를 먹기 시작했고, 이방인들과 교제하며, 더 이상 유대인 제사장들의 권위를 따르지 않았다. 이는 유대 역사상 상상도 할 수 없는 행동이었다. 갑자기 초기 그리스도인들은 자신들을 사로잡았던 엄격한 규율과 권력 투쟁에 더는 관심을 두지 않게 되었다. 그들은 더 이상 물리적 성전이나 세속적 권력에서 자신의 정체성을 찾지 않고, 영적 신앙과 예수 그리스도에게서 자신의 정체성을 찾았다. 잔드는 신약 성경에서 히브리서 기자가 학개의 말을 떠올리며, 하나님께서 세상을 계속해서 혼란과 불확실성에 빠뜨리시겠지만 "우리는 흔들리지 않는 나라를 받으니"*라고 기뻐한 모습을 지적했다.

목사가 말하려는 바는 명확했다. '2천 년이 지난 지금, 미국 기독교인들도 그런 자신감을 보여 줄 수 있다면 얼마나 좋을까.' 우리만 그런 혼란에 빠진 것은 아니다. 4세기 중반 콘스탄티누스 황제가 세례를 받은 이후로 "제국 교회로, 결국에는 국가 종교로 발전하는 것은 거의 피할 수 없는 일이었다"라고 잔드는 독일 신학자 게르하르트 로핑크(Gerhard Lohfink)의 말을 인용하여 말했다.

잔드는 로핑크의 말을 그대로 인용하며 설명을 이어 나갔다. "기독교 '제국'을 건설하여 신앙과 삶과 문화를 통합하려는 거대한 시도였습니다. 교회가 과거의 실수를 반복하지 않으려면, 구약에 나오는 하나님의 백성, 그들의 국가 실험, 그 실험의 붕괴를 주의 깊게 살펴보았어야 했습니다. 그러나 고대 후기나 중세 시대에는 사람들이 구약을 그렇게 분석적으로 읽을 수가 없었습니다. … 근대에 들어서야 비로소 기독교 제국에 대한 꿈을 산산이 깨뜨릴 수 있었죠. 오늘날 그 실험은 정말로 끝이 났고, 다시는 재개할 수 없습니다."

잔드의 말투는 더 직설적으로 변했다. "히브리서 기자는 두 번째 성전의 영광이 이 세상의 국가가 아니라, 흔들리지 않는 그리스도의 왕국이라는 사실을 알고 있습니다. 이 세상 정치에 희망을 두면 크게 요동할 수밖에 없습니다."

예배당은 고요했다.

"저에게는 미국에 대한 신뢰가 거의 없습니다. 제 믿음은 다른 곳에 있고, 그 믿음이 저를 지탱하고 있습니다"라고 잔드는 말했다.

---

* 히브리서 12:28.

"미국을 신경 쓰지 않는다는 뜻이 아닙니다. 단지 제 믿음을 다른 곳에 두었다는 뜻입니다. 제 믿음은 흔들리지 않는 왕국에 있습니다. 그 왕국은 그리스도의 왕국입니다. 그 왕국의 영광은 지금까지 있었던 성전과 앞으로 있을 그 어떤 성전보다 더 찬란합니다. 아멘."

"아멘." 주변 사람들이 고개를 끄덕였다.

"자, 와서 우리 함께 그리스도의 몸에 참여합시다." 잔드 목사가 성찬 테이블을 가리키며 말했다.

★ ★ ★

잔드의 신앙 여정은 열다섯 살 때 시작되었다. 그는 미주리주 캔자스시티에서 한 시간 떨어진 마을에서 저명한 변호사의 아들로 자랐다. 아버지는 미주리주 공화당 내에서 중요한 역할을 하던 사람이었고, 잔드는 그저 의무감으로 교회에 출석했다. 사실, 잔드에게는 음악이야말로 진정한 종교였다. 레드 제플린과 지미 헨드릭스가 그의 신이었고, 나사렛 예수는 그저 추상적인 존재에 불과했다.

그러던 어느 날 밤, 미주리웨스턴주립대학교에서 열린 청소년 부흥회에 참석했다. 그리고 그곳에서 예수와 생생한 만남을 경험하고 "예수쟁이"를 자처할 정도로 크게 변화되었다. 누구를 만나든 복음을 전했고, 1960년대 은사갱신운동에서 비롯된 예수 운동에도 참여했다. (참고로, 영어 단어 'charisma'의 어원인 그리스어 *kharisma*는 초자연적인 상황에서 주어지는 선물이나 은총을 의미한다.) 영적 은사를 강조한 예수 운동은 치유, 예언, 방언 등 사도들이 실천하던 신앙 관습을 현대 교회에 되살리는 것을 목표로 삼았다. 서구 기독교가 안일하고 소비지향적인 방향으로 변질되었다는 문제의식에서 출발한 이 운동은 기존의 전통적인 교회 구조에 따르지 않고 개개인이 자발적으로 참여하는 자유로운 형태를 띠었다. 존경받는 침례교 가정에서 자란 잔드 같은 아이들에게 이 운동은 정말 매력적이었다.

열일곱 살이 되던 해, 잔드는 전위적인 사역 단체인 카타콤을 조직하기 시작했다. 이 단체는 교회이자 음악 공연장이자 커피숍의 역할을 하며, 캔자스시티 대도시 지역 예수 운동의 청년 본부가 되었다. 1981년, 잔드는 카타콤을 실제 교회로 독립하기로 결심했다. 교회 이름을 생명의말씀교회로 짓고, 신학 교육을 전혀 받지 않았음에도 불구하고 스스로 담임 목사가 되었다. 당시 그의 나이는 스물두 살이었다.

이 교회는 큰 반향을 일으켰다. 기성 교회의 따분함에 환멸을 느낀 대학생과 젊은 직장인 기독교인들이 생명의말씀교회로 몰려들었다. 교인이 빠르게 불어나 교회는 이사를 반복해야 했다. 그러다 설립한 지 십 년이 조금 넘었을 때, 마침내 웅장한 최첨단 예배당을 설계하여 광활한 부지에 대형 교회로서의 위용을 과시하는 건물을 짓기 시작했다.

흥분으로 가득한 시기였다. 생명의말씀교회는 1990년대 내내 규모 면에서나 영향력 면에서나 폭발적으로 성장했다. 잔드는 아마추어 밴드 리더에서 록 스타 헤드라이너로 변신하여 매주 수천 명에게 설교했다. "거의 매주 신기록을 세우던 시기였습니다." 잔드가 말했다. "미국 사람들이 사역의 성공을 측정할 때 사용하는 지표가 있죠. 사람, 돈, 권력. 우리는 그것들을 전부 손에 넣었습니다."

하지만 세기가 바뀔 무렵, 잔드는 무언가 잘못되었다는 느낌을 받기 시작했다. 교회에는 좋은 사람들이 많았다. 친형제는 아니어도 교회 안에서 진짜 형제처럼 함께 성장하면서 반항적인 십 대 열성분자에서 세련된 중년 교인으로 변모했다. 하지만 영적으로는 제대로 성장하지 못했다. 잔드는 자기네 교회가 스타일과 느낌과 표현에 너무 치중한 나머지 기독교 신앙의 핵심 진리를 외면하고 있다는 사실을 깨닫기 시작했다. 그런 의미에서 그들은 한때 반기를 들었던 기성 교회들만큼이나 안일하고 물질주의적인 교회가 되어 버렸다.

"우리가 하는 행동에는 주류 문화를 거스르는 요소가 전혀 없었습니다. 주류 문화에 성경 구절 몇 개를 뿌린 정도였어요"라고 잔드는 말했다. "처음에는 주류 문화에 반대하는 급진적인 예수쟁이로 시작했지만, 시간이 지나면서 SUV에 '예수 물고기' 스티커를 붙이고 다니는 평범한 공화당 지지자가 되어 버렸습니다."

모든 것이 피상적이고 빈약하게 느껴지기 시작했다. 그전까지는 정식으로 신학 훈련을 받지 못했다는 사실에 불안감을 느끼지 않았는데, 이제 그 사실이 그를 괴롭히기 시작했다. 일요일 오후에 집에 돌아오면 이상하게 공허한 느낌이 들었다. 마치 성대한 만찬을 마치고 나왔으나 여전히 배가 고픈 사람처럼 말이다. "저는 신앙의 위기를 겪고 있었습니다. 하지만 그 위기는 그리스도에 대한 신앙의 위기가 아니었어요. 기독교에 대한 신앙의 위기였죠. 미국 기독교요." 잔드는 당시를 떠올리며 말을 이었다. "예수는 이보다 더 나은 기독교를 가질 자격이 있다. 제 결론은 그거였습니다. 그러니 그것을 찾으러 나서야 했습니다."

하지만 어디서부터 시작해야 할지 전혀 알지 못했다. 40대 중반이 된 잔드는 성인기 내내 "모두가 똑같은 책을 읽는, 매우 폐쇄적인 은사주의 기독교의 막다른 골목에 처박혀" 지냈다. 한동안 방황하던 잔드는 마침내 교부들을 발견했다. 교부들은 고대 세계에서 기독교 교리를 확립하는 데 도움을 준 전문가들로, 히포의 아우구스티누스, 니사의 그레고리오스, 리옹의 이레네오, 고백자 막시무스가 대표적이다. 이들의 삶과 업적, 저술, 교리 따위를 연구하는 학문을 "교부학"이라 부른다. 이들 교부는 기독교 철학과 응용 신학을 결합하여 잔드가 그리스도를 신학적으로 깊이 이해할 수 있게 해 주었다. 예전에는 존재하는지조차 몰랐던 새로운 세계였다.

"정말 흥미진진했습니다. 저는 이 분야에 대해 너무 무지했고, 더 알고 싶어 견딜 수 없었습니다." 잔드가 말을 이었다. "그러다 새로운 방향을 찾았습니다. 교부들을 모두 공부한 후, N. T. 라이트(N. T. Wright), 월터 브루그만(Walter Brueggemann), 스탠리 하우어워스(Stanley Hauerwas), 데이비드 벤틀리 하트(David Bentley Hart) 등 저명한 신학자들의 책을 읽기 시작했습니다. 저는 지금 배우는 중입니다. 변화하는 중이에요. 배우고 변화하는 그 순간순간이 정말 좋습니다."

잔드는 이 변화의 여정에서 자신의 옛 모습을 '천천히' 버려 나갔다. 여전히 거대한 종교 기업을 이끌고 있었고, 목사로서 교인들의 기대에 부응해야 했기 때문이다. 9/11 테러는 교회 안에 국가주의 정서를 증폭시켰다. 낙태와 동성 결혼을 둘러싼 논쟁은 그 어느 때보다 뜨거웠다. 한동안 잔드는 그 흐름에 편승했다. 문화 전쟁에 동참했고, 공화당 정치인들에게 강단을 빌려주었다. 그러다 2004년 여름, 마침내 더 이상은 안 되겠다고 결심했다.

"교회 앞에 서서 '저는 이제 나아갑니다. 우리는 새로운 방향으로 나아갈 겁니다'라고 말했어요." 당시를 떠올리며 잔드가 말했다.

처음에는 교인들이 놀라지 않도록 교회 규범을 살짝 조정하고 설교 스타일을 조금씩 바꾸었다. 그러다 전화를 한 통 받았다. 2004년 10월이었고, 조지 W. 부시 대통령과 민주당 후보 존 케리(John Kerry)의 선거 운동이 한창이었다. 지역 공화당 책임자가 잔드에게 전화를 걸어, 딕 체니(Dick Cheney) 부통령이 집회에 오니 개회 기도를 맡아 달라고 요청했다. 잔드는 그 요청을 받아들여야 할지 말아야 할지 고민했다. 그는 자신을 명목상의 공화당원이라고 생각했고, 판사인 아버지와 검사인 형도 주 공화당에서 활동한 적이 있었다. 그러니 미국 부통령이 참석하는 집회에서 개회 기도를 하는 것은 영광스러운 일이었다. 그런데도 이 요청을 받아들이기가 꺼려졌다. 왜였을까?

　며칠간 고심한 끝에 잔드는 요청을 수락했다. 체니를 직접 만났고, VIP 대우를 받았다. 그런 다음 무대에 떠밀려 나갔고, 행사의 시작을 알리는 임무를 맡았다. 거의 만 명에 달하는 사람들을 바라보며 잔드는 죄책감에 휩싸였다. 그는 온통 빨강, 하양, 파랑 물결 속에 미국 국기를 들고 있는 교인들을 보았고, 교인들은 교회를 새로운 방향으로 이끌겠다고 맹세한 목사가 공화당에 종교적 권위를 빌려주는 모습을 지켜보았다.

　"군중은 완전히 열광하고 있었습니다." 당시를 회상하며 잔드가 말을 이었다. "그리고 예수님이 '브라이언, 브라이언, 왜 나를 정치화하고 있느냐?'라고 말씀하시는 소리가 들렸습니다."

　그 순간, 잔드는 하나님이 자신에게 그동안 알고 있던 세계를 완전히 떠나라고 명령하고 계신다고 믿었다. 그래서 그렇게 했다. 마이크에 대고 "최대한 무해한 기도"를 중얼거린 후, 무대를 내려와 경기장 앞줄에 지정된 좌석에 앉지 않고 그대로 주차장으로 가서 차에 탔다. 그리고 속으로 주님께 용서를 구하며 기도했다.

　다음 일요일과 그 후 몇 번의 일요일에, 잔드는 생명의말씀교회가 앞으로 어떤 방향으로 나아갈 것인지 교인들에게 분명히 밝혔다. "저는 미국 제국을 성경에 나오는 이스라엘이 아니라 바빌론에 비유하며 비판하기 시작했습니다. 교인들에게 하나님은 우리 편에 서 계신 것이 아니라고, 하나님이 세우신 건 미국이 아니라 예수라고 말했습니다." 잔드 목사는 당시를 회상하며 설명을 이어 갔다. "꽤 직설적이었습니다. 더 이상 에둘러 말할 필요가 없었습니다. 교인들은 무슨 말인지 이해했습니다. 그리고 떠났습니다."

　처음에는 천천히 진행되었다. 어느 주 일요일에 예배에 나오지 않는 사람이 한두 명 생기고, 성경 공부 모임에 빠지는 사람이 한두 명 생기는 식이었다. 그러다 결국 교회를 떠나는 사람이 폭발적으로 증가했다. 교회 내 파벌과 인맥이 함께 교회를 떠났다. 수십 명이, 그다음에는 수백 명이 한꺼번에 이탈했다. 앞으로 나아갈 방향에 대해 공표하고 몇 년 만에 교회는 1,500명 이상의 교인을 잃었다.

이탈자가 생길 것을 각오하고 있었지만, 실제 이탈 규모는 예상을 뛰어넘었다. 돌이켜 보면, 수군대며 비난하는 소리를 듣는 것이 가장 힘들었다. 사람들은 잔드가 약해지고 밍밍해진 기독교에 굴복했다고 말했지만, 사실은 그 반대였다.

"사람들은 '브라이언이 신앙을 저버렸다'라고 말했지만, 오히려 저는 예수에게 더욱 헌신하고 있었습니다." 그는 웃으며 말했다. "갑자기, 그 어느 때보다 더 예수에게 헌신하게 되었어요. 하지만 사람들은 다르게 보더군요. 좌우 이념에 갇혀 있으면, 오직 그것만 보이니까요. 그들은 '브라이언이 민주당원이 되었다'라고 말했지만, 저는 민주당원이 아닙니다. 저는 하나님 나라에 속한 사람입니다."

★ ★ ★

잔드의 지프차를 따라 도로변 초밥집에 도착해 옆자리에 주차했다. 조수석에 있는 소지품을 뒤져 노트북, 펜 두 자루, 녹음기를 꺼냈다. 그때 《하나님과 캔슬 컬처》가 눈에 띄었다. 전날 밤, 브랜슨에서 스티븐 스트랭과 나눈 대화가 떠올라 짜증이 났다. 순간적으로 그 책을 집어 들고 식당에 들어가 내 옆 좌석에 놓았다.

잔드는 우리 사이에 놓인 테이블을 두드리며 이곳이 자신이 가장 좋아하는 공부 장소 중 하나라고 말했다. 교회에서는 집중하기 어려울 때가 많았다. 항상 누군가 담임 목사에게 볼일이 있었다. 하지만 여기에서는 방해받지 않고 혼자 책을 읽고 기도하고 묵상할

수 있었다. 2019년에 출판된 《바빌론에서 온 엽서 *Postcards from Babylon*》
도 이 식당에서 구상했다. 잔드는 은사주의 복음주의 세계의 옛 동
료들에게 보내는 편지 형식으로 그 책을 썼고, 그들이 그리스도와
그리스도의 복음에 해를 끼치고 있다는 사실을 스스로 깨닫기를 간
절히 바랐다.

"나는 깨어났는데 동시대를 사는 많은 이들이 여전히 깨어나지
못하고 있는 이유가 뭘까, 계속 자문해 봤습니다." 잔드가 말했다.
"아직도 답을 모르겠어요."

잔드가 특히 자주 생각하는 오랜 친구가 있었다. 바로 젠테젠
프랭클린이었다. 곧바로 내슈빌에서 열린 신앙과자유연합 콘퍼런
스가 떠올랐다. 프랭클린은 랠프 리드가 섭외한 주요 연사 중 한 명
이었다. 나는 프랭클린 목사가 "우리의 적들"이 미국에서 기독교를
어떻게 파괴하려 하는지 설명하며 청중을 열광시키는 모습을 똑똑
히 보았다.

"그게 제 일상이었어요." 잔드가 말했다. "우리 교회 교인이 4천
명이던 시절에 제가 어떤 설교를 했는지 알고 싶으면, 유튜브에서
젠테젠의 설교를 찾아보면 됩니다. 저도 그런 설교를 했으니까요."

두 사람은 은사주의 운동의 떠오르는 스타로서 절친한 친구이
자 동지였다. 프랭클린은 잔드가 그 세계를 떠나기로 결정하자 매우
놀랐다. 한동안은 계속 친하게 지냈다. 교회에서 벗어나 혼자 공부
하는 시간을 갖던 잔드에게 연락해 기독교 출판사 카리스마미디어
를 소개해 준 사람도 프랭클린이었다. 몇 년 전, 잔드가 《인생 최악
의 날에 할 일 *What to Do on the Worst Day of Your Life*》이라는 얇은 책을 자비로
출판했었는데, 그 책이 카리스마미디어의 주목을 받았다. 출판사에
서는 잔드에게 일반 대중을 염두에 두고 내용을 개작해 보자고 제
안했다. 잔드는 흔쾌히 승낙했다. 당시 교회는 어려움에 부닥쳐 있

었다. 어떤 주일에는 출석 인원이 200명도 채 되지 않았다. 이러다 교회가 완전히 문을 닫을지도 모른다는 생각이 들었다. 책을 출판하면 혹시 실직하더라도 최소한 생활비라도 벌 수 있을 것 같았다.

2009년 1월, 출판할 시기가 되자 카리스마미디어는 잔드를 전국의 주요 종교 텔레비전과 라디오 프로그램에 출연시키기 시작했다. 그런데 문제가 하나 생겼다. 잔드가 폴라 화이트가 진행하는 쇼에는 출연하지 않겠다고 어깃장을 놓았다. 번영 복음을 전파하는 화이트는 "건강과 부"를 얻는 영성을 강조하며 큰 인기를 끌고 있었다. 잔드가 출연을 거부한 이유는 화이트가 전파하는 신학이 잘못되었기 때문만은 아니었다. 그것 말고도 잔드는 스스로 기독교 목사를 자처하면서 세속적 성공에 매료되어 도널드 트럼프라는 저속한 플레이보이 억만장자를 전도 무대에 자주 초대하는 화이트에게 불쾌감을 느꼈다.

"이 문제로 큰 싸움이 벌어졌어요. 제가 화이트의 TV 쇼에 나가기를 거부했으니까요." 잔드가 말을 이었다. "결국, 카리스마미디어 사장인 스티븐 스트랭이 직접 전화를 걸어 간청하더군요. 그 쇼에 나가면 책이 얼마나 더 팔릴지 설명하면서요. 그래서 그에게 말했죠. '스티븐, 책이 백만 권이 더 팔린대도 상관없어요. 폴라 화이트와 저는 같은 종교를 믿는 사람이 아니란 걸 아셔야 합니다.'"

나는 놀라서 《하나님과 캔슬 컬처》를 집어서 그에게 내밀었다.

"이 사람 말인가요?"

책 표지를 살피다가 잔드가 물었다. "이걸 왜 가지고 있어요?"

"어젯밤에 만났어요. 브랜슨에서요."

잔드는 두 손으로 얼굴을 감싸 쥐었다. "스트랭이 거기 있었다고요?"

"네."

"오늘 기자님이 여기 오는 걸 스트랭도 알았나요?"

"아니요."

잔드는 정면을 응시하다가 웃기 시작했다. "주님은 참 신비한 방식으로 일하신다니까요." 잔드가 말했다. "스티븐 스트랭에 관해 이야기해 줄게요."

두 사람 사이에는 꽤 많은 역사가 있었다. 신념을 품고 대형 교회 목사이기를 스스로 포기한 잔드에게 감명을 받은 스트랭은 2009년에 출간한 잔드의 책이 비교적 잘 팔리자 앞으로 세 권의 책을 더 출판하자고 제안했다. 잔드는 이 제안을 수락했다. 2011년, 잔드는 《조건 없는 용서Unconditional》라는 책을 출간했다. 프랑스 리비에라에서 만나 나랑 친구가 된 예일대학교 신학자 미로슬라브 볼프가 이 책에 서문을 썼다. 잔드에 따르면 스트랭은 이 책을 너무 좋아했다. 그래서 잔드를 플로리다주 올랜도에 있는 카리스마미디어 본사로 초청해서 직원들을 상대로 연설하게 했다. 스트랭은 직원들에게 오바마 대통령이 재임하는 동안 회사 내 정치적 갈등과 분열을 조장하는 분위기가 생겼다고 말했다. 그런데 잔드가 정치적 파벌주의를 거부하고 화해를 강조하며 전혀 다른 길을 제시하고 있었다. 스트랭은 잔드에게 매료되어 자기 출판사에서 발행하는 잡지 〈카리스마Charisma〉에 칼럼을 써 달라고 요청했다. 근사한 협력 관계가 시작되는 듯 보였다.

그런데 자본주의가 둘 사이를 방해했다. 카리스마미디어 독자들은 전쟁과 폭력에 반대하고 평화와 화해를 강조하는 잔드의 칼럼에 불만을 제기했다. 《조건 없는 용서》 역시 출판사의 핵심 독자층에 외면당했다. (잔드는 웃으며 "그 책을 산 사람들은 대부분 감리교도였어요. 은사주의자들은 많지 않았죠"라고 말했다.) 이로 인해 분위기가 어색해졌다. 카리스마미디어는 잔드와 그의 책을 홍보하는 데 자원을 쏟아부었다. 하지만 그해 카리스마미디어에서 출간한 다른 책《조짐 The Harbinger》에 크게 밀렸다.《조짐》은 9/11 테러 공격을 고대 이스라엘의 멸망과 연결 지어 미국 기독교인들에게 닥쳐올 위협을 경고하는 책이었다.

그래도 잔드는 굴하지 않았다. 시장 반응이나 카리스마미디어 편집부와 경영진의 은근한 암시를 무시한 채, 잔드는 물질주의와 정치적 야망을 거부하는《아름다움이 세상을 구원한다 Beauty Will Save the World》를 차기작으로 썼다. 이 책은 잘 팔렸다. 하지만 기성 질서에 도전하는 성향과 번영 복음에 대한 직설적인 비판으로 잔드는 출판사 안에서 눈엣가시가 되었다. 〈카리스마〉에 연재하던 칼럼도 중단되었다. 잔드가 비폭력을 기독교의 기본 원칙으로 주장한 세 번째 책《화성에 작별을 고하며 A Farewell to Mars》를 다 썼을 때쯤 카리스마미디어는 그에게 등을 돌렸다. 스트랭은 카리스마미디어에서 그 책을 출판하지 않겠다고 거부 의사를 밝혔고, 한 걸음 나아가 다른 곳에서도 출판하지 못하게 막으려고 했다.

이런 배경을 알게 되니 브랜슨에서 겪은 일들이 새로운 의미로 다가왔다. 브랜슨에서 나는 주변에 보이는 명백한 잘못을 잘못으로 인정하려 하지 않는 스트랭의 태도를 어떻게 이해해야 할지 혼란스러웠다. 그가 내게 건넨 〈카리스마〉 최신호도 당황스럽기는 마찬가지였다. 잡지 표지에《조짐》작가의 새 책 광고가 실려 있었는데, 미국 문화에 재앙을 초래하는 고대 신들에 대해 경고하는 내용이었다. 무엇보다 도널드 트럼프가 신성한 인물이라고 암시하는 듯한 스트랭의 책들, 그리고 이런 의심을 더욱 짙게 만드는 제리 팔웰 주니어와 마이크 린델 같은 인물이 쓴 서문들을 도대체 어떻게 이해해야 할지 혼란스러웠다.

잔드의 이야기를 들으니 이 모든 것이 한 번에 이해가 되었다.

"이 사람들은 영혼을 잃었습니다." 잔드는 스트랭의 책 표지를 두드리며 말했다. "과장이 아닙니다. 분석해 보니 그렇습니다. 스티븐 스트랭은 판단을 더 잘 해야 했어요. 그랬으면 올바른 일을 할 수 있었겠죠. 하지만 그는 그렇게 하지 않았어요."

잔드는 이런 말을 하는 것이 전혀 즐겁지 않은 모양이었다. 눈에는 고통이 서려 있었고, 목소리에는 아련 슬픔이 묻어났다. 너무도 많은 옛 친구들, 이를테면 프랭클린과 스트랭 같은 이들이 명성과 권력, 부와 명예에 현혹되었다. 잔드는 왜 그렇게 되었는지 이해할 수 없었다.

성경에는 자신의 업적을 자랑하지 말고, 오직 하나님을 알고 하나님을 영화롭게 하는 것을 자랑하라는 경고가 반복해서 나온다. 성경의 특정 문맥에서는 '영광'(glory)이라는 단어가 모호하게 다가올 수 있다. 하지만 일반적으로 히브리어 '카보드'(kavod)에서 파생된 이 단어는 무게, 중요성, 중후함을 의미하며, 상당한 가치를 지닌 것을 나타낸다. 기독교인이 대형 교회나 출판 제국처럼 상당한 가치를 지닌 업적을 이루면, 스스로 영광을 누리고 싶은 충동이 강해질 수 있다. 그러나 그런 충동이 든다면 반드시 저항해야 한다. 이 역학 관계는 지극히 이분법적이기 때문이다. 우리는 하나님에게 영광을 돌리거나, 스스로 영광을 누리거나 둘 중 하나다. 둘 다 할 수는 없다.

잔드는 예수가 제자들에게 "자기를 부인하고" 주님을 위해 목숨을 버릴 준비를 하라고 하신 이유가 여기에 있다고 말했다. 그러면서 내가 가장 좋아하는 구절 중 하나인 마가복음 8장 36절을 인용했다.

"사람이 온 세상을 얻고도 제 목숨을 잃으면, 무슨 이득이 있겠느냐?"라고 예수는 물으셨다.

★ ★ ★

잔드는 지난날을 돌이켜 보며 그 시절에 많은 교인을 잃은 것에 오히려 감사하고 있다. 교회 규모가 대폭 줄어든 덕분에 교인들과 더 친밀하게 소통할 수 있게 되었고, 모두가 그의 사명과 메시지에 동참하고 있는지 확인할 수도 있었다. 이는 교회를 더 건강하게 만들었을 뿐만 아니라, 트럼프 시대의 혼란으로부터 생명의말씀교회를 보호해 주었다.

실제로 많은 목회자가 교인들을 떠나보내고 있을 때, 생명의말씀교회는 십 년 만에 처음으로 진정한 성장을 경험했다고 잔드는 말했다. 주된 계기는 유튜브 덕분이었다. 비단 코로나19와 관련된 현상만은 아니었다. 생명의말씀교회는 팬데믹이 시작되기 몇 년 전부터 온라인으로 예배를 생중계해 왔다. 잔드는 처음에는 이 방식에 회의적이었다. 모여서 얼굴을 대면하고, 그리스도 안에서 한 몸으로서 성찬에 참여하고, 단체로 함께 모여서 드리는 예배의 힘을 믿었기 때문이다. 사실, 수천 킬로미터 떨어진 사람들을 목회하는 데는 큰 관심이 없었다. 그런데 그들 중 일부를 알게 되었다. 그들의 이야기를 듣고, 그들의 기도를 들었다. 그들은 온라인 교회를 선호하는 사람들이 아니었다. 그들 역시 하나님 나라를 우선시하는 견고하고 단합된 지역 교회에 소속되고 싶어 했다.

"그들은 단지 찾지 못한 것뿐이에요." 잔드가 말했다. "이 사람들은 갈 곳이 없다고 느껴요. 어제 텍사스에 사는 분에게 연락을 받았어요. 그분이 사는 카운티는 2020년에 미국의 다른 어떤 카운티보다 높은 비율로 트럼프에게 투표했다고 하더군요. 그분이 제게 이런 말을 했어요. '주변에서 정상적인 교회를 찾을 수가 없어요, 목사님.' 제가 그 말에 뭐라고 대답할 수 있겠어요?"

잔드는 일시적으로 온라인 커뮤니티를 제공할 수 있어 기쁘게 생각한다. 하지만 이는 "정상적인 교회" 부족 문제를 해결할 지속 가능한 해법이 아니다. 잔드의 설교를 온라인으로 시청하는 사람들, 특히 신앙 경력이 짧은 신자들에게는 영구적인 신앙 공동체가 필요하다. 이들에게는 그들을 사랑하고 양육할 목회자가 필요하고, 함께 성장하며 책임을 나눌 교회 가족이 필요하다. 그래서 잔드는 자신이 아는 유일한 방법으로 이들을 돕고 있다. 젊은 설교자들을 멘토링하는 것이다.

"어제 목사님 네 분이 이곳에 오셨어요. 오리건주에 있는 꽤 큰 교회에서 오신 분들이었어요." 잔드가 말했다. "저는 그들에게 '여러분은 위대한 전통에 의지해야 합니다. 설교가 뉴스 동향에 휘둘려서는 안 됩니다. 개정공동성서정과(RCL)에 주목하고 그것을 바탕으로 설교하세요. 전례력에 주목하고 그것을 바탕으로 설교하세요'라고 말했습니다."

몇 시간 전, 생명의말씀교회 입구에서 한 친절한 노인이 나에게 교회 주보를 건넸다. 가장 먼저 눈에 띈 것은 날짜였다. "2022년 11월 6일. 오순절 후 스물두 번째 주일." 생명의말씀교회는 성인의 죽음, 성경에 나오는 성스러운 순간, 사순절과 대림절 같은 절기를 기념한다. 미국의 공휴일인 메모리얼 데이, 독립기념일, 재향군인의날은 기념하지 않는다. "그런 날들이 우리와 무슨 상관이 있나요?" 잔드가 어깨를 으쓱하며 말했다. "우리는 교회입니다."

미국 전통에서 벗어나기란 쉽지 않다고 잔드는 말했다. 그러나 복음주의자들이 잃어버린 지위를 회복하려면 그 과정이 필요하다고 했다.

"기독교는 본질상 반문화적입니다. 그것이 기독교가 번성하는 방식이죠. 기독교가 지배 문화가 되려고 하면 부패하게 됩니다. 처음부터 그랬어요." 잔드가 설명을 이어 갔다. "이것이 이슬람과 기독교의 가장 큰 차이점 중 하나입니다. 이슬람은 세상을 지배하려는 의도를 품고 있습니다. 이슬람 자체가 정부 체제입니다. 기독교는 그렇지 않습니다. 복음서와 서신서 어디에도 기독교를 지배적인 종교나 문화로 만들려는 구상이 담겨 있지 않습니다."

성경은 주로 약자의 관점에서 쓰였다고 잔드는 지적했다. 이집트를 탈출하는 히브리 노예들, 바빌론으로 유배된 유대인들, 로마의 지배 아래 살던 초기 기독교인들 등. 이런 이유로 바울은 1세기의 동료 신자들, 특히 잔혹한 정권 아래서 살던 로마의 신자들에게 정부 당국에 복종하고 그리스도가 세운 왕국에 충성하라고 간청했다.

제국의 품에서 태어난 미국 복음주의자들이 겸손해지라고 간청하는 바울이나 신앙을 위해 겪는 고난을 기쁘게 받아들이는 베드로에게 쉬 공감하지 못하는 것은 당연하다. 나사렛 출신의 가난한 떠돌이 설교자와 평등을 강조하는 그분의 메시지에 쉽게 공감하지 못하는 것은 더 말할 필요도 없다. 꼴찌들이 첫째가 된다고? 사회주의 세뇌 교육도 아니고 그게 뭐야?

"이 사람들에게 하나님 나라는 실재(實在)가 아닙니다. 그들은 하나님 나라를 인식하지 못해요." 잔드가 말을 이었다. "실재는 미국입니다. 당파 정치의 저속한 세계, 승자 독식의 혈투가 실재입니다. 그래서 그들은 계속해서 싸움에 뛰어듭니다. 이 세상 왕국들을 지배하기 위해 악마에게 굴복하고픈 유혹에 점점 더 저항하기 어려워지는 것이죠."

잔드는 기독교 문명의 흥망성쇠를 연구해 왔고, 전도서가 말하듯이 "이 세상에 새것이란 없다"*는 점을 이해하고 있다. 그런데도

---

*　전도서 1:9.

미국에서 시도한 특별한 실험이 그토록 빨리 실패한 사실을 받아들이기 어려웠다. 스물두 살에 예수 운동의 열기와 활력을 바탕으로 생명의말씀교회를 개척했을 때, 잔드는 미국이 실시간으로 부흥을 경험하고 있다고 확신했다. 40년이 지난 지금, 그는 앞으로 수 세기 동안 목회자들이 연구하게 될 붕괴를 목격하고 있다. "매일 그 일에 대해 생각합니다. 이렇게 될 줄은 상상도 못 했어요." 잔드가 말했다. "정말 어리둥절합니다. 우울하지는 않아요. 불행하지도 않고요. 그저 어리둥절할 뿐입니다."

잔드는 명확히 해야 할 부분이 있는지 재빨리 설명을 이었다. 거의 20년 전에 교인 1,500명이 교회를 떠난 일이 어리둥절하다는 뜻이 아니라고 했다. 왜 사람들이 서커스 같은 그렉 록의 천막 교회를 찾아가는지, 폴라 화이트의 팟캐스트는 대체 왜 듣는지, 마이클 플린의 미국재각성투어 VIP 입장권을 사는 이유가 대체 뭔지 어리둥절하다는 뜻이 아니었다. 이런 사람들을 '양'이라고 부르는 데는 다 이유가 있기 때문이다. 잔드를 어리둥절하게 만든 이들은 이른바 '목자들'이다. 성경은 하나님이 기독교 지도자들에게 더 많은 것을 요구하신다고 말한다. 그런데도 '마이필로우 미치광이'에게 홍보의 장을 마련해 준 스트랭, 전도와 선거 운동을 맞바꾼 리버티대학교 운영진, "론의 폭언"이라는 15분짜리 정치 논평으로 주일 예배를 시작하는, 한때는 친구였던 세인트루이스의 어느 목사를 보면서 잔드는 책임자들이 무책임하게 직무를 유기하고 있다고 보았다. 예수가 바리새인들에게 하신 말처럼, 그들은 눈먼 사람이면서 눈먼 사람을 인도하는 길잡이들로서 추종자들을 구덩이에 빠뜨리고 있다.*

"그들은 사람들에게 분노와 증오를 심고 있습니다. 타인을 증

---

* 마태복음 15:14.

오하는 능력을 키우는 데 도움을 주고 있습니다." 잔드가 말했다. "영원한 분노를 품고 다니도록 그 사람들에게 허가를 내주고 있는 겁니다."

나는 그 목사들이 잔드에게 뭐라고 반박할지 생각해 보았다. 그들은 잔드에게 지나치게 깨어 있다고, 미지근하다고, 망가진 세상에서 성경의 원칙을 사수하기 위해 행동에 나서지 않는 비겁자라고 응수할 것이다.

"행동에 나선다고요?" 잔드가 비웃었다. "교회가 어떤 행동에 나서야 한다는 잘못된 생각을 많이 합니다. 교회의 임무는 단순히 교회로 존재하는 것입니다. 세상을 변화시키겠다는 거창한 말들을 많이 하죠. 하지만 우리는 세상을 변화시킬 필요가 없습니다. 우리는 세상을 변화시키라고 부름받지 않았습니다. 우리는 이미 그리스도에 의해 변화된 세상의 일원이 되라고 부름받았습니다. 그것이 우리가 소금이고 빛인 이유입니다."

잔드는 믿기지 않는 듯한 표정으로 말했다. "저는 항상 예수에 관해 이야기합니다. 예수에 관해 끊임없이 이야기해요. 그런데 늘 예수의 왕국이란 맥락에서 이야기합니다." 잔드가 말했다. "예수를 당나귀(민주당)나 코끼리(공화당)의 마스코트로 여기는 발상이라니, 그건 복음의 메시지를 왜곡하는 재앙입니다."

잔드는 현 미국 교회의 모습에 모욕감을 느낀다고 말했다. 속상하거나 상처받거나 화가 나는 것이 아니라 모욕감을 느낀다고 말이다. 하나님은 영광을 차지하려고 경쟁하는 우상을 용납하지 않으신다고 잔드는 말했다. 그리고 하나님을 예배한다고 주장하는 사람이라면 누구도 그렇게 해서는 안 된다고 덧붙였다.

"카이사르의 검을 들든가 예수의 십자가를 들든가, 선택해야 합니다." 잔드가 힘주어 말했다.

16장

★★★

원칙보다 권력:
승리가 곧 미덕?

"오래된 격언이 경고하듯이,
지옥으로 가는 길은 선의로 포장되어 있다."

"아무도 두 주인을 섬기지 못한다. …
하나님과 재물을 아울러 섬길 수 없다"(마태복음 6:24).

허셜 워커는 재밌는 예화를 하나 들려주었다.

갑자기 죽은 한 남자가 진주로 된 천국 문에서 성 베드로를 만났는데, 착오가 생겨서 그의 영혼이 천국과 지옥 어디에도 배정되지 않았다는 사실을 알게 되는 이야기였다. 이 특이한 상황 때문에 베드로는 남자에게 두 곳을 모두 둘러볼 기회를 준다. 두 사람은 먼저 엘리베이터를 타고 지옥으로 내려간다. 큰 파티가 벌어지고 있었다. 옛 친구들과 함께 파티를 즐기던 남자는 떠나기 아쉬워했다. 그러다 마침내 베드로와 함께 천국을 보러 갔다. 천국도 나쁘지는 않았지만, 남쪽에서 영원히 지내기로 남자는 결심했다. 하지만 다시 지옥으로 내려가자 모든 것이 변해 있었다. 지옥은 고통스럽게 뜨거웠고 사람들은 울며 비명을 지르고 있었다. "대체 무슨 일이 벌어진 거죠?" 남자가 큰 소리로 물었다. "몇 시간 전만 해도 파티하고 있었잖아요."

"사탄이 나타나더니, '몇 시간 전에는 내가 선거 운동 중이었어!'라고 말했어요." 워커가 무표정하게 말했다.

모두가 웃음을 터트렸다. 하지만 이 예화는 단순히 재미를 주려고 꺼낸 이야기가 아니었다. 조지아주 연방 상원의원 선거는 미국에서 가장 주목받는 선거가 되었다. 어느 당이 연방 상원을 장악하게 될지를 판가름할 가능성이 컸기 때문만은 아니었다. 공화당 후보 허셜 워커를 둘러싼 스캔들이 눈덩이처럼 불어나면서 마치 〈제리 스프링어 쇼 *Jerry Springer Show*〉*에서나 볼 법한 광경이 선거 과정에서 펼쳐졌다. 워커의 선거 캠프는 상대 후보인 민주당 상원의원 라파엘 워녹(Raphael Warnock)을 공격하는 것으로 대응했다. 워녹의 교회가 임대 부동산에서 세입자를 퇴거시키겠다고 위협한 전력을 강조하는가 하면, 그가 전 부인의 발을 자동차로 치고 갔다는 근거 없는 이야기를 꺼냈다. 워녹이 목사였다는 사실, 그것도 한때 마틴 루서 킹 주니어가 이끌었던 애틀랜타 에벤에셀침례교회의 목사였다는 사실이 이 선거에 신성한 의미를 불어넣었다. 11월 8일이 가까워지면서

두 후보는 서로 '가짜 예수 추종자'라고 비난했다. 선거일 전날 연단에 오른 워커는 다음 날의 선택이 단순히 공화당과 민주당 간의 선택이 아니라고 선언했다.

"지금 좌파는 여러분에게 선거 운동을 하고 있습니다. 선거 운동을 하고 있어요. 세상에, 워녹 상원의원도 선거 운동을 하고 있네요." 워커는 앞에서 들려준 예화를 다시 언급하며 말했다. "그들은 여러분을 그 엘리베이터에 태워서 내려보내려 하고 있습니다."

무엇을 암시하는 말인지 너무도 명확했다. 보수적인 〈워싱턴 이그재미너〉조차도 "워커, 조지아주 상원의원 선거에서 워녹을 '사탄'에 비유하다"라는 제목으로 그날 발언을 보도할 정도였다. 그런데도 공화당 후보 허셜 워커는 작은 것 하나도 운에 맡기려 하지 않았다.

"저는 하나님을 위한 전사입니다!" 워커는 이렇게 선언했다. "하나님이 이 순간을 위해 저를 준비시키셨습니다. 왜냐하면, 하나님은 제가 양의 탈을 쓴 늑대와 맞서 싸워야 할 줄 알고 계셨기 때문입니다."

애틀랜타 외곽에 있는 거버너스건클럽 주차장에는 바로 이런 종류의 영적 싸움을 기대하며 수백 명이 어깨를 부딪히며 빽빽이 모여 있었다. 투광 조명이 비추는 주차장에서 워커가 워녹을 악마에 비유할 때마다 성난 환호가 터져 나왔고, 워커가 좌파에게 끈질기게 박해를 당한 일을 언급할 때마다 경외심 어린 박수갈채가 이어졌다. 워커는 영웅이 되는 데 익숙했다. 조지아대학교에서 러닝백으로 활약하며 최우수 선수에게 수여하는 하이즈먼 트로피를 받기도 했다. 그러나 이번에는 종류가 다른 찬양이었다. 그는 단순한 인기 스타가 아니라 십자군 전사였다. 워커는 허셜이라는 단어 위에 자신의 웃는 얼굴과 붉은색 불도그 그림이 함께 인쇄된 유세 버스 앞에서 워녹이 선량한 조지아 주민들을 지옥으로 끌고 가게 놔두지 않겠다고 맹세했다. 그들은 마치 선거에서 이미 승리한 사람들처럼 춤추고 환호하며 축하했다. 어쩌면 그 순간만큼은 승리가 정말로 현실처럼 느껴졌을지도 모른다.

공화당은 선거 운동 막바지에 탄력을 받은 듯 보였고, 당 관계자들은 조지아에서 승리할 거라는 자신감으로 가득 차 있었다. 워커가 그동안 지나온 난관을 생각하면 더욱더 달콤한 승리가 될 참이었다. 워커는 낙태 비용을 댄 적이 없다고 부인했다. 하지만 낙태 시술 비용이 포함된 개인 수표와 "빠른 쾌유를 빌며"라고 쓴 자필 카드 등 여러 증거가 문제의 날짜와 정확히 일치하여 변명의 여지가 없었다. (조지아주의 보수적인 라디오 진행자 에릭 에릭슨은 선거일 한 달 전에 터진 〈데일리 비스트〉의 폭로에 대해 "내 생각에는 다들 이미 아는 내용이다"라는 트윗을 올렸다. 그리고 "사람은 시간이 지나면 변하기도 한다"라고 덧붙였다.)

10월에 터진 폭로 기사와 관련하여 가장 주목할 점은 그 기사가 선거의 판도를 바꾸지 않았다는 점이다. 낙태 사건의 여파는 그리 크지 않았다. 심지어 한때 아버지의 선거 운동을 공개적으로 지지했던 아들이 소셜 미디어를 통해 아버지를 비난하는 일까지 있었지만, 워커를 지지하는 보수적인 기독교 유권자들은 마음을 바꾸지 않았다. 워커가 같은 여성에게 두 번이나 낙태를 강요했다는 폭로도, 카메라 앞에서 워커가 수술비를 댔다고 밝힌 또 다른 전 여자친구의 고발도 후보직에 타격을 입히지 못했다. 이유가 뭘까? 중요한 것은 워커가 공화당 후보라는 점이었다. 중요한 것은 권력을 되찾는 것이었다.

"승리가 미덕입니다." 보수적인 기독교 라디오 진행자 데이나 로쉬(Dana Loesch)가 토크쇼에서 한 말이다. "허셜 워커가 멸종 위기에 처한 독수리 새끼들을 낙태시키려고 돈을 댔어도 상관없습니다.

저는 [공화당이] 상원을 장악하길 원합니다.”

그래서 선거 전날 밤 조지아주에서는 사람들 수백 명이 모여 가상의 순교 의식을 치렀다. 워커의 대리인들이 번갈아 가며 마이크를 잡고 민주당이 이 선량하고 훌륭한 사람을 두고 인격 살인을 저질렀다고 비난하는 동안 군중들은 맞장구치며 야유하고 분노한 척했다. 그러나 그들 중 상당수가 워커에 관한 의혹이 사실이라고 믿는다고 내게 인정했다.

“이건 힘든 일입니다. 정치가 미식축구와 다른 점은 헬멧이 없다는 겁니다. 그리고 규칙도 없습니다. 속임수를 써도 됩니다.” 사우스캐롤라이나주 상원의원 린지 그레이엄(Lindsey Graham)이 무대에 올라 말했다. “저는 이 일을 오랫동안 해 왔습니다. 그런데도 제 친구 허셜 워커처럼 경멸당하고 비인간적인 대우를 받는 사람은 본 적이 없습니다.”

잠시 후, 열정적으로 워커를 변호하는 그레이엄에게 박수를 보내던 지나 필립스(Gina Phillips)가 레이먼드 포터(Raymond Porter) 목사와 대화를 나누기 위해 행사장 옆에 멈춰 섰다. 은색과 자주색이 섞인 성직자 가운을 입은 포터 목사는 워녹의 친낙태 정책에 반대하기 위해 그 자리에 참석했다. 필립스는 임신 지원 클리닉에서 일하고 있어서 포터와 의견을 나누고 싶어 했다. 서서 대화를 나누는 동안 나는 두 사람이 워커의 낙태 스캔들을 태연하게 인정하는 모습을 보고 무척 놀랐다. 그들은 워커가 개인적으로 낙태를 위해 돈을 댔더라도, 앞으로 중요한 것은 공직자로서 낙태에 반대하는 것이라고 입을 모았다.

“저는 허셜 워커가 낙태를 위해 돈을 댄 일을 ‘회개’하고 하나님과 관계를 회복하는 것이 라파엘 워녹을 선출하여 누구나 무제한으로 낙태할 수 있게 하는 것보다 낫다고 생각합니다”라고 필립스는 말했다.

그러나 한 가지 문제가 있었다. 워커는 회개하지 않았다. 적어도 공개적으로는 회개한 적이 없다. 워커는 의혹을 완강히 부인하며 막무가내로 무죄를 주장했다. 그런데도 지지자들은 그 주장을 전적으로 받아들였다. 나는 필립스에게 계속 거짓말을 고수하는 사람이 회개하는 것이 가능하냐고 물었다.

"그는 우리에게 진실을 말하고 있지 않습니다. 하지만 나는 그가 하나님에게는 올바른 일을 했다고 생각합니다"라고 필립스가 대답했다.

필립스와 같은 생명 옹호론자들이 믿는 것처럼 낙태가 살인이라면, 살인을 저지른 사람이 죄를 인정하지 않고도 용서받을 수 있을까? 필립스는 이 질문에 어깨를 으쓱했다. 그래서 더 단순하게 묻기로 했다. 특정 공약을 내걸고 출마한 정치인이 개인 생활에서 해당 공약을 어겼는지에 관해 대중은 알 권리가 있지 않은가?

"저는 상관없습니다." 필립스가 대답했다. "왜냐하면, 라파엘 워녹은 만삭 아기가 태어나도 수술대에서 죽게 놔두길 원하니까요."

필립스는 워녹이 상원에서 펜실베이니아의 밥 케이시(Bob Casey)와 웨스트버지니아의 조 맨친(Joe Manchin)을 비롯한 민주당 의원들과 함께 태아생존자보호법에 반대 투표한 것을 언급했다. 이 법안은 낙태를 시도했으나 살아남은 아기에게 의료 서비스를 제공하도록 의무화하는 법안이다. 워녹이 반대표를 던진 사건은 진공 상태에서 벌어진 독립적인 사건이 아니다. 과거에 낙태가 "안전하고, 합법적이며, 드물게" 이루어져야 한다고 강조했던 민주당은 최근 들어 '어떤 이유에서든지' '언제든지' 낙태를 선택할 수 있다는 입장으로 바뀌었다. 돕스 판결*이 로 대 웨이드 판결을 뒤집기 전후에 실시한 여론 조사에 따르면, 대부분의 미국인이 낙태 권리를 지지하지만, 압도적 다수가 임신 3기** 낙태는 불법으로 간주해야 한다고 믿는 것으로 나타났다.

워녹의 극단적인 입장을 더욱 주목하게 만든 것은 그가 성직자가 되기 위해 훈련을 받았다는 점이다. 오순절교회 목사의 아들인 워녹은 의회와 선거 유세장에서 인류가 하나님의 형상대로 지음을 받았다고 설득력 있게 이야기했다. 인간의 권리를 옹호하면서 성경 구절도 자주 인용했다. 2022년, 워녹은 유권자들에게 "저는 생명에 대한 깊은 경외심을 품고 있습니다"라고 말했다. 그 모든 점을 고려할 때, 워녹이 낙태 문제에 관해 자신이 속한 민주당과 입장을 달리하리라 짐작할 수도 있다. 그러나 그는 사과 한 마디 없이 낙태에 찬성하는 견해를 고수하면서, 결정은 여성과 담당 의사가 내려야 하고 필요하다면 목사의 조언을 구해야 한다고 강조했다. "심지어 하나님도 우리에게 선택권을 주셨습니다!"라고 워녹은 한 선거 유세장에서 말했다. 이 영상은 빠르게 퍼져 나갔다. (후보자 토론 중에 당시 발언이 무슨 의미인지 명확히 밝히라는 압박을 받자, 당황한 워녹은 "제 생각에는 자명합니다"라고 대답했지만, 신학적으로는 그렇지 않았다.)

워커는 트랜스젠더 권리 지지부터 사회 안전망 확대, 제도적 인

---

* 미국의 낙태 권리에 큰 변화를 가져온 중요한 판결이다. 2022년 6월에 나온 이 판결에서 대법원은 낙태를 헌법이 보호하는 권리로 인정한 1973년 '로 대 웨이드 판결'을 뒤집었다. 돕스 판결의 핵심은 15주 이후의 낙태를 금지하는 미시시피주의 법률이 헌법에 어긋나지 않는다고 판단한 것이다. 이로 인해 로 대 웨이드 판례가 무효화되었고, 각 주가 낙태 관련 법률을 독자적으로 결정할 수 있게 되었다. 결과적으로 이 판결 이후 미국 내 여러 주에서는 낙태를 엄격히 제한하거나 금지하는 법을 제정했고, 낙태 권리에 대한 논쟁은 더욱 격화되었다.

** 임신 약 28주부터 출산까지의 기간으로 임신 7개월에서 9개월 사이에 해당한다.

종차별 규탄에 이르기까지 다양한 현안을 들어 워녹을 맹공격했다. 그러나 워커가 워녹을 루시퍼의 화신으로 묘사하는 데 가장 도움이 되었던 것은 바로 낙태 찬성 견해였다. 선거 운동이 진행되면서 워커는 워녹의 정책을 비판하는 단계에서 기독교인으로서 워녹의 정체성을 의심하는 단계로 나아갔다. "그는 성경 구절을 인용하며 자신이 잘하고 있다고 말하고 싶어 합니다." 워커는 선거일 전날 밤 유세에서 이렇게 말하며 워녹을 비웃었다.

성경 구절을 인용한 사람은 워녹만이 아니었다. 그날 밤 마지막 연설을 하면서 워커 역시 수많은 성경 구절을 인용했는데, 그 방식이 산만하고 일관성이 없었다. 워커는 워녹이 바이든에게 아프가니스탄 철수에 대한 책임을 묻지 않음으로써 국익을 보호하는 데 실패했다고 비난했다. 그러면서 하나님이 아담과 하와에게 금지된 열매를 먹은 책임을 물은 것처럼 워녹이 바이든에게 그 책임을 물었어야 했다고 말했다. 또한, 워커는 워녹이 마태복음 25장("너희는, 내가 주릴 때에 내게 먹을 것을 주었고") 말씀을 무시하고 세입자를 퇴거시키겠다고 위협함으로써 지역 사회에 책임을 다하지 못하고 사람들을 실망시켰다며 비난했다. 그리고 워녹이 미국 본연의 선함을 알리는 대신 인종차별에 관해 설교함으로써 흑인 교회를 올바른 방향으로 이끌지 못했다고 비난했다. "하나님은 '함께하면 서고, 나뉘면 쓰러진다'고 말씀하십니다"라고 워커는 선언했다. "지금 저는 쓰러질 준비가 되어 있지 않습니다!" (워커는 이런 주장과 그 밖의 다른 주장을 할 때마다 "그들이 여러분을 엘리베이터에 태워 내려보내려 합니다!"라는 경고를 귀에 못이 박히도록 반복했다.)

워커가 성경에 해박하지 않다는 점은 케네소에 모인 군중들에게 전혀 문제가 되지 않았다. 그들은 워커가 하는 말을 전부 수용하고 있었다. 워커는 자신의 개인적인 결점에도 불구하고, 정치적으로

나 다른 면에서나 '올바른' 팀을 위해 싸우고 있다는 점을 그들에게 확신시켰다.

"워싱턴에는 그런 전사들이 필요합니다." 워커는 인상적인 말로 연설을 마무리했다. "제가 그곳에 가면, 예수 그리스도께서 저와 함께 가실 겁니다. 그분이 막아 주시면, 저는 달릴 수 있습니다!"

워커는 반짝이는 조명과 군중의 환호성 속에서 미식축구 선수로 전성기를 달리던 때를 떠올리며 팀의 공격수 한 명이 자기에게 했던 말을 군중에게 들려주었다. "허셜, 날 따라와. 내가 너를 약속의 땅에 데려다줄게."

워커는 두 팔을 벌렸다. "여러분 모두에게 말씀드리겠습니다. 저에게 투표하시면, 우리가 약속의 땅에 당도하도록 온 힘을 다하겠습니다!"

음악이 울려 퍼지고 지지자들이 사진을 찍고 포옹하고 마지막 기도를 하기 위해 자기네 영웅 주위에 모여들 때, 나는 유세 버스 그림자 속에 서 있는 수행원들을 바라보았다. 그중 다섯 명은 손뼉을 치거나 손을 모아 외치고 있었다. 한 명은 아무것도 하지 않고 서 있었다. 팔짱을 끼고 서서 주변 상황을 살피면서 다 안다는 듯이 미소를 짓고 있었다. 랠프 리드였다.

★ ★ ★

다음 날 아침, 애틀랜타의 세련된 벅헤드 지역에서 열린 선거일 조찬 모임에서 리드는 나에게 느낌이 왔다며 오늘은 '워커의 날'이라고 했다. 워커든 워녹이든 조지아 선거법에 따라 결선 투표를 피하는 데 필요한 50퍼센트 이상의 득표를 하지는 못할 것이라며 선거가 너무 치열해서 섣불리 예측하기 어렵다는 사람들과 달리, 리드는 워커가 결선 투표 없이 바로 승리할 가능성이 크다고 낙관했다. 공화당 후보 브라이언 켐프(Brian Kemp)가 주지사 선거에서 크게 앞서고 있으니, 같은 당의 다른 후보들에게도 긍정적인 영향을 미칠 수 있었다. 전국적으로 민주당은 걷잡을 수 없는 인플레이션, 범죄 증가, 남부 국경의 무법 상태 등의 이슈로 수세적 입장에 처해 선거 막바지에 고전하는 듯 보였다. 신임 대통령들이 중간 선거에서 패배한 역사는 조 바이든과 민주당에 좋지 않은 징조였다.

하지만 리드가 선거 결과를 낙관하는 이유는 이런 정치적 요인들 때문이 아니라, 워커를 무너뜨리려는 시도가 실패했다는 직감 때문이라고 했다. 나아가 그런 시도가 오히려 워커에게 도움이 되었다고 말했다. 리드에 따르면, 워커를 자기 당 후보로 받아들이는 데 소극적이었던 공화당 지지자들이 낙태 의혹이 제기된 후에 오히려 워커를 중심으로 결집했다. 이 폭로가 정직한 기독교인을 향한 또 하나의 조직적인 공격이라고 느낀 것이다. 그래서 워커는 자신이 겪는 정치적 어려움을 기독교인이 받는 박해에 비유하며 지지를 호소했다. 민주당이 워커를 상대로 '복음주의자의 위선'이라는 익숙한 이야기를 무기화하듯이, 공화당이 자기네 지지층에게 익숙한 '박해 콤플렉스'에 호소하는 것은 당연한 일이었다.

"복음주의자들, 그러니까 허셜 같은 후보와 허셜 같은 후보를 지지하는 유권자들을 위선자, 사기꾼, 가짜라고 비난하는 소리는 도무지 멈출 줄을 모릅니다"라고 리드는 나에게 말했다. "저는 솔직히 사람들이 그런 식의 정치에 진절머리가 났다고 생각합니다. 두려움을 조장하고 비방하는 정치, 개인의 인격을 말살하는 정치, 근거 없는 주장과 허위 정보로 상대방을 깎아내리는 정치…. 그런 정치는 저속한 정치입니다. 양쪽 모두 이 전략을 사용하지만, 특히 민주당이 이런 전략을 자주 사용해서 이제는 뭐, 예측 가능한 핵심 전략이라 할 수 있지요."

리드는 자신이 역사를 전공했다는 점을 잊지 말아 달라며 이런 인신공격은 성공한 전례가 거의 없다고 말했다. 토머스 제퍼슨이 노예 소유주라는 사실은 대다수 유권자에게 큰 영향을 미치지 못했다. 그로버 클리블랜드(Grover Cleveland)에게 혼외 자식이 있다는 사실도 마찬가지였다. 공교롭게도, 1990년대에 리드가 이끌던 공화당이 빌 클린턴의 성 추문을 이용해 보수적인 교회에 다니는 대중에게 도덕성이 정치 지도력의 전제 조건이라고 설득한 것은 예외적인 사례였다. 1998년 〈뉴욕 타임스〉 보도에 따르면, 리드는 "우리는 지도자의 행동을 중요하게 생각하며, 도덕적이고 훌륭한 인품을 가진 지도자가 나올 때까지 쉬지 않고 싸울 것입니다"라고 기독교연합 집회에서 말했다. "미국 사람들은 그런 지도자를 갈망하고 있습니다."

하지만 그 갈망은 리드가 기대한 만큼 크지 않았다. 모니카 르윈스키 스캔들로 한창 시끄럽던 1998년 중간 선거에서 민주당은 놀라운 승리를 거두었고, 클린턴의 인기는 사상 최고치로 반등했다. 리드는 여기에서 뼈아픈 교훈을 얻었다. 공화당은 유권자들이 후보자의 인품을 매우 중요하게 생각할 것이라고 믿고 이 점을 지나치게 강조하며 캠페인을 벌였다. 리드는 트럼프가 등장할 즈음에는 유권자들이 정치인들의 개인적인 문제나 스캔들에 아예 귀를 닫았다고 말했다. 리드가 다른 복음주의 지도자들보다 훨씬 일찍 트럼프를 공화당 후보로 지지한 이유도 여기에 있었다. 리드는 유권자들이 대부분의 정치 분석가들이 생각하는 것보다 훨씬 더 관대하다는 결론을 내렸다.

워커에 관한 의혹이 불거진 후, 리드는 알고 지낸 지 겨우 2년밖에 안 된 "친한 친구"를 자신이 보증한다며 감정에 호소했고, 애틀랜타에 있는 한 교회에서 기자들의 출입을 막고 "허셜을 위한 기도 전사들" 행사를 주최했으며, 의혹에도 굴하지 않고 당당히 맞서는 워커를 〈액세스 할리우드〉테이프 유출 사건에서 살아남은 트럼프에 비유했다. 이런 일련의 행동은 무척 뻔뻔스러워 보였지만, 리드는 전혀 개의치 않았다. 자신은 해야 할 일을 했을 뿐이라고 생각했다. 그의 원시적인 인간 본성, 미국 정치 역사, 현대 공화당에 관한 이론들은 공통된 주제로 연결되어 있었다. 리드는 인간이란 본디 자신의 이익을 우선시하는 존재라고 말했다. 그도 마찬가지였다.

"유권자들은 정말로 현실적입니다. 유권자들이 후보자의 과거 잘못이나 실수를 눈감아 주는 건 새로운 일이 아닙니다." 딸기와 오트밀을 한 숟가락 떠먹으며 리드가 말했다. "그리고 말이에요, 일반적으로 말해서, 저는 그게 좋아요." 리드는 아무 잘못도 없는 무고한 사람인 양 천진난만한 미소를 지었다. "물론, 그런 관용이 제가 지지하는 후보에게 적용되면 더 좋지요."

댈러스제일침례교회에서 로버트 제프리스 목사와 나눈 대화가 떠올랐다. 제프리스와 리드는 트럼프와 복음주의 유권자의 관계를 설명하기 위해 비슷한 이야기를 했다. 그러나 두 사람은 한 가지 중요한 점에서 차이가 있었다. 제프리스는 복음주의자들이 트럼프를 지지하게 된 이유가 관용이 넘쳐서가 아니라 두려움이 넘쳐서라고 믿었다. 제프리스는 만연한 스캔들로 인해 복음주의자들의 마음이 무뎌졌을 수도 있지만, 문화 속에서 기독교적 가치가 거부당하고 있다는, 이른바 "포위당했다"라는 생각이 게임의 판도를 바꾼 진짜 이유라고 말했다. 나는 리드에게 복음주의자들이 두려움 때문에 트럼프와 워커를 지지하게 되었다는 이런 설명이 타당하다고 생각하는지 물었다.

리드는 복음주의자들이 결집하는 이유가 두려움 때문이라는 발상에 불쾌감을 드러냈다. (내슈빌에서 열린 콘퍼런스에서 그가 우리에게 "참석자들이 나라가 곧 망할까 봐 두려워하고 있다"라고 발언한 지 불과 몇 달 뒤의 일이

3부 영광

었다.) 리드는 오히려 기독교인들이 자신들의 견해가 "본질상 편협하고 비민주적인" 것으로 취급받는 것에 반발하고 있기 때문이라고 말했다. 그는 버락 오바마가 일부 유권자들이 사회적 변화에 직면했을 때 총기 소유권이나 종교적 신념에 더욱 집착하게 될 것이라고 했던 말을 떠올렸고, 힐러리 클린턴이 "한심한 자들"과 "구제 불능의 인간들"이라고 한 발언에 영적인 의미를 부여했다. 이 사례와 다른 많은 사례에서, 리드는 미국의 정치 및 문화 엘리트들이 보수 기독교인들을 배척하려고 애써 왔고, 기독교인들의 정치적 계산을 부당한 것으로 취급하며 복음주의 교회를 향한 적대감을 부추겨 왔다고 말했다.

"더 이상 솔직한 대화가 이루어지지 않습니다. 그들은 '그래, 이건 어려운 문제지. 당신 신앙과 도덕적 신념을 놓고 고민해야 하니까. 그래서 당신이 이런 결론을 내렸군'이라고 말하지 않아요. 절대 안 해요. 대신에 '당신은 위선자야. 당신은 가짜야. 당신은 사기꾼이야'라고 말하죠." 리드가 흥분하며 말했다. "다 거짓말이에요. 거짓말일 뿐만 아니라, 인격에 대한 비방이에요. 복음주의자들의 운동이 성숙하고 확고한 신념에 기반을 둔 긍정적인 시민 활동이 아니라, 두려움이나 단순한 반발심에서 비롯된 것이라고 암시하니까요."

기독교가 사회에서 부당한 대우를 받고 있다는 리드의 지적이 옛날에는 옳았을지도 모른다. 하지만 오늘날은 그렇지 않다. 공화당이 내부 분열과 갈등으로 약해지고 정체성에 혼란을 겪는 것과 마찬가지로 교회도 안에서부터 불안정해지고 있다. 교회 내의 극단적인 생각이나 행태가 점점 주류로 자리 잡으면서 교회 전체가 비판받는 상황이 되었다. 기독교적 견해가 "본질상 편협하고 비민주적"이라고 일축되는 데는 이유가 있다. 수 세대 동안 백인 복음주의자들의 압도적 다수가 미국에 들어오는 이민자와 난민을 지지했다. 그런데 2020년에는 이민자와 난민을 지지하는 비율이 어떤 종교 그룹보다 낮은 그룹이 되었다. 더욱이 이것은 일부 예외적인 사례가 아니다. 트럼프가 퇴임한 다음 해에 실시한 여론 조사에서 선거가 도둑맞았고, 백신이 위험하며, 세계주의자들이 미국 인구를 통제하고 있고, 진보 진영의 유명 인사들이 아기들의 피를 먹고 있으며, 나라를 구하려면 폭력이 필요할 수도 있다고 믿는 비율이 가장 높은 인구 집단이 백인 복음주의자라는 사실이 반복해서 드러났다.

그러나 그 어떤 것도 수천만 명의 사람을 싸잡아 비난하는 행태를 정당화할 수는 없다. 트럼프가 대통령으로 있는 동안 나는 전국을 돌며 작은 마을과 대도시를 가리지 않고 종교적 신념을 가진 유권자들을 만났고, 이를 통해 진지하고 이성적인 복음주의자가 여전히 많다는 사실을 알게 되었다. 좌파 성향의 평론가들이 나오는 케이블 뉴스와 신문 사설에서 과장되게 그리는 이미지 속에는 이 사람들이 포함되어 있지 않다. 이들은 합리적이고 현실적이며, 자신의 핵심 가치와 타인에 대한 배려, 복잡한 종교적 신념을 반영하여 신중한 정치적 판단을 내리는 경우가 많다. 그들은 복음주의 운동을 장악한 히스테리와 과장된 표현에 당황하며 원래대로 되돌리고 싶어 한다. 그들의 인격은 존중받아야 마땅하며, 복음주의 교회가 분열된 것은 그들의 책임이 아니다.

그러나 리드는 이런 분석을 수용하지 않는다. 그는 스스로 위기를 자초했다는 주장을 비웃었다. 리드의 설명에 따르면, 복음주의자들은 법원이 공립학교에서 기도를 금지하고 낙태를 합법화하며 정부가 종교 기관을 규제하도록 허용한 이래로 줄곧 어려움을 겪어왔다. 리드는 복음주의자들을 향한 이런 불공정하고 조직적인 배척은 늘 있었다고 주장했다. 그는 이에 맞서 싸우는 데 평생을 바쳤다. 최근에 생긴 변화가 하나 있다면, 이제 자기 뒤에 군대가 버티고 있다는 점이라고 리드는 말했다.

"우리는 항상 소외당해 왔습니다. 오늘날도 마찬가지입니다. 문제는 우리가 이 상황을 바꿀 수 있느냐였습니다. 그리고 우리는 결국 해냈습니다. 물론, 40-50년이 걸렸습니다. 하지만 결국 바꿨습니다."

정확히 무엇을 바꿨다는 뜻일까? 복음주의 기독교에 대한 대중의 인식은 역사상 그 어느 때보다 나빠졌다. 교회 출석률은 꾸준히 줄고 있으며, 베이비붐 세대가 계속 사망함에 따라 출석률은 급락할 것이다. 한편, 그들은 박해받고 있다는 주장을 여전히 반복하고 있다. 리드는 2019년 팟캐스트에서 트럼프가 재선에 실패하면 기독교인 "사냥 철"이 시작될 것이라고 말했다. 내가 관찰한 바에 따르면, 유일하게 바뀐 것은 리드의 태도뿐이다. 복음주의 운동은 한때 도덕적 신뢰를 떨어뜨릴 수 있는 사람들과 동맹을 맺지 않으려 노력했지만, 오늘날에는 도널드 트럼프와 허셜 워커 같은 사람들을 공개적으로 지지하고 있다.

리드는 어금니를 꽉 물었다. "저는 신학적 관점에서 누구든 그리스도 안에서 구원을 얻고 새사람이 될 수 있다고 믿습니다." 리드의 대답이다. "그리고 저는 허셜 워커가 새사람이라고 믿습니다."

어쩌면 그럴 수도 있다. 나는 워커의 속마음이 어떤지 알지 못한다. 만약 의혹이 사실이라면, 워커는 그리스도 안에서 구원을 얻은 새사람으로서 자신의 행동에 책임을 지고, 거짓말을 인정하고, 용서를 구하고, 자신이 받은 은혜를 타인에게 베풀어야 마땅하다. 그것이 성경에 부합하는 삶이다. 하지만 워커는 그렇게 하지 않았다. 대신에 값싼 은혜를 구하고 있었다. 워커는 피상적인 성화를 장려하고 있었다. 과거의 실수를 덮고 현재의 박해를 설명하며 유권자들에게 정치적 보상을 얻는 최소한의 공통분모로 기독교를 이용하고 있었다.

　몇 달 전 내슈빌에서 리드가 주최한 행사장에 워커가 당당하게 등장하던 순간이 떠올랐다. 워커는 혼외 자녀들을 돌보지 않았다는 보도가 쏟아질 때 선지자 이사야의 말을 인용하며 "어떤 무기도 저를 상하게 할 수 없습니다"라고 말했다. 리드는 감동한 표정이었다. 선거 운동이 막바지에 이른 지금, 나는 리드에게 물었다. 만약 워커가 승리한다면, 조지아주 유권자들이 그가 정말 새사람이라고 믿는다는 증거일까요? 아니면 유권자들이 원칙보다 권력을 더 중요하게 생각한다는 증거일까요?

　"인신공격을 일삼는 지저분하고 더러운 선거 운동과 선량한 인간을 무너뜨리려는 시도를 사람들이 거부했다는 증거 아닐까요?"라고 리드는 대답했다. "그리고 저는 몇 번의 예외가 있긴 했지만, 모름지기 선거를 좌우하는 건 경제라고 생각합니다. 백악관을 차지한 당의 경제 정책을 어떻게 생각하는지 국민이 투표로 보여 주는 거라고 생각합니다."

　리드는 강조하려는 듯 잠시 말을 멈췄다가 이렇게 말했다. "저는 민주당과 그 동맹들이 인신공격과 인격 말살을 전면에 내세운 선거 운동으로 그 총알을 피하려 했다고 생각합니다. 그리고 그 전략은 실패했습니다."

★　★　★

꼭 그렇지는 않았다.

　워커는 상원 선거에서 승리하는 데 필요한 득표율 50퍼센트에 도달하지 못했다. 워녹도 마찬가지였다. 결국, 선거는 12월 결선 투표로 이어졌다. 이런 상황은 공화당 후보에게 매우 불리한 신호였다. 워커가 얻은 득표율은 공화당 주지사 브라이언 켐프가 얻은 득표율보다 5포인트 낮았고, 다른 지역 공화당 후보들보다도 눈에 띄게 뒤쳐졌다. 이유는 간단했다. 출구 조사 결과, 무당파 유권자들은 워녹의 정책에 관해서도 걱정을 하긴 했지만, 워커의 인성과 판단력에 관한 우려가 훨씬 더 큰 것으로 나타났다. 워커는 이번 선거를 '천국과 지옥의 대리전'으로 묘사했지만, 그런데도 백인 복음주의 유권자들 사이에서 켐프보다 지지를 적게 받았다. 낙태에 반대하는 유권자들 사이에서도 켐프보다 지지를 적게 받았고, 보수층 사이에서도 마찬가지였다. 격차는 몇 포인트 차이로 작았지만, 작은 차이가 모든 것을 바꾸어 놓았다.

한 달 후, 워커는 결선 투표에서 워녹에게 패배했다.

공화당 후보 허셜 워커는 패배를 인정하며 유권자들에게 "미국을 믿고 헌법을 믿고 무엇보다도 우리의 선출된 공직자들을 믿으세요"라고 당부했다. 어리석게 투표 사기를 운운하지도 않았고, 전능자의 이름을 들먹이며 감정에 호소하지도 않았다. 분열을 조장하던 후보가 화합의 메시지를 전하며 떠났다. 사실, 워커는 결과에 안도하는 듯 보였다. 과거에 한 잘못을 차치하더라도, 워커는 공화당 지도부가 자신들의 의제를 추진하는 도구로 쓸 만한 사람이 못 되었다. 조지아를 위한 투사이자 하나님을 위한 전사라며 아무리 강력한 수식어를 갖다 붙여도, 그가 준비되지 않았고 불안정하며 근본적으로 공직에 적합하지 않다는 사실은 감춰지지 않았다.

"여성을 때리지 마세요. 사람들 머리에 총을 겨누지 마세요. 낙태를 종용하며 돈을 주지 마세요. … 더 큰 명성을 좇는답시고 어린 자식들을 나 몰라라 하지 마세요. 거짓말하지 마세요. 멍청한 소리 하지 마세요. 가족을 망신시키지 마세요." 워커의 아들 크리스천은 선거 결과가 발표된 후 트위터에 이렇게 썼다. "그러면 상원의원 자리를 얻을 수도 있을 거예요." 워커를 변호하자면, 워커가 2022년 선거에서 낙선한 유일한 공화당원은 아니다.

공화당은 기대가 무색하게 선거에서 참패했다. 근소한 차이로 하원을 탈환했지만, 상원을 되찾을 기회를 놓쳤고, 주요 주지사 선거에서 패배했으며, 여러 주의 입법부에 대한 통제권도 잃었다. 패배 원인은 간단했다. 공화당은 미국에서 가장 경쟁이 치열한 몇몇 주에서 중도파와 무당파 유권자들을 겁주는 과격한 후보들을 지명했다. 워커를 포함한 이런 대표적인 사례가 기독교 민족주의를 부르 짖는 후보들이었다는 점은 우연이 아니다.

펜실베이니아주에서 공화당의 더그 마스트리아노는 바이든 대통령 취임식 전에 트럼프가 "권력을 움켜쥐게" 해 달라고 기도했고, 이후 성경에 나오는 뿔 나팔을 불며 주지사 선거 운동을 시작했다. 그러나 그는 이리에서 장담했던 기적을 손에 넣지 못했다. 무려 15 포인트 차로 패배했다. 지난 두 번의 대통령 선거에서 합쳐서 2포인트도 안 되는 차이로 승패가 결정된 주에서 15포인트 차로 패한 것은 무척 놀라운 일이었다. 애리조나주에서는 한때 불교에 관심이 있었던 텔레비전 앵커 카리 레이크가 트럼프의 구원 능력을 의심하는 모든 공화당 이단자들을 공격하는 데 종교적 열정을 쏟아부었지만, 승리의 문턱에서 패배를 맛보았다. 사실 레이크와 맞붙은 민주당 후보는 크게 주목을 받는 인물도 아니었고, 레이크는 하나님이 자신을 주지사로 "선택"하셨다고 주장했지만, 선거 막바지에 마리코파 카운티에서 온건한 공화당 유권자들이 대거 이탈하는 바람에 패하고 말았다. 마리코파 카운티는 애리조나주를 통틀어 인구가 가장 많고, 따라서 투표자 수가 가장 많은 지역이다.

레이크는 패배를 인정하지 않았다. 선거가 자신에게 불리하게 조작되었다고 주장하며, 신자들을 결집하기 위해 종교적 광신주의를 부추겼다. 레이크는 하나님께 "이 승리를 주님이 원하시는 방식으로 이루어 달라"고 기도했고, 선거 관리 위원들이 "말도 안 되는 짓"을 저지르고 있다고 주장했다. 레이크는 결과를 뒤집어 달라고 하늘에 호소하는 라이브 스트리밍 기도회에 참여했으며, 그 기도회에서 한 연사는 민주당에 "복수해 달라"고 하나님께 기도했다. 레이크는 지지자들에게 "기도의 힘"이 자신을 주지사로 임명하기 위한 법적 노력으로 이어지고 있다면서, "우리는 이 악당들을 법정에 세우고 말 겁니다!"라고 선언했다. 선거 일주일 후, 레이크의 지지자들은 마리코파 카운티 선거관리위원회 주변에서 "여리고 행진"을 하며, 일곱 번째 바퀴를 돌면 구약 성경에서 여리고 성벽이 무너졌듯 딥스테이트의 속임수가 만천하에 드러날 것이라고 믿었다. 이러한 노력과 선거 결과에 이의를 제기하는 어설픈 소송에도 불구하고, 레이크의 패배는 확정되었고 민주당 후보가 주지사로 취임했다.

★ ★ ★

아무도 두 주인을 섬길 수 없다.

신성한 소명을 느끼고 공직에 출마하는 정치인은 곧 냉혹한 현실을 마주하게 된다. 선거 캠페인은 축적된 돈과 권력과 영향력을 기반으로 이루어지는데, 이것들은 기독교인들이 속하지 않은 왕국의 통화(通貨)다. 성경에 이중 국적이라는 선택지는 없다. 예수는 비유로 "두 주인"에 관해 말씀하실 때, "한쪽을 미워하고 다른 쪽을 사랑하거나, 한쪽을 중히 여기고 다른 쪽을 업신여길 것이다"라고 설명하셨다. 그리고 "너희는 하나님과 재물을 아울러 섬길 수 없다"는 유명한 문장으로 말씀을 마치셨다.

이 인용구는 오랫동안 부유한 사람들을 부끄럽게 만드는 데 사용되었다. 그러나 그리스도의 메시지는 좀 더 미묘하다. 대부분의 번역본에서 돈 대신 사용한 용어는 그리스어 '마모나스'(mamonas)에서 유래한 '맘몬'(mammon)이다. 히브리어와 아람어에 뿌리를 둔 맘몬은 역사적으로 단순한 물질적 부를 넘어 탐욕, 명성, 우월감을 부추기는 모든 것을 지칭하는 용어로 이해되었다. 니사의 그레고리오스를 비롯한 일부 초기 기독교 학자들은 예수가 "맘몬"을 사탄의 별칭으로 사용했다고 믿었다. 기독교인들에게 정치가 함정이 되기 쉬운 이유는 그 자체로 악마 숭배로 이어지기 때문이 아니다. 잘 훈련된 신자마저도 하나님에게서 멀어지고 신앙과 충돌하게 만드는 것들을 좇도록 유혹하기 때문이다.

마태복음 6장 24절은 단순히 더그 마스트리아노와 카리 레이크, 허셜 워커 같은 사람들을 책망하는 말이 아니다. 오래된 격언이 경고하듯이, 지옥으로 가는 길은 선의로 포장되어 있다.

생명 옹호 운동을 생각해 보자. 수백만 명의 복음주의자들이 낙태를 태어나지 않은 아기를 죽이는 도덕적 잔학 행위로 여기고, 오직 낙태 정책 하나만 보고 투표하는 단일 유권자가 되었다. 두 세대에 걸쳐 로 대 웨이드 판결을 뒤집기 위해 싸워 온 복음주의자들은 낙태라는 재앙을 종식시키기 위해 자신들이 기울인 노력과 타협을 하나님이 인정하신 것이라며 2022년 6월에 나온 돕스 판결을 환영했다. 일부는 정치적 성향을 자제하라고 설교한 기독교 지도자들을 조롱하기까지 했다. 전 트럼프 행정부 관료이자 기독교 민족주의자인 윌리엄 울프는 2016년에 트럼프가 대통령 후보가 되는 것에 반대했던 러셀 무어와 데이비드 프렌치, 그리고 비슷한 생각을 가진 복음주의자들을 비난했다. 울프는 트위터에 이렇게 썼다. "저들이 자신들이 틀렸음을 인정할까?"

그러나 돕스 판결은 낙태라는 재앙을 종식하지 못했다. 돕스 판결이 낙태 정책의 지형을 확실히 바꾸긴 했지만, 울프 같은 사람들이 생각했던 방식은 아니었다. 한때 정부와 의료 기관의 엄격한 규제 아래 통제되었던 낙태는 돕스 판결 이후 주마다 낙태 정책이 제각기 다르게 적용되어 서부 개척 시대와 같은 혼란스러운 상황이 펼쳐졌다. 공화당이 강세인 일부 주에서는 서둘러 낙태 시술을 전면 금지했다. 그러나 민주당이 강세이거나 양당의 힘이 비등한, 그보다 더 많은 주에서는 낙태에 대한 연방 차원의 규제가 없어지자 로 대 웨이드 판결보다 더 진보적인 법안을 추진했다. 2022년 선거일에는 6개 주의 시민들이 낙태를 더 쉽게 할 수 있도록 허용하는 법안에 투표했다. 공화당이 강세인 3개 주를 포함하여 6개 주에서 실시한 투표 모두 생명 옹호 진영의 패배로 끝났다. 로 대 웨이드 판결을 뒤집기 위해 50년간 벌인 캠페인은 성공했지만, 그 결과로 미국에서 낙태가 더 많이 이루어졌다.

선거에서 승리한다고 해서 사람들을 설득할 수 있는 것은 아니다. 낙태에 반대하는 대법관을 임명해 법을 바꾸더라도, 낙태 문제에 회의적인 사람들의 생각을 바꾸지는 못한다. 정치적 권력을 직접 사용하여 목표를 달성하려 했던 복음주의 운동의 노력은 성공했음에도 실패할 운명이었다. 갤럽에 따르면, 2023년 초 더 완화된 낙태 법을 지지하는 민주당 지지자의 수가 사상 최고에 이르렀다. 이는 놀랄 일이 아니었다. 그런데 같은 여론 조사에서 더 완화된 낙태 법을 지지하는 공화당 지지자의 수도 사상 최대치를 기록했다. 이 추세는 생명 옹호 진영에 파괴적이었다. 이제 공화당 지지자들이 20년 전의 민주당 지지자들보다 더 높은 비율로 진보적인 낙태 법을 지지하고 있다.

어떻게 이런 일이 일어날 수 있었을까? 너무 많은 복음주의자가 저항이 가장 적은 길을 선택했다는 점도 한 가지 이유일 수 있다. 피켓을 들고 있는 일쯤은 하나도 어렵지 않다. 페이스북에 게시물을 올리는 일쯤은 식은 죽 먹기다. 후보자에게 투표하는 일도 별로 어렙지 않다. 하지만 가처분 소득을 기부하거나, 낙후된 지역의 의료 시설에서 장기간 자원봉사를 하거나, 태아알코올증후군을 앓는 신생아를 입양하는 등 아기와 산모를 지속적으로 지원하는 일은 그보다 훨씬 더 어렵다. 물론, 낙태에 반대하는 모든 사람이 이러한 일을 할 수 있는 것은 아니며, 이런 일을 하지 않는다고 해서 그들의 신념이 진실하지 않다는 뜻도 아니다. 많은 생명 옹호 운동가가 이러한 일을 해 왔고 계속할 것이다. 하지만 내가 아는 수백 명 가운데 자신의 노력이 미국 대중의 마음을 바꾸기에 충분하다고 생각하는 사람은 아무도 없을 것이다. 또한, 그들 중 누구도 이러한 풀뿌리 활동이 낙태 권리를 둘러싼 정치 활동만큼 큰 영향을 미치지 못한다고 생각하지 않을 것이다. 낙태 정책 하나만 보고 투표하는 수백만 명의 유권자가 원치 않는 임신 문제를 해결하기 위해 선거 정치가 아닌 다른 방법에 투자한다면, 반세기 후에 이 논쟁이 얼마나 달라질지 생각해 볼 필요가 있다.

입법 과정에 참여하려는 행동은 절대 잘못된 것이 아니다. 신앙을 가진 사람들은 도덕적 원칙을 바탕으로 다른 사람들의 복지를 증진하기 위해 노력해야 한다. 그러나 정치 활동은 운동을 구축하는 하나의 도구일 뿐, 그 자체가 운동은 아니다. 노예제도는 범퍼 스티커와 해시태그와 연례 행진만으로 폐지되지 않는다. 시민권을 위한 투쟁은 보상을 바라지 않고 현장에서 쉼 없이 일하며 위험하고 불쾌한 일을 겸손하고 품위 있게 감당한 사람들의 힘으로 이루어졌다. 이 싸움은 골목 단위로, 도시 단위로 진행되어 공공 의식을 일깨웠다. 더 정의로운 사회를 만들기 위해 법을 만드는 과정에 지름길은 없었다. 정치적 싸움에서 승리하려면, 먼저 공공의 논쟁에서 승리해야 했다.

낙태 반대 운동은 공공의 논쟁에서 승리하지 못했다. 아니, 이기려는 시도조차 제대로 하지 않았다. 낙태를 도덕적 악이자 인류를 자신의 형상으로 지으신 하나님에 대한 모독으로 보는 메시지는 이상하게도 효과가 없었다. 왜 그럴까?

우선, 그 메시지는 스스로 "생명을 옹호한다"고 주장하는 사람들이 하는 다른 정치적 행위와 일관성이 전혀 없어 보이기 때문이다. 만약 인간 안에 하나님의 형상이 있다는 신념으로 선거 활동에 나선다면, 왜 낙태를 반대하는 데서 멈추는가? 난민 배척은 어떻게 설명할 것인가? 아기와 어머니를 강제로 분리하는 정책은 어떻게 설명할 것인가? 배고픈 아이들에게 제공하는 급식 프로그램을 축소하는 것은? 비폭력 범죄자들을 종신형에 처하고 무고한 사람을 사형에 처하는 것은? 아픈 사람들을 외면하고 가난한 사람들에게 치료를 거부하며 선진국 가운데 가장 높은 산모 사망률을 낳은 다원주의 의료 시스템은? 2020년에 총기가 미국 어린이 사망 원인 1위가 된 것은? 트럼프의 전(前) 공보 비서 세라 허커비 샌더스(Sarah Huckabee Sanders)가 아칸소 주지사에 출마하며 "우리는 아이가 자궁에 있을 때, 교실에 있을 때만큼 안전하게 지키겠다"고 선언했을 때, 가장 열렬한 낙태 반대 운동가조차도 문제점을 알아차렸을 것이다. 실제로 미국은 2022년에 또다시 학교 총격 사건 신기록을 세웠지만, 복음주의 운동은 이에 대해 침묵했다.

낙태 반대 메시지의 또 다른 문제는 전달자들이다. 여성의 성기를 움켜잡았다고 자랑하는 대통령에게서 과연 미국인들이 무엇이 도덕적으로 옳은지 가르침을 받을 수 있을까? 낙태를 종용해 놓고 안 했다고 거짓말하는 사람이 태어나지 않은 생명들이 고유한 존엄성을 갖는다고 주장하면, 과연 유권자들이 그 주장을 받아들일 수 있을까? 복음주의자들은 "이분법적 선택"과 "둘 중 덜 나쁜 선택"에 관해 계속 이야기하며 스스로 확신이 들 때까지 이 모든 것을 합리화할지 모른다. 그러나 더 높은 기준을 요구하고 유지하려는 의지가 부족하면, 그들의 주장은 도덕적으로 시급하고 중요한 것으로 받아들여지기 어렵다.

복잡한 상황에서 더 큰 이익이나 선을 좇기 위해 타협할 때, 모든 상황에 맞는 하나의 정답은 없다. 어떤 시민들은 민권 운동가들이 투표권을 법으로 통과시키기 위해 인종에 관해 후진적인 견해를 가진 린든 존슨(Lyndon B. Johnson) 대통령과 불편한 연대를 형성했던 것처럼, 누군가와 불편한 연대를 선택할 수밖에 없을 것이다. 하지만 신앙인들은 세속적인 정치적 연합이나 동맹보다 신을 향한 충성을 더 중요하게 여긴다는 사실을 비신앙인들도 알게 해야 한다. 오늘날 복음주의자들의 정치 활동은 바로 이 부분에서 실패했다. 기독교 보수주의자들은 최고 주권자이신 하나님의 존재를 자신 있게 증언하는 대신, 마치 쇼핑몰에서 길을 잃은 어린아이처럼 행동했다. 당황하고 겁에 질려 히스테릭하게 아버지의 이름을 외쳐서 모든 사람이 보는 앞에서 아버지의 명성을 실추시켰다.

부족한 자신감만 기독교인의 신앙 증언의 신뢰성을 떨어뜨리는 것이 아니다. 주님이 중요하게 여기시는 가치나 목표를 부주의하고 가벼운 태도로 전달하는 것 또한 증언의 신뢰성을 떨어뜨린다. 어떤 정치인이 하나님의 지지를 받았다고 주장했는데 그 정치인이 선거에서 계속 지면, 비신자들이 하나님도 졌다고 결론짓는다고 비난할 수 있을까? 그리고 만약 하나님이 정치 캠페인처럼 사소한 일에서 졌다면, 그분이 죽음을 이길 수 있으리라고 어떻게 믿을 수 있을까?

이것이 정치가 종교를 대체할 때 생기는 문제다. 예수는 우리에게 마음을 다하고 목숨을 다하고 뜻을 다하고 힘을 다하여 주님을 사랑하고, 우리 이웃을 우리 몸같이 사랑하라고 명령하셨다. 이것이 교회 밖에 있는 사람들에게 다가가는 방법이다. 이것이 회심하지 않은 사람들을 회심시키는 방법이다. 이것이 낙태와 성도덕, 그 밖의 중요한 문제들에서 변화를 일으키는 방법이다.

도널드 트럼프는 복음주의 유권자들과 거래를 약속했다. 무조건적 지지를 받는 대가로 생명 옹호 정책을 추진하겠다고 했다. 거래는 성사되었지만, 결과는 아름답지 않았다. 트럼프가 대통령으로 있는 동안 낙태율은 급증했다. 로 대 웨이드 판결을 뒤집었을 때의 축제 분위기도 오래가지 못했다. 2022년에는 역사상 처음으로 민주당원들이 단일 유권자*가 되었고, 낙태 권리를 지지하기 위해 유례없이 많은 사람이 투표에 나섰다. 이는 결정적인 영향을 미쳤고, 양당이 경합하는 수십 개 선거에서 공화당을 패배로 몰아넣었다. 생명 옹호 운동이 이렇게 압도적으로 패배하는 것도 어느 정도 예측 가능한 결과였지만, 그보다 더 쉽게 예측 가능한 반응도 있었다. 트럼프가 패배의 책임을 돌릴 희생자를 찾을 것이라는 점이었다.

"중간 선거에서 공화당이 기대에 부응하지 못한 것은 내 잘못이 아니다." 전 대통령은 소셜 미디어에 이렇게 썼다. 트럼프는 패배의 원인이 "낙태 문제" 때문이라고 주장했다.

---

* 특정한 이슈나 정책 하나만을 기준으로 투표를 결정하는 유권자를 말한다. 이들은 여러 정치적 주제 중에서도 자신에게 가장 중요한 한 가지 문제에 집중하여 그 이슈에 대한 후보자의 견해에 따라 투표한다. 예를 들어, 낙태 권리, 총기 규제, 기후 변화 등 특정 이슈에 관해 강경한 입장을 가진 유권자들이 이에 해당한다.

17장

★ ★ ★

침묵은 죄인가:
선동가들의 위험한 게임

"'적은 미국 교회가 침묵하고 방관하기를 무엇보다 원할 겁니다.'
바넷의 설교단에 서서 커크는 이렇게 선언했다."

"건강한 사람에게는 의사가 필요하지 않으나,
병든 사람에게는 필요하다"(마가복음 2:17).

2023년 2월 어느 밤, 2천여 명이 예배당을 가득 채웠다. 하지만 그들은 예배를 드리러 온 것이 아니었다. 록밴드가 〈예수여 찬양을 받으소서 *Christ Be Magnified*〉라는 곡을 요란하게 연주하며 행사의 문을 열었다. "우상에게 절하지 않고 굳건히 서서 주님을 경배하리 / 불 속에 던져져도 주님 계시니 기뻐하리"라는 가사였지만, 어디에서도 기쁨은 찾아보기 어려웠다. 모임 장소가 드림시티교회이긴 했지만, 이 행사는 예배가 아니었다. 2월 첫 번째 수요일 저녁이었다. 드림시티교회에서는 그날을 "자유의 밤"으로 기념하고 집회를 열었다.

루크 바넷(Luke Barnett) 목사가 처음 참석한 사람들에게 인사했다. 그는 이 행사가 "우리나라에서 무슨 일이 일어나고 있는지 이야기하고" 전통적인 기독교 가치를 수호하기 위해 "모래 위에 선을 긋는" 기회라고 설명했다. 사실, 이 아이디어는 바넷의 머리에서 나온 것이 아니었다. 바넷 목사는 자유의 밤 행사가 "주님을 사랑하는 진짜 진짜 훌륭한 신앙인"이자 "비전 있는" 기독교인이 생각해 낸 아이디어라고 했다. "그는 드림시티교회의 친구입니다." 바넷이 NBA 올스타전 아나운서처럼 주인공을 소개하자 군중이 자리에서 일어났다.

찰리 커크는 무척 태연스러웠다. 큰 무대에 서는 데 익숙했기 때문이다.

한때 자아도취에 빠진 눈 큰 부적응자였던 그는 이제 소셜 미디어 팔로워가 700만 명이나 되는 눈 큰 부적응자가 되어 있었다. 그는 청년 운동 조직인 터닝포인트유에스에이를 허름한 신생 단체에서 업계 거물로 성장시켰다. 커크는 동료 밀레니얼 세대의 특성을 잘 이해하고 이를 교묘히 이용해 밈과 상품, 표적과 논점을 제시하며 제국을 건설했다. 트럼프가 처음 부상할 때부터 "논쟁으로 진보를 깨부수는" 것이 어떻게 돈이 되는지 일찌감치 알아챘다. 가짜 분노를 이용해서 좌파와 우파 사이에 문화 전쟁을 부추기고, 이를 통해 자신의 영향력을 키웠다. 커크는 아직 서른도 되지 않은 나이에 기존의 보수 운동 지도자들을 제치고 새로운 중심인물이 되었고, 우파 진영 사람들은 그의 전략을 간파하고도 영향력과 인기를 무시할 수 없어 그의 방식에 동참했다. 커크는 자원봉사자를 모집하고, 엄청난 다운로드 기록을 세우고, 뉴스 헤드라인을 장식했다. 드림시티 행사 몇 주 전, 커크는 피닉스컨벤션센터에서 연례 정치·문화 축제인 "아메리카 페스트"를 나흘간 주최했다. 두 번째로 열린 이 행사에는 공화당 거물급 인사, 폭스뉴스 단골 방송인, 인터넷 유명인들이 참석했으며, 그해 열린 다른 우파 집회 대다수를 합친 것보다 훨씬 더 많은 군중을 끌어모았다.

이렇듯 많은 성공을 거두었는데도 불구하고, 찰리 커크는 그날 모인 청중과 마찬가지로 축하할 기분이 아니었다. "개인적으로는 11월이 힘든 시기였습니다." 그는 솔직하게 인정했다. 침울해 보이는 청중들의 표정을 살피며, 커크는 자신도 "낙담했다"고 털어놓았다. 주변 사람들이 고개를 끄덕였다. 커크는 12월 한 달 동안 기도하며 무엇이 잘못되었는지, 하나님께서 자신에게 무엇을 말씀하시려 하는지 이해하려고 노력했다고 말했다.

그래서 커크가 내린 결론은 무엇일까?

"우리는 두 배 더 노력해야 합니다." 커크가 힘주어 말했다. 아무리 지치고 힘들어도, "나라를 되찾기 위한" 싸움이 아무리 헛수고 같아 보여도, 기독교인들에게 항복은 있을 수 없었다. "적"은 자기들이 미국을 정복할 수 있게 기독교인들이 포기하길 원한다. 이제 그들은 자신을 증명해야 했다. 커크는 하나님이 중간 선거에서 공화당의 승리를 보류하신 이유는 그들의 의지를 시험하시려는 계획이 있었기 때문이라고 말했다. 그럼 이제 어떻게 반응해야 할까?

"우리는 더 열심히 싸워야 합니다. 우리는 단결해야 합니다." 커크가 말을 이었다. "우리는 성경의 전통과 우리의 역사를 통해 우리가 어디서 왔는지 이해하고, 우리가 무엇과 싸우고 있는지 스스로 배워야 합니다."

커크가 2012년에 터닝포인트유에스에이를 설립한 이후 줄곧 해 왔던 주장과 별반 다르지 않은 이야기였다. 그러나 접근 방식에 새로운 특징이 있었다. 지난 십 년간 적어도 표면적으로는 이념적인 성격의 전쟁을 벌여 온 그가 이제 더 위험한 싸움을 강조하고 있었다. 그 싸움은 단순한 정치적 이념이나 선거와 관련된 싸움이 아니라 그 이상으로 파급력이 큰 영적 전투였다. 커크는 미국을 지키기 위한 전쟁이 새로운 단계에 들어섰음을 드림시티교회 교인들이 이해하기를 바랐다. 이 싸움은 정치인들과 유권자들만으로는 이길 수 없는 싸움이었다. 좌파를 물리치려면, 너무 오랫동안 뒤로 물러나 있던 사람들, 즉 그들의 목사들이 전투를 이끌어야 한다고 커크는 설명했다.

"적은 미국 교회가 침묵하고 방관하기를 무엇보다 원할 겁니다." 바넷의 설교단에 서서 커크는 이렇게 선언했다. "만약 미국 교회가 일어서지 않는다면, 폭정과 전체주의는 계속 확산할 겁니다."

커크는 성직자들에게 도전 과제를 제시하러 온 것이었다. 그는 정치적 논쟁에 휘말리지 않고 중립적인 자세를 취하는 것을 정당화할 수 있는 시기가 있었다고 말했다. 하지만 이제 국가가 교회 폐쇄를 명령하는 등 유대-기독교 문화를 파괴하려는 의도가 명백히 드러났으므로, 더는 변명의 여지가 없다고 했다. 정치적 중립을 선언하는 목사는 좋게 봐줘 봤자 나약한 인간이고 엄밀히 말하면 배신자라고 했다.

가슴을 쫙 펴고 자신감 넘치게 이런 말을 한 사람은 신학적 업적이라고는 리버티대학교와 관계를 끊은 것이 전부인 스물아홉 살 청년이었다. 그런데도 커크가 이 나라 목사들을 상대로 강연하는 데 자신감을 느낀 이유가 무엇인지 짐작이 갔다. 그는 단순히 신앙을 고백하는 기독교인 수천 명 앞에서 말하는 것이 아니라, 미국에서 가장 규모가 큰 교회 중 한 곳의 강단에서 말하고 있었다. 이처럼 신뢰성까지는 아니더라도 영향력을 성공적으로 확보할 수 있도록 무대를 마련해 준 것에 대해 커크가 감사할 사람이 한 명 있었다. 바로 바넷 목사였다.

드림시티교회 지도자인 바넷 목사는 분별력이 뛰어난 인물은 아니었다. 2020년 여름, 코로나바이러스가 전국적으로 기승을 부릴 때, 바넷은 당시 대통령이었던 도널드 트럼프에게 선거 유세를 하도록 교회 강단을 빌려주며, 자기네 교회가 "99퍼센트"의 바이러스를 박멸하는 최첨단 공기 정화 시스템을 갖추고 있다고 자랑했다. (이 터무니없는 주장은 곧바로 반박당했고, 교회 페이스북 페이지에서도 나중에 삭제되었다. 하지만 사람들은 '왜 그가 교회 예배당에서 선거 유세를 하도록 허용했는가' 하는 더 중요한 질문에는 관심을 두지 않았다.) 바넷은 부족한 교활함을 진정성으로 보완했다. 내가 만난 다른 목사들과 달리 바넷은 지나칠 정도로 쉽게 믿는 사람 같았고, 자신이 좇는 대의가 옳고 시급히 이루어 내야 한다고 절대적으로 확신하는 사람처럼 보였다.

이 특별한 날 밤, 바넷은 드림시티교회에 모인 청중에게 홍보 영상을 보여 주었다. 이달 말에 교회에서 열릴 콘퍼런스 "이 반석 위에"에 관한 내용이었다. 약 2천 명의 목사가 드림시티교회에 와서 "단호한 자세로" 좌파의 의제를 물리칠 방법을 배울 예정이었다.

조명이 어두워지자 대형 모니터 두 대에 거친 폭풍이 몰아치는 장면이 나왔다. "지금이야말로……"라는 자막이 떴고, "교회 지도자들이 그리스도를 위해 일어서야 할 때입니다"라는 메시지가 이어졌다. 곧이어 폭풍이 일으킨 거대한 파도가 교회 건물을 향해 몰아쳤고, 예수가 베드로에게 하신 유명한 말씀이 화면에 나왔다. "너는 베드로다. 나는 이 반석 위에다가 내 교회를 세우겠다. 죽음의 문들이 그것을 이기지 못할 것이다."* 마지막으로 이 행사에서 주요 연설을 맡은 목사들에 관한 소개가 영상의 피날레를 장식했다. 그중에는 루크 바넷, 그의 아버지 토미 바넷(Tommy Barnett), 그의 형제 매튜 바넷(Mat-

---

* 마태복음 16:18.

thew Barnett), 그리고 당연히 젠테젠 프랭클린이 포함되어 있었다.

바넷과 커크는 강력한 팀을 이루었다. 은사 운동과 인연이 깊은 바넷은 스티븐 스트랭이 운영하는 카리스마미디어의 독자 수백만 명에게 다가갈 수 있었고, 커크는 트럼프 가족 전체를 포함하여 든든한 정치적 동맹을 확보한 덕분에 복음주의 세계에서 빠르게 입지를 다지고 있었다. 커크는 몇 년 전 "자유의 밤" 행사를 통해 종교적 기반을 다진 후, 2022년부터 목회자 콘퍼런스를 주최하기 시작했다. 같은 해, 그는 전국의 교회 예배당에서 열리는 "미국구원투어"를 시작했다. 2023년에는 "하나님 나라를 국회로 투어"를 발표했는데, 이는 연말까지 50개 주의 주도(州都)에서 음악, 기도, 옹호 활동을 펼치는 순회 부흥회였다.

커크는 미국 교회를 상대로 대대적인 활동을 준비하고 있었다. 이는 단순한 허풍처럼 들리지 않았다. 커크는 분명히 다른 우파 선동가들이 성공하지 못한 분야에서 성공을 거머쥘 자원과 조직, 그리고 배짱을 갖추고 있었기 때문이다. 커크는 신을 경외하지 않는 정권이 과거 수 세기 동안 많은 인명 피해와 폭력을 초래했다고 설명하면서, 자신이 무슨 말을 하는지도 모르고 청중에게 이렇게 선언했다. "하나님의 이름을 위해서가 아니라, 세속적이고 일시적인 이유로 큰일을 하려는 사람들을 하나님은 축복하지 않으실 겁니다."

커크는 터닝포인트유에스에이와 신설 부서 TPUSA페이스를 통해 세속적이고 일시적인 큰일을 하고 있었다. 그는 보수주의자들이 주요 국가 기관을 통제하지 못하게 방해하는 유일한 장애물이 무력한 목사들이라고 믿었다. 그래서 직설적인 성직자들과 팀을 이루어 압박을 강화할 준비를 하고 있었다. 만약 콘퍼런스와 순회 집회, 라디오 방송, 소셜 미디어를 통해 교회 지도자들과 교인들을 설득할 수 없다면, 그 일을 해낼 수 있는 사람을 커크는 알고 있었다.

바로 에릭 메택서스였다.

★　★　★

미국 복음주의는 오랫동안 특정한 불안에 시달려 왔다. 정치와 사업 분야에서는 복음주의자들이 영향력을 행사하고 있지만, 엘리트 사회, 학계, 지식인 그룹에서 배척당하는 듯해 불만을 느꼈다. 이렇게 사회적으로 인정받고 싶은 갈망이 커지면, 사회 주요 영역에 침투하여 자신들의 견해를 대변하고 신념을 지지해 주는 인물들, 비유하자면 자신들을 위해 테이블에 자리를 하나 마련해 주는 인물들을 영웅처럼 떠받들기 쉽다. 간단히 말해, 복음주의자들은 소외감을 느끼는 것을 매우 싫어해서 자신들이 사회적으로 중요하고 지적으로도 고상한 사람이라고 느끼게 해 주는 인물들을 무비판적으로 따르는 경향이 있다.

에릭 메택서스는 교회를 좀먹는 이 소외감이라는 감정을 이해하고 있었고, 이 감정을 어떻게 활용해야 하는지도 알고 있었다.

그리스 정교회 전통에서 자란 메택서스는 1980년대 중반 예일 대학교를 졸업한 후 복음주의 운동에 뛰어들었다. 많은 젊은 기독교 보수주의자가 서둘러 정치에 뛰어든 것과 달리, 메택서스는 예술에 집중했다. 어린이책을 여러 권 저술했고, 어린이를 위한 기독교 만화 《베지테일즈VeggieTales》에 글 작가로 참여했으며, 리처드 닉슨 대통령의 보좌관 출신으로 회심한 후 교도소 사역을 시작한 찰스 콜슨의 문하생이 되었다. (메택서스는 널리 알려진 콜슨의 라디오 프로그램 〈브레이크포인트Breakpoint〉의 논평을 공동으로 작성했다.) 복음주의에 깊이 뿌리를 내린 메택서스는 일반 사회로 영역을 넓혔다. 맨해튼에서 "도시의 소크라테스"라는 라이브 행사를 주최했는데, 이 행사는 와인과 전채 요리를 즐기며 고상한 주제를 놓고 토론하자며 박식한 군중을 끌어모았다. 메택서스는 영국의 노예제 폐지론자 윌리엄 윌버포스에 관한 책을 썼고, 그 후 히틀러에 반대하다 순교한 독일 설교자 디트리히 본회퍼(Dietrich Bonhoeffer)의 전기를 집필했다. 그리고 그 덕분에 2012년 국가조찬기도회에서 기조연설을 해 달라는 초청을 받았다. 국가조찬기도회에 참석한 메택서스는 낙태 정책을 비판하며 당시 대통령이었던 오바마와 당시 하원 의장이었던 낸시 펠로시에게 호통을 쳤고, 이로써 기독교 우파 세계에서 독보적인 유명 인사가 되었다. 당시 오바마와 펠로시는 메택서스와 불과 몇 발자국 떨어진 곳에 앉아 있었고, 국가조찬기도회는 텔레비전으로 생중계되고 있었다.

왜 우리 부모님 같은 사람들이 메택서스에게 매력을 느끼는지 알 것 같았다. 그는 재치 있고 쾌활한 기독교 지식인이었고, 옷차림은 완벽했으며 말에 거침이 없었다. 복음주의도 그가 대변하면 조롱을 면할 수 있을 것 같았다. 하지만 여기저기서 위험 신호가 울렸다. 메택서스는 자기 홍보 욕구가 매우 강했다. 언론에 노출될 기회를 잡으려고 안달했으며, 폭스뉴스에서 프로그램을 진행하고 싶다는 열망을 숨기지 않았다. 국가조찬기도회에서는 오바마에게 자신의 책《디트리히 본회퍼 Bonhoeffer》를 읽어 보라고 집요하게 요구했고, 결국 대통령은 장난스럽게 책을 들어 보이며 메택서스가 수년간 홍보 자료로 활용할 사진을 찍게 해 주었다. 그러나 화려한 표현 방식은 오히려 그의 주장이나 분석의 본질적인 문제점을 드러냈다. 기독교 독자들은《디트리히 본회퍼》에 열광했지만, 본회퍼를 오랫동안 연구해 온 역사가들은 메택서스가 이 책에서 다룬 분석과 결론을 강력히 비판했다. 메택서스에게는 뭔가 이상한 점이 있었다. 독특한 개성과 진정성을 갖춘 인물이라는 인식 덕분에 명성을 얻었는데도 불구하고, 섬뜩할 정도로 익숙하고 피상적인 냄새를 풍겼다.

따라서 트럼프가 대통령 후보가 되는 것을 메택서스가 전폭적으로 지지한 것은 그리 놀라운 일이 아니었다. 한때 트럼프와 그의 명백한 결점을 비판했던 메택서스는 트럼프가 공화당 후보로 지명되자마자 기독교인들이 대선에서 "반드시" 그를 찍어야 한다고 선언했다. 다른 많은 사람이 그랬던 것처럼, 메택서스에게도 이것이 중요한 전환점이었다. 한때 수동적으로 정치를 관망했던 그는 이제 민주당이 집권하면 미국의 존립 자체가 위태로워질 것이라고 주장했다. 2016년에 메택서스는 "이것은 국가의 명운이 걸린 문제"라고 선언했다.

기독교 언론인 존 워드(Jon Ward)는 이 발언에 다음과 같이 반응했다. "분노에 찬 보수주의자들이 반갑지 않은 이메일을 보내왔다. 그중 한 명은 메택서스가《디트리히 본회퍼》에서 히틀러의 집권 과정을 묘사한 구절을 인용했다. '독일 사람들은 질서와 리더십을 갈망했다. 그런데 그들의 갈망이 악마를 불러내기라도 한 것처럼, 민족정신에 깊이 팬 상처에서 기이하고 무서우며 매혹적인 무언가가 떠 올랐다.'"

대체 메택서스에게 무슨 일이 일어났는가를 두고 논쟁이 일었다. 이 논쟁은 익숙한 이분법을 따랐다. 명성과 영향력을 얻고자 의도적으로 원칙을 저버린 것인가? 아니면 정말로 미국을 구해야 한다고 믿었고, 도널드 트럼프가 미국을 구할 구세주라고 확신한 것인가?

둘 다 정답일 수 있다. 부패와 정신병은 배타적인 관계가 아니다. 메택서스는 트럼프가 대통령 후보가 되는 것에 반대했다가는 자신이 누리는 경제적 성공과 종교적 영향력을 잃을 수 있다는 사실을 잘 알고 있었다. 또한, 많은 기독교인과 마찬가지로 오바마 시대에 그의 견해가 과격해진 측면도 없지 않았다. 그리고 이런 경향은 트럼프 대통령의 임기 동안에도 계속될 예정이었다.

메택서스는 이제 막 개종한 사람처럼 열정적으로 45대 대통령을 옹호했다. 우선, 《도널드, 장벽을 세우다*Donald Builds the Wall*》와 《도널드, 늪을 파헤치다*Donald Drains the Swamp*》라는 제목의 아동용 책을 썼다. 프랭클린 그레이엄이 트럼프의 정책에 항의하는 시민들의 행동이 "거의 악마적"이라고 말했을 때는 "거의"를 빼야 한다며 동조했다. 2020년 워싱턴에서 열린 공화당 전당대회에서는 자전거를 타고 다니던 시위자를 주먹으로 때렸다. 트럼프의 재선에 반대하는 동료 복음주의 지식인 데이비드 프렌치와 토론한 생방송 프로그램에서는 프렌치의 모두 발언에 대응하여 "제인, 이 무식한 걸레야!"*라는 오래된 SNL 농담을 인용하여 토론을 주최한 기독교 대학 관계자들을 당황스럽게 했다.

이러한 변화의 강도를 고려할 때, 메택서스가 2020년 말 선거 결과를 뒤집으려는 트럼프의 십자군 운동을 옹호할 것이라는 점은 충분히 예측 가능했다. 그는 선거 결과를 조작한 사람들이 감옥에 가거나 더 나쁜 일을 당할 것이라고 공언했다. 그리고 트럼프가 대통령직을 계속 유지할 것이라고 믿는다면서, 예수가 죽은 자 가운데서 부활하셨다고 믿는 것만큼이나 굳게 확신한다고 말했다. 심지어 자신이 진행하는 라디오 쇼에 트럼프를 초대하여 기독교인이 현재의 위기에 대응하는 적절한 방법으로 순교를 거론했다. "저는 이 싸움에서 기꺼이 죽을 것입니다"라고 메택서스는 트럼프에게 말했다.

---

* 1970년대 SNL 상황극에서 나온 농담으로, 당시 SNL 배우였던 체비 체이스가 동료 배우 제인 커틴에게 장난스럽게 한 대사다. 제인 커틴과 토론하던 중에 일부러 무례하게 말한 대사로, 이후 대중문화에서 유머나 조롱의 맥락에서 종종 인용되었다.

"이 싸움에 모든 것이 달렸습니다. 하나님은 우리와 함께하십니다."

순진하게도 메택서스가 마침내 트럼프의 마법에서 벗어나기를 바랐던, 복음주의 운동에서 중요한 위치를 차지하고 있는 그의 오랜 친구들은 이런 행동을 보고 결국 그를 완전히 멀리했다. 그러나 기독교 보수 커뮤니티 내에서 메택서스의 입지가 약해지지 않으리라는 점 역시 충분히 예측 가능했다. 오히려 선거 부정을 주장하는 트럼프를 전적으로 지지하지 않는 지도자들에게 배신감을 느끼던 수많은 사람은 메택서스가 이렇게 무모한 소리를 해 대자 전보다 더 좋아했다.

내가 피닉스에서 찰리 커크를 만나기 며칠 전, 천 명이 넘는 신자들이 시애틀 교외에 자리한 한 교회 예배당에서 메택서스를 성경 속 예언자처럼 맞이한 이유도 바로 이 때문이었다.

일요일 밤, 워싱턴주 에드먼즈에 자리한 대형 교회 웨스트게이트채플에서 행사가 열렸다. 머리가 벗겨진 노년의 목사 앨릭 로우랜즈(Alec Rowlands)가 큰 잘못을 고백하며 행사를 시작했다. 로우랜즈는 특정 정당의 정치적 입장에 관여하는 것을 오랫동안 거부했다고 말했다. "기본적으로 저는 논란이 되는 말을 하지 않으면, 이런 문제에 쉽게 상처받거나 혼란스러워하는 사람들이 교회에 남아 결국은 복음을 접하게 되리라 생각했습니다. 아마 많은 목사가 그렇게 생각할 겁니다. 그러다가 코로나19가 닥치고 교회가 조직적으로 공격당하는 모습을 보면서 비로소 눈을 뜨게 되었습니다."

로우랜즈는 2021년에 교인들 앞에 회개했다고 말했다. 그러나 회개만으로는 충분하지 않았다. 속죄가 필요했다. 그래서 "아폴로지아"가 탄생했다. 로우랜즈는 두 달에 한 번 일요일 저녁에 웨스트게이트채플에서 유명 연사를 초청해 보수 신학과 보수 정책이 어떻게 연결되는지에 관해 논의하며 신자들에게 정치에 더 활발히 참여하라고 촉구했다. 초청 연사에는 폭스뉴스 출연자와 우익 인터넷 논객들이 포함되었다. 하지만 2023년 초에 열린 이날 행사는 그 어느 때보다 인기가 많았다. 초청 연사가 에릭 메택서스였기 때문이다.

은발에 뿔테 안경을 쓰고 금색 장식이 달린 스포티한 남색 코트를 입은 메택서스는 뜨거운 기립 박수를 받으며 무대에 올랐다. 로우랜즈는 "아폴로지아 사상 기록적인 인파"라고 말했고, 메택서스는 청중을 실망시키지 않았다. 그 후 두 시간 동안 메택서스와 그가 데려온 보수 논객 존 즈미락(John Zmirak)은 정치, 문화, 신학을 오가며 확신에 찬 메시지로 신자들을 열광시켰다.

점점 더 과격하고 공격적인 말을 경쟁하듯 주고받는 두 시간이었다. 즈미락은 "이름뿐인 공화당원"과 "싸우지 않는 나약한 기독교인들" 탓에 미국이 몰락하고 있다며 "진짜 적"은 "이 세상의 데이비드 프렌치들"이라고 소리쳤다. 그는 부통령의 이름을 "카멜 A. 해리스"*라고 발음하더니, 미셸 오바마를 "미국의 위니 만델라"라고 칭하며 비난했다. (그날 모인 청중은 전부 백인이었고 이런 표현에 불편해하는 사람은 아무도 없는 것 같았다.) 그는 "코카인 중독자" 헌터 바이든을 조롱하며, "그 코카인 중독자가 〈어메이징 그레이스〉를 부르는 유튜브 영상을 본 사람이 있냐"고 물었고, 그 영상이 정말 정말 재미있었다고 말했다. 그리고 진지한 표정으로 "다음 1월 6일에는 총을 들고 나와야 한다"고 말했다.

메택서스는 즈미락만큼 노골적으로 선동하지는 않았지만, 내용 면에서는 즈미락보다 더 불안감을 조성했다. 국회의사당을 습격한 미국인들이 실형을 받은 것은 부정 선거를 은폐하려는 딥스테이

＊ 카멜라 해리스의 이름을 고의로 비틀어 낙타를 뜻하는 '카멜'과 비슷하게 들리게 해서 부통령을 조롱하는 말장난이다.

트의 계략이라고 주장하며, "하나님의 은혜로 아주 천천히 그러나 확실히 진실이 밝혀지고 있다"고 말했다. 그리고 그 공을 줄리 켈리 (Julie Kelly)에게 돌렸다. (켈리는 1월 6일 사건이 FBI 내부 소행이라고 주장하며 허위 정보를 퍼뜨리는 인물로, 폭도들에게 맞아 죽을 뻔한 국회의사당 경찰관 마이클 퍼논이 실제 피해자가 아니라 "연기자"라고 비난한 적이 있다.) 메택서스는 네 번이나 미국을 나치 독일과 직접 비교했다. 예를 들어, 미국 기독교인들이 백신과 관련된 정부 정책을 수용함으로써 독일인들이 아돌프 히틀러를 달래기 위해 했던 짓과 "똑같은 짓"을 하고 있다고 주장했다. 그는 신자들이 이러한 불의에 맞서지 않으면 하나님 앞에서 "심판"을 받을 것이라고 계속해서 목소리를 높였다.

"중간에서 안전하게 지켜만 보고 있다면, 여러분은 악마가 문화를 파괴하도록 돕는 겁니다. 속아서 침묵하는 선량한 사람들이 많은데, 하나님은 그들도 심판하실 겁니다"라고 메택서스는 말했다. "하나님은 여러분에게 책임을 물으실 겁니다. 어디에 있든 하나님의 목소리를 대변하고 하나님의 손발이 되라고, 하나님이 여러분에게 위임하셨기 때문입니다. 이 나라에서 교회의 침묵이야말로 심각한 스캔들입니다."

메택서스는 마치 심야에 나오는 광고 방송처럼 잠시 말을 멈추더니 분위기를 바꾸어 선언했다. "그래서 제가 이 책을 쓴 겁니다."

예상대로, 메택서스가 아폴로지아 행사에 참석한 이유는 새로 나온 책을 홍보하기 위해서였다. 책 제목은 《미국 교회에 보내는 편지 Letter to the American Church》였다. 기독교인들에게 본회퍼와 자신을 본받아 세계에 해악을 끼치려는 "정권"에 맞서 싸우라고 독려하는 내용이었다. 메택서스는 커크가 했던 주장을 되풀이했다. 최근 몇 년간의 혼란을 이용해 하나님이 미국 신자들을 시험하고 있다고 했다. 그들은 박해와 고난을 감수하면서까지 의를 좇을 준비가 되어 있는

가? 자신은 그렇게 했다고 메택서스는 자랑스럽게 말했다. (경찰관 여섯 명 중 네 명이 책 사인회 행사장 양쪽 입구를 둘씩 지키고 있었고, 나머지 두 명은 교회 주변에서 메택서스를 직접 호위했다. 이는 그가 박해를 받고 있다는 증거였다. 물론, 물질적인 고통과는 거리가 멀었지만.)

참석자들은 황당무계한 말이 계속되어도 전혀 당황하지 않았다. 즈미락은 기독교인들이 어떻게 "이 나라를 되찾을 수 있을지"를 보여 주는 모델이라면서 이슬람 근본주의자들이 중동 사회를 장악한 것을 언급하며 계속해서 폭력을 부추겼다. 메택서스는 프로그램이 진행될수록 점점 음모론에 빠져들었다. 그는 JFK 암살에 관해 "친구" 로저 스톤이 주장한 음모론을 언급하며, 겉보기에 바이든이 대통령 같지만 실제로는 그렇지 않다며 해리스가 곧 정식으로 대통령직을 맡게 되리라고 예측했다.

웨스트게이트채플에 모인 사람들이 이런 허무맹랑한 이야기를 듣고도 조금도 놀라지 않았다는 사실은 복음주의자들이 전반적으로 무감각해졌음을 보여 주는 증거였다. 나는 메택서스가 웨스트게이트채플을 방문하기 전 몇 주 동안 그의 라디오 프로그램을 들으면서, 마치 현실과 동떨어진 공간에서 제작된 방송을 듣는 기분이었다. 메택서스는 언젠가는 1월 6일을 '자유가 탄생한 날'로 기념하게 될 것이라면서 독립기념일인 7월 4일에 견주었다. 마이크 린델과 제나 엘리스(판사에게 질책을 받고 바이든의 당선에 관한 수많은 허위 정보를 유포한 사실을 인정한 전 트럼프 변호사)를 초대하여 "선거 부정에 관한 최신 정보"를 제공하기도 했다. "할리우드의 어두운 이면"과 글로벌 엘리트들이 추진하는 "영구적인 봉쇄"에 관해서도 이야기했다. 또, 백악관에서 대역이 바이든 행세를 하고 있을 가능성이 있다면서 청취자들에게 귓불이 그 증거이니 대통령의 귓불을 잘 살펴보라고 권유했다.

이런 말도 안 되는 주장을 펼쳐 왔는데도 메택서스는 저명한 목사의 초청을 받아 교인들 앞에서 연설했다. 사람들로 가득 찬 예배당에서 신앙을 지도할 자격이 없다며 메택서스를 막아서는 사람은 아무도 없었다. 미국 기독교의 미래를 논할 자격이 없다며 메택서스를 논의에서 배제하려는 사람도 아무도 없었다.

사실 찰리 커크의 뜻대로 된다면, 메택서스는 곧 전례 없이 큰 규모로 그 논의를 이끌게 될 것이다.

★ ★ ★

로우랜즈 목사가 아폴로지아 행사 때마다 특별 연사를 초청하는 것처럼, '자유의 밤' 역시 커크가 기독교 보수주의 인플루언서를 인터뷰하는 방식으로 프로그램이 설계되어 있다. 내가 드림시티교회를 방문한 날 밤, 커크는 최근 인식론적 혼란의 시대에 절대적 진리를 재발견하는 것에 관하여 책을 쓴 복음주의 학자 제프 마이어스(Jeff Myers)와 함께 이야기를 나누었다.

커크는 예상치 못한 질문으로 대화를 시작했다. 마이어스의 책에 관해 이야기하기 전에, "단호하게 태도를 밝히지 않는" 교회들을 비난한 자신의 발언을 마이어스는 어떻게 생각하는지 알고 싶어 했다. 마이어스는 대답을 망설이며 의자에 앉아 몸을 꼼지락거렸다.

"교회에 다니는 사람 중 성경적 세계관을 가진 사람은 약 20퍼센트밖에 되지 않습니다." 마이어스가 커크에게 말했다. 그러자 이번에는 내 주변에 앉은 청중들이 몸을 꼼지락거렸다. "믿기 어려울 수 있지만, 어느 교회든 하나님의 말씀을 알아 가고 그 말씀을 삶에 적용하려는 사람은 열 명 중에 두 명밖에 안 됩니다. 나머지 여덟 명은 '목사가 하는 이야기가 내 삶에 자극이 되는가? 설교 내용이 나의 기존 신념이나 가치관과 얼마나 일치하는가?'를 따집니다." 마이어스의 말이다.

"더 잘 알아야 할 사람들이 진리를 찾지 않는 한, 목사들이 실망할 일은 계속 생길 수밖에 없습니다"라고 그는 결론지었다.

마이어스가 어떤 의도로 이런 말을 했는지는 명확하지 않았지만, 이 발언으로 대화 분위기가 아슬아슬해졌다. 두 사람 중 한 명이 다른 한 명보다 '더 잘 아는' 것만은 분명했다. 마이어스는 철학 박사 학위가 있고, 학식이 풍부했고, 책도 많이 읽었고, 커크가 하는 유치한 발언을 불편해하는 듯 보였다. 그러나 동시에, 마이어스는 자신의 책이 어떤 독자들에게 잘 팔리는지, 자신의 교육 프로그램이 어떤 학생들에게 인기가 있는지 잘 알고 있었다. 진보주의자들은 자녀를 '성경 캠프'에 보내기 위해 2천 달러씩 쓰지 않는다. 마이어스의 주머니를 채워 주는 이들은 피닉스와 에드먼즈에 사는 보수적인 교회 신자들이다. 그래서 더 잘 아는 사람(마이어스)은 그렇지 않은 사람(커크)에게 답변을 신중히 하며, 특정 주제에 관해서는 커크의 의견을 수용하는 척하고 그 밖의 주제에 관해서는 답변을 회피했다.

마이어스의 발언을 이어받아, 커크가 자기반성 따위 없이 되물었다. "진리를 가지고 있어도 그 진리를 말하지 않는다면, 진리를 갖는 것이 무슨 소용이 있겠습니까?"

마이어스는 하버드대학교의 존경받는 사회학자 피티림 소로킨(Pitirim Sorokin)이 전 세계 문명을 연구한 끝에 내린 가혹한 결론을 언급하며 이렇게 설명했다. "신에 대한 믿음이 없고 도덕적 절대성이 없다면, … 남는 유일한 강제력은 권력과 물리적 힘뿐입니다."

커크는 고개를 끄덕였다. 하지만 마이어스가 지적한 아이러니를 이해한 것 같지는 않았다. 커크는 성별, 성 정체성 등 특정 주제에 관해서는 "절대적인 진리"를 주장하면서도, 기본적인 사실들에 관해서는 잘못된 정보를 퍼뜨려 혼란을 야기하는 선수였다. 특히, 선거법, 1월 6일 사건, 러시아의 우크라이나 침공, 인종 폭력, 교육

커리큘럼, 백신의 과학적 근거와 부작용에 관해 너무도 뻔뻔하게 잘못된 정보를 퍼뜨렸다. (드림시티교회에서 행사가 열리기 몇 주 전, 커크는 NFL 선수 다마르 햄린이 경기장에서 쓰러진 이유가 코로나19 백신 탓이라고 주장하며 MAGA 운동의 대표적인 인물로 활동하고 있었다.)

절대 진리를 추구하는 사람은 특정 주제만 선택적으로 받아들여서는 안 된다. 그러나 커크는 지지자들이 확실히 듣고 싶어 하는 말만 골라내는 것으로 유명했다. 그는 그것을 매끄러운 문구로 포장하고, 분노한 대중에게 마케팅하며, 놀라운 속도로 수익을 창출해냈다. 마이어스가 지적한 내용은 커크와 그의 추종자들에게 너무나도 잘 맞는 말이었다. 그들은 권력 외에는 아무것도 믿지 않았다.

커크는 '자유의 밤' 무대에서 유치하게 투사라도 된 것처럼 "폭정"과 "폭군"을 자주 언급했다. 주로 정부 요직, 기업 이사회, 주요 소셜 미디어 채널을 장악한 '깨어 있는' 세속주의자들에게 기독교인들이 밀려나고 있다는 이야기를 하다가 습관처럼 내뱉었다. 커크는 기독교인들은 "허위 정보"가 아닌지 끊임없이 검열을 당하는 반면, 진보주의자들은 자신들만의 "진리"를 주장하며 오히려 칭송을 받는다고 불평했다. 그러다 "휠체어를 탄 레즈비언들"이 "백인 시스젠더 남성들"은 도저히 이해할 수 없는 진리를 주장한다는 식의 비열한 이야기로 소수자를 조롱하며 곁길로 새기 시작했다.* 마이어스는 그 발언에 당황한 듯 보였다. "와, 정말 많은 이야기가 있었네요." 마이어스가 커크에게 말했다.

----

* '시스젠더'는 태어날 때 지정된 성별과 동일한 성 정체성을 가진 사람을 의미하며, '백인 시스젠더 남성들'은 보통 사회에서 주류로 간주되는 그룹을 지칭한다. 반면에 '휠체어를 탄 레즈비언'은 성 소수자와 장애인을 한데 묶은 표현으로, 사회에서 소수자로 여겨지는 사람들을 가리킨다.

실제로 그랬다. 그리고 교회라는 장소는 둘의 대화와 매우 잘 어울렸다. 이 두 사람이 "절대 진리"에 관해 이야기하면 할수록, 다음 세대가 도덕적으로 표류하고 있고 현실과 동떨어져 있다는 이야기를 하면 할수록, 어떤 정치 프로그램도 효과적인 해결책이 될 수 없다는 점이 분명해졌다. 마이어스와 커크가 주장한 대로 수천만 명의 젊은이가 그렇게 심각한 영향을 받았다면, 유일한 해답은 그리스도뿐이다. 그러나 그리스도를 찾는 사람, 아니 최소한 '기독교'를 찾는 데 관심이 있는 사람에게는 이 대화의 어조와 내용이 매우 불쾌하게 다가왔다. 이를 감지한 듯, 마이어스가 마침내 입을 열었다.

"우리 시대에 잃어버렸고, 그래서 다시 회복해야 할 핵심 진리는 모든 인간이 하나님의 형상을 지녔으므로 가치가 있다는 겁니다."

"휠체어를 탄 레즈비언" 발언에 웃음을 터뜨렸던 바로 그 청중이 이 발언에 점잖은 박수를 보냈다. 그래서 나는 그리스도와 기독교를 구분한다. 예수는 이 땅에 계실 때 상처받고 외면당한 사람들을 찾아가 돌보셨다. 간음한 여인과 창녀, 세리에게 단순히 자비를 베푸신 것이 아니라, 그들에게 특별한 애정을 쏟으셨다. 그들이야말로 예수가 가장 필요한 사람들이었기 때문이다. 예수는 삶의 방식이나 사회적 지위와 상관없이 그들에게 애정을 쏟으셨다. 예수의 활동을 감시하던 유대 지도자들은 이런 행동을 수치스럽게 여겼다. 그래서 예수의 제자들에게 해명을 요구했다. 당신들의 랍비는 왜 그런 사람들과 어울리는가?

"건강한 사람에게는 의사가 필요하지 않으나, 병든 사람에게는 필요하다." 따져 묻는 그들에게 예수가 대답하셨다. "나는 의인을 부르러 온 것이 아니라, 죄인을 불러서 회개시키러 왔다."*

---

* 마가복음 2:17.

슬프게도 오늘날의 기독교는 "휠체어를 탄 레즈비언"을 농담 소재로 삼는다. 예수가 이 땅에 계셨다면, 그들을 보물로 여기셨을 것이며, 지금도 그렇게 여기실 것이다.

문제는 기독교인들이 마음 깊은 곳에 그리스도를 닮은 무조건적 사랑을 품고 있지만, 그 사랑을 표현하지 말고 억누르라고 배웠다는 점이다. 기독교인들은 보편적으로 실천해야 할 습관을 선택적으로 실천하도록 교육받아 왔다. 그들은 마이어스가 유대인을 "해충"이라고 부른 히틀러나, 아직 태어나지 않은 생명을 "조직"이라고 부르는 낙태 시술자들처럼 인간을 비인간화하는 행위의 위험성에 관해 이야기할 때는 박수를 치지만, 이민자를 "외계인"이라고 부르거나 민주당원을 "악마"라고 부르거나 LGBTQ 청소년을 "휠체어를 탄 레즈비언"이라고 부를 때 드러나는 자신들의 편견에 관해서는 반성하지 않고 무시한다.

커크가 질의응답을 시작하자 한 여대생이 교사가 되기로 진로를 결정했는데 걱정이 있다며 질문했다. 기독교인으로서 "진리를 말하면서" LGBTQ 학생들과 어떻게 소통해야 할지 모르겠다고 했다. 마이어스는 하나님이 인간을 남자와 여자로 만드셨음을 강조하는 창세기와 남녀 간의 수천 가지 차이를 설명하는 기초 생물학에서 출발하는 것이 가장 좋을 것 같다고 제안했다. 그러나 마이어스는 "젠더디스포리아*가 실제로 존재한다"고 강조하며, 기독교인들은 그로 인해 고통받는 사람들에게 연민을 느껴야 한다고 말했다. "우리는 그들과 함께 걸어야 합니다"라고 마이어스는 결론지었다.

---

* 출생 시 지정받은 성별과 스스로 느끼는 성 정체성이 일치하지 않아 발생하는 불쾌감, 괴로움, 불행 또는 그러한 감정으로 인해 일상생활에 문제가 생기는 현상을 말한다.

커크는 냉소적인 웃음을 숨기려 하지 않았다. 그는 마이어스가 "너무 상냥하다"고 조롱한 후, "트랜스젠더와 관련된 모든 문제는 우리 사회에서 일어나는 가장 사악한 일 중 하나이며, 우리는 이 악을 결단코 용납할 수 없다"라고 선언했다. 그는 젠더디스포리아를 겪는 사람들을 동물에 비유하며, "그들은 자신이 얼룩말, 기린, 사자라고 생각한다"라고 말했고, 미성년자에게 호르몬 치료나 성전환 수술 등의 의료 서비스를 제공하는 의사들은 "감옥에 처넣어야 한다"라고 주장했다.

두 사람의 답변에 모두 박수가 나왔지만, 박수의 강도는 사뭇 달랐다. 그날 밤 처음으로 갈등이 뚜렷하게 감지되었다. 제 발로 찾아온 기독교 보수주의자 청중 사이에서도 공통의 정체성을 둘러싸고 긴장이 감돌았다. 드림시티교회 같은 곳에서도 모든 복음주의자가 커크와 같은 무자비하고 극단적인 영성을 받아들이지는 않았다.

이것은 커크가 감당할 수 없는 위험이었다. 그는 이 운동이 실패하는 것을 지켜볼 여유가 없었다. 목회자 콘퍼런스, 교회 연설, 수도 투어 등에 이미 너무 많은 투자를 했다. 그는 TPUSA페이스를 자신의 활동에서 가장 중요한 부분으로 홍보하고 있었다. 따라서 정해진 기준에서 벗어난 사람들에게도 은혜를 베풀어야 하는 것은 아닌지 소심하게 고민하다가는 목표 시장을 잃을 위험이 있었다. 커크는 화제를 바꾸어 드림시티교회에서 새로운 소식을 하나 전했다. 에릭 메택서스와 함께 《미국 교회에 보내는 편지》를 영화로 제작하고 있으며, 이를 전국에 있는 교회에서 상영할 계획이라고 했다.

이에 청중이 환호하자 커크는 으스대며 자랑했다. 마치 부동산을 쓸어 담는 개발업자처럼 이 젊은 사상가는 보수적인 교회 시장을 독점하려 하고 있었다. 그는 하나님을 영화롭게 하거나, 사람들을 예수의 제자로 삼거나, 열방에 복음을 전하는 것이 목표인 척하지 않았다. 커크는 미국을 되찾기 위한 운동을 벌이고 있었고, 교회들이 그 운동의 "중추"가 될 것이라고 말했다.

★ ★ ★

커크가 언급한 이 운동은 이제 단일 지도자가 없는 상태였다.

도널드 트럼프는 전년도 11월에 공화당이 선거에서 패배한 원인이 낙태 반대 운동가들에게 있다고 비난한 직후 대선 출마를 선언했다. 원래 이런 식으로 희생양을 만드는 전략은 사회적 보수주의자들에게 잘 통하지 않는다. 문제는 2016년에 트럼프를 지지했던 많은 복음주의 지도자들, 심지어 백악관에서 재임하는 4년 동안 트럼프와 매우 가깝게 지냈던 인사들조차 그를 지지하길 주저했다는 점이다.

트럼프의 복음주의자문위원회 원년 멤버였던 마이크 에번스(Mike Evans)는 〈워싱턴 포스트〉에 트럼프가 "우리를 이용해 백악관을 차지했고" 그 후 기독교인들을 "도널드 트럼프를 우상처럼 숭배하는" 사이비 종교 신도로 만들었다고 말했다. 유명한 텔레복음 전도자이자 트럼프의 고문이었던 제임스 로비슨(James Robison)은 기독교인 국회의원들 앞에서 연설하다가 트럼프를 "어린 초등학생"에 비유했다. 수많은 목사와 교회 지도자들에게 이메일을 보내는 베테랑 복음주의 운동가 데이비드 레인(David Lane)은 "미국을 다시 위대하게 만들겠다는 비전은 뒷전으로 밀려났고, 사명과 메시지는 이제 개인적인 불만과 자만심에 묻혀 버렸다"라고 썼다. 오클라호마웨슬리안대학교 전 총장 에버렛 파이퍼(Everett Piper)는 〈워싱턴 타임스 *Washington Times*〉에 기고한 글에서 중간 선거를 거론하며 "지난주의 교훈은 간단하다. 도널드 트럼프는 물러나야 한다"라고 썼다.

가장 충성스러운 지지자였던 로버트 제프리스조차도 트럼프

전 대통령과 거리를 두기 위해 노력했다. 선거 후 여러 언론 인터뷰에서 제프리스는 트럼프가 여전히 절친한 친구이자 "우리 생애 최고의 대통령"이라고 설명하면서도, 2024년 대선에는 공화당 후보들이 많이 출마할 텐데 누구에게도 아직 지지를 선언할 준비가 되지 않았다고 했다.

2023년 3월, 이런 인터뷰들을 하고 얼마 되지 않아 제프리스와 전화 통화를 했을 때, 그는 자신에게 전화를 건 기자들에게 속임수를 썼다고 인정했다. 제프리스는 "당연히" 트럼프를 지지할 것이라고 말했다. 하지만 지금처럼 이른 시기에 자신의 지지가 무슨 소용이 있겠냐고 반문했다. 제프리스는 자신과 트럼프가 서로 이해하고 있었다고 설명했다. 영향력을 극대화하기 위해 당분간 지지 선언을 보류했다가, 트럼프에게 가장 힘이 필요할 때인 공화당 예비 선거가 진행되는 시기에 지지를 선언할 것이라는 뜻이었다. "저는 항상 그를 지지할 겁니다"라고 제프리스는 말했다. "나라가 망해 가고 있고, 트럼프는 이 나라를 구할 수 있는 유일한 사람입니다."

트럼프가 정말로 이 약속에 동의했다면, 이를 숨기는 데 대단히 성공한 셈이다. 전 대통령은 친구들과 측근들에게 지지 선언을 보류하고 있는 "배은망덕한" 복음주의자들에 대한 불만을 토로했다. 제프리스가 자신의 "가룟 유다"이자 2024년 대선 출마를 고려 중인 마이크 펜스와 함께 댈러스제일침례교회에서 행사를 연다는 소식을 듣자, 트럼프는 화가 나서 얼굴이 벌게졌다.

물론 트럼프가 펜스를 두려워할 이유는 없었다. 인디애나주 출신인 펜스는 트럼프에게는 그저 거래 대상에 불과한 낙태, 종교의 자유, 성과 성별에 관한 전통 윤리 문제에 실제로 관심이 있는 진정한 기독교인이었다. 그러나 이제 이런 것들은 별로 중요하지 않았다. 복음주의자들은 새로운 정치 현실에 익숙해져 있었다. 이제는 후보자가 개인적으로 무엇을 믿느냐보다 그 후보자가 공화당 지지층인 복음주의자들의 신념을 얼마나 강력하게 정책에 반영할 수 있느냐를 더 중요하게 생각했다.

나는 이 변화를 가까이에서 목격했다. 중간 선거가 끝나고 몇 달 후, 펜스는 작지만 영향력 있는 기독교 대학인 힐즈데일대학에서 "공적 생활에서의 신앙"을 주제로 강연하기 위해 미시간으로 향했다. 펜스는 유럽풍의 아름다운 힐즈데일 캠퍼스 예배당에서 자연스럽고 편안한 모습으로 가장 긴급한 문화 이슈들에 관한 견해를 명확하게 밝혔다. 전 부통령은 전통적 가치를 강력히 수호할 것임을 분명히 했다. 그러나 펜스는 특정 공화당원들과는 달리, 국가를 분열시키지 않고 은혜와 인간미를 가지고 전통적 가치를 수호할 것이라고 말했다. 바로 이런 점이 언제나 그의 강점이었다. 펜스는 보수적인 라디오 토크쇼를 진행할 때만 해도 자신이 "디카페인 러시 림보"*로 알려져 있었음을 청중에게 상기시켰다.

이 말에 일부 청중이 웃음을 터트렸다. 하지만 이 말은 예비 후보로서 그의 한계를 드러내기도 했다. 행사가 끝난 후, 나는 참석자들에게 계속 같은 말을 들었다. 현재 상황을 감당하기에는 펜스가 충분히 강하지 않다는 말이었다. 많은 사람이 여전히 그를 존경했다. 그 사람들은 펜스를 훌륭한 사람이자 모범적인 기독교인으로 여겼다. 하지만 주일학교 교사로는 이 싸움에서 이길 수 없었다. 그들에게는 전사가 필요했다.

"좋은 사람들한테 실망하는 것도 이제 지쳤어요. 부시 부자도 좋았고, 밋 롬니도 좋았죠. 그런데 그게 우리에게 무슨 도움이 되었

---

* 자신이 러시 림보와 같은 보수 성향을 가졌지만, 표현 방식은 덜 자극적이고 부드러웠다는 점을 강조하기 위해 사용한 표현이다.

나요?" 펜스의 연설을 들으려고 디트로이트 교외에서 여기까지 차를 몰고 온, 교회에 출석하는 변호사 제리 버드(Jerry Byrd)가 말했다. "우리를 위해 싸워 준 사람은 트럼프뿐이에요. 민주당이 이 나라를 망치고 있습니다. 선량한 기독교인이 되는 것만으로는 그들을 막을 수 없어요. 솔직히 저는 '디카페인' 같은 사람을 원하지 않습니다. 우리에게는 진짜가 필요해요."

만약 펜스가 2024년 대선에 출마했다가 실패한다면, 그의 정치적 묘비명으로 고려해 볼 만한 말이었다. 이 말은 펜스와 그가 수십 년 동안 이끌어 온 운동에 관해 많은 것을 말해 준다. 틀림없이 트럼프는 자신이 전 부통령을 곤란하게 만들었다는 사실에 흡족해 할 것이다. 자신의 무례한 도발 때문에 기독교인들이 펜스와 같은 온화한 접근 방식 대신 더 강경하고 전투적인 신앙 표현을 기대하게 되었으니 말이다.

그러나 동시에 트럼프가 당황스러워하는 것도 이해할 만하다. 그는 민주당과 전쟁을 벌였고, 복음주의자들이 항상 원했던 정책적 승리를 가져다주었다. 그리고 이제 그것을 다시 한번 해내겠다고 약속했다. 그런데 왜 그들은 그의 두 번째 대선 출마를 지지하지 않는 것일까?

한 가지 이유는 트럼프가 정치적으로 독이 되었기 때문이다. 트럼프 본인과 그가 이끄는 공화당의 선거 승패 기록은 한마디로 끔찍했다. 2020년 대선 패배는 용서할 수도 있었다. 선거 사기 주장도 눈감아 줄 수 있었다. 하지만 2022년 중간 선거까지 그 주장을 반복하면서, 중요한 선거에서 공화당을 파멸시킨 우스꽝스러운 후보들에게 힘을 실어 준 것이 문제였다. 11월 중간 선거는 중도파와 무당파 유권자들 사이에서 트럼프라는 브랜드가 매력을 잃었다는 사실을 확인시켜 주는 듯했다. 복음주의자들에게 승리가 전부라고 설득했던 그 남자는 이제 패배의 악취를 떨쳐 내지 못하고 있었다.

이러한 점에서 트럼프의 쇠퇴를 다른 공화당 후보의 부상과 분리해서 보기는 어려웠다. 그 후보는 바로 전사이자 승자 이미지를 가진 론 디샌티스였다.

2022년 선거일에 디샌티스보다 더 좋은 결과를 얻은 정치인은 없었다. 미국 최고의 격전지 중 하나인 플로리다에서 재선에 도전한 젊은 주지사 디샌티스는 민주당 후보를 거의 20포인트 차이로 이기며 150만 표라는 놀라운 표차로 당선되었다. 득표율보다 더 인상적인 부분은 디샌티스가 어떻게 그 득표율을 얻었는가 하는 점이다. 그는 초당파성과 좋은 거버넌스를 강조하며 중도파 유권자들을 공략하지 않았다. 자유 시장과 제한된 정부라는 전통적인 보수주의 정책을 기반으로 선거 운동을 펼치지도 않았다. 대신, 아이비리그 출신의 치밀함과 대중의 감정을 파고드는 감각으로 무장한 채 주 정부의 권한과 자원을 이용해 좌파를 분쇄하고, 주 기관, 공립학교, 사기업 어디에서든 진보주의를 찾아 파괴했다. 성공할 때마다 주지사는 더욱 대담해졌다. 디샌티스는 주 자금으로 텍사스에서 불법 이민자들을 모아 전세기에 태운 후, 매사추세츠주 진보 성지인 마서스비니어드에 내려놓는 정치적 퍼포먼스를 벌이기도 했다. 이민 정책에 관한 메시지를 전달하기 위해 인간의 고통과 절망을 이용한 것이다. (마서스비니어드 주민들은 무의식적으로 성경의 가르침을 받아들여 이 낯선 이방인들과 체류자들을 반갑게 맞이했다.)

디샌티스는 압도적으로 재선에 승리하여 더 많은 일을 할 수 있는 권한을 얻었다. 재선에 성공한 직후, 그는 공립학교에서 성에 관한 논의를 금지하는 정책을 확대하기 시작했다. 또한, 대학들이 인종과 성별에 관한 커리큘럼을 가르칠 수 있는 권한을 박탈했다. 또한, 디즈니와 같은 "깨어 있는" 기업들을 처벌하기 위해 회사의 자율 개발 지위를 박탈하고 다섯 명으로 구성된 새로운 이사회를 통해 지배 구조를 통제했다. 이는 디즈니 직원들이 주지사의 정책에 반대 목소리를 낸 것에 대한 보복이었다.

"우리는 플로리다에서 자유를 지키고자 최전선에서 싸우고 있습니다." 디샌티스는 2023년 초 주정 연설*에서 이렇게 선언했다.

이를 계기로 디샌티스는 2024년 이후 공화당을 이끌어 갈 이상적인 지도자로 여겨지게 되었다. 그는 트럼프 못지않게 반대자들과 맞붙어 싸우고 할퀴고 쳐부수려는 결단력과 공격성을 갖추고 있으면서도 개인적인 문제는 하나도 가지고 있지 않았다.

"도널드 트럼프는 놀이터에 들어와 복음주의자들을 괴롭히던 불량배를 찾아 주먹을 날렸습니다. 우리가 그에게 호감을 느낀 이유는 그 때문입니다." 한때는 트럼프의 적이었으나 2016년 대선 전에 공화당 후보를 중심으로 복음주의자들이 결집하도록 도운 가족연구위원회 회장 토니 퍼킨스가 말했다. "문제는 그가 너무 지나쳤다는 점입니다. 때때로 너무 날카로웠어요. … 솔직히 말해서, 우리가 찾는 사람은 마이크 펜스와 도널드 트럼프를 반반 섞은 사람입니다. 우리는 도덕적 신념이 강한 마이크 펜스 같은 사람을 원하지만, 도널드 트럼프가 가진 투지도 원합니다. 우리는 그 두 가지를 모두 갖춘 사람을 찾고 있습니다."

누구를 말하는지 알겠다고 하자, 퍼킨스는 그냥 웃다가 이렇게 말했다.

"저는 플로리다에서 그를 응원하고 있습니다."

트럼프가 디샌티스를 물리치고 공화당 정상의 자리를 지킬 수

＊ 주지사가 주의회에서 행하는 연례 연설로, 주의 현황을 보고하고 향후 정책 방향을 제시하는 중요한 행사다.

있을지와 상관없이, 그가 복음주의에 미친 영향은 계속될 것이다. 45대 대통령은 미국 기독교 내의 기대치와 동기 부여 체계를 근본적으로 바꾸어 놓았다. 트럼프는 미덕으로 지느니 악덕으로 이기는 편이 더 낫다고 교회 다니는 사람들을 설득했다. 그는 신자들이 수단에는 눈을 감고 목적만 바라보게 했다. 무엇보다도, 그는 복음주의 운동을 반드시 복음주의자가 이끌 필요는 없다는 사실을 복음주의자들에게 보여 주었다.

디샌티스를 향한 사랑이 새롭게 시작된 데서 이 사실은 더욱 명명백백해졌다. 디샌티스는 신앙을 삶의 중요한 부분으로 여기며 산 적이 없는 가벼운 가톨릭 신자다. 그러나 사실 이 현상은 정치를 넘어서는 더 큰 흐름을 반영하고 있다. 찰리 커크의 사례를 생각해 보자. 대학 교육도 신학 교육도 받지 않은 20대 청년이 세계에서 가장 영향력 있는 기독교 대학에 자신의 이름을 딴 싱크탱크를 설립했다는 사실은 한때 복음주의자들 사이에서 믿기 어려운 일이었을 것이다. 하지만 지금은 그렇지 않다. 커크가 미국 대형 교회 강단에 서서 모욕적이고 혐오스러운 발언을 툭툭 던져도 아무도 눈 하나 깜짝하지 않는다. 커크가 "깨어 있음에 반대하는" 논객이자 무신론자인 제임스 린제이(James Lindsay)를 목회자 콘퍼런스에 초대할 때도, 커크가 주최한 터닝포인트유에스에이 행사에서 도널드 트럼프 주니어가 그리스도의 가르침을 폄하할 때도 마찬가지였다. "우리는 다른 쪽 뺨도 돌려 댔고, 뭐 성경이 무슨 말을 하려는지 이해는 합니다만, 그러나 우리는 그걸로 아무것도 얻지 못했습니다." 도널드 트럼프 주니어의 말이다.

간단히 말해, 트럼프는 찰리 커크와 에릭 메택서스, 존 즈미락 같은 사람들이 복음주의자들을 설득해 절대주의 이념에서 벗어나려는 신자들을 모조리 불신하게 만드는 새로운 도덕적·정치적 틀을 만들었다. 그들은 이를 위해 기독교에 대한 가혹한 공격이 조직적으로 펼쳐지고 있다며 공포심을 조장하고, 이에 맞서 전투적인 태도를 취하지 않는 사람들을 공격한다. 메택서스가 널리 존경받는 뉴욕 신학자 팀 켈러와 작가이자 캘리포니아 새들백교회 목사 릭 워렌(Rick Warren)을 "히틀러가 가장 좋아하는 목사"로 묘사하는 것이 정당화되는 이유도 바로 여기에 있다. 존 즈미락이 사회적 보수주의와 종교적 자유를 강력히 옹호하는 데이비드 프렌치를 나치 협력자에 비유하는 것도 같은 맥락이다. 터커 칼슨이 러셀 무어와 앞서 언급한 친구들을 세속의 공격에 맞서 신앙을 방어할 용기가 없는 겁쟁이라고 비난하는 것 역시 마찬가지다.

"미국 정부가 기독교를 탄압하는 동안 러셀 무어와 그 외 '젖먹이' 기독교인들은 대체 어디에 있었습니까?" 칼슨은 2023년 3월 폭스뉴스 방송에서 익숙한 냉소적 표정을 지으며 아무도 이해하지 못할 단어를 쓰며 물었다.

드림시티교회를 나서면서 나는 그 질문에 관해 생각했다. 그 기독교인들은 대체 어디에 있었을까?

오랫동안 잠재되어 있다가 이제 트럼피즘의 형태로 완전히 발현된 정치적 정체성과 국가주의적 우상 숭배의 힘이 복음주의 교회를 파괴하고 있었다. 나는 지난 6년 동안 미국 전역에서 이 모습을 직접 목격했다. 목사들은 사역을 그만두었고, 교회는 내분으로 산산이 부서졌다. 신앙 공동체도 망가지고 개인 간의 관계도 망가졌다. 한때 전국 지역 교회 뒷좌석과 커피숍에서 자연스럽게 발생하던 이 혼란은 이제 커크와 같은 강력한 외부 세력에 의해 무서운 속도로 확산하고 있었다. 그들은 기독교 증언의 신뢰성 따위에는 관심이 없었다. 그들에게 교회는 사랑받아야 할 신부가 아니라 정복해야 할 전장이었다.

이는 다름 아닌 미국 기독교의 영혼을 지키기 위한 전쟁이었다. 각 교회와 신자들이 하나하나 영향을 받고 있는 듯 보였다. 커크와 그의 동맹들이 이기고 있는 것처럼 보였다. 이는 비단 그들 편에 보유한 자원이 더 많고, 지켜야 할 윤리적 지침이 더 적기 때문만은 아니었다. 저항이 전혀 없기 때문이었다. 이 싸움은 언제나 불공평한 싸움이었지만, 양측의 격차가 얼마나 큰지 뚜렷하게 드러나고 있었다. 교회에서 로비 활동 워크숍이나 유권자 등록 운동, 백신 반대 집회를 열고 싶은 목사들은 광범위하고 정교한 네트워크를 활용할 수 있었다. 반대로 부족의 반란에 저항하고 싶은 목사들은 러셀 무어나 데이비드 프렌치에게 이메일을 보내고, 답장이 오기를 기도하고, 남은 양 떼마저 흩어지지 않도록 에두른 설교를 준비하는 것 말고는 할 수 있는 일이 없었다.

나는 무어와 프렌치 같은 반대파 지도자들을 알고 있었다. 외부 세력이 복음주의를 적대적으로 인수하는 상황에 그들이 공포를 느끼고 있다는 것도 알고 있었다. 그들은 개인적으로나 직업적으로 자신들이 속한 신앙 공동체의 주류 흐름에 역행함으로써 고통을 겪는 사람들이었다. 그들 대부분은 싸움을 포기했거나 전장에서 후퇴한 것처럼 보였다. 그러나 나는 그들을 탓할 수 없었다. 그들에게는 제도적 투쟁에서 시선을 돌려 자신의 가족과 신앙 여정을 바라볼 이유가 충분했다. 주님을 사랑하고, 미국이 겪는 이 혼란을 해결해 주시리라 믿고 주님께 맡길 이유가 충분했다.

하지만 그들은 포기하지 않았다. 후퇴하지도 않았다. 그들은 지하에서 재편성하고 조직을 정비하며 앞으로 나아갈 길을 모색하고 있었다. 오랜 방어 태세 끝에, 마침내 반격을 준비하고 있었다.

18장
★ ★ ★
기독교와 사회:
격랑 속 새로운 연대

"우리가 유치원에서 배운 황금률을 잘 실천하기만 하면,
얼마나 많은 분쟁들이 원만하게 해결될까?"

"너희는 남에게 대접을 받고자 하는 대로
남을 대접하여라"(누가복음 6:31).

레스토랑에 들어온 러셀 무어에게 데이비드 프렌치가 먼저 마실 것을 권했다. 프렌치는 왼손으로 칵테일을 돌리며 "이제 더 이상 남침례교인이 아니잖아요"라며 웃었다.

무어는 코웃음을 치며 고개를 저었다. 그가 남침례교를 떠난 지약 8개월이 지난 2021년 말이었지만, 그동안 많은 변화가 있었는데도 불구하고 아직도 술 마시는 습관은 들이지 않았다. 무어는 우리일행의 네 번째 멤버인 작가이자 기독교 커뮤니케이터 대니얼 달링

(Daniel Darling)이 마시는 달콤한 차를 살펴보더니 직원에게 자기도 같은 것으로 달라고 부탁했다.

"그렇다고 저한테 술이 필요 없는 건 아니에요." 프렌치가 반쯤 비운 칵테일 잔을 가리키며 무어가 말했다.

우리 모두 웃음을 터트렸다. 무어는 프렌치랑 달링과 마찬가지로 많은 일을 겪었다. 사실, 11월 늦은 밤 브렌트우드 교외의 한 멕시코 레스토랑에서 우리가 모일 수 있었던 이유는 모두 비슷한 고통을 겪고 있으며 대도시 내슈빌 인근에 산다는 공통점 때문이었다. 세 사람 모두 미국 복음주의의 흐름을 걱정하느라 잠을 이루지 못하고 있었는데, 그 이유는 세 명 모두 내부에서 가장 부정적인 복음주의의 얼굴을 직접 목격했기 때문이다.

무어는 남침례교의 공공 정책을 담당하는 영향력 있는 부서 윤리및종교자유위원회 회장 자리를 내려놓으라고 괴롭힘을 당했다. 달링은 최근 MSNBC의 〈모닝 조 *Morning Joe*〉와 인터뷰 도중 코로나19 백신을 홍보한 죄로 수석 부사장으로 일하던 전국종교방송인협회에서 해고당했다. (달링은 케이블 뉴스 프로그램에서 "우리 가족은 코로나로 가까운 친구와 친척을 너무 많이 잃었습니다. 그중에는 삼촌, 사랑하는 교인, 그리고 피아노 선생님도 있습니다"라고 말했다.)

그러나 두 사람보다 더 많은 고난을 겪은 이가 데이비드 프렌치일 것이다. 2015년, 〈내셔널 리뷰 *National Review*〉에 기고한 칼럼에서 트럼프에 반대한다고 선언한 이후, 프렌치는 기독교 우파의 핵심 표적이 되었다. 아마도 그의 배경 때문이었을 것이다. 연방 법원에서 주요 보수 단체를 대변했던 유능한 변호사로서 프렌치는 오랫동안 진보 좌파에 맞서는 강경한 인물로 여겨져 왔다. 2005년, 저명한 시민 자유 단체의 회장직을 내려놓고 육군에 입대해 이라크로 떠나기 전, 한 보수주의자 모임에서 프렌치는 이렇게 말했다. "미국에 가장 위협이 되는 두 세력은 국외에 있는 급진적인 지하디스트들과 국내에 있는 급진적인 좌파들입니다. 저는 이 두 세력과 싸우라는 부름을 받았습니다."

그래서 프렌치는 전쟁에 참전했다. "저는 적의 실체를 직접 보았습니다." 저녁 식사 자리에서 프렌치는 우리에게 이렇게 말했다.

기자들을 참수하고, 어린 여자아이들의 신체를 잔인하게 훼손하며, 배교자들을 산 채로 불태우는 지하디스트들은 프렌치가 국내에서 만난 진보적인 정치 활동가들과는 전혀 달랐다. 사실, 켄터키 출신인 프렌치는 성인기 대부분을 진보적인 지역 사회에서 보냈다. 프렌치의 아들이 태어난 곳은 좌파 시장이 집권한 지 얼마 지나지 않은 뉴욕주 이타카였다. 근본주의자로 자란 프렌치가 복음주의 교회를 처음 접한 곳은 매사추세츠주 케임브리지였다. 프렌치의 아내가 그리스도를 영접한 곳은 맨해튼에 있는 교회였다. 프렌치는 이들 지역과 이 지역 사람들을 소중히 여겼다. 신앙이 성숙해지면서 "저는 여전히 보수주의자였고 여전히 공화당원이었지만, 제가 속한 집단의 태도와 목표에서 점점 벗어나기 시작했습니다"라고 프렌치는 내게 말했다.

정치적 광야에서 방황하던 프렌치의 행보가 처음부터 주목을 받았던 것은 아니다. 〈내셔널 리뷰〉 칼럼에 트럼프가 공화당 후보가 되는 것에 반대한다고 선언하고 트럼프를 지지하는 백인 민족주의 "대안 우파" 세력을 비난하면서부터 표적이 되기 시작했다. 프렌치와 그의 가족을 향한 공격은 잔혹했다. 악플러들은 트위터에 프렌치를 죽이겠다고 협박 글을 올렸다. 프렌치가 이라크에 가 있는 동안 아내 낸시가 흑인 남자 여러 명과 잠자리를 가졌다는 중상모략도 인터넷에 퍼뜨렸다. 에티오피아에서 입양한 막내딸이 가스실에 갇혀 있는 합성 사진을 인터넷에 올리기도 했다(나치 친위대 제복을 입은 트럼프가 점화 버튼에 손가락을 올리고 있었다). 물리적 폭력에 대한 위협이 유령처럼 프렌치 가족을 따라다녔다. 결국, 데이비드와 낸시는 권총을 휴대하기 시작했다.

익명 뒤에 숨은 계정들만 프렌치를 괴롭힌 것은 아니었다. 자신을 스토킹하는 수천 명의 트위터 사용자를 차단하려고 애쓰던 중 프렌치는 익숙한 이름들을 발견했다. 그와 같은 교회에 다니는 교인들이었다.

프렌치에게 가장 고통스러웠던 격랑은 바로 이 부분이었을 것이다. 프렌치는 이렇게 힘든 시기에 최소한 예배당에서만큼은 피난처를 찾을 수 있기를 바랐다. 하지만 그런 행운은 없었다. 2016년 선거 운동 기간 내내, 그리고 트럼프가 대통령이 된 이후에도 프렌치는 테네시주 컬럼비아에 있는 교회에서 그가 쓴 정치 칼럼을 비난하는 교인들을 정기적으로 대면해야 했다. 프렌치는 항상 상황을 진정시키려고 노력했다. 그러나 갈등은 계속 커졌다. 교인들은 프렌치 가족이 예배당에 들어올 때마다 수군거렸고 일부는 보란 듯이 등을 돌리기도 했다. 2018년 어느 일요일 아침, 갈등이 극에 달했다. 평소 친구로 여겼던 퇴역 군인 출신의 같은 교회 장로가 예배가 끝난 후 예배당 안에서 데이비드와 낸시에게 다가와 데이비드가 쓴 칼럼에 대해 따졌다. "그가 우리를 위해 한 일이 얼마나 많은데, 어떻게 여전히 우리 대통령에게 반대할 수 있습니까?"

데이비드가 트럼프의 기본적인 도덕적 결함, 이를테면 여성을 비하하고 성적 욕망을 채우는 도구처럼 대하는 태도에 관해 언급하자 그 남자는 비웃으며 이렇게 말했다. "그건 그냥 트럼프가 길고양이*라서 그런 거예요!"

이에 낸시가 나섰다. 낸시는 장로에게 전에는 빌 클린턴의 여성 편력을 문제 삼지 않았냐고 물었다. 장로는 그랬다고 대답했다. 그러자 낸시가 다시 물었다. "그런데 포르노 스타에게 입막음 대가로 돈을 주고, 여성의 성기를 움켜잡았다고 자랑하는 건 괜찮나요?"

장로는 이를 악물었다. 그리고 데이비드를 향해 말했다. "당신, 마누라 단속이나 잘해."

데이비드는 사과를 요구했다. 장로는 거절했다. 프렌치 부부는 예배당을 빠져나와 로비로 향했다. 로비에서는 교인들이 주일학교가 시작되길 기다리며 커피를 마시며 잡담을 나누고 있었다. 데이비드는 숟가락을 집어 컵을 몇 번 두드렸다. "여러분, 공지 사항입니다." 눈은 이글거리고 속에서는 분노가 끓어올랐지만 애써 누르며 데이비드가 소리쳤다. "교회에서는 절대 저와 낸시에게 도널드 트럼프에 관해 이야기하지 마세요! 우리 집에 와서 이야기하든, 커피 마시며 이야기하든 하세요. 하지만 여기서는 안 됩니다!"

프렌치 부부는 얼마 지나지 않아 내슈빌 근교에 있는 프랭클린으로 이사했고, 새로운 교회에서 새로 시작하기를 바랐다. 그러나 그 바람은 오래가지 못했다. 처음 몇 주일이 지나고 어느 일요일, 다른 교인들과 함께 성찬식 테이블 주변에 반원을 이루며 서 있는데 한 남자가 잔을 마시고 내려놓더니 데이비드를 바라보았다. "데이비드 프렌치 맞죠?"라고 그가 물었다. 데이비드는 고개를 끄덕였다. 그러자 남자는 그 자리에서 곧바로 프렌치의 정치적 견해에 강하게 반대한다고 말했다. 그런 다음 자신을 소개했다. 프렌치는 깜짝 놀랐다. 그는 온라인에서 욕설을 퍼부으며 프렌치를 가장 심하게 괴롭혀 온 이들 중 하나였다. 오래전에 트위터 계정을 차단했을 정도로

---

*   길고양이는 일반적으로 독립적이고, 제멋대로이며, 특정 규칙이나 사회적 기대에 크게 개의치 않는 동물로 인식된다. 트럼프의 성격이나 행동이 무책임하고 예측 불가능하지만, 그리 큰 문제가 아니라는 뜻이다.

너무도 모질고 악독한 말을 쏟아내던 인물이라 프렌치는 이름을 듣자마자 단번에 그를 알아보았다.

프렌치 부부는 그 교회에서도 오래 버티지 못했다. 프렌치의 이야기보다 더 충격적인 것은 러셀 무어와 대니얼 달링의 반응이었다. 두 사람은 어깨를 으쓱하고 눈을 동그랗게 뜰 뿐 반응을 거의 보이지 않았다. 공감할 수 없어서가 아니라, 비단 프렌치만 그런 일을 겪는 것이 아니었기 때문이다. 이것이 미국 복음주의 운동의 새로운 현실이었다. 이것이 바로 이들 모두와 모든 기독교 지도자가 맞닥뜨린 현실이었다.

"분명히 하자면, 이 모든 일이 도널드 트럼프 때문에 시작된 것은 아닙니다"라고 무어는 말했다. "그전에도 교회 주차장에서 성경의 무오성이나 삼위일체 교리에 관한 논쟁보다 오바마케어에 '생사 결정 패널'*이 있는지에 관한 논쟁이 더 빈번하고 격렬하게 벌어졌었어요. 트럼프는 이 상황을 새로운 차원으로 끌어올렸을 뿐입니다."

무어는 2014년 에볼라 발병 당시 아프리카에서 일하는 기독교 선교사들을 미국으로 데려오려는 오바마 행정부의 정책에 반대하며 트럼프가 **"미국에는 이미 문제가 충분하다. 먼 곳까지 가서 도움을 주는 행동은 훌륭하지만, 그 결과는 본인들이 감수해야 한다!"**라는 글을 트위터에 올렸던 일을 떠올렸다. 무어는 말을 잠시 멈추고 눈을 빠르게 깜빡이며 알맞은 표현을 고르려고 고심했다. "정말 쉬

---

* 오바마케어와 관련해 생겨난 논쟁적이고 부정적인 표현이다. 오바마케어가 시행되면 정부가 특정 의료 절차나 치료를 승인하거나 거부하는 역할을 맡는 패널을 구성하여 사실상 환자의 생사를 결정하는 권한을 가지게 될 것이라는 허위 주장에서 비롯되었다. 특히, 당시 보수 진영에서 이 용어를 사용해 고령자와 중증 환자들이 생명 유지 치료를 받지 못하게 될 것이라는 두려움을 조장하려 했다.

운 문제였어요. 아픈 사람들을 돌보던 선교사들이 고국에 돌아오는 건 당연한 일이죠"라고 그는 말했다. "하지만 복음주의자들은 트럼프의 견해를 옹호했습니다. 왜 그랬을까요?"

프렌치는 그 답을 안일함에서 찾았다. 기독교인들은 지난 10년 동안 좌파가 주요 문화 기관을 장악하고 성, 결혼 등과 관련된 중요한 전투에서 승리하는 모습을 지켜보았다. 이에 압도당한 기독교인들은 보수적인 라디오 방송과 폭스뉴스 등 편향된 정보 환경 속에 점점 더 깊이 파묻혔다. 그곳에서는 정책에 대한 모든 이견(異見)을 국가의 영혼을 지키기 위한 대리전으로 취급했다. 신자들은 이를 새로운 교리로 받아들였다. 많은 기독교 지도자와 마찬가지로 프렌치 역시 이런 상황을 인식했으나 심각하게 생각하지 않았다. 문제의 심각성을 깨달았을 때는 이미 너무 늦은 뒤였다. 한때는 격렬하나 문제가 되지 않았던 정치 참여가 사실은 유독하고 악의적이며 편집증적인 사고방식으로 밝혀졌고, 트럼프는 이를 능숙하게 이용하여 대통령직에 올랐다.

무어도 이 분석에 동의했다. 그리고 프렌치처럼 일부 책임을 받아들였다. 복음주의자들은 이 사태를 예견했어야 했다. 이민 정책이나 오바마의 출생 증명서를 둘러싼 우파 언론의 과장된 반응 때문이 아니라, 수익을 목적으로 한 선전이 수십 년 동안 기독교인들에게 확산되었기 때문이다. 이러한 선전은 기독교인들의 정치적 견해와 신념을 왜곡하고 강화하는 데 큰 영향을 미쳤다. 평범한 교인들이 폭스뉴스 황금 시간대 프로그램에 중독되기 훨씬 전부터 "그들은 매일 라디오와 TV를 통해 종말론적 예언을 해석하고 이를 차트로 시각화하여 음모론을 퍼뜨리는 기독교 근본주의자들의 설교를 네다섯 시간씩 듣고 있었다"고 무어는 말했다. "그래서 크게 달라진 것은 없습니다. 지금은 그 수가 훨씬 더 많고, 그 목적이 더 명백하게 정치적이라는 것 말고는요."

기독교 청중을 먹잇감으로 삼아 사건을 과장하는 콘텐츠가 팟캐스트, 블로그, 소셜 미디어 플랫폼, 온라인 포럼 하위 그룹을 통해 확산되면서, 신자들이 소비하는 내용을 교회 지도자들이 통제하는 것이 불가능해졌다. 1970년대나 1980년대 목사들은 위협을 명확히 지적하고 신자들에게 멀리하라고 경고할 수 있었지만, 오늘날 교인들은 목회자들이 들어 본 적도 없는 정보원에서 정보를 흡수하고 있다. 이로 인해 목회자들 사이에 체념이 생겼다. 외부에서 들어오는 소음이 압도적으로 많아서, 많은 교회 지도자가 외부 소음을 차단하려는 시도 자체를 포기해 버렸다.

"제가 어렸을 때는 부모님과 목사님들이 콘텐츠를 철저히 통제하셨어요. 폭력, 성, 마약, 권위를 무시하는 태도 등을 암시하는 영화, 음악, TV 프로그램은 절대 못 보게 하셨죠"라고 달링이 말했다. "기독교인들은 정치 콘텐츠에도 똑같은 기준을 적용해야 합니다. 정치 콘텐츠가 대중문화 콘텐츠보다 잠재적 위험이 훨씬 더 크니까요."

무어가 웃음을 터뜨렸다. "엄청나게 변했죠. 예전에는 부모들이 자녀가 보고 듣는 콘텐츠를 걱정하며 어떻게 하면 '자녀'를 다시 되돌릴 수 있는지 물어보러 저를 찾아왔었어요"라고 무어는 말했다. "이제는 거의 모든 곳에서, 얼마 전에 방문한 교회에서도 마찬가지였는데, 자녀들이 저를 찾아와 말합니다. 자기 부모가 복음주의자인데 온종일 폭스뉴스, 뉴스맥스, 원아메리카뉴스를 몰아 보며 완전히 미쳐 가고 있다고요. 그리고 묻습니다. 어떻게 하면 '부모'를 다시 되돌릴 수 있냐고요."

달링은 자기네 교회에도 "음모론에 깊이 빠진 사람들이 있는데, 그들에게 정확한 사실이 담긴 정상적인 뉴스 기사를 보내 봤자 소용이 없다"고 지적했다. 달링은 이 사람들이 그 어떤 기관도 신뢰

3부 영광

하지 않고, 사실상 다른 현실 속에 살고 있다고 말했다. 그들과 논쟁하는 것은 무의미했다. 달링은 그들을 도울 수 있는 유일한 방법은 목회자들이 "부담스럽더라도 자신들의 자리에서 이들을 만나 정보화 시대에 더 책임감 있게 살 수 있도록 돕는 것"뿐이라고 말했다.

프렌치도 예외는 아니었다.

"이 불쌍한 사람들은 툭하면 더는 아무것도 믿지 않는다고 이야기하는데, 이런 이야기를 듣는 것도 이제 지겹습니다. 안 믿긴 뭘 안 믿어요? 그들은 믿습니다. 오로지 잘못된 것들만 믿어서 문제죠. 끔찍한 사람들이 불순한 의도로 하는 말을 무턱대고 믿습니다. 자신들이 듣고 싶은 말을 그들이 해 주니까요." 프렌치가 열을 내며 말했다. "퇴근 후 집에 와서 폭스뉴스를 켜고 잠자리에 들 때까지 틀어 놓습니다. 세스 리치 음모론, 선거 관련 거짓말, 1월 6일에 관한 왜곡된 역사를 다루는 폭스뉴스를 믿는 겁니다. 몇 시간 동안 죽치고 앉아서 쓰레기 같은 소리를 들으면서 영혼을 썩힙니다. 그리고는 돌아서서 '내가 왜 〈뉴욕 타임스〉가 하는 말을 믿어야 해?'라고 말합니다. 저기요? 그런데 터커 칼슨의 말은 대체 왜 믿습니까?"

그래도 프렌치가 언급한 이념적 강경파들이 복음주의 운동의 다수는 아니라는 점에 우리는 모두 동의했다. 다른 케이블 방송국 프로그램보다 폭스뉴스의 오후 6시 프로그램을 선호하는 사람들과 우파에서 양산한 거짓 정보를 온종일 흡수하는 사람들은 다르다. 후자는 대다수 교회에서 전체 회중의 15-20퍼센트를 넘지 않을 것이라고 다들 추정했다. 무어가 지적했듯이, 문제는 "항상 목소리 큰 소수가 소극적인 다수를 압도한다"는 점이다. "가장 열정적인 사람들이 대개 원하는 것을 얻습니다."

프렌치가 고개를 끄덕였다. "기관을 소중히 여기는 사람들이 기관을 정의합니다. 목회자들이 그 미친 15-20퍼센트와 씨름해야 하는 이유도 바로 이 때문입니다"라고 프렌치는 말했다. "그들에게 맞설 수 있을 만큼 헌신적인 20퍼센트가 있다면, 그 교회는 아무 문제 없을 거예요. 하지만 현실은 그렇지 못합니다."

나는 그 20퍼센트를 준비시키려면 무엇이 필요할지, 목회자들이 교회에서 주도권을 되찾으려면 무엇이 필요할지 물었다. 누구도 나서서 대답하지 않았다. 그러다 마침내 무어가 입을 열었다.

"모르겠습니다. 솔직히 말해서, 저는 일 년 전보다 더 걱정이 됩니다. 그만큼 상황이 심각하다는 뜻이죠. 이게 치킨 리틀* 이야기처럼 들릴 수도 있지만, 두 나라** 이야기를 현실로 만들려는 적극적인 움직임이 있습니다. 어떤 기독교인들은 대중의 정치적 열망을 종교적 신념과 결합하여 도덕적 정당성을 부여하고 있습니다. 그리고 누구도 그들을 막으려 하지 않습니다."

★　★　★

2021년 말 저녁 식사 자리에는 절망의 기운이 감돌았다. 지난 몇 년간 일어난 사건들이 각기 다른 방식으로 동료들에게 영향을 미쳤다. 앞으로 몇 년 동안 미국 교회 안에서 이 전염병과 맞서 싸우겠다고 서로 다짐했지만, 그들 모두 기본적인 질문과 씨름하고 있었다. 대체 어디서부터 시작해야 할까?

＊　동화《해니 패니 *Henny Penny*》의 주인공이다. 도토리가 머리에 떨어지자 하늘이 무너진다고 믿고 다른 동물들에게 경고하여 마을 전체를 공포에 휩싸이게 한다. 실제로는 심각하지 않은 상황을 과장하여 경고하는 사람을 일컫는 대명사로 쓰인다.

＊＊　정치적·사회적 분열이 심해서 미국이 두 개의 나라처럼 나뉘어 있다는 의미다. 공화당과 민주당 지지자들 간의 갈등, 도시와 농촌 간의 문화적 차이, 그밖에 다양한 사회적 이슈들로 발생하는 심각한 분열을 설명하는 데 자주 사용되는 표현이다.

전국종교방송인협회에서 해고당한 충격으로 휘청이던 달링은 사우스웨스턴침례신학교에 터를 잡았다. 가족을 데리고 테네시주에서 텍사스주로 이사했다. 그리고 이 대학의 랜드문화참여센터 소장이 되었다. 남침례교 신자들과 소통하고, 차세대 신학자들과 설교자들을 멘토링할 수 있는 귀중한 자리였다.

프렌치는 저널리즘 분야에 힘을 쏟았다. 트럼프 대통령 임기 말에 〈내셔널 리뷰〉를 떠나 새로운 온라인 매체 〈디스패치〉에 합류한 프렌치는 미국 언론에서 가장 영향력 있는 보수 인사 중 하나가 되었다. 프렌치는 일주일에 두 번 게재되는 칼럼에서 군 법무관 출신이라는 배경을 활용해 권력 남용을 조사하고, 악의적인 주장을 논리적으로 반박하며, 가장 시급한 정치적·법적·사회적 문제를 심도 있게 분석했다.

무어의 여정은 누구보다 야심 찼다. 무어는 교리를 가르치는 일과 저널리즘 활동을 병행하며, 〈크리스채너티 투데이〉의 공공 신학자*로 합류했다. 뉴스레터를 통해 수많은 구독자를 만나고, 자신의 이름을 딴 팟캐스트를 진행하면서, 〈크리스채너티 투데이〉 플랫폼을 활용해 복음주의 산업의 실태를 폭로하고 해설했다. 무엇보다 이 작업에 예리하고 탐구적인 목소리를 더하려고 노력했다. 2022년 5월, 독립적인 한 기관이 남침례교 지도부의 성 학대 사건 처리 과정을 조사한 뒤 충격적인 보고서를 발표했을 때, "남침례교의 종말이 시작되었다"라는 신랄한 칼럼을 썼던 일화가 가장 유명하다. 조사를 요청했다는 이유로 테러를 당했던 무어는 이 보고서가 나온 뒤 큰 주목을 받았다. 그동안 무어가 했던 경고가 정당했다는 점이 보고서를

---

*　신학적 지식을 대중에게 전달하고, 사회적·정치적 문제를 신학적 관점에서 해석하고 논평하는 역할을 하는 사람을 말한다.

통해 입증되었기 때문이다. 그러나 보고서가 나오기 전까지 무어는 복음주의 전체를 집어삼키는 불길과 싸우느라 많은 시간을 허비해야 했다.

무어가 남침례교를 떠난 후 가장 먼저 한 일은 다른 기독교 난민들과 연대하는 것이었다. 이들은 세대와 인종, 정치적 성향이 모두 달랐고, 교단 배경과 예배 전통도 모두 달랐다. 이들을 하나로 묶어 준 것은 미국 기독교에 무언가 큰 문제가 있다는 뼈저린 인식이었다. 2021년 봄부터 무어는 교회 재건 방법을 탐구하는 비공개 모임을 주최했다. 메릴랜드에 있는 친구 집에서 열린 첫 모임에는 스물다섯 명이 참석했다. 그해 가을 버몬트에 있는 한 리조트에서 열린 두 번째 모임에는 두 배의 인원이 참석했다. 이후 일 년 동안 나와 이야기를 나눌 때마다 무어는 그룹이 더 커졌다고 보고했다. 그러나 그들의 활동은 눈에 띄지 않았다. 신조도 공개서한도 사명 선언문도 없었다. 무어는 그것이 핵심이라고 설명했다.

"몇몇 사람이 제게 '정신이 온전한 전국 복음주의자 협회' 같은 단체를 만들자고 제안했지만, 우리 대부분은 현재로서는 그게 별 효과가 없을 거라고 생각해요." 무어는 2022년 여름에 나에게 이렇게 말했다. "우리 중 한 명이라도 '깨어 있는' 사람 혹은 '진보적인' 사람으로 인식되는 순간, 이제껏 기울인 노력이 갑자기 다 오염되어 버리니까요. 우리가 힘을 실어 주고자 하는 사람들은 조직 직인이 찍힌 선언문에 서명할 필요가 없습니다. 그들에게는 질문할 수 있는 안전한 공간, 다른 사람들은 문제에 어떻게 대처하고 있는지 알아볼 수 있는 안전한 공간이 필요합니다."

그의 그룹은 두 가지 유형의 기독교인에게 힘이 되고자 노력한다. 첫 번째는 복음주의 세계에 깊이 연관된 고위급 관리자들로, 소속 교단과 소속 교회에서 오염을 제거하고자 다양한 노력을 기울이는 사람들이다. 이러한 노력은 종종 중복되는 경우가 많았다. 그래서 무어는 인구학적·이념적 스펙트럼을 아우르는 자신의 비밀 조직이 "교통정리를 담당하면" 되겠다고 판단했다. 신시내티에 기반을 두고 인종 화해를 위해 노력하는 단체 언디바이디드가 워싱턴 D.C.에 기반을 두고 허위 정보를 바로잡는 데 집중하는 단체 미국 가치연합과 소통하도록 돕고, 복음주의 대학에서 기독교 민족주의와 싸우는 운동가들과 연구 자금이 탄탄한 일반 대학의 연구자들이 협력하도록 돕는 역할이 그들의 몫이었다. 무어는 교회가 직면한 위기에 대응하고자 많은 신자가 행동에 나섰지만, 그들의 노력을 체계화하는 사람이 없어서 어려움을 겪었다고 말했다.

무어는 자신과 동맹들이 싸우고 있는 이 전쟁을 "공중전"이라고 불렀다. 그리고 몇 달이 지나는 동안 나눈 대화를 통해 나는 그가 이 노력이 성공을 거두고 있다고 생각한다는 사실을 알 수 있었다. 그러나 동시에, 그들 작전의 또 다른 부분인 "지상전"에 대해 점점 더 불안해하고 있다는 점도 감지할 수 있었다.

무어는 항상 목사들에게 깊은 애정을 품고 있었다. 그에게도 설교자의 피가 흐르고 있었기 때문이다. 예전에 자신이 가르친 신학생들이 강단에서 하나님의 부름에 응답하며 사는 모습을 보는 일만큼 전율을 안겨 주는 일은 없었다. 그런데 최근 몇 년 사이 전율이 공포로 바뀌었다. 무어는 자신이 알고 사랑했던 목사들이 순간의 극심한 압박에 짓눌려 더는 일을 계속할 수 없어서 사역을 그만두는 모습을 무력하게 지켜보았다.

이것은 무어가 맡은 임무의 또 다른 측면이었고, 그를 집어삼킬 듯 보였다. 나랑 통화할 때마다 무어는 늘 다른 도시에 있었고, 그곳에서 지역 목사들과 만나고 있었다. 마치 아틀라스처럼 미국 성직자 전체를 두 어깨에 메려고 애쓰는 듯했다. 무어는 많은 목사가 시대의 도전에 대처할 준비가 되어 있지 않다며 걱정했다. 그들은 성경을 공부하기 위해 신학교나 성경 대학을 다녔고, 일부는 신학이나 상담학 같은 고급 학위를 취득하기도 했다. 하지만 그들 중 누구도 교회 안에서 당파 간의 정치적 긴장을 완화하는 방법을 배운 적이 없었고, 교인들 사이에서 민족주의적 흥분을 가라앉히는 방법을 훈련받은 적도 없었다. 그들은 연습 한번 해 본 적 없는 게임에 내던져졌고 무참히 지고 있었다. 이런 실패감을 맛보면 누구보다 재능 있고 자신감 있는 설교자라도 절망에 빠질 수 있다. 나는 코너스톤교회의 크리스 와이넌스, 굿윌교회의 존 토레스 등 여러 사례에서 이를 직접 목격했다. 무어는 곤경에 처한 목사들을 보고 엄청난 긴박감을 느꼈다. 이 목사들은 최후의 보루였다. 그들은 대개 지역 사회 기독교인들과 교회를 파괴하려는 세력 사이에 서 있는 유일한 존재였기 때문이다. 따라서 신속하게 강해질 필요가 있었다.

"우리는 가장 안정적인 사람들을 잃고 있습니다. 지금 미시시피주에서는 침례교회 네 곳 중 한 곳이 목사 없이 운영되고 있습니다. 많은 목사가 사람들 앞에서는 내색하지 않아도 저만 만나면 이렇게 속삭입니다. '얼마나 더 버틸 수 있을지 모르겠어요'라고요." 무어가 심각한 얼굴로 말했다. "그들은 곧 그만두든가 자멸하든가 둘 중 하나를 택해야 하는 상황에 놓입니다. 많은 목사가 매우 고립되어 있고 알코올, 약물 남용, 불륜 등에 빠져 무감각해지고 있습니다. 무의식적으로 그런 데서 탈출구를 찾는 겁니다. 지금 우리는 그런 사례를 많이 보고 있습니다."

무어 혼자서 이 목사들을 전부 구할 수는 없었다. 그래서 전국에서 성직자 그룹을 소집하여 목사들 사이에 네트워크를 구축하고자 힘쓰고 있다. 서로 협력해야 마땅한 성직자들이 종파 간의 경쟁(심지어 같은 전통 내에서도) 탓에 오랫동안 협력하지 않고 지내 왔다. 무어는 지금이야말로 협력해야 할 때라고 주장했다. 지금 목사들은 목사들 끼리만 공감할 수 있는 상황을 겪고 있을 뿐 아니라, 기독교 세계가 대대적으로 재편되는 시기에 이런 상황을 겪고 있기 때문이다.

"이게 바로 이 상황을 더 어렵게 만드는 요소입니다. 이런 미친 정치적 일들이 일어나는 와중에 교단 체계가 무너지고 있으니까요"라고 무어는 설명했다. "목사들 대부분이 제도적인 지원을 받지 못합니다. 교단의 체제가 어떻든 상관없습니다. 감독이 있든, 노회가 있든, 뭐가 있든, 아무 상관이 없어요. 마치 정치 정당들이 해체된 것과 비슷합니다. 2015년과 2016년에 사람들은 '트럼프는 걱정 안 해도 돼. 당 차원에서 그가 후보가 되게 놔두지 않을 거야'라고 말하곤 했어요. 그런데 라인스 프리버스(Reince Priebus)를 만났더니, 공화당 전국위원회 의장이었고 나중에 트럼프의 첫 비서실장이 되었죠, 프리버스는 '우리가 트럼프를 막을 수 있다고 생각하십니까?'라고 말하더군요. 교단에서도 똑같습니다. 목사들 대부분이 교단에서 도움을 받으리라 기대할 수 없어요. 그런 구조 자체가 더 이상 존재하지 않으니까요."

그나마 좋은 소식은 목사들이 이 새로운 현실에 적응하기 시작했다는 점이라고 무어는 말했다. 2015년과 2016년에는 많은 동료가 이것이 지나갈 폭풍이라고 믿었지만, 이제는 이 폭풍이 계속될 것이라는 사실을 대부분 받아들였다. 그 결과, 이전과 사뭇 다른 적극적인 태도로 이러한 분열에 대처하고 있다. 무어가 이끄는 비공식 네트워크 구축 세미나에 참여하고 싶어 하는 목사들 수가 감당할 수 없을 정도로 크게 늘었다. 무어는 그 주에만 4개 도시에서 강연했다. 지원을 요청하는 목사들과 교회 지도자들의 간청에 전부 다 응답하기 어려운 실정이었다. 좋은 문제였지만, 그래도 문제는 문제였다.

무어는 활동을 어디까지 확대할 수 있을지 확신할 수 없었다. 균형을 잡아야 할 일들이 이미 너무 많았다. 최근에 〈크리스채너티 투데이〉 편집장으로 임명되었고, 잡지사 직원들을 이끄는 일 외에도, 책을 쓰고, 끊임없는 강연 요청을 받으며, 다섯 자녀를 키우고 있었다. 느슨하게 연결된 비공식 목사 재활 프로그램을 공식적인 공공 주도 사역으로 전환할 계획은 애초에 없었다. "하나님이 뭔가 계획하고 계세요"라고 무어는 말했다. 하지만 이번에도 꼭 무어가 주도할 필요는 없었다. 이 무거운 짐을 짊어질 다른 누군가가 필요했다.

★ ★ ★

커티스 창(Curtis Chang)은 목회 사역의 어려움에 관해 누구보다 잘 알고 있었다.

중국계 이민자의 아들로 하버드대학교를 나온 창은 사업, 법률, 정부 등의 분야에서 돈 되는 직업을 고를 수 있었지만, 그 모든 것을 뒤로하고 하나님을 섬기기로 했다. 20대에 미국 최대의 캠퍼스 사역 단체인 기독학생회에서 일했고, 30대에는 캘리포니아주 산호세에 있는 젊고 활기찬 복음주의 교회의 담임 목사가 되었다. 트럼프 시대가 열리기 한참 전이었지만, 압박감은 만만치 않았다. 닷컴 거품이 꺼지기 시작하면서 실리콘 밸리에서 자금과 인재가 빠져나갔다. 교인 수가 줄어들고 일부 직원에게 해고를 통보해야 했을 때쯤 창은 서서히 무너지기 시작했다. 어린 시절부터 불안과 싸워 왔지만, 이제는 불안이 그를 짓누르기 시작했다. 몇 주 동안 잠을 못 잤고, 극심한 공황 발작에 시달렸다. 불안은 심각한 우울증으로 이어졌다. 창은 거의 기능할 수 없는 상태가 되었다. 큰 교회는커녕 가족조차 돌볼 수 없었다.

창은 목회를 쉬기로 했고, 결국에는 아주 그만두었다. 굴욕적이

3부 영광

고 충격적인 일이었다. 창은 평신도 지도자로 교회에 남았고 여전히 교회를 섬기고 있지만, 성직자 경력은 이미 끝났다는 사실을 알고 있었다. (몇몇 직업은 공황 장애를 겪는 사람에게 적합하지 않은데, 설교도 그중 하나다.) 하나님의 계획이라고 생각했던 일에서 물러나게 되자, 창은 다른 기술을 활용해 보기로 마음먹고 베이 지역에서 기업과 대학, 일반 비영리 단체와 정부 기관을 대상으로 컨설팅 회사를 창업했다. 그리고 엄청난 성공을 거두었다. 돈도 많이 벌었고 실리콘 밸리 엘리트들 사이에서 명성도 쌓았다. 목회를 그만두고 10년 동안 그는 개인적으로도 직업적으로도 영적으로도 건강했고, 만족감을 느끼고 있었다.

그러다가 트럼프가 당선될 즈음, 창은 자신이 다니는 교회와 광범위한 복음주의 운동에서 몇 년 전 자신을 괴롭혔던 것과 똑같은 불안의 기운을 감지하기 시작했다. 경제적 불안, 문화적 불안, 인종적 불안, 국가적 불안. 모두 매우 분명하고 뚜렷하게 느껴졌지만, 어느 것도 생산적인 결과를 낳지 않았다. 창은 독특한 시각을 가지고 있었다. 보수 신학을 따르는 복음주의자였지만, 정치적으로는 중도 좌파였고, 난민 정착과 총기 폭력 문제를 낙태와 동성 결혼만큼 중요하게 여겼다. 그는 어떤 특정한 범주나 집단에 깔끔하게 귀속되지 않았다. 트럼프의 대통령직과 그것이 교회에 미친 영향에 불안을 느낀 창은 2019년에 종교 비영리 단체 리디밍바벨을 설립했다. 복음주의자들이 사회에 참여하는 방식을 재탐색하는 것이 이 단체의 사명이었다. 충분히 고귀한 아이디어였다.

그리고 코로나19가 닥쳤다. 창은 교회 폐쇄, 마스크 착용, 백신 접종 등의 팬데믹 정책에 반발하는 복음주의와 이러한 신앙 공동체나 이들이 정책에 반대하는 이유를 전혀 이해하지 못하는 세속적인 실리콘 밸리가 교차하는 지점에 서게 되었다. 창은 이 두 세계를 연결하는 고리 역할을 하려고 했다. 보건 기관들과 계약을 맺고 백신 접종을 촉진하고자 노력하며 복음주의와 일반 단체가 연합할 수 있게 도우려 했다. 그러나 이는 서로 다른 부족 간의 소통처럼 너무 자주 벽에 부딪혔다. 창은 복음주의자들이 백신 접종에 저항하는 이유를 이해하지 못하는 의료 관련 대기업 고위급 임원을 만났을 때를 떠올렸다. 창은 그에게 낙태와 줄기세포 연구부터 성령이 거하는 성전인 그리스도인의 몸과 종말 예언에 이르기까지 모든 논점을 설명해 주었다. 그런데도 전혀 공감하지 못하는 표정이었다. 평소 신중하고 언제나 예의 바른 창이 참지 못하고 불쑥 물었다. "'짐승의 표'라는 개념을 들어본 적이 있나요?" 상대는 눈을 동그랗게 뜨고 무슨 의미인지 모른다고 했다.

이러한 단절에 괴로워하던 창은 양쪽을 교육하는 일에 전념하기 시작했다. 복음주의자들에게는 백신에 관해 교육하고, 다른 사람들에게는 복음주의자들이 다른 어떤 인구 집단보다 높은 비율로 백신 접종을 기피하는 이유를 가르쳤다. 〈뉴욕 타임스〉에 글을 기고했고, 미국 상원에서 증언했으며, 백신의 원리와 효능을 설명하는 동영상 콘텐츠를 제작했다. 이러한 노력은 실로 큰 효과를 거두었다. 스탠퍼드대학교와 컬럼비아대학교의 동료 검토 연구에 따르면, 창이 주도한 교육 활동이 복음주의 공동체의 생명을 구했다는 점에는 의심의 여지가 없었다.

그렇지만 창은 여전히 충분하지 않다고 느꼈다. 트럼프 대통령 재임 기간의 격렬한 대립이 백신 접종을 주저하는 것보다 훨씬 더 위협적인 감정을 풀어놓았기 때문이다. 한 전투에서 승리를 거두고 있는 동안에도, 창은 자신과 같은 기독교인들이 전쟁에서 패배하고 있다며 두려워했다.

2021년 7월, 창과 아내는 친구들을 캘리포니아 집에 초대했다.

그 친구 중 한 명이 데이비드 프렌치였다. 두 사람은 종교나 법, 정치가 아닌 훨씬 더 심오한 것을 기반으로 30년 동안 관계를 다져 왔다. 바로 판타지 야구라는 온라인 게임이었다. 통계 예측과 가상 로스터 구축 과정을 통해 수십 년 전부터 유대감을 쌓아 온 창과 프렌치는 이제 참호를 함께 쓰는 전우가 되었다. 정치적 견해는 상당히 달랐다. 창은 낙태에 반대하는 온건한 민주당 지지자이고, 프렌치는 공화당을 떠난 극보수주의자다. 그렇지만 두 사람은 모든 것을 덮는 종교적 신념을 공유했다. 두 사람 다 복음주의 운동이 붕괴하는 모습을 목격했다. 두 사람 다 불순한 의도를 가진 사람들이 정치적 의제를 위해 교회를 강압적으로 이끄는 모습을 지켜보았다. 두 사람 다 이에 대해 무언가 조처를 해야 한다는 데 동의했다.

어느 날 오후, 아름다운 샌머테이오 해안을 따라 그레이웨일코브 등산로를 하이킹하다가 창은 프렌치에게 생각을 전부 털어놓았다. 찰리 커크, 에릭 메택서스, 랠프 리드, 데이비드 바턴 등 MAGA 우파의 활동에 대응하려면 조직적이고, 눈에 띄며, 충분한 자금 지원을 받는 프로젝트가 필요하다고 말했다. 창은 교회에서 정치를 완전히 추방하는 청교도적인 캠페인을 구상한 것이 아니라, 미국 복음주의를 감염시키고 있는 과도한 적대감과 망상적인 태도에 맞설 대안을 제시하고자 했다. 그러려면 개인이나 소그룹이 공부할 수 있는 체계적인 교육 과정이 필요했다. 정치인 '누구'에게 투표하고 '어떤' 정책을 지지해야 하는지가 아니라, 기독교인이 문화에 '어떻게' 참여해야 하는지에 초점을 맞춘 교육 과정이 필요했다.

"정치에 '어떻게' 참여할 것인지에 관해 예수에게 배울 수 있는 명확한 가르침은 원수를 사랑하고, 겸손하며, 자비를 베풀고, 진리를 추구하는 것입니다." 창이 프렌치에게 말했다. "이러한 방식은 매우 성경적이고, 사람들을 예수께 인도할 뿐만 아니라, 민주주의와 다원주의의 기본 가치와도 정말 잘 맞습니다."

창은 중요한 점을 짚고 있었다. 우리가 유치원에서 배운 황금률을 잘 실천하기만 하면, 얼마나 많은 신학 분쟁, 정치 분쟁, 기타 분쟁들이 원만하게 해결될까? 조화와 존엄과 공동체를 지키도록 고안된 그 오래된 격언은 예수가 처음 말씀하신 것이다. 좋아하지 않거나 동의할 수 없는 사람들을 어떻게 대해야 하는지 제자들에게 가르치시며 예수는 이렇게 말씀하셨다. "너희는 남에게 대접을 받고자 하는 대로 남을 대접하여라."

프렌치는 창이 하는 말을 주의 깊게 들었다. 이전에도 창과 이런 아이디어에 관해 논의한 적이 있었지만, 이번에는 새로운 차원의 세부 사항과 진심이 담겨 있었다. 그러나 프렌치는 맡은 일이 많아서 이런 야심 찬 새 프로젝트에 할애할 시간이 거의 없었다. 그래도 이 일이 필요하다는 점은 잘 알고 있었다. 창이 조직과 자금 조달을 책임질 의사가 있다면, "저도 함께할게요"라고 프렌치는 말했다.

바로 그 순간, 두 사람은 등산로 커브를 돌았다. 눈앞에 태평양이 파노라마처럼 펼쳐졌다. 창은 오래된 어부의 기도를 떠올렸다. "오 하나님, 당신의 바다는 이렇게나 넓고, 저의 배는 이렇게나 작습니다." 만성 불안으로 설교자라는 직업도 그만둔 사람이 이제 훨씬 더 불안한 연단에 오르려 하고 있었다.

창과 프렌치는 첫 번째 단계로 깃발을 세우고 누가 그 깃발 아래 모이는지 지켜보기로 했다. 그들은 곧 매주 기독교와 시사 문제가 교차하는 지점에 관해 대화를 나누는 〈굿 페이스 팟캐스트*Good Faith Podcast*〉를 만들었다. 2021년 11월에 시작한 이 팟캐스트는 곧 전세계 팟캐스트 다운로드 상위 0.5퍼센트 안에 들었다. 반응은 폭발적이었다. 팟캐스트를 시작하면서 창과 프렌치는 정치와 복음주의를 새로운 시각으로 해석해 주길 바라는 사람들이 어딘가에 있을 것이라고 막연히 가정했다. 그런데 그들이 상상했던 것보다 훨씬 더 많은 이들이 훨씬 더 간절하게 원하고 있었다. 창은 기본적인 시장 규모를 고려할 때 프로젝트를 위한 자금을 모으는 것은 전혀 어렵지 않으리라고 생각했다.

"제 생각에 이것은 복음주의자들의 문제입니다. 우리가 이런 상황을 허용했으니까요. 그래서 기독교인 후원자들이 모금을 주도하는 것이 중요하다고 보았습니다"라고 창은 말했다. "하지만 곧바로 깨닫게 된 사실이 있습니다. 복음주의 목사들이 마비된 것과 똑같이 복음주의 후원자들 역시 마비되어 있다는 사실이었습니다. 그들 역시 싸움에 뛰어드는 것을 두려워했습니다. 목사들이 역풍이 두려워 목소리를 내지 못하듯, 기독교 기부자들과 재단들도 마찬가지였습니다. 그들 역시 이사회 구성원들과 그들의 지지자들 사이에서 비슷한 어려움을 겪고 있기 때문입니다. 그래서 이미 그들과 관계를 맺고 있었고, 전에 함께 일한 적이 있음에도 불구하고, 저는 계속 빈손으로 돌아와야 했습니다."

프로젝트를 추진할 자원을 어떻게 마련할지 막막했는데도 불구하고, 창은 결단력 있게 인재를 모집하기 시작했다. 2022년 봄과 여름 동안 그는 유력한 복음주의 지도자들에게 프로젝트를 홍보하기 위해 전국을 돌아다녔다. 천천히, 힘겹게 중요한 동맹들을 확보해 나갔다. 그중에는 조지 W. 부시의 전 고문이자 다작 작가인 피터 웨너, 워싱턴 D.C.를 기반으로 비영리 단체 트리니티포럼을 운영하는 셰리 하더(Cherie Harder), 원아메리카무브먼트를 이끄는 앤드루 하나우어(Andrew Hanauer), 찰리 커크의 터닝포인트유에스에이가 캠퍼스에 침투하는 문제를 오랫동안 고민해 온 기독교대학협의회 회장 셜리 후그스트라(Shirley Hoogstra)가 있었다.

가장 큰 성과는 러셀 무어였다. 무어는 평신도를 대상으로 한 교육 프로그램이 필요하다는 점을 누구보다 잘 이해하고 있었다. 그래야 목회자들이 설교단에서 모든 문제를 다루어야 하는 부담을 덜 짊어져도 되기 때문이다. 무어는 자신이 직접 나설 시간이 없었기 때문에 누군가가 이 짐을 대신 져 주기를 기도하며 기다리고 있었다. 그런데 커티스 창이 나타나 그 일을 하겠다고 자청한 것이다.

하늘이 맺어 준 것이든 아니든, 이 조합은 완벽했다. 창, 무어, 프렌치는 새 프로젝트를 '애프터파티'라고 부르기로 했다. 중의적인 표현이었다. 하나는 특정 정당이나 정치적 이념에 치우치지 않는 기독교를 지향한다는 의미였다. 또 하나는 예수를 따르는 사람들을 기다리는 하늘 잔치, 모든 분열이 사라지고 그리스도 안에서 하나 됨을 축하하는 약속된 잔치를 고대한다는 의미였다.

팀이 구성되자 창은 더욱 열심히 자금을 모으기 시작했다. 기독교인 개개인과 단체들을 수차례 만나 제안했으나 번번이 실패하자, 창은 기묘한 아이디어를 하나 떠올렸다. 비신자들이 이 프로젝트에 자금을 댈 수는 없을까?

창은 일반 후원자들을 처음 만나러 가면서 반쯤 미친 짓이 아닌가 생각했다. 그들은 복음주의자들이 백신 접종을 주저하는 이유도 이해하지 못했고, 교회 안에서 벌어지는 정치, 정책, 문화 갈등도 전혀 이해하지 못하는 사람들이었다. 그런데 그런 그들이 기독교 교육 과정 프로젝트를 후원한다고?

그렇다. 그들 모두 그렇게 말했다. 돌이켜 보면 놀랄 일이 아니었다고 창은 말했다. 그가 접촉한 사람들은 대부분 개인적으로 진보적인 견해를 가지고 있었지만, 민주주의, 다원주의, 국가 결속 문제에 관심이 많았다. 특히 인상적이었던 한 회의에서 창이 프로젝트를 설명하기에 앞서 이 문제는 복음주의자들이 자초한 문제이고 스스로 해결해야 할 문제라면서 자책하자, 건너편에 앉아 있던 비기독교

3부 영광

인이 불쑥 끼어들었다.

"아니, 아니에요. 이건 당신들만의 문제가 아닙니다. 이건 우리 모두의 문제입니다." 그 사람은 창에게 이렇게 말했다. "사실, 우리 중 일부는 복음주의자들을 소외시켜 왔습니다. 그들이 우리를 의심할 이유를 우리가 제공한 겁니다. 그러니 이건 우리의 문제이기도 합니다."

창은 그때 대화를 떠올리며 감정에 북받쳤다. "정말 정말 힘이 되었습니다"라고 그는 말했다. "그 이후로 저는 이런 파트너십이야 말로 이 사회를 함께 나누며 살 수 있게 해 주는 해법이라는 것을 깨달았습니다. 오랫동안 너무 많은 적대감이 쌓여 왔습니다. 양쪽 모두 변명할 수 없는 일입니다. 그러나 우리는 문화에 증언하는 역할을 맡은 사람들 아닙니까? 그렇죠? 그러니 한번 생각 봅시다. 만약 우리가 세속 세계의 자원으로 복음주의 교회를 치유한다면, 복음주의 교회의 정신으로 세속 세계를 치유할 수도 있는 겁니다."

초기 자금을 확보한 후 창, 프렌치, 무어는 교육 과정을 만들기 시작했다. 처음 제작한 것은 60-90분짜리 소그룹 성경 공부를 위해 설계한 6회 시리즈였다. 일반적인 세션은 오프닝 강의로 시작해서 특정 질문을 중심으로 대화하는 시간을 가진 다음, 체계적인 그룹 활동과 개인적인 성찰의 시간으로 마무리된다. 온라인과 스마트폰 앱을 통해 어디서나 접속할 수 있고 누구나 가르칠 수 있는 콘텐츠 라이브러리를 꾸준히 구축할 계획이었다.

2022년 12월, 애프터파티는 오하이오주에서 시범 프로젝트를 실행하기 위해 대규모 지원금을 받았다. 2023년 3월, 내셔널프레스클럽에서 단체의 출범을 발표하면서 창은 오하이오주의 목회자 네트워크 및 기독교 대학들과 협력하고 있으며, 그해 말까지 50여 개 교회에 교육 과정을 배포하기를 희망한다고 설명했다. 모든 일이 계

확대로 진행된다면, 창은 2024년 대선 캠페인에 맞춰 프로젝트를 확대할 수 있을 만큼 긍정적인 피드백을 받을 수 있다고 말했다. 창은 이 타이밍이 우연이 아니라고 했다.

"목사들은 지난 6년간 정치적 갈등 속에서 고군분투해 왔습니다." 애프터파티를 출범시킨 후 창이 나에게 말했다. "이제 우리가 그들을 도와야 할 때입니다."

★ ★ ★

2023년 봄, 러셀 무어와 대화를 나눌 때는 뭔가 달라 보였다.

지난 몇 년간 우리는 정기적으로 대화를 나눴는데, 늘 무거운 분위기였다. 그런데 2023년 3월 오후, 터커 칼슨이 TV 쇼에서 무어를 조롱한 지 며칠이 지났고 애프터파티 출범을 며칠 앞둔 시점에 무어의 목소리는 활기차고 명랑하며 가벼웠다. 나는 이 시점에서 칼슨에게 조롱당한 것이 오히려 무어에게 자신이 옳은 일을 하고 있다는 확신을 준 것이 아닌가 하는 생각이 들었다. 최근 폭스뉴스를 상대로 진행 중인 소송 덕분에 공개된 법정 문서들은 칼슨의 이중성이 얼마나 심각한지 낱낱이 보여 주었다. 폭스뉴스 진행자 칼슨은 선거 사기를 주장하는 사람들을 TV에서 띄워 주면서도, 사석에서는 그들을 (그리고 프로그램 시청자들을) 아무 말이나 믿는 멍청이라고 조롱했다. 또한, 공개적으로 트럼프를 옹호하면서도 동료에게는 "그를 열렬히 싫어한다"고 문자를 보냈다. 기독교 민족주의자들과 같은 전문 선동가들은 이러한 사실에 아무런 영향을 받지 않았다. MAGA 마스코트이자 기독교 민족주의 대변자 윌리엄 울프는 "나는 우리 교회 남자들이 데이비드 프렌치보다 터커 칼슨의 가르침을 받는 것이 낫다고 생각한다"라고 트위터에 올렸다. 그러나 일반 시청자들은 이러한 사실에 큰 충격을 받았다.

무어는 이것이 자신에게 힘이 되었다고 인정했다. 사실, 그는 최근 이와 관련된 좋은 소식을 연달아 들었다고 했다. 켄터키주에 있는 조그만 복음주의 학교인 애즈버리대학교에서 부흥이 일어나 기독교인 수천 명이 영적 황홀경을 경험하러 캠퍼스로 몰려들었다. 무어는 바로 이런 순간을 위해 기도해 왔지만, 애즈버리의 부흥 소식을 듣자마자 악의적인 사람들이 자신들의 목적을 위해 부흥을 악용할까 봐 걱정했다. 그러나 애즈버리대학교는 그런 일이 일어나도록 내버려 두지 않았다. 대학에 있는 친구들에게 확인 전화를 했을 때, 무어는 대학 당국이 집회의 아름다움과 신성함을 지키기 위해 관심 종자들과 사기꾼들이 캠퍼스에 접근하지 못하게 막고 있다는 이야기를 들었다. 여기에는 폭스뉴스도 포함되었다. 칼슨의 팀은 부흥 현장에서 생방송을 진행하게 해 달라고 요청했지만, 애즈버리대학교에서 이를 거절했다.

"애즈버리에서 일어난 일 중 정말로 놀라운 일은 학교 지도부와 현장에 있던 학생들이 외부인이 캠퍼스에 들어와서 하나님이 하신 일을 자신들의 목적을 위해 이용하지 못하게 막은 점입니다"라고 무어는 말했다. "그 덕분에 무언가 더 나은 방향으로 변화하고 있다는 진짜 희망이 생겼어요."

무어가 이렇게 낙관적인 감정을 보인 것은 정말 예상치 못한 일이었다. 더 나은 방향으로 변화하고 있다고? 이런 활기찬 어조로 이야기하는 이 낙관적인 사람은 대체 누구란 말인가? 나는 테네시주에서 가졌던 저녁 식사 자리에서 그가 우리에게 했던 말을 떠올렸다. "치킨 리틀 이야기처럼 들릴 수도 있지만, 두 나라 이야기를 현실로 만들려는 적극적인 움직임이 있다면서요. 어떤 기독교인들은 대중의 정치적 열망을 종교적 신념과 결합하여 도덕적 정당성을 부여하고 있다고 하셨잖아요. 그런데 누구도 그들을 막으려 하지 않…."

내가 말을 끝내기도 전에 무어가 끼어들었다. "지금은 더 나아졌어요. 지금은 더 나은 상태입니다."

무어는 그 이유 중 하나로 젊은 신자들의 회복력을 꼽았다. 그들은 단순히 자리를 지키기만 한 것이 아니라 부모를 위기에서 구해 냈다. "이렇게 생각해 보세요. 터닝포인트유에스에이 청년 집회와 애즈버리 부흥회는 불과 몇 년 전만 해도 상상할 수 없을 정도로 성격이 완전히 다르죠"라고 무어는 말했다. "이 젊은이들은 기성세대에 반항할 권리가 충분히 있음에도 불구하고, 그렇게 하지 않습니다. 대신에 목사, 부모, 조부모를 사랑하고 존경하며 함께 앞으로 나아갈 방법을 찾고 있습니다. 덕분에 많은 부모와 조부모가 자녀나 손주의 시각으로 상황을 바라보기 시작했고, 이는 매우 긍정적인 일입니다."

그러나 무어가 갑자기 자신감을 내비친 주된 이유는 이 때문이 아니었다. 애즈버리 부흥과 최근에 진전된 그 밖의 일들, 예를 들어 애프터파티 같은 단체가 등장하고 곧이어 폭스뉴스에서 해고당한 칼슨이 계속해서 몰락한 일 등 무어에게는 찰리 커크와 에릭 메택서스 같은 사람들이 미국 기독교를 제도적으로 장악하려고 시도하는 데 필요한 모든 자원을 가지고 있음에도 불구하고 그들이 실패하고 있다고 믿을 만한 이유가 있었다. 그들이 더 큰 비용을 들여 더 강하게 밀어붙이며 목사들에게 고통을 주고 교회에 끊임없는 불안을 심어 줄 것은 분명하다. 그러나 트럼프가 퇴임한 후 2년 동안 그들이 미국 교회의 주도권을 장악할 태세였던 것과는 크게 다른 상황이었다. 어느 순간 그들의 기세가 꺾였다. 나는 피닉스에서 본 커크의 낙담한 얼굴에서 이를 확인할 수 있었고, 워싱턴주에서 들은 메택서스의 긴장되고 절박한 목소리에서 이를 다시금 확인할 수 있었다. 그들은 큰 승리를 목전에 둔 사람들이 아니었다. 더 많은 패배를 맛볼 채비를 하는 사람들이었다.

"물론, 우리는 여전히 엄청난 과제를 안고 있습니다. 그러나 체계적으로 조직된 기독교 민족주의 운동이 풀뿌리 수준에서 힘을 얻어 기관들을 장악하려는 시도를 막는 것은 이제 우리의 과제가 아닙니다"라고 무어는 말했다. "여러 번 입증되었듯이, 교단이나 캠퍼스 사역, 대학 등에서 교회를 기반으로 복음주의 활동을 하는 기관들은 이런 민족주의 정치 운동에 넘어가지 않았고, 넘어갈 위험도 없어 보입니다."

무어는 이렇게 덧붙였다. "얼마 전만 해도, 대중에 영합하는 이런 기독교 민족주의 운동이 많은 기관을 장악하는 것이 불가피해 보인다는 느낌이 보편적이었습니다. 그러나 그렇지 않다는 사실이 증명되었습니다. 놀라운 일이죠. 무척 유쾌하고 놀라운 일입니다."

나는 무어에게 기억에 남는 구체적인 사례가 있는지 물었다. "믿기 힘들겠지만," 무어가 머뭇거리다 웃으며 말했다. "바로 남침례교입니다."

19장

★ ★ ★

회복은 가능한가:
무너진 신뢰, 실낱같은 희망

"신뢰는 얻는 겁니다. 오늘은 위대한 날이었어요.
하지만 여러 가지 면에서, 오늘은 그저 시작에 불과합니다."

"가서, 너도 이와 같이 하여라"(누가복음 10:37).

대니얼 달링은 2021년에 코로나바이러스 백신에 찬성했다가 전국
종교방송인협회에서 해고되면서 인생이 나락으로 떨어졌다. 네 아
이의 아버지인 달링은 갑자기 일자리를 잃고, 기독교인을 자처하는
수많은 사람에게 인터넷상에서 괴롭힘을 당했다. 그들은 달링이 불
행을 겪는 모습을 즐기기까지 했다. 그러나 달링을 구해 준 이들 역
시 기독교인이었다. 기도와 격려의 메시지를 보내고, 일자리를 소개
하고, 달링 가족이 생계비를 충당할 수 있도록 직접 돈을 보내기도
했다.

"교회 때문에 상처를 받았어요. 하지만 교회 덕분에 축복도 받았죠"라고 달링은 내게 말했다. "해고당하고 나서 기독교의 가장 추한 모습과 가장 아름다운 모습을 동시에 보았어요. 하지만 대중은 기독교의 미친 면만 보고 그 이면의 사랑은 보지 못해요. 그게 진짜 문제죠."

2022년 6월 아침 식사 자리에서 만났을 때, 건장한 체격에 수염을 기른 40대 중반의 달링은 낚시용 청록색 셔츠를 입고 있었다. 목에는 남침례교 연례 총회를 알리는 파란색 목걸이가 걸려 있었다. 그 총회는 세 블록 떨어진 컨벤션 센터에서 열리고 있었고, 문서와 배너, 그리고 달링의 목걸이에 적혀 있듯 총회 주제는 "예수: 모든 것의 중심"이었다.

그러나 총회의 중심은 예수가 아니었다. 내가 기억하는 남침례교 총회가 다 그랬듯, 올해 총회 역시 성경과 상관없는 이슈가 지배할 예정이었다. 유명한 목사이자 작가인 릭 워렌이 이끄는 새들백교회에서 여성에게 설교를 허용하면서 일부 남침례교 동료들과 갈등을 빚었고, 이를 둘러싸고 논쟁이 벌어졌다. 극우 성향의 후보와 그보다 온건한(그러나 여전히 상당히 보수적인) 후보가 맞붙은 총회장 선거도 치열했다. 무엇보다도, 러셀 무어가 "남침례교의 종말"을 보여 준다고 했던 보고서의 권고안을 채택할지를 두고 역사적인 투표가 예정되어 있었다. 사건을 조사한 제3자 독립 기관은 교단 내 성범죄자를 추적하는 데이터베이스를 구축하는 방안을 권고했다.

달링이 말하려 한 요점도 바로 이것이었다.

"우리 북미선교위원회는 올해 전 세계에서 가장 빈곤한 사람들을 돕기 위해 약 6,600만 달러를 모금했어요. 지난 한 해에만 우크라이나에 1,100만 달러를 보냈고요. 그곳에 사람들도 파견했어요. 전 세계 곳곳에 구호 인력이 있습니다. 그 말인즉, 어디에서 사람들이 고통받고 있는지 남침례교 신자들과 복음주의자들이 다 알 수 있다는 뜻입니다"라고 달링은 말했다. "그런데 우리는 미친 짓, 사람들을 해치는 미친 짓을 하느라 너무 많은 시간을 허비하고 있어요. 결국, 우리가 세상에서 하는 선한 일은 전혀 주목받지 못합니다. 이런 미친 짓은 예수에게 집중하는 데 방해만 돼요."

달링은 이 중 일부는 미디어 산업의 인센티브 구조가 낳은 결과라고 불평했다. 그는 그렉 록이 천막 교회를 이끄는 테네시주 마운트 줄리엣에서 여러 해 동안 살며 예배를 드렸다. 달링은 그곳의 복음주의 지도자 연합이 지역 사회에서 영웅적인 일을 했다고 설명했다. 그들은 저소득층 청소년을 돕기 위해 공공-민간 협력을 시작했다. 하지만 그들의 소식은 내슈빌 언론에 보도되지 않았고, 사실 보도되길 바라지도 않았다. "그런데 그렉 록이 미친 헛소리를 쏟아내기 시작해요. 자, 그러면 〈테네시안〉 1면을 장식하는 사람은 누구겠어요?"라고 달링은 말했다.

달링은 많은 교회가 이러한 내부 갈등에 맞서 보여 준 회복력이 갈등 자체만큼이나 중요하다고 말했다. "많은 사람이 평범한 복음주의 교회가 일요일 아침마다 MAGA의 온상으로 변할 것이라고 예상했어요. 일부 지역에서 실제로 그런 일이 일어난 건 분명하지만, 사람들이 생각한 것만큼 그 수가 많지는 않아요. 코로나, 인종차별 문제, 트럼프를 놓고 논쟁하는 사람들, 정치적 편견 때문에 교회를 떠나는 사람들 등 우리가 목격한 여러 문제에도 불구하고 교회는 버텨 왔어요. 그리고 많은 교회가 전보다 실제로 더 건강해졌어요."

익숙한 이야기였다. 2016년 이후 목회 현장에서 고초를 겪은 목사들과 대화하면서 많이 들었던 이야기다. 그들은 교인의 4분의 1이 정치적 불만으로 교회를 떠나는 모습을 지켜보았고, 그 과정에서 너무나 큰 고통을 겪어 자신도 교회를 떠나거나 목회를 완전히 그만둘 뻔했다. 그러나 비록 폭풍이 완전히 지나간 것은 아니지만, 시간이 지나면서 그들의 사역은 더욱 강해졌다. 대규모 이탈에 대한 두려움은 사라졌다. 교회 생활은 어느 정도 정상으로 돌아왔다. 새로운 신자들이 예배당을 채워 갔다. 목사들은 마침내 숨을 돌릴 수 있었고, 다음에 어떤 뉴스가 터질지 걱정하는 대신 본연의 업무에 집중할 수 있었다.

"토머스 애스콜(Thomas Ascol)이 실수한 게 바로 이 지점입니다." 강경한 보수주의 정책을 들고 남침례교 총회장에 출마한 토머스 애스콜을 언급하며 달링이 말했다. "목사들 대부분은 주일 설교를 고민해요. 병원에 입원한 교인도 찾아가 봐야 하고, 결혼 상담도 해야 해요. 아, 그리고 집에는 챙겨야 할 말썽꾸러기도 있어요. 목사들은 이런 정치적 혼란에 다시 휘말리고 싶어 하지 않아요."

확신이 부족해서가 아니었다. 실제로, 지난 몇 년 동안 내가 만난 목사들은 가장 시급한 현안들에 관해 명확한 신념을 가지고 있었다. 낙태 문제 같은 경우에는 양심에 따라 자신의 신념을 교인들과 공유해야 한다고 느꼈을 수도 있다. 그러나 대체로 그들은 침묵을 지켰다. 정치적 담론에 참여해서 얻을 것은 아무것도 없었기 때문이다. 논쟁이 격화되면, 선을 넘어 논의의 중심에서 그리스도를 밀어내기 쉽기 때문이다. 일부 탄약 창고를 폭격하려다가 대륙 전체와의 지상전으로 확대되는 것을 군대에서는 "임무 변경"이라고 부르는데, 현대 복음주의 운동에 본래 계획과 다른 이런 임무 변경이 이루어지면 많은 부분이 혼란스러워진다. 태아의 생명을 옹호하는 것과 같은 윤리적 대의는 광범위하고, 즉흥적이며, 논리적 근거가 없는 당파적 활동으로 이어지기 쉽다. 달링은 넘지 말아야 할 선이 어디인지 분별하고 선을 넘으라는 압박을 거부하는 것이 건강한 기독교의 핵심이라고 말했다.

"공공장소에서 우리의 견해를 밝히는 건 잘못된 게 아닙니다. 우리가 정말로 세상을 우리의 선교지로 본다면, 최선을 다해 사회를 변화시키려고 노력해야 해요"라고 달링은 말했다. "하지만 과도한 애국주의에 기반해서는 안 돼요. 빨강 대 파랑의 구도로도 안 됩니다. 두려움에 기반해서도 안 돼요. 그렇게 하면 밖에서 보는 사람들 눈에는 오직 두려움밖에 안 보이기 때문이에요."

애너하임에는 지켜보는 외부인이 많았다. 남침례교는 여성 목회자 문제, 남침례교 지도부 문제, 특히 교단 내 성 학대 사건 처리 문제를 취재하려고 온 주요 언론 매체 기자들 다수에게 취재를 허가했다. 일부 남침례교 목사들은 이런 외부인의 존재에 반감을 느꼈다. 그들은 이 기자들이 자신들을 조롱하고 희화화하며, 기독교인에게 거부감을 느끼는 일반 청중에게 남침례교회의 난리판을 신나게 보도할 심산으로 그곳에 왔다고 보았다.

어쩌면 기자 중 일부는 그랬을지도 모른다. 하지만 나는 달링과 대화를 나누면서 이것이 남침례교와 미국 기독교 전체에 최선이 아닐지 생각했다. 사실, 이런 공개적인 망신은 오래전에 당했어야 했다. 어쩌면 그동안 은폐와 보신(保身)만을 봐 왔던 기자들이 마침내 참회와 회개를 보게 될지도 모른다. 어쩌면 그런 참회와 회개가 수천 명이 애너하임에 모인 이유를 기자들과 그들의 청중에게 알려 줄지도 모른다. 그래서 예수가 모든 것의 중심이라는 사실을 어쩌면 그들도 이해하게 될 수도 있다.

"신뢰가 중요합니다. 모든 기관이 이 부분에서 실패하고 있지만, 기독교회는 특히 크게 실패했어요"라고 달링은 말했다. "기독교회가 가진 비밀 무기는 용서와 화해의 윤리예요. 그래서 우리는 할 일이 많아요. 이 일을 제대로 해내야 해요."

나는 달링에게 이 일을 제대로 해낼 수 있으리라고 낙관하는지 물었다. 그는 애너하임에서 나오는 결과가 앞날에 대한 전망에 큰 영향을 미칠 것이라고 말했다.

"사실, 기독교는 전 세계적으로 급성장하고 있어요. 중국, 이란, 아프리카 전역에서요. 하지만 우리는 미국에서 고군분투하고 있죠. 우리가 자신을 낮추지 않고 하나님을 영화롭게 하는 방식으로 사람들을 대하지 않으면, 남아 있는 신뢰마저 잃게 될 겁니다. 시대를 향한 하나님의 계획은 미국과 아무 상관이 없어요. 우리에게 하나님이 필요한 것이지, 하나님에게 우리가 필요한 게 아닙니다. 우리 모두 이 점을 기억해야 합니다."

★ ★ ★

애너하임컨벤션센터 안에 있는 밝은 창고 스타일 전시장에 들어서자마자 가장 먼저 눈에 들어온 것은 브라더후드뮤추얼이라는 회사를 홍보하는 거대한 파란색 현수막이었다. 이 회사의 임무는 기독교 사역을 보호하는 것이었다.

찰리 커틀러(Charlie Cutler)라는 중년 남성이 남색 블레이저와 청바지를 입고 한 손에는 브로셔를, 한 손에는 파리채를 들고 부스에 기대어 서 있었다. 브라더후드뮤추얼의 모기업인 처치웨스트보험서비스에서 오래 일한 고위급 임원이었다. 커틀러는 처치웨스트가 수십 년 동안 교회, 기독교 학교, 종교 비영리 단체들과 협력해 왔다고 설명했다. 대부분의 활동은 화재, 홍수, 폭풍, 하수(下水)와 같은 일반적인 보험 문제에 집중되어 있었다. 하지만 이제는 아니었다.

"평판 관리가 우리의 전문 분야가 되어 가고 있습니다"라고 커틀러는 말했다.

그가 파리채를 들고 있는 이유는 그 때문이었다. 처치웨스트 로

고가 새겨진 이 플라스틱 도구에는 "오늘은 안돼, 사탄"이라는 경고가 적혀 있었다. 이 한마디가 처치웨스트가 남침례교 총회에서 광고하는 메시지였다. 그들은 기독교 단체가 불청객에게 매우 단호하고 강경하게 대처할 수 있도록, 그래서 학대자, 포식자, 소아성애자가 단체에 발을 들이지 못하도록 서비스를 설계했다.

커틀러에 따르면, 오랫동안 회사 전체 사업에서 이 서비스가 차지하는 비중은 극히 작았다. "가톨릭교회의 스캔들이 많은 미국인에게 경각심을 불러일으켰지만, 복음주의자들은 별로 느끼는 바가 없었던 모양이에요"라고 커틀러는 말했다. "'자기들' 교회에서도 그런 일이 일어날 수 있다는 사실을 받아들이지 않는 경향이 강했죠."

신앙에 기반을 둔 조직들은 도둑질과 사기, 괴롭힘과 협박, 권력 남용과 정의 실현 거부 같은 문제가 세속 기관들만의 문제라고 생각해 왔다. 자기들과는 아무 상관이 없거나 거의 상관이 없다고 생각한다. 종교인들, 특히 기독교인들은 자신들의 공동체가 비신자들의 공동체보다 더 안전하고, 더 선하고, 더 도덕적이라고 믿고 싶어 한다.

하지만 실제로 신앙 공동체들은 교회의 전통과 가르침을 잘못 적용해서 그 '때문에' 상황이 더 나빠지는 경우가 많다. 투명성을 요구하면 신뢰하지 않는다는 뜻으로 받아들이기 일쑤다. 책임감을 지적하면 권위를 존중하지 않는다는 뜻으로 받아들인다. 자비를 강조하다 보면 잘못을 집어내는 일이 불필요해 보이기도 한다.

"교회를 운영할 때 가장 어려운 점 중 하나는 교회가 자치적이고 자율적인 조직이라는 점입니다"라고 커틀러는 말했다. "교회는 외부의 감독이나 통제를 받지 않습니다. 바로 이런 점이 많은 문제를 일으킵니다. 그래서 교회가 다른 조직들, 특히 아동 관련 조직들이 따르는 관리 기준을 충족하도록 돕는 것이 우리가 하는 일의 일부입니다."

커틀러는 어깨를 으쓱하며 말을 이었다. "솔직히 까놓고 얘기해 볼까요. 만약 당신이 소아성애자라면 교회는 아주 매력적인 먹잇감입니다. 교회는 신뢰를 기반으로 세워진 곳이에요. 그래서 굳이 위험 신호를 찾아내려고 애쓰지 않습니다."

마침내 변화의 조짐이 보이기 시작했다. 복도 끝에 있는 중앙홀에서는 전국 남침례교회에서 온 대표들, 일명 "메신저들" 수천 명이 남침례교를 변혁시킬 정책을 채택하기 직전이었다. 개혁이 이루어지면, 투명성이 강화되고 위험 신호를 놓치기 어려워질 것이다.

"이제 진짜 때가 된 거죠, 그렇죠?" 커틀러가 중앙 홀 방향을 가리키며 말했다. "교회 안에서 이런 끔찍한 일이 계속 발생하면, 그리스도의 메시지, 우리를 향한 그분의 사랑과 그 사랑을 세상에 전하려고 기독교인들이 하는 선한 일들은 완전히 잊히고 맙니다."

그 일들은 전시장 곳곳에서 볼 수 있었다. 이곳은 '다수로 가는 길' 콘퍼런스나 미국재각성투어 현장과 사뭇 달랐다. 기적의 치료법이나 군대식 슬로건을 판매하는 키오스크는 없었다. 대신에 남침례교 단체들은 약 920제곱미터 공간에 그리스도의 가르침을 더 잘 반영하는 활동을 선보였다.

한 부스에서는 프리즌펠로우십 사역을 홍보하며 크리스마스에 수감자 자녀들에게 선물을 전달하는 활동을 이어 갈 수 있게 기부해 달라고 요청했다. '순교자의 소리'가 후원하는 또 다른 부스에서는 아프리카와 중동의 지하 교회를 알리는 교육을 제공하고, 적대적인 지역에서 목숨을 걸고 기독교인을 지원하는 최전선 사역자들을 후원하기 위해 기금을 모았다. 몇몇 단체는 도시락 사업을 통해 아동 빈곤에 맞서 싸웠고, 어떤 단체는 소프트웨어 무료 다운로드 서비스를 통해 온라인 포르노 중독에 맞서 싸웠다. 인신매매를 멈추자는 이야기(톰 행크스와 오프라 윈프리를 겨냥한 레딧 루머가 아닌 실제 인신매매 문제)가 곳곳에서 들려왔다. 남침례교 재난 구호 관계자들이 향후 몇 년간 국내외 재난 현장으로 신속히 출동할 자원봉사자를 모집하는 부스에는 한때 사람이 물밀듯이 몰려들기도 했다.

가장 눈에 띄는 부스는 총체적인 관점에서 생명 옹호 운동에 접근하는 부스들이었다. 미혼모와 경제적 어려움에 빠진 산모들을 위해 지역 차원에서 지원 그룹을 구성하는 단체도 있었고, 음식과 옷, 기저귀를 제공하는 단체도 있었고, 무료 보육 서비스를 제공하는 단체도 있었고, 출산 전후에 재정적 지원을 제공하는 단체도 있었다. 관대함 면에서도 자기 인식 면에서도 인상적인 전시였다. 각 단체 대표들은 오랫동안 편협한 방식으로 낙태 반대 운동에 접근했던 것을 후회하는 듯했다. 엠브레이스그레이스라는 단체는 "사랑 옹호가 새로운 생명 옹호다"라는 문구가 적힌 소책자를 나누어 주었다.

라이프라인아동서비스 회장 허비 뉴웰(Herbie Newell)은 뒤처져 있던 생명 옹호 운동 동맹들이 새로운 흐름을 따라잡기 시작하는 모습을 보고 기뻤다고 말했다. 그의 단체는 1981년부터 "그리스도의 사랑을 통한 인간의 번영"을 옹호해 왔다. 낙태 반대 운동 단체로 널리 알려졌지만, 실제로는 취약한 여성들을 돕고, 초보 부모를 교육하며, 입양 및 위탁 양육을 통해 아이들을 돌보는 기독교 사회단체로 이해하는 것이 가장 적절하다. 뉴웰은 "생명이 배 속에 있을 때뿐만 아니라 그 이후에도 계속해서 보호해야만 인간이 진정으로 번영할 수 있습니다. 우리는 예수 그리스도의 복음을 구체적으로 실현하고 싶습니다. 선포하는 단체가 아니라 실현하는 단체가 되고 싶어요"라고 말했다.

뉴웰은 자신의 단체가 전통적으로 빈곤(산모 빈곤, 아동 빈곤)이라는 사회적 질병에 초점을 맞춰 왔다고 말했다. 그들은 이 사명을 포기하지 않았다. 대신 거기에 "관계적 빈곤"이라는 새로운 질병을 하나 추가해서 사명을 통합하기 시작했다. 새롭게 성장 중인 라이프라인 프로그램 중 하나는 가족 재결합에 초점을 맞추고 있다. 입양이나 위탁 양육 방식으로 자녀를 포기한 부모들에게 지역 교회를 동원해 교육하고, 직업 기술과 성경적 제자도를 가르친다. 생물학적 부모와 그 자녀들, 그리고 이 아이들을 양육하는 가정 사이에 장기적인 관계를 구축하는 것이 목표다.

내가 이런 발상을 칭찬하고 라이프라인의 여타 활동에 찬사를 보내자, 뉴웰은 '예수를 따르는 사람들이 당연히 해야 할 일을 하는 것뿐인데 이게 그리 대단한 일인가?' 싶은 눈으로 나를 쳐다보았다.

"미국은 기독교인이 어떤 존재로 부름받았는지를 제대로 이해하지 못하고 있습니다"라고 뉴웰은 말했다. "성경은 우리 모두 회복이 불가능할 정도로 망가졌다고 말합니다. 그리스도는 우리를 치유하기 위해 오셨습니다. 교회는 병자들을 고치는 병원이 되어야 합니다. 그리고 치유된 사람들은 다른 사람들도 건강해지도록 도와야 합니다."

전 세계를 돌며 일해 온 뉴웰에게 미국 기독교를 비판적으로 바라보는 이유를 물었다.

"미국에서나 다른 곳에서나 똑같습니다. 우리가 걸린 질병은 죄입니다. 그런데 미국은 번영을 이용해서 그것을 숨겨 왔지요. 저는 우리가 복을 주시는 하나님 대신에 하나님이 주시는 복을 숭배하는 데 익숙해졌다고 생각합니다. 축복이 우리의 신이 되었습니다. 지금 우리 기독교인들은 세상의 것들을 꽉 잡고 놓지 않으려고 버둥거립니다. 은혜로 구원받은 이방인으로 사는 대신, 계속 정상에 서서 모든 것을 통제하며 살려고 기를 쓰느라 너무 바쁩니다."

전에 남침례교회 신자였던 뉴웰은 현재 상황이 조금 어색하게 느껴진다고 인정했다. 그는 남침례교회에서 자랐고, 자녀들도 남침례교회에서 키웠다. 그러나 미국 교회를 향한 우려 때문에, 특히 자신이 다니던 교회에서 명백히 드러난 문제 때문에 결국 교회를 떠났다. 최근에 뉴웰은 가족과 함께 앨라배마주 버밍햄에 있는 장로교회에 출석하기 시작했다. 그래서 이번에 애너하임에 오면 구경꾼 같은 기분이 들 줄 알았다. 하지만 그렇지 않았다. 뉴웰은 남침례교 형제자매들이 자기중심적인 태도를 버리고 진정한 신앙의 길로 나아가기를 바라며 복도 끝에서 진행되는 절차에 촉각을 곤두세웠다.

"학대, 은폐, 부패, 이 모든 것에 구역질이 납니다. 그만 멈추어야 해요. 하지만 저는 하나님이 영광을 받으시는 것에 관해서는 걱정하지 않습니다. 하나님은 언제나 주권자이시므로 언제나 영광을 받으시니까요"라고 뉴웰은 말했다. "문제는 이겁니다. 계속해서 우리가 우리 자신의 영광을 위해 살 것인가, 아니면 우리 자신을 죽이고 하나님의 용서를 구할 것인가."

★ ★ ★

모든 좌석이 꽉 찼다. 중앙 홀 전체에 의자 수천 개를 배치했다. 페인트가 칠해진 강철 기둥 안쪽으로 거대한 행사장 구석구석까지 의자가 펼쳐져 있었다. 메신저들은 조용히 앉아 근처 스피커를 통해 논쟁에 귀를 기울였다. 그들은 이름과 교회, 지역이 적힌 작은 배지를 달고 서류 봉투 크기의 노란 투표용지를 움켜쥐고 투표가 시작되기를 기다렸다.

일 년 전, 내슈빌에서 열린 논란 많았던 2021 남침례교 총회에서 메신저들은 투표를 통해 교단 내 성 학대 사건과 사건 은폐 혐의에 대한 조사를 감독할 임시대책위원회를 구성하기로 했다. 그 투표가 역사의 물꼬를 돌렸다. 새로 만들어진 대책위원회는 제3자 독립

기관인 가이드포스트솔루션즈를 고용해 남침례교 집행위원회를 조사하게 했다. 그 결과, 연례 총회 몇 주 전인 2022년 5월에 폭탄급 보고서가 발표되었다.

가이드포스트의 조사 결과에 따라 대책위원회는 일련의 권고안을 들고 애너하임에 왔다. 첫 번째 권고안은 교단에서 진행 중인 문제를 전담할 새로운 기구(학대개혁실행대책본부)를 만드는 것이었다. 또 하나의 권고안은 '사역 점검'이라는 독립적으로 관리되는 데이터베이스를 만들어, 교회들이 "신빙성 있게 학대 혐의가 제기된" 사람들에 대한 "적절하게 검토된 정보"를 공유할 수 있게 하는 것이었다.

첫 번째 권고안에 관해서는 별다른 반대가 없었다. 교단의 거의 모든 사람, 심지어 해시태그 #남침례교미투에 반감을 품은 강경파들조차도 교단에 오래 곪아 온 심각한 문제가 있으며 이를 담당할 기구가 필요하다는 점을 인정했다.

두 번째 권고안, 즉 신빙성 있는 증거를 토대로 학대 혐의가 제기된 가해자들의 데이터베이스를 만드는 안은 남침례교 극보수파들에게 공격을 받았다. "신빙성 있게 학대 혐의가 제기"되었다는 말은 대체 무슨 뜻인가? 특정 목사를 반대하는 세력이나 기독교 신앙의 적들이 그런 시스템을 이용해 혼란을 일으키지 않으리라고 어떻게 확신할 수 있는가? 남침례교 정치상 가장 민감한 내부 작업을 왜 세속적인 제3자 회사에 맡겨야 하는가? 결국, 몇몇 메신저들이 마이크에 대고 유감을 표하며 지적했듯이, 가이드포스트솔루션즈는 바로 그달에 '프라이드 먼스'*를 기념하는 글을 트위터에 올렸다.

＊　성 소수자의 권리와 자긍심을 기념하는 달이다. 매년 6월 LGBTQ+ 커뮤니티와 그들의 권리를 지지하는 사람들이 전 세계에서 프라이드 퍼레이드, 축제, 교육 행사 등 다양한 활동을 벌인다.

마침내 브루스 프랭크(Bruce Frank)가 격렬한 논쟁에 종지부를 찍었다. 노스캐롤라이나 애슈빌에서 빌트모어교회를 이끄는 근육질의 중년 목사 프랭크는 일 년 전에 대책위원회 위원장으로 임명된 바 있다. 프랭크는 처음부터 자신이 이끄는 대책위원회에 반대하다가 지금은 대책위원회 권고안이 외부 기업의 트위터 계정 때문에 오염되었다고 주장하는 몇몇 메신저들의 말을 들으며 인내심이 바닥나고 있었다.

"우리 책(성경)은 주권자는 하나님이시므로 하나님의 백성을 징계하기 위해 이방 국가의 손을 빌릴 수도 있다고 말합니다"라고 프랭크는 중앙 홀에서 선언했다. "여기서 중요한 건 가이드포스트가 LGBT 문제를 어떤 시각으로 보는가가 아니라, 남침례교회 신자들이 학대를 어떻게 바라보는가입니다."

투표 시간이 되자 장내는 기대감으로 가득 찼다. 그러다 마치 연극의 한 장면처럼 갑자기 장내가 조용해졌다. 메신저들이 '로버트의 회의 규칙'*에 따라 최종 투표 지침을 듣는 몇 초가 몇 분처럼 느껴졌다. 앞쪽에 함께 앉은 성폭력 생존자 그룹이 손을 맞잡고 눈을 감았다. 사람들은 선거 당일 밤 출구 조사 결과를 분석하는 아마추어 예측자들처럼 누가 투표용지를 준비하고 있는지 보려고 좌우를 두리번거렸다. 찬성하는 사람은 지금 찬성표를 던지라는 의장의 신호가 떨어졌다. 노란색 투표용지 수천 개가 위로 치켜들렸다. 결과는 명확했다. 온갖 소란에도 불구하고 대책위원회의 권고안은 80퍼센트 이상의 찬성으로 채택되었다.

---

* 19세기 후반 미국 육군 장교 헨리 마틴 로버트가 회의 절차와 의사 진행 규칙을 체계화한 지침서다. 의회, 협회, 클럽 등 다양한 단체의 회의에서 공정하고 질서 있는 진행을 보장하기 위해 사용한다.

528　　　3부 영광

박수 소리로 중앙 홀이 떠나갈 듯했다. 사람들은 서로 부둥켜안고 울며 기도하기 시작했다. 꽤 더디고 터무니없이 늦은 승리라는 것을 알면서도 두 팔을 쭉 뻗고 정의가 실현된 것을 기뻐했다. 메신저들이 중앙 홀을 빠져나가기 시작하자 무대 뒤에서 찬양 음악이 울려 퍼졌다. "사람의 것을 숭배하는 제단을 쌓고/ 주님에게서 멀어지는 길을 걸어왔으나/ 이제 주님의 자비가 늘 흐르는 곳으로 돌아오나이다/ 나의 죄를 용서하시고 다시 주님을 사랑하게 하소서."

잠시 후, 건물 2층에 있는 창문 없는 작은 공간에서 프랭크와 대책위원회 동료들은 임시 연단에 올라 수십 명의 취재진 앞에 섰다. 안도감과 해방감이 회견장을 가득 채웠다. 기자 회견이 시작되기 전에, 긴 갈색 포니테일을 한 유명한 젊은 여성 위원이 회의실 뒤쪽에서 학대 생존자들과 함께 모여 있었다. 그중 한 명이 나머지 사람들이 생각하고 있던 말을 외쳤다. "3년 전에는," 피해 사실을 밝히고 공개적으로 문제를 제기했을 때 받았던 경멸과 조롱을 떠올리며 그가 말을 이었다. "불가능했던 일입니다!" 회견장 곳곳에 있던 카메라가 흐느끼는 생존자들의 모습을 포착했다. 이 이미지들은 앞으로 며칠 동안 인터넷을 통해 빠르게 퍼져 나갈 것이다.

프랭크와 동료들은 우리가 방금 목격한 투표의 실질적인 의미를 묻는 취재진의 질문에 하나씩 답해 나갔다. "예, 데이터베이스 구축 작업은 즉시 시작될 겁니다." "아니요, 변호사와 의뢰인 간 비밀 대화를 보장하는 권리를 이용해 가해자 이름을 공개하지 못하게 막을 수는 없습니다." "예, 과거 범죄자들까지 포함하도록 데이터베이스는 소급 적용될 겁니다."

그러나 날짜와 조직, 법적 메커니즘과 교단 절차 등 세부 사항을 정리하느라 가장 근본적인 질문은 나오지 않았다. 남침례교 지도부가 교회 내부 사람들을 보호하기 위해 이런 기본적인 조처를 하기까지 왜 그렇게 오랜 시간이 걸렸을까?

내가 질문하기 전에, 사우스캐롤라이나주 찰스턴의 목사이자 대책위원회 부위원장인 마셜 블레이락(Marshall Blalock)이 자신의 경험과 변화를 자발적으로 이야기했다.

"제 관점에서 말씀드리자면, 이런 종류의 사건이 발생하면, 우리는 본능적으로… 기관을 보호하려 합니다. 이제 우리는 사고방식을 근본적으로 바꿔야 합니다. 이것이 제 인생에서 가장 크게 바뀐 부분입니다."

문제를 일부러 모른 척한 것은 아니었다고 블레이락은 덧붙였다. 단지 문제를 정확히 인식하지 못했을 뿐이라고 했다. 자신의 교회를 목회하고 자신의 양 떼를 돌보느라 너무 바빠서 학대가 얼마나 조직적으로 이루어졌는지, 기만과 착취의 규모가 얼마나 큰지 제대로 파악하지 못했다고 했다. 블레이락은 대책위원회에서 만난 생존자들의 참혹한 이야기를 듣고 나서야 위기의 심각성을 깨닫고 자신의 잘못을 뉘우쳤다. 블레이락은 변화가 필요하다고 선언했다. 이런 일이 발생하면 명성이 실추될까 걱정하면서 피해 사실이 밖으로 새 나가지 않게 통제하는 일이 아니라, 피해자들을 최우선으로 돌보는 일이 교회의 본능이 되어야 한다고, 그래야 교회가 앞으로 나아갈 수 있다고 말했다.

참으로 아이러니하다. 교회는 명성을 지키는 일에 너무 집착한 나머지 명성을 파괴하는 방식으로 행동했다. 교회가 옳은 일을 하는 가장 좋은 방법은 교회 안에서 상처 입은 사람들을 위해 옳은 일을 하는 것임을 블레이락 같은 목사들이 깨닫기까지 수 세대나 걸렸다.

"저는 이 일을 하나님이 주신 임무로 받아들였습니다. 하나님의 이름을 영화롭게 하라고 맡기신 임무요." 대책위원회의 일원인 목사 뷰커스 스털링 3세(Bucas Sterling III)가 기자 회견이 끝난 후 내게 말했다. "저는 우리가 그렇게 했다고 믿습니다. 우리는 공개적으로 회개했습니다. 우리는 그분의 교회에서 가장 취약한 사람들을 보호하기 위해 선하고 의로운 일을 하기로 결단했습니다. 이제 이후의 일들은 하나님께 달려 있습니다. 오늘 우리는 주의 나라가 이 땅에 실현될 기반을 마련했습니다."

우리와 함께 복도를 걷던 프랭크는 친구가 하는 낙관적인 말을 듣고 얼굴을 찌푸렸다. 그는 목사가 된 이래, 그리고 지난 일 년 동안은 특히나 남침례교 안에서 추악한 모습을 너무 많이 봐서 이 한 번의 승리에 도취하지 않았다. 프랭크는 가장 힘든 작업이 아직 남아 있다고 힘주어 말했다.

"신뢰는 얻는 겁니다. 오늘은 위대한 날이었어요. 하지만 여러 가지 면에서, 오늘은 그저 시작에 불과합니다."

★ ★ ★

남침례교와 같이 거대하고 복잡하며 파벌적인 기관에서 옳은 일을 하려면 옳은 일을 하고자 하는 지도자들이 필요하다.

러셀 무어가 2021년 봄에 교단을 떠난 일은 남침례교 강경 보수파가 개혁파에게 결정타를 날린 사건처럼 보였다. 그들은 수년간 무어를 본보기로 삼아 마피아 같은 전술로 그를 괴롭히며 다른 개혁파 목사들에게 경고를 보냈다. 무어가 사임하자, 그들은 자신들의 때가 왔다고 믿고 교단을 완전히 장악하려는 의욕을 불태웠다. 2021년 여름, 그들은 1970년대 후반에 있었던 "보수 재부흥"의 속편을 만들 기회를 잡았고, 교단에 스며든 듯한 자유주의와 '성경에 대한 불충실함'*에 맞서 다시 한번 강하게 반격하려 했다.

하지만 이 전략에는 명백한 문제가 있었다. 우선, 남침례교 안에서 좌경화가 진행되고 있다는 증거가 없었다. 정치학자이자 통계

학자이며 안수받은 목사이기도 한 라이언 버지(Ryan Burge)에 따르면, 2020년에 공화당에 투표한 백인 남침례교 신자들의 숫자는 2008년 대비 9퍼센트 증가했다. 공화당에 대한 충성도를 떠나, 러셀 무어가 이념적으로 또는 신학적으로 진보주의자라고 주장하는 것은 전혀 타당하지 않았다. 무어를 '깨어 있음'을 상징하는 나약한 인물로 만들고 2차 보수 재부흥을 부르짖기 위해 무어의 머리채를 잡는 행동은 그들이 무어를 싫어하는 '진짜' 이유를 감출 수 있을 때만 효과가 있을 것이다.

하지만 결국 진짜 이유가 드러났다. 2021년 5월, 남침례교 연례 총회가 내슈빌에서 열리기 몇 주 전에, 무어의 동료 중 한 명이 무어가 일 년 전에 남침례교 집행위원회에 보낸 비판적인 편지를 유출했다. 무어가 직접 유출하지 않은 것은 분명했다. 만약 그가 편지를 유출할 생각이었다면, 그 편지를 보낸 2020년에 유출했을 테니까 말이다. 당시 그는 집행위원회의 조사를 받으며 윤리및종교자유위원회 회장 자리를 지키려고 싸우고 있었다. 2021년 5월에 무어의 편지가 공개되고 널리 유포되자, 집행위원회를 이끌며 무어에 대한 조사를 지휘했던 조지아주 목사 마이크 스톤(Mike Stone)을 시작으로 반대파들은 치명상을 입었다.

스톤은 1970년대 근본주의 세력의 후예를 자처하는 우파 목사들의 모임인 보수침례교네트워크 내에서 막강한 권력을 가진 인물이었다. 스톤은 2021년 남침례교 총회장 후보로 출마했으며, 실제

---

*　여기서 '불충실함'은 성경의 가르침과 원칙을 충실히 따르지 않는다는 의미로, 성경의 권위나 전통적인 해석을 무시하거나 왜곡한다고 보는 견해를 나타낸다. 주로 보수적인 신자들이 자유주의적인 해석이나 현대적인 접근 방식을 비판할 때 사용하는 표현이다.

로 많은 사람이 그를 가장 유력한 후보로 꼽았다. 그러나 교단 안에 무어의 편지가 입에서 입으로 퍼지면서 스톤에게 불리한 방향으로 여론이 급격히 돌아섰다. 2021년 연례 총회를 앞두고 몇 주 동안, 스톤과 보수침례교네트워크 동료들은 자신들을 스스로 "해적"이라 칭했다. 남침례교라는 배를 습격해 키를 오른쪽으로 확 꺾겠다면서 말이다. 그러나 그들의 반란은 실패했다. 스톤은 총회장 선거에서 무어와 그 추종자들에게 동조하는 앨라배마주 목사 에드 리튼(Ed Litton)에게 패배했다.

무어를 무너뜨리려던 시도는 여러 면에서 역효과를 낳았다. 스톤과 동료들이 집행위원회를 장악하고 있었으므로, 총회장 자리만 차지하면 남침례교 지도부를 완전히 장악할 수 있었다. 하지만 그들은 총회장직을 놓쳤을 뿐만 아니라, 무어가 추진하던 '교단 내 성 학대 사건 처리 과정에 대한 독립적인 조사'를 지지하는 여론을 자기들도 모르게 형성한 꼴이 되었다. 집행위원회는 이를 막으려 했으나, 결국 2021년 연례 총회 며칠 전 직접 외부 업체를 고용해 조사를 진행하겠다고 발표했다. 그러나 남침례교 메신저들은 이에 반대하며 집행위원회의 결정을 뒤집었다. 심지어 교단 내 충성스러운 보수파들조차도 집행위원회를 신뢰하지 않는다는 사실이 분명해졌다. 메신저들은 다른 방식을 요구했다. 신임 총회장이 조사를 감독할 대책위원회를 임명하라고 했다. 리튼은 이를 받아들여 프랭크를 지명해 일 년 후 애너하임에서 역사적인 투표 결과를 끌어냈다.

온통 축하 분위기였다. 하지만 이런 분위기 속에서도 남침례교 메신저들은 교단 총회장이 이 문제를 계속 추진하지 않으면 권고안을 채택하는 것만으로는 아무 소용이 없다는 사실을 깨달았다. 리튼은 교단의 내분을 겪으며 받은 압박감 때문에 취임 일 년 만에 사임하겠다고 발표했다. 총회장직의 공백은 극적이고 치명적인 반발을 일으킬 수 있는 여건을 조성했다. 내슈빌에서 굴욕을 당하고 또 한 번의 패배로 남침례교에 대한 장악력을 잃을 위험에 처한 '해적들' 이 갖은 수단을 동원할 가능성이 있었다.

정말 그랬다. 애너하임에서 총회장 선거가 있던 날 아침, 보수 침례교네트워크 회원들이 컨벤션 센터에서 멀지 않은 행사장에 모였다. 그들은 교단의 영혼을 지키기 위한 대결에 관해 이야기했다. 그리고 좌파의 영웅(이자 우파에게는 공포의 대상)인 사울 알린스키(Saul Alinsky)가 쓴 게릴라 정치 전술에 관한 책《급진주의자를 위한 지침 *Rules for Radicals*》을 한 권씩 나눠 가졌다. 그들은 남침례교를 모호한 영적 유토피아로 만들려는 나약한 지도자들에게 절대 굴복하지 않겠다고 다짐했다.

그리고 특별한 손님을 초대했다. 바로 찰리 커크였다.

동기 부여 강사와 MAGA 성직자라는 두 가지 역할을 넘나들며 커크는 애너하임에 모인 남침례교 개혁파 목사들을 향해 격렬하게 비난을 퍼부었다. 의지가 박약한 그들은 미국 교회를 향한 폭격을 막지 못할 뿐더러, 사실상 폭격을 교사하고 있다며 비난했다. 기독교가 "내부에서 공격받는" 시점에 정치적 혼란을 방관하고 회피함으로써, 공공 생활에서 전능자를 제거하려는 좌파 및 세속주의자들과 "공모하고" 있다고 주장했다. 커크는 그들이 차라리 LGBTQ 무지개 깃발을 첨탑 아래에 걸고 남침례교를 떠나는 편이 나을 것이라고 말했다. 그들의 광기를 막을 유일한 방법은 보수침례교네트워크에서 총회장 후보로 세운 플로리다주 목사 토머스 애스콜을 지지하는 것뿐이었다. 커크는 애스콜을 미국 기독교의 붕괴로 이어질 수 있는 일련의 사건들을 막아 내는 최후의 보루로 묘사했다.

그러나 커크와 그의 동료들은 1차 보수 재부흥이 실패했다는 사실이 너무도 명백해지는 순간에 2차 보수 재부흥을 촉진하려는

3부 영광

듯 보였다. 애너하임에서 총회장 선거가 있던 날 아침, 커크가 연설하던 바로 그 방 안에는 1970년대 '근본주의자들의 점령'을 설계했던 인물 중 한 명이 앉아 있었다. 바로 페이지 패터슨이다.

목사이자 신학자인 패터슨은 남침례교 총회장을 역임했으며, 이 교단의 가장 권위 있는 신학교 두 곳에서 총장으로 재직했다. 패터슨은 남침례교를 강경하고 가차 없는 단체로 재편했다. 그는 문화에 대한 이단적 사고를 억압할 뿐 아니라 성적 학대와 같은 내부 관행을 문제 삼는 외부의 비판을 차단하는 수단으로써 "성경의 무오성"을 강조했다. 이제 남침례교는 패터슨과 그의 동료들이 뿌린 씨앗을 거두고 있었다. 가이드포스트 보고서는 사건 은폐에 가담한 장본인으로 패터슨을 포함한 남침례교 유명 인사들을 지목했다. 패터슨은 강간 사건들을 반복해서 부적절하게 처리하고 그중 한 건은 노골적으로 은폐한 혐의가 드러나 2018년에 사우스웨스턴신학교에서 해고되었다. (보고서가 발표되고 일주일 후, 패터슨은 로버트 제프리스의 초청을 받아 댈러스제일침례교회에 가서 설교했다.)

어리석음은 피할 도리가 없었다. 구시대적인 남침례교 문화를 현대화하려는 메신저들의 의지가 압도적 표차로 증명된 바로 그 총회에서 패터슨은 과거로의 회귀를 주장하며 보수침례교네트워크 조찬 모임에 나타났다. (그나마 1970년대 패터슨의 가장 가까운 동맹이었으며 전 텍사스주 판사이자 남침례교 킹메이커였던 폴 프레슬러는 미성년 남성을 성폭행한 혐의와 관련된 법적 문제가 산적한 상황을 고려해 애너하임에 나타나지 않는 신중함을 보였다.) 조찬 모임에 참석한 기자 로버트 다운엔(Robert Downen)에 따르면, 패터슨은 "자신을 사도 바울에 비유하며 예수님이 '나의 죄를 용서하셨다'고 말했지만, 그 죄가 무엇인지는 구체적으로 밝히지 않았다"고 한다.

애스콜은 2022년 총회장 선거에서 참패했다. 승자는 텍사스주 작은 마을의 목사 바트 바버(Bart Barber)였다. 선거가 끝난 후, 바버는 정치적 극단주의가 교회에 침투한 현 상황이 무척 걱정스럽다고 분명히 밝혔다.

"때때로 우리는 남침례교 신자의 삶에서 꼬리가 개를 흔들게 놔두곤 합니다"라고 바버는 기자들에게 말했다.

그는 이어서 로널드 레이건을 향한 애정을 고백하며 "나를 정치적으로 어딘가에 위치시키려 한다면, 미국 정치에서 우파 외에는 마땅한 자리를 찾을 수 없을 것"이라고 말했다. "하지만 가장 중요한 건 나의 영적인 집이고, 그것은 예수 그리스도의 복음과 함께 있습니다. … 그리고 저는 세속 정치가 남침례교에서 대화를 지배하는 건강하지 못한 방식들을 우리가 오래 봐 왔다고 생각합니다"라고 덧붙였다.

총회장이 된 소감을 묻자, 바버는 감정이 북받쳐 말을 잇지 못했다. 그는 이 직책을 영광으로 여기는 일반적인 통념과 거리를 두었다. 대신에 그동안 남침례교에서 일하면서 얻은 "상흔"과 총회장이라는 역할을 수행하면서 새로 얻게 될 상처들에 관해 이야기했다.

"하지만 교회는 그럴 만한 가치가 있습니다. 온갖 비난과 공격을 견딜 만한 가치가 있습니다. 때때로 우리는 '성령의 열매는 사랑과 기쁨과 화평과 인내와 친절과 선함과 신실과 온유와 절제'라고 말하는 책의 무오성과 충분성을 믿는 사람들이라고는 믿기 힘든 방식으로 사람들을 대하곤 합니다. 저는 이 모든 사실을 알고 이 직책을 맡았습니다. 하지만 하나님을 찬양합니다. 이전에 일어난 일들에 대해 하나님께 감사드립니다. 이제 트위터에서 사람들이 저에 대해 하는 이야기를 접해도 상처받지 않을뿐더러… 그들을 사랑할 수 있게 되었으니까요."

이보다 더 매력적인 인간이 세상에 있을까, 감히 상상하기 어려

3부 영광

울 정도였다. 바버는 정치적 갈등을 잠재우고, 교회의 명성을 회복하며, 신뢰할 수 있는 기관으로서 비신자들에게 다가가겠다는 메시지를 중심으로 모든 질문에 답했다. 심지어 자신이 돌아가 돌보아야 할, 텍사스주 파머스빌(실제 마을 이름)에 있는 목장에서 기르는 암소들에 관해서도 언급했다.

그때 바버의 눈에 불이 번쩍 들어왔다. 애스콜이 총회장이 되었다면 데이터베이스 구축 작업을 방해했을 것이 뻔하므로, 바버는 전날 역사적인 투표를 통해 거둔 승리가 어떤 의미인지를 되새기며, 이제 남침례교는 절대로 예전으로 돌아가지 않을 것이라고 선언했다. 바버는 너무 오랫동안 남침례교 신자들을 노렸던 "늑대들"을 언급하며 매우 위협적으로 들리는 메시지를 전했다.

"성범죄자들은 우리의 분권화된 정치 체제를 이용해 교회를 사냥터로 만들려고 했습니다. 상황이 바뀌었습니다. 이제 그 사냥꾼들이 사냥 대상입니다."

★ ★ ★

바버는 애너하임에서 남침례교 메신저들이 채택한 대대적인 개혁이 교단은 물론이고 미국 교회의 미래에 좋은 징조가 될 것이라 믿으며 낙관적인 전망을 내비쳤다. 하지만 하루 전 프랭크가 한 말이 더 강하게 와닿았다. "신뢰는 얻는 겁니다."

어쩌면 바버의 말이 옳을 수도 있다. 어쩌면 지금이 남침례교가 출혈을 멈추고 교회에 대한 신뢰를 회복하는 과정을 시작하는 순간일지도 모른다. 하지만 그 과정은 험난할 수밖에 없다. 이미 너무 많은 신뢰가 무너져 버렸고, 어떤 사람들에게는 신뢰를 회복하는 것이 불가능할 수도 있기 때문이다.

바버의 기자 회견이 끝난 후, 나는 컨벤션 센터 밖에서 애너하임의 숨은 영웅 두 명을 만났다. 줄스 우드슨(Jules Woodson)과 티파니 티그펜(Tiffany Thigpen)이다. 두 사람 다 남침례교회에서 성폭행을 당한 생존자였으며, 두 사람 다 수년간 조롱과 악의를 견디며 남침례교회 일반 신자들에게 이 문제를 알리기 위해 노력했다. 전날 두 사람이 기쁨과 해방감을 느끼며 눈물을 흘리는 영상이 많은 사람에게 공유되고 널리 퍼진 것은 그만한 이유가 있었다. 그들은 성학대를 당한 이후 처음으로 교회가 올바른 방향으로 나아갈 것이라는 약간의 믿음이 생겼다고 나에게 말했다.

"기존 지도부가 모든 이들을 손아귀에 쥐고 있었어요. 피해자인데도 불구하고 우리는 침묵을 지키고, 그들이 시키는 대로 하고, 기관을 보호하는 것이 옳은 일이라고 생각했어요"라고 티그펜은 말했다. "이제 그런 시절은 끝난 것 같아요. 정의에 정말로 관심이 있는 젊은 세대가 교회를 더 나은 방향으로 이끌 거라고 생각해요. 부디 그러길 바랍니다."

우드슨은 옆 벤치에 앉아 담배를 피우며 자신도 그러길 바란다고 말했다. 하지만 한 가지는 분명히 하고 싶다고 했다. 새로운 방향으로 나아가는 것을 보려고 교회에 남지는 않을 것이라는 점이었다. 사실, 그녀는 오래전에 남침례교를 떠났다. 티그펜도 마찬가지였다. 그들은 청소년 시절에 남침례교를 떠났고, 제도 종교와 완전히 결별했다.

"특히 최근 몇 년 동안, 제가 겪은 학대의 역사를 마주하면서, 나의 도덕과 가치에 관해 생각해 보았어요. 그리고 깨달았죠. 제가 아는 예수는 더 이상 교회의 예수가 아니라는 사실을요"라고 우드슨은 말했다. "제가 가장 상처받고 가장 연약할 때 저를 사랑해 준 그리스도는 교회가 보여 준 그리스도가 아니었어요. 그래서 예전에는 외향적이었지만, 지금 제 신앙은 매우 개인적입니다. 저는 여전히 제가 그리스도인이라고 생각하지만, 기독교회와 저를 동일시하지는 않아요. 그건 저한테 너무 힘들어요."

티그펜은 우리 뒤편에 있는 건물을 가리키며 말했다. "저는 여전히 공동 예배를 사랑해요. 그 안에 있는 건, 비록 고통스럽긴 했지만, 아름다웠어요. 저는 여전히 노래하고 예배하는 것을 좋아해요. 교회를 다시 신뢰하고 싶어요"라고 티그펜은 말했다. "하지만 우리는 너무 여러 번, 너무 많은 방식으로 상처를 받았어요. 어느 순간, 교회에 가는 위험을 더는 감수할 수 없었어요. 그러다 정말 신앙을 잃게 될 것 같았거든요. 하나님과 더 가까워져야 하는데, 교회에 갈 때마다 오히려 더 멀어지는 느낌이 들었어요."

티그펜은 잠시 생각에 잠겼다가 다시 말을 이었다. "말씀드릴게 있어요. 가이드포스트와 그곳 조사관들이 하나님의 모습을 더 많이 보여 주었어요. 우리에게 연민을 보여 주고, 우리를 위해 싸워 주고, 우리를 믿어 주고, 우리를 인정해 주었어요. 교회보다 그 사람들한테서 하나님의 모습을 더 많이 봤어요."

"맞아요!" 우드슨이 소리쳤다. 우드슨은 예수가 가르치신 선한 사마리아인의 비유를 떠올렸다. 예루살렘에서 여리고로 가는 험한 길을 걷다가 강도를 만나서 맞아 죽을 뻔한 유대인 남자에 관한 이야기였다. 종교 지도자였던 동료 유대인 두 명은 무시하고 가 버렸다. 결국, 유대인의 적으로 알려진 사마리아인이 가던 길을 멈추고 그의 상처를 치료하고 병원에 데려가 회복 상태를 확인하고 병원비까지 내 주었다.

참 놀랍고도 도발적인 비유다. 예수는 유대인의 가르침을 따르지 않으면서도 신자들보다 신앙을 더 잘 실천하는 미움 받는 외부인을 주인공으로 선택하셨다. 그리고 이야기를 마치신 후 청중 중 한 명인 유대인 종교 지도자에게 누가 그 상처 입은 사람을 이웃으로 대했는지 물으셨다.

"자비를 베푼 사람입니다"라고 종교 지도자는 당황해하며 대답했다.

"가서, 너도 이와 같이 하여라." 예수가 그에게 말씀하셨다.

예수가 이 비유를 말씀하신 지 2천 년이 지난 후에도 종교 지도자들은 여전히 자기네 사람들을 돌보지 못하고 있었고, 하나님이 우리에게 요구하시는 이웃 사람다운 자비를 보여 주는 이들은 여전히 외부인들이었다.

"2018년에 체 이야기를 공개했을 때, 저를 지지해 준 것은 세속적인 세계였어요. 저를 믿어 주고 응원해 준 것도 세속적인 세계였죠." 우드슨이 말했다. "교회가 아니었어요."

티그펜은 트라우마로 인해 하나님과 더 가까워졌고 성경을 읽는 방식도 근본적으로 바뀌었다고 말했다. 예전에는 주로 예수의 가르침을 공부했지만, 최근 몇 년 동안은 성경 앞부분에 더 관심을 기울이고 있다.

"예전에는 '사랑의 하나님'이라는 개념과 구약 성경의 하나님, 그러니까 재앙과 어둠과 진노를 쏟으시는 하나님을 조화시키기가 어려웠어요"라고 티그펜은 말했다. "하지만 남침례교회에서 지옥 같은 일을 겪고 나니, 이제는 하나님의 진노와 심판이 좋아졌어요. 이해가 되요. 공감이 가요. 잘못된 방식으로 서로를 대하며 하나님의 이름을 조롱거리로 만드는 사람들을 보면서 하나님이 얼마나 배신감을 느끼셨을지 이제 이해할 수 있어요."

티그펜과 우드슨은 자신들을 학대한 남침례교회 신자들, 애초에 성 학대를 저지른 자들뿐만 아니라 교회 안에 있는 하나님의 자녀들보다 교회의 명성을 더 중시하던 충성스러운 남침례교 신자들과 화해하려고 애쓰고 있었다. 두 사람은 성경을 잘 알고 있었다. 그리스도께서 우리를 용서하신 것처럼 우리도 다른 사람들을 용서해야 한다는 사실을 이해하고 있었다. 하지만 가식적인 반성 행위를 수없이 목격하고 나니, 진심이 느껴지기 전까지는 용서할 생각이 없어졌다.

"이 사람들은 값싼 은혜에 기대 살아요. 하나님의 용서를 강조하면서 서로 기댈 언덕이 되어 주죠"라고 우드슨은 말했다. "물론, 하나님의 말씀 중에 용서는 중요한 부분이에요. 하지만 하나님은 또한 어둠에 빛을 비추는 것에 관해, 진리에 관해, 정의에 관해, 징계에 관해, 목사와 지도자의 자격에 관해서도 말씀하셨어요. 성경의 한 부분만 취하고 나머지를 전부 무시하면 안 되죠."

"그런데 그렇게 하죠"라고 티그펜은 비웃으며 말했다. "그 사람들은 항상 그렇게 해요!"

두 사람은 웃음을 터트렸다. 그러나 우드슨은 이내 생각에 잠겼다. 지난 이틀간 진전된 상황과 자신이 견뎌 온 고통의 세월을 어떻게 조화시켜야 할지 몰라 괴로운 감정과 씨름하는 것 같았다. 우드슨은 주변을 둘러보고 놀라움에 고개를 저었다. "2019년에 피해 사실을 공개한 후 연례 총회가 열리는 버밍엄에 갔을 때만 해도 지금 같은 상황은 상상도 못 했어요"라고 우드슨은 말했다. "사람들이 계속 다가와서, 그중에는 이전 총회에서 저를 경멸하듯 보던 사람들도 있어요. 저에게 '고맙습니다'라고 말해요."

우드슨의 눈에 눈물이 가득 차올랐다. 생각을 다 털어놓으려고 했으나 감정이 북받쳐서 더 이상 말을 잇지 못했다.

티그펜이 친구의 등을 어루만지며 말했다. "그게 예수의 사랑이지."

대화를 나누는 20분 동안 세 개비를 연달아 피우던 우드슨이 담배를 껐고, 우리는 다같이 자리에서 일어섰다. 그리고 애너하임컨벤션센터 주변을 산책했다. 나는 헤어질 준비를 하면서 2022년 연례 총회에서 이룬 성과를 축하하며 두 사람에게 인사를 건넸다. 다음 일이 어떻게 되든, 지금은 역사적인 순간이라고 말했다.

두 사람은 축하를 받아야 할 사람은 따로 있다고 단호하게 말했다. 그들의 이야기가 교단 전체를 충격에 빠뜨린 것은 사실이지만, 주변 사람들이 영웅적으로 나서 주지 않았다면 그 이야기는 여전히 감춰져 있었을 것이라고 했다. 진실을 밝히기 위해 지칠 줄 모르고 애쓴 제3자 조사관들이 있었다. 영원히 묻힐 뻔한 사건을 발굴하고 폭로한 일반 언론인들과 기독교 언론인들이 있었다. 그리고 법의 힘을 이용해 교회들이 마침내 진실을 밝힐 수밖에 없게 만든 변호사들이 있었다.

우드슨과 티그펜은 교회를 진정으로 개혁하려면 이런 식으로 해야 한다고 말했다. 일하는 사람들이 교회 밖에서 안으로 들어와야 한다는 말이었다. 교회들이 스스로 감시 체계를 개선할 수는 있겠지만, 자체적으로는 문제를 완전히 해결하지 못할 것이다. 맹점이 너무 컸다. 티그펜과 우드슨은 전날 눈물을 흘리며 포옹을 나누었던 여성, 긴 갈색 포니테일을 한 그 여성 같은 사람들이야말로 교회의 가장 큰 희망이라고 말했다. 그녀는 남침례교회 신자가 아니었지만, 남침례교를 근본적으로 뒤흔들었다. 더욱이 그녀의 사역은 이제 막 시작되었다. 전국의 기독교 단체들이 학대 위기에 대응하고 제도를 개혁하기 위해 그녀에게 문의하고 있었다. 그녀는 현대 복음주의에서 잔 다르크 같은 인물, 영웅이지만 미움을 받고, 많은 이들에게 거룩한 영감을 주었으나 그만큼 경멸도 받는 인물이 되어가고 있었다.

그녀의 이름은 레이철 덴홀랜더(Rachael Denhollander)였다.

20장

★ ★ ★

복음주의 산업 복합체:
양을 착취하는 늑대

"더 많은 양을 착취하라고 늑대를 복귀시키는
복음주의 산업 복합체는 예수랑 아무 관련이 없습니다."

"잘했다! 착하고 신실한 종아. 네가 적은 일에 신실하였으니,
이제 내가 많은 일을 네게 맡기겠다"(마태복음 25:21).

"한때는 복음주의자들의 사랑을 한 몸에 받는 사람이었어요." 레이철 덴홀랜더가 예전 기억을 떠올리며 말했다. "교회 내 학대 문제를 이야기하기 전까지는요."

종교적 분위기가 강한 미시간주 서부 지역에서 보수적인 기독교인 부모에게 홈스쿨링을 받으며 자란 덴홀랜더는 어렸을 때부터 모성 본능이 강했다. 맏이로 태어난 그녀는 어린 시절부터 인형을 아기 보듯 돌보았고, 자신보다 조금 어린 아기들에게 자연스럽게 마

음이 갔다. 한 번은 맥도날드 놀이방에서 동생을 괴롭히던 또래 친구에게 직접 맞서기도 했다. 그녀는 그저 엄마가 되고 싶었다.

그러나 나이가 들면서 아이들을 향한 사랑보다 더 깊이 박힌 영적 성향이 있다는 사실을 깨달았다. 여전히 자신의 가정을 꾸리길 원했지만, 약자를 보호하는 일에 진정한 열정을 느꼈다. 여덟 살 때, 그녀는 부모에게 로스쿨에 가겠다고 선언했다. 이유를 묻자, 이렇게 대답했다. "아이들을 보호하기 위해서예요."

그 소명은 곧 개인적으로도 의미를 갖게 되었다. 덴홀랜더는 어린 시절 교회에서 소아성애자에게 성 학대를 당했고, 십 대 시절에는 의사에게 그루밍을 당하고 반복해서 성추행을 당했다. 래리 나사르(Larry Nassar)는 스포츠 의학계에서 가장 유명한 인물 중 한 명이다. 미국 체조 대표팀 주치의였던 나사르는 미시간주립대학교에서 수많은 올림픽 금메달 수상자를 비롯해 엘리트 선수 수백 명을 치료했다. 덴홀랜더는 올림픽 선수까지는 아니었고, 그저 캘러머주 카운티 출신의 실력 있는 체조 선수였다. 하지만 나사르에게 진료를 받으러 한 시간 반을 운전해 올 정도로 체조에 진지했고, 체조하다 심각한 부상을 입은 경험이 있었다. 어머니와 진료실에 함께 들어가서 받은 첫 번째 진찰 때 나사르는 손가락을 이용해 열다섯 살 소녀를 추행했다. 합법적인 의료 기술을 가장한 학대는 장난스러운 말투와 칭찬, 애정 표현을 통해 피해자와 어머니를 무장 해제하는 방식으로 이루어졌다. 그 후에도 진료를 받으러 올 때마다 같은 패턴이 반복되었다. 학대는 애무와 자극으로 차츰 강도가 세졌다. 그러다 자신의 약탈 행위에 덴홀랜더가 점점 더 경계심을 갖는 것을 눈치챘는지, 덴홀랜더가 아이들을 좋아한다는 사실을 이용해 그녀에게 갓 태어난 자기 딸을 만나러 가자고 했다. 그날이 덴홀랜더가 나사르의 진료실을 마지막으로 방문한 날이었다.

16년 후 어느 여름날 아침, 세 아이를 돌보던 덴홀랜더는 구매할 식료품 목록을 정리하려고 노트북을 꺼냈다. 페이스북 페이지가 열려 있는 것을 보고 피드를 클릭하자마자 〈인디애나폴리스 스타*Indianapolis Star*〉에 실린 기사가 떴다. 그 기사에는 코치 수십 명이 연루된 성 학대 사건을 미국체조협회가 조직적으로 은폐한 정황이 상세히 적혀 있었다. 초기에 의혹이 제기되었는데도 아무 일 없이 지나가자 이 코치들은 수많은 여자아이를 계속해서 성추행했다. 덴홀랜더는 충격을 받았지만 크게 놀라지는 않았다. 그녀는 로스쿨에 다니고, 변호사 자격증을 따고, 가정을 꾸리며 사는 지금까지 반평생 내내 나사르를 고발해도 결국 아무 소득이 없을 것이라고, 그의 말보다 자신의 말을 더 믿어 주는 사람이 아무도 없을 것이라고 스스로 자신을 설득하며 살아왔다. 바로 이것이 미국체조협회 스캔들의 핵심이었다. 힘 있고 존경받는 코치들은 기관의 명성을 지키려는 사람들에게 무한한 신뢰를 받았고, 그 과정에서 어린 여자아이들은 순수함과 존엄성을 짓밟혔다.

덴홀랜더는 기사를 읽고 속이 메스꺼웠다. 하지만 이상하게도 약간의 희망을 엿보기도 했다. 〈인디애나폴리스 스타〉 기자들은 이러한 학대와 은폐를 기록으로 남기는 엄청난 일을 해냈다. 그들은 대중이 이 스캔들에 관심을 기울이게 만들었다. 그리고 이 괴물들이 무방비 상태의 아이들을 더는 해치지 못하게 막았다. 또한, 피해자들의 목소리에 귀를 기울이고 그들의 말을 믿어 주었다.

그 순간, 젖먹이 아기와 걸음마를 배우는 유아와 다섯 살짜리 아들을 키우던 덴홀랜더는 하던 일을 멈추고 자신의 고통스러운 경험을 대강 설명하는 이메일을 써서 〈인디애나폴리스 스타〉에 보냈다. 그녀는 이 이메일에 초기 기사에는 언급되지 않았던 나사르의 이름과 직위를 밝혔다. 그리고 나사르를 고소해 이 사건을 공식 기록으로 남기겠다고 자원했다. 그때만 해도 덴홀랜더는 자신이 미국 현대사에서 가장 중요한 형사 사건 중 하나를 제기하고 있다는 사실을 전혀 몰랐다.

그로부터 거의 2년 반 뒤인 2018년 1월, 덴홀랜더는 미시간주 법정에서 자리에서 일어섰다. 그녀가 움직일 때마다 카메라 플래시가 터졌다. 그녀는 큰 파장을 일으키는 데 성공했다. 덴홀랜더가 나사르에게 학대당한 이야기를 공개하기로 하자, 이에 용기를 얻은 여성 수백 명이 자신들의 이야기를 들고 나왔다. 그리하여 학대 생존자 155명이 법정에서 피해자 진술서를 읽었고, 덴홀랜더가 마지막 차례였다.

"어린 소녀의 가치는 얼마나 될까요?" 그녀는 판사에게 물었다.

그 후 40분 동안 덴홀랜더는 감동적인 연설을 이어 갔다. 놀라울 정도로 침착하고 차분하게, 단어 하나하나를 신중하게 고르며, 절대로 완전히 치유되지 않을 상처들에 관해 이야기했다. 덴홀랜더는 명예나 돈을 바라고 공개한 것 아니냐며 비난하던 사람들을 부끄럽게 만들었다. 그리고 나사르와 같은 타락한 자들에게 은신처를 제공한 기관들을 강하게 비난했다. 그런 다음 수년 전에 자신을 성추행했던 나사르의 눈을 똑바로 보며 말했다.

"초기 심리에서 당신은 법정에 성경을 들고 들어왔죠. 그리고 용서를 구하는 기도에 관해 말했습니다." 덴홀랜더가 그에게 말했다. "그래서 저는 그 기초 위에서 당신에게 호소합니다. 당신이 들고 다니는 성경을 정말로 읽어 보았다면, 희생적 사랑의 정의가 무엇인지 알 겁니다. 죄를 모르시는 하나님이 모든 것을 희생하여 죄의 대가를 치르시는 사랑을 희생적 사랑이라 부릅니다. 하나님의 은혜로 저 역시 그렇게 사랑하기로 선택합니다."

"당신은 용서를 구하는 기도를 했다고 말했습니다. 하지만 래리 씨, 당신이 들고 다니는 성경을 정말 읽었다면, 용서는 선행을 통해 오는 게 아니라는 점을 잘 알 겁니다. 선행으로 당신이 저지른 일을 깨끗이 지울 수 있는 것이 아닙니다. 용서는 회개를 통해 옵니다. 회개는 당신이 저지른 일에 관한 진실을, 그 끔찍한 타락과 공포를 축소하지 않고, 변명하지 않고, 오늘 이 법정에서 똑똑히 들은 그 끔찍한 짓들을 선행으로 지울 수 있는 것처럼 굴지 않고, 정직하게 마주하고 인정해야 비로소 시작됩니다."

덴홀랜더는 미시간주 중부 법정의 벽 너머에서 기다리고 있는 영원한 심판을 경고하며, 나사르를 위해 기도하고 있다고 말했다. 덴홀랜더는 그가 "영혼을 짓누르는 죄책감의 무게"를 경험하고 "진정한 회개"로 나아가 "하나님에게 진정으로 용서받기를" 바랐다. 그녀는 그것이 "자기 자신에게 용서받는 것보다 훨씬 더 필요하다"고 말했다.

그런 다음 이렇게 덧붙였다. "그럼에도 저는 당신을 용서하려 합니다."

덴홀랜더가 성경의 교리를 더 깊이 파고들고, 하나님의 선하심을 왜곡하는 과정을 다룬 C. S. 루이스의 글을 직접 인용하며 피해자 진술을 마치자 법정은 정적에 휩싸였다. 이에 판사는 덴홀랜더에게 경의를 표하며 "그동안 이 법정에서 본 사람 중 가장 용감한 사람"이라고 말했다. 그러자 지켜보던 사람들이 자리에서 일어나 오랫동안 뜨거운 박수를 보냈다. TV 드라마에서나 볼 법한 장면이 실제로 펼쳐졌다. 덴홀랜더의 진술 영상은 곧바로 유튜브에서 수백만 조회 수를 기록했다. 그녀는 영웅으로 칭송받았고, ESPN의 '아서 애쉬 용기상'을 받고 〈타임〉 지의 '가장 영향력 있는 인물 100인'에 선정되는 등 여러 곳에서 인정받았다.

특히, 기독교 매체들은 덴홀랜더를 자신들과 같은 기독교인이라고 홍보하며 매우 흡족해했다. 기독교방송네트워크, 복음연합, 포커스온더패밀리 등의 기관들은 덴홀랜더를 복음주의 여성의 모범으로 묘사했다. 유명한 기독교 블로거들은 덴홀랜더를 타락한 사회가 자신의 죄를 직시하게 만든 현대의 선지자에 비유했다.

하지만 한 가지 문제가 있었다. 구약의 선지자들이 그랬듯, 덴홀랜더는 외부 세계를 비난하는 데서 멈추지 않았다.

법정에서 크게 주목받은 대목은 아니지만, 피해자 진술을 하면서 그녀는 성 학대 생존자를 옹호하는 활동을 한다는 이유로 자신과 남편이 루이빌에 있는 고향 교회에서 환영받지 못했다고 밝힌 바 있다. 제이컵 덴홀랜더(Jacob Denhollander)가 남침례신학교에서 박사 과정을 밟으면서 부부는 루이빌로 이사했으며, 지역 침례교회에서 안식처를 찾았다고 생각했다. 그러나 그 교회가 대규모 성 학대 사건을 뻔뻔하게 은폐한 혐의를 받고 있던 '소버린 그레이스 교회'* 네트워크와 연합하기로 하면서 덴홀랜더 부부는 교회 지도부와 갈등을 겪었고, 결국 교회를 떠나야 했다.

나사르가 175년 형을 선고받고 감방 문이 닫히자마자, 레이첼 덴홀랜더는 소버린 그레이스와 복음주의 운동 전체를 향해 경고의 메시지를 던졌다. 덴홀랜더는 그렇게 포식자들을 쫓는 사냥이 이제 막 시작되었음을 알렸다.

"사람들은 제가 앞에 내세워도 괜찮은, 안전한 사람이라고 생각했죠. 독실한 여성이었고, 홈스쿨링으로 공부를 마치고 지금은 자

---

* 1982년에 래리 톰자크와 C. J. 마하니가 개혁주의 신학과 은사주의를 기반으로 설립한 복음주의 교회 네트워크다. 전통적인 교단 구조와는 다르게 독립적인 교회들이 네트워크를 형성하여 상호 협력하고 지도를 받는 형태를 취하고 있다.

녀들을 홈스쿨링하고 있었고, 남편은 미국에서 가장 보수적인 신학교에서 공부하고 있었고, 저는 얼마 전 법정에서 소아성애자를 용서하기까지 했으니까요. 말씀드렸다시피, 저는 복음주의자들의 사랑을 한 몸에 받고 있었어요." 덴홀랜더가 내게 말했다. "그래서 그들은 저를 유명인사로 만들었어요. 제가 온순하고 순종적인 여성성의 아이콘이 되기를 기대했죠. 하지만 그들은 제 신학이 다음에 제게 무엇을 하게 할지는 전혀 고려하지 않았어요."

나사르 판결이 있고 4년이 흐르는 사이 덴홀랜더를 바라보는 복음주의 지도자들의 시각은 완전히 바뀌었다. 이제 그들의 눈에 비친 덴홀랜더는 에스더가 아니라 이세벨이었다. 덴홀랜더는 교회 내부, 특히 남침례교 안에서 급증하는 성 학대 스캔들에 주목하고 법률 지식과 경험을 바탕으로 미국 기독교계에서 가장 힘이 세고 조직의 이익을 보호하려는 의지가 가장 확고한 단체에 맞서 싸웠다. 덴홀랜더는 생존자들과 협력하여 매우 정교하게 은폐된 증거를 찾아냈다. 또한, 대형 교회에 들어가 망가진 시스템을 개혁하고 투명성을 최대한 끌어올리고자 체계적인 대응책을 마련했다. 덴홀랜더는 비밀리에 정보원을 확보하고 정보와 증거를 수집하여 복음주의계 거물급 인사들을 무너뜨렸다.

하지만 그것만으로는 충분하지 않았다. 2023년 봄, 단골 카페 2층에서 제이컵이 옆 테이블에 앉아 논문을 쓰는 동안, 레이철 덴홀랜더는 커피를 마시며 자신이 미치는 영향력의 한계를 실감하고 있었다. 저명한 옹호자이자 변호사였으나 그녀가 밝혀낼 수 있는 일은 한계가 있었다. 대중의 인식을 높이거나 변화를 일으키기 위해 그녀가 할 수 있는 일 역시 한계가 있었다. 결국, 덴홀랜더는 교회를 개혁하려면 법 말고 다른 방법이 필요하다는 점을 인정할 수밖에 없었다.

"법이 대중의 인식과 이야기를 따라잡을 때 변화는 일어납니다. 그렇다면 대중의 인식을 이끄는 것은 무엇일까요?" 덴홀랜더가 내게 물었다.

나는 바보같이 어깨를 으쓱였다. 그러자 덴홀랜더는 자신이 나사르 사건에 뛰어든 계기를 상기시켰다. 〈인디애나폴리스 스타〉에서 기사를 내보냈고, 그 기사를 본 그녀가 언론사에 피해 사실을 상세히 제보했다. 결국, 그 신문은 대중과 미시간주 검찰이 이 사건에 주목할 수밖에 없도록 집요하게 탐사 보도를 이어 갔다.

"바로 저널리즘입니다." 덴홀랜더가 말했다.

★ ★ ★

줄리 로이스는 자신이 무엇 때문에 2007년에 무디라디오에 지원했는지 아직도 확실히 알지 못했다.

13년 전, 로이스는 가족을 돌보기 위해 기자라는 직업을 그만두었다. 뉴스를 취재하는 짜릿함과 비교할 수는 없었지만, 로이스는 자신의 삶을 사랑했다. 세 아이를 홈스쿨링하고, 시카고에 있는 지역 교회에서 활동하며, 공립학교 교사인 남편과 기독교 청소년 사역을 함께하는 것에 만족했다.

그러던 어느 날, 무디라디오를 청취하다가 파트타임으로 일할 토크쇼 진행자를 모집한다는 광고를 들었다. 로이스는 상상의 나래를 폈다. 첫째와 둘째는 아버지가 근무하는 학교에 다니고 싶어 했다. 막내는 지역 기독교 학교에 입학시키는 것이 어떨지, 남편과 의논하고 있었다. 로이스는 언론사에서 일할 때 느꼈던 짜릿함이 그리웠다. 그래서 즉흥적으로 이력서를 제출했다가 운 좋게 채용되었고, 몇 년 후 〈업 포 디베이트 Up for Debate〉의 진행자가 되었다. 시카고에서 시작해서 무디라디오 네트워크를 통해 전국에 방송되는 프로그램이었다.

무디라디오는 시카고 지역에서 영향력이 막대한 무디성경신학교의 자회사로 "진리의 말씀"을 전파하는 것을 사업 목표로 삼았다. 로이스는 무디라디오에서 방송하는 보수적인 기독교 프로그램을 오랫동안 들어 왔으니 자신이 적임자라고 생각했다. 그런데 막상 방송국에 들어오니 의구심이 들기 시작했다. 로이스는 복음주의자이자 명목상 공화당원이었지만, 자신이 특정 '팀'의 일원이라고 생각하지는 않았다. 늘 기독교인이자 기자로서 편견 없이 진실을 좇는 것이 자신의 임무라고 믿었다. 무디라디오라는 방송 기업이 상명하달식으로 운영된다는 사실을 알게 되었을 때도 별로 놀라지 않았다. 하지만 직급이 올라갈수록 순응주의 조직 문화에 의구심이 커졌다.

빠른 시간 안에 무디라디오에서 가장 인기 있는 인물 중 한 명이 된 로이스는 라디오에서 논의한 주제들에 대한 논평을 작성해 회사의 다양한 미디어 플랫폼에 게재했다. 사무실이 9층에 있어서 통상 "9층"으로 불리는 회사 경영진은 기독교에 적대적인 문화에 맞서라며 그녀를 격려했다. 로이스는 정기적으로 글을 올렸다. 하지만 교회를 비판하는 글을 쓰면 예외 없이 반대에 부딪혔다. 반대는 결국 검열로 이어졌다. 9층은 무디 네트워크에서 인기 라디오 프로그램을 진행 중인 제임스 맥도널드(James MacDonald) 목사가 목회하는 지역 대형 교회 하베스트바이블채플과 휘튼칼리지는 비판하면 안 된다면서 로이스가 쓴 여러 편의 글을 게재하지 못하게 했다.

로이스는 이 상황이 마음에 들지 않았다. 로이스와 남편 둘 다 휘튼칼리지에서 학부를 마쳤다. 설사 로이스가 휘튼칼리지를 비판할 의향이 있었다 하더라도, 무디라디오에서 휘튼칼리지를 보호하려고 그렇게까지 애쓸 이유가 무어란 말인가? 대형 교회 목사 사건은 더 큰 문제였다. 맥도널드와 관련된 경고 신호가 많아지고 있었다. 맥도널드는 논란이 많은 연사들을 여러 집회에 초청했을 뿐만 아니라, 리더십 스타일이 폭압적이고 권위적이라는 평을 듣고 있었다. 2013년, 하베스트교회는 담임 목사의 성품이 심히 우려된다며 문제를 제기한 장로들을 출교시켜서 교인들을 놀라게 했다. 같은 시기에 〈월드world〉 지는 무디성경신학교 이사회 의장이자 〈레프트 비하인드Left Behind〉 시리즈의 공동 저자인 제리 젠킨스(Jerry Jenkins)가 맥도널드 목사와 함께 카지노에서 포커를 즐겼다고 보도했다.

로이스는 분노했다. 〈월드〉 기사가 나가기 얼마 전, 로이스는 무디라디오의 규정과 징계 지침을 개정하는 위원회에 참석했다. 로이스를 비롯한 다른 직원들은 고위 경영진이 도박 금지 규정을 개정하겠다며 강하게 밀어붙이는 이유를 도저히 이해할 수 없었다. 그런데 몇 달이 지난 지금, 비로소 그 이유를 알게 되었다. 로이스는 무디라디오 최고위직 임원인 자신의 상사를 추궁했고, 맥도널드와 젠킨스를 보호하기 위해 도박 금지 규정을 급하게 변경했다는 자백을 받아 냈다. "일이 어떻게 돌아가는지 그때 깨달았어요"라고 로이스는 나에게 말했다. "무디라디오에서 보호 작전을 펼치고 있었던 거예요."

사실을 알고 나니 더는 모른 척할 수 없었다. 고개를 숙이고 일에 집중하려 했지만, 9층과 충돌한 일에 관한 소문이 무디 제국 전체에 퍼지기 시작했다. 얼마 지나지 않아, 직원들이 로이스를 찾아와 사건을 제보하고, 불만을 토로하고, 부정행위를 고발하기 시작했다. 조사 결과를 발표하는 것은 말할 것도 없고 제보받은 단서들을 쫓는 것만으로도 무디라디오에서 쫓겨날 것이 뻔했다. 하지만 로이스는 자신의 고용 안정보다 미국 기독교의 전반적인 상태에 점점 더 관심을 기울이게 되었다. 복음주의 지도자들은 영혼이라도 팔 기세로 도널드 트럼프와 손을 잡으려고 애썼고, 교회들은 학대와 위법

행위로 분열되고 있었으며, 목사와 신학자 개개인은 매일없이 스캔들에 휘말려 자멸하고 있었다. 로이스는 하나님께 기도하며 인도해 달라고 간청하다가 대청소가 절실하다는 확신을 얻었다. 무디는 그 출발점으로 적합해 보였다.

명문으로 손꼽히는 노스웨스턴대학교 메딜저널리즘스쿨을 졸업한 로이스는 무엇을 해야 하는지 알고 있었다. 그녀는 취재원을 찾고 증거를 확보하며 고용주를 상대로 자료를 수집하기 시작했다. 그녀가 수집한 증거는 무디를 무너뜨리기에 충분했다. 부실한 재정 관리, 교육 및 교과 과정의 심각한 신학적 편향, 반대 의견을 억압하기 위해 협박하고 겁을 주는 기업 문화 등. 가장 충격적인 점은 무디가 갱단도 얼굴을 붉힐 만한 방식으로 자기거래를 해 왔다는 사실이었다. 무디성경신학교는 당시 총장에게 시카고 콘도 매입 대금으로 50만 달러를 대출해 주었는데, 총장은 대출금을 한 푼도 상환하지 않은 상태였다. 또한, 이 학교는 캠퍼스 건물 최상층에 있는 두 개의 공간을 이사회 의장인 젠킨스를 위한 개인 주거 공간으로 개조했으며, 젠킨스 가족은 이를 별택(別宅)으로 사용했다.

이제 남은 질문은 이 내용을 모두 공개할 것인가였다. 로이스는 무디라디오를 사랑했고 그곳에서 일하는 신실한 직원들을 많이 아꼈다. 처음에는 피해를 최소화하고자 조사 결과를 이사회에 제출했다. 하지만 바로 묵살당했고, 알고 있는 내용을 발설하지 말라는 암묵적인 경고를 받았다. 간절히 기도하던 중 로이스는 하나님이 자신을 앞으로 나아가게 하신다고 느꼈다. 무디와 로이스의 경력에, 복음주의 세계에서 맺은 관계에 단기적으로 피해가 있겠지만, 예수 그리스도의 이름으로 거짓말하고 속이고 도둑질하는 행위를 그냥 두었을 때 벌어질 결과는 그것들과 비교할 수 없을 정도로 중대했다.

"생각할 수 있는 모든 다리가 끊어질 걸 알고 있었어요. 첫 책을 출판한 지 얼마 되지 않았을 때여서 여기저기에서 강연 요청이 들어왔고, 돈을 벌 기회가 많았어요. 그런 기회를 포기할 이유가 없었죠"라고 로이스는 회상했다. "하지만 제가 침묵한다면, 이 일들에 대한 진실을 말하지 않는다면, 영혼을 파는 것이나 다름없었어요. 그럴 수는 없었죠."

2018년 1월, 로이스는 자신이 알고 있는 사실을 보도하기로 결심했다. 몇 년 전 조사를 준비하면서 만들어 둔 블로그 〈로이스 리포트 The Roys Report〉를 활용했다. 가족과 함께 멕시코로 휴가를 떠나는 비행기 안에서 인터넷 연결이 끊어지기 직전에 게시 버튼을 클릭했다. 멕시코에 착륙하자마자 이메일 한 통이 로이스를 기다리고 있었다. 해고 통보였다.

보도 내용에는 문제가 없었다. 로이스는 그 이야기를 정확히 파헤쳤다. 실제로, 블로그에 기사를 올린 지 48시간 만에 무디는 학교 총장, 최고운영책임자, 교무처장 등 고위직 세 명을 해임했다. 로이스가 밝혀낸 부패와 비리를 사실상 인정한 셈이었다. 문제는 로이스가 무디 공동체를 망신을 주었다는 점이었다. 후폭풍은 예상했던 대로였다. 강연 초청은 뚝 끊겼다. 오랜 친구들도 곁을 떠났다. 책 판매는 정체되다가 급감했다. 로이스는 복음주의 세계의 악당이자 무디와 기독교의 대의를 배신한 반역자로 낙인찍혔다. 로이스는 다시 홈스쿨링에 매진할 때가 되었다고 생각했다.

그런데 그때 일이 벌어졌다. 블로그 웹사이트를 통해 제보 이메일이 쇄도하기 시작했다. 무디에 관한 조사 결과를 확인한 사람들이 로이스에게 자기네 종교 단체도 조사해 줄 수 있는지 물었다. 처음에는 그럴 생각이 전혀 없었다. "기독교의 부패에 관한 이야기는 이제 더는 다루고 싶지 않았어요." 그러나 이메일과 증거가 너무 많아서 도저히 그냥 무시할 수가 없었다.

이메일을 하나하나 읽어 가던 로이스는 조사할 필요가 있는 교회, 정확히는 조사해 보아야 할 목사가 있다고 결정했다. 바로 제임스 맥도널드였다.

그 후 일 년 동안 로이스는 하베스트바이블채플에서 벌어진 온갖 범죄를 폭로하는 수십 개의 기사를 〈로이스 리포트〉에 게재했다. 교회 장로들은 맥도널드가 목회 사역을 이어 가기에 부적합하다고 본다는 사실을, 맥도널드가 직원들을 괴롭히고 학대했으며 교회 헌금으로 자기 주머니를 채웠다는 사실을 보도했다. 맥도널드는 로이스의 보도를 막으려고 소송을 제기했으나 기각되었고, 로이스는 계속해서 일을 이어 갔다. 자신의 보도로 맥도널드가 교회에서 해임된 이후에도 멈추지 않았다. 지금은 해임된 맥도널드가 재직 중 한 직원을 성추행했다는 의혹을 직원들이 모두 알고 있었다는 사실, 교회 돈으로 호화 여행을 다녔다는 사실, 교회에서 받는 봉급 액수를 감추기 위해 엄청난 노력을 기울였다는 사실, 하베스트 사건으로 크게 망신을 당하고도 새로운 사역을 시작하려고 계획하고 있다는 사실 등을 폭로했다.

조용히 홈스쿨링에 매진하는 엄마로 돌아갈 수는 없었다. 메일함에는 계속 제보가 쏟아졌고, 전국 각지에서 〈로이스 리포트〉를 읽고 추적할 단서를 보내고 있었다. 한때는 동료 신자들을 조사하는 것이 과연 옳은 일인지 깊이 고민했다. 하지만 이제는 아니다. 로이스는 무디와 하베스트 사건을 통해 기독교 지도자들이 '하나 됨', '한마음을 품음', '권위에 복종함'이라는 성경의 원칙을 어떻게 조작하여 반대를 억압하고 감시를 피해 왔는지 똑똑히 보았다. 이는 단순한 권력 남용이 아니었다. 전능하신 하나님의 이름으로 행해진 권력 남용이었다. 언젠가 공의로우시고 거룩하신 하나님 앞에 설 준비를 하며, 로이스는 정의와 거룩함의 편에 서기로 다짐했다.

"마치 제 안에서 어떤 스위치가 켜진 것 같았어요"라고 로이스는 말했다. "그걸 끌 수가 없었죠."

★ ★ ★

래리 나사르 사건으로 스타가 된 레이첼 덴홀랜더에게 두 가지 일이 일어났다.

우선, 미국 최고의 복음주의 사상가 중 한 명이자 루이빌에 있는 남침례신학교 총장 앨버트 몰러를 알게 되었다. 남편 제이컵이 그 신학교에서 공부하고 있었는데, 몰러는 2018년 초 나사르 재판 중에 격려의 메시지를 보내왔고, 제이컵의 학업 마감 기한도 연장해 주겠다고 제안했다. 이에 덴홀랜더 부부는 크게 고마워했고, 그를 든든한 지원군으로 여겼다. 그리고 일 년이 지난 후, 몰러에게 레이첼의 도움이 필요한 상황이 벌어졌다. 몰러와 관련된 네트워크가 성추문에 휘말렸기 때문이다. 특히, 그가 총장으로 있는 남침례신학교에서 유명한 교수가 예전 학생과 성적 접촉을 했다고 자백하는 사건이 발생했다. 몰러는 이 문제를 해결하기 위해 덴홀랜더에게 법률적·전략적 조언을 구하면서 사건 세부 사항을 공유했다. 이 사건은 곧 남침례교를 불길에 휩싸이게 하는 도화선이 되었다. 후에 제기된 소송에서 데이비드 실스(David Sills) 교수는 자신이 예전 학생 제니퍼 라일(Jennifer Lyell)을 성적으로 학대했다는 혐의로 몰러의 희생양이 되었다고 주장했다. 실스는 둘의 관계가 어디까지나 합의된 관계였는데, 몰러가 라일의 말만 믿고 비합의적이고 학대적인 관계였음을 암시하는 내용을 발표했다고 주장했다. 이로 인해 몰러, 라일, 그리고 다른 여러 사람이 실스에게 소송을 당했고, 남침례교는 성추행 문제를 놓고 극한 대립으로 치달았다.

비슷한 시기에 남침례교, 더 구체적으로는 윤리및종교자유위원회 직원들이 덴홀랜더에게 최첨단 커리큘럼 프로그램인 "케어링 웰"을 설계하는 일을 도와 달라고 요청했다. 교회를 학대 생존자들에게 따뜻하고 안전한 환경으로 만들 수 있도록 목사들을 교육하는 동시에, 향후 부적절한 사례가 나오지 않도록 내부 절차를 개혁하는 것이 이 프로그램의 목적이었다. 덴홀랜더는 남침례교회를 다닌 적은 없었지만, 교단에서 이런 노력을 기울이고 있다는 사실에 고무되었다. 이 프로그램에 동참하게 된 덴홀랜더는 2019년 앨라배마주 버밍엄에서 열린 남침례교 연례 총회에 초대받았다.

그곳에서 덴홀랜더는 제니퍼 라일을 만났다.

남침례교의 출판 및 마케팅을 담당하는 거대 조직 라이프웨이 크리스천리소스의 부사장인 제니퍼 라일은 화려한 이력과 평판을 자랑했다. 남침례신학교에서 고급 학위를 받았고, 라이프웨이의 가장 큰 고객과 가장 복잡한 계약을 관리했다. 라일은 교단에서 직급과 연봉이 가장 높은 여성 임원이었다. 그런데 2019년 봄, 라일은 오래 감추어 두었던 어두운 비밀을 털어놓았다.

고소장에 나와 있듯이, 라일은 데이비드 실스에게 수년에 걸쳐 폭력적으로 학대당했다고 주장했다. 라일은 애초에 이 사실을 공개할 계획이 없었다. 실스가 이미 남침례신학교에서 쫓겨난 상태여서, 상처는 묻어 두고 평온한 일상을 이어 가고 싶었다. 그런데 실스가 다른 교단에서 사역을 재개했다는 소식이 들려오자 라일이 당한 일을 자세히 알고 있던 사람들 사이에 경각심이 높아졌다. 그들 중 일부는 실스가 남침례신학교를 떠날 때 서명한 비밀 유지 및 비방 금지 협약에 묶여 있었지만, 라일은 그렇지 않았다. 그들은 라일에게 목소리를 내라고 압박하며 자신들이 보호해 주겠다고 약속했다. 라일은 마지못해 동의했다. 당시 사건을 요약한 사실 진술서를 작성하여 남침례교 뉴스 기관인 〈밥티스트 프레스〉에 보냈다.

그러나 라일은 그 후에 배신을 당하고 큰 충격을 받았다. 남침례교 집행위원회를 장악한 이른바 '해적들'이 지배하는 〈밥티스트 프레스〉는 라일이 실스와 "도덕적으로 부적절한 관계"를 맺은 사실을 자백했다는 부정확한 기사를 게재했다. 이 기사는 둘의 관계가 합의에 의한 불륜이라는 인상을 주었다. 라일의 이야기를 이미 들어 알고 있던 사람들은 모두 충격을 받았다. 덴홀랜더도 그중 한 명이었다. 덴홀랜더는 〈밥티스트 프레스〉가 어떻게 사건을 이렇게 왜곡한 것인지 궁금했다.

몇 달 후, 버밍엄에서 라일을 만난 덴홀랜더는 그 이유를 명확히 이해하게 되었다. 집행위원회는 페미니즘과 유사한 모든 것을 뼛속 깊이 경멸하는 남성들 손에 운영되었고, '케어링 웰'이라는 개념 자체를 혐오했다. 실스의 행동에 대한 구체적인 일차 증언이 있었는데도 불구하고, 〈밥티스트 프레스〉는 실스와 라일의 관계를 합의된 불륜 관계로 묘사했다. 집행위원회는 교단에서 가장 성공한 여성인 라일이 미투 운동의 상징이 되는 것을 용납하지 않았다. 어떤 위험이 있을지 예상이 되었지만, 그들은 그 위험을 감수하기로 했다. 라일을 간음자로 묘사하며 라일이 〈밥티스트 프레스〉에 제출한 진술서에 담긴 추악한 세부 내용을 누그러뜨렸다. 결국, 라일은 교단의 공식 발표에 이의를 제기했다.

덴홀랜더가 아니었다면 그들은 아마 무사히 빠져나갈 수 있었을 것이다.

2019년 여름, 덴홀랜더는 라일과 오랜 시간 대화를 나누며 몰러가 실스와 나눈 대화와 라일의 증언을 이어 맞추었다. 은폐 시도가 있었음이 명백했다. 덴홀랜더는 라일과 함께 사건의 정황을 구체적으로 파악하고자 노력했다. 집행위원회가 라일에게 무슨 짓을 했는지 곧 모두에게 알릴 참이었다. 그런데 한 가지 문제가 있었다. 라일이 남침례교와 공개적으로 싸우고 싶어 하지 않았다. 이미 〈밥티스트 프레스〉 보도 이후 괴롭힘과 위협을 당하고 있었기 때문에 더 많은 사람에게 시달리는 상황은 피하고 싶어 했다. 라일은 〈밥티스트 프레스〉에 기사를 철회하고 자신의 공식 진술을 전문 그대로 게재해 달라고 개인적으로 호소해 왔다. 그 방법은 통하지 않을 것이고, 정의를 실현하려면 공개적으로 입장을 밝히는 방법밖에 없다고 덴홀랜더가 말했지만, 라일은 침묵하기로 결심했다.

"남침례교에 소속되기 전까지 라일은 가정도, 어린 시절도, 인생도 모두 망가진 상태였어요. 남침례교는 라일이 아는 유일한 집이었는데, 그들은 그 점을 악용했습니다." 덴홀랜더가 내게 말했다. "라일은 '남침례교를 사랑하고 신뢰했기 때문에' 그 일을 밝히는 데 동의했습니다. '남침례교를 사랑하고 신뢰했기 때문에' 〈밥티스트 프레스〉의 보도를 바로잡기 위해 비종교적인 다른 언론사를 찾아가지 않았어요. 라일은 여전히 그들을 보호하려고 했습니다. 생존자들이 보이는 전형적인 트라우마 반응이에요. 짐이 되지 않으려 애쓰고, 순종적인 사람이 되려고 애쓰고, 복종하려고 애쓰죠. 라일은 그들을 보호하고 싶어 했어요. 그게 라일이 원하는 전부였죠. 그런데 정작 라일을 보호하려는 사람은 아무도 없었습니다."

그해 10월, 윤리및종교자유위원회(ERLC)가 댈러스에서 처음으로 케어링 웰 콘퍼런스를 개최했을 때, 덴홀랜더를 주 강사로 초청했다. 덴홀랜더와 ERLC 회장 러셀 무어가 함께 무대에 올라 교회 안에서 학대가 어떻게 발생하고 작용하는지에 관해 대화를 나눌 계획이었다. 하지만 덴홀랜더는 행사를 앞두고 불안감을 느꼈다. 〈밥티스트 프레스〉 보도 이후 라일은 점점 더 나락으로 빠져들었고, 정신 건강이 악화되어 라이프웨이에서 휴직을 해야 할 정도였다. 남침례교가 라일의 증언을 왜곡한 사실이 여전히 은폐되고 있는 상황에서 라일의 평판은 완전히 땅에 떨어졌다. 덴홀랜더는 케어링 웰 프로젝트에 열심히 임하고 있었지만, 이제는 모든 것이 너무 인위적으로 느껴졌다. 남침례교 일부 신자들이 제니퍼 라일의 삶을 망가뜨리고 있는 마당에, 어떻게 남침례교 신자들 앞에서 교단이 앞으로 나아가고 있는 것처럼 행동할 수 있겠는가.

무대 뒤 대기실에 앉아 덴홀랜더는 라이브 스트리밍을 통해 집에서 행사를 지켜보던 라일에게 마지막으로 호소했다. 그녀의 이야기를 전하기에 이보다 더 좋은 순간도, 이보다 더 큰 무대도 없다고 라일에게 말했다. 라일은 집행위원회 위원들에게 절박한 문자 메시지를 여러 차례 보내며 〈밥티스트 프레스〉 기사를 공식적으로 철회해 달라고 애원했다. 그러나 컴퓨터 화면을 통해 한 위원이 휴대전화를 꺼내 자신이 보낸 메시지를 읽은 후 다시 주머니에 넣는 모습을 보았다. 라일은 결국 덴홀랜더에게 문자를 보내 자신의 이야기를 공유해도 좋다고 허락했다. 단 한 가지 조건이 있었다. 러셀 무어와 함께 무대에 오르기 전에 무어에게 먼저 이 사실을 알려야 한다는 조건이었다. 라일은 무어를 무척 존경했기에 무어가 자신이 주최한 행사에서 곤란해지길 원하지 않았다.

덴홀랜더는 무어를 잘 알지 못했다. 그녀에게 ERLC 회장은 그저 기관을 보호하는 데만 관심이 있는 또 한 명의 남침례교 사람일 뿐이었다. 그러나 라일의 뜻을 존중하여 무어가 무대 옆으로 다가올 때까지 기다렸다. 무대에 오르기 직전에, 덴홀랜더는 무어에게 무대에서 라일의 이야기를 할 것이라고 알렸다.

무어는 덴홀랜더를 막지 않았다. 사실, 무어는 진지하게 경청하며 자세한 내용을 물었고, 남침례교가 가장 훌륭한 직원 중 한 명에게 얼마나 끔찍한 짓을 저질렀는지 밝힐 기회를 주었다.

"그 자리에서 바로 반응이 터졌어요. 우리가 무대에서 내려올

3부 영광

때쯤 전화와 이메일이 쏟아졌죠." 덴홀랜더가 당시를 떠올리며 말을 이었다. "저는 지금까지도 무어 박사가 남침례교에서 쫓겨난 진짜 이유가 그날 일 때문이라고 생각해요. 무어 박사는 그때 제가 진실을 말하지 못하게 막을 수 있었어요. 하지만 그렇게 하지 않았죠."

덴홀랜더가 남침례교와 협력한 이유는 교회를 정화하는 일을 돕기 위해서였지, 그들의 잘못을 폭로하기 위해서가 아니었다. 덴홀랜더는 생존자들을 옹호하는 일에 집중했지, 조직의 잘못을 폭로하는 일에 집중하지 않았다. 하지만 이제 그 잘못이 세상에 드러나고 있었다. 그리고 동료 복음주의자들과 달리 덴홀랜더는 세상이 이를 외면하기를 바라지 않았다. 교회는 면죄부를 받을 자격이 없었다. 오히려 철저하게 조사 받고, 겸손하게 낮아지고, 굴욕을 당해야 마땅했다. 만약 그리스도의 신부에게 희망이 있다면, 그 희망은 덴홀랜더가 나사르에게 설파했던 죄책감의 무게를 경험하고 진정한 회개로 나아가는 과정에서만 찾을 수 있을 것이다. 이 과정은 제니퍼 라일이 2019년 남침례교 집행위원회를 상대로 소송을 제기하면서 본격적으로 시작되었다.

"라일의 사건은 남침례교에서 정의를 좇는 결정적인 계기가 되었습니다"라고 덴홀랜더는 내게 말했다.

그 과정은 절대 아름답지 않았다. 라일은 온라인에서 끊임없는 괴롭힘에 시달리다 직장을 잃었고, 외상 후 스트레스 장애(PTSD) 진단을 받았다. 집행위원회는 기록 공개 요청에 협조하지 않았고, 라일의 의료비를 계속 지원해 줄 자금이 없다고 주장했다. 라일을 대리한 덴홀랜더는 집행위원회 위원들과의 협상을 이제껏 변호사로 일하면서 겪은 가장 치욕스러운 경험으로 기억했다. 그들은 덴홀랜더가 겪은 끔찍한 학대를 암시하며 조롱하기 일쑤였다. ("레이철, 그건 그냥 당신 트라우마 때문에 그렇게 보이는 거예요.")

불쾌한 경험이긴 했지만, 덴홀랜더와 집행위원회의 직접적인 대면은 이후 싸움에서 결정적인 역할을 했다. 덴홀랜더는 '해적' 리더들의 움직임을 연구했다. 그들이 어떤 로펌과 계약했는지, 어떤 메시지 전략을 사용하는지, 내부 커뮤니케이션을 공개하지 않기 위해 변호사-의뢰인 특권을 어떻게 활용하는지를 파악하고, 그들을 무찌를 전략을 짜기 시작했다. 마침내 엄청난 액수의 합의금을 지급하고 공식적으로 라일에게 사과하기로 합의했을 때, 집행위원회는 부디 이것으로 덴홀랜더를 떨쳐 낼 수 있길 바랐다.

하지만 덴홀랜더는 물러서지 않았다. 덴홀랜더는 이미 남침례교에서 가장 유명하고 가장 크게 목소리를 내는 학대 생존자들과 손을 잡은 상태였다. 우선, 목사 두 명과 협력하여 집행위원회에 대한 조사를 강제할 제안서를 작성했다. 또한, 자신이 잘 알고 신뢰하는 제3자 회사인 가이드포스트솔루션즈를 남침례교 외부 파트너로 선정하기 위해 노력했다. 덴홀랜더는 조사를 맡아 줄 외부 기관이 필요한 앨버트 몰러와 한때 남침례교 총회장이었던 J. D. 그리어에게 가이드포스트를 소개했고, 집행위원회를 조사할지 말지를 결정하는 중요한 순간에 두 사람이 가이드포스트의 신뢰성을 보증하는 모습을 뒤에서 지켜보았다.

당황한 해적들이 애너하임에서 항의하며 목소리를 높일 때는 이미 늦은 후였다. 노란 투표용지는 그들이 얼마나 큰 수모를 당했는지를 보여 주는 증거였다.

"그들 중 일부는 여성을 절대 진지하게 대하지 않아요. 그래서 그 점을 제게 유리하게 활용했죠." 덴홀랜더가 입가에 미소를 지으며 말했다. "그들은 위협을 느끼고 싶어 하지 않아요. 그래서 저는 그들을 위협하지 않으려고 노력해요. 아시죠? 비즈니스 정장, 파스텔 색상, 낮게 묶은 머리, 옅은 화장, 쇄골을 가린 옷, 하이힐 대신 플랫슈즈. 같은 공간에 있는 어떤 남자보다 키가 커서는 안 되거든요. 그들은 자신이 주도권을 쥐고 있다고 느껴야 하는 사람들이니까요. 아시죠?"

이해가 가면서도 이해가 가지 않았다. 어린 시절 내가 다니던 교회는 전통적 견해와 관습을 따랐지만, 여성을 이류 기독교인으로 대하는 분위기는 전혀 없었다. 우리 교회에는 여성 목사가 있었고, 여성 교사들이 혼성반 수업을 맡고 성경 공부를 가르쳤다. 매년 5월 둘째 주 일요일에는 아버지가 어머니에게 강단을 내주고 어머니가 어버이날 설교를 했다. 교회력에서 가장 중요한 행사 중 하나였다.

그렇다고 성차별이나 학대 문제가 없었다는 뜻은 아니다. 사실, 나중에 알게 된 바로는 그런 문제들도 있었다. 하지만 여성을 교회 지도부에서 배제하는 개념은 시대에 뒤떨어지고 명백히 비성경적이라고 여겼다. 예수는 매우 급진적인(1세기 기준으로) 결정을 내리셨다. 부활하신 예수의 모습을 처음 본 이들은 여성들이었다. 예수는 이 여성들에게 남자 무리에게 가서 이 세상을 뒤흔들 사건, 즉 부활의 소식을 전하는 일을 맡기셨다. (당시 유대 규범에 따르면 여성이 공공장소에서 남성을 가르치는 일은 금지되어 있었다. 만약 이 여성들이 그 규범을 따랐다면, 과연 교회가 존재할 수 있었을지 궁금해진다.) 이 밖에 다른 사례도 많다. 유니아는 사도였고, 뵈뵈는 집사였으며, 브리스길라는 초대교회 지도자들을 멘토링한 중요한 교사로서 남편보다 이름이 먼저 언급된다. 바울이 한 편지에서 여성이 남성을 가르치면 안 된다고 쓴 것은 사실이다. 그러나 여러 편지에서 바울이 자신과 함께 다양한 사역을 하며 가르친 많은 여성을 칭찬한 것 또한 사실이다. 이는 여성은 남성을 가르치면 안 된다고 한 바울의 가르침이 특정 교회에 한정된 가르침이라는 학계의 주장을 뒷받침한다. 요컨대, 여성이 교회 지도부에서 봉사하는 것을 전면 금지하는 성경적 근거는 빈약하고 설득력이 없다. 미국에서 가장 보수적인 교단 가운데 상당수가 이런 금지 규정을 두고 있지 않다는 사실도 이를 증명한다.

그러나 남침례교회의 방식은 사뭇 다르다. 여성들은 주일학교 수업을 포함하여 어떤 상황에서도 남성들을 가르칠 수 없고, 남성들이 따라야 하는 영적 권위를 갖는 직책을 맡을 수 없다. 이 때문에 2022년 여름 애너하임에서는 중요한 뉴스가 또 하나 터져 나왔다. 베스트셀러 작가이자 캘리포니아주 새들백교회 목사인 릭 워렌은 전년도에 교회 직원 중 세 명의 여성을 목사로 임명했다. 이로 인해 큰 소동이 생겼고, 새들백교회를 남침례교에서 제명하려는 움직임이 일어났다. 워렌은 남침례교 동료들에게 본질을 잃지 말라고 호소했다. "부차적인 문제로 계속 다툴 겁니까, 본질을 지킬 겁니까?" 워렌은 연례 총회에서 이렇게 물었다.

새들백교회를 남침례교에서 제명하려는 노력은 중단되었다. 애너하임에서 벌어진 다른 사건들과 함께, 이는 현대적 사고와 상식의 승리처럼 보였다. 그러나 이듬해 2월, 남침례교 집행위원회는 갑작스러운 판결을 내렸다. 그렇게 새들백교회는 남침례교에서 제명되었다.

새들백교회가 제명되고 몇 주 후, 덴홀랜더를 만났다. 무언가 불길한 일을 예감한 얼굴이었다. 반세기 동안 남침례교를 지배해 온 강경파가 가장 크고 부유하며 견고한 교회 중 하나를 여전히 이렇게 조직적으로 단호하게 추방할 수 있다면, 성 학대를 막기 위해 교단을 개혁하는 일을 방해할 힘도 분명히 가지고 있다는 뜻이었다. 사실, 덴홀랜더는 그럴 것이라고 예감하고 있었다.

"우리가 이룬 모든 것이 정말 매우 갑작스럽게 사라질 수 있습니다."

2020년 5월, 라비 재커라이어스(Ravi Zacharias)가 사망하자 기독교계는 진심으로 애도했다.

인도에서 태어난 재커라이어스는 기독교 신앙을 지적으로 변호하는 기독교 변증학 분야의 세계적인 슈퍼스타였다. 수십 년 동안 대륙을 넘나들며 궁정, 대학 식당, 대도시 경기장, 작은 마을의 예배당에서 강연했다. 그리고 자신의 이름을 딴 단체인 라비재커라이어스국제사역(RZIM)을 현대 복음주의 운동의 기둥으로 키웠다. 이 단체의 이사로 활동 중인 아내와 딸과 함께 수천만 달러를 모금해 회의론자들을 그리스도에게 인도하기 위해 책과 비디오를 제작하고 교육 과정을 만들었다.

프랭클린 그레이엄은 재커라이어스를 "우리 시대의 위대한 기독교 변증가 중 한 명"이라고 칭송했다. 하이즈먼 트로피를 수상한 쿼터백 팀 티보(Tim Tebow)는 재커라이어스를 두고 "신앙의 명예의 전당에 들어갈 인물"이라고 말했다. 미국 국제종교자유위원회의 고위 관리이자 목사인 조니 무어(Johnnie Moore)는 재커라이어스를 "천년에 한 번 나올까 말까 하는 기독교 지도자"라고 불렀다. 애틀랜타 주에 있는 재커라이어스의 고향에서 대형 교회를 목회하는 루이 기글리오(Louie Giglio) 목사는 친구의 죽음에 대해 "천국에서 울려 퍼지는 우레와 같은 박수에 나도 함께 동참한다"라고 말했다. 당시 부통령이었던 마이크 펜스는 추도사를 부탁받고 "라비 재커라이어스를 통해 하나님은 우리에게 금세기 가장 위대한 기독교 변증가를 주셨다"라고 선언했다.

그런데 사망한 지 일 년 후, 재커라이어스는 다른 별칭을 하나 더 얻었다. 그것은 바로 "다작의 성범죄자"였다.

재커라이어스가 세상을 떠난 지 얼마 지나지 않아 의혹이 불거지기 시작했다. 재커라이어스가 공동 소유한 애틀랜타 지역 한 스파에서 일하던 여성 세 명이 그가 자신을 성적으로 학대했다고 주장했다. 〈크리스채너티 투데이〉가 독립적으로 조사하여 이 사실을 구체적으로 보도하자, RZIM은 의혹을 강하게 부인하며 외부 조사 기관을 고용해 조사에 착수했다. 그러나 외부 기관이 제출한 조사 결과는 한층 더 암울했다. 재커라이어스는 영적 권위를 이용해 취약한 여성들에게 신뢰를 얻고 재정적·정서적으로 의존하게 만들어 자신의 성적 만족을 위해 이들을 착취했다. 조사관들은 재커라이어스의 전자 기기를 살펴보다가 미국과 아시아 지역 마사지 치료사 연락처 수백 개를 발견했고, 그가 마사지사들에게 요구한 노골적인 사진도 다수 발견했다. 재커라이어스는 여러 여성에게 자신의 성적 착취를 신에게 헌신한 삶에 대한 "보상"이라고 설명했다고 한다. 기부자들이 "다작의 성범죄자"가 후원금을 악용했다며 집단 소송을 제기하며 제출한 증거는 실로 방대했다. 기독교계 거물이었던 라비 재커라이어스는 변태적인 이중생활을 하고 있었다.

줄리 로이스는 전혀 예상하지 못했다. 예상하고 싶지도 않았다. 많은 복음주의자가 그랬듯, 로이스 역시 재커라이어스를 흠잡을 데가 없는 인물로 여겼다. 2017년에 한 부부가 사역을 가장해 성적인 대화를 시도하고 결국에는 알몸 사진을 요구했다며 재커라이어스를 상대로 충격적인 혐의를 제기했을 때, 로이스는 그 주장을 비웃었다. 재커라이어스가 그 부부를 고소하고 결국 비밀유지협약으로 그들의 입을 막았을 때, 로이스는 재커라이어스의 편에서 의로운 분노를 느꼈다.

"그때 몇 번 만난 적이 있는 그의 비서에게 '라비에게 이런 짓을 하다니 정말 끔찍하다'라고 문자 메시지를 보낸 기억이 아직도 생생해요"라고 로이스는 나에게 말했다. 로이스는 너무 순진했던 자신의 모습을 떠올리며 얼굴을 찡그렸다. "무디를 조사하는 중이었고 온갖 나쁜 행동을 두 눈으로 똑똑히 보고 있었는데도, 라비 재커라이어스가 그런 짓을 저질렀다는 주장은 믿으려 하지 않았어요."

나도 로이스의 말에 공감했다. 성인이 되어서 기독교로 개종한 인도 출신 이민자인 내 아내는 재커라이어스를 존경했다. 나 역시 그랬다. 우리는 그가 쓴 책을 읽고, 그가 제작한 영상을 보았으며, 워싱턴 컨스티튜션홀에서 열린 강연에도 참석했다. 2017년 사건을 둘러싼 불편한 세부 사항들, 기자라는 직업상 무시해서는 안 되는 종류의 불편한 세부 사항들에도 불구하고, 내 반응 역시 로이스와 똑같았다. 그가 그럴 리 없다며 부정했다.

내가 이 이야기를 하자 로이스는 킬킬대며 웃었다. 우리가 이랬다. 경험 많은 냉철한 기자들이 명백한 진실을 보지 못하게 하는 편견에 눈이 멀어 있었다. 단순히 편견 때문만은 아니었다. 사실은 두려움 때문이었다. 우리는 재커라이어스 같은 사람이 무너지는 모습을 보기가 두려웠다. 그 사람을 걱정해서가 아니라, 그의 추락이 우리에 관해 무엇을 시사할지 알기에 두려웠다. 기독교인들은 더 높은 기준을 따라 살아야 하지 않는가? 왜 뉴스가 새로 나올 때마다 목사가 자기 교인을 학대했다는 의혹이 새로 제기되는 것일까? 세계에서 가장 저명한 복음주의자가 여성들을 착취하고 있다면, 그것은 나머지 우리 모두의 도덕성에 관해 무엇을 시사하겠는가?

기독교인들은 사람에게 신뢰를 두지 말라는 가르침을 받는다. 장 칼뱅(John Calvin)의 말을 빌리자면, 마음은 우상을 양산하는 공장이다. 내 아버지는 인간은 늘 누군가를 숭배하도록 설계되었다고 말씀하곤 했다. 어떤 신을 믿든 믿지 않든, 운동선수, 연예인, 정치인 등 우리를 현혹하거나 영감을 주거나 경외감을 불러일으키는 사람을 신격화하는 경향이 우리에게 있다고 말이다. 이러한 성향은 신의 일을 한다고 주장하는 인물들에게 특히 위험하다. 몇 년 전, 아버지는 교회 부목사가 여성들을 성추행한 사실을 알게 되자 즉시 그를 해고하고, 그가 다시는 목회를 하지 못하도록 교단 지도자들에게 관련 사실을 모두 보고했다. 하지만 아버지는 공식 조사를 추진하는 것은 거부했다. 결과가 공개될 것을 두려워했기 때문이다. 아버지는 인기 많고 매력적인 목사가 갑자기 사라진 이유를 교인들이 알기를 원치 않았다. 그 목사가 이끌던 남성 사역 팀에서 항의가 나오자, 아버지는 구체적인 내용을 공개하지 않겠다는 결심을 더 확고히 굳혔다. 그 사역 팀에 속한 많은 남성은 새로 신앙을 갖게 된 사람들로 아직 미성숙했고 쉬 흔들릴 위험이 있었다. 자신들의 영적 멘토가 여성들을 재미로 성추행하고 있었다는 사실을 알게 된다면, 그들이 어떻게 생각할 것이며, 그들의 신앙은 어떻게 될 것인가?

아버지가 잘못된 결정을 내렸다고 생각하지만, 왜 그러셨는지는 분명하다. 아버지는 일부 교인들의 연약한 신앙을 보호하고 싶어 했고, 교회 자체를 보호하고 싶어 했다. 진공 상태에서는 이러한 접근 방식을 옹호할 수 있을지 모른다. 그러나 진공 상태는 존재하지 않는다. 나는 그 부목사가 다른 교회에서 목회를 재개했는지 어쨌는지 알지 못하지만, 그와 같은 목사들이 매일 교회에 다시 나타난다는 사실은 잘 알고 있다. 때로는 그들의 죄가 알려져서 죄를 직면하기도 한다. 그런 다음 일정한 절차를 거쳐 목회에 "복귀"한다. 하지만 그런 기록조차 없이 목회를 이어 가는 경우가 더 많다. 그들은 발각되지 않은 채 이 교회에서 저 교회로 옮겨 다니며 성적·영적 잔해를 남긴다. 로이스는 이것이 오랫동안 섬겨 온 일리노이주 휘튼에 있는 교회에 대한 신뢰를 완전히 무너뜨리는 "결정적인 계기"였다고 말했다. 교회의 한 평신도 지도자가 산하 교회에서 아이들 여럿을 학대한 사실이 밝혀졌지만, 교회는 이 사실을 교인들에게 알리려 하지 않았다. 한 아이의 가족이 형사 고소를 진행하고, 사건이 공개되길 원한다며 여러 가족이 로이스를 찾아오고 나서야, 교회는 마침내 교인들에게 상황을 알렸다.

무슨 알람이라도 맞춰 둔 듯, 복음주의 목사들이 교인들을 괴롭힌 사실이 정기적으로 드러나고 있다. 이는 크나큰 문제다. 그러나 더 큰 문제는 기독교가 이런 일에 제도적으로 둔감해졌다는 사실이다. 내가 오늘 존경하고 칭찬하는 신앙 지도자가 내일 사기꾼이자 악당으로 드러날 가능성이 크다. 그리고 실제로 그런 일이 일어나도 나는 놀란 척하지도, 의로운 분노를 느끼지도 못할 것이다. 이제는 스캔들이 복음주의의 일상이 되면서 지도자들에게 기대하는 도덕적 기준이 흐려졌기 때문이다. 이런 의미에서 무감각은 우리의 문제 중 가장 작은 문제일 뿐이다. 많은 기독교인이 고개를 절레절레 흔들며 문제 있는 지도자를 배척하는 대신, 여전히 그를 지지하고 따른다. 이제는 목회자의 인품과 관련하여 바울이 제시한 기준을 중요하게 여기지 않는다. 어차피 우리는 모두 죄인이라면서, 이것은 성경적 가치를 지키려는 강력한 목소리를 억압하려는 시도라면서 말이다.

존 맥아더(John MacArthur)를 보라. 캘리포니아 목사로, 오랫동안 보수적이면서도 온건한 현대 복음주의의 지도자로 활동하며 이 땅의 우선순위보다 영원한 우선순위를 강조해 왔다. 그러나 최근에는 정치적으로 매우 극단적인 입장을 공개적으로 지지하기 시작했다. 맥아더와 교회 지도부가 교인 여성과 어린이에게 일어난 신체적 학대를 무시하고 학대 문화를 조장했다는 이야기를 로이스가 폭로했을 때, 사람들은 로이스에게 분노를 표출했다. 규모는 작지만 조직적인 기독교 블로거와 인플루언서 그룹이 웹사이트에 몰려와 누가 봐도 끔찍한 사건을 용기 있게 보도한 로이스를 맹비난했다. 맥아더는 아동 학대범인 남편(당시 그녀와 아이들을 죽이겠다고 위협했고, 현재는 아동 성추행, 아동 신체 상해, 아동 학대죄로 수감 중인)을 집에서 내쫓고 다시 받아들이기를 거부했다는 이유로 여성을 교회에서 출교시켰다.

복음주의 세계에서 로이스를 지지하는 동맹은 몇 안 되었다. 그중 한 명은 제3자 기관을 통해 맥아더의 교회를 독립 조사해야 한다고 요구한 덴홀랜더였다. 또 다른 동맹은 로이스가 밝혀낸 "충격적인" 사실을 보도한 기독교 잡지 〈렐러번트 *Relevant*〉였다. (〈렐러번트〉의 창립자 겸 CEO는 스티븐 스트랭의 아들인 캐머런 스트랭이다.) 마지막으로, 맥아더의 전 측근이자 존경받는 장로인 혼 조(Hohn Cho)가 피해자 편에 서는 대신 가해자 편을 드는 맥아더의 "끔찍한 패턴"을 〈크리스채너티 투데이〉에 상세히 밝혔다. 이후 벌어진 대응은 매우 강렬했다. 트럼프의 전 변호사로 법정에서 트럼프를 대신해 거짓말한 사실을 인정한 제나 엘리스 같은 저명한 복음주의자들이 나서서 맥아더는 아무 잘못도 하지 않았고, 억울하게 희생되고 있으며, 이는 용감한 기독교인을 공격하여 교회를 무너뜨리려는 조직적인 시도라고 주장했다.

나는 로이스에게 맥아더에 관한 보도가 왜 그렇게 큰 반향을 일으킨 것 같냐고 물었다.

"너무 커서 실패할 수가 없는 거죠. 정말 거물이잖아요. 솔직히 말하면, 존 맥아더를 통해 돈을 버는 사람이 너무 많기 때문이에요." 로이스가 설명을 이어 갔다. "출판사들이 그를 통해 돈을 벌고, 콘퍼런스들이 그를 통해 돈을 벌어요. 그가 세운 비영리 사역 단체인 G3도 그를 통해 돈을 벌고요. 그가 세운 미디어 회사 그레이스투유는 수백만 달러의 가치를 지닌 기업이에요. 그러니까, 존 맥아더 같은 목사는 추락하게 놔두기에는 너무 큰 거물인 거죠."

로이스는 고개를 저었다. "예수님이 여기 계셨다면, 저는 그분이 가는 곳마다 상을 뒤엎으셨을 거라고 생각해요"라고 그녀는 말했다. "정말 '모든 곳'에서요."

예수는 인간 본성에 관해 독특하게 비관적인 시각을 가지고 계셨다. 타락한 인류를 구속하기 위해 육신을 입고 오신 예수는 사람들이 회개하고 하나님의 은혜 안에서 새로워지려 하기보다는 끊임없이 자신을 정당화하는 모습을 보았다. 특히, 종교적인 사람들 사이에서 이런 모습을 많이 보았다. 예수가 비신자들보다 바리새인들에게 더 엄격했던 데는 이유가 있다. 바울이 죄 많은 교회 지도자들을 "모든 사람 앞에서 꾸짖어서, 나머지 사람들도 두려워하게 하십시오."*라고 당부한 데는 이유가 있다. 성경 전체를 통해 하나님은 영적 영향력을 가진 사람들에게 더 큰 책임감을 요구하신다.

그러나 책임감은 오늘날 교회에서 인기가 없다. 2022년 말, 〈크리스채너티 투데이〉가 그해 가장 많이 읽힌 기사 20개를 정리한 목록을 살펴보다가 복음주의 저자 패트릭 밀러는 흥미로운 흐름을 하나 발견했다. 20개 중 15개가 목사와 교회를 괴롭힌 다양한 스캔들에 초점을 맞춘 기사였다. 밀러는 트위터에 "〈크리스채너티 투데이〉가 교회에 대한 신뢰를 무너뜨림으로써 큰 이득을 보고 있는 것 같다는 생각이 들기 시작했다"라고 트위터에 썼다. 나 역시 취재하면서 이런 불평을 여러 번 들었다. 내가 만난 가장 훌륭하고, 가장 투명하고, 가장 신뢰할 수 있는 목사들조차 줄리 로이스와 그녀의 보도 방식에 대해 불평했다. 그 목사들은 집안에서 분쟁이 생기면 집안에서 해결해야 한다고 말했다. 우리 문제를 비신자들에게 떠벌리면 전도하는 일에 방해가 될 뿐이라고 했다.

---

*   디모데전서 5:20.

만약 그렇다면 왜 바울의 서신을 신약 성경 정경에 포함시켰을까? 바울의 서신은 교회 안에서 생긴 문제들에 대응하고자 "특정한 상황에 맞춰" 쓴 편지로 알려져 있다. 초기 교회에서도 성 스캔들, 권력 투쟁, 성격 차이로 인한 갈등 등 혼란스러운 상황이 펼쳐졌다. 몇 세기 후 이 서신을 연구한 교회 공의회는 그런 경멸스러운 행동에 관한 묘사가 사람을 변화시키는 그리스도의 능력을 의심하게 만들 수 있다는 점을 분명히 인식했을 것이다. 어쩌면 바울의 지혜로운 훈계를 포함시키되, 교회 내에서 벌어진 추잡한 사건들을 명시하지 않을 수도 있었을 것이다.

하지만 성경은 잔인할 정도로 솔직한 책이다. 인간의 죄악된 본성에 관한 이야기가 창세기부터 계시록까지 계속 나온다. 아브라함, 모세, 베드로, 심지어 바울조차도 예외가 아니다. 유일하게 흠이 없는 인물은 그리스도뿐이다. 그리고 그것이 핵심이다.

"감춰 두어야 할 부끄러운 일을 공개한다며 비판하는데, 정말 어이가 없어요. 하나님은 특정 목사의 평판에는 신경 쓰지 않으세요. 하나님이 신경 쓰시는 건 하나님 자신의 이름이죠"라고 로이스는 나에게 말했다. "수백만 달러를 벌고, 유명해지고, '브랜드'를 만들고, 더 많은 양을 착취하라고 늑대를 복귀시키는 이 복음주의 산업 복합체는 예수랑 아무 관련이 없습니다. 그것이 마치 예수와 관련이 있는 척 가장하는 짓을 이제 멈춰야 합니다."

지금 로이스는 동네에 있는 가정 교회에 출석하고 있다. "록 음악도 없고, 화려한 설교도 없고, 그냥 공부하고 예배하고 기도하는" 이 교회를 다니며 신앙이 어느 때보다 강해졌다고 말했다. 그럼에도 불구하고, 로이스는 지난 5년 동안 이 "복음주의 산업 복합체"를 조사하면서 환멸을 느꼈다고 인정했다. 문제를 진단하는 데서 그치지 않고 해결책을 제시하고 싶었던 로이스는 참신한 아이디어를 하나 떠올렸다. 그녀는 항상 상업적이고 전시장 같은 분위기의 복음주의 순회 콘퍼런스를 혐오해 왔다. 그래서 자신만의 콘퍼런스를 열기로 결심했다. 로이스는 이 콘퍼런스에 "회복"이라는 이름을 붙였다. 목회자의 재활에 초점을 맞춘 프로그램이 아니라, 학대 피해자들을 지원하는 데 중점을 두는 프로그램이다. 2019년, 하베스트 교회에 관해 보도한 직후, 그리고 시카고의 또 다른 대형 교회인 윌로우크릭의 담임 목사가 부적절한 행위 때문에 사임한 후, 로이스는 지역 대학에서 첫 번째 회복콘퍼런스를 개최했다. 인근 교회에서 약 200명의 사람이 콘퍼런스에 참석했다. 몇 년 후, 로이스가 두 번째 회복콘퍼런스를 개최했을 때, 참석자 수는 크게 증가했다. "미국 44개 주와 캐나다 2개 주에서 온 사람들이었어요"라고 로이스는 나에게 말했다.

로이스가 한 일들이 옳았고 그녀의 보도가 정당했음을 증명하는 사건들이 일어났다. 2023년 3월, 제임스 맥도널드는 주차 문제로 58세 여성을 공격한 후 가중 폭행 혐의로 캘리포니아에서 체포되었다. 피해 여성은 "심각한 부상"으로 병원에 입원했고, 현장에 출동한 경찰은 맥도널드의 트럭 안에서 권총을 발견했다. 로이스는 학대를 자행한 목사들에 관해 보도했는데, 이상하게도 그 목사들보다 로이스가 더 많은 비판을 받았다. 실제로 잘못한 사람은 로이스가 아니라 그 목사들인데 말이다.

"저는 이 일을 하면서 거창한 비전을 세운 적이 없어요. 사실, 어떤 일에 대해서도 거창한 비전을 세워 본 적이 없어요. 그냥 순종하려고 노력했을 뿐이에요"라고 로이스가 말했다. "하나님은 우리가 길가에 버려진 사람들을 돌보기를 원하신다고 생각해요. 그런 사람들이 너무 많아요. 교회가 부패해서 생긴 피해자가 너무 많아요. 하지만 이 사람들은 제가 아는 기독교인 중에 가장 강건한 사람들이에요. 믿음을 버릴 이유가 충분한데도 믿음을 지켜 왔으니까요."

로이스는 "하나님이 미국 교회에서 어떤 일을 하고 계신다"고 계속 강조했다. 헤어지기 전에 나는 로이스에게 저널리즘이 그 일에서 어떤 역할을 할 수 있을지 물었다.

"좋은 질문이네요." 로이스는 미소를 지으며 대답했다. "우리가 배운 게 하나 있다면, 이 기관들이 자신을 스스로 감시하리라고 신뢰할 수 없다는 거예요. 그래서 선택의 여지가 없는 것 같아요. 문제는 지금 제가, 들어온 제보 중에서 3분의 1 정도만 보도하고 있다는 거예요. 모두 다 다룰 가치가 있는 제보들이에요. 하지만 제가 다 다룰 수가 없어요. 우리는 최소한의 예산으로 운영되고 있거든요. 그런데 영적으로 파산한 이 조직들은 수백만 달러를 벌어들이고 있죠…."

로이스가 말을 하다 멈칫했다.

"비꼬는 말이 아니에요." 로이스가 다시 말을 이었다. "언젠가 이런 말을 들은 적이 있어요. '사람들은 집 짓는 건 좋아하지만, 건축 감리를 위해 돈을 내는 건 좋아하지 않는다.' 맞는 말이라고 생각해요. 아마도 그래서 모든 집이 무너지고 있는 것 같아요."

★ ★ ★

남침례교 소속의 유명한 교회로, 미시시피주 잭슨 외곽에 자리한 브로드무어침례교회는 건축 감리에 돈을 쓰기로 했다.

2022년 가을, 한 여성이 교회 지도자들을 찾아와 과거 청소년 사역자가 자신을 청소년 시절부터 심리적으로 지배하고 수년간 성적으로 학대했다고 주장했다. 브로드무어교회 담임 목사는 즉시 덴홀랜더에게 연락했다. 덴홀랜더는 교회와 생존자를 중재하면서 사건의 진실을 규명하는 데 도움을 주었다. 덴홀랜더는 몇 년 전 브로드무어를 떠나 다른 지역에 있는 남침례교 소속 교회로 목회지를 옮긴 가해자가 피해 여성의 치료비와 기타 의료비를 댔음을 확인했다. 또한, 피해 여성이 비밀유지협약에 서명한 후에야 치료비 지원이 이루어졌다는 사실도 확인했다. 피해 여성의 주장을 뒷받침하는 증인이 나타나자 브로드무어침례교회는 여성의 주장이 매우 신빙성이 있다고 판단했다.

덴홀랜더의 권유에 따라 교회는 내부 정책을 재검토하고 외부 업체에 사건 조사를 의뢰했다. 가장 주목할 만한 점은 교회가 공개 성명을 발표했다는 점이다. 브로드무어침례교회는 웹사이트 첫 페이지에 혐의를 상세히 설명했고, 고발자의 신빙성을 인정했으며, 진실성과 투명성이 기독교 신앙의 중요한 가치라는 점을 강조했고, 생존자들이 상담을 받을 수 있도록 지원했고, 학대를 당했을 때 신고하는 방법을 명시했다.

잭슨에서 발행되는 지역 신문 〈클라리온-레저 Clarion-Ledger〉는 브로드무어침례교회가 "다른 종교 단체들이 쉬쉬 해 오던 문제를 놀랄 만큼 상세하게 공개했다"고 칭찬했다. 〈테네시안〉의 종교 전문 기자는 남침례교 내부의 온갖 참상을 기록해 온 사람으로서 브로드무어의 대응을 교단이 따라야 할 "모델"이라고 평가했다.

"처음에는 많은 교인을 잃었습니다. 하지만 결국 잃은 사람보다 얻은 사람이 많았죠. 브로드무어교회는 공개 성명을 발표한 이후 실제로 교인 수가 증가했고 재정적으로도 성장했습니다. 교회가 올바른 방법으로 이 문제를 해결하는 것을 보고 다른 교회에 다니던 사람들이 찾아왔기 때문이에요"라고 덴홀랜더는 말했다. "브로드무어 목사들에게 물어보니, 그 이후로 남침례교 소속 목사들에게 계속 연락이 온다고 해요. 브로드무어교회가 대응하는 모습을 모두가 보았잖아요. 그래서 어떻게 하면 이런 문제를 올바르게 처리할 수 있느지 다들 알고 싶은 거죠."

덴홀랜더는 대부분의 교회가 브로드무어의 모범을 따를 것이라고는 기대하지 않는다. 대부분은커녕 많은 교회가 그러리라고 기대하기도 어렵다. 켄터키에서 커피를 마시며 이야기를 나눌 무렵, 덴홀랜더는 2023년 남침례교 연례 총회를 준비하기 위해 대책위원회 동료들을 만나러 애틀랜타에 갔다가 돌아온 직후였다. 그들은 집행위원회가 가해자 데이터베이스를 폐기하고 대책위원회의 권한을 박탈하려 할 때를 대비하여 여러 가지 시나리오를 구상하고 대응 방안을 모색했다. 또한, 그들은 윤리및종교자유위원회가 주(州) 지도자들과 협력하여 성직자와 신도 간의 성관계를 범죄화하는 입법 개혁에 관해서도 논의했다. 그렇게 되면 교회 내 성 학대와의 싸움에서 잠재적인 돌파구를 마련할 수도 있을 것이다. 그러나 덴홀랜더와 동료들이 주로 논의한 것은 남침례교 소속 교회들이 학대 신고 및 조사에 관한 새 기준을 준수할지, 아니면 이를 거부하여 교단과 대립할지에 관한 것이었다.

덴홀랜더는 결국 둘 중 하나일 것으로 예측했다. 남침례교가 새로운 지침을 고수함으로써 새 지침을 준수하지 않는 수백 개의 교회가 교단에서 제명되든지, 아니면 너무 많은 교회가 새 지침을 거부함으로써 교단의 권위가 도전받고 결국 남침례교가 규칙 시행을 중단해서 다른 교회들이 교단을 탈퇴하든지. 어느 쪽이든 미국에서 가장 규모가 큰 교단에 "대규모 분열"이 다가오고 있다고, 그리고 어쩌면 그것이 최선일 수도 있다고 덴홀랜더는 말했다.

"하나 됨, 좋죠. 우리는 하나가 되라는 명령도 받았잖아요. 하지만 잘못된 것을 중심으로 하나가 되는 것은 죄입니다. 우리는 너무도 간절히 하나가 되기를 원해서 죄를 용납하고 방조하는 지경에 이르렀습니다"라고 덴홀랜더는 말했다. "제가 보기에 남침례교를 지금 형태로 유지할 길은 없습니다. 제 생각에 가장 건강한 방법은, 이건 다른 교단도 마찬가지인데, 분열하는 겁니다. 아마도 그래야 진정한 하나 됨을 이룰 수 있을 거예요."

덴홀랜더는 이런 이야기를 입 밖으로 꺼내는 것이 얼마나 위험한지 잘 알고 있다. 이미 남침례교 극우파는 덴홀랜더를 갈등 상황을 이용해 경제적 이득을 얻는 사람, "자신이 당한 학대를 돈벌이 수단으로 바꾼" 기회주의자 외부인으로 여기고 있었다. 덴홀랜더는 이 얘기를 전하며 터무니없다는 듯 눈을 굴리며 빈정댔다. 아이러니하게도 그녀는 교단을 바로잡기 위해 대다수 지도자들보다 더 열심히 일했다. 2019년에 케어링 웰 프로젝트를 출범시키게 도와 달라는 요청을 받고 제니퍼 라일의 사건을 알게 된 이후, 덴홀랜더는 남침례교를 풀타임 직장처럼 여기며 전화 통화, 회의, 비행, 서류 작업 등에 수천 시간을 할애했다. 보수는? 한 푼도 받지 않았다. 브로드무어침례교회 같은 특정 교회에 정식으로 고용되어 보수를 받은 적은 있지만, 남침례교를 위해 한 일은 모두 무료 봉사였다. 아이 넷을 홈스쿨링하고 일반 사회에서 주목할 만한 수많은 사건을 처리하는 와중에 아무런 보상 없이 남침례교를 위해 일했다.

언젠가는 상황이 바뀔 수도 있다. 대책위원회는 덴홀랜더에게 서비스 대가를 받으라고 권유해 왔다. 가족의 생계를 책임지는 가장이라 받으면 분명 도움이 될 것이다. 하지만 덴홀랜더는 남침례교에서 급료를 받는 생각만 해도 몸서리가 쳐진다고 했다. 교단 전체가 가족에게 불편함만 안겨 주었기 때문이다. 남편 제이컵은 박사 과정을 마치면 남침례신학교를 떠나기로 했다. "아내가 레이철 덴홀랜더라는 이유로 자신이 그 학교에 다니는 이유를 계속 설명하고 변명해야 했기 때문"이다. 레이철은 한숨을 쉬며 "남편이 보수적인 신학교, 특히 남침례교와 관련된 신학교에서 강의할 기회를 제가 전부

날려 버린 꼴이죠"라고 말했다.

레이철은 자신과 남편 둘 다 "거의 모든 신학적·사회적·도덕적 이슈에서 여전히 보수적" 견해를 견지하고 있다고 말했다. 하지만 이제 그런 것은 별로 중요하지 않다. 형벌 대속에 초점을 맞춰 삼위일체 신학을 연구하고 있는 제이컵은 박사 학위 논문 과정을 마무리하기 위해 결국 웨일스대학교로 편입했다. 부부는 다른 나라 기독교인들과 교류하면서 미국과의 차이점을 실감하고 몹시 놀랐다. 레이철은 사회 복지 프로그램을 위해 지역 교회들과 손을 잡고 영국을 방문했을 때를 떠올리며, 미국을 떠나 다른 나라에서 살면 어떨까 생각할 정도로 놀라운 경험이었다고 말했다.

"그리스도 외에는 다른 어떤 것으로도 자신의 정체성을 포장하지 않는 기독교인들과 함께 시간을 보내는 건 정말 멋진 일이었어요"라고 그녀는 말했다. "기독교인들이 좌파니 우파니 하는 색안경을 끼고 모든 생각과 신념을 재단하지 않는 문화에서 기독교를 있는 그대로 보는 건, 솔직히 말해 약간 충격적이었습니다."

덴홀랜더는 자신과 가족에게 어떤 미래가 펼쳐질지 알지 못한다. 그러나 하나님이 자신을 이 광란의 한가운데 두신 이유가 있다고 믿는다. 줄리 로이스가 저널리즘을 통해 자신의 소명을 다하듯, 덴홀랜더는 법률 지식과 인생 경험을 활용해 더 나은 기독교, 성경적으로 더 건전한 기독교를 실현하도록 부름을 받았다고 믿는다. 그러나 덴홀랜더는 그 소명을 말하면서 한계점을 강조했다. 남침례교를 구하거나 교회 내 학대 문제를 종식하고자 몰두하면 "결국 지치고 화나고 씁쓸해질 거예요. 절대 성공하지 못할 테니까요"라고 덴홀랜더는 말했다. 하나님이 하라고 하신 일을 내가 충실히 하고 있는가, 중요한 것은 그것뿐이라고 그녀는 덧붙였다.

덴홀랜더는 어렸을 때 가장 좋아했던 성경 이야기가 용감한 여성 주인공에 관한 이야기가 아니라, 예수가 청지기 정신과 종의 역할에 관해 가르치신 '달란트 비유'였다고 했다. 예수는 주인이 종들에게 능력에 따라 다양한 액수의 돈을 맡기고, 종들이 받은 돈에 따라 일정한 수익을 기대하는 이야기를 들려주신다. 주인은 종들이 능력을 최대한 발휘하는 모습을 보고 "잘했다! 착하고 신실한 종아. 네가 적은 일에 신실하였으니, 이제 내가 많은 일을 네게 맡기겠다"라고 말한다.

"부모님은 저희를 키우실 때 '하나님이 너희에게 주신 것이 무엇이든 그것이 가장 중요한 것'이라고 말씀하셨어요"라고 덴홀랜더는 말했다. "만약 하나님이 내게 엄마로 조용히 사는 삶을 주셨다면, 엄마의 역할이 가장 중요한 것이니 그 영향력을 절대로 축소하거나 과소평가하지 말라는 뜻이죠. 하나님이 내게 공적인 자리를 맡기셨다면, 충실하게 섬기라는 뜻이에요. 만약 내게 쓰레기 수거원의 역할을 맡기셨다면, 그 일도 훌륭한 일이니 하나님의 영광을 위해 하라는 뜻입니다. 저는 청지기로서 주님이 제게 맡기신 일에 충실해야 합니다. 그거면 충분합니다. 남편과 제가 아이들에게 가르치고 싶은 것도 바로 이겁니다."

레이철 덴홀랜더에게는 어린 딸이 셋이나 있다. 그녀가 그랬듯 세 딸도 체조를 배우고 있고, 그녀가 그랬듯 교회 안에서 성장하고 있다. 세상의 해악으로부터 딸들을 보호해야 한다는 생각을 하면 당연히 걱정된다. 또한, 아이들이 기독교인으로서 세속 세계의 불신뿐만 아니라, 자신들이 속한 종교 운동의 무관심에도 맞설 수 있도록 준비시키는 문제도 걱정된다. 교회에서 벌어지는 학대와 부패에 관하여 진실을 말했다는 이유로 덴홀랜더는 많은 동료 신자에게 외면당했다. 그녀의 딸들, 그리고 교회에서 성장하는 수백만 명의 여자아이들이 이 모습을 지켜보고 있다. 나는 그녀에게 아이들이 어떤 교훈이나 메시지를 얻기를 바라는지 물었다.

"자신의 정체성을 정의했으면 좋겠어요"라고 덴홀랜더는 대답했다. "그러면 신학을 악용하는 상황에 저항할 수 있고, 자신이 속한 공동체에 목소리를 낼 수 있을 거예요. 집이 없어도 괜찮아요. 어디에도 어울리지 않아도 괜찮아요. 내 정체성은 이 세상 그 어떤 것에도 의존하지 않으니까요."

잠시 생각을 가다듬던 덴홀랜더는 이렇게 덧붙였다. "정체성을 잃으면, 권력을 갈망하기 쉽고, 권력을 손에 넣는 데 필요한 도덕적 타협을 정당화하기 쉽습니다."

21장

★ ★ ★

리버티의 새벽:
갈림길에 선 두 번째 기회

"이곳을 진짜로 고치려면 누군가가 나서야 합니다.
누군가는 기꺼이 진실을 말해야 합니다."

"가려 놓은 것이라고 해도 벗겨지지 않을 것이 없고,
숨겨 놓은 것이라 해도 알려지지 않을 것이 없다"(누가복음 12:2).

닉 올슨은 그러한 도덕적 타협을 더는 정당화할 수 없었다.

어린 시절부터 올슨의 정체성은 리버티와 깊이 연관되어 있었다. 부모님은 학부생 때 리버티대학교에서 만났다. 아버지는 리버티산 정상에서 제리 팔웰 시니어의 비전을 이루어 달라며 기도했다. 그 역시 자라면서 이 학교를 동경했고, 결국 이 학교에서 학위를 두 개나 취득하여 영문학과 교수직을 따냈다. 린치버그에 정착하여 가정을 이루었고, 언젠가 자신의 두 아들도 그 전통을 이어 가리라 생각했다.

하지만 그 정체성에는 대가가 따랐다. 리버티 가족의 일원이 된다는 것은 리버티가 자신에 관해 하는 이야기를 믿어야 한다는 뜻이었다. 2023년 4월 어느 화창한 오후, 단골 식당인 바비큐 가게 뒤뜰에서 올슨은 내게 더 이상 그 이야기를 믿지 않는다고 말했다. 사실, 그 이야기를 믿지 않게 된 지 이미 오래였다.

더그 올슨은 리버티에 관한 몇 가지 추악한 진실을 아들에게 숨겨 왔다. 만약에 닉이 리버티대학교 교수가 되지 않았다면 끝내 그 진실을 직접 보지 못했을지도 모른다. 여러 교수와 가까워지면서 젊은 올슨은 수십 년 전 아버지가 겪은 깨달음과 환멸의 과정을 되짚어 보게 되었다. 그는 강압과 협박, 잔인함을 목격했다. 반대 의견을 조직적으로 탄압하는 방법에 관해 들었다. 의견을 완벽히 통일하기 위해 위에서 아래로 사상을 주입하는 방식을 목격했다. 그것은 교육도 탐구도 아니었다. 올슨은 완벽하게 포장되어 자신과 같은 수백만 복음주의 가정에 판매되는 기분 좋은 신화 이외에 더 많은 것이 리버티에 숨겨져 있다는 사실을 깨닫기 시작했다. 몇몇 교수가 즐겨 쓰던 표현대로 "두 개의 리버티"가 존재했다. 하나는 겉보기에 그럴듯한, 그리스도를 위한 챔피언을 양성하는 대학이었고, 또 하나는 아첨꾼들 손에 운영되며 권위를 위협하는 사상이나 사람에게 영성을 무기로 휘두르는 폐쇄적이고 불안정하며 편집증적인 가족 기업이었다.

"학생들 대부분은 알 수 없었어요. 세뇌당했으니까요." 올슨은 내게 그렇게 말했다. "몇몇 교수들이 눈을 뜨게 해 주지 않았다면, 저도 아마 세뇌당했을 겁니다."

2013년에 리버티대학교에서 올슨에게 교수직을 제안했을 때, 올슨은 학교를 바라보는 상반되는 두 시각을 조화시키려고 고군분투했다. 학교를 향한 낭만적이고 긍정적인 기대는 이미 사라진 상태였고, 올슨은 친구들에게 학교에 관한 부정적인 생각을 솔직하게 털어놓으며 리버티가 과연 건강한 직장이 될 수 있을지 의문을 품었다. 그러나 그와 동시에 리버티의 엄청난 잠재력도 알고 있었다. 명백한 결점들에도 불구하고, 아니 어쩌면 바로 그 결점들 때문에 올슨은 차세대 기독교 지도자들을 양성하고 하나님 나라를 확장할 기회가 있다고 보았다. 리버티에는 변화가 필요했다. 하지만 이 변화는 오직 내부에서부터 끌어내야 할 변화라고 올슨은 확신했다.

2013년 8월 신임 교수 오리엔테이션을 위해 캠퍼스에 도착한 직후, 올슨은 학교를 개혁할 수 있으리라는 생각이 잘못되었음을 깨달았다. 개회 기도와 교무처장의 간단한 환영사 후, 론 고드윈(Ron Godwin)이라는 사람이 무대에 올랐다. 모럴머조리티 시절부터 제리 팔웰 시니어의 가장 충성스러운 부하 중 하나였던 고드윈은 학교에서 거의 모든 고위 간부직을 도맡았고, 제리 팔웰 주니어가 갑작스럽게 학교를 승계한 후에도 사실상 관리자 역할을 수행했다. 그러나 고드윈의 이력서에 적힌 어떤 직함도 그가 맡은 역할의 본질을 제대로 설명하지 못했다. "론은 팔웰 가문이 키우는 개였어요"라고 올슨은 말했다. "대학의 온갖 더러운 일을 맡아서 처리했죠."

올슨은 이 사실을 알고 있었는데도 리버티 신임 교직원들에게 고드윈이 한 발언에 충격을 받았다고 했다. "무대에 올라온 론이 '여기 와서 뭔가를 바꿀 생각이라면 다시 생각해 보세요. 우리가 여기서 하는 일에 동조하든가 떠나든가, 여러분이 할 일은 둘 중 하나입니다'라고 하더군요." 그때를 떠올리며 올슨이 씁쓸하게 말했다.

올슨은 여전히 충격이 가시지 않은 얼굴이었다. "말로만 듣던 일이었어요"라고 그는 말했다. "그런데 교수로 부임한 첫날 직접 보게 된 거죠. 우리에게 하나님에 대한 두려움을 심는 것이 그날 론의 임무였어요. 그리고 그것이 효과가 있었어요."

두려움 말고도 고드윈과 그의 동료들은 사람들을 통제하는 자신들만의 방법을 가지고 있었다. 교육 과정은 간소화되었고 중앙에서 통제되었다. 교수들은 실재하는 것이든 그렇게 보이는 것이든 일탈이나 위반이 있는지 학과별로 계속 감시받았다. 반항적인 교수들은 즉시 해고되었고 비밀유지협약에 서명해야 했다. 리버티대학교는 교수들에게 종신 재직권을 제공하지 않았고, 교수들은 언제든지 해고될 수 있는 일 년 단위 계약으로 일했다. 이 지속적인 고용 불안 상태는 자유로운 사고 본능을 완전히 억누르기 위해 고안된 것이었다. 메시지는 분명했다. 고드윈이 경고한 대로 규율을 따르든지, 싫으면 떠나라.

교수들은 주님을 사랑했고 주님을 섬기고 있다고 믿었기에 이러한 대우를 참고 견뎠다. 그들은 또한 학생들을 사랑했고 학생들의 삶을 변화시키고 있다고 믿었다. 무엇보다도 그들은 리버티의 이념을 사랑했고, 리버티가 앞으로 더 나아질 것이라고 믿었다. "제리 주니어가 무언가 거대한 것을 구축하고 있다는 걸 누구나 알 수 있었어요. 사람들은 과거에 상처를 받았더라도 리버티의 미래를 함께하고 싶어 했어요. 그래서 문제를 보고도 모른 척했던 거죠." 올슨이 말했다. "분명히, 그건 큰 실수였어요."

올슨이 리버티에서 일을 시작한 때는 상사의 삶이 무너지기 시작한 바로 그 시기였다. 팔웰과 그의 아내는 한 해 전에 마이애미 수영장 직원과 만났고, 세 사람의 관계는 결국 대학 총장의 몰락으로 이어졌다. 물론, 올슨과 동료 교수들은 당시 이러한 내용을 자세히 알지 못했지만, 팔웰의 개인적인 행동에서 변화를 감지할 수 있었다. 팔웰이 술을 많이 마신다는 사실은 공공연한 비밀이었다. 그가 내뱉은 외설적인 발언들은 사람들 사이에 돌고 돌며 전설이 되어 가고 있었다. 2016년에 팔웰이 트럼프와 손을 잡고, 반대 목소리를 낸 집행위원회 의장 마크 데모스를 축출했을 때, 사람들은 팔웰이 이제 누구도 건드릴 수 없는 막강한 존재가 되었음을 뼈저리게 느꼈다.

교수들은 팔웰을 적대적으로 생각한 적이 없었다. 무뚝뚝해 보일 때가 더러 있어도 그것은 그저 그가 무심해서, 어색해서, 자신감이 없어서 그렇다고 생각했다. 하지만 이제 팔웰은 점점 더 독재자처럼 변해 가고 있었다. 자신의 권한을 꾸준히 확대하면서 보좌진을 줄였고, 심지어 권력을 자신에게 집중시키려고 고드윈마저 쫓아냈다. 또한, 반대 의견을 철저히 말살하기 위해 부하들을 보내어 학생들과 교수들 일에 더욱 간섭했다. 얼마 지나지 않아, 일부 교직원은 마치 북한 인민군의 일원이 된 듯한 기분을 느꼈다. 학과장들과 관리자들의 감시 아래 경례라도 해야 할 것만 같은 긴장된 분위기였고 '경애하는 지도자'와는 감히 눈도 마주치지 못했다.

"항상 경고가 있었어요. 사실상 은밀한 협박이었죠. '네 위치를 기억해라', 그런 거죠. 그러다 갑자기 학장에게 분명히 그 위에서 내려온 것 같은 말을 듣게 되었어요. '사람들 있는 데서 총장을 만나면 말을 걸지 마라. 인사 정도는 해도 되지만 질문은 하지 마라. 명령 체계를 따라라', 이런 식이었죠." 올슨이 말했다. "정말 기괴했어요. 제리 주니어에게만 그러지 말라는 것도 아니었어요. 어떤 관리자에게도 접근하지 말라는 지시를 받았어요. 그러니까, 그 사람들이 우리가 하는 교육의 모든 측면을 세세하게 통제하고 있는데, 그에 관해 교수가 의견을 제시할 수조차 없는 거죠. 우리는 누구에 대해서도 상향 평가를 제안할 수 없었어요. 학생 교육 방식에 교수들의 의견을 전혀 반영하지 않는 것이 리버티의 기본 목표였어요."

올슨은 리버티가 내리는 교육적 결정과 교수들을 대하는 행정적 태도를 분리할 수 없었다. 학교가 교육 과정을 간소화하면서 입학률은 급격히 상승했다. 교수들이 일하는 시간과 그 시간 동안 하는 활동이 매우 구체적으로 측정되고 철저히 관리되었다. 교수들은 학생들 개개인에게 맞춰 상세한 피드백을 제공했다가 채점이 지연되면 불이익을 받았고, 대규모 온라인 수업에서는 최소한의 노력과 시간을 들이는 방식을 선택했을 때 오히려 보상을 받았다. 사업과 정치에 초점을 맞춘 프로그램들은 번성했지만, 예술은 뒷전으로 밀려났다. 2020년에 팔웰은 철학과를 해체하여 교수들을 충격에 빠뜨렸다.

"왜 그랬을지 생각해 보세요." 올슨이 말했다. "철학은 모든 것에 질문하고 도전하며, 사람들이 스스로 생각하게 만드는 지혜와 진리를 탐구하는 학문이기 때문이에요."

올슨이 리버티의 미래에 절망하기 시작한 것은 그 무렵이었다. 학교는 눈에 보이는 모든 유형 지표에서 번창하고 있었다. 기록적인 등록률, 기록적인 수익, 기록적인 기부금 등. 팔웰은 캠퍼스를 경이로운 곳으로 만들었고, 미국 대통령과 전략적 동맹 관계를 형성했다. 그러나 이 모든 세속적 성취는 리버티의 정신적 가치를 희생한 대가로 이룬 것이었다. 학교의 영적 건강을 나타내는 무형 지표는 모두 리버티가 위기에 빠져 있음을 시사했다. 당시 학생들은 캠퍼스에 어떤 불쾌감이 퍼져 있었다고 회상했다. 올슨과 동료 교수들은 이를 인지하고 학생들을 안타까워했다. 몇몇 교수는 이러한 절망감을 극복하려고 술을 마시기 시작했다. 다른 이들은 교수직을 그만둘까 고민했다. 올슨은 둘 다 했으며, 리버티를 벗어나는 모습을 상상하며 처음 교수직을 수락한 그날을 몹시 후회했다.

팔웰이 학교에서 축출되면서 잠시 안도감이 감돌았으나 그것도 그리 오래가지 않았다. 그 무렵 올슨과 대부분의 동료 교수들은 리버티의 문제가 단순히 한 개인에게만 국한된 문제가 아니라는 점을 인식하게 되었다. 곧, 론 고드윈이 그 증거를 직접 제공했다. 오랫동안 궂은일을 도맡아 하다가 몇 년 전 학교에서 축출당한 상처가 아직 아물지 않은 듯한 고드윈은 팔웰 주니어가 몰락하자 신뢰를 회복하고자 이사회에 장문의 이메일을 보냈다. 이 이메일에서 고드윈은 제리 팔웰 시니어를 진정한 리버티의 선구자로 재정립하고, 그의 아들이 학교의 성공에 이바지한 부분을 축소하려고 했다. (올슨이 대학의 한 소식통으로부터 이메일을 입수했으며, 내가 그 진위를 확인했다.)

고드윈은 자신의 주장을 뒷받침하기 위해 리버티의 주요 수입원이 된 온라인 학습 프로그램을 구축할 때 팔웰 시니어가 보여 준 단호하고 타협하지 않는 접근 방식을 언급했다. 특히 한 구절이 눈에 띄었다.

> 대학 등록 절차는 일반적으로 상담사가 예비 학생과 수개월에
> 걸쳐 친밀감을 쌓으며 천천히 관계를 발전시키는 방식으로
> 진행되지만, 팔웰 박사는 영리 기관에서 하듯이 콜센터에서
> 등록을 받는 방식을 선택했습니다. 직원들을 면밀하게
> 지속적으로 감독했고, 효율성 향상을 주요 과제로 삼았습니다.
> 영리 환경에서 일하는 것에 익숙하지 않은 일부 직원들은 책임과
> 일일 생산성 기준이 '기계적이고 비인간적'이라고 느꼈고, 그들은
> 팔웰 박사의 명성이 손상될 것이라는 우려를 공개적으로 표명하며
> 불편한 심기를 드러냈습니다. … 그분은 특유의 유머를 곁들여
> 답하셨지만, 입장은 분명했습니다. 자신의 명성은 자신이 걱정할
> 테니, 직원들은 자신들이 계속 고용될 가치가 있는 사람인지나
> 걱정하라는 말이었죠.

올슨은 이메일을 큰 소리로 읽다가 멈추고 고개를 들었다.

"리버티의 목표는 기독교 학문을 포괄적으로 발전시키는 것이 아니었습니다. 효율성 극대화, 생산성 극대화, 이윤 창출 극대화가

진짜 목표였죠. 그런 의미에서, 론은 실제로 제리 시니어와 제리 주니어의 비전이 일관되게 이어지고 있음을 보여 준 거죠. 두 사람의 비전은 같았어요. 어떻게 하면 더 많은 돈을 벌 수 있을까? 어떻게 하면 대학을 더 키울 수 있을까? 어떻게 하면 정치적 권력과 영향력을 얻을 수 있을까? 어떻게 하면 보수적 가치를 국가에 강요할 수 있을까?"

잠시 멈칫하다 올슨이 다시 말을 이었다. "그러니까, 매우 비윤리적이고 근무 환경은 최악이고 직원들을 부당하게 대우하는 직장이지만, 그래도 그게 '그리스도를 위한 챔피언'을 양성하는 사명을 이루는 길이라는 거죠?" 올슨이 비웃으며 말했다. "문제는 그런 사고방식을 채택하면 그 사명이 사라진다는 점이에요. 여기에서 일어난 일이 바로 그거예요. 리버티는 목적을 달성하기 위해 수단을 가리지 않는 접근 방식을 택했어요. 그 목적이 하나님을 영화롭게 한다고 생각하기 때문이죠. 하지만 수단이 목적을 너무나도 심하게 왜곡시켰어요."

올슨은 자신의 실명을 밝히고 이 모든 이야기를 기록하는 데 동의했다. 그렇게 함으로써 한때 소중하게 여겼던 기관의 비밀을 이제는 공개하기로 결심했다. 직장을 포기하고, 학계에서 쌓아 갈 경력을 위태롭게 하며, 가족의 재정적 안정과 가까운 인간관계를 위험에 빠뜨릴 수도 있는 일이었다. 나는 그에게 왜 그러느냐고, 개인적인 고통을 감수할 만큼 리버티에 대한 폭로가 가치가 있느냐고 물었다. 올슨은 오랫동안 말이 없었다.

"지금 미국 기독교에는 묵시적인 느낌이 있어요." 그가 마침내 다시 입을 열었다. "어쩌면 그게 좋은 일일지도 모른다고 생각해요. 묵시는 계시를 의미하니까요. 어쩌면 숨겨진 모든 것이 이제 드러날 때가 된 건지도 몰라요."

올슨이 언급한 성경 구절은 예수가 종교 지도자들의 위선이 곧 드러날 것이라고 말씀하신 누가복음 12장이었다.

"가려 놓은 것이라고 해도 벗겨지지 않을 것이 없고, 숨겨 놓은 것이라 해도 알려지지 않을 것이 없다"라고 예수는 경고하셨다. "그러므로 너희가 어두운 데서 말한 것들을 사람들이 밝은 데서 들을 것이고, 너희가 골방에서 귀에 대고 속삭인 그것을 사람들이 지붕 위에서 선포할 것이다."*

★ ★ ★

리버티대학교 학생들이 "세뇌당했다"는 올슨의 말은 옳았다. 수년 동안 린치버그를 방문하면서 나는 늘 학교의 부패와 학생들의 진지함 사이의 괴리에 놀라곤 했다. 학생들은 항상 친절하고, 예의 바르며, 배려심이 있었다. 그들이 다니는 학교와는 정반대였다. 이러한 행동은 그들이 그리스도에게 진지하게 헌신하고 있음을 보여 주었다. 하지만 이는 그들이 스스로 집이라고 부르는 곳에 관해 무지하다는 사실을 드러내기도 했다. 논란이나 스캔들에 관해 물으면, 대개 처음 듣는다는 표정으로 쳐다보았다. 마치 오염된 물에서 태어난 물고기처럼, 학생들은 주변의 부패에 무감각했다.

리버티 캠퍼스에서도 이따금 각성이 일어나기는 했다. 항의나 청원이 더러 있었다. 하지만 학생들은 대체로 눈을 동그랗게 뜨고 무슨 소리인지 모르겠다는 태도로 일관했다. 그러다 트럼프 대통령의 임기가 끝나 갈 무렵 분위기가 바뀌기 시작했다. 학생들은 수영복 심사가 포함된 미스버지니아대회를 개최하려는 학교의 계획에 조직적으로 반대했다. 대학 운영진이 코로나19 팬데믹 초기 단계에

---

* 누가복음 12:2-3.

학교를 개방하고 대면 수업을 강제할 때도 반대했고, 팔웰이 찰리 커크와 손을 잡고 '팔커크센터'라는 황당한 이름의 공화당 지지 단체를 캠퍼스에 설립할 때도 반대 목소리를 냈다. 2020년 여름에는 인종 문제에 무신경한 팔웰의 태도에 맞서 항의했고, 이로 인해 흑인 학생 운동선수 여럿이 학교를 떠났다.

열여덟 살의 대니얼 호스테터(Daniel Hostetter)는 고향인 펜실베이니아주 존스타운에서 이 상황을 모두 지켜본 후 리버티대학교에 관해 다시 생각하고 있다. 예전에 많은 사람이 그랬듯 그 역시 캠퍼스를 방문했다가 학교와 "사랑에 빠졌다." 가장 좋아하는 선생님과 아버지가 혼란이 끊이지 않는 리버티 상황을 염려하여 만류했지만, 그는 2020년 가을에 리버티에 입학하기로 결심했다. 하지만 이제는 두 사람의 충고를 다시 곰곰이 생각하고 있다. 호스테터는 공화당 가정에서 자랐고, 복음주의 사립학교에서 교육받은 보수적인 기독교인이었지만, 문화를 대하는 리버티의 태도에 심각한 의문을 품었다. 고등학교 마지막 학년은 치명적인 팬데믹이 기승을 부리고, 인종 갈등이 격화되고, 미국 민주주의에 대한 공격이 시작되던 시기였다. 리버티는 이 모든 문제에 대응하며 사람들을 치유하기는커녕 더 많은 상처를 입혔다.

하지만 바로 이런 이유로 호스테터는 결국 리버티에 가기로 마음먹었다. "이 나라 기독교의 방향에 몹시 환멸을 느꼈던 기억이 나요"라고 그는 내게 말했다. "하지만 더 나은 길을 제시하는 데 내가 도움이 될 수도 있겠다는 생각도 들었어요."

린치버그에서 보낸 첫 주는 어수선했다. 호스테터가 수업을 듣기 시작한 다음 날 팔웰이 사임했다. 캠퍼스 곳곳에서 축하와 기도회가 즉흥적으로 벌어졌다(둘이 한꺼번에 이루어질 때가 많았다). 대학 고위 관계자들은 공개회의를 소집하고 성명을 발표하면서도 뒤에서는 서로 높은 자리를 차지하려고 자리다툼을 벌였다. 그 주 일요일, 린치버그에서 맞은 첫 번째 일요일에 호스테터는 토머스로드침례교회에 갔다가 조너선 팔웰이 왜 자기 형이 아버지가 세운 학교를 더 이상 이끌 수 없는지 설명하는 말을 들었다. 그것은 초현실적이고 혼란스러웠으며, 다가올 혼란의 전조와도 같은 사건이었다.

　제리 프레보가 임시 총장으로 취임하여 팔웰이 진행하던 일을 대부분 그대로 이어 갔다. 프레보는 공화당 정치인을 당선시킬 계획이라는 말을 거리낌 없이 했다. 또한, 트럼프가 에이미 코니 배럿(Amy Coney Barrett)을 대법관 후보로 지명한 백악관 행사에도 참석했다. 2020년 10월, 리버티에서 두 명의 저명한 목사 존 파이퍼와 J. D. 그리어를 초청하여 온라인 집회를 열었을 때, 파이퍼가 트럼프의 도덕성을 은연중에 비판하고 다가오는 선거에서 제3당에 투표할 것이라고 말하자, 프레보는 해당 동영상을 학교 웹사이트에서 삭제하라고 지시했다.

　호스테터는 밖에서 보는 것보다 리버티 내부가 훨씬 더 혼란스럽다는 사실을 곧 알게 되었다. 파이퍼 사건은 특히 문제가 되었다. 2020년 선거는 호스테터가 투표에 처음 참여하는 선거였다. 많은 기도와 숙고 끝에 그는 제3당 후보를 지지하기로 했다. 따라서 파이퍼 사건은 학교가 사실상 그의 선택에 반대한다는 입장을 표명한 셈이었다. 호스테터는 두 가지 길이 있다고 생각했다. 억압을 피해 정치에 관해 입을 다물고 조용히 지내든가, 아예 다른 학교로 옮기든가. 아니면 문제에 정면으로 맞서 행동에 나서는 방법도 있었다.

　호스테터는 팔웰 이후 시대에 리버티의 방향을 바꿀 특별한 기회를 감지하고 재건 운동에 몸을 던졌다. 팔커크센터에 반대하는 시위에 참여하고, 대학 내 성폭행 사건을 조직적으로 은폐하려는 시도에 항의하기 위해 "제인을 위한 정의" 운동을 조직하는 일을 도왔다.

진전은 더뎠다. 리버티대학교는 찰리 커크와는 관계를 끊었지만, 문제의 조직은 그대로 유지하면서 '자유를 수호하는 스탠딩 센터'로 이름을 바꾸고 우파 선전 활동을 재개했다. 호스테터는 더 강하게 밀어붙이기로 했다. 그는 2학년 때 학생회 선거에 출마하여 대표로 선출되었다. 그리고 일 년 후 총학생회 회장 선거가 열리자 그 자리에도 도전했다.

선거 운동은 점점 더 거칠어졌다. 캠퍼스에서는 조 바이든 대통령과 민주당을 향한 반감이 매우 강했으며, "렛츠 고 브랜든" 문구가 새겨진 표지판과 티셔츠를 쉽게 볼 수 있었다. 이런 분위기에서 호스테터는 어중간한 중도파라는 평가를 받았다. 상대 후보는 호스테터가 '인종 화해'와 '학대 생존자를 위한 정의 실현'에 관하여 했던 발언을 꼬집으며 그를 배신자라고 비난했다. "사람들이 저한테 와서 '너 뭐야, 깨어 있는 척하는 거야?'라고 비꼬곤 했어요." 당시를 떠올리며 호스테터가 말했다. "공화당의 정책이나 이념을 전면에 내세우지 않는다는 이유로요."

이 이야기를 들려준 2023년 3월 당시, 호스테터는 두 번째 임기를 위해 열심히 선거 운동을 하고 있었다. 첫 번째 선거에서는 치열한 접전 끝에 간신히 승리했다. 그래서 첫 임기 동안에는 대담하고 야심 찬 목표를 추진할 만큼 지지를 받고 있지 못하다고 느껴서 학교 내부 상황을 파악하는 데 집중했다. 내부 상황을 알고 나니 근심은 더 깊어졌다. 호스테터가 "1970년대부터 여기에 있었고 구조적 변화를 원하지 않는 사람들"이라고 칭한 고위 관리들이 조직에 깊이 뿌리를 박고 사납게 텃세를 부리고 있었다. 모든 정책은 중앙에서 은밀하게 결정되었고, 호스테터는 선거를 통해 선출된 총학생회 회장인데도 불구하고 학교의 현재와 미래가 걸린 중요한 대화에서 배제되었다. 그는 정치와 자기 보존이 대학의 모든 정책을 좌우하는 모습을 목격했다.

호스테터는 이런 근심을 혼자서 삭였다. 분열된 학생들을 대의 아래 하나로 모으기도 어려웠고, 대학 운영진과 맞서 싸울 힘도 없었다. 게다가 곧 가장 중요한 결정이 내려질 참이었다. 총장 인선위원회에서 팔웰의 후임자를 확정할 예정이었다. 학교의 방향성과 정체성을 결정지을 중요한 일이었다. 인선위원회는 호스테터와 학생 대표들을 무시하며 그들의 의견을 받아들일 생각이 전혀 없음을 분명히 했다. 그래도 호스테터는 낙관적인 태도를 유지하려고 노력했다. "목회 중심의 스타일"과 "정치 중심이 아닌 복음 중심의 접근 방식"이 중요하다고 강조하는 편지를 써서 인선위원회에 계속 보냈다. 그리고 과거에 많은 실수를 했던 사람들이라도 이번에는 제대로 하리라고 믿었다. 리버티대학교의 새로운 총장이 과거를 청산하고 새로운 걸음을 내디딜 수 있게 해 달라고 매일 열심히 기도하고 있다고 호스테터는 내게 말했다.

하지만 호스테터가 학생회장을 하면서 한 가지 배운 점이 있다면, 리버티대학교는 현상 유지를 중시하며 이에 도전하는 사람을 처벌한다는 점이었다.

몇 주 전, 그가 가장 좋아하는 교수가 신학대학에서 갑작스럽게 해고되었다. 심지어 해고 이유를 제시하지도 않았다. 수백 명의 학생이 복직을 요구하는 청원에 서명했으나 소용이 없었다. 그러자 일부 학생들은 학장에게 면담을 요구했고, 그다음에는 교무처장에게 면담을 요구했다. 호스테터는 이 사건이 리버티대학교의 모든 문제점을 상징한다고 말했다. 리버티에는 투명성이 없었다. 신뢰도 없었다. 훌륭한 '기독교인'인 뛰어난 교수가 그 자리에서 해고되어 학생들과 분리되고 생계가 끊겼다. 그는 비밀유지협약에 묶여 입에 재갈이 물릴 것이고, 그의 이야기와 존재 자체가 리버티대학교의 기억에서 지워질 것이라고 호스테터는 말했다.

그러나 호스테터가 미처 알지 못했고, 리버티대학교가 미처 예측하지 못한 사실이 있었다. 애런 버너(Aaron Werner) 박사는 순순히 물러날 생각이 전혀 없다는 점이다.

★ ★ ★

주방 테이블 위에 서류가 흩어져 있었다. 리버티대학교의 고용 조건이 적힌 계약서, 해고 통지서, 행정처에 제출한 이의 신청서, 이의 신청 기각 통지서, 최근 변호사와 면담하며 작성한 메모, 그리고 학생들이 신학대학 학장에게 교수의 복직을 요구하며 쓴 편지들이었다. 테이블 한가운데에는 버너가 손으로 수정한 비밀유지계약서가 있었다. 대학에 관해 침묵을 지키는 대가로 버너에게 약 2만 5,000달러를 제공한다는 내용이었다.

비밀유지계약서에 서명해야 하는 마감일이 사흘 앞으로 다가왔다. 캐시 버너(Kathy Werner)는 남편이 계약 조건에 동의하고, 돈을 받고, 리버티대학교에서 있었던 일을 뒤로 하고, 가족이 새로운 출발을 하기를 바랐다. 캐시는 네 딸을 홈스쿨링하느라 직장을 다니지 못해서 가족에게 다른 수입원은 없었다. 이제 곧 청구서가 쌓여 갈 터였다. 학비도 버너 가족에게 큰 부담이었다. 첫째 딸은 대학 신입생이었고, 동생들도 곧 대학에 갈 나이였다. 그 돈을 받으면 교수인 남편이 다음 행보를 결정하는 동안 가족 모두 잠시 숨 돌릴 여유를 가질 수 있을 것이다.

그렇지만 버너는 리버티대학교가 이 문제를 그렇게 쉽게 넘기게 놔둘 수가 없었다. 해고 통지서에는 "정당한 이유"로 해고되었다고 적혀 있었지만, 그 이유는 그에게도, 학생들에게도, 동료 교수들에게도 구체적으로 설명하지 않았다. 그가 들은 유일한 말은 최근

3부 영광

수업에서 문제가 있는 발언을 했다는 것이었다. 당장 해고당할 만한 '어떤' 발언이라고 했다.

"대충 여덟 가지 정도로 좁혀지더군요." 버너가 장난스럽게 눈을 반짝이며 말했다. "결론은 제가 큰 'J'의 본을 따르지 않았다는 겁니다."

버너는 활짝 웃으며 이렇게 덧붙였다. "여기서 J는 제리 팔웰을 말하는 겁니다. 예수가 아니고요."

어쩌면 이런 식으로 끝나는 것이 버너의 운명일지 모른다. 30년 전, 생물학을 전공하는 리버티대학교 학부생 시절에 버너는 팔웰 시니어와 그의 오만한 스타일에 반감을 품었다. 만약 선택권이 있었다면 절대 리버티대학교를 선택하지 않았을 것이다. 메인주에서 바닷가재를 잡는 어부의 아들로 자란 버너가 린치버그에 온 이유는 스타 운동선수였던 동생이 리버티대학교에서 전액 장학금을 제안받았기 때문이었다. 동생과 함께 육상팀에서 뛰기 위해 메인대학교에서 리버티대학교로 편입한 버너는 이 학교의 독선적인 율법주의가 마음에 들지 않았다.

"와인 한 잔도 마실 수 없었어요. 머리를 길게 기를 수도 없었고요. 심지어 샌들조차 신을 수 없었죠." 버너가 당시를 회상하며 말했다. "한 교수님에게 '당신들은 예수를 이 학교에서 쫓아내고 있다'고 말했던 기억이 납니다."

졸업 후, 지금의 아내를 만나면서 버너는 미국 복음주의 풍경을 따라 여기저기 떠도는 여정을 시작했다. 플로리다주에 있는 한 기독교 학교에서 학생들을 가르쳤고, 인디애나주에서 복음주의 사역을 했고, 아칸소주에 있는 한 교회에서 목회했고, 켄터키주 루이빌에 정착해 남침례신학교에서 목회학 석사와 철학 박사 학위를 받았다. 그 후 몇 년 동안 캘리포니아주에서 지낸 후, 조지아주에 뿌리를 내리려 했다. 버너는 남침례교 계열의 큰 대학인 쇼터대학교 학장으로 임명되었고 총장 후보로 거론되기도 했다. 하지만 버너 부부는 여전히 불안감을 느꼈다. 많은 곳을 다녔지만, 영적인 세계는 여전히 너무 좁게 느껴졌다. 애런과 캐시는 선교사가 되기로 하고 베트남 사역을 준비했다. 하지만 그 계획은 무산되었고, 부부는 어린 자녀 넷을 데리고 다른 나라로 갈지 고민하던 중 뜻밖의 제안을 받았다. 이곳 미국에서, 메인주에 있는 애런의 고향에 교회를 개척하면 어떻겠냐는 것이었다.

버너의 가족과 친구들은 교회에 다니지 않았다. 버너는 아버지를 개종시키려고 변증학으로 박사 학위를 취득했지만, 이 잘나가는 학자도 성격이 괴팍한 뉴잉글랜드 "스키퍼"*를 설득하는 데는 실패했다. 결국, 그의 아버지에게 복음을 전하고 교회에 나가게 한 사람은 놀랍게도 오래된 술친구였다. 아버지의 신앙이 얕다는 점을 잘 알았던 버너는 그 신앙을 키울 기회를 놓치지 않았다. 그는 가족을 데리고 다시 메인주로 이사했고, 그 후 7년 동안 이중직 목회자로 일했다. 생계를 유지하기 위해 아버지와 함께 바닷가재를 잡으며 200명의 교인을 목회했다. 버너는 마침내 만족감을 느꼈다. 리버티 대학교에서 전화가 왔을 때도 그냥 웃어넘겼다.

린치버그로 돌아간다는 생각을 처음 했을 때는 터무니없어 보였는데, 생각하면 할수록 합리적인 선택 같았다. 지난 20년 동안 유랑하는 복음주의자로서 목회하고, 가르치고, 교회를 개척하면서 버너는 교회의 최악의 모습을 보아 왔다. 한때 인기 있는 목사였던 그의 처남은 여성과 결혼한 상태에서 여러 남성과 성관계를 맺은 사실이 드러났다. 신학교에서 그의 직속 상관이었던 데이비드 실스는

---

* 뉴잉글랜드 방언으로 배의 선장이나 책임자를 의미한다.

제니퍼 라일과의 관계로 스캔들에 휘말렸다. 그가 좋아했던 남침례교의 유명 목사 조니 헌트(Johnny Hunt)는 동료 목회자의 아내와 부적절한 성적 관계가 있었음을 인정했다(성폭행 혐의는 부인하며 합의된 관계라고 주장했다). 그러나 버너에게 미국 복음주의의 흐름을 가장 잘 보여 주는 곳은 리버티대학교였다. 닉 올슨, 대니얼 호스테터, 그리고 다른 많은 사람이 그랬던 것처럼, 버너는 이런 이유로 하나님이 자신을 린치버그로 부르신다고 느꼈다.

처음 제안받은 직책은 신학대학 학장이었다. 하지만 버너는 그런 고위직에 전혀 관심이 없었다. 그는 오랜 지인이자 마크 데모스 후임으로 집행위원회 의장을 맡은 리버티 이사 하비 게이니(Harvey Gainey)가 자신을 그 자리에 앉히려는 이유가 제리 팔웰 주니어의 과도한 영향력을 견제하기 위해서라고 의심했다. 버너는 게이니에게 행정적 관리나 감시 업무에는 관심이 없다고 알렸다. 그가 리버티에 간다면, 그 이유는 학생들을 가르치기 위해서라고 말했다. 2019년 여름, 버너가 거취를 고민하는 사이 교수 열두 명이 신학대학에서 쫓겨났다. 이 사건은 린치버그를 넘어 큰 파장을 일으켰다. 기록적인 수익에도 불구하고, 리버티는 한때 가장 저명했던 학부에서 교수를 열두 명이나 해고했다. 버너는 이를 끔찍한 징조로 받아들였다. 그러나 또한 이것을 도전으로 받아들였다. 이제 얼마 남지도 않은 리버티의 신학적 유산을 팔웰이 뻔뻔하게 해체하고 있는데도 이에 맞서 행동에 나서는 사람이 아무도 없었기 때문이다.

2019년 말, 버너는 명예 프로그램*에서 강의하는 조건으로 교수직을 수락했다. 학교에서 지적 탐구를 없애고 리버티를 변호사,

---

* 성적이 우수한 학생들을 대상으로 대학에서 제공하는 특별 학업 프로그램을 말한다.

사업가, 정치 활동가를 양산하는 공장으로 만드는 것이 팔웰의 목표였다면, 지식과 자기 성찰, 비판적 사고의 피난처를 만들어 작게나마 자신의 영역을 구축하는 것이 버너의 목표였다. "하나님이 이 명예 프로그램을 정말 특별한 프로그램으로 만드는 과정에 제가 이바지하길 원하신다고 느꼈습니다. 이 프로그램이 대학의 다른 부분들과 차별화될 수 있도록 말이죠"라고 버너는 당시를 회상했다.

명예 프로그램에 참여한 700여 명의 학생은 버너가 예상했던 것보다 훨씬 더 뛰어났다. 많은 학생이 아이비리그 대신 리버티를 선택했고, 평균 SAT 점수는 하버드 전체 평균보다 높았다. 이 학생들은 의학부터 목회까지 상상할 수 있는 모든 직업을 준비하고 있었다. 그들의 미래는 무궁무진했다. 그러나 버너는 한 가지 딜레마를 발견했다. "이 아이들 가운데 많은 수가 보수적인 백인 복음주의 가정에서 자라 리버티에 왔어요. 부모님에게 한 번도 반항해 본 적이 없는 아이들이었어요. 정말 단 한 번도요."

버너는 이를 바꾸기 위해 노력했다. 전도학, 신학, 신약학 등 가르치는 모든 과목에서 수백 장의 슬라이드로 구성된 파워포인트 자료를 준비해서 토론과 논쟁을 유도했다. 버너는 특정 슬라이드를 한 주간의 독서 자료나 강의 내용과 연결하여 학생들이 자신의 세계관을 스스로 파헤치게 했다. 비폭력에 관한 교회의 신념에 의문을 제기하기 위해 예수가 돌격 소총을 들고 있는 밈 이미지를 보여 주기도 했다. 인종, 교육, 전쟁, 기도 등 다양한 주제에 관해 학교 설립자 제리 팔웰 시니어가 했던 발언을 슬라이드로 보여 주며 그의 영적 모순을 강조했다. 또한, 팔웰 주니어가 홍보 수단으로 집회에 초청한 사회주의자 출신의 민주당 대선 후보 버니 샌더스(Bernie Sanders)의 이미지를 공유하여 기독교와 경제 체제의 관계를 살펴보게 했다. 또한, C. S. 루이스의 《스크루테이프의 편지 The Screwtape Letters》에서 고

참 악마가 풋내기 악마에게 애국심이야말로 가장 매력적인 대체 종교라고 조언하는 장면을 보여 주며 학생들에게 진정한 충성심이란 무엇인지 질문했다.

비판의 대상이 될 수 없는 분은 그리스도뿐이었다. 버너는 학생들에게 어떤 인간이 한 주장이든 모조리 조사하고 분석하라고 몰아붙이면서 자신부터 조사하라고 했다. 학생들에게 스스로 자신의 주장과 결론에서 끊임없이 결함을 찾고 있다면서, 그러니 학생들도 당연히 결함을 발견할 수 있을 것이라고 말했다. 대다수 학생은 개방적이고 탐구적이며 잠재적으로 전복적인 질문을 던지라는 이러한 초대를 낯설어 했다. 그리고 버너를 존경했다. 버너는 이런 비순응적인 접근 방식으로 캠퍼스에서 큰 반향을 일으켰다.

이로써 버너는 학교의 골칫거리가 되었다.

첫 학기 강의가 거의 끝나 갈 무렵, 버너는 교수진 경건회를 인도해 달라는 요청을 받았다. 수업에 관한 소문으로 학교 운영진의 레이더망에 걸린 와중에 동료 교수들 앞에서 발표해야 하는 상황이었다. 설사 이것이 덫이라고 해도 피하고 싶지 않았다. 버너는 즐겨 쓰는 슬라이드를 활용해 민족주의와 미국 기독교의 연관성을 탐구하는 데 집중했다. 시기적으로 적절한 주제였다. 트럼프와 바이든이 11월에 맞붙을 예정이었고 리버티 캠퍼스는 거의 빨간색으로 물들어 있었다. 발표가 마무리될 즈음 버너는 마지막 슬라이드를 올렸다. 예수가 나귀를 타고 예루살렘에 입성하자 군중이 언약 속 구세주를 향해 호산나를 외치는 모습이 담긴 종려주일 이미지였다. 예수는 빨간 야구 모자를 쓰고 있었고, 모자에는 "이스라엘을 다시 위대하게"라고 적혀 있었다. 버너는 동료 교수들에게 초기 추종자들은 예수가 자신들에게 강력한 국가를 선물할 것이라고 믿었다는 점을 상기시키며, 미국 기독교인들도 비슷한 환상에 빠지지 않도록 경계해야 한다고 당부했다.

경건회를 마치고 나올 때는 이미 요주의 인물이 되어 있었다. 당연히 버너는 자신의 등 뒤에 화살이 쏟아질 것을 알고 있었다. 하지만 별로 신경 쓰지 않았다. 버너가 리버티에 온 목적은 젊은 기독교인들을 교육하고, 사고 능력을 높이고, 린치버그보다 더 큰 세상을 접할 수 있도록 돕기 위해서였다. 버너는 이 목표만 보고 달렸다. 사람들의 민감한 부분을 건드리고, 기존의 신념에 도전하며, 마치 누구든 막을 수 있으면 막아 보라고 도발하는 듯했다. "제가 대담해질수록 학생들은 더 좋아했습니다"라고 버너는 말했다. "그리고 학생들이 더 좋아할수록 학교 운영진은 더 두려워했죠."

버너가 자신감을 가질 수 있었던 이유 중 하나는 집행위원회 의장인 게이니가 그를 직접 린치버그에 데려왔기 때문이었다. 그런데 버너가 리버티에서 근무한 지 몇 학기가 지나지 않은 2021년 말 게이니가 갑작스럽게 세상을 떠나면서 상황이 변하기 시작했다. 신학대학 학장 트로이 템플(Troy Temple)은 지금 자신이 앉아 있는 자리가 애초에 버너가 제안받았던 직책이라는 사실을 잊지 않았다. 템플은 물론이고 학교 운영진 대부분이 버너의 존재가 학교에 위협이 될 수 있다는 사실을 인식하고 있었다. 버너는 이제 신학과를 넘어서 학교 전체에서 인기를 끌고 있었다. 이는 버너가 캠퍼스 한구석에서 불러일으킨 이념적 반란이 곧 캠퍼스 전체에 퍼질 수 있다는 뜻이었다.

캐시 버너는 앞으로 어떤 일이 벌어질지 짐작이 갔다. 그래서 남편에게 조용히 지내며 당분간 고개를 숙이고 눈에 띄지 말라고 경고했다. 그렇게 해야 할 다른 이유가 있었다. 버너는 마지못해 큰딸 케일라가 리버티에 입학하는 것을 허락했다. 케일라는 스타 운동선수로 SAT에서 1,570점을 받았다. ("케일라는 저와 가까이 있고 싶어 했어요. 그래도 여기에 오게 하지 말았어야 했어요"라고 버너는 한숨을 쉬며 말했다.) 가족들에게 압박을 받으면서 버너는 도발적인 행동을 자제하려고 노력했다. 하지만 자신도 어쩔 수가 없었다. 게이니가 사망한 이듬해에는 템플과 충돌하고 학교 운영진과 마찰을 빚으며 시간을 보냈다. 그러는 동안에도 수업을 듣고 싶어 하는 학생 수가 급증해서 강의 과목을 다섯 개로 늘렸다. 하지만 긴 수강 신청 대기 명단도, 우수한 강의 평가도, "교수님이 내 인생을 바꾸어 놓았어요"라는 증언들조차도 버너를 구하지 못했다. 2023년 1월, 버너는 아무런 예고 없이 해고당했다. 즉시 교수 연구실에서 쫓겨났고, 보안 요원들이 그를 캠퍼스 밖으로 내보냈다. 소지품을 챙길 수도, 학생들과 작별 인사를 할 수도 없었다. 심지어 캠퍼스에 있는 딸을 만나는 것도 허락되지 않았다. "상당히 악의적이었어요." 당시 상황을 떠올리며 버너가 말했다. "저를 해고하려면 그리스도인다운 방식으로 해고해야죠, 안 그래요?"

학생들의 항의가 엄청났다. 버너의 휴대전화는 걸려 오는 전화와 음성 메시지, 이메일과 문자 메시지로 홍수를 이루었다. 약 500명의 학생이 그의 복직을 요구하는 청원에 서명했다. 몇몇 학생은 템플과 면담한 뒤, 최고학술책임자인 스콧 힉스(Scott Hicks) 교무처장에게 면담을 요구했다. 학생 중 한 명이 두 번의 면담을 몰래 녹음했는데, 이 녹음 파일에는 대학 운영진이 종교적 권위를 이용해 학생들과 교직원들을 통제하고 영향력을 행사하는 방식이 고스란히 담겨 있었다. 템플은 학생들에게 "하나님은 권위(이 상황에서 그 권위는 템플 자신을 말한다)를 통해 일하신다"면서 권위를 신뢰해야 한다는 말을 세 번이나 반복했다. 그러면서 상세히 설명할 수는 없으나 버너의 행동에 문제의 소지가 있다는 식으로 말했다. 힉스는 거꾸로 버너가 최근에 특정 교칙을 위반한 행위로 해고되었다는 주장을 고수하면서 학생들에게 권위를 존중하라고 강조했다. 버너의 이의 신청 절차에 관한 세부 사항 중 어떤 것을 공개할 수 있고 어떤 것을 공개할 수 없는지를 두고 여러 차례 사실과 다른 말을 한 후, 힉스는 학생들(명예 프로그램에 참여하는 학생들)에게 교육은 "인기투표"가 아니라고 말했다.

버너는 이 모든 이야기를 들려주면서도 유머 감각을 잃지 않았다. 그런데 지금은 태도가 조금 달랐다. 딸이 근처 소파에 앉아 공부하고 있어서일 수도 있다. 아니면 자녀를 리버티에 보내려고 희생한 부모들, 팔웰 가족과 추종자들에게 자녀를 맡기고 그들이 '그리스도를 위한 챔피언'으로 훈련받을 것이라고 철석같이 믿은 부모들을 생각하고 있어서일 수도 있다. 무엇이 그의 감정을 자극했는지 알 수 없지만, 버너는 더 이상 분노를 억누르지 못했다. 그는 린치버그를 떠난 후 신앙에서 멀어지거나 아예 신앙을 버린 리버티 졸업생을 너무 많이 알고 있었다. 대학 시절에 순진무구했던 학생들도 졸업 후에는 곧 진실을 깨달았다. 그들이 고통스럽게 깨달은 진실은 리버티가 세속적인 세계보다 낫지 않을(더 거룩하지도 않고 더 그리스도를 닮은 것도 아니었다) 뿐만 아니라, 세속 세계보다 더 나쁘다는 사실이었다.

"바울이 고린도교회에 그랬죠. 그러한 짓은 '이방 사람들 가운데서도 볼 수 없는 것'이라고." 버너는 고대 그리스 교회를 꾸짖은 사도의 말을 인용하며 이렇게 말했다.

버너는 많은 곳을 여행하고 많은 문화를 경험한 사람이다. 그동안 정말 많은 일을 보았다. 하지만 그가 리버티에서 벌어지고 있다고 주장하는 일과 견줄 만한 일은 없었다. 교무처에서 일하는 한 직원은 학부 학위를 위조한 학생들을 온라인 대학원 프로그램에 입학시킨 사실을 발견한 뒤, 이 사실을 그냥 덮으라는 상부의 지시를 거부했다가 해고당했다. 미식축구 선수인 남자 친구는 그대로 학교에

602

다니는데, 동성애자라는 이유로 혼자만 퇴학당한 남학생도 있었다. 수년간 출판사로부터 막대한 리베이트를 받고 교양 필수 과목 교재로 결함이 있는 책을 계속 밀어붙였다고 인정한 행정관도 있었다. 강압적인 사람들, 추종자들, 소송과 보상금, 뻔뻔한 사리사욕과 수상한 부동산 거래 등 이 모든 것을 요약하며 버너는 손을 내저었다. "어떤가요, 이거 범죄 같지 않나요?"

캐시 버너는 이런 이야기를 더는 듣고 싶어 하지 않았다. 우리는 몇 시간 동안 주방 테이블에 앉아 있었고, 대화가 길어질수록 캐시는 남편이 비밀유지협약에 서명할지에 대한 관심이 시들해졌다. 캐시는 여전히 가족과 생계를 걱정하고 있었다. 하지만 진실에 대해서도 걱정하고 있었다. 애런과 결혼했지만, 딸이 리버티에 입학하기 전까지는 리버티가 얼마나 기만적인지 전혀 깨닫지 못했다. 예비 학생들과 그 부모들은 자신들이 어디에 발을 들여놓고 있는지 제대로 알 필요가 있었다.

"분명히 말씀드리지만, 누군가를 망가뜨리려는 게 아니에요." 캐시가 말했다. "리버티를 망가뜨리고 싶지 않아요."

"마르틴 루터도 가톨릭교회를 망가뜨리고 싶었던 게 아니었지." 남편이 대꾸했다. "그저 교회를 정화하고 싶었던 거지."

두 사람은 리버티에 정화가 필요하다는 데 동의했다.

"팔웰 가문에 대해 솔직해져야 한다고 생각해요"라고 버너는 말했다. "제리 시니어는 항상 조금 부도덕한 사람이었어요. 그리고 제리 주니어는 두려움과 혐오를 성장 전략으로 사용하는 기술을 완성했죠. 기독교는 그들이 수십억 달러 규모의 기관을 세우는 데 이용한 도구일 뿐이에요. 다른 무엇이었어도 상관없었을 거예요. 예를 들어, 그것이 밀주였어도 마찬가지였을 겁니다. 하지만 그들은 기독교를 선택했죠. 그리고 그 덕분에 많은 권력과 돈을 손에 넣었어요.

이 두 가지가 이 사람들이 진정으로 숭배하는 것이죠."

버너는 오해를 피하기 위해 재빨리 설명을 덧붙였다. 그는 팔웰 가문의 다른 아들, 조너선이 가족의 죄에 연루되었다고 믿지 않았다. 사실, 버너는 토머스로드교회 담임 목사인 조너선이 신임 총장을 물색하는 일을 주도하고 있다는 소식을 듣고 고무되어 있었다. 다른 사람들과 마찬가지로 리버티의 새 지도자가 발표되기를 기다리며 상황을 주시했다. 버너는 현대판 종교개혁을 위해 기도했다.

"그들이 이 일을 바로잡을 기회가 드디어 온 겁니다"라고 버너는 말했다.

★ ★ ★

목사들 대부분은 한 교회를 오래 섬기면 건물 어딘가에 기념 명판을 새긴다. 더러는 체육관이나 사무동에 자기 이름을 붙이기도 한다. 영향력이 막대한 몇몇은 "명예 목사"라는 칭호를 받기도 한다.

토머스로드침례교회에는 제리 팔웰 시니어를 기리는 전당이 복도 전체를 가득 채우고 있다.

연한 민트색 벽이 수십 미터에 걸쳐 연결되어 있는 복도에는 제리 팔웰 시니어를 기리는 전시물이 자리하고 있다. 파노라마처럼 펼쳐진 이 전경은 '50년간의 기적'을 기념하며, 방문객들이 걸어가면서 그의 삶과 업적을 따라갈 수 있게 구성되었다. 이는 내가 개신교 예배당에서 본 어떤 풍경과도 사뭇 다른 풍경이었다. 날짜와 주제 별로 배열한 투명한 전시 케이스에는 그의 상징과도 같은 빨간 넥타이와 그가 사용했던 파란 펜이 놓여 있으며, 설교가 녹음된 레코드판과 뮤지컬 〈하나님께서 미국을 구하신다〉 CD가 함께 전시되어 있다. 또한, 그가 표지를 장식한 다섯 개의 잡지 표지와 그가 저술한 열네 권의 책, 그가 팔았던 홍보 책자와 그가 등장한 근본주의 정기간행물, 그리고 〈옛날식 복음 시간〉 비디오테이프 일부와 그의 이름이 적힌 영화 슬레이트가 차례로 전시되어 있다.

이 모든 전시물은 팔웰에게 바치는 헌사다. 다른 쪽 복도에는 토머스로드교회의 역사를 기념하는 베이지색 배너들이 걸려 있다. 각 배너는 교회의 한 시대를 기념한다(1980-1989년은 '운명의 10년'으로 기린다). 토머스로드교회, 리버티대학교, 모럴머조리티와 관련된 다양한 경력을 모두 아우르며, 팔웰(충실한 종)과 그의 자녀들(경건한 가족)을 기리는 별도의 전시물도 여기에 포함되어 있다. 2007년 그의 사망을 기록한 마지막 섹션에는 론 고드윈의 추도사 "거인이 쓰러졌다"가 큰 글씨로 적혀 있다. 그 아래에는 "유산은 계속 이어진다"라는 글과 함께 제리 팔웰 주니어와 그의 동생 조너선의 사진이 있다. 그렇게 전시가 마무리된다.

제리 주니어가 해임된 지 거의 3년이 지났다. 그런데도 토머스로드침례교회에 전시된 자료에는 그가 여전히 리버티대학교 총장으로 표기되어 있었다. 어쩌면 조너선에게 해당 글귀를 지우거나 새로운 명판을 주문할 마음의 여유가 없었을 수도 있다. 혹은 급성장하는 교회를 운영하느라 너무 바빠서 방문객들이 그 사진을 보고 놀라서 재차 확인하며 팔웰 가문이 당한 굴욕을 다시금 떠올리는 일따위에 신경 쓸 여유가 없었을 수도 있다. 정확한 이유를 알 길은 없었다. 이메일을 보내고, 전화를 걸고, 교회 사무실을 직접 찾아가기까지 했지만, 조너선 팔웰은 인터뷰에 응하지 않았다.

조너선이 어떤 사람인지 파악하기가 쉽지 않았다. 그를 아는 사람 수십 명과 대화한 결과, 적어도 형과는 달리 신앙을 진지하게 실천하고 있다는 점에는 모두가 동의했다. 그 외의 것들에 관해서는 의견이 분분했다. 친구들, 동료들, 교인들 가운데 일부는 리버티와 거리를 두고 살아서 그곳에서 일어난 여러 소동에 관해 잘 알지 못하는 매우 깨끗한 목사로 평가했다. 그러나 또 다른 사람들은 대학 내부 사정을 잘 알면서도 사건에 연루되지 않으려고 전략적으로 거리를 두는 인물로 평가했다. 이는 그의 아버지가 결코 하지 못했던 방식으로 강단을 정치로부터 보호하려는 의도로 보였다.

조너선은 분명 리버티대학교에 두터운 인맥을 가지고 있었다. 수년 동안 리버티에서 영성 개발 담당 수석 부사장을 역임하기도 했다. 그러나 그가 형 제리와 사이가 좋지 않다는 사실은 널리 알려져 있었다. 이러한 개인적인 갈등과 더불어 제리 주니어에게 권력이 집중되면서 조너선을 점점 더 주변으로 밀어낸 듯했다. 2020년 8월, 형이 사임할 무렵 토머스로드침례교회 목사는 캠퍼스에서 거의 보이지 않았다.

하지만 이제 조너선은 리버티대학교 중앙 무대에 올랐다. 그는 가족의 명예와 대학의 명성을 회복해야 하는 무거운 짐을 짊어진 비극적인 인물처럼 보였다. 학교와 관련된 사람들은 모두 조너선의 비전을 파악하고자 그의 설교를 주의 깊게 듣고 있었다. 2023년 봄 어느 일요일, 나는 직접 그의 설교를 듣기 위해 토머스로드침례교회를 찾았다.

거대한 예배당 안, 은은한 네온 불빛 아래에서 조너선 팔웰은 예수의 산상수훈에 관한 시리즈 설교를 몇 주째 이어 갔다. 오늘 다룰 본문은 마태복음 7장이다. 예수는 이 중요한 장에서 우리가 어떻게 살아야 하는지 설명하신다. 자신을 낮추고, 세속적인 소유를 멀리하며, 원수를 사랑하라고 가르치신 후, 갑자기 주제를 바꾸어 심판에 관해 말씀하신다.

조너선 팔웰은 멸망으로 이끄는 넓은 길과 영생으로 이끄는 "좁은 문"에 관한 예수의 말씀을 인용하면서 우리가 어느 방향으로 가고 있는지, 나아가 우리가 누구를 따르고 있는지 돌아보아야 한다고 경고했다.

팔웰은 오늘날 미국에서 "진리가 재정의되고 있다"고 말했다. "굶주린 늑대들"이 성경적 기준을 흐릿하게 만들고 좁은 문을 실제 보다 넓어 보이게 만들어 하나님의 양 떼를 삼키려 한다고 경고했다. 기독교인들이 하나님의 진리를 충실히 따르면, 극단주의자라거나 편협한 사람이라는 소리를 듣고, 사회에서 배척당하고 주변부로 밀려날 것이라고 단언했다. "정부가 이런 교회에 들어와서 '이제 그런 설교는 하면 안 된다'고 말하는 때가 곧 올 거라고 저는 확신합니다."

마치 문화 전쟁을 선포하려는 듯 보였다. 그의 설교는 토머스로드 같은 교회의 경건한 신자들과 넓은 세속 사회의 사악한 진보주의자들을 대비시키는 내용이었다. 전국에 있는 교회를 돌며 목격한 바에 따르면, 이때쯤 목사는 정치적 (혹은 실제적) 투쟁을 촉구하며 신자들에게 선과 악의 싸움에 대비하라고 한다.

하지만 팔웰은 곧 방향을 바꾸었다. 기독교는 항상 공격받아 왔으며 진리가 왜곡되는 것은 새로운 일이 아니라고 했다. 팔웰이 굶주린 늑대들을 상대하는 최선의 길로 제시한 것은 선한 목자였다. 목사의 메시지에는 모호한 구석이 전혀 없었다. 그리스도인들은 바깥에서 적이나 갈등을 만들기보다는 내면의 성화에 집중해야 하며, 그리스도의 진리를 묵상하며 오직 좁은 문에 시선을 고정해야 한다고 말했다.

팔웰은 거기서 한 걸음 더 나아갔다. 예수가 묘사한 늑대들은 단순히 교회 밖에만 있는 것이 아니라고 했다. 실제로 예수는 소위 제자라는 사람들, 규칙과 의식에 기반한 종교를 실천했으나 예수와는 아무 관계가 없는 표리부동한 사람들이 당연히 하늘나라에 들어가리라 기대하며 나타날 것이라고 경고하셨다는 점을 팔웰은 교인들에게 상기시켰다. "그때에 내가 그들에게 분명히 말할 것이다. '나는 너희를 도무지 알지 못한다. 불법을 행하는 자들아, 내게서 물러가라.'"* 예수는 천둥 같은 목소리로 말씀하셨다. 팔웰은 토머스로드침례교회에 모인 사람들에게 두려워하는 마음으로 예수의 말씀을 들어야 한다고 말했다. 매주 일요일, 이 예배당에 와서 헌금하고 교회 일에 헌신하는 이들 중에 예수에게서 멀어진 사람들이 있다고 경고했다.

웅변의 바늘에 실을 꿰어 능숙하고 섬세하게 옷을 짓는 듯한 설교였다. 팔웰은 기독교를 위협하는 문화 공격을 지적하면서도 기독교 자체에 책임을 물었다. 진리를 둘러싼 갈등을 진단하고 유일한 해결책으로 진리를 제시했다. 팔웰은 교회가 공격받으리라고 예측하면서도 그러니 맞서 싸워야 한다고 목소리를 높이지 않았다.

대니얼 호스테터는 자신과 다른 학생 대표들이 차기 총장에게 바라는 점을 적은 편지를 리버티대학교 인선위원회가 읽으리라고 기대하지 않았다. 그러나 조너선 팔웰은 확실히 그 편지를 읽은 것 같았다. 그의 설교는 호스테터가 바랐던 보수적이고, 그리스도 중심적이며, 복음주의적이지만 적대적이지는 않은 접근 방식을 거의 정확하게 담고 있었다. 토머스로드침례교회를 나서며 나는 조너선 팔웰이 딕 체니처럼 자신을 총장으로 선택하는 것으로 인선 과정을 마무리할지 궁금했다.**

그 직감은 절반만 맞았다.

---

* 마태복음 7:23.
** 딕 체니는 2000년 미국 대선에서 조지 W. 부시의 러닝메이트를 선정하는 과정을 이끌었고, 결국에는 자신이 부통령 후보로 지명되었다. 이 사건은 '직접 인선 과정을 이끌면서 결국 자신을 선택하는 행동'의 예로 종종 언급된다.

내가 토머스로드교회를 방문하고 몇 주 후, 리버티대학교는 두 사람을 임명한다고 발표했다. 제리 팔웰 주니어가 맡았던 총장과 이사장 직책을 따로 분리했다. 제리의 동생 조너선이 이사장 직책을 맡았다. 신임 총장에는 최근까지 찰스턴서던대학교 총장을 역임한 퇴역 공군 장군 돈디 코스틴(Dondi Costin)이 임명되었다.

반응은 매우 긍정적이었다. 교수, 학생, 동문, 직원 할 것 없이, 이번 임명에 관해 이야기를 나눈 거의 모든 사람이 조너선 팔웰의 영전을 기뻐했고, 특히 총장 자리에 코스틴이 발탁되었다는 사실에 몹시 흥분했다. 리버티는 반세기 동안 가족 사업체처럼 운영되었고, 외부의 감시나 규제를 받지도 않고 업계 표준 규정을 따르지도 않았다. 학교에는 외부인이 필요했다. 코스틴 역시 군 생활 초기에 리버티대학교에서 두 개의 석사 학위를 받긴 했다. 집행위원회가 학교와 인연이 전혀 없는 사람을 승인할 리가 없었다. 하지만 코스틴은 누가 보더라도 외부인에 가장 가까운 사람이었다. 호스테터는 소식을 듣고 기뻐서 어쩔 줄 몰라 했다. 리버티의 비밀유지협약에 서명하지 않은 애런 버너도 이번 임명을 고무적으로 보며 "올바른 방향으로 나아가는 것 같다"고 말했다.

격분해서 비판하는 사람은 딱 한 명 제리 팔웰 주니어뿐이었다. "이번 임명은 결과적으로 능력 대신 경건을 선택했습니다. 정말 한심해요"라고 제리 주니어는 말했다. "아버지가 절대로 보고 싶어 하지 않으셨을 결과예요."

신임 총장과 이사장이 발표된 직후, 코스틴과 조너선 팔웰이 취임하기 전, 나는 제리 주니어와 전화로 대화를 나누었다. 제리 팔웰 주니어의 상황은 그리 좋지 않았다. 아버지가 묻혀 있는 캠퍼스에 출입 자체가 금지된 상태였다. 제리는 리버티와 치열한 법적 분쟁에 얽혀 있었다. 학교가 그를 상대로 1천만 달러의 소송을 제기하자 그는 학교를 상대로 850만 달러의 퇴직금을 요구했다. ("아버지가 무덤에서 벌떡 일어나실 일입니다." 대학 측의 소송을 언급하며 제리 주니어는 이렇게 말했다.) 그의 친애하는 벗 도널드 트럼프는 최근 34건의 중죄로 기소되고 별도로 성추행 혐의로 유죄 판결까지 받은 후 복음주의자들의 지지를 잃지 않으려고 애쓰고 있었지만, 그런 트럼프에게조차 그는 이제 더 이상 쓸모가 없었다. 오랜 동료들은 그와 연락을 끊었고, 그가 친구로 여겼던 사람들은 그와 아내와 자녀들에게 등을 돌렸다.

제리 주니어는 특히 동생이 이사장이 되자 무척 괴로워했다. 리버티가 새로운 지도부를 발표한 지 얼마 되지 않아, 조너선과 코스틴은 신학대학 학장 트로이 템플과 함께 학교 페이스북에 올릴 동영상을 촬영했다. 카메라가 돌아가는 가운데 조너선은 형을 대신할 신임 총장의 미덕을 칭찬하고, 코스틴의 등을 두드리고, 그의 도덕적 청렴함을 언급했다. 신임 총장이 "팔웰 박사가 처음에 제시했던 비전"에 찬사를 보낼 때 조너선은 고개를 끄덕였다. "돈디는 그 비전을 그대로 구현한 인물이에요"라고 조너선은 템플에게 자랑했다. "그에게서는 스캔들을 찾을 수가 없어요. 문제를 찾을 수가 없습니다. 왜일까요? 품위 있게 살아왔으니까요. 정직하게 살아왔으니까요." 말의 의미를 좀 더 분명히 밝힐 요량이었는지, 조너선은 코스틴과 그의 사랑하는 아내, 두 사람의 충실한 관계를 언급하며 "우리 학생들에게 훌륭한 모범"이 될 것이라고 했다.

"이건 대놓고 저를 모욕한 거예요." 동영상이 페이스북에 올라온 다음 날 제리 주니어는 이렇게 말했다. "다들 내가 무슨 망나니라도 되는 것처럼 말하는데, 다 자기들이 권력을 장악하고 통제하려고 거짓말하는 거예요. 그 영상을 보면, 학문적 역량이 전혀 없다는 걸 바로 알 수 있어요. 거대한 고등 교육 기관을 운영하는 방법을 전혀 모르는 사람들이에요."

그는 특히 리버티의 영적 생활이 최근 몇 년 동안 악화되었다고 지적한 조너선에게 화를 냈다. "2010년부터 학교의 영적 생활을 담당한 사람이 누군지 아세요? 바로 '제 동생'이에요." 제리 주니어는 '제 동생'을 아주 천천히 발음했다. 원래 억양이 부드러운 편인데, 평소와 달리 경멸이 배어 있었다. "만약 정말로 영적으로 상황이 나빠지고 있다고 생각했다면, 그때 무슨 말이라도 했어야죠. 제가 할 수 있는 건 없었어요. 이사회가 그 일을 맡긴 건 걔였으니까요. 그런데 걔는 그 자리에 있으면서도 그런 이야기는 한 번도 한 적이 없어요. 그런데도 지금 쟤가 저기에 앉아 있네요. 그들이 쟤를 이사장으로 만들었어요."

제리 주니어는 목소리 억양을 바꾸어 조너선을 흉내 냈다. 딱딱하고 연극적인 어조로 이렇게 말했다. "우리 창립자께서는 리버티에 대한 사명을 품고 있었고, 그것은 '그리스도를 위한 챔피언'을 훈련하는 것이었으며, 그것이 우리가 할 일입니다."

제리 주니어는 동생, 코스틴, 그리고 자신의 유산을 지우고 아버지의 진정한 비전을 희석하려는 리버티의 모든 사람과 싸울 준비가 되어 있다고 말했다. 그리고 학교가 3,500만 달러 규모의 제리팔웰센터를 새로 짓고 있는데, 토머스로드침례교회는 그에 비하면 초라해 보일 것이라고 말했다. 그 건물은 리버티 설립자에게 바치는 궁극의 헌사가 될 예정이었으며, 팔웰 시니어가 설교하는 홀로그램까지 설치될 예정이었다.

"저는 그들이 이 센터를 개관하지 못하도록 제가 할 수 있는 모든 일을 할 거예요"라고 제리 주니어는 말했다. "제가 실제로 제 아버지의 이름을 소유하고 있고, 그것은 제 이름이기도 하니까요."

그는 잠시 멈췄다가 이렇게 덧붙였다. "또, 아버지가 리버티에 품으셨던 비전과 그들의 비전은 전혀 다르니까요."

★ ★ ★

경기장은 어두웠지만, 중앙 무대를 가로지르는 붉은색과 흰색의 눈부신 조명들 덕분에 마치 록 콘서트 분위기를 물씬 풍기는 금요일 아침 예배가 진행되고 있었다. 수천 명의 학생이 번화한 리버티대학교 캠퍼스 한가운데 있는 아름다운 시설인 바인스센터에 모여 팔을 들고 눈을 감고 주님을 찬양했다. "내 하나님이 나를 위하신다면 / 내가 무엇을 두려워하리 / 나는 그분을 부인하지 않으리 / 영광은 그분의 것이니."

그날 특별 집회 연사로 무대에 오른 플로리다 주지사 론 디샌티스에 따르면, 사실 이 기독교인들은 두려워할 것이 많았다.

2024년 대선 캠페인이 공식적으로 시작되려면 한 달이나 남았지만, 플로리다 주지사는 영적 영향력을 과시하고자 4월 중순에 린치버그를 방문했다. 타이밍이 아주 절묘했다. 리버티에 도착하기 불과 24시간 전, 디샌티스는 플로리다주에서 이른바 '심장박동 법안'에 서명하여 임신 6주 이후 낙태를 사실상 금지했다. 트럼프는 2022년 선거에서 공화당이 참패하자 낙태 반대 동맹에게 책임을 돌리며 그들을 소외시켰다. 만약 낙태가 실제로 트럼프의 가장 큰 약점이라면, 디샌티스는 이를 제대로 활용할 수 있는 독특한 위치에 있었다.

경기장을 뒤흔들던 기타 연주가 멈추자 조너선 팔웰이 계단을 달려 올라와 중앙 무대에 섰다. 리버티는 다시 원점으로 돌아왔다. 어느 정도는 그랬다. 형 제리 주니어가 2016년 공화당 예비 선거를 앞두고 트럼프를 홍보했던 바로 그 자리에서 조너선은 이제 트럼프를 상대할 더 경건한 대안으로 디샌티스를 밀어붙이고 있었다. 이제 막 서명한 심장박동 법안을 자랑하며 조너선 팔웰은 학생들에게 디샌티스가 "생명이 하나님의 선물임을 인식하고 있으며, 그 점을 잘 알고 있다!"고 말했다. 학교의 신임 이사장은 디샌티스를 바라보며 말했다. "오늘 우리 학생들이 '그리스도를 위한 챔피언'이 될 수 있도록 영감을 주기 위해 와 주셔서 감사합니다."

대권 주자에게는 꿈 같은 소개였다. 디샌티스는 마치 헤비급 경기를 위해 링으로 걸어가는 프로 권투 선수처럼 무대 쪽으로 거만하게 걸어갔다. 환호하는 팬들 사이를 누비며 걸음을 옮겼고 스포트라이트가 계속 그를 따라갔다. "자유의 주 플로리다에서 인사드립니다!"라고 그가 외쳤다. 기립 박수가 30초 넘게 이어졌다. 그리고 마치 자신을 초대한 팔웰이 어떤 팔웰인지 잊은 듯, 디샌티스는 '그리스도를 위한 챔피언'을 훈련하는 것과는 아무 상관없는 연설을 시작했다.

플로리다 주지사는 미국에서 가장 영향력 있는 기독교 대학에서 30분간 연설하면서 예수를 한 번도 언급하지 않았다. 대신, 피비린내 나는 정치적 십자군 전쟁에 대해 자랑했다. 자신이 어떻게 공화당 지도부의 조언을 무시했고, 어떻게 민주당과의 타협을 거부했고, 어떻게 진보 매체를 맹공격했고, 정적들을 처벌하기 위해 국가권력을 어떻게 사용했는지 강조했다. 청중들은 전혀 불편해하지 않는 듯 보였다. 디샌티스가 2022년 선거에서 엄청난 표차로 승리한 일을 자랑하자 박수가 터져 나왔다. "플로리다주 전체 공직을 통틀어 당선된 민주당원은 단 한 명도 없습니다!"라고 말하자 환호는 더욱 커졌다.

종교적 주제로 화제를 돌릴 성싶은 순간마다 디샌티스는 정치적 논쟁에 더욱 집중했다. 우리의 삶의 방식을 위협하는 "좌파 정치인들"을 비난하고, "범죄율 급증"과 "권위주의적 의료 통제"에 관해 언급했다. 그는 우리가 맞서 싸우지 않으면 "문화적 마르크스주의"*

와 "깨어 있는 의제"가 미국을 파괴하고 말 것이라고 경고했다. 디샌티스가 "진실에 대한 전쟁"**을 설명하기 시작했을 때는 드디어 화제를 바꿀 때가 온 것처럼 보였다. 하지만 그렇지 않았다. 그가 말한 "진실"(진리)은 예수 그리스도의 복음이 아니라, 오늘날 살아 있다면 디즈니월드를 공격했을 건국의 아버지들로부터 물려받은 우파 보수주의였다.

연설을 시작한 지 20분쯤 지나서야 디샌티스는 마침내 우리 헌법이 보장하는 자유가 "전능하신 하나님이 주신 선물"이라고 선언했다. 그리고 리버티대학교 학생들에게 "부흥"의 시간이 왔다고 말했다. 신앙의 부흥? 그리스도를 본받기로 헌신하는 부흥? 아니다. 디샌티스가 원하는 부흥은 미국의 부흥이었다. 그는 큰 정부의 권위에 맞서 싸웠던 혁명 시대의 투쟁 정신을 회복하자고 소리쳤다.

부실하고 수준 낮은 연설도 충격적이었지만, 연설에 대한 반응은 훨씬 더 충격적이었다. 많은 학생이 연설 내내 기립하여 환호했다. 디샌티스가 연설을 마치자 열광적인 환호와 박수는 쿵쾅거리며 "미국! 미국! 미국!"을 외치는 함성으로 바뀌었다.

모두가 그렇게 열광한 것은 아니었다. 조명이 켜지고 청중들이 빠져나가자 나는 경기장 맨 위쪽 좌석에 가 앉았다. 오랜 친구가 다가와 옆자리에 앉았다. 대니얼 호스테터였다.

---

* 평등과 다양성을 강조하는 교육 정책이나 미디어에서 사회적 이슈를 다루는 방식 등을 지적하며 현대 사회의 문화와 정치에 좌파 이념이 스며들어 있다고 주장하는 개념이다. 보수적인 관점에서 이러한 변화가 전통적 가치와 사회 구조를 무너뜨린다고 보고 이를 비판하는 맥락에서 사용된다.
** 주로 정치적 맥락에서 쓰이는 표현으로, 특정 세력이나 그룹이 중요한 사회적·정치적 논의에서 진실과 객관적 사실을 왜곡하거나 공격하려 한다는 의미로 쓰인다.

총학생회장은 짙은 회색 정장에 VIP 배지를 달고 있었다. 2024년 대선을 앞두고 공화당에서 트럼프를 대체할 대안을 찾길 바랐던 호스테터는 오늘 집회에 큰 기대를 걸었다. 연설 전에 디샌티스를 만나 잠깐 대화를 나누고 앞줄에서 연설을 지켜보았다. 그런데 지금 그는 완전히 낙담한 표정이었다.

"학생들 일부는 정치적 소품으로 이용당하는 것에 지쳤어요." 행사 분위기에 실망한 친구들의 문자 메시지를 언급하며 호스테터는 말했다. "우리는 이번 행사가 단순한 선거 유세 이상이길 바랐어요. 정치적 이슈를 성경적 언어를 빌려 말하고 싶다면, 뭐 괜찮아요. 하지만 결국에는 진짜로 성경에 관해 말해야 하잖아요. 안 그래요?"

고통스러운 표정을 보니 이 질문이 답을 요구하는 질문이 아님을 알 수 있었다. 호스테터는 이미 답을 알고 있었고, 그래서 더 고통스러워했다. 대다수 복음주의자는 자신이 선호하는 후보가 성경의 명령에 따르는지는 고사하고 성경적 세계관을 가지고 있는지도 더는 신경 쓰지 않는 것 같았다. 정치인들은 리버티 같은 곳에서조차도, 아니 리버티 같은 곳에서는 특히 더 섬김, 겸손, 화합, 평화, 이웃 사랑에 관해 이야기하는 것이 무의미하다고 생각했다. 그런 메시지를 원하는 시장은 이미 오래전에 사라졌다. 사람들이 원하는 것은 강력하고 단호한 리더십이었고, 트럼프와 디샌티스 같은 공화당원들은 이를 기꺼이 제공했다. 그들이 복음주의자들에게 호소하는 말들은 챔피언처럼 행동하는 것과 관련이 있을 뿐, 그리스도처럼 행동하는 것과는 무관했다.

디샌티스가 방문하기 몇 주 전부터 호스테터는 리버티에 뭔가 달라진 점이 있음을 감지했다. 돈디 코스틴과 조너선 팔웰의 임명은 학교의 새로운 정체성을 암시하는 결정이었다. 호스테터는 총학생회장 선거에서 상대측의 공격을 물리치고 재선에 성공했다. '깨어 있는' 척한다는 비난과 공격은 이전 선거에서는 큰 반향을 일으켰지만, 이번에는 별로 힘을 발휘하지 못했다. 한편, 여동생이 다니는 애즈버리대학교에서 일어난 부흥은 호스테터가 한 번도 경험하지 못한 방식으로 리버티 학생들을 각성시켰다. 물론, 캠퍼스에는 여전히 MAGA 모자를 쓰고 수업에 들어오고 기숙사 방에서 "렛츠 고 브랜든" 깃발을 휘날리는 강경파들도 있었다. 하지만 숫자가 점점 줄어들어 이제 소수에 불과한 듯 보였다. 호스테터는 리버티에 입학한 이후 처음으로 학교가 변화의 기로에 서 있다고 믿었다.

"그런데….." 이것 좀 보라는 듯 호스테터가 손을 뻗어 텅 빈 경기장을 가리키며 말했다.

호스테터는 곧 선택해야 했다. 점진적 변화를 끌어내기 위해 주변부에서 노력하며 총학생회장으로서 두 번째 임기를 보낼 수도 있었다. 혹은 첫 번째 임기 때는 없었지만 지금은 가지고 있는 자본을 활용하여 진지한 개혁을 추진할 수도 있었다. 리버티에 뿌리 박힌 기득권들과 협상하고 협력하려던 시도는 큰 성과를 거두지 못했다. 돈디 코스틴과 조너선 팔웰 체제에서 리버티가 장기적으로 더 나은 방향으로 나아갈 것이라는 전망에는 낙관적이었지만, 더 즉각적인 변화가 일어나려면 그 변화는 학생들에게서 시작되어야 했다. 그 변화는 총학생회장인 그에게서 나와야 했다.

할 일이 너무 많았다. 호스테터는 이사회에 학생 대표를 영구적으로 포함시키고 싶었다. 교수들의 종신 재직권과 채용 및 해고 과정의 투명성을 확립하고 싶었다. 특정 금지 조항을 해제하고 싶었다. 예를 들면, 21세 이상의 학생들이 학교 밖에서 술을 마실 수 있게 허용하길 원했다. 또한, 성폭행에 관한 학교 정책을 종합적으로 검토하길 원했다. 윌리엄 울프처럼 선동과 도발이 직업인 사람들이 학생들이 낸 등록금으로 비성경적인 발언을 일삼게 하는 스탠딩센터에 대한 지원금을 대폭 삭감하고 싶었다.

호스테터가 나에게 가장 시급하다고 말한 일은 상징적 의미 역시 가장 큰 일이었다.

"저들이 제리 팔웰 시니어를 위해 새로운 전당을 짓고 있는데, 솔직히 말해서 '우상 숭배'에 가까워요. 그것 말고는 달리 설명할 단어가 없어요. 우리가 나서서 무언가를 해야 한다고 느끼는 학생들이 점점 늘고 있다고 저는 생각해요."

경기장은 이제 완전히 고요했다. 호스테터와 나 말고 다른 사람은 보이지 않았다. 호스테터는 주위를 둘러보며 감상에 젖었다. 처음 리버티대학교 캠퍼스를 방문해서 1976년 리버티산 정상에서 선포되었다는 창립자의 비전을 전해 들었던 순간을 떠올렸다.

"이곳은 한 개인의 것이 아닙니다. 우리가 그를 너무 미화하고 있는 건 아닌지 걱정됩니다." 호스테터는 이 말을 하다 잠시 멈칫했다. 그리고 이렇게 덧붙였다.

"우리의 목표는 주님을 영화롭게 하는 거잖아요, 그렇지 않나요?"

★ ★ ★

몇 시간 후, 린치버그 외곽 길가 바비큐 식당에서 닉 올슨을 만났다. 올슨은 조너선 팔웰에 관해 생각하고 있었다.

리버티대학교의 다른 많은 사람과 마찬가지로 올슨 역시 조너선 팔웰이 대학 이사장으로 임명되었다는 소식에 기뻐했다. 조너선이 무결하다고 생각해서가 아니었다. 사실, 토머스로드침례교회를 오래 다녀서 조너선 목사와도 가깝고 대학 시절 올슨의 멘토이기도 했던 한 교수는 조너선이 리버티 상황이 얼마나 나빠지고 있는지 정확히 알고 있었다고 올슨에게 경고했다. 그 교수는 조너선이 형

제리만큼이나 대학의 부패에 연루되어 있다고 주장했다. 모든 비리를 폭로할 수 있는 위치에 있었지만 그렇게 하지 않은 것은 그가 스스로 선택한 결정이었기 때문이다.

올슨은 조너선에게 이제 두 번째 기회가 주어졌다고 나에게 말했다.

"이곳을 진짜로 고치려면 누군가가 나서야 합니다. 누군가는 기꺼이 진실을 말하고, 힘 있는 사람들에게 맞서고, 힘 있는 친구들을 잃을 위험을 감수하고, 힘 있는 그 사람들을 적으로 돌려야 합니다"라고 올슨은 말했다. "자, 한번 자문해 보세요. 리버티에서 그런 일을 할 수 있는 위치에 있는 사람이 누군가요? 조너선입니다. 조너선뿐이에요. 조너선 말고는 없습니다. 이곳은 여전히 가족 사업체이고, 그 가족의 성씨를 가진 사람은 조너선뿐이에요."

나는 만약 리버티를 정화하는 일에 관하여 조너선에게 조언한다면 어떤 문제부터 시작할 것인지 올슨에게 물었다.

"자유를 수호하는 스탠딩 센터요"라고 올슨이 대답했다. "이 학교에는 뛰어난 학생들과 뛰어난 교수들이 있습니다. 그들은 신앙과 교육의 관계를 탐구하는 데 평생을 바친 사람들이에요. 하지만 우리 대학을 대표하는 것은 자유센터입니다. 얼마나 모욕적인 일인지 생각해 보세요. 그리고 자문해 보세요. 왜? 대체 왜 그런 사람들을 고용할까요? 터무니없는 말을 하고 터무니없는 글을 쓰도록 그들에게 돈을 주는 이유가 대체 뭘까요? 대체 왜 그들을 고등 교육 기관의 얼굴로 홍보하는 걸까요?"

답은 명백했다. 리버티는 창립 초기부터 "진보주의로 기우는 것"을 경계해 왔다. 제리 팔웰 시니어는 보수적인 기독교인들이 설립한 아이비리그 학교들이 세속적인 진보 사상의 온상이 된 사례를 언급하며 여러 차례 경고했다. 캠퍼스 내에서 여전히 음주를 금지하

618   3부 영광

고, 관리자들이 학교 신문을 검열하며, 공화당의 정치 이념을 적극적으로 지지하고 전파하는 것을 중요한 임무로 여기는 이유도 여기에 있다. 리버티는 조그마한 퇴보의 기미도 허용하지 않기 위해 특별한 조처를 단행해 왔다. 외부의 감시가 심해지고 학생들과 교수들의 내부 불만이 증가하는 상황에서, 리버티가 과장되고 비현실적인 극우 정치 성향의 자유센터를 대학의 목소리로 삼는 것은 당연한 일이었다.

올슨은 나에게 오래된 표현에 관해 이야기해 주었다. 그 표현은 팔웰 시니어의 가까운 친구들 사이에서 주고받던 농담으로 시작되었으나, 나중에는 비공식적인 학교 모토가 되었다. "1971년부터 죽 정치적으로 올바르지 않다."* 올슨은 이 표현의 아이러니를 지적했다. 리버티대학교에서는 불일치를 절대 용납하지 않았기 때문이다. 현 상태에 대한 반항은 오로지 승인된 방향으로 반항할 때만 허용된다. 팔웰 시니어는 당대 사상경찰을 도발하는 일을 즐겼을지 모르지만, 그의 학교는 그 자체로 전체주의 체제가 되었다. "민주당을 비난하고 '진보를 조롱하는' 말은 얼마든지 할 수 있지만, 보수적인 공화당의 가치에 반하는 말을 하는 순간 그들이 당신을 공격할 겁니다"라고 올슨은 말했다.

우리는 몇 시간 동안 이야기를 나누었다. 해가 블루리지산맥 아래로 떨어질 무렵, 폭풍 구름이 린치버그 위로 몰려왔다. 몇 분 후

---

* 리버티대학교가 설립된 해인 1971년 이후로 줄곧 보수 기독교적 가치를 지키며 정치적 올바름이나 사회적 관습에 얽매이지 않았다는 자부심을 표현하는 말이다. 이 표현이 아이러니하다고 말한 이유는 리버티대학교가 겉으로는 정치적 올바름을 거부하고 자유로운 사고를 추구하는 것처럼 보이지만, 실제로는 학교 내부에서 보수적인 공화당 정치 이념에 반하는 의견을 용납하지 않는다는 점에서 모순적이기 때문이다.

하늘이 열리고 갑자기 비가 쏟아졌다. 식당 뒤뜰에 앉아 있다가 급히 비를 피해 나오는 길에 올슨은 나를 근처에 있는 자기 집으로 초대했다. 집에 가서 와인을 마시며 대화를 마저 나누자고 했다. 올슨의 아내 엘리자도 거실에서 대화에 참여했다.

엘리자 올슨(Eliza Olson)은 남편이 리버티 때문에 스트레스를 받는 모습을 오래 지켜보았다. 남편이 괴로워하며 동료들과 나누는 대화도 들었고, 남편이 고뇌하며 쓴 글도 읽었다. 엘리자는 남편이 지난 한 달 동안 기록에 남을 이 인터뷰를 할지 말지 고민할 때 옆에서 함께 의논하며 기도했다. 그러다 하기로 결정했을 때, 엘리자는 한 가지 조건을 걸었다. 리버티대학교가 행동을 취하지 않을 수 없게 만들어야 한다는 것이었다. 닉은 인터뷰가 공개되기 전에 교수직을 사임하는 쪽이 더 편할 것으로 생각했다. 하지만 엘리자는 남편이 교수직을 유지하면서 최대한 많은 사람에게 강력한 영향을 미쳐, 새로운 지도부가 그를 불만을 품은 전 직원으로 대하지 않고 학교를 구하려는 동문이자 현직 교수로 올바르게 대하게끔 만들어야 한다고 주장했다.

"그들은 항상 더러운 일을 은밀하게 처리해 왔어요." 엘리자가 닉에게 말했다. "이번에는 이 문제를 공개적으로 다루게 해야 해요."

닉은 아내의 말에 동의했다. 하지만 이 일이 어떻게 끝날지 잘 알고 있었다. 그는 돈디 코스틴과 조너선 팔웰이 한 교수의 공개 비판을 용인함으로써 판도라의 상자를 여는 위험을 감수하지 않으리라는 점을 알고 있었다. 또한, 자신이 리버티대학교에 오래 남아 있지 못할 것이라는 점도 알고 있었다. 대화 초반에 이런 현실이 그를 무겁게 짓누른 적이 있었다. 버림받은 것 같은 기분 때문에 자기 연민에 빠진 듯 보였다. 그러나 이제 다 털어 냈다. 닉은 더 이상 자신을 불쌍하게 여기지 않았다. 대신에 자신의 아버지를 무척 안타까워했다. 더그 올슨은 닉이 어릴 때 제리 팔웰의 산상 비전을 전설처럼 들려준 사람이다. 더그 역시 리버티에서 추악한 모습을 목격했다. 그럼에도 불구하고 50년이 지난 지금도 팔웰의 리버티 창립 비전이 순수했다고 믿었다.

닉 올슨은 그렇게 생각하지 않았다.

"제리 주니어는 이 대단한 캠퍼스를 건설하고 리버티를 공화당의 정치적 영향력을 행사하는 기관으로 만드는 데서 자신의 정체성을 찾았어요. 그것이 아버지가 품었던 비전을 완성하는 길이라고 생각했거든요. 정말 가슴 아픈 일이죠." 닉이 내게 말했다. "왜 가슴이 아프냐면, 실제로 자기 아버지의 비전을 완성한 거여서 가슴이 아픈 거예요."

돈디 코스틴과 조너선 팔웰이 말했던 "원래의 비전", 즉 그리스도를 위한 챔피언을 양성하고, 문화에 하나님의 빛을 비추며, 세상에 하나님의 사랑을 나누는 것은 그저 편리한 반(反)사실에 불과하다고 올슨은 말했다. 실제 역사가 너무도 비참해서 위안 삼아 스스로 되뇌는 이상적인 이야기일 뿐이었다. 나는 올슨에게 가설적인 질문을 던졌다. '원래의 비전'이 팔웰 시니어가 정말로 원했던 것이고, 미래 세대가 학교의 성공을 평가하는 기준으로 삼길 바랐던 것이라고 가정해 보자고 했다. 그 기준으로 볼 때, 리버티대학교는 실패했냐고 물었다.

올슨은 한참 동안 조용히 앉아 있었다. "네." 그가 마침내 속삭였다. "아주 참담하게요."

올슨은 이 말을 하며 얼굴을 찡그렸다. 그는 리버티에서 신실한 기독교인들 밑에서 배웠고, 신실한 기독교인들과 함께 공부했으며, 신실한 기독교인들을 교육했다. 그는 이 사람들이 학교의 자랑이라고 강조했다. 하지만 개인의 성공으로 기관의 비극을 상쇄할 수는 없다. 대형 교회 목사의 비행이 드러난다면, 그 목사와 그의 직원들이 거짓말쟁이요 가해자요 악당이요 학대 방조자임이 드러난다면, 그 목사가 수천 명의 사람을 그리스도께 더 가까이 인도했다는 증언이 다 무슨 소용이겠는가? 이 사람들이 다른 교회(잘못된 행동을 조직적으로 방조하지 않는 교회)에 다녔으면, 그리스도께 더 가까이 가지 못했을 것이라고 믿는 것은 어처구니없을 정도로 편협한 시각이다. 결국, 그들을 그리스도에게 더 가까이 인도한 이는 목사인가, 아니면 성령인가? 예수에게 이 망가진 기관들의 도움이 필요한가, 아니면 우리의 이 망가진 기관들에 예수의 도움이 필요한가?

"만약 리버티가 원래의 비전에 조금이라도 가까웠다면, 우리 둘이 이렇게 앉아서 이야기하고 있지 않을 거예요"라고 올슨이 말했다. "저는 하나님이 리버티뿐만 아니라 미국 교회 전체를 향해 다른 비전을 품고 계신다고 믿어요. 우리는 그 비전을 좇기 위해 신앙 안에서 나아갈 준비가 되어 있어야 해요."

여러 시간 대화를 나누면서 올슨이 리버티대학교 너머로 시야를 넓힌 것은 이번이 처음이었다. 나는 그에게 미국 교회를 향한 다른 비전이 어떤 모습일지 물었다.

"기독교 세계관을 재구상하는 것이 첫 번째 단계라고 생각해요. 그리고 그것은 우리가 자주 쓰는 '문화 전쟁'이라는 표현을 다른 것으로 대체하는 것을 의미하죠"라고 올슨은 대답했다. "우리는 항상 전쟁 중이다, 반격에 나서야 한다, 이게 복음주의자들의 일관된 입장이에요. 하지만 만약 우리가 이런 방어 기제를 내려놓는다면 어떨까요? 피조 세계와의 관계, 이웃과의 관계, 적들과의 관계를 산상수훈에 더 부합하게 재구성한다면 어떨까요? 손에 쥔 권력과 지위를 내려놓고 다른 사람들을 사랑하면 어떨까요? 설사 손해를 보거나 희생을 치르더라도 말이에요."

622

올슨은 하나님의 능력이 인간의 약함 속에서 온전해진다는 성경의 개념을 설명하고 있었다.* 많은 미국 기독교인은 지위를 내려놓고 다른 사람을 사랑하는 일이 교회를 약하게 만드는 일이라 생각한다. 하지만 사실은 교회를 더욱 강하게 만드는 일이다. 바울이 동료 신자들에게 쓴 편지에서 모욕과 매질과 박해를 기뻐한다고 말한 이유는 그가 마조히스트여서가 아니다. 바울은 하나님이 허락하신 유일한 방식으로 '자랑하고' 있는 것이다. 그리스어 단어의 의미를 그대로 옮기자면, 모욕과 매질과 박해를 당하면서 이를 통해 하나님께 영광을 돌리고 있는 것이다. 바울은 하나님을 아는 지식을 기뻐하고 있었다.

올슨은 하나님을 안다는 것은 우리가 다른 모든 것에 관해 알고 있다는 생각을 잊는 것이라고 말했다.

"우리는 유한하고 제한된 존재로 창조되었어요. 우리는 구하라는 부름을 받았어요. 겸손하게 배우고 성장하라는 부름을 받았어요"라고 올슨은 말했다. "그런데 여기 교육 환경에서는 그런 겸손을 보지 못했어요. 기독교인들이 주변 세상과 관계를 맺는 방식에서도 겸손을 많이 보지 못했어요. 이상한 일이에요. 겸손의 모범을 보이신 분이 우리의 최고의 스승인데 말이에요. '문을 두드려라, 그리하면 너희에게 열어 주실 것이다'라고 말씀하신 분이 최고의 스승인데 말이에요."

올슨이 이 말을 했을 때, 윌리엄 홀먼 헌트(William Holman Hunt)가 19세기 중반에 그린 〈세상의 빛 The Light of the World〉이라는 그림이 떠올랐다. 내 아버지가 가장 좋아하셨던 그림이다. 아버지가 돌아가신 후, 나는 그 그림 액자를 사서 사무실에 걸어 두었다. 이 그림은 예

---

* 고린도후서 12:9-10.

수를 묘사하고 있다. 예수는 더러운 옷 위에 화려한 망토를 두르고 가시관 위에 황금 왕관을 쓴 채로 문밖에 서 계신다. 그리고 문을 두드리신다. 어린 시절 아버지는 나에게 그 문에는 바깥쪽 손잡이가 없다고 알려 주셨다. 예수는 그 문을 열 수 없다. 안에서 열어 줄 때까지 기다려야 한다. 이것이 '그리스도와 인간'의 관계의 본질이다. 그분은 문밖에서 두드리시며 우리가 그분을 받아들이기를 참을성 있게 기다리신다.

예수를 영접하면 신앙의 여정이 완성되는 것이 아니다. 거기에서 비로소 시작된다. 마음의 문을 열고 그리스도를 안으로 모시고 나면, 그분은 이제 우리가 문을 두드릴 차례라고 말씀하신다.

에필로그

★ ★ ★

교회의 목적은 과연 무엇일까

예배가 시작되고 5분이 지났을 때 옆문을 통해 건물 안으로 들어와 2층 회중석으로 몰래 올라갔다. 아무에게도 들키지 않은 것에 안도하며 구석 자리에 앉았다. 수많은 광경과 소리와 냄새가 한꺼번에 몰려왔다. 장미색 카펫과 어울리는 의자 커버, 참나무와 삼나무로 만든 거대한 삼각형 기둥, 햇빛이 비치는 세 개의 스테인드글라스 창문을 둘러싼 노출 벽돌 벽이 눈에 들어왔다. 특히 가운데 창문에 있는 빨간색과 주황색의 십자가는 그 빛을 바라보는 모든 이들을 따뜻하게 비추며 예배당을 감쌌다.

4년 전 여름, 나는 이 예배당 강단에 서 있었다. 이 강단은 내 아버지가 25년 동안 설교하셨던 곳이자, 장례식 때 내가 아버지의 삶을 기렸던 곳이자, 장례식을 틈타 내게 정치적 싸움을 걸어 온 사람들을 꾸짖었던 곳이다. 그날 이후 나는 코너스톤교회에 돌아오지 않았다. 미시간주로 이사한 후, 아내와 나는 가족이 다닐 다른 교회를 찾았다. 사람들 사이에 조용히 섞일 수 있고, 우리만의 공동체를 만들 수 있고, 코너스톤을 집어삼켰던 내분을 피할 수 있는 그런 교회 말이다. 그런데도 이 여름날 아침, 주변을 둘러보며 어느새 향수에 젖었다. 내 인생의 많은 부분이 이곳에서 형성되었고, 이곳의 많은 부분이 그대로 남아 있었기 때문이다. 무대 서쪽에 있는 익숙한 자리에서 하늘을 향해 두 손을 들고 노래를 부르는 어머니가 보였다. 이제 노인이 된 어린 시절 주일학교 선생님들은 통로를 돌아다니며 방문객을 자리로 안내하고 있었다. 예배당 바깥, 중앙 복도에서 15미터도 채 떨어지지 않은 곳에 내 이니셜이 아직도 벽돌에 새겨져 있다.

코너스톤교회에서 유일하게 낯설었던 존재는 담임 목사였다.

나는 교회에 들어서면서 아버지가 앞에 서서 헐렁한 스포츠 코트 단추를 풀고 최근 설교의 네 가지 요점을 정리하며 단상을 오가는 모습을 기대했다. 하지만 내가 마주한 광경은 그야말로 비현실적이었다. 지금 코너스톤 강단에 서 있는 설교자는 내 아버지가 아닐 뿐 아니라, 전에 내가 알고 있던 크리스 와이넌스와는 전혀 다른 사람이었다.

와이넌스는 내 아버지의 뒤를 이어 이 교회 목사가 된 후 거의 쫓겨날 뻔했었다. 부임한 지 몇 년 만에 코로나로 인한 교회 폐쇄와 인종 정의 활동, 도널드 트럼프의 대선 패배 등으로 혼란이 계속되자 거의 사임할 뻔했었다. 와이넌스는 그 시련을 모두 견뎌 냈으나 그 과정에서 큰 상처를 입었다. 그때 찾아온 불안 장애는 완전히 사라지지 않을지도 모른다. 그는 사람들이 자신을 두고, 교회를 두고, 또 그와 교회가 장기적으로 살아남을 수 있을지를 두고 수군거리는 소리를 들었다. 2021년 초, 코너스톤에서 교인들이 "출애굽하듯 탈출하는" 모습을 지켜보면서 자신이 처한 어려운 상황에 전혀 손을 쓸 수 없을 만큼 큰 충격과 혼란을 느꼈다. 앞으로 어떻게 해야 할지 막막했다. 교회에 침투한 극단주의에 정면으로 맞서 문제를 제기할 수도 있었지만, 그랬다가는 더 많은 교인이 교회를 떠날 것이 분명했다. 침묵을 지키며 아무 일도 없고 다 괜찮은 척할 수도 있었지만, 그러면 상황이 더 나빠질 것이 분명했다.

와이넌스는 원래 대립을 좋아하는 사람이 아니었다. 그럼에도 불구하고 양심상 문제 많은 현 상태를 계속 유지할 수는 없었다. 승패가 갈리는 이분법적 상황을 피하고 싶었던 그는 더 많은 교인을 소외시키지 않고 문제를 해결할 방법을 찾으려고 절박하게 기도했다. 그렇게 한동안 고군분투하던 와이넌스는 마침내 돌파구를 찾았다. 그가 "밀지 말고, 당기세요"라고 명명한 이 전략은 일종의 정교한 심리 기법이었다. 와이넌스는 비성경적인 욕망을 재고하도록 교인들을 압박하면서도 그것이 교인들 자신이 스스로 선택한 신념이라고 믿게 만들고 싶었다. 그래서 경건한 성품에 관해 설교한 후, 어떤 교인이 다가와 특정 정치인이나 대중문화 인물에게 충성하는 태도를 재고해 보아야겠다고 고백하면 무슨 말인지 못 알아듣는 척했다. 분별력의 영적 원리에 관해 설교한 후, 어떤 교인이 그동안 철석같이 믿던 음모론을 의심하기 시작하거나 소셜 미디어에서 접한 정보에 의문이 들기 시작했다고 고백하면 당황한 표정으로 어깨를 으쓱했다.

코너스톤의 상황은 안정되어 갔다. 새로운 가족들이 교회에 합류하기 시작했다. 처음에는 조금씩, 나중에는 물밀듯이 밀려왔다. 얼마 지나지 않아 교회는 잃었던 교인 수를 모두 되찾았다. 2023년 7월에 방문했을 때, 예배당은 어느 때보다 가득 차 있었다. 그해 초여름, 아침 식사 자리에서 와이넌스는 아버지가 돌아가신 후 코너스톤에 엄청난 변화가 있었다고 말했다. 누군가에게 "앨버타 목사님은 항상 이렇게 말씀하시곤 했죠…"라고 설명하면, 못 알아듣고 "어떤 목사님이요?"라는 되묻는 일이 최근 몇 번이나 있었다고 했다.

그 일화를 처음 들었을 때는 마음이 아팠다. 아버지는 자신의 모든 것을 쏟아 코너스톤에 헌신하셨는데, 이제는 교인 중 절반은 아버지의 이름조차 모른다는 서글픔 때문이었다. 하지만 그 감정은 오래가지 않았다. 아버지는 결점이 많았지만, 자아도취에 빠지는 분은 아니었다. 아버지는 자신의 이름을 딴 체육관을 짓거나 자신을 기리는 전당을 만들길 바라지 않았다. 주님의 임재 안에 들어가 "잘 했다, 착하고 신실한 종아"*라는 말을 듣는 것, 아버지가 원한 것은 오직 그것뿐이었다. 코너스톤교회는 아버지의 것이 아니었다. 교회를 세우시고 죽음의 문들이 그것을 이기지 못할 것이라고** 약속하신 예수 그리스도의 것이다. 아버지는 하나님의 거대한 건설 프로젝트를 실행에 옮긴 충실한 도구였다. 그리고 이제 크리스 와이넌스의 차례였다.

강단에 서 있는 와이넌스는 내가 알던 사람이 맞나 싶을 정도로 낯선 모습이었다. 지난 몇 년 동안 나는 그의 인생과 경력에 찾아온 가장 암울한 시기와 코너스톤이 처한 상황에 관해 이야기를 나누면서 그를 알아 갔다. 그리고 그를 친구로 여겼다. 하지만 내 목사는 아니었다. 내가 그의 설교를 듣는 경우는 가끔 유튜브 클립을 찾아보는 정도가 다였다. 그해 7월 아침, 예배당에 앉아 강단에 선 와이넌스를 보았을 때, 그는 완전히 달라져 있었다. 믿을 수 없을 정도였다. 전임자의 그늘에서 벗어나고자 고군분투하던 소심한 젊은 설교자는 사라지고, 노련하고 단호하며 지적으로 위엄 있는 리더가 강단에 서 있었다. 와이넌스는 "밀지 말고, 당기세요" 공식을 정교하게 다듬어 코너스톤에서 자신의 자리를 지켰다. 하지만 그것도 이제는

---

* 마태복음 25:23.
** 마태복음 16:18.

옛일이었다. 와이넌스는 더 이상 사람들을 끌어당기는 데 만족하지 않았다. 이제 사람들을 밀어붙이고 있었다. 그것도 아주 강하게.

이날은 코너스톤에 특별한 주일이었다. 교회는 새 건물 기공식을 열고 "샤인"이라는 새로운 사업을 발표했다. 하나님의 빛과 사랑을 지역 사회에 비추어 비신자들에게 복음을 전하는 활동에 역점을 둔 사업이었다. 단순히 보여 주기 위한 형식적인 사업이 아니었다. 코너스톤은 주변 지역과 문화 전반에 다가가는 방식을 근본적으로 재정비하고 있었다. 와이넌스는 코너스톤 같은 교회에 있는 복음주의자들이 쓸데없이 진입 장벽을 만들었고, 성경의 명령보다 특정 집단의 기준을 더 중시하여 그리스도가 가장 필요한 사람들에게 그리스도를 소개할 중요한 기회를 낭비했다고 믿었다. 이제 그 모든 것을 바꿔야 할 때였다. 코너스톤에 부임한 지 거의 6년 만에 와이넌스는 마침내 자신의 흔적을 교회에 남기고 있었다.

코너스톤교회에서는 목사가 설교하기에 앞서 교인들이 자리에서 일어서서 그날 설교할 긴 성경 구절을 암송하는 것이 관례였다. 하지만 와이넌스는 회중에게 자리에 앉아 있으라고 요청했다. 그러면서 오늘 설교할 성경 본문은 딱 한 구절이라고 말했다.

그 구절이 화면에 뜨는 순간 충격으로 몸이 마비되는 것 같았다. 고린도후서에 나오는 구절이었다. 4장 18절. 내가 가장 좋아하는 구절이다. 어렸을 때 처음 외운 구절이고, 그 후 매일 명상했던 구절이고, 아버지 장례식 때 내가 읽었던 구절이다.

와이넌스는 이 한 구절을 이해하면 "교회의 목적"을 이해할 수 있다고 설명했다.

★ ★ ★

교회의 목적은 과연 무엇일까?

나는 이제껏 그 답이 간단하다고 생각했다. 교회의 목적은 모든 민족을 제자로 삼는 것이다. 먼저 복음을 전하고, 그런 다음 믿지 않는 자들에게 믿음의 세례를 주고, 궁극적으로는 예수를 따르는 사람들이 점점 더 예수를 닮아 가도록 훈련하는 것이다.* 이 과정은 끊임없이 반복되며 계속 이어진다. 세상에 복음을 전하는 것만으로는 충분하지 않다. 비신자들을 개종시키는 것만으로도 충분하지 않다. 그리스도인들은 하나님의 가족이 양적으로도 질적으로도 성장하게 돕도록 부름을 받았다. 이것이 교회의 영속적인 목적이다. 하나님의 영원한 영광을 드러내기 위해 예수 그리스도의 구원 능력을 통해 타락한 인간들을 그들이 유업으로 받은 왕국의 시민으로 키우고, 그리하여 그들 스스로 세상에 나가서 제자를 삼을 수 있게 만드는 것이다.

문제는 교회에 대한 이 비전을 모두가 공유하지는 않는다는 점이다. 이것은 내가 오랫동안 받아들이기 어려웠던 문제이자 이 책을 쓰기 위해 4년 동안 취재를 이어 가면서 마침내 직면해야 했던 문제였다.

일부 복음주의자들은 정체성을 확실히 드러내는 보수적 가치로 "진보주의자들을 이기는" 데서 교회의 목적을 찾는다. 그들은 랠프 리드가 신앙과자유연합 콘퍼런스에서 하듯이, 혹은 찰리 커크가 성조기를 힘차게 흔드는 심포지엄에서 하듯이 성경적 언어로 정치적 야망을 포장할 수도 있지만, 그런 가식은 그리 오래가지 못한다. 2023년에 리드가 주최한 행사에서는 영성을 가장하는 것조차 포기했다. 한 연사는 자신을 "이성애자 백인 기독교인"이라고 소개하여 박수를 받았고, 미국의 모든 문제는 남성들이 "알파 남성의 사고방

---

* 마태복음 28:19-20.

식"*을 재확립하면 해결될 것이라고 말했다. 찰리 커크는 조 바이든에게 사형을 선고해야 한다고 주장했고, 낸시 펠로시의 남편을 잔혹하게 공격해 중상을 입힌 남성을 구제해 줄 "진정한 애국자"가 필요하다는 식의 정치적 메시지를 계속 전파했다.

찰리 커크는 목사나 종교 지도자가 아니다. 그런데 왜 남침례교의 강경한 "해적들"은 계속해서 그를 연사로 초청할까? 그 이유는 그들이 공통의 목표를 가지고 있기 때문이다. 전통적인 사회 보수주의의 요새에 진보적인 사상이 침투하지 못하게 막는 것이다. 레이철 덴홀랜더가 예측한 대로, 해적들은 2023년 남침례교 연례 총회에서 교회 내 성 학대와 관련해 새로 채택한 개혁안을 맹공격했다. 그들이 선택한 후보인 마이크 스톤 목사는 이번에 총회장에 출마하면서 덴홀랜더를 대책위원회에서 배제하고, 데이터베이스에서 "신빙성 있게 학대 혐의가 제기된" 가해자 범주를 삭제하고, 대부분의 권한을 지역 교회에 돌려주어 비위 사건 보고를 의무화한 성가신 기준을 사실상 없애겠다고 약속했다. 표면적으로는 페미니즘에 반대하는 것처럼 보이지만, 여기에는 사실 더 깊고 복잡한 이유가 있다. 많은 우파 목사들은 교회가 법률 기관, 법 집행 기관, 언론 매체 등 외부 세속 기관의 감독이나 통제를 받는 개념을 도저히 받아들이지 못한다. 기독교의 비전이 절대적으로 우월하다고 여기기 때문이다. 교회는 하나님 외에는 그 누구에게도 책임을 추궁당하지 않는다는 것이 그들의 생각이다. 오히려 세속 사회가 교회의 권위에 복종해야

---

* 전통적인 남성성을 강조하는 사고방식을 의미한다. 남성에게 강한 리더십, 자신감, 결단력, 경쟁력 등을 요구하며, 사회적으로 지배적인 역할을 해야 한다고 보는 견해다. 이러한 사고방식은 남성우월주의나 가부장제와 연관되기도 한다.

한다고 믿는다. (스톤은 선거에서 패배했고, 남침례교 총회장 바트 바버는 덴홀랜더의 대책위원회 활동을 법제화하려고 추진하고 있다.)

문화를 지배하려는 이런 노력은 결국 국가 자체를 지배하기 위한 준비 단계에 불과하다.

2023년 2월, 공공종교연구소와 브루킹스연구소가 실시한 획기적인 전국 조사에 따르면, 백인 복음주의자들의 약 3분의 2가 기독교 민족주의 개념을 명시적으로 지지하거나 동조하는 것으로 나타났다. 정부가 기독교를 국교로 선언해야 한다거나, 기독교인이 되는 것이 미국인이 되는 데 중요한 부분이라고 생각하거나, 하나님이 기독교인들에게 사회의 모든 영역을 지배하도록 부르셨다는 생각을 지지하는 백인 복음주의자의 비율은 백인 주류 개신교도, 백인 가톨릭 신자, 유색 인종 개신교도보다 훨씬 높았다. 이 조사는 기독교 민족주의 이념과 인종차별, 외국인 혐오, 여성 혐오, 권위주의적이고 반민주적인 정서, 정치적 폭력 성향 사이에 명확한 연관성이 있음을 밝혀냈다. 가장 주목할 만한 결과는 기독교 민족주의 이념을 지지하는 백인 신자들의 거의 90퍼센트가 "하나님이 미국을 유럽 출신의 기독교인들이 지배하고 운영하는 나라로 계획하셨다"는 생각에 동의했다는 점이다. 반면, 더 넓은 표본의 응답자들은 세 명 중 두 명꼴로 이 진술에 반대했다.

지지층의 이런 열정을 활용하고자 텍사스주 공화당은 2023년 초 주 전역에 있는 공립학교 교실에 "평균 시력을 가진 사람이 교실 어디서든 읽을 수 있는 크기와 서체로" 십계명을 써 두도록 의무화하는 법안을 발의했다. 이는 텍사스 주민을 기독교화하기 위한 조직적인 입법 노력의 일환이었다. 텍사스는 이미 기증받은 "우리는 하나님을 신뢰한다"(In God We Trust)라는 문구가 적힌 표지판을 교실에 걸어 두도록 의무화하는 법을 제정한 바 있다(한 지역 학군에서는 아랍어 표지판을 금지하고 영어 표지판만 사용하게 해서 화제가 되었다). 이와 동시에 공화당은 공립학교 상담사를 종교 기관에 소속된 목사로 교체하는 방안을 추진하고 있었다. 십계명 법안을 상원에서 통과시키기 위해 법안 발의자가 증언자로 부른 사람은 과연 누구였을까? 바로 "존경받는" 사이비 역사학자 데이비드 바턴이었다. 바턴은 자기 몫을 충실히 해냈다. 법안은 당론 투표로 상원을 통과했다. 하지만 아이러니한 타이밍과 맞물려 하원에서 기각되었다. 법안이 기각되기 몇 주 전, 낙태를 범죄화하고 LGBTQ 커뮤니티를 성범죄자로 몰아가는 발언을 일삼으며 공공장소에서 십계명을 홍보하는 등 가족의 가치를 옹호하는 인물을 자처하던 공화당 하원의원이자 전(前) 남침례교 청소년 목사 브라이언 슬레이턴(Bryan Slaton)이 아내를 속이고 열아홉 살짜리 보좌관과 부정행위를 저지른 의혹으로 조사를 받고 하원에서 제명되었다. 해당 보좌관은 다량의 술을 마셔 "성관계에 실질적으로 동의할 수 없는 상태"였다고 한다.

기독교 민족주의를 옹호하는 사람들은 이 나라의 통치권을 손에 넣으려는 노력이 본질상 신학에 바탕을 두고 있으며 하나님을 위해 미국을 되찾으려는 광범위한 노력의 일환이라고 설득하려 한다. 하지만 이것은 거짓말이다. 기독교 민족주의라는 용어 자체가 모순덩어리다. 바울은 갈라디아서에서 "유대 사람도 그리스 사람도 없으며, 종도 자유인도 없으며, 남자와 여자가 없습니다. 여러분 모두가 그리스도 예수 안에서 하나이기 때문입니다. 여러분이 그리스도께 속한 사람이면, 여러분은 아브라함의 후손이요, 약속을 따라 정해진 상속자들입니다"*라고 말했다. 그리스도를 영접하는 사람은 아브라함 가문의 일원이 되어 약속된 새 예루살렘의 주민이 된

---

* 갈라디아서 3:28-29.

다는 이 확신은 모든 인종적·민족적·국가적 정체성을 초월한다. 바울이 빌립보서에서 군인과 국가 관리들로 가득한 로마 식민지 필리피의 주민들에게 오직 그리스도에게만 충성을 맹세하라고 간곡히 부탁한 이유도 이 때문이다. "그들의 마지막은 멸망입니다. 그들은 배를 자기네의 하나님으로 삼고, 자기네의 수치를 영광으로 삼고, 땅의 것만을 생각합니다"라면서 바울은 자신의 간청을 흘려듣는 사람들에 대해 경고했다. "그러나 우리의 시민권은 하늘에 있습니다."*

되찾을 것은 아무것도 없다. 다른 나라와 마찬가지로 새 발의 피에 불과한 이 나라는 처음부터 하나님의 것이 아니었다. 베드로의 말대로 "하나님은 사람을 외모로 취하지 않으시고, 하나님을 두려워하며, 의를 행하는 사람은 그가 어느 민족에 속하여 있든지, 다 받아 주"시기 때문이다.**

미국이 신성한 국가라거나 하나님과 특별한 관계가 있다고 주장하려는 시도는 종종 정반대의 결과를 낳는다. 예를 들어, 거짓말과 기만으로 1월 6일 국회의사당 폭동을 촉발해 불명예를 안게 된 미주리주 상원의원 조시 홀리가 2023년 독립기념일에 트위터에 올린 글을 보라. 홀리는 독립기념일을 기념하며 패트릭 헨리가 한 말이라며 "인용구"를 트윗했다. "이 위대한 나라는 종교인들에 의해 세워진 것이 아니라 기독교인들에 의해 세워졌으며, 종교들 위에 세워진 것이 아니라 예수 그리스도의 복음 위에 세워졌다는 점은 아무리 강조해도 지나치지 않다." 건국의 아버지 패트릭 헨리가 이런 말을 한 적이 없다는 사실을 알게 된 것만으로도 충분히 굴욕적이

---

* 　빌립보서 3:19-20.
** 　사도행전 10:34-35.

었을 테지만, 역사가 세스 코틀러(Seth Cotlar)가 기록한 대로 이 말은 헨리가 죽은 지 150년 후 악명 높은 반유대주의 백인 민족주의 출판물인 〈버지니안 Virginian〉에서 유래했다는 사실을 알게 되었으니 더욱 수치스러워해야 마땅했다.

하지만 홀리는 그 오류에 관해 사과하지 않았다. 왜 그랬을까? 그를 지지하는 유권자들은 세속적 진보주의자들이 미국의 기독교 유산을 파괴하려는 과정에서 이미 오래전에 규칙을 어겼다고 보았기 때문이다. 불에는 불로 맞서야 한다. 기준 준수는 뒤로 미뤄야 한다. 승자 독식 사고방식을 받아들여야 한다. 보수 활동가(이자 미래의 트럼프 행정부 관리) 마이클 앤턴(Michael Anton)은 2016년에 쓴 〈93편 항공기 선거 Flight 93 Election〉라는 글에서 좌파가 미국이라는 비행기를 납치했다면서, 보수주의자들이 좌파를 저지하기 위해 조종실로 돌진해 결국 비행기가 추락하더라도, 그것이 미국을 구할 유일한 방법이라고 주장했다. 이 글은 그리스도나 기독교, 심지어 신에 관해서도 전혀 언급하지 않았다. 하지만 임박한 파멸을 막기 위해 어떤 극단적인 행위를 하더라도, 설사 그런 행위 자체가 또 다른 파멸로 이어질 수 있다 하더라도, 그것이 정당하다는 안톤의 주장은 현대 종교적 우파의 사고방식을 반영한다.

"저는 두 가지 덕목이 필요하다고 생각합니다. 충성과 비밀 유지." 침례교 목사에서 주지사로 변신해 두 차례 대선에 출마한 마이크 허커비는 2023년 봄 뉴스맥스에서 이렇게 말했다. "당신을 도와준 사람들에게 충성을 다하고 입을 다무는 법을 배우세요."

이 말을 할 때 허커비가 염두에 둔 인물은 당연히 도널드 트럼프였다. 여러 건의 형사 사건으로 기소될 예정인데 그중 첫 번째 사건으로 체포될 것이라는 소식이 발표된 후, 트럼프 전 대통령은 텍사스주 웨이코에서 열린 선거 집회에서 연설했다. 웨이코는 연방 정부와 대치하는 치명적인 사건*이 일어난 장소로, 이곳에서 집회를 연 것은 절대 우연이 아니었다. 허커비는 한때《중요한 것은 성품이다Character IS the Issue》라는 책을 저술했을 정도로, 정직한 사람들이 미국을 혁신할 수 있다고 믿었다. 하지만 이제는 아니었다. 뉴스맥스에서 마피아 두목 같은 말을 한 그날 밤, 허커비는 자신이 운영하는 트리니티방송네트워크 프로그램에서 트럼프를 2024년 공화당 대선 후보로 지지한다고 발표했다. 트럼프가 정의로운 지도자여서도 아니었고, 종교적인 지도자여서는 더더욱 아니었다. (허커비는 트럼프가 요한복음 3장 16절을 성경에서 찾으려 해도 찾지 못할 것이라고 농담한 바 있다.) 트럼프가 적들과 똑같이 잔인하게 싸웠기 때문이었다. 허커비는 경건과는 거리가 먼 이 사람이 기독교인을 대신하여 "악마 같은 딥스테이트의 끝없는 박해와 기소"를 견뎌 냈다고 말했다.

그나마 허커비는 '현대 교회를 구원할 희생양' 운운하며 트럼프를 신성한 인물로 묘사하기 전에 조심스러운 태도라도 어느 정도 보였다. 하지만 다른 사람들은 그 정도의 신중함조차 보이지 않았다.

"트럼프 대통령은 역사상 가장 위대한 인물들이 그랬듯 오늘 부당하게 체포되었습니다." 트럼프가 기소된 날 뉴욕에서 생방송으로 진행된 라이트사이드브로드캐스팅 방송에서 조지아주 하원의원 마조리 테일러 그린은 이렇게 선언했다. 그리고 넬슨 만델라를 언급한 후 이렇게 외쳤다. "예수님! 예수님은 로마 정부에 의해 체포되어 살해당했습니다."

---

* 1993년 텍사스주 웨이코에서 종교 집단인 다윗파가 미국 연방 정부와 대치한 '웨이코 포위전'을 말한다. 51일간의 긴 포위전 끝에 다수의 사상자가 발생한 비극적인 사건이다. 트럼프 지지자들에게는 연방 정부에 대한 반감과 저항의 상징으로 여겨질 수 있기에 의도적으로 이곳에서 집회를 열었다는 의미다.

"트럼프 대통령은 예수 그리스도를 따르는 사람들에게 고난과 정화의 시기인 사순절 기간에 체포될 것이다."1월 6일 폭동에 가담한 사람들을 변호하며 유명해진 변호사 조지프 맥브라이드(Joseph D. McBride)는 트위터에 이렇게 올렸다. "그리스도가 십자가에 못 박히셨다가 사흘 만에 다시 살아나셨듯이, 도널드 트럼프도 그럴 것이다."

트럼프와 동맹을 맺은 복음주의자들의 반응은 예상대로였다. 폴라 화이트는 기독교인들에게 트럼프를 위해 기도해 달라고 간청하며, 미국인들은 "사법 시스템을 무기처럼 사용하는" 작금의 사태에 경악해야 한다고 말했다. 프랭클린 그레이엄은 트럼프의 행동에 책임을 묻는 이런 시도들이 "정치적" 동기에서 비롯된 것이라고 비난하며 "미국의 수치로 남을 날"이라고 말했다. (그 무렵 그레이엄은 테일러 그린의 "상식적인" 접근법을 칭찬하며 "하나님께서 그녀를 어떻게 사용하실지 지켜보는 것도 흥미로울 것"이라고 덧붙였다.) 웨이코 유세 현장에서 기도 순서를 맡은 로버트 제프리스는 두 번째 기소 소식이 들리자 뉴저지주 베드민스터에 있는 전 대통령의 클럽을 찾아가 궁지에 몰린 트럼프와 연대하겠다는 의지를 보였다. 그해 여름 세 번째 기소 소식이 들리자, 트럼프는 당시 부통령이었던 마이크 펜스가 "너무 정직해서" 헌법을 위반하지 못하는 바람에 두 사람을 지키지 못했다고 비난했고, 윤리및종교자유위원회 전 회장 리처드 랜드는 법무부가 트럼프를 상대로 "지하드"를 벌이고 있다고 비난했다.

이 시점에서 종교적 우파는 트럼프를 중심으로 결속을 다졌다. 〈뉴욕 타임스〉와 시에나칼리지의 공화당 예비 선거 여론 조사에 따르면, 백인 복음주의자의 76퍼센트가 트럼프가 심각한 범죄를 저지르지 않았다고 믿었고, 마리스트칼리지 조사에 따르면 백인 복음주의자의 81퍼센트가 트럼프에게 호감을 느끼고 있으며, 67퍼센트가 다가오는 공화당 대선 예비 선거에서 트럼프를 지지할 계획이라고 답했다. 복음주의자들 다수가 새로운 공화당 후보를 찾는 쪽을 선호한다고 신호를 보내던 그해 초의 피로감은 이미 사라지고 없었다. 트럼프는 포르노 스타에게 지급한 입막음용 돈과 관련된 사업 기록 조작, 국가 안보 기밀을 플로리다 저택으로 불법 반출한 혐의(와 수사 과정에서 일어난 사법 방해 혐의), 2020년 선거 결과를 뒤집으려던 시도 등으로 기소되었고, 강간 및 명예훼손에 대한 민사 소송도 함께 진행되고 있었다. 하지만 트럼프가 여러 가지 형사 문제로 점점 더 어려운 상황에 부닥칠수록 복음주의 기독교인들의 지지는 더욱 굳건해졌다.

트럼프와 공범 18명이 선거 결과를 뒤집으려고 조직적으로 음모를 꾸민 일과 관련하여 범죄 조직법 위반 혐의로 2023년 8월 네 번째 기소가 이루어졌을 때, 가장 눈에 띄는 반응을 보인 사람은 제나 엘리스였다. 전 트럼프 변호사였던 엘리스는 일련의 거짓 정보와 주장을 체계적으로 조작했다가 위험한 거짓말을 퍼뜨린 혐의를 인정한 후 판사에게 질책을 받았다. 복음주의 기독교인을 자처하는 사람으로서 어쩌면 겸손과 회개의 모범을 보일 수도 있는 순간이었다. 하지만 엘리스는 트위터에 소송 비용을 모금한다는 홍보 글을 올렸고(트럼프는 엘리스가 디샌티스를 대통령 후보로 지지했다는 이유로 소송 비용을 지원하지 않았다), 머그샷 사진에 성경 구절을 캡션으로 달아 마치 박해를 받는 듯한 모습을 연출했다. 그 모습을 보고 있자니, 엘리스가 트럼프를 반대하던 2016년에 트럼프 후보와 그의 지지자들이 정직함을 좋아하지 않는다고 비판한 페이스북 게시 글이 떠올랐다. "이 나라가 이렇게 끔찍한 상황에 처한 이유가 여기에 있다"라고 엘리스는 썼다. "진리를 좇는 사람들은 없고, 나르시시스트들만 있다."

트럼프가 2024년 11월 대선에서 공화당을 대표하게 될지, 바이든과의 재대결에서 승리해 백악관으로 돌아가게 될지는 불확실하지만,* 서구 기독교 세계에 그가 남긴 유산은 이미 확고하다. 45대 대통령 도널드 트럼프는 복음주의를 영적 상징에서 정치적 농담거리로 바꾸고, 오랜 기간 복음주의 운동의 잠재의식 속에 숨어 있던 선택적 도덕성, 윤리적 일관성 부족, 노골적 위선을 드러내는 데 있어 미국 역사상 그 어떤 인물보다도 큰 몫을 했다. 공정하게 말하자면, 복음주의의 평판이 서서히 붕괴되기 시작한 것은 트럼프 이전부터였다. 트럼프가 교회 내 문화적 변화에 대한 불안감을 조성한 장본인은 아니지만, 이 불안감을 알아채고 이용하여 미국에서 제도적 기독교의 붕괴 속도를 높인 것은 분명하다.

여론 조사 기관 갤럽은 1944년부터 미국인들에게 하나님을 믿는지 물었다. 이 수치는 지난 세기 내내 90퍼센트 이상을 유지했으며, 최근인 2016년에도 89퍼센트의 미국인이 하나님을 믿는다고 답했다. 그러나 2022년에는 그 수치가 사상 최저인 81퍼센트로 떨어졌다. 같은 해에, 1972년부터 종교적 동향을 분석해 온 일반사회조사(GSS)는 50주년 기념 보고서를 발표했다. 결론은 놀라웠다. 50년 전에는 미국인의 단 9퍼센트만이 예배에 "전혀" 참석하지 않는다고 답했지만, 2022년에는 그 수치가 33퍼센트에 이르렀다. 이러한 결과와 다른 조사 결과는 미국인들이 종교를 버리는 역사적인 속도를 보여 주는 수년간의 사회과학 연구 결과와 일치한다. 퓨리서치센터에 따르면, 2007년에는 종교가 없다고 답한(흔히 "무종교"로 칭하는) 미국인의 비율이 16퍼센트로 추정되었으나, 2021년에는 30퍼센트에 이르렀다. 이 추세대로라면 두 세대 내에 종교가 없다고 주

---

* 트럼프는 공화당 대통령 후보로 지명되었고, 바이든이 아니라 카멀라 해리스와 맞붙게 되었다.

장하는 사람이 미국 인구의 과반수를 차지하게 될 것이다. 한편, 오랫동안 좌파에서 볼 수 있었던 교회에 대한 본능적인 불신이 우파에서도 새롭게 나타나고 있다. CBS 뉴스와 유고브가 2023년 8월에 실시한 여론 조사에 따르면, 공화당 예비 선거 유권자의 44퍼센트만이 종교 지도자가 하는 말을 신뢰한다고 답했으며, 트럼프 지지자들 가운데서는 그 수치가 42퍼센트에 불과했다. 이에 반해 동일한 응답자 중 71퍼센트는 '트럼프'가 하는 말을 신뢰한다고 답했다.

조직적인 관점에서 보면, 기독교는 혼란에 빠져 있다. 목회자는 멸종 위기에 처한 존재가 되어 가고 있다. 바나리서치에 따르면, 1990년대에는 목회자의 3분의 1이 40세 미만이었지만, 현재는 그 비율이 16퍼센트에 불과하다. 교단들은 실시간으로 붕괴되고 있다. 연합감리교회는 사실상 두 개의 새로운 단체로 나뉘어, 수천 개의 개교회가 사회적·신학적 이견으로 영구적으로 분열되었다. 남침례교는 소속 교회 수가 계속해서 줄고 있다. 어떤 교회는 인종차별, 여성 혐오, 성폭행에 대한 교단의 대응이 너무 과도하다고 느껴서 탈퇴하고, 어떤 교회는 교단의 대응이 충분히 과감하지 않다고 느껴서 탈퇴한다. 미국장로교는 최근 전국복음주의자협회를 탈퇴하기로 결정했다. 내가 속한 복음주의장로교는 신학적으로나 다른 면에서나 미국장로교보다 더 오른쪽에 있는데, 최근에는 명칭에서 '복음주의'라는 단어를 삭제할지를 논의하기 시작했다.

당장 그런 일이 일어나지는 않을 것이다. 그 명칭에 자신의 정체성을 얽어매고 있는 나이 든 기독교인이 너무 많아서 그 단어에 아무리 해로운 의미가 따라붙더라도 쉽게 포기하지 못할 것이다. 하지만 분명히 밝히건대, 그 피해는 상당하다. 2023년 3월, 퓨리서치 센터는 미국 내 신앙 전통에 관한 인식을 다룬 주요 설문 조사를 발표했다. 이 결과는 이미 명백했던 사실을 수치로 확인시켜 주었다.

복음주의자들은 가장 호감이 안 가는 그룹이었다. 이것은 반기독교적 편견이 반영된 결과가 아니다. 일반 응답자들 사이에서 가톨릭과 주류 개신교에 대한 인식은 여전히 긍정적이었지만, 복음주의자들에 대해서는 같은 응답자들이 매우 부정적인 감정을 나타냈다. (밝은 면을 보자면, 복음주의자들은 여전히 자신을 긍정적으로 보고 있다. 〈크리스채너티 투데이〉 헤드라인이 잘 보여 주듯이, "복음주의자들은 복음주의자들 사이에서 가장 사랑받는 미국 신앙 집단이다.")

개인적인 차원에서는 이미 많은 기독교인이 재브랜딩 작업을 시작했다. 50년 전 자신들의 전통이 문화적으로 무의미해졌다는 두려움에 복음주의를 받아들인 과거의 근본주의자들처럼, 오늘날의 복음주의자들은 새로운 명칭을 찾고 있다. 최근의 여러 여론 조사에 따르면, 자신을 주류 개신교도라고 칭하는 기독교인의 수가 급증한 반면, 자신을 복음주의자라고 칭하는 기독교인의 수는 감소하고 있다. (일부는 "전-복음주의자"라고 자칭한다.) 이는 종교적 하위문화에 큰 변화가 일어나고 있음을 나타낸다. 복음주의는 미국 건국 이래 계속해서 주요한 위치를 차지해 왔다. 하지만 이제는 더 많은 백인 개신교도가 복음주의 교회보다 주류 개신교 전통에서 자신의 정체성을 찾고 있다.

왜일까?

내가 볼 때 그 이유는 명백하다. '복음주의'라는 단어가 '복음전도'에 방해가 되기 때문이다. 우리가 복음을 전하는 대상들, 우리의 친구, 이웃, 직장 동료는 그 단어에 매우 강한 혐오감을 느낀다. 그들은 그 단어가 그리스도의 가르침과는 무관하고 사회 및 정치권력과만 관련이 있다고 생각한다. 따라서 우리의 현실에 이러한 인식을 반영해야 한다. 우리는 예수를 따르는 제자가 되도록 부름받았다. 우리는 모든 민족을 제자로 삼도록 부름받았다. 인간이 만든 용어이자 신학적 신념보다는 부족의 소속감을 나타내는 표식이 이 지상대명령을 방해하도록 놔둔다면, 우리는 우리의 이런 교만에 대해 하나님께 해명해야 할 것이다.

★ ★ ★

와이넌스 목사는 수십 년 전 철학자 제임스 카스(James Carse)가 게임 이론을 둘러싼 학술 논쟁에 독창적인 시각을 제시했다고 말했다. 게임 이론을 자신들의 분야에 적용한 수학자나 군사 전략가들과 달리, 카스는 사회학과 실존주의를 이해하는 데 관심이 있었다. 1986년에 출간된 《유한 게임과 무한 게임 *Finite and Infinite Games*》에서 카스는 인간이 세상을 대하는 방식이 보통 이 두 범주 중 하나에 해당한다고 주장했다.

유한 게임은 알려진 플레이어, 정해진 규칙, 제로섬 게임 등 몇 가지 기준으로 정의된다. 야구 경기를 생각해 보라. 관중은 관중석에서 나와 홈 팀 투수로 출장할 수 없으며, 투수는 마운드에서 3루로 이동할 수 없다. 야구에서처럼 모든 유한 게임의 목표는 상대를 물리치는 것이며, 모든 게임은 승자와 패자를 가르고 끝난다.

반면에, 무한 게임을 정의하는 기준은 정반대다. 알려진 플레이어와 알려지지 않은 플레이어가 있다. 규칙은 유연하며 변경될 수 있다. 목표는 끊임없이 개선되며, 과거의 나보다 더 나아지는 것을 목표로 삼는다. 이 게임에는 결말이 없기 때문이다. 교육이 그 확실한 예다. 교육에는 승리가 없으며, 오직 배우고 성장하고 성숙해지는 것만 있을 뿐이다.

"이 아침에 제가 여러분에게 드리고 싶은 말씀은 교회는 무한 게임이라는 점입니다"라고 와이넌스는 말했다. "하지만 신자는 유한한 방식으로 교회에 접근하고픈 유혹에 빠지곤 합니다."

고린도후서에서 바울이 생생하게 대조한 구절을 언급하며, 와이넌스 목사는 회중에게 유한한 것과 무한한 것을 둘러싼 세 가지 질문을 중심으로 교회의 목적에 관해 생각해 보자고 말했다.

첫 번째 질문: 플레이어는 누구인가?

일부 기독교인들은 마치 플레이어가 누구인지 알고 있는 것처럼 행동한다고 와이넌스는 말했다. 그래서 신자 대 비신자, 공화당 지지자 대 민주당 지지자 등의 구분이 생긴다. 새로운 일은 아니다. 와이넌스는 요나가 큰 물고기 배 속에 갇힌 이유는 폭력적이고 불경하고 사악한 니네베(니느웨) 사람들에게 가서 설교하라는 하나님의 명령을 거부했기 때문이라는 사실을 우리에게 상기시켰다. 니네베 사람들은 알려진 플레이어가 아니었다. 요나의 유한한 관점에서 보면 하나님의 왕국에는 그들이 있을 자리가 없었다. 회개하고 니네베로 가서 많은 영혼을 구원한 후에야 요나는 비로소 무한한 하나님의 계획의 본질을 이해할 수 있었다. 와이넌스는 같은 이야기가 1세기에도 반복되었다고 덧붙였다. 예수는 죄인, 민족의 적, 게임에 환영받지 못할 사람들과 어울렸다는 이유로 종교 엘리트들에게는 비난을, 제자들에게는 의심을 받았다. 예수가 제안한 구원의 길은 배타적일지라도 그 제안 자체는 배타적이지 않다는 점을 그들은 이해하지 못했다. 오늘날까지도 기독교인들은 의식적으로든 무의식적으로든 하나님 나라를 제한된 관점으로 바라본다. 예수가 병든 사람들을 치료하기 위해 병원을 짓고 계신다고 분명히 말씀하셨음에도, 우리는 교회를 높은 성벽을 갖춘 성으로 생각하는 경향이 있다고 와이넌스는 설명했다. "누가 옳고 누가 그른지 우리가 다 안다고 생각해서는 안 됩니다"라고 목사는 단호한 목소리로 말했다. "복음은 모든 사람에게 전해져야 합니다."

두 번째 질문: 규칙은 무엇인가?

많은 기독교인이 알려지지 않은 플레이어들과 교류하기를 꺼리는 이유 중 하나는 고집 때문이라고 와이넌스는 말했다. 현대 복음주의 운동은 기독교인들이 특정한 방식으로 말하고, 특정한 사람들과 어울리며, 특정한 경계를 지켜야만 제대로 그리스도를 전할 수 있다고 생각해 왔다. 그러나 신약 성경이 제시하는 모델은 그와 정반대다. 예수의 제자들은 예비 개종자를 자기들과 같은 틀에 맞추려고 하는 대신에 자기들이 처한 환경에 적응해 나가면서 자기가 있는 그곳에서 사람들을 만나야 했다. 와이넌스는 베드로가 오순절에 유대인들에게 설교할 때 유대인 선지자들과 유대 전통을 인용했던 일과 바울이 아테네 사람들에게 복음을 전할 때 그리스 문화 관습에 호소했던 일을 상기시켰다. 두 사람이 전하는 메시지는 똑같았지만(와이넌스는 우리가 전하는 메시지 역시 똑같다고 강조했다), 전하는 방법은 끊임없이 진화했다. 그리스도인들이 변화하는 세상에서 제자를 삼으려면, 교회가 알려지지 않은 플레이어들에게 다가가지 못하게 방해해 온 경직된 틀에서 벗어날 줄 알아야 한다. "우리 사회는 이제 더 이상 기독교적 가치와 신념이 중심이 되지 않는 포스트 기독교 문화로 점점 더 변해 가고 있습니다"라고 와이넌스는 말했다. "오늘날 우리가 살아가는 이 문화에 복음을 효과적으로 나타내고 선포하려면 유연해질 필요가 있습니다."

세 번째 질문: 우리는 왜 게임을 하고 있는가?

유한 게임에서 교회의 목표는 경쟁자를 물리치는 것이다. 그러나 기독교인들은 전투에서 이미 승리했다고 믿는다. 아담이 마귀의 유혹에 굴복하여 인류를 죄와 죽음에 몰아넣은 것과 달리, 예수는 광야에서 사탄을 물리치고 무덤을 정복하셨고 그렇게 함으로써 아담의 모든 후손에게 구원과 영생의 길을 열어 주셨다. 이러한 이유로 교회의 목표는 무한하다. 세속적인 자아를 벗고 성화되어 점점 그리스도를 닮아 가는 것이 우리의 목표다. "거룩함은 단번에 손에 거머쥘 수 있는 것이 아닙니다"라고 와이넌스는 말했다. 대신에 "우리는 더 성숙해지고 예전보다 더 나아지기 위해 노력해야 합니다."

와이넌스의 설교는 훌륭했다. 혁신적이고, 명확하고, 전달력이 뛰어났다. 그러니 그쯤에서 멈출 수도 있었다. 하지만 와이넌스는 그러지 않았다.

와이넌스는 마지막 요점을 확장하며 회중에게 두 가지 버전의 교회를 비교해 보라고 했다. 무한 버전에서 "교회의 목표는 문화 속에서 예수에게 충실한 존재가 되는 것입니다"라고 와이넌스는 설명했다. 유한 버전에서 "교회의 목표는 문화 전쟁에서 승리하는 것입니다." 와이넌스의 입에서 이 말이 나왔을 때, 나는 이 발언이 혹시 내가 생각하는 그 방향으로 나아갈까 불안해하며 주변을 둘러보았다. 예상대로였다.

"여기 모인 많은 이들에게 매우 중요한 낙태 이슈라는 렌즈를 통해 이 문제를 생각해 봅시다"라고 와이넌스는 말했다. 그리고 자신의 견해를 명확히 밝혔다. 생명은 수정된 순간부터 시작되며, 하나님은 영혼이 어머니의 자궁에서 형성되기 전부터 그 영혼을 아시며, 인간의 생명은 하나님의 거룩한 형상을 따라 지음을 받은 것이라고 했다. 몇몇 사람들이 "아멘!" 하고 소리쳤다. 그러고 나서 회중석은 잠잠해졌다. 와이넌스는 너무 많은 복음주의자가 유한 게임 방식으로 낙태에 접근했다고 말했다. "특정 정치인을 선출하여 특정한 시민법을 제정하는" 방식으로 승리를 거머쥐려 했다고 말이다. 와이넌스는 낙태 문제에 정치적·법적 함의가 있음을 인정했다. "하지만 우리는 지금 교회의 본질에 관해 이야기하고 있습니다"라고 그는 말했다. "낙태 문제는 본질상 법적인 문제나 정치적인 문제가 아닙니다. 낙태 문제는 영적인 문제입니다."

문화 전쟁이 기독교인들에게 수렁이 되고 마는 이유가 있다. 올바른 정치인을 선출하고 올바른 법을 제정하더라도(와이넌스는 브라이턴에 사는 신자들에게 올바른 것이 인근 플린트에 사는 형제자매들에게는 전혀 다르게 보일 수 있다고 말했다), 그들은 여전히 승리하지 못한다. 왜냐하면, 잘못된 게임을 하고 있기 때문이다.

깜짝 놀랐다. 단 몇 분 만에 코너스톤복음주의장로교회 담임 목사는 부유하고 보수적인 백인 공화당원 회중을 유혹하는 유한한 세계관을 해체하고, 그들에게 무한한 세계관을 받아들이라고 촉구했다.

마음에 기쁨이 차올랐다. 하지만 머릿속에는 안타까움이 가득했다. 와이넌스나 그가 한 설교가 안타까웠던 것이 아니다. 이 설교를 결코 듣지 못할 사람들을 생각하니 심히 안타까웠다.

분명히 말하지만, 이 나라에는 여전히 건강하고 활기찬 교회가 수천 개나 있다. 그 교회들은 복음의 우선순위를 바로 세우고, 단단한 진리로 제자를 양육하는 전통을 지키고 있다. 그러나 내가 목격한 바로는, 대부분의 미국 기독교인은 강단에 선 목사에게 이런 식의 도전을 받는 것에 관심이 없다. 그들은 문화 종교에 사로잡혀 있으며, 자신들의 기존 신조를 재확인해 주거나 기존 신조에 도전하지 않는 신학적 환경을 스스로 선택한다. 브라이턴만 보아도 수많은 교인이 코너스톤 같은 교회를 떠나서 플러드게이트라는 종교적 신념과 애국심을 결합한 집회장으로 옮겼다. (내가 코너스톤을 방문하고 몇 주 후, 플러드게이트는 토마호크를 들고 다니는 "애국 스트리트파이터" 스콧 맥케이와 정부가 자신을 제거하려 한다는 음모론을 퍼뜨리며 과도한 욕설을 내뱉는 전 오버스탁 CEO 패트릭 번 등을 연사로 초대해 행사를 개최했다. 입장료는 99달러이고 추가 비용이 부과될 수 있다고 했다.) 나는 그날 아침 그곳 사람들, 길 건너편에서 이 타락한 세상의 유한한 문제에 골몰하고 있는 그 사람들을 생각하며 가슴 아파했다.

　　그러나 그보다 더 즉각적으로 여기 있는 사람들이 걱정되었다. 코너스톤에 모인 사람들에게서 불안한 기운이 감지되었다. 와이넌스는 몇 년 전보다 무척 건강해진 교회와 변화된 회중을 보며 힘을 얻었다. 그러나 여전히 많은 위험이 남아 있었다. 여기는 여전히 브라이턴이었고, 여기는 여전히 '미국'이었다. 또 다른 선거가 다가오고 있었고, 와이넌스는 정적(政敵)을 돕고 지원하라는 메시지로 어느 순간 일부 교인들과 멀어질 수밖에 없을 것이다. 내 주변에 앉은 사람 중 일부는 벌써 심기가 불편해 보였다. 눈에 띄게 동요하던 일부 교인들은 집에 돌아가서 '깨어 있는' 좌파 목사 와이넌스에 관해 불평하며, 그런 설교는 절대 하지 않았을 앨버타 목사를 그리워할 것이다. (실제로, 한 교인은 예배 후 와이넌스를 찾아와 왜 민주당 후보에게 투표하도록 부추기는지 따졌다.)

　　아버지가 돌아가신 후, 나는 미지의 것들에 관한 불안감에 휩싸였다. 아버지라면 코로나19로 인한 교회 폐쇄와 2020년 대선을 기점으로 노골적으로 표출된 적대감 문제를 어떻게 다루셨을까? 교회 붕괴에 관한 책을 쓰는 나를 아버지는 어떻게 보셨을까? 나는 왜 아버지가 떠나신 뒤에야 신학교에서 석사 과정을 밟기 시작했을까? 곁에 계셨다면 아버지는 내게 어떤 학교를 추천하셨을까? 나는 매일매일 유령과 씨름했다. 선하고 경건한 사람의 본을 따르는 것도 어려운 일이지만, 그보다 더 나은 신앙인이 될 수 있을지 고민하는 것은 그보다 훨씬 더 어려웠다.

　　그 일요일 아침, 어릴 적 다니던 교회 2층 회중석에서 혼자 조용히 기도하다가 어느 순간 확신이 들었다. 불안이 가라앉았다. 어느 현명한 설교자가 말했듯이, 하나님은 손톱을 물어뜯지 않으신다. 불만에 찬 그 교인들 말이 옳다. 아버지는 절대 그런 설교를 하지 않앞을 것이다. 아버지는 그런 설교를 하실 수 없었을 것이다. 그래서 크리스 와이넌스를 후임자로 선택한 것이다. 아버지는 자신의 사역은 유한하나 코너스톤의 사역은 무한하다는 점을 이해했다. 아버지는 이 회중을 몇백 명에서 몇천 명으로 성장시켰다. 이제 또다른 성장의 시기가 왔다. 그리고 와이넌스가 떠날 시간이 되었을 때(25년쯤 후이길 바란다) 교회는 또 새롭게 성장할 것이다.

"주님, 누가 옳고 누가 그른지 우리가 다 안다고 생각하는 함정에 빠지지 않게 해 주십시오. 예수의 자비와 은혜, 예수의 용서와 예수의 메시지를 우리가 모든 사람에게 전할 수 있게 해 주십시오." 와이넌스가 고개를 숙이고 기도했다. "그리고 주님, 우리가 충실한 존재가 되어 복음을 전하게 하시고, 복음을 들은 모든 사람이 돌이켜 치유받게 해 주십시오."

회중은 자리에서 일어나 축도를 기다렸다. 와이넌스는 설교 첫머리에 읽은 구절로 돌아가 고린도후서 4장 18절에 나오는 사도 바울의 말을 암송했다.

"우리는 보이는 것을 바라보는 것이 아니라, 보이지 않는 것을 바라봅니다. 보이는 것은 잠깐이지만, 보이지 않는 것은 영원하기 때문입니다."

아멘.

감사의 말

인생의 많은 시간 동안 나는 하나님의 은혜를 이해하려고 애썼다. 하늘과 땅의 창조주요 알파와 오메가요 우주의 통치자께서 어떻게 나 같은 인간에게 관심을 가지실 수 있으며, 나아가 조건 없는 사랑을 베푸실 수 있을까? 그 답은 종교의 규범 속에서가 아니라 관계의 맥락 속에서 바라볼 때 더 온전히 이해할 수 있었다. 내가 아들들을 소중히 여기고 사랑하는 방식, 내 아버지가 나를 소중히 여기고 사랑하셨던 방식이 바로 하늘에 계신 아버지께서 우리를 소중히 여기고 사랑하시는 방식이다. 하나님은 헤아릴 수 없을 만큼 너그러우시고 이해할 수 없을 만큼 은혜로우시며, 부모가 자녀를 사랑하는 그 사랑의 원형이시다. 그러나 하나님과 우리의 관계는 단순히 부모와 자식의 관계로만 제한되지 않는다. 하나님은 세상에 아들을 선물로 주셨다. 그렇게 하심으로써 우리에게 궁극적인 형을 주셨다. 이 형은 우리가 본받아야 할 모범이 되고, 항상 우리를 지켜 주며, 결코 우리를 버리지 않는다. 바로 이 관계 덕분에, '하나님 아버지'와의 관계 덕분에, 그분의 유일한 아들 '예수 그리스도'와의 관계 덕분에, 믿음과 회개를 통해 받은 '성령'과의 관계 덕분에 나는 복음의 완전함을 불완전하게나마 전할 수 있게 되었다. 나는 이 책으로 하나님을 영화롭게 하고자 노력했다. 이 책에 그렇지 못한 부분이 조금이라도 있다면, 하나님께서 그것을 무로 돌리시고 시작하신 선한 일을 완성하시기를 기도한다. 예수님, 감사합니다. 사랑합니다.

얼마 전, 통찰력 있는 어떤 친구가 내게 내가 태어나기 전에 아버지가 기독교로 개종하지 않았다면 내 삶이 어떻게 달라졌을지 생각해 본 적이 있냐고 물었다. 그는 현실과는 다른 가상의 시나리오를 상상하고 그 가능성을 탐구하고 있었다. 만약 미시간주 작은 마을에서 목사의 아들로 자라지 않고 뉴욕시에서 금융가의 아들로 자랐다면 내 삶은 어떻게 달라졌을까? 하지만 내가 들은 질문은 그보다 더 협소한 질문이었고, 그 질문이 지금까지도 나를 괴롭히고 있다. 만약 그랬다면 내가 기독교인이 되었을까? 나는 "그렇다"라고 믿고 싶다. 하나님께서 진리로 내 눈을 열어 주셨을 것이라고 믿고 싶다. 하지만 답이 "아니요"일까 봐 두렵다. 넘치게 가지고 있는 교만과 자만이 내 마음을 굳게 만들었을 것 같아서다. 그래서 나는 하루도 빠짐없이 아버지에게 감사한다. 아버지의 신앙, 아버지의 신념, 아버지의 성실성, 아버지의 용기, 그리고 아버지의 사랑에 감사한다. 아버지는 결점이 많은 사람이었다. 실수도 많이 했다. 하지만 아버지는 내게 좋은 남편, 좋은 아버지, 좋은 이웃이 되는 법을 가르쳐 주셨다. 무엇보다도 그리스도를 위해 사는 법을 직접 내게 보여 주셨다. 아버지, 이 모든 것에 감사해요. 사랑합니다. 보고 싶습니다.

모든 인류가 타락했고, 모든 사람이 죄를 지어 하나님의 기준에 미치지 못한다고 성경은 우리에게 몇 번이고 명확히 말한다. 이 교리에 의구심이 들게 한 사람은 단 한 명, 바로 내 어머니였다. 간단히 말해, 나는 도나 레이 앨버타처럼 사랑과 기쁨과 화평과 인내와 친절과 선함과 신실과 온유와 절제를 몸소 실천하는 사람을 본 적

650

이 없다. 나는 정말로 특별한 그리스도인들을 만나고 그들에게 배우는 축복을 누렸다. 하지만 내가 처음으로 받은 축복은 내 어머니였다. 나는 어머니를 통해 그리스도에 관해 처음 배웠다. 어머니가 내게 어떤 의미인지, 내 아내와 아들들에게는 어떤 의미이고, 이 책에서 어떤 의미인지는 어떤 말로도 다 표현할 수 없다. 어머니, 감사합니다. 영원히 사랑합니다.

구약 성경에서 가장 감동적인 구절 중 하나는 룻기에서 찾을 수 있다. "당신이 가시는 곳에 나도 가고, 당신이 머무르시는 곳에 나도 머무르겠습니다. 당신의 겨레가 내 겨레이고, 당신의 하나님이 내 하나님입니다."* 결혼식에서 부부가 서로에게 충실하기로 맹세할 때 종종 인용되는 구절이지만, 사실은 룻이 시어머니 나오미에게 한 말이다. 이 연로한 여성이 생계와 미래에 대한 불안과 불확실성에 직면한 순간에 룻은 그녀를 버리지 않겠다고 약속한다. 이것은 가족의 의무에서 비롯된 헌신을 뛰어넘어 하나님의 사랑을 본받은 사랑이다. 내 아내는 설명할 수 없는 방식으로 이 사랑을 보여 주었다. 아버지가 돌아가신 후 미시간으로 이사하자면서 내면의 룻을 드러냈을 뿐 아니라, 코로나19에도 불구하고 우리를 위해 공동체를 형성해 나갔다. 교회를 찾고, 기독교 학교를 찾고, 어머니에게 필요한 모든 것을 지원하기 위해 발 벗고 나섰다. 또한, 내가 책을 쓰느라 집을 계속 비우게 되면서, 활기 넘치는 세 아들과 풀타임 직장, 정신없고 다루기 힘든 개, 해결하기 어려운 육아 딜레마를 혼자 감당해야 하는 상황을 기꺼이 받아들였다. 나는 아내에게 경외심을 느꼈다. 그리고 매일 더 깊이 사랑하게 되었다. "자식들도 모두 일어나서, 어머니 업적을 찬양하고 남편도 아내를 칭찬하여 이르기를 '덕

---

* 룻기 1:16.

을 끼치는 여자들은 많이 있으나, 당신이 모든 여자 가운데 으뜸이오' 한다." 잠언 31장에 나오는 이 구절을 그대로 구현한 인물이 바로 내 아내다. 스웨타, 당신은 나의 반석입니다. 당신은 나의 가장 친한 친구입니다. 당신은 내 마음의 주제입니다. 사랑합니다.

세 아들은 내게 과분한 존재다. 순수하고 동정심 많고 다정한 세 아들을 보고 있으면 매일 더 나은 사람이 되고 싶어진다. 아이들은 이 책을 쓰는 동안 주말마다 전국을 돌아다니고 주중에는 사무실에 틀어박히는 아빠를 참고 인내해 주었다. 이런 성숙한 인격을 보며 아이들이 더욱 자랑스러웠다. 하지만 대가가 따르는 일이었다. 우리가 함께 보낼 수 있었던 수많은 시간은 다시는 되돌릴 수 없다. 다만, 이러한 희생이 왜 필요했는지 언젠가 아이들이 이해하기를 바랄 뿐이다. 에이브러햄, 루이스, 브룩스, 너희는 내 삶의 빛이야. 내게 행복을 가져다줘서 고맙다. 너희가 누구인지, 누구의 것인지 항상 기억하길 바란다. 그리고 나도 너희에게 좋은 모범이 되려고 항상 노력하지만, 예수의 삶과 가르침이 우리가 본받아야 할 진정한 모범임을 잊지 말길 바란다. 나는 너희가 오직 그분만을 따르길 기도한다. 사랑해, 에이브러햄. 사랑해, 루이스. 사랑해, 브룩스.

세 형에 대해 할 말이 뭐가 있을까? 이 책에 전혀 도움이 되지 않았다는 것 말고. 농담이다. (음, 도움이 되지 않은 건 사실이지만, 그래도 다른 할 이야기는 있다.) 우리 아버지는 어린 시절 안정된 가정생활을 누리지 못했다. 형제들과 의미 있는 관계를 맺지 못했고, 이것이 항상 아버지를 괴롭혔다. 나는 가족의 중요성을 이해하고 내 아이들을 자기 자식처럼 사랑하는 형들이 있어 참 운이 좋다고 생각한다. 그리고 명예와 품위가 무엇인지 제대로 보여 주는 처남이 있다는 점도 큰 행운이다. 크리스, J. J., 브라이언, 루디, 만약 여러분이 이 책을 여기까지 읽었다면, 제가 사랑하고 존경한다는 사실을 알아 주세요.

652

책을 쓰는 동안 곁을 지켜 준(그리고 정신 차리게 해 준) 훌륭한 친구들이 있어서 운이 좋았다. 이름을 일일이 거론하지 않아도 누구인지 잘 알 것이라 믿는다. 가족처럼 늘 함께해 줘서 고맙다.

사랑하는 사람들을 언급했으니(장인어른과 장모님, 형수들, 조카들, 이모와 삼촌, 사촌들은 언급하지 않았지만, 모두 내게 큰 의미가 있는 사람들이다), 이제 이 책이 세상에 나오게 해 준 사람들에게 경의를 표할 시간이다.

먼저, 내 편집자이자 파트너이자 친구인 조너선 자오에게 감사를 표하고 싶다. 이 책에 대한 내 포부를 이해하고, 주저하지 말고 모두 쏟아부으라고 격려해 주었다. 오래전 조너선을 내게 추천해 주고 지금까지 작업을 지원해 준 자블린문학에이전시의 에이전트 매트 레이티머와 키스 어반에게도 무척 고맙다. 또한, 단계마다 귀중한 피드백을 제공해 주었을 뿐만 아니라 비극 앞에서 믿음과 용기로 영감을 준 가톨릭 신자이자 친애하는 벗 짐 오설리번에게 특별한 감사를 전한다. 또한, 실수를 잡아내고 문제를 경고하며 내가 창피당하지 않도록 미리 사실 관계를 검토해 준 〈애틀랜틱〉 동료 잭 세겔스틴과 샘 펜트리스의 뛰어난 능력은 아무리 칭찬해도 지나치지 않다. 이와 관련하여, 엄격한 법률적 조언을 해 준 빌 애덤스에게도 감사를 전한다. 또한, 하퍼콜린스에서 일하는 다른 많은 분의 노고에도 감사드린다. 제작 과정에서 인내심을 가지고 꾸준하고 성실하게 지원해 준 데이비드 하우와 데이비드 코랄, 마케팅과 홍보에 관한 모든 일에 도움을 준 테레사 둘리와 티나 안드레디스, 그리고 긴박한 순간에 급히 달려와 차분하게 조언해 준 숀 데즈먼드에게 감사를 전한다.

세계적으로 인정받는 〈애틀랜틱〉 동료들의 지원이 없었다면 이 프로젝트는 불가능했을 것이다. 특히, 보도를 더 탄탄하게 뒷받침하는 데 필요한 독서와 연구를 하도록 독려해 준 제프 골드버그와 이 책의 근간이 되는 잡지 기사를 함께 구성해 준 데니스 월스에게 감사를 전한다. 제프와 데니스는 내가 꿈에 그리던 일을 할 수 있게 해 주었고, 중요한 순간마다 격려와 공감을 아끼지 않았다. 두 사람과 친구가 된 것은 내게 큰 행운이다. 또한, 에이드리엔 라프랑스, 요니 애펠바움, 에이미 바이스마이어, 마지 슬래터리, 앤드루 아오야마, 이본 롤즈하우젠, 재니시 월리, 애너 브로스 등 일일이 열거하기 어려운 많은 이들과 매일 함께 일할 수 있는 것 역시 행운이 아닐 수 없다.

첫 책에 실린 '감사의 말'에 포괄적으로 감사 인사를 전했으니, 함께 일하거나 배운 사람들의 이름을 다시 언급할 필요는 없을 것 같다는 조언에 따라 간결하게 마음을 전하려 한다. 〈월스트리트 저널〉부터 〈핫라인 The Hotline〉, 〈내셔널 저널 National Journal〉, 〈내셔널 리뷰〉, 〈폴리티코〉, 〈폴리티코 매거진 Politico Magazine〉까지 함께 일했던 옛 동료들 모두가 내게 얼마나 큰 의미인지 알아주었으면 좋겠다.

2023년 1월 10일, 가까운 친구이자 소중한 동료인 블레이크 하운쉘을 잃었다. 마감이 몰아쳐서 압박이 컸던 이번 여름과 가을에 블레이크가 곁에 있어서 대화를 나눌 수 있었다면 얼마나 좋았을까. 블레이크가 옆에 있었다면, 정신 건강에 관해 서로 이야기하고 아이들과 관련된 재미있는 일화도 함께 나눴을 텐데. 그는 내 글을 검토하다가 거친 부분을 혁신적으로 바꿀 수 있는 기발한 제안을 했을 테고, 나는 그에게 고맙다며 맥주 한 잔 사겠다고 말했을 텐데. 블레이크가 없는 저널리즘 세계도, 블레이크가 없는 나의 세상도 예전과 같을 수 없을 것이다. 블레이크의 아내 샌디와 아름다운 자녀 데이비드와 아스트리드 안에서 그의 빛이 계속 빛나고 있다는 사실에 위안을 얻는다. 모든 이해를 초월하는 평안이 그들에게 계속 임하기를 기도한다. 그리고 이 글을 읽는 모든 이들, 특히 어려움을 겪고

654

있는 사람들이 창조주의 눈에 비친 개개인은 무한한 가치를 지닌 사람임을 기억하기를 기도한다. 편히 쉬세요, 블레이크.

이 책을 쓰는 동안 감사하게도 기도로 나를 지탱해 준 멋지고 신실한 사람들을 만났다. 너무 많아서 여기에 일일이 다 열거할 수 없지만(솔직히 말해서 현재 겪고 있는 피로와 스트레스 때문에 중요한 사람들의 이름을 깜빡하고 언급하지 못할 가능성이 크다!), 나에게 큰 의미가 있는 두 사람을 꼭 언급하고 싶다. 첫 번째는 내가 한 번도 만나 본 적 없는 마이크 슈미츠 신부다. 교리적 차이에도 불구하고 슈미츠가 진행하는 팟캐스트 〈1년 안에 성경 읽기 Bible in a Year〉를 통해 지혜와 유머, 날카로운 평가를 접할 수 있었다. 내게는 정말 큰 선물이었다.

두 번째는 형제와도 같은 타이슨 렘케다. 나 같은 배경을 가진 사람이 집으로 삼을 교회를 찾기란 절대 쉽지 않다. 신뢰하고 지도를 받고 목양을 받을 수 있는 목사를 찾기란 그보다 더 어렵다. 그런데도 하나님은 정말로 모든 일이 서로 협력해서 선을 이루게 하신다. 그레이스바이블교회에 처음 갔을 때, 나는 타이슨이 대학에 다니던 시절 그의 부모님이 코너스톤교회에 다녔다는 사실도, 타이슨이 신학교에 다닐 때 내 아버지의 설교 테이프를 들으며 멀리서 그를 설교 멘토로 여겼다는 사실도 전혀 몰랐다. 그래서였을까. 마치 전에 와 본 적이 있는 것처럼, 마치 나의 집인 것처럼 그레이스바이블교회가 이상하게 친숙하게 느껴졌다. 그리고 지금은 우리의 집이 되었다. 타이슨은 내가 글을 쓰면서 조언을 구한 어떤 사람보다도 이 책을 잘 마무리하는 데 꼭 필요한 시각을 제시하고 내 의견을 반박하고 또 나를 안심시켜 주었다. 타이슨 목사님, 저를 위해 해 주신 모든 일과 하나님 나라를 위해 앞으로 하실 모든 일에 감사드립니다.

마지막으로, 이 글을 쓰고 있는 지금, 시즌 개막전에서 전년도 슈퍼볼 우승팀 캔자스시티 치프스를 꺾고 승리를 거둔 내 첫사랑

디트로이트 라이온스에 감사를 전한다. 내가 라이온스에 마지막으로 "감사"를 전했던 때는 2018년 가을로, 그들의 형편없는 경기 덕분에 일요일 오후 시간을《미국의 대학살*American Carnage*》을 마무리하는 데 오롯이 쓸 수 있었을 때였다. 올해는 훈련 캠프를 취재하고 이 팀이 우리 가족 세대에 어떤 의미를 지니는지에 관해 글을 쓰면서 여름을 보냈다. 다른 팀들과 경쟁할 수 있도록 팀을 강하게 만들어 팬들이 기대와 희망을 다시 품게 해 준 댄 캠벨과 브래드 홈스에게 감사하고 싶다.

필드 위에서 전진하라!

옮긴이의 말

정치와 종교는 오랜 세월 떼려야 뗄 수 없는 관계를 맺어 왔다. 겉으로는 서로 반대되는 길을 가는 것처럼 보이지만, 사실 그 길은 늘 어딘가에서 교차한다. 종교는 천상의 것을 이야기하지만, 우리는 이 땅에서 살아가며, 정치란 바로 이 땅에서 벌어지는 모든 일의 이름이기 때문이다. 그래서 정치와 종교가 맞닿는 순간, 그 여파는 우리가 예상하는 것보다 훨씬 더 깊고 강력하게 나타난다. 정치학을 전공한 그리스도인으로서 나는 이 둘이 맞닿을 때 벌어지는 일들이 늘 궁금했다. 신앙이 정치의 도구로 사용될 때, 또는 정치가 신앙의 옷을 입을 때 어떤 일이 일어날까? 이 책을 번역하게 된 것도 결국 그 질문에 대한 답을 찾고 싶었기 때문이다.

2000년 미국 대선에서 앨 고어와 조지 W. 부시가 맞붙었을 때, 나는 처음으로 미국 민주주의의 진면목을 보았다. 재검표, 법정 다툼, 그리고 그 끝에 찾아온 패배의 승복. 결과에 승복하는 민주주의 문화는 미국 정치의 자부심이자 근간이라고 생각했다. 하지만 2021년 1월 6일, 국회의사당을 뒤흔든 폭력 사태는 내가 알던 민주주의와는 전혀 달랐다. 도대체 그들은 왜 그런 행동을 했을까? 트럼프가 대통령이 될 수 있었던 이유는 무엇이고, 그를 지지하는 사람들은 과연 어떤 신념을 가졌던 걸까?

이 질문들을 마음속에 품은 채 일상에 묻혀 지내던 중, 비아토르 출판사로부터 이 책 번역을 제안받았다. '복음주의와 미국 정치'라는 주제는 학문적·개인적 관심 모두에 부합했고 매우 흥미로웠다. 그러나 번역을 시작하며 새로운 고민이 생겼다. 이 책은 기독교 서적으로는 지나치게 정치적이었고, 정치 서적으로는 지나치게 종교적이었다. 한국 독자들이 이 책을 어떻게 받아들일지 쉽게 짐작하기 어려웠다. 하지만 완독한 후, 이 책이 미국 정치를 이해하는 새로운 창을 열어 줄 수 있을 거라는 확신이 들었다.

번역 과정은 쉽지 않았다. 미국 정치의 맥락에서 사용되는 밈, 법적 사건, 음모론 같은 개념들을 한국 독자들이 자연스럽게 이해하도록 전달하는 것이 가장 큰 과제였다. 나는 원문의 의미를 최대한 살리면서도 문화적 차이를 설명하는 데 중점을 두었고, 필요한 경우 옮긴이 주를 각주로 덧붙이는 방식을 택했다.

이 책을 번역하면서 나의 신앙과 정치에 대한 생각도 다시 돌아보게 되었다. 중학생 때 그리스도를 인격적으로 만난 후, 나는 기독교 세계관 속에서 살아가려 노력했다. 내가 다니던 장로교회는 개혁신학과 청교도적 신앙을 중시했는데, 어느 날 존경받던 신학교 교수가 설교 중 이라크 침공을 '거룩한 전쟁'이라고 부르던 순간, 나는 큰 충격을 받았다. 그때부터 정치와 종교가 맞닿는 순간이 늘 불편하게 느껴지기 시작했다.

이 책은 그런 나의 고민을 더욱 깊게 만들었다. 저자는 정치적 정체성에 매몰되어 교회 안에서 문제를 일으키는 부류는 소수라고, 목소리가 큰 소수가 증인의 신뢰성을 떨어뜨리고 교회를 분열시키고 있다고 강조한다. 그래서 침묵하는 다수가 이제 목소리를 내야 한다고 호소하고 싶은 듯했다. 하지만 책을 읽으면서 든 의문은 과연 그 침묵하는 다수가 여전히 다수일까 하는 것이었다. 이미 극단적인 세력이 그 자리를 차지한 것은 아닐까? 설령 그들이 다수라고 하더라도, 계속해서 침묵한다면 그들의 영향력은 점점 더 약해질 수밖에 없다.

어떤 사람들은 교회가 세상을 변화시켜야 한다고 주장하고, 또 어떤 사람들은 교회가 세상과 거리를 두어야 한다고 말한다. 교회의 사명은 단순히 교회로 존재하는 것일까, 아니면 행동하는 것일까? 가장 중요한 것은 내가 누구인지 잊지 않는 것이다. 모든 문제는 정체성을 혼동할 때 시작된다. 의도적이든 무의식적이든, 정체성을 혼동하는 순간 길을 잃기 쉽다. 방향은 흔들리고 사명과 역할에 대한 혼란이 생긴다. 비판적 거리를 유지하는 것은 이러한 혼란을 막는 중요한 방법이다. 교회가 세상의 정치와 지나치게 가까워지면, 본연의 사명을 잃고 세속적인 목적에 휘둘릴 위험이 커진다. 정치 권력과 너무 가까워지면 교회의 역할이 왜곡될 수 있으며, 그리스도의 가르침과 멀어질 수 있다. 카를 바르트가 지적했듯, 교회는 세상의 질서와 '비판적 거리'를 유지해야 한다. 이 거리는 교회가 세상에 영향을 미치되, 그 영향에 매몰되지 않도록 하는 방패와도 같다.

번역을 마치며, 이 책이 한국 독자들에게도 중요한 메시지를 던질 것이라는 확신이 생겼다. 이 책은 단순히 미국 복음주의자들의 정치적 야망을 설명하는 데서 그치지 않는다. 1980년대부터 현재까지 미국 역사에서 정치와 종교가 상호작용해 온 궤적을 보여 줄 뿐만 아니라, 트럼피즘이 미국 우파 사이에서 시민 종교로 자리 잡는 과정을 이해하는 중요한 단서를 제공한다. 이는 비단 미국만의 이야기가 아니다. 한국에서도 정치와 종교가 맞닿는 지점에서 반면교사가 될 것이다.

끝으로, 이 작업을 가능하게 해 준 비아토르 출판사와 김도완 대표에게 깊은 감사를 전한다. 이 책이 미국 정치를 이해하는 새로운 창이 되기를 바라며, 나아가 한국과 미국 두 나라에서 정치와 종교의 관계를 성찰하는 데 기여하길 바란다.

2024년 9월
이은진

참고문헌

1장_ 신의 선택을 받은 나라?: 미국의 영광과 진실

Hernandez, Noe. "From Clubs to Christ: One Local Pastor's Journey of Faith." *Livingston Daily*, April 10, 2016, https://www.livingstondaily.com/story/news/local/community/brighton-township/2016/04/10/clubs-christ-one-local-pastors-journey-faith/82664118/.

LeBlanc, Beth. "Whitmer Bans Large Gatherings, Including at Churches and Casinos, to Fight Spread of Virus." *Detroit News*, March 13, 2020, https://www.detroitnews.com/story/news/local/michigan/2020/03/13/whitmer-bans-gatherings-larger-than-250-people-prevent-spread-covid-19/5042130002/.

Washington, George. "From George Washington to the United Baptist Churches of Virginia, May 1789." National Archives, https://founders.archives.gov/documents/Washington/05-02-02-0309.

2장_ 트럼프와 종교적 우파: 불신의 동맹

Johnson, Mark. "Slow and Steady Wins the Race at Goodwill Church, Montgomery, NY." Church Production, https://www.church-production.com/education/slow_and_steady_wins_the_race_at_goodwill_church_montgomery_ny/.

Vindman, Yevgeny. "Russia's Butchers of Bucha Aren't True Soldiers. They Are Barbarians Murdering Civilians." *USA Today*, April 9, 2022, https://www.usatoday.com/story/opinion/columnists/2022/04/09/russias-war-crimes-spill-blood-innocent-ukrainians/7262765001/?gnt-cfr=1.

Warburton, Moira. "U.S. Senate Unanimously Condemns Putin as War Criminal." Reuters, March 15, 2022, https://www.reuters.com/world/us/us-senate-unanimously-condemns-putin-war-criminal-2022-03-15/.

Winsor, Morgan, et al. "Cuomo Extends New York Statewide Stay-At-Home Order until June 13." ABC News, May 14, 2020, https://abcnews.go.com/Health/coronavirus-updates-police-arrest-woman-selling-approved-covid/story?id=70675027.

3장_ 제리 팔웰과 도덕적 다수: 종교의 정치적 야망

Ambrosino, Brandon. "'Someone's Gotta Tell the Freakin' Truth': Jerry Falwell's Aides Break Their Silence." *Politico*, September 9, 2019, https://www.politico.com/magazine/story/2019/09/09/jerry-falwell-liberty-university-loans-227914/.

Bailey, Sarah Pulliam. "Jerry Falwell Jr.: 'If More Good People Had Concealed-Carry Permits, Then We Could End Those' Islamist Terrorists." *Washington Post*, December 5, 2015,

https://www.washingtonpost.com/news/acts-of-faith/
wp/2015/12/05/liberty-university-president-if-more-good-
people-had-concealed-guns-we-could-end-those-muslims/.

Ballmer, Randall. "The Real Origins of the Religious Right." *Politico*,
May 27, 2014, https://www.politico.com/magazine/sto-
ry/2014/05/religious-right-real-origins-107133/.

Bedard, Paul. "Falwell Says *Fatal Attraction* Threat Led to Depression."
Washington Examiner, August 23, 2020, https://www.wash-
ingtonexaminer.com/washington-secrets/exclusive-fal-
well-says-fatal-attraction-threat-led-to-depression.

Collins, Eliza. "Christian Leaders Balk at Falwell's Trump Endorse-
ment." *Politico*, January 26, 2016, https://www.politico.com/
story/2016/01/jerry-falwell-jr-endorses-trump-218238.

Dreyfus, Hannah. "'The Liberty Way': How Liberty University
Discourages and Dismisses Students' Reports of Sexual As-
saults." *ProPublica*, October 24, 2021, https://www.propublica.
org/article/the-liberty-way-how-liberty-university-dis-
courages-and-dismisses-students-reports-of-sexual-as-
saults.

"Evangelical Scholars Endorse Birth Control." *Christianity Today*, Sep-
tember 27, 1968, https://www.christianitytoday.com/ct/1968/
september-27/evangelical-scholars-endorse-birth-control.
html.

"An Interview with the Lone Ranger of American Fundamen-
talism." *Christianity Today*, September 4, 1981, https://
www.christianitytoday.com/ct/1981/september-4/inter-
view-with-lone-ranger-of-american-fundamentalism.html.

Kennedy, John W. "Jerry Falwell's Uncertain Legacy." *Christianity To-
day*, December 9, 1996, https://www.christianitytoday.com/
ct/1996/december9/jerry-falwell-uncertain-legacy.html.

Legg, Kathryn. "Equal in His Sight: An Examination of the Evolv-
ing Opinions on Race in the Life of Jerry Falwell, Sr." Liberty

University, Fall 2019, https://digitalcommons.liberty.edu/cgi/viewcontent.cgi?article=2002&context=honors.

Lindsey, Sue. "Jerry Falwell Marks 50 Years at Thomas Road Pulpit." *Washington Post*, July 1, 2006, https://www.washingtonpost.com/archive/local/2006/07/01/jerry-falwell-marks-50-years-at-thomas-road-pulpit-span-classbankhead-controversial-pastors-church-has-grown-from-35-to-24000span/1b1df8a7-cb75-459c-8a29-288c2776c99e/.

Miller, Emily McFarlan. "Liberty University Board Member Resigns over Trump Endorsement." Religion News Service, May 5, 2016, https://religionnews.com/2016/05/05/mark-demoes-liberty-board-trump-evangelicals/.

———. "Student-Led Petition Calls for Liberty University to Close Falkirk Center, Its Political Think Tank." Religion News Service, December 30, 2020, https://religionnews.com/2020/12/30/student-led-petition-calls-for-liberty-university-to-close-falkirk-center-its-political-think-tank/.

"Poll Finds 34% Share 'Born Again' Feeling." *New York Times*, September 26, 1976, https://www.nytimes.com/1976/09/26/archives/poll-finds-34-share-born-again-feeling-gallup-survey-shows-that-58.html.

Roach, David. "How Southern Baptists Became Pro-Life." *Baptist Press*, January 16, 2015, https://www.baptistpress.com/resource-library/news/how-southern-baptists-became-pro-life/.

Roston, Aram. "Business Partner of Falwells Says Affair with Evangelical Power Couple Spanned Seven Years." Reuters, August 24, 2020, https://www.reuters.com/investigates/special-report/usa-falwell-relationship/.

Roys, Julie. "Former Liberty University Chairman Hints He Was Demoted For Speaking Out About Trump." *Roys Report*, November 15, 2021, https://julieroys.com/chairman-liberty-university-demoted-speaking-out-trump/.

Rucker, Philip. "Jerry Falwell Jr.'s Trump Endorsement Draws Objections from His Late Father's Confidant." *Washington Post*, March 1, 2016, https://www.washingtonpost.com/news/post-politics/wp/2016/03/01/jerry-falwell-jr-s-trump-endorsement-draws-objections-from-his-late-fathers-confidant/.

Scheer, Robert. "Playboy Interview: Jimmy Carter." *Playboy*, November 1, 1976, https://www.playboy.com/read/playboy-interview-jimmy-carter.

Sherman, Gabriel. "Inside Jerry Falwell Jr.'s Unlikely Rise and Precipitous Fall at Liberty University." *Vanity Fair*, January 24, 2022, https://www.vanityfair.com/news/2022/01/inside-jerry-falwell-jr-unlikely-rise-and-precipitous-fall.

"Southern Baptists Approve Abortion in Certain Cases." *New York Times*, June 3, 1971, https://www.nytimes.com/1971/06/03/archives/southern-baptists-approve-abortion-in-certain-cases.html.

4장_ 위선의 끝: 은폐된 진실, 도덕적 붕괴

Campbell, Kay. "Russell Moore Chosen as President of Southern Baptists' Ethics and Religious Liberty Commission." al.com, March 27, 2013, https://www.al.com/living/2013/03/russell_moore_ethics_religious.html.

"How U.S. Religious Composition Has Changed in Recent Decades." Pew Research Center, September 13, 2022, https://www.pewresearch.org/religion/2022/09/13/how-u-s-religious-composition-has-changed-in-recent-decades/.

Kilgore, Ed. "Is Anyone Listening to Russell Moore in Iowa?" *Washington Monthly*, November 20, 2015, https://washingtonmonthly.

com/2015/11/20/is-anyone-listening-to-russell-moore-in-iowa/.

Moody, Chris. "The Survival of a Southern Baptist Who Dared to Oppose Trump." CNN Politics, July 2017, https://www.cnn.com/interactive/2017/politics/state/russell-moore-donald-trump-southern-baptists/.

"Russell Moore to ERLC Trustees: They Want Me to Live in Psychological Terror." Religion News Service, June 2, 2021, https://religionnews.com/2021/06/02/russell-moore-to-erlc-trustees-they-want-me-to-live-in-psychological-terror/.

Smietana, Bob. "Beth Moore Says She's No Longer Southern Baptist." *Christianity Today*, March 9, 2021, https://www.christianity-today.com/news/2021/march/beth-moore-leave-southern-baptist-sbc-lifeway-abuse-trump.html.

_____. "SBC Calls Never-Trumper Russell Moore's Agency a 'Significant Distraction.'" Religion News Service, February 1, 2021, https://religionnews.com/2021/02/01/report-calls-agency-led-by-never-trumper-russell-moore-a-significant-distraction-for-southern-baptists/.

5장_ 포위된 신념: 정치적 기회주의의 그림자

Gryboski, Michael. "Texas Megachurch Pastor Says Obama Will 'Pave Way' for Antichrist." *Christian Post*, November 8, 2012, https://www.christianpost.com/news/texas-megachurch-pastor-says-obama-will-pave-way-for-antichrist.html.

Jones, Robert P., and Daniel Cox. "Clinton Maintains Double-Digit Lead (51% vs. 36%) over Trump." PRRI, October 19, 2016. http://www.prri.org/research/prri-brookings-oct-19-poll-politics-election-clinton-double-digit-lead-trump/.

Mooney, Michael J. "Trump's Apostle." *Texas Monthly*, August

2019, https://www.texasmonthly.com/news-politics/don-ald-trump-defender-dallas-pastor-robert-jeffress/.

Newport, Frank. "Why Are Americans Losing Confidence in Orga-nized Religion?" Gallup, July 16, 2019, https://news.gallup.com/opinion/polling-matters/260738/why-americans-los-ing-confidence-organized-religion.aspx.

"Pastor Robert Jeffress Explains His Support for Trump." NPR, Oc-tober 16, 2016, https://www.npr.org/2016/10/16/498171498/pastor-robert-jeffress-explains-his-support-for-trump.

Priest, Jessica, and Jeremy Schwartz. "Churches Are Breaking the Law and Endorsing in Elections, Experts Say. The IRS Looks the Other Way." *Texas Tribune*, October 30, 2022, https://www.texastribune.org/2022/10/30/johnson-amendment-elec-tions-irs/.

_____. "These 20 Churches Supported Political Candidates. Experts Say They Violated Federal Law." *Texas Tribune*, November 7, 2022, https://www.texastribune.org/2022/11/07/church-es-list-violations-johnson-amendment/.

Priest, Jessica, et al. "Texas Churches Violated Tax Law Ahead of Tuesday's Election, Experts Say." *Texas Tribune*, November 6, 2022, https://www.texastribune.org/2022/11/06/tex-as-churches-johnson-amendment-election/.

Vazquez, Maegan. "Trump Circulates Quote Invoking 'Civil War-like Fracture' If He's Removed from Office." CNN Politics, Sep-tember 30, 2019, https://www.cnn.com/2019/09/30/politics/donald-trump-civil-war-impeachment/index.html.

Weiner, Rachel. "Robert Jeffress Endorses Rick Perry, Says Mor-monism Is a 'Cult.'" *Washington Post*, October 7, 2011, https://www.washingtonpost.com/blogs/the-fix/post/values-vot-ers-summit-liveblog/2011/10/07/gIQAMo77SL_blog .html.

6장_ 박해 콤플렉스: 불안과 두려움의 실체

"America's Changing Religious Landscape." Pew Research Center, May 12, 2015, https://www.pewresearch.org/religion/2015/05/12/americas-changing-religious-landscape/.

Bechtel, Paul M. *Wheaton College: A Heritage Remembered, 1860-1984.* Wheaton, Ill: H. Shaw Publishers, 1984.

"Community Covenant." Wheaton College, https://www.wheaton.edu/about-wheaton/community-covenant/.

"Religious Affiliation in Australia." Australian Bureau of Statistics, July 4, 2022, https://www.abs.gov.au/articles/religious-affiliation-australia.

Riley, Jennifer. "Wheaton College Alumni Group Says Being Gay Is Not a Sin." *Christian Post*, May 5, 2011, https://www.christianpost.com/news/wheaton-college-alumni-group-says-being-gay-is-not-a-sin.html.

Turnbull, Tiffany. "Australia Census: Five Ways the Country Is Changing." BBC News, June 28, 2022, https://www.bbc.com/news/world-australia-61961744.

Wolfe, Alan. "The Opening of the Evangelical Mind." *The Atlantic*, October 2000, https://www.theatlantic.com/magazine/archive/2000/10/the-opening-of-the-evangelical-mind/378388/.

7장_ 기만의 먹이사슬: 거짓 정보의 확산과 팽창

Epps, Garrett. "Genuine Christian Scholars Smack Down an Unruly Colleague." *The Atlantic*, August 10, 2012, https://www.theatlantic.com/national/archive/2012/08/genuine-christian-scholars-smack-down-an-unruly-colleague/260994/.

HarperCollins Publishers. "Thomas Nelson: A History of Growth and

Transformation." https://200.hc.com/stories/thomas-nel-
son-growth/.

Oak Pointe Church. "Conversations Series Follow-Up: A Letter from
Pastor Bob." July 11, 2020, https://www.oakpointe.org/con-
versations-series-follow-up-a-letter-from-pastor-bob/.

8장_ 공포 전술: 유권자 동원을 위한 선동

Antle, W. James, III. "'Jesus Isn't Running': Trump on Track to Secure
Vital Evangelical Vote Despite Personal Flaws." *Washington
Examiner*, May 10, 2020, https://www.washingtonexaminer.
com/news/jesus-isnt-running-trump-on-track-to-secure-
vital-evangelical-vote-despite-personal-flaws.

Brody, David. "Why Evangelicals Should Care About a Man Named
Chad Connelly." CBN News, November 3, 2017, https://www1.
cbn.com/thebrodyfile/archive/2017/11/03/why-evangelicals-
should-care-about-a-man-named-chad-connelly.

Jones, Jeffrey M. "Belief in God in U.S. Dips to 81%, a New Low." Gal-
lup, June 17, 2022, https://news.gallup.com/poll/393737/be-
lief-god-dips-new-low.aspx.

_____. "U.S. LGBT Identification Steady at 7.2%." Gallup, February
22, 2023, https://news.gallup.com/poll/470708/lgbt-identifi-
cation-steady.aspx.

Mastrangelo, Alana. "Over 500 Pastors, Faith Leaders Gather in San
Diego for Turning Point USA Faith Summit: Only Pulpits
Have Power to Change America." *Breitbart*, August 17, 2022,
https://www.breitbart.com/politics/2022/08/17/over-500-
pastors-faith-leaders-gather-san-diego-turning-point-usa-
faith-summit-only-pulpits-have-power-change-america/.

Barrett, Laurence I. " Fighting for God and the Right Wing: Ralph Reed." *Time*, September 13, 1993, https://web.archive.org/web/20121106061843/http://www.time.com/time/magazine/article/0,9171,979189-4,00.html.

Day, Sherri. "Questions Tarnish Rise of an Evangelist." *St. Petersburg Times*, July 15, 2007, https://web.archive.org/web/20070920131436/http://www.sptimes.com/2007/07/15/Hillsborough/Questions_tarnish_ris.shtml.

Flynn, Sean. "The Sins of Ralph Reed." *GQ*, July 11, 2006, https://www.gq.com/story/ralph-reed-gop-lobbyist-jack-abramoff.

Kertscher, Tom. "Sorting Out Police Encounters Highlighted in Ad Attacking US Senate Candidate Herschel Walker." PolitiFact, April 4, 2022, https://www.politifact.com/article/2022/apr/04/sorting-out-police-encounters-highlighted-ad-attac/.

Slavin, Barbara. "He Changed the Face of the Christian Coalition. Now He'd like to Give Government the Same Treatment." *Los Angeles Times*, May 1, 1995, https://www.latimes.com/archives/la-xpm-1995-05-01-ls-61050-story.html.

Sollenberger, Roger. "'Pro-Life' Herschel Walker Paid for Girlfriend's Abortion." *Daily Beast*, October 3, 2022, https://www.thedailybeast.com/pro-life-herschel-walker-paid-for-girlfriends-abortion-georgia-senate.

Zauzmer, Julie. "Paula White, Prosperity Preacher Once Investigated by Senate, Is a Controversial Pick for Inauguration Prayer." *Washington Post*, December 29, 2016, https://www.washingtonpost.com/news/acts-of-faith/wp/2016/12/29/paula-white-prosperity-preacher-once-investigated-by-senate-is-a-controversial-pick-for-inauguration-prayer/.

10장_ 세뇌된 신앙: 솔깃한 권력의 유혹

Badejo, Anita. "Ralph Reed Is Helping One Gambling Interest Fight Another-Again." *BuzzFeed*, July 16, 2014, https://www. buzzfeednews.com/article/anitabadejo/ralph-reeds-coalition-stop-internet-gambling.

Bat, John. " Hanna Becomes First GOP Congressman to Say He's Voting for Clinton." CBS News, August 2, 2016, https://www. cbsnews.com/news/republican-rep-richard-hanna-says-hell-vote-for-clinton-over-trump/.

Eberly, Don. "Fighting the Wrong Battle." *Christianity Today*, September 6, 1999, https://www.christianitytoday.com/ct/1999/ september6/9ta052.html.

Epstein, Reid J. "Adam Kinzberg's Lonely Mission." *New York Times*, February 15, 2021, https://www.nytimes.com/2021/02/15/us/ politics/adam-kinzinger-republicans-trump.html.

Gibney, Alex. "The Deceptions of Ralph Reed." *The Atlantic*, September 26, 2010, https://www.theatlantic.com/politics/archive/2010/09/the-deceptions-of-ralph-reed/63568/.

Peters, Jeremy. *Insurgency: How Republicans Lost Their Party and Got Everything They Ever Wanted*. New York: Crown, 2022.

Thomas, Cal. *Blinded by Might*. Nashville, TN: Zondervan Publishing House, 1998.

Yourish, Karen, et al. "The 147 Republicans Who Voted to Overturn Election Results." *New York Times*, January 7, 2021, https:// www.nytimes.com/interactive/2021/01/07/us/elections/ electoral-college-biden-objectors.html.

11장_ 분노 사업: 광기의 교회가 파는 것

Crump, James. "Pastor Greg Locke's Speech against 'Pedophiles in

Hollywood' Viewed over 1.5M Times." *Newsweek*, June 28, 2021, https://www.newsweek.com/pastor-greg-locke-pedo-philes-washington-dc-tom-hanks-oprah-1604725.

Humbles, Andy. "Roger Stone and Pastor Greg Locke Deliver Energetic Church Service in Mt. Juliet." *Tennessean*, August 30, 2020, https://www.tennessean.com/story/news/2020/08/30/roger-stone-appearance-mt-juliet-church-god-spared-my-life-purpose/3433049001/.

Schmitt, Brad. "Target-Blasting Pastor Greg Locke Channels Anger in a New Way." *Tennessean*, May 2, 2016, https://www.tennes-sean.com/story/news/2016/05/01/target-blasting-pastor-greg-locke-channels-anger-new-way/83615088/.

12장_ 시민종교로 변신한 트럼피즘: 민주주의의 파괴자

de Carbonnel, Alissa. "Putin Signs Ban on U.S. Adoptions of Russian Children." Reuters, December 28, 2012, https://www.reuters.com/article/us-russia-usa-adoptions-putin/putin-signs-ban-on-u-s-adoptions-of-russian-children-idUSBRE-8BQ06K20121228.

Dhumieres, Marie. "Suffering Goes On for 330,000 Refugees of the Yugoslav War." *Independent*, April 5, 2012, https://www.independent.co.uk/news/world/europe/suffering-goes-on-for-330-000-refugees-of-the-yugoslav-war-7622108.html.

Kozelsky, Mara. "Don't Underestimate Importance of Religion for Understanding Russia's Actions in Crimea." *Washington Post*, March 3, 2014, https://www.washingtonpost.com/news/monkey-cage/wp/2014/03/13/dont-underestimate-importance-of-religion-for-understanding-russias-actions-in-crimea/.

McPherson, Hope. "Wartime Blessings." *Response*, Spring 2008,

https://spu.edu/depts/uc/response/spring2k8/features/
wartime-blessings.asp.

"Meet the Russian Orthodox Army, Ukrainian Separatists' Shock
Troops." NBC News, May 16, 2014, https://www.nbcnews.
com/storyline/ukraine-crisis/meet-russian-orthodox-ar-
my-ukrainian-separatists-shock-troops-n107426.

"Russia Turns to Trucks and Big Wages to Woo Volunteer Soldiers."
Al Jazeera, September 18, 2022, https://www.aljazeera.com/
news/2022/9/18/russia-turns-to-trucks-and-big-wages-to-
woo-volunteer-soldiers.

Van Brugen, Isabel. "Putin's Top Priest Tells Russians Not to
Fear Death Amid Mobilization." *Newsweek*, September 23,
2022, https://www.newsweek.com/russia-priest-patri-
arch-kirill-mobilization-putin-death-ukraine-1745616.

Varadarajan, Tunku. "The Patriarch Behind Vladimir Putin."
Wall Street Journal, December 29, 2022, https://www.
wsj.com/articles/vladimir-putin-the-patriarchs-al-
tar-boy-kirill-russia-ukraine-war-invasion-theology-ortho-
dox-church-11672345937.

13장_ 극단의 주류화: 사라진 문지기

"Critical Issue Poll: American Attitudes on Race, Ethnicity, and
Religion." University of Maryland, May 2016, https://critica-
lissues.umd.edu/sites/criticalissues.umd.edu/files/Ameri-
can%20Attitudes%20on%20Race%2CEthnicity%2CReligion.
pdf.

Dickinson, Tim. "Caught on Tape: Doug Mastriano Prayed for
MAGA to 'Seize the Power' Ahead of Jan. 6." *Rolling Stone*,
September 9, 2022, https://www.rollingstone.com/politics/
politics-features/doug-mastriano-donald-trump-chris-

tian-right-1234589455/.

Folmar, Chloe. "Boebert: Jesus Didn't Have Enough AR-15s to 'Keep His Government from Killing Him.'" The Hill, June 17, 2022, https://thehill.com/homenews/house/3528049-boebert-jesus-didnt-have-enough-ar-15s-to-keep-his-government-from-killing-him/.

Hillyard, Vaughn. "How an Obama-Backing Arizona News Anchor Became Trump's Pick for Governor." NBC News, July 21, 2022, https://www.nbcnews.com/politics/2022-election/obama-backing-arizona-news-anchor-became-trumps-pick -gover-nor-rcna38985.

Liston, Broward. "Interview: Missionary work in Iraq." *Time*, April 15, 2003, https://content.time.com/time/world/arti-cle/0,8599,443800,00.html.

Meyer, Katie, et al. "Mastriano Campaign Spent Thousands on Buses Ahead of D.C. Insurrection." *WHYY*, January 12, 2021, https:// whyy.org/articles/mastriano-campaign-spent-thousands-on-buses-ahead-of-d-c-insurrection/.

Mohler, R. Albert, Jr. "Donald Trump Has Created an Excruciating Moment for Evangelicals." *Washington Post*, October 9, 2016, https://www.washingtonpost.com/news/acts-of-faith/wp/2016/10/09/donald-trump-has-created-an-excruciat-ing-moment-for-evangelicals/.

_____. "Briefing 1.13.21." AlbertMohler.com, January 13, 2021, https://albertmohler.com/2021/01/13/briefing-1-13-21.

"National Conservatism: A Statement of Principles." 2022: https:// nationalconservatism.org/national-conservatism-a-state-ment-of-principles/.

Thakker, Prem. "Lauren Boebert Says She Prays That Joe Biden's 'Days Be Few' in Texas Sermon." *New Republic*, February 7, 2023, https://newrepublic.com/post/170439/lauren-boebert-prays-joe-biden-days-few.

Yang, Maya. "Boebert Tells Republican Dinner Guests They're Part of 'Second Coming of Jesus.'" *Guardian*, October 20, 2022, https://www.theguardian.com/us-news/2022/oct/20/lauren-boebert-republican-dinner-jesus-second-coming.

14장_ 트럼프 경제: 집착과 기생의 모델

"Evangelical: Trump Has Changed, Accepted God." CNN, March 28, 2018, https://www.cnn.com/videos/politics/2018/03/28/stephen-strang-trump-evangelicals-interview-newday.cnn.

Gellman, Barton. "What Happened to Michael Flynn?" *The Atlantic*, July 8, 2022, https://www.theatlantic.com/ideas/archive/2022/07/michael-flynn-conspiracy-theories-january-6-trump/661439/.

Kestenbaum, Sam. "Life After Proclaiming a Trump Re-election as Divinely Ordained." *New York Times*, September 19, 2021, https://www.nytimes.com/2021/09/19/business/trump-election-prophecy-charisma-media.html.

Tercek, Katie, and Jill Lyman. "Owensboro Pastor among Protesters at Capitol Hill." WFIE 14 News, January 7, 2021, https://www.14news.com/2021/01/07/owensboro-pastor-among-protestors-capitol-hill/.

Time Staff. "Influential Evangelicals: Stephen Strang." *Time*, February 7, 2005, https://content.time.com/time/specials/packages/article/0,28804,1993235_1993243_1993319,00.html.

"25 Years Reporting 'What God Is Doing.' *Sun Sentinel*, August 17, 2000, https://www.sun-sentinel.com/2000/08/17/25-years-reporting-what-god-is-doing/.

15장_ 정체성 혼동: 실패한 실험의 재연

Helgeson, Baird, and Michelle Bearden. "Donald Trump's Newest Adviser Got Her Start in Tampa." *Tampa Bay Times*, November 3, 2019, https://www.tampabay.com/news/tampa/2019/11/03/donald-trumps-newest-adviser-got-her-start-in-tampa-preaching-the-prosperity-gospel/.

"Loyal Texas Trump Voters Want Biden to Be Less Divisive." CNN, January 23, 2021, https://www.cnn.com/videos/politics/2021/01/23/texas-trump-voters-joe-biden-presidency-unify-tuchman-pkg-ac360-vpx.cnn.

16장_ 원칙보다 권력: 승리가 곧 미덕?

"Ahead of Anniversary of 1/6 Insurrection, Republicans Remain Entangled in the Big Lie, QAnon, and Temptations toward Political Violence." PRRI, January 4, 2021, https://www.prri.org/spotlight/anniversary-of-jan-6-insurrection/.

"Americans Feel More Positive Than Negative About Jews, Mainline Protestants, Catholics." Pew Research Center, March 15, 2023, https://www.pewresearch.org/religion/2023/03/15/americans-feel-more-positive-than-negative-about-jews-mainline-protestants-catholics/.

"Born-Alive Amendment Fails Again in the Senate." *National Catholic Register*, February 5, 2021, https://www.ncregister.com/cna/born-alive-amendment-fails-again-in-the-senate.

Brenan, Megan. "Dissatisfaction with Abortion Policy Hits High." Gallup, February 10, 2023, https://news.gallup.com/poll/470279/dissatisfaction-abortion-policy-hits-high.aspx.

Choi, Annette. "Children and teens are more likely to die by guns than anything else." CNN, March 29, 2023, https://www.cnn.

com/2023/03/29/health/us-children-gundeaths-dg/index.
html.

Drucker, David M. "Walker Likens Warnock to Satan in contentious Georgia Senate Race." *Washington Examiner*, November 6, 2022, https://www.washingtonexaminer.com/news/campaigns/walker-likens-warnock-satan-georgia-race-senate-majority.

Edsall, Thomas B. "Reed Attacks Clinton on Family Faith." *Washington Post*, September.14, 1996, https://www.washingtonpost.com/archive/politics/1996/09/14/reed-attacks-clinton-on-family-faith/60475bc2-49de-4918-b506-bb123ec3a17d/.

Fowler, Stephen. "Second Woman Says GA Republican Senate Candidate Herschel Walker Paid for Abortion." NPR, October 26, 2022, https://www.npr.org/2022/10/26/1131751304/second-woman-says-ga-republican-senate-candidate-herschel-walker-paid-for-aborti.

"Georgia Senate.Exit Polls." CNN, November 2022, https://www.cnn.com/election/2022/exit-polls/georgia/senate/0.

Goodstein, Laurie. "The Testing of a President: Conservatives' Christian Coalition Moans Lack of Anger at Clinton." *New York Times*, September 20, 1998, https://www.nytimes.com/1998/09/20/us/testing-president-conservatives-christian-coalition-moans-lack-anger-clinton.html.

Kaylor, Brian. "Baptist Megachurch Pastor Leads Prayer Event for Herschel Walker after Abortion Allegation." *Word and Way*, October 4, 2022, https://wordandway.org/2022/10/04/baptist-megachurch-pastor-leads-prayer-event-for-herschel-walker-after-abortion-allegation/.

Kerr, Andrew. "Warnock's Church Drops Eviction Case against Vietnam War Vet following Free Beacon Report." Washington Free Beacon, November 28, 2022, https://freebeacon.com/democrats/warnocks-church-drops-eviction-case-againstvietnam-war-vet-following-free-beacon-report/.

Kertscher, Tom. "Fact-Checking Herschel Walker Attack Ad about Raphael Warnock." *PolitiFact*, September 8, 2022, https://www.politifact.com/article/2022/sep/08/fact-checking-herschel-walker-attack-ad-about-raph/.

King, Maya. "Herschel Walker Acknowledges Two More Children He Hadn't Mentioned." New York Times, June 16, 2022, https://www.nytimes.com/2022/06/16/us/politics/herschel-walker-children.html.

Mitchell, Alison, and Eric Schmitt. "G.O.P. Scramble Over Blame for Poor Showing in Polls." *New York Times*, November 5, 1998, https://www.nytimes.com/1998/11/05/us/1998-elections-congress-overview-gop-scramble-over-blame-for-poor-showing-polls.html.

"Presidential Approval Ratings.Bill Clinton." Gallup, n.d., https://news.gallup.com/poll/116584/presidential-approval-ratings-bill-clinton.aspx.

"Religious Identities and the Race Against the Virus: Successes and Opportunities for Engaging Faith Communities on COVID-19 Vaccination." PRRI, July 28, 2021, https://www.prri.org/research/religious-vaccines-covid-vaccination

"Republicans Turn More Negative Toward Refugees as Number Admitted to U.S. Plummets." Pew Research Center, May 24, 2018, https://www.pewresearch.org/short-reads/2018/05/24/republicans-turn-more-negative-toward-refugees-as-number-admitted-to-u-s-plummets/.

Saad, Lydia. "Broader Support for Abortion Rights Continues Post-Dobbs." Gallup, June.14, 2023, https://news.gallup.com/poll/506759/broader-support-abortion-rights-continues-post-dobbs.aspx.

Shepherd, Brittany. "Christian Walker Says Father Herschel Walker's Campaign 'Has Been a Lie.'" ABC News, October 4,

2022, https://abcnews.go.com/Politics/christian-walker-fa-
ther-herschel-walkers-campaign-lie/story?id=90973801.

Sollenberger, Roger. "Herschel Walker, Critic of Absentee Dads,
Admits to Yet Another Secret Son." *Daily Beast*, June 16, 2022,
https://www.thedailybeast.com/herschel-walker-critic-of-
absentee-dads-admits-to-yet-another-secret-son.

_____. "Pro-Life Herschel Walker Paid for Girlfriend's Abortion."
Daily Beast, October.3, 2022, https://www.thedailybeast.com/
pro-life-herschel-walker-paid-forgirlfriends-abortion-geor-
gia-senate.

_____. "She Had an Abortion with Herschel Walker. She Also Had
a Child with Him." *Daily Beast*, October 5, 2022, https://www.
thedailybeast.com/she-had-an-abortion-with-herschel-
walker-she-also-had-a-child-with-him.

Stern, Ray. "Kari Lake 'Excited' over Election Trial but Katie Hobbs
Won't Have to Testify." *Arizona Republic*, December 20, 2022,
https://www.azcentral.com/story/news/politics/elec-
tions/2022/12/20/katie-hobbs-wont-have-to-testify-in-
kari-lake-election-trial/69744675007/.

Wagner, John. "Walker Concedes Giving Check to Ex-Partner,
Denies Knowing It Was for Abortion." *Washington Post*,
October 17, 2022, https://www.washingtonpost.com/poli-
tics/2022/10/17/walker-georgia-senate-abortion/.

17장_ 침묵은 죄인가: 선동가들의 위험한 게임

Baily, Sarah Pulliam. "Is Eric Metaxas the Next Chuck Colson?"
Religion News Service, July 29, 2013, https://religionnews.
com/2013/07/29/is-eric-metaxas-the-next-chuck-colson/.

Barnett, Victoria J. "Review of Eric Metaxas, 'Bonhoeffer: Pastor,
Martyr, Prophet, Spy; A Righteous Gentile vs. the Third Re-

ich.'" *ACCH Quarterly* 15, no. 3 (September 2010), https://contem-
porarychurchhistory.org/2010/09/review-of-eric-metax-
as-bonhoeffer-pastor-martyr-prophet-spy-a-righteous-
gentile-vs-the-third-reich/.

Bland, Karina. "A Pastor's Survival Story Is Also a COVID-19 Contro-
versy. Should We Look Again, or Look Away?" *Arizona Repub-
lic*, January 2, 2021, https://www.azcentral.com/story/news/
local/karinabland/2021/01/02/pastor-luke-barnett-surviv-
al-story-also-covid-19-controversy/4096027001/.

Bump, Philip. "The Inevitable, Grotesque Effort to Blame Vac-
cines for Damar Hamlin's Collapse." *Washington Post*,
January 3, 2023, https://www.washingtonpost.com/poli-
tics/2023/01/03/damar-hamlin-charlie-kirk-vaccines-coro-
navirus/.

Cox, Ashley. "DeSantis Points to Looming Culture Wars with Florida
'on the Front Lines in the Battle for Freedom.'" CBS News,
March 7, 2023, https://www.cbsnews.com/tampa/news/
desantis-points-to-looming-culture-wars-with-florida-on-
the-front-lines-in-the-battle-for-freedom/.

Fea, John. "Eric Metaxas Believes Rick Warren, Tim Keller, and Andy
Stanley Are 'Hitler's Favorite Kind of Pastors.'" *Current*, Oc-
tober 31, 2022, https://currentpub.com/2022/10/31/eric-
metaxas-believes-rick-warren-tim-keller-and-andy-stan-
ley-are-hitlers-favorite-kind-of-pastors/.

Glader, Paul. "Exclusive: Author Eric Metaxas Admits Punching
Protestor in DC and Offers More Context." *Religion Un-
plugged*, September 3, 2020, https://religionunplugged.com/
news/2020/9/3/exclusive-author-eric-metaxas-admits-
punching-protestor-in-dc-and-offers-more-context.

Green, Emma. "Eric Metaxas Believes America Is Creeping Toward
Nazi Germany." *The Atlantic*, February 14, 2021, https://www.
theatlantic.com/politics/archive/2021/02/eric-metaxas-

2020-election-trump/617999/.

Kitchener, Caroline, et al. "Trump Would Act 'like a Little Elementary Schoolchild,' Former Spiritual Adviser Says." *Washington Post*, November 17, 2022, https://www.washingtonpost.com/politics/2022/11/17/trump-spiritual-adviser-criticism-child/.

Looper, Joel. "Bonhoeffer Co-Opted." *Los Angeles Review of Books*, September 10, 2014, https://lareviewofbooks.org/article/bonhoeffer-co-opted/.

Olson, Emily. "How (and Why) Gov. Ron Desantis Took Control over Disney World's Special District." NPR, February 28, 2023, https://www.npr.org/2023/02/28/1160018771/disney-world-desantis-special-district.

Orr, Gabby, et al. "Former President Donald Trump Announces a White House Bid for 2024." CNN, November 16, 2022, https://www.cnn.com/2022/11/15/politics/trump-2024-presidential-bid/index.html.

Piper, Everett. "It's Time for the GOP to Say It: Donald Trump Is Hurting Our Party." *Washington Times*, November 13, 2022, https://www.washingtontimes.com/news/2022/nov/13/its-time-for-gop-to-say-it-donald-trump-is-hurting/.

Ruelas, Richard, and BrieAnna J. Frank. "Inside One of Charlie Kirk's Freedom Night in America Events at Dream City Church." *Arizona Republic*, June 2, 2022, https://www.azcentral.com/in-depth/news/politics/arizona/2022/06/02/charlie-kirk-freedom-night-america-dream-city-church/7434768001/.

Shimron, Yonat. "Evangelical Influencers Criticize Candidate Trump." *Baptist Standard*/Religion News Service, December 1, 2022, https://www.baptiststandard.com/news/nation/evangelical-influencers-criticize-candidate-trump/.

Smietana, Bob. "Eric Metaxas, Christian Radio Host, Tells Trump, 'Jesus Is with Us in This Fight.'" Religion News Service, November 30, 2020, https://religionnews.com/2020/11/30/eric-

metaxas-christian-radio-host-offers-to-lay-down-his-life-
for-trump-election-triumph/.

_____. "How Eric Metaxas Went from Trump Despiser to True Be-
liever." Religion News Service, December 3, 2020, https://
religionnews.com/2020/12/03/metaxas-jesus-trump-sto-
len-election-christian-nationalism-rod-dreher-sidney-pow-
ell/.

Ward, Jon. "Author Eric Metaxas: Evangelical Intellectual Who
Chose Trump, and He's Sticking With Him." Yahoo! News,
February 23, 2018, https://www.yahoo.com/news/author-er-
ic-metaxas-evangelical-intellectual-chose-trump-hes-stick-
ing-100012875.html.

Wehner, Peter. "Are Trump's Critics Demonically Possessed?" *The
Atlantic*, November 25, 2019, https://www.theatlantic.com/
ideas/archive/2019/11/to-trumps-evangelicals-everyone-
else-is-a-sinner/602569/.

_____. "The Gospel of Donald Trump Jr." The Atlantic, December 26,
2021, https://www.theatlantic.com/ideas/archive/2021/12/
gospel-donald-trump-jr/621122/.

18장_ 기독교와 사회: 격랑 속 새로운 연대

Bailey, Sarah Pulliam, and Michelle Boorstein. "Russell Moore's
Departure from the Southern Baptist Convention's Lead-
ership Prompts Questions over Its Future." *Washington
Post*, May 19, 2021, https://www.washingtonpost.com/
religion/2021/05/19/russell-moore-leaves-southern-bap-
tist-convention-evangelical-future/.

Chang, Curtis. "I'm a Former Pastor, and I Don't Believe in 'Religious
Exemptions' to Vaccine Mandates." *New York Times*, Septem-
ber 6, 2021, https://www.nytimes.com/2021/09/06/opinion/

religious-exemptions-vaccine-mandates.html.

Chang, Curtis, and Kris Carter. "Our Fellow Evangelicals Need to Get Vaccinated." *New York Times*, May 14, 2021, https://www.ny-times.com/2021/05/14/opinion/evangelical-christians-vac-cine.html.

Dalrymple, Timothy. "Christianity Today Names Russell Moore Editor in Chief." *Christianity Today*, August 4, 2022, https:// www.christianitytoday.com/ct/2022/august-web-only/ russell-moore-editor-chief-christianity-today-joy-allmond. html.

French, David. "The Price I've Paid for Opposing Donald Trump." *National Review*, October 21, 2016, https://www.nationalreview. com/2016/10/donald-trump-alt-right-internet-abuse-nev-er-trump-movement/.

Guzman, Andrea. "This Former Pastor Is Changing Evangelicals' Minds on Covid Vaccines." *Mother Jones*, August 17, 2021, https://www.motherjones.com/politics/2021/08/this-for-mer-pastor-is-changing-evangelicals-minds-on-covid-vac-cines/.

Moore, Russell. "This Is the Southern Baptist Apocalypse." *Christianity Today*, May 22, 2022, https://www.christianitytoday.com/ ct/2022/may-web-only/southern-baptist-abuse-apoca-lypse-russell-moore.html.

Ramirez, Nikki McCann. "Tucker Carlson on Trump: 'I Hate Him Passionately.'" *Rolling Stone*, March 7, 2023, https:// www.rollingstone.com/politics/politics-news/tuck-er-carlson-trump-hate-him-passionately-dominion-law-suit-1234692527/.

"Russell Moore to Join Christianity Today to Lead New Public Theology Project." *Christianity Today*, May 18, 2021, https:// www.christianitytoday.com/ct/2021/may-web-only/rus-sell-moore-to-join-christianity-today.html.

Shimron, Yonat. "A Q&A with Evangelical Writer David French on Christian Nationalism." *Washington Post*, February 5, 2021, https://www.washingtonpost.com/religion/david-french-christian-nationalism/2021/02/05/734865a8-6723-11eb-8c64-9595888caa15_story.html.

Smietana, Bob. "NRB Spokesman Dan Darling Fired after Pro-Vaccine Statements on 'Morning Joe.' Religion News Service, August 27, 2021, https://religionnews.com/2021/08/27/nrb-spokesman-dan-darling-fired-after-pro-vaccine-statements-on-morning-joe-evangelical-covid-hesitancy/.

19장_ 회복은 가능한가: 무너진 신뢰, 실낱같은 희망

Bharath, Deepa, and Peter Smith. "Saddleback Church Doubles Down on Support for Female Pastors." Associated Press, March 1, 2023, https://apnews.com/article/southern-baptists-saddleback-church-women-pastors-7b2bf53ddb-413809b9ca18d87b630fd7.

Burgess, Katherine, and Liam Adams. "Southern Baptists Reelect Bart Barber as President in Win for Mainstream Conservatives." *Tennessean*, June 13, 2023, https://www.tennessean.com/story/news/religion/2023/06/13/southern-baptists-reelect-texas-pastor-bart-barber-president-of-the-southern-baptist-convention/70290892007/.

Downen, Robert. "Houston GOP Activist Knew for Years of Child Sex Abuse Claims against Southern Baptist Leader, Law Partner." *Texas Tribune*, March 27, 2023, https://www.texastribune.org/2023/03/27/houston-jared-woodfill-gop-paul-pressler-southern-baptist.

_____. "Southern Baptist Group Hosts Right-Wing Leader Charlie Kirk, Decries Crt Ahead of Sex Abuse Meeting." *Houston Chronicle*, June 14, 2022, https://www.houstonchronicle.com/news/houston-texas/religion/article/Southern-Baptist-group-hosts-right-wing-leader-17240960.php.

_____. "Texas Supreme Court Rules against Southern Baptist Leader Accused of Rape, a Win for Survivors." *Houston Chronicle*, April 12, 2022, https://www.houstonchronicle.com/news/houston-texas/houston/article/Texas-Supreme-Court-rules-against-Southern-17076007.php.

Downen, Robert, and John Tedesco. "'The Hunter Is Now the Hunted': Southern Baptist Persecution of Sexual Abuse Survivors Has Been Relentless." *Houston Chronicle*, June 15, 2022, https://www.houstonchronicle.com/news/investigations/article/The-hunter-is-now-the-hunted-Southern-17244550.php.

Foust, Michael. "25 Years Ago, Conservative Resurgence Got Its Start." *Baptist Press*, June 15, 2004, https://www.baptistpress.com/resource-library/news/25-years-ago-conservative-resurgence-got-its-start/.

Meyer, Holly, et al. "Tuesday Updates: Southern Baptists Elect Alabama Pastor Ed Litton as New SBC President." *Tennessean*, June 15, 2021, https://www.tennessean.com/story/news/religion/2021/06/15/southern-baptist-convention-updates-nashville-2021-new-leader-vote/7637494002/.

O'Donnell, Paul, and Bob Smietana. "Leaked Russell Moore letter blasts SBC conservatives, sheds light on his resignation." Religion News Service, June 2, 2021, https://religionnews.com/2021/06/02/leaked-russell-moore-letter-blasts-sbc-conservatives-sheds-light-on-his-resignation/.

Roach, David. "ARITF Granted Additional Year to Fight Sexual Abuse." Baptist Press, June 14, 2023, https://www.baptistpress.com/resource-library/news/aritf-granted-additional-year-to-fight-sexual-abuse/.

Schroeder, George. "Litton Names Task Force to Oversee Sex Abuse Review." *Baptist Standard*, July 9, 2021, https://www.baptist-standard.com/news/baptists/litton-names-task-force-to-oversee-sex-abuse-review/.

Smietana, Bob. "Mike Stone Sues Russell Moore, Saying Moore Cost Him SBC Presidency." *Washington Post*, October 29, 2021, https://www.washingtonpost.com/religion/2021/10/29/mike-stone-lawsuit-russell-moore/.

_____. "SBC President Ed Litton Won't Run Again, Saying He Will Instead Focus on Racial Reconciliation." *Washington Post*, March 4, 2022, https://www.washingtonpost.com/religion/2022/03/04/southern-baptist-litton/.

_____. "Southern Baptists to Hire Guidepost Solutions to Run Abuser Database." *Washington Post*, February 22, 2023, https://www.washingtonpost.com/religion/2023/02/22/southern-baptists-sexual-abuse-database-guidepost/.

_____. "Tom Ascol, Would-Be SBC President, Worries Churches Have Lost Hold of the Bible." Religion News Service, June 10, 2022, https://religionnews.com/2022/06/10/tom-ascol-would-sbc-president-worries-churches-have-lost-hold-of-the-bible/.

Wingfield, Mark. "New Court Documents Show First Baptist Houston Leaders Knew of Allegations against Pressler in 2004." *Baptist News Global*, March 28, 2023, https://baptistnews.com/article/new-court-documents-show-first-baptist-houston-leaders-knew-of-allegations-against-pressler-in-2004/.

_____. "SBC Task Force Says Ministry Check Website for Sexual Abuse Will Require Cooperation." *Baptist News Global*, February 28, 2023, https://baptistnews.com/article/sbc-task-force-says-ministry-check-website-for-sexual-abuse-will-require-cooperation/.

20장_ 복음주의 산업 복합체: 양을 착취하는 늑대

Adams, Liam. "'Ignored, Disbelieved': Southern Baptist Convention Sexual Abuse Report Details Cover Up, Decades of Inaction." *Courier-Journal*, May 22, 2022, https://www.courier-journal. com/story/news/nation/2022/05/22/southern-baptist-convention-sexual-abuse-report-victims/9886656002/.

Associated Press. "Southern Baptists Boot Saddleback Church for Having a Female Pastor." NBC News, February 21, 2023, https://www.nbcnews.com/news/us-news/southern-baptists-boot-saddleback-church-woman-pastor-rcna71714.

"Book: What Is a Girl Worth?" NPR, September 15, 2019, https:// www.npr.org/2019/09/15/761046403/book-what-is-a-girl-worth.

Burgess, Katherine. "'Our Family Is Sick': Abuse Survivors Call on Southern Baptists to Move beyond Words to Action." *Commercial Appeal*, June 10, 2019, https://www.commercialappeal. com/story/news/2019/06/10/southern-baptist-convention-beth-moore-rachael-denhollander-russell-moore-susan-codone-sexual-abuse/1414911001/.

Denhollander, Rachael. "Rachael Denhollander: The Price I Paid for Taking On Larry Nassar." *New York Times*, January 26, 2018, https://www.nytimes.com/2018/01/26/opinion/sunday/larry-nassar-rachael-denhollander.html.

Devine, Daniel James. "Not Bluffing." *World News Group*, October 18, 2013, https://wng.org/articles/not-bluffing-1620624477.

Evans, Tim, et al. "Former USA Gymnastics Doctor Accused of Abuse." *IndyStar*, September 12, 2016, https://www.indystar. com/story/news/2016/09/12/former-usa-gymnastics-doctor-accused-abuse/89995734/.

Guidepost Solutions. "Report: The Southern Baptist Convention Executive Committee's Response to Sexual Abuse Allegations and an Audit of the Procedures and Actions of the Credentials Committee," May 15, 2022, https://static1.squarespace.com/static/6108172d83d55d3c9db4dd67/t/628a9326312a4216a3c0679d/1653248810253/Guidepost+Solutions+Independent+-Investigation+Report.pdf.

Jenkins, Jack. "At Caring Well Conference, SBC Leaders Hear Criticism of Abuse Response." Religion News Service, October 5, 2019, https://religionnews.com/2019/10/05/at-caring-well-conference-sbc-leaders-hear-criticism-of-abuse-response/.

Kwiatkowski, Marisa, et al. "A Blind Eye to Sex Abuse: How USA Gymnastics Failed to Report Cases." *IndyStar*, June 24, 2020, https://www.indystar.com/story/news/investigations/2016/08/04/usa-gymnastics-sex-abuse-protected-coaches/85829732/.

Mack, Julie. "Rachael Denhollander, Nassar's First Public Accuser: 'You Chose to Pursue Wickedness.'" *MLive*, January 24, 2018, https://www.mlive.com/news/2018/01/nassar_rachael_denhollander.html.

Parke, Caleb. "Ravi Zacharias Tributes Pour in from Pence, Christian Leaders." Fox News, May 20, 2020, https://www.foxnews.com/faith-values/ravi-zacharias-passed-away-christian-tribute.

Roys, Julie. "John MacArthur Covered Up Pastor's Sexual Abuse, Witnesses Say." *Roys Report*, April 19, 2022, https://julieroys.com/john-macarthur-covered-up-pastor-sexual-abuse-witnesses-say/.

———. "John MacArthur's Church Supported Convicted Abuser and Pedophile." *Roys Report*, March 17, 2022, https://julieroys.com/john-macarthur-church-supported-convicted-abuser-pedophile/.

———. "John MacArthur Shamed, Excommunicated Mother for Refusing to Take Back Child Abuser." *Roys Report*, March 8, 2022,

https://julieroys.com/macarthur-shamed-excommunicat-
ed-mother-take-back-child-abuser/.

_____. "John MacArthur Warned Moody Years Ago about James
MacDonald, Emails Reveal." *Roys Report*, February 20, 2020,
https://julieroys.com/john-macarthur-warned-moody-
years-ago-about-james-macdonald-emails-reveal/.

_____. "Why I Blew the Whistle on Moody." *Roys Report*, March 21,
2018, https://julieroys.com/blew-whistle-moody/.

Sells, Heather. "Rachael Denhollander: Predators Are Always
Watching.Here's What to Do." CBN News, October 7, 2019,
https://www2.cbn.com/news/us/rachael-denholland-
er-predators-are-always-watching-heres-what-do.

Shellnut, Kate. "Moody Bible President and COO Both Resign, Pro-
vost Retires." *Christianity Today*, January 10, 2018, https://
www.christianitytoday.com/news/2018/january/moody-
bible-president-paul-nyquist-resigns-julie-roys-fired.html.

Shellnut, Kate, and Sarah Eekhoff Zylstra. "Ravi Zacharias Responds
to Sexting Allegations, Credentials Critique." *Christianity To-
day*, December 3, 2017, https://www.christianitytoday.com/
news/2017/december/ravi-zacharias-sexting-extortion-law-
suit-doctorate-bio-rzim.html.

Showalter, Brandon. "Moody Bible Fires Radio Host Julie Roys; Ten-
sion Builds Amid Faculty Cuts, 'Self-Dealing' Allegations."
Christian Post, January 9, 2018, https://www.christianpost.
com/news/moody-bible-fires-radio-host-julie-roys-tension-
builds-amid-faculty-cuts-self-dealing-allegations.html.

Silliman, Daniel. "Ravi Zacharias's Ministry Investigates Claims of
Sexual Misconduct at Spas." *Christianity Today*, September 29,
2020, https://www.christianitytoday.com/news/2020/sep-
tember/ravi-zacharias-sexual-harassment-rzim-spa-mas-
sage-investiga.html.

_____. "RZIM Spent Nearly $1M Suing Ravi Zacharias Abuse Victim." *Christianity Today*, February 23, 2022, https://www.christianitytoday.com/news/2022/february/rzim-board-donor-money-guidepost-report-ravi.html.

Silliman, Daniel, and Kate Shellnut. "Ravi Zacharias Hid Hundreds of Pictures of Women, Abuse During Massages, and a Rape Allegation." *Christianity Today*, February 11, 2021, https://www.christianitytoday.com/news/2021/february/ravi-zacharias-rzim-investigation-sexual-abuse-sexting-rape.html.

Smietana, Bob. "Class-Action Lawsuit Claims RZIM Misled Donors, Covered Up Ravi Zacharias Abuse." Religion News Service, August 5, 2021, https://religionnews.com/2021/08/05/class-action-lawsuit-claims-rzim-misled-donors-covered-up-ravi-zacharias-abuse/.

Smietana, Bob, and Emily McFarlan Miller. "James MacDonald Fired as Harvest Bible Chapel Pastor." Religion News Service, February 13, 2019, https://religionnews.com/2019/02/13/james-macdonald-fired-as-pastor-harvest-bible-chapel-by-church-elders/.

Sun, Eryn. "TD Jakes Linked to James MacDonald's Resignation from Gospel Coalition." *Christian Post*, January 25, 2012, https://www.christianpost.com/news/t-d-jakes-connection-to-james-macdonalds-resignation-from-the-gospel-coalition.html.

Wolfson, Andrew. "Report: Southern Baptist Executive Smeared Louisville Victim Advocate in 'Satanic Scheme.' *Courier-Journal*, May 24, 2022, https://www.courier-journal.com/story/news/2022/05/24/southern-baptist-lawyer-accused-kentucky-victim-advocate-satanic-scheme/9897196002/.

21장_ 리버티의 새벽: 갈림길에 선 두 번째 기회

Ambrosino, Brandon. "'Someone's Gotta Tell the Freakin' Truth': Jerry Falwell's Aides Break Their Silence." *Politico*, September 9, 2019, https://www.politico.com/magazine/story/2019/09/09/jerry-falwell-liberty-university-loans-227914/.

Anne, Ashley. "Miss Virginia Pageant to Nix Swimsuit Competition Next Year." WDBJ7, June 18, 2018, https://www.wdbj7.com/content/news/Miss-Virginia-pageant-to-nix-swimsuit-competition-next-year-485867811.html.

Bromwich, Jonah E., et al. "From President to Defendant: Trump Pleads Not Guilty to 34 Felonies." *New York Times*, April 4, 2023, https://www.nytimes.com/2023/04/04/nyregion/trump-arraignment-felony-charges.html.

Bumbaca, Chris. "Liberty Basketball Player Asia Todd Transfers Due to 'Racial Insensitivity' from Leadership." *USA Today*, June 11, 2020, https://www.usatoday.com/story/sports/ncaaw/2020/06/11/liberty-university-basketball-asia-todd-transfers-racial-insensitivity-jerry-falwell/5342672002/.

Gleeson, Scott. "Two Liberty Football Players to Transfer, Citing 'Racial Insensitivity' and 'Cultural' Incompetence." *USA Today*, June 22, 2020, https://www.usatoday.com/story/sports/ncaaf/2020/06/22/liberty-football-players-tayvion-land-and-tre-clark-transfer/3236318001/.

Ortiz, Erik. "Jerry Falwell Jr. Resigns as Liberty University President after Accusations That He Participated in a Partner's Affair with His Wife." NBC News, August 24, 2020, https://www.nbcnews.com/news/us-news/jerry-falwell-jr-resigns-president-liberty-university-reports-say-n1237886.

Rankin, Sarah. "Liberty Sues Jerry Falwell Jr., Seeking Millions in Damages." Associated Press, April.16, 2021, https://apnews.com/article/jerry-falwell-lawsuits-virginia-lynchburg-3b9c8e0c3bf525c79fbd54dc95889c86.

Seltzer, Rick. "Cuts at Liberty Hit Divinity." *Inside Higher Ed*, June 16, 2019, https://www.insidehighered.com/news/2019/06/17/liberty-university-cuts-divinity-faculty.

Severns, Maggie, et al. "'They All Got Careless': How Falwell Kept His Grip on Liberty Amid Sexual 'Games,' Self-Dealing." *Politico*, November 1, 2020, https://www.politico.com/news/magazine/2020/11/01/jerry-falwell-liberty-university-becki-self-dealing-sex-430207.

Shellnut, Kate. "As Students Rally for Victims, Liberty Board Approves Title IX Review." *Christianity Today*, November 5, 2021, https://www.christianitytoday.com/news/2021/november/liberty-university-rally-justice-for-janes-abuse-victims.html.

_____. "John Piper's Liberty Convocation Pulled After Election Post." *Christianity Today*, November 3, 2020, https://www.christianitytoday.com/news/2020/november/john-piper-liberty-university-convocation-election-trump-jd.html.

Smietana, Bob. "David Sills, Former Seminary Professor Named in Guidepost Report, Sues SBC." *Washington Post*, May 15, 2023, https://www.washingtonpost.com/religion/2023/05/15/david-sills-former-seminary-professor-named-guidepost-report-sues-sbc/.

_____. "Former Southern Seminary Prof Sues SBC Leaders for Labeling Him an Abuser." *Christianity Today*, November 29, 2022, https://www.christianitytoday.com/news/2022/november/sbts-david-sills-sue-sbc-guidepost-abuse-investigation.html.

Stratford, Michael, and Brandon Ambrosino. "Liberty U President Says on Tape That 'Getting People Elected' Is His

692

Goal." *Politico*, October 27, 2021, https://www.politico.com/
news/2021/10/27/liberty-university-jerry-prevo-influ-
ence-517303.

Young, Will E. "Inside Liberty University's 'Culture of Fear.'" *Wash-
ington Post*, July 24, 2019, https://www.washingtonpost.
com/outlook/2019/07/24/inside-liberty-universitys-cul-
ture-fear-how-jerry-falwell-jr-silences-students-profes-
sors-who-reject-his-pro-trump-politics/.

에필로그: 교회의 목적은 과연 무엇일까

"A Christian Nation? Understanding the Threat of Christian Nation-
alism to American Democracy and Culture." PRRI, February
2023, https://www.prri.org/research/a-christian-nation-un-
derstanding-the-threat-of-christian-nationalism-to-ameri-
can-democracy-and-culture/.

"April Omnibus 2023." Echelon Insights, April 2023, https://
echelonin.wpenginepowered.com/wp-content/uploads/
April-2023-Omnibus-Crosstabs-EXTERNAL.pdf.

Belz, Emily. "Presbyterian Church in America Leaves National As-
sociation of Evangelicals." *Christianity Today*, June 23, 2022,
https://www.christianitytoday.com/news/2022/june/pres-
byterian-church-leaves-nae.html.

Burge, Ryan [@ryanburge]. "Big data in the religion data
world......", May 17, 2023, https://twitter.com/ryanburge/sta-
tus/1658896455417962498.

"Competing Visions of America: An Evolving Identity or a Culture
Under Attack?" PRRI, November 1, 2021, https://www.prri.
org/research/competing-visions-of-america-an-evolv-
ing-identity-or-a-culture-under-attack/.

"Dismissing Trump's E. Jean Carroll Verdict Has 'Devastating

Implications,' Says Russell Moore." *Meet the Press*, May 14, 2023, https://www.nbc.com/meet-the-press/video/dismissing-trumps-e-jean-carroll-verdict-has-devastating-implications-says-russell-moore/NBCN334021739.

Downen, Robert. "Bill Requiring Ten Commandments in Texas Classrooms Fails in House after Missing Crucial Deadline." *Texas Tribune*, May 24, 2023, https://www.texastribune.org/2023/05/24/texas-legislature-ten-commandments-bill/.

———. "Conservative Christians Want More Religion in Public Life. Texas Lawmakers Are Listening." *Texas Tribune*, May 4, 2023, https://www.texastribune.org/2023/05/04/texas-legislature-church-state-separation/.

———. "Texas House Expels Bryan Slaton, First Member Ousted since 1927." *Texas Tribune*, May 9, 2023, https://www.texastribune.org/2023/05/09/bryan-slaton-expel-house-vote/.

Earls, Aaron. "Fear Prevalent in Pews, According to Protestant Pastors." *Lifeway Research*, August 8, 2023, https://research.lifeway.com/2023/08/08/fear-prevalent-in-pews-according-to-protestant-pastors/.

Gage, Brandon. "'Mafia Behavior': Mike Huckabee Skewered for Demanding Loyalty to Trump." *Raw Story*, March 27, 2023, https://www.rawstory.com/mafia-behavior-mike-huckabee-skewered-for-demanding-loyalty-to-trump/.

Jenkins, Jack. "Josh Hawley Tweets Fake Quote about U.S. Founding, Sparking Allegations of Christian Nationalism." Religion News Service, July 6, 2023, https://religionnews-com.webpkgcache.com/doc/-/s/religionnews.com/2023/07/06/josh-hawley-tweets-fake-quote-about-u-s-founding-doubles-down-on-christian-nationalism/.

———. "Survey: White Mainline Protestants Outnumber White Evangelicals, While 'Nones' Shrink." Religion News Service, July 8, 2021, https://religionnews.com/2021/07/08/sur-

vey-white-mainline-protestants-outnumber-white-evangel-
icals/.

Jones, Jeffrey M. "Belief in God in U.S. Dips to 81%, a New Low." Gal-
lup, June 17, 2022, https://news.gallup.com/poll/393737/be-
lief-god-dips-new-low.aspx.

"Modeling the Future of Religion in America." Pew Research Cen-
ter, September 13, 2022, https://www.pewresearch.org/reli-
gion/2022/09/13/modeling-the-future-of-religion-in-amer-
ica/.

"National: DeSantis, Trump are Main Focus of GOP Voters for 2024."
Monmouth University Poll, February 9, 2023, https://mon-
mouth.edu/polling-institute/documents/monmouthpoll_
us_020923.pdf/.

Roach, David. "1 in 4 Pastors Plan to Retire before 2030." *Christianity
Today*, April 28, 2023, https://www.christianitytoday.com/
news/2023/april/pastor-succession-church-next-genera-
tion-leader-barna-surve.html.

Smith, Gregory A. "About Three-in-Ten U.S. Adults Are Now Re-
ligiously Unaffiliated." Pew Research Center, December 14,
2021, https://www.pewresearch.org/religion/2021/12/14/
about-three-in-ten-u-s-adults-are-now-religiously-unaffil-
iated/.

Tevington, Patricia. "Americans Feel More Positive than Negative
about Jews, Mainline Protestants, Catholics." Pew Research
Center, March 15, 2023, https://www.pewresearch.org/reli-
gion/2023/03/15/americans-feel-more-positive-than-nega-
tive-about-jews-mainline-protestants-catholics/.

"Texas Representative Bryan Slaton." TrackBill, https://track-
bill.com/legislator/texas-representative-bryan-sla-
ton/760-20517/.

찾아보기

698

708

716

나라, 권력, 영광

팀 앨버타 지음 | 이은진 옮김

2024년 10월 17일 초판 1쇄 발행

펴낸이 김도완   **펴낸곳** 비아토르
등록 제2021-000048호   **주소** 서울시 종로구 삼일대로 428, 500-26호
    (2017년 2월 1일)   (우편번호 03140)
전화 02-929-1732   **팩스** 02-928-4229
전자우편 viator@homoviator.co.kr

편집 이은진   **디자인** 김진성
제작 제이오   **인쇄** ㈜민언프린팅   **제본** 다온바인텍

ISBN 979-11-94216-03-2 03300   **저작권자** ⓒ 비아토르, 2024